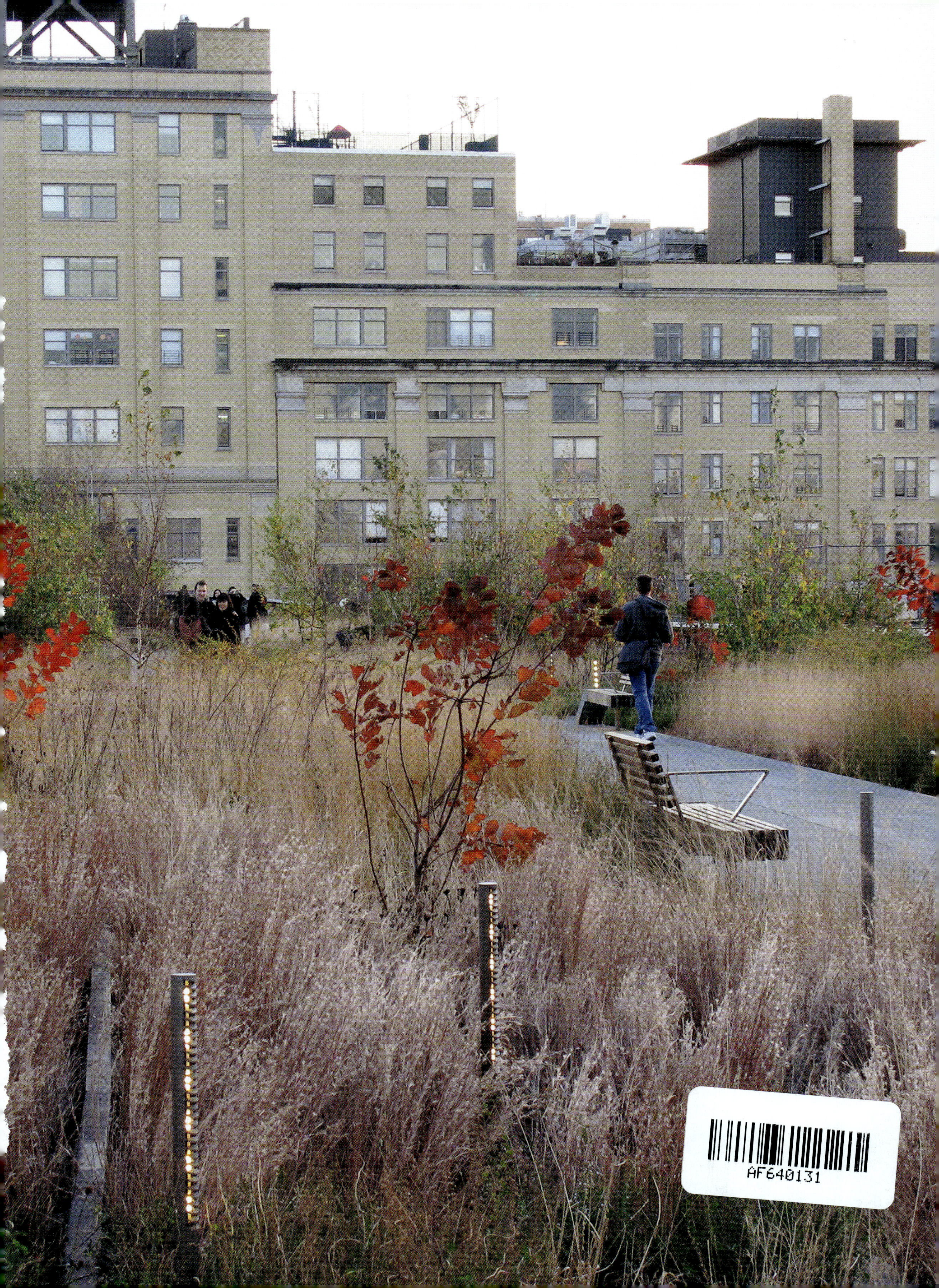

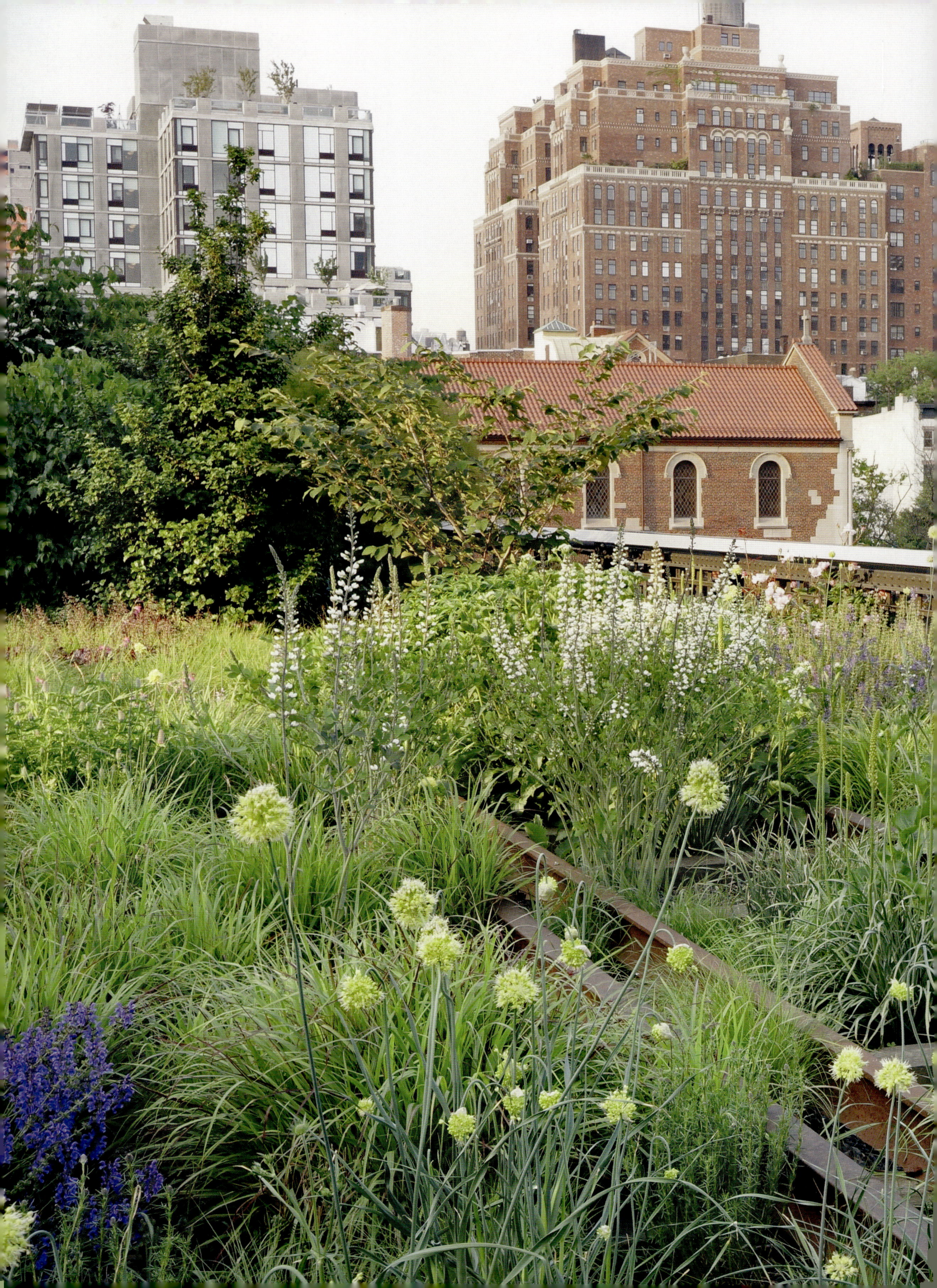

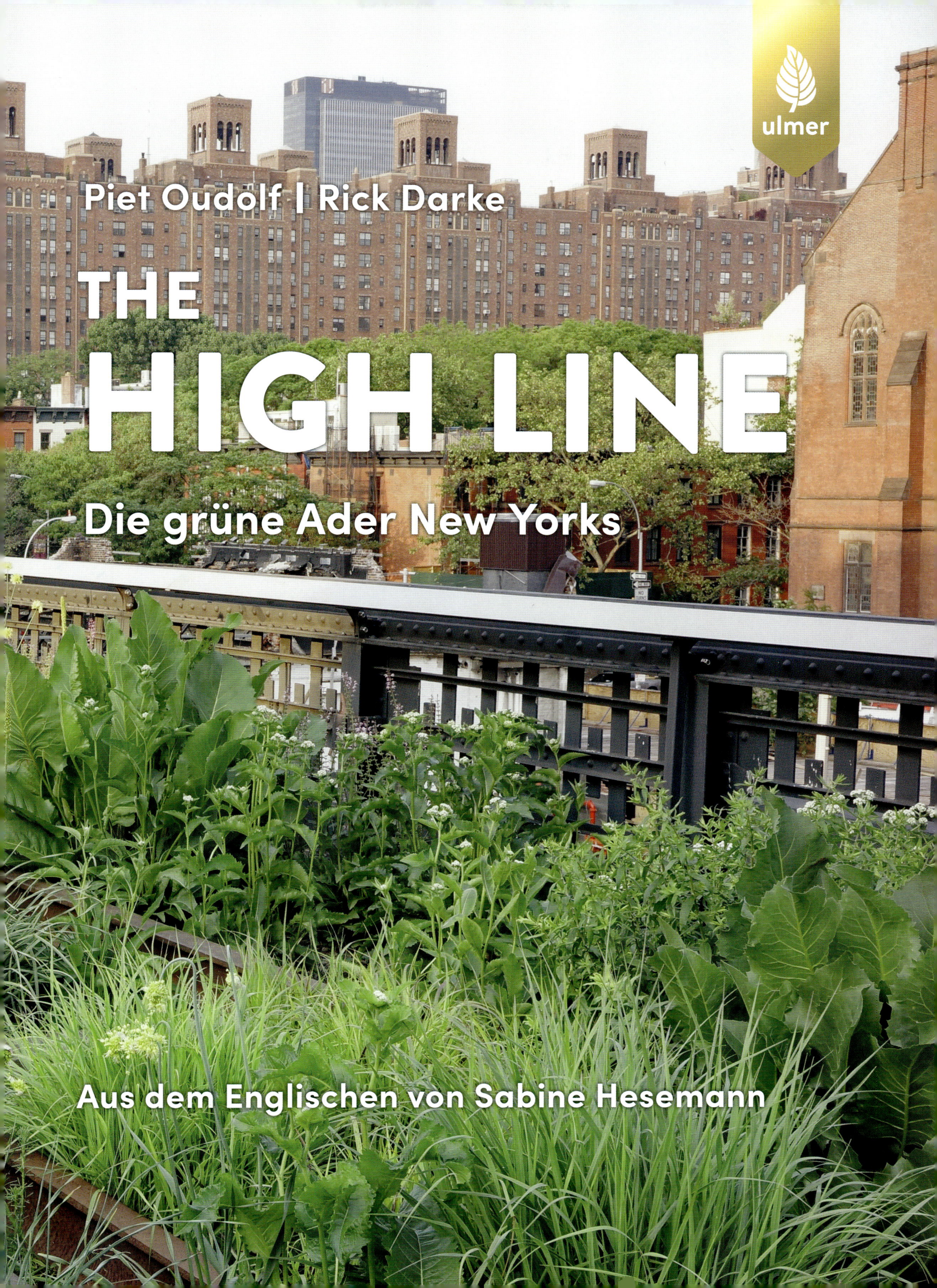

ulmer

Piet Oudolf | Rick Darke

THE HIGH LINE

Die grüne Ader New Yorks

Aus dem Englischen von Sabine Hesemann

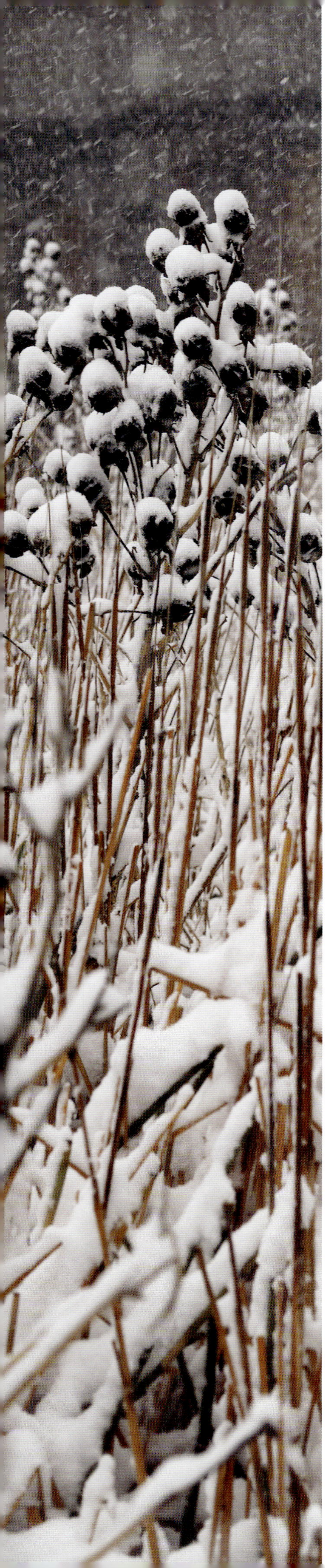

INHALT

9 VORWORT

11 EINLEITUNG – Robert Hammond

17 VOM RAFFINEMENT DER MODERNEN LANDSCHAFTSGESTALTUNG

40 DIE GÄRTEN DER HIGH LINE

316 ANMERKUNGEN

317 LITERATUREMPFEHLUNGEN

317 DANK

318 REGISTER

41 Karte

42 GANSEVOORT WOODLAND
GANSEVOORT-WÄLDCHEN

91 WASHINGTON GRASSLANDS
WASHINGTON-PRÄRIE

122 AUSSICHTSPUNKT HUDSON RIVER

130 SONNENTERRASSE UND WASSERGARTEN

144 NORTHERN SPUR
NÖRDLICHES NEBENGLEIS

165 10th AVENUE SQUARE

175 CHELSEA GRASSLANDS
CHELSEA-PRÄRIE

221 Rückschnitt

227 CHELSEA THICKET
CHELSEA-DICKICHT

245 LIEGEWIESE UND SITZSTUFEN DER 23rd STREET

251 MEADOW WALK
WIESENWEG

259 FLYOVER
ÜBERFÜHRUNG

273 WILDBLUMENFELD UND KREISPFLANZUNGEN

283 DEPOT UND STELLWERK

295 Gartengestaltung

303 Lebensader

309 Jahreszeiten

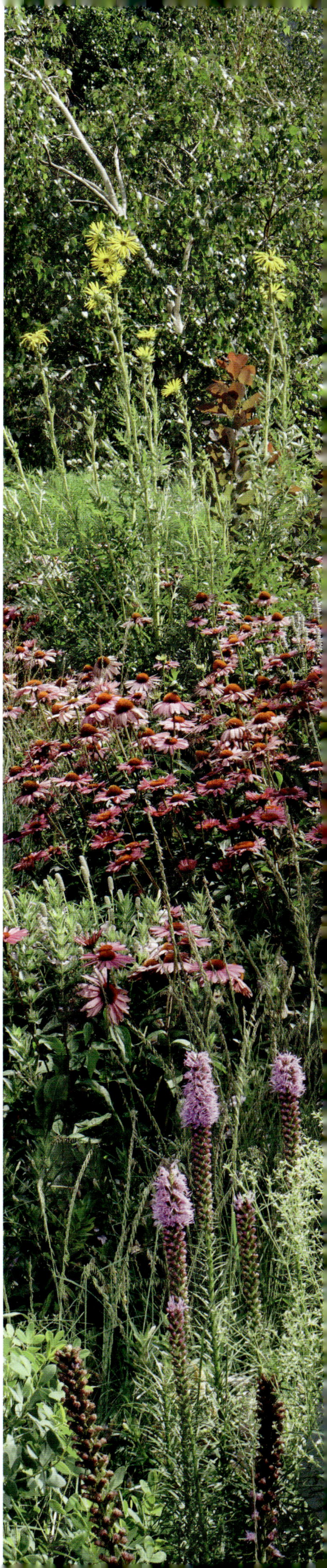

Bei meinen Pflanzungen ist mir sehr wichtig, dass man jederzeit den Wandel spürt. Es ist das veränderliche Schöne: Schönheit verwandelt sich in Schönheit.

PIET OUDOLF

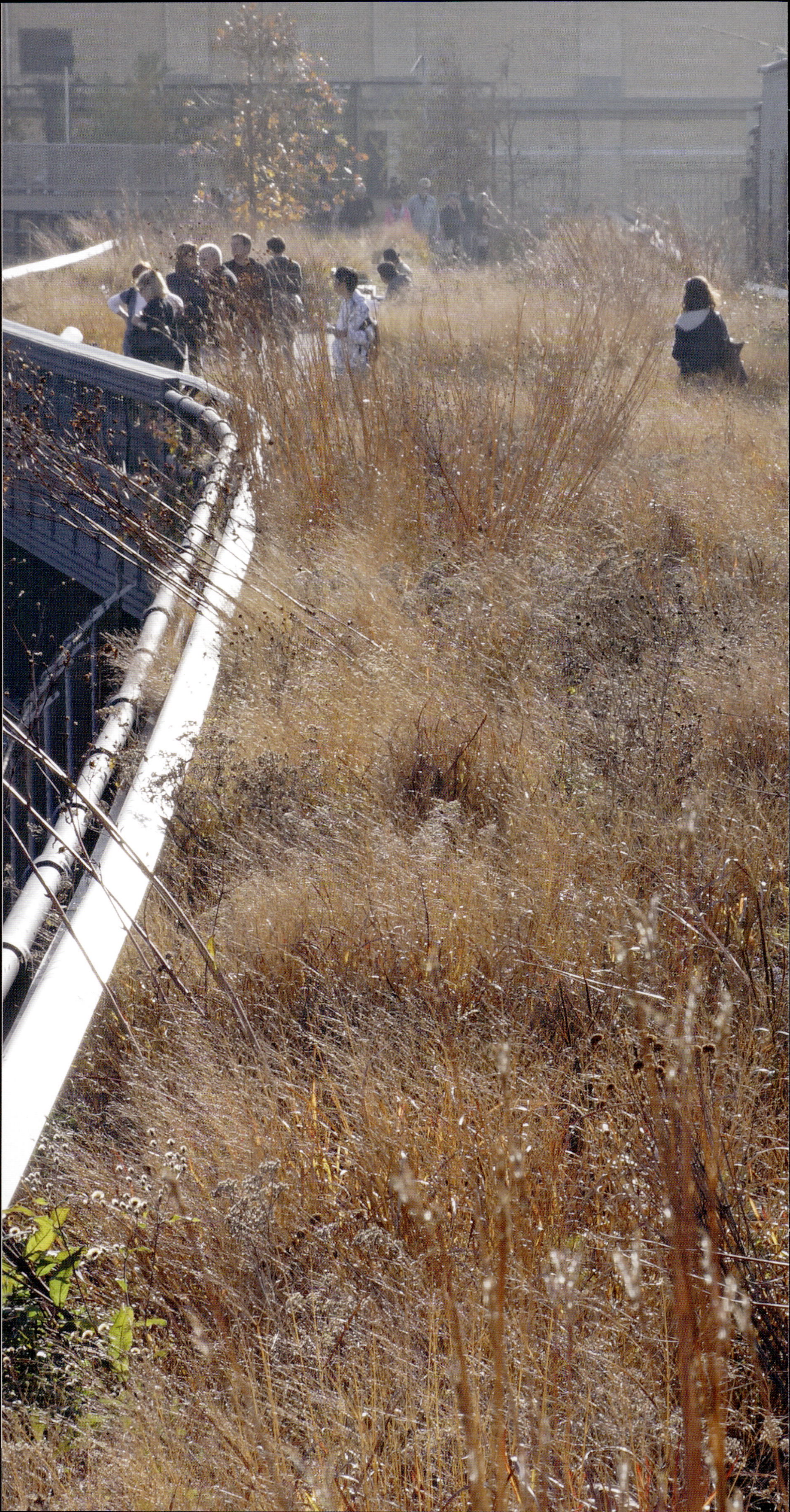

Chelsea Grasslands, Mitte November.

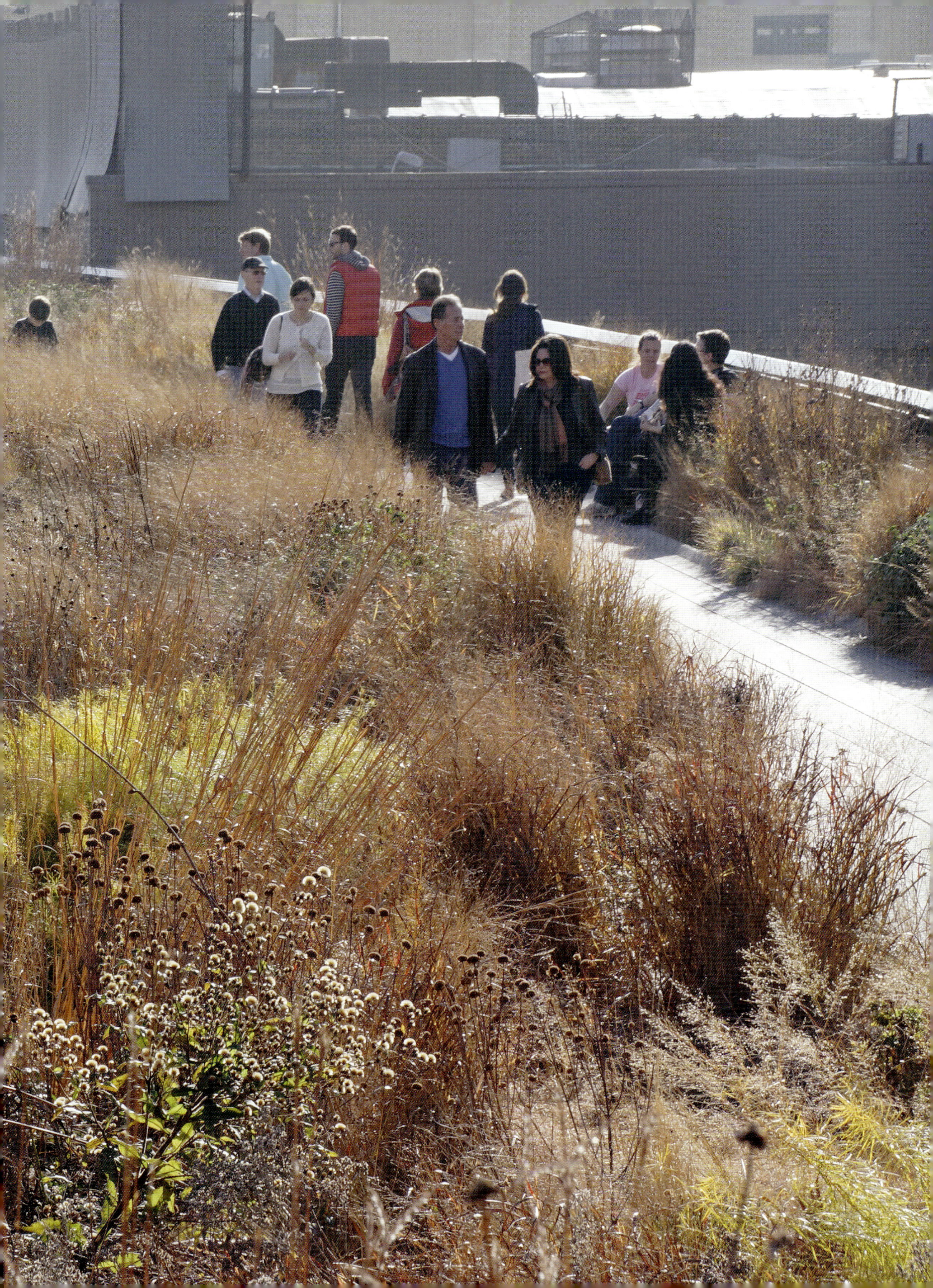

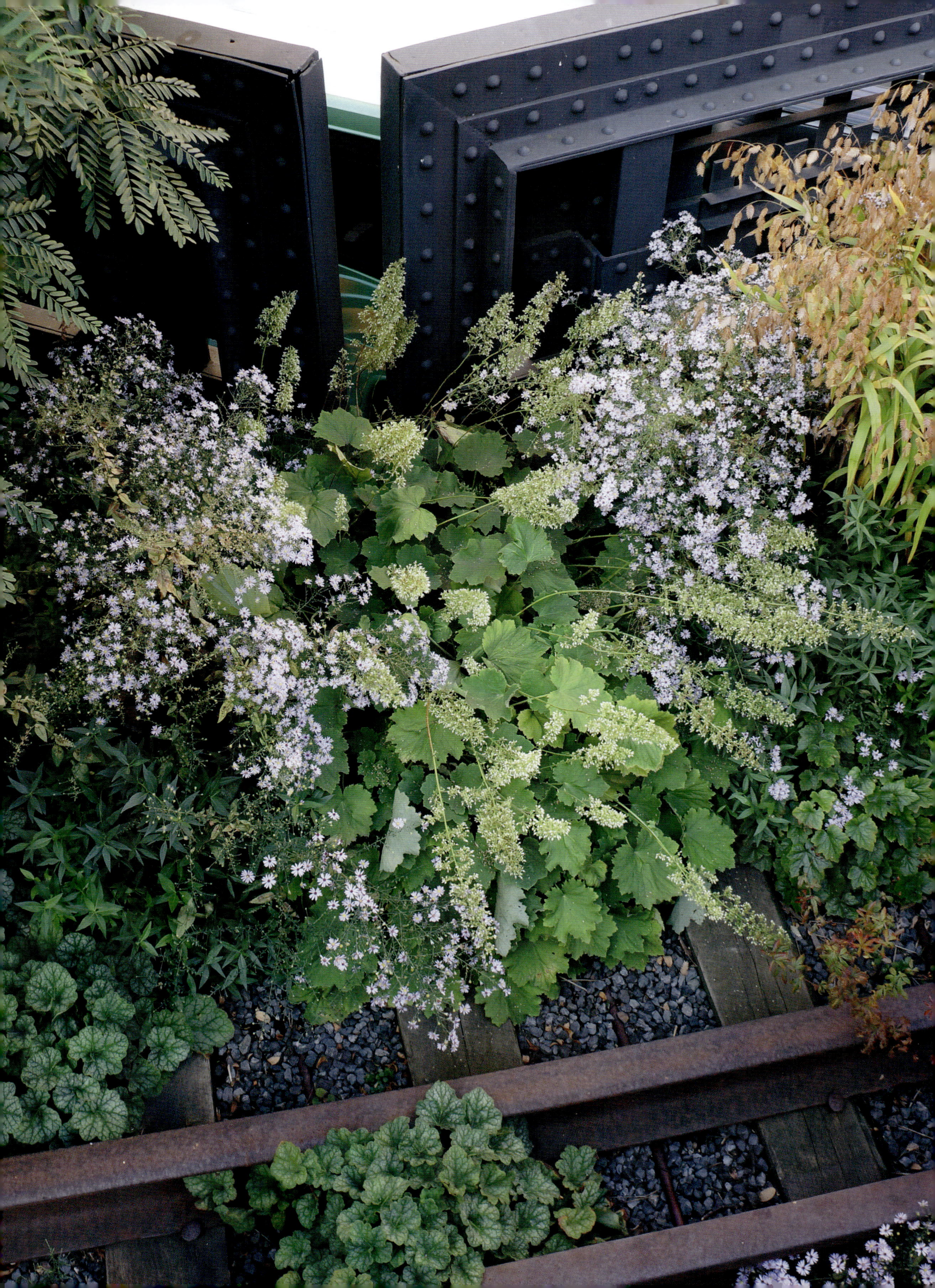

VORWORT

Die Idee zu einem Buch über die Gärten der New Yorker High Line kam uns gemeinsam mit Robert Hammond, einem der Initiatoren der Anlage. Sein Angebot, die Einleitung zu verfassen und die Mitarbeiter der Stiftung Friends of the High Line zu unterstützen, machte das Projekt für uns verlockend. Auch andere, die zur Gestaltung und Anlage der High Line maßgeblich beigetragen hatten, boten sich an, ihr Wissen und ihre Erfahrungen mit uns zu teilen. Als unsere Freundin, die Grafikdesignerin Lorraine Ferguson, sich ebenfalls zur Mitarbeit bereit erklärte, war klar, dass wir das richtige Team für ein schönes und inhaltsreiches Porträt der Gärten beisammen hatten. Und dies ist das Ergebnis der Zusammenarbeit.

Leser, die die High Line gerade erst entdeckt haben, aber auch diejenigen, die sie schon länger kennen, können mit diesem Buch einen Streifzug durch die Gärten zu allen Jahreszeiten unternehmen. Planung, Entwicklung, Anlagenpflege sowie die Hintergründe werden im Detail gezeigt. Obwohl die Reise an jedem Zugang beginnen könnte, hatte man bei der ursprünglichen Planung im Sinn, dass die Besucher über die Treppe an der Gansevoort Street am südlichen Punkt der Trasse einsteigen und dann nach Norden wandern. Unser Buch ist dieser Reihenfolge nachempfunden.

Auf Robert Hammonds Einleitung folgt ein Kapitel mit der Überschrift „Vom Raffinement der modernen Landschaftsgestaltung". Darin werden die bahnbrechenden Entwicklungen in Industrie, Stadtplanung, Gartenbau und Ökologie bewertet und illustriert, die zur Entstehung dieser beispiellosen städtischen Landschaft mit ihrer einzigartigen, weltweiten Resonanz führten. Der nächste Abschnitt „Gärten der High Line" ist der umfangreichste dieses Buchs. Anhand einer Karte werden die einzelnen Gartenbereiche in Unterkapiteln von Süden nach Norden vorgestellt. Zwischen den Porträts finden sich Kapitel zur Pflege der Anlage, zu den Standorten und den saisonalen Aspekten: „Rückschnitt", „Gartengestaltung", „Jahreszeiten " und „Lebensader ".

Wir sind der Meinung, dass die High Line als Gesamtanlage ein Unikat bleiben wird. Das deutete auch schon der Landschaftsarchitekt James Corner an: „Man kann sie nicht einfach irgendwo anders platzieren. Ihr Leben und ihre Energie entstehen weitgehend aus ihrem einzigartigen Kontext".[1] Zugleich wissen wir, dass die gestalterische Grundhaltung, die Pflanzpläne und die visionäre Verantwortung durchaus reproduzierbar und der Nachahmung in höchstem Maße würdig sind. Dieses Buch wird hoffentlich als schönes Andenken an eine Sehenswürdigkeit dienen, als Handbuch der ungezählten Möglichkeiten für die Kunst des Betrachtens und als Inspirationsquelle für all jene, die, im öffentlichen oder privaten Raum, die moderne Landschaft zur Kunst erheben möchten.

Blaue Wald-Aster (*Aster cordifolius*), Purpurglöckchen (*Heuchera macrorhiza* 'Autumn Bride'), Hohes Purpurglöckchen (*Heuchera americana* 'Dale's Strain') und Plattährengras (*Chasmanthium latifolium*) gedeihen Ende September zwischen Schienen und genieteten Schwellen an einer Stelle der nördlichen Nebentrasse.

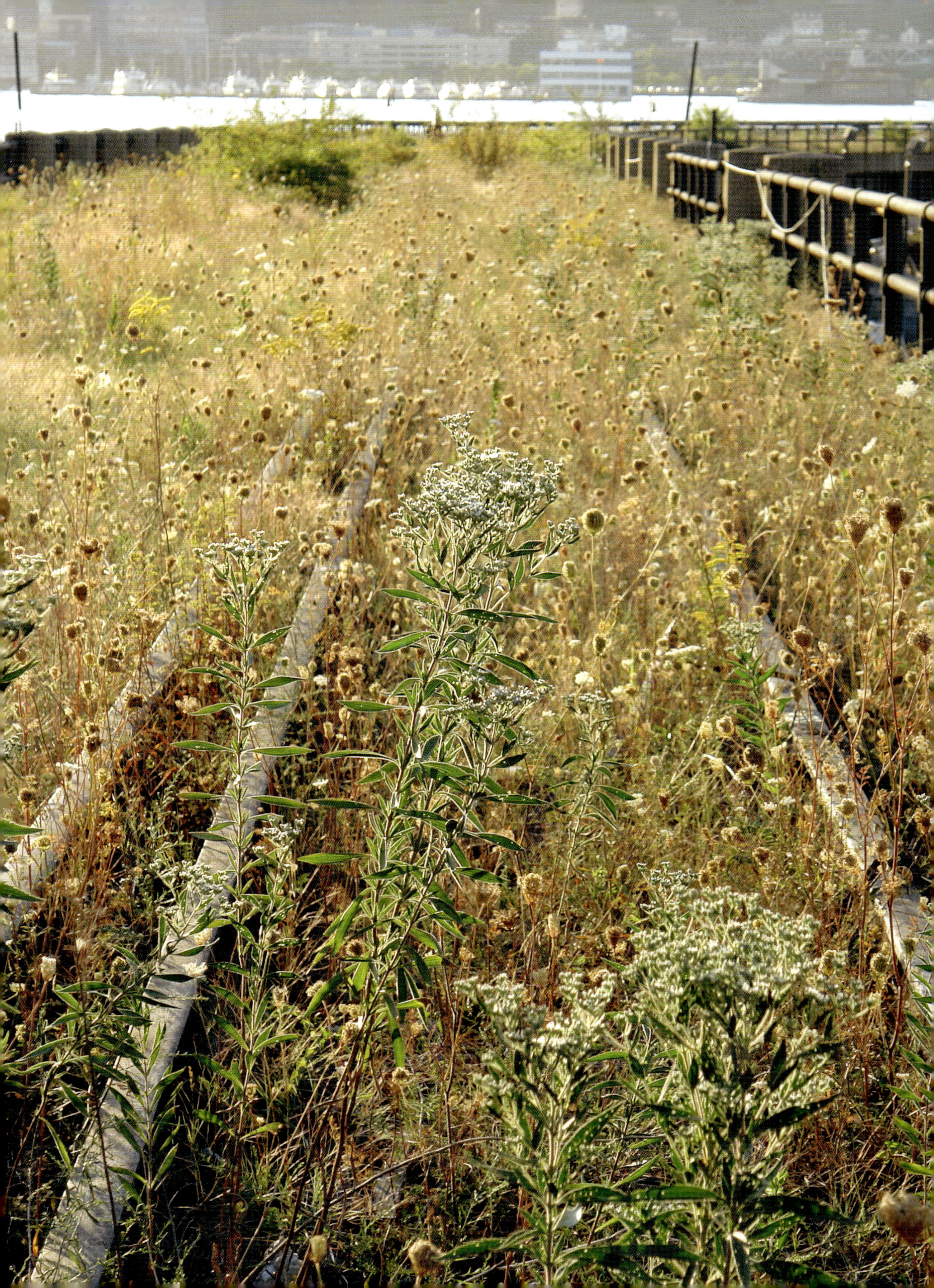

EINLEITUNG

Robert Hammond

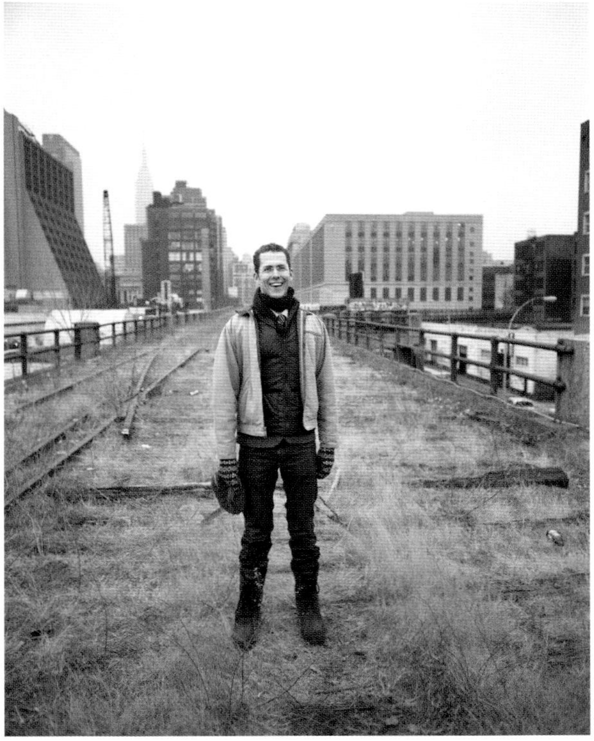

Als ich 1999 zum ersten Mal zur High Line hinaufstieg, habe ich mich verliebt. Was mich in den Bann zog, war die Spannung. Sie steckte in den Kontrasten von hart und weich, von wildem Gras und Plakatwänden, Industrieruinen und natürlicher Landschaft, im Anblick von Wildblumen und dem Empire State Building. Das war gleichzeitig hässlich und schön. Aus dieser Spannung zieht die High Line bis heute ihre Kraft.

Joshua David und ich gründeten den Verein Friends of the High Line, um diesen Zauber mit anderen zu teilen. Anfangs wollten wir den Raum unverändert erhalten. Alle Pflanzen sollten an Ort und Stelle bleiben und wir würden nur einen Pfad entlang der Trasse anlegen. Es wäre ein völlig wilder Garten gewesen. Jedoch ließ sich dieser Plan nicht umsetzen. Wir mussten die Konstruktion restaurieren, bleihaltige Farben entfernen und eine neue Drainage einziehen. Das bedeutete, dass alles abgehoben werden musste – die Schienen genauso wie alle Pflanzen.

Wir mussten einen anderen Weg finden, waren aber weder Architekten noch Planer. Wir dachten, dass die New Yorker Bürger ein Mitspracherecht haben sollten, was mit der High Line passieren würde. Daher fragten wir die Bürger bei einigen Anhörungen in den umliegenden Vierteln nach ihren Ideen. Bei einer dieser Anhörungen bekam ich eine Karte mit der Aufschrift: „Die High Line sollte bewahrt werden, unberührt, als Wildnis. Sie werden sie zweifellos ruinieren. Schade drum!“

Diese Karte hängte ich über meinen Schreibtisch, weil genau das meine größte Furcht ausdrückte: Dass wir die natürliche Schönheit in ihrer wilden Form nicht einfangen könnten und wir alles zerstören würden.

Gegenüber: Das frühe Abendlicht fällt auf Gräser und die Fruchtstände von Wilder Möhre sowie anderen selbst ausgesäten Pflanzen auf der High Line um den ehemaligen Betriebshof mit Blick nach Westen auf den Hudson River. August 2008.

Robert Hammond auf der High Line-Trasse im Jahr 2007. Photo © Barry Munger, mit freundlicher Genehmigung des Künstlers.

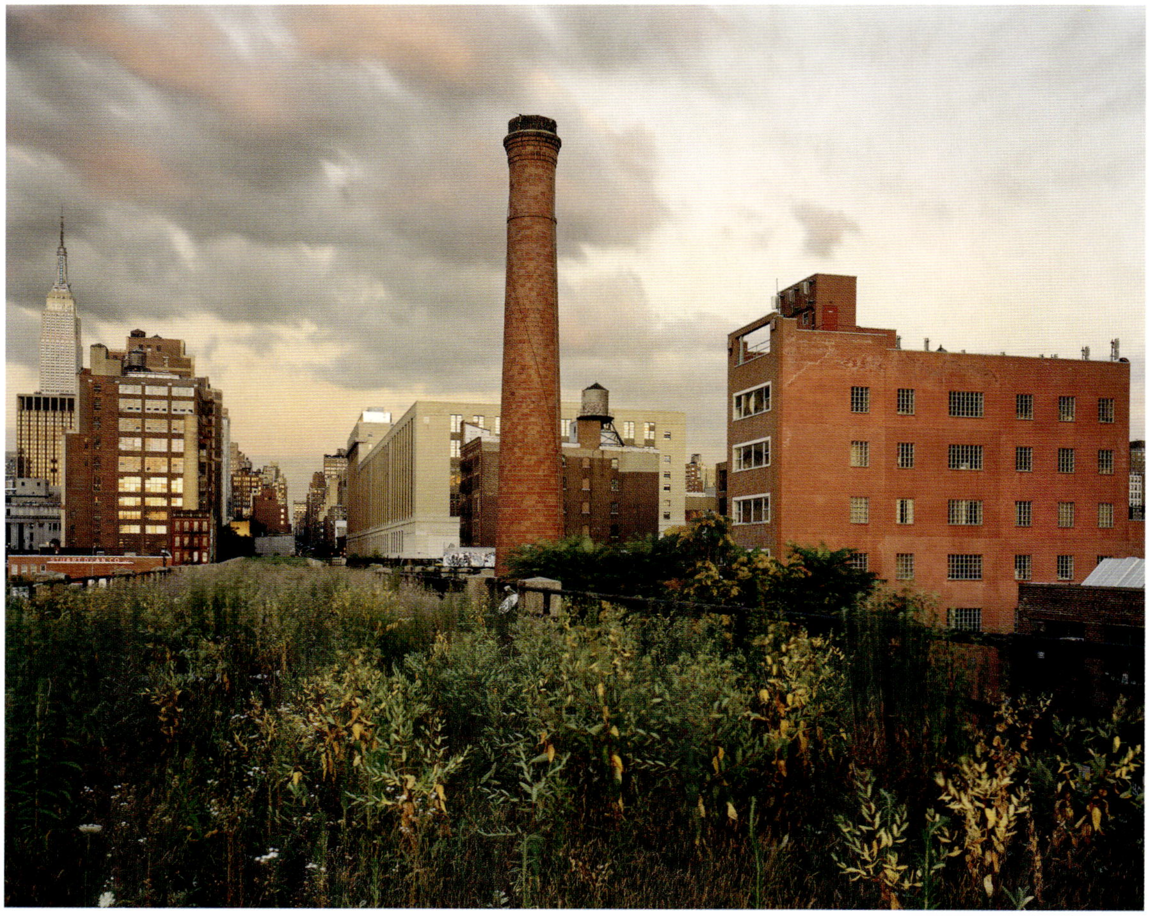

Was die New Yorker Bürger besonders angesprochen hatte, war eine Fotoserie von Joel Sternfeld aus den Jahren 1999 und 2000. Diese Fotos ermöglichten den New Yorkern einen Blick auf die verborgene Wildnis und trugen dazu bei, die Umgestaltung zum öffentlichen Raum in Gang zu setzen. In Sternfelds Fotos erkennt man auf den ersten Blick die Spannung, die wir bei der Rekonstruktion anstrebten.

Mit diesen Bildern im Kopf schrieben wir daher einen Wettbewerb für Designer aus und hofften Visionäre zu finden, die uns an Erfahrung und Wissen übertrumpften, um diese Industriebrache aufgrund ihres vorhandenen Potenzials zu gestalten – ebenso unerwartet wie das Original. Schließlich sollten wir das in den Planungen von James Corner Field Operations, Diller Scofidio + Renfro und Piet Oudolf wiederfinden. Auf der Grundlage der dynamischen Pflanzengesellschaften, die die High Line über etliche Jahrzehnte besiedelt hatten, gestaltete das Team ein völlig neues Raumerlebnis, das den Geist des Ortes einfing.

Die anderen Gestaltungsvorschläge, die uns erreichten, waren entweder zu architektonisch oder es handelte sich um sklavische Imitationen der ursprünglichen Landschaft. Keiner dieser Ansätze schien richtig. Der streng architektonische Ansatz hätte die Magie der Wildnis geopfert. Auch die gegensätzliche Idee, alle wilden Pflanzen wieder exakt so zu setzen, wo sie vorher stan-

Joel Sternfeld
Ein Juliabend 2000, 2000 (gedruckt 2016). Farbdruck (34,93 × 44,45 cm).
Dieses Bild zeigt den Blick auf die 30th Street in östlicher Richtung.
© Joel Sternfeld, mit freundlicher Genehmigung des Künstlers und Luhring Augustine, New York.

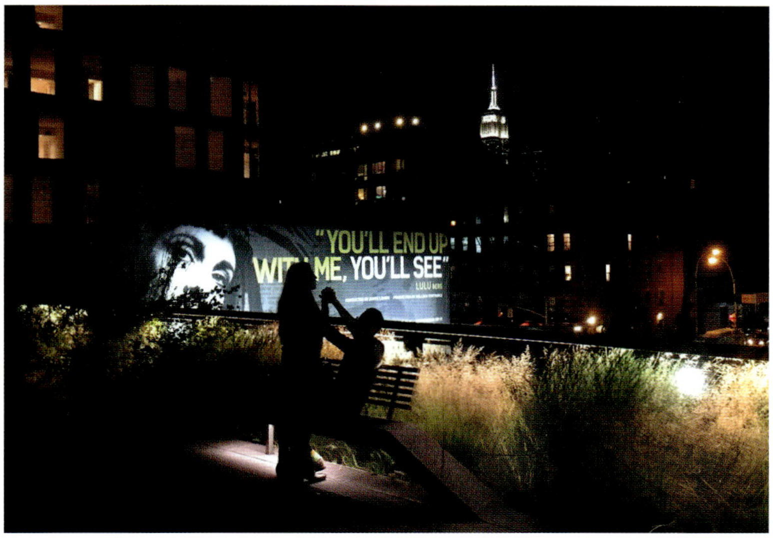

den, war zwar nahe liegend, aber zu logisch. Wir hatten das Gefühl, dieser Ansatz würde die Gesamtwirkung eher betäuben und zu einem Wachsfigurenkabinett der alten High Line führen.

Seinerzeit las ich gerade Guiseppe di Lampedusas Buch „Leopard" und eine Zeile fesselte mich besonders: „Alles muss sich verändern, um gleich zu bleiben". Und genau so ging das Designerteam vor. Sie versuchten weder, etwas Neues auf die alte High Line zu übertragen, noch versuchten sie, sklavisch das vorher Vorhandene wieder herzustellen. Sie schufen einen neuen Zauber, der genau das einfing, was mich, Josh und viele andere so eingenommen hatte.

Die High Line von heute ist nicht mehr die vernachlässigte Brache voller Wildblumen, die wir 1999 gesehen hatten. Sie besitzt eine neue Spannung. Man erkennt es unter anderem daran, dass die Fläche multifunktional geworden ist. Sie ist ein Kunstmuseum auf einer Industrieruine. Sie ist eine Kommunalfläche, die sich 1,5 Meilen weit über mehrere Viertel erstreckt. Sie ist ein botanischer Garten, eine Etage über den Straßen der Stadt gelegen. Im Gegensatz zum Central Park verschmilzt sie mit der Stadt und ist kein Ort der zurückgezogenen Abgrenzung.

Besonders bewegt mich, wie klar sich die ursprüngliche Spannung in Piet Oudolfs Pflanzgestaltungen zeigt. Im Bruch mit gestalterischer Tradition hat Piet Oudolf einen ganzjährigen Staudengarten konzipiert, in dem Pflanzengerippe ebenso Anteil an der Landschaft haben wie frischer Wuchs. Das ganze Jahr hindurch gedeihen hohe Gräser und Blumen. Der winterliche Garten ist ebenso kraftvoll wie der sommerliche. Trockene Halme und Samenstände geben ihm Textur. Braun gewordene Pflanzen an der Seite von frischem Grün spiegeln die großen Gegensätze der High Line: Wildnis in der Stadt, Kunstmuseum auf einer Bahntrasse. Wie der gesamte Park schwingen auch die Gärten zwischen Schönheit und Vergänglichkeit.

Die Pflanzungen der heutigen High Line sind in vielerlei Hinsicht dynamischer als der ursprüngliche Wildwuchs. Auf den alten Schienen variierte der Pflanzenbestand im Lauf der Jahreszeiten. Im Gegensatz dazu verändern sich die Gärten der High Line nun im Wochenrhythmus. Sie stehen voller heimischer und eingeführter, trockenheitsverträglicher Stauden, die sich so wild gebärden wie ihre Vorläufer. Sie gedeihen, verbreiten sich und erobern mehr als die ihnen zugedachten Flecken.

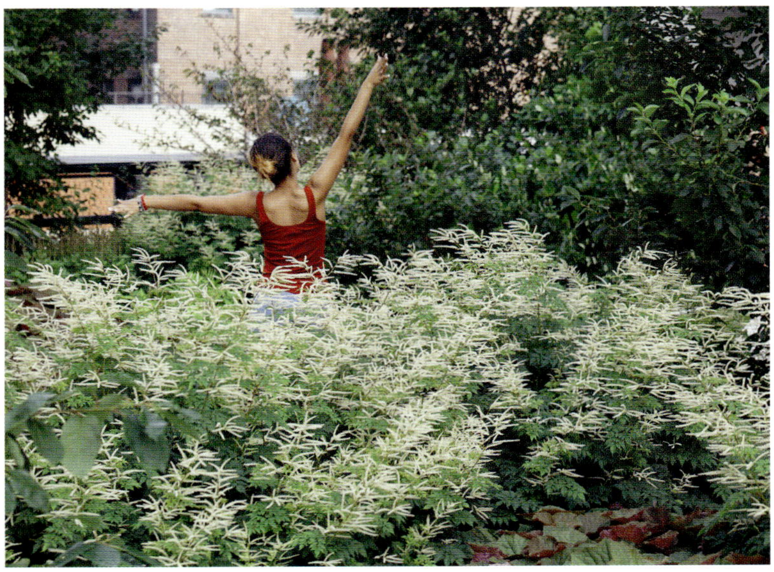

Spontane Besucherreaktionen auf der High Line.

Der ständige Wandel und die Spannung zwischen Schönheit und Verfall entsprechen der Energie, die New York am Laufen hält. Wie unsere Stadt bergen auch die Gärten eine Dichotomie, die sich als Inspirationsquelle erweist. Und die Menschen reagieren darauf in unerwarteter Weise.

Die Gärten erscheinen beispielsweise in Dating-Apps. Einer unserer Mitarbeiter sammelte Profilfotos, die in den Gärten für die beliebte Dating-App Grindr geschossen worden waren. Warum wählten Grindr-Nutzer diesen Hintergrund? Wie Joel Sternfeld erkennen auch sie Romantik und Aufregung in den Kontrasten. Die Gärten sind perfekt für ein verschwiegenes Treffen, schön und mitten in der Stadt, nicht draußen in den Vororten. Aus ähnlichen Gründen ist die High Line auch beliebt für Verlobungsfotos.

Um die Spannung der High Line zu erhalten, ist ein besonderer Schlag von Gärtnern nötig – einer mit künstlerischem Blick. Manche Designer verfolgen mit strengen Vorgaben, wie ihre Visionen umzusetzen sind. Piet Oudolf aber ist offen für Veränderungen und durch den Freiraum, den er den Pflanzen lässt, wird die Gartengestaltung der High Line zur Kunst.

Die Anlagen benötigen jedoch auch ein unglaubliches Maß an Pflege. So, wie ein minimalistisches Gebäude schwieriger zu entwerfen und zu bewahren ist, als es aussieht, brauchen auch die Gärten mehr Pflege, als ihr wildes, natürliches Erscheinungsbild vermuten ließe. Aus diesem Grund ist der Verein Friends of the High Line den Mitgliedern und Sponsoren äußerst dankbar, denn erst ihre Unterstützung ermöglicht den Erhalt dieser komplexen Wildnis.

Wenn über die High Line gesprochen wird, so geht es um die Pflanzen. Man spricht aber auch über Menschenmassen. Es mag so klingen, als ob ich mich nach der Zeit zurücksehnte, da ich allein entlang der High Line-Gleise wandern konnte. Aber mit den Menschen ist es besser. Josh und ich unterhielten uns über diesen Effekt, als die High Line wieder eröffnet wurde. Die Menschen in der Landschaft beleben die Trasse, sie verhindern, dass ein steriler, botanischer Garten daraus wird. Sie sind ebenso wichtig wie die Stauden. Und wir haben damit ein neues Spannungsfeld geschaffen.

Vor der Restaurierung war die High Line ein von selbst entstandenes Wunder. Heute steckt mehr dahinter. Die unberührte Landschaft voller Wildblumen, die wir erblickten, war surreal. Die High Line von heute ist unglaublich – sie ist botanischer Garten, zentral gelegene Plaza, Kunstmuseum, Kulturzentrum und eine Weiterentwicklung des über Jahrzehnte im Stadtteil Chelsea verborgenen Wunders. Sie ist immer ungezwungen, ein lebendiger und sich wandelnder Ort, an dem jeder die unwiderstehliche Spannung erleben kann. Neben den Wildblumen in der Stadt ist es genau das, was ich niemals für möglich gehalten hätte.

Robert Hammond und Piet Oudolf treffen sich mit den Landschaftsarchitekten James Corner und Lisa Switkin mitten im Gansevoort-Wäldchen. Sie tauchen in die Landschaft ein, die sie gemeinsam geschaffen haben, und zugleich tauchen sie in die Stadt ein. Mai 2016.

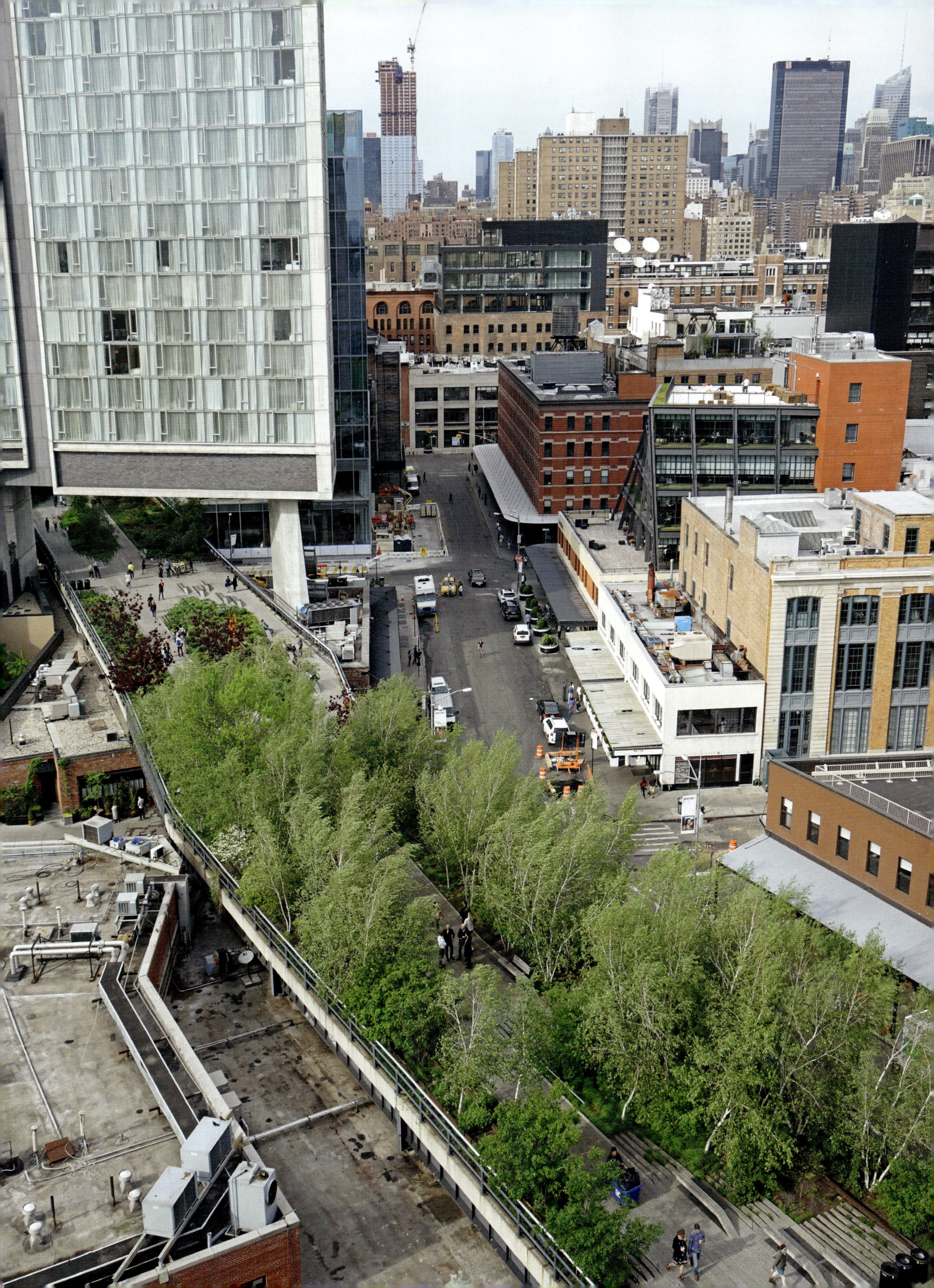

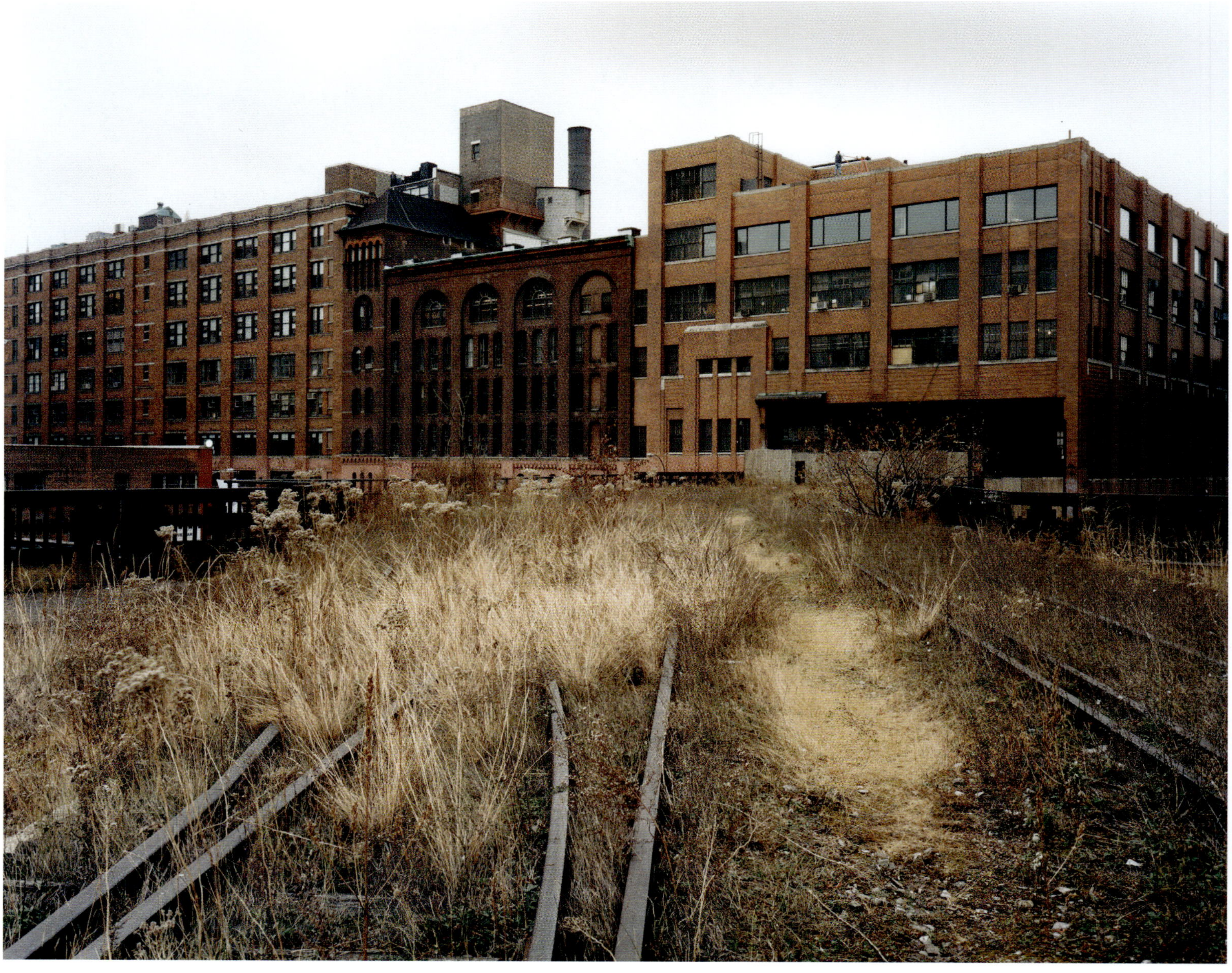

Ich bete nur darum, dass bei der Rettung der High Line auch einige wilde Partien erhalten bleiben, damit die Menschen die Halluzination von Natur in der Stadt erleben können.[2]

JOEL STERNFELD

VOM RAFFINEMENT DER MODERNEN LANDSCHAFTSGESTALTUNG

Ein Freund antwortete auf die Frage, was das Besondere der High Line sei: „Die Widersprüche." Wie wahr!

Die widersprüchliche Natur der High Line basiert auf ihrem Ursprung: Es ist eine Collage scheinbar gegensätzlicher Elemente, die zusammen eine optimistische Vision von Menschen und Raum im Laufe der Zeit ergeben. Ihre Gärten liegen auf einem monumentalen Beispiel amerikanischer Schwerindustrie und doch schreiben sie sich mit außergewöhnlicher Leichtigkeit darin ein. Mit den Wurzeln in der Vergangenheit blicken sie unmissverständlich voraus. Gartengestaltung und -pflege folgen größter Präzision, die Pflanzen und Muster sind jedoch immer im Wachsen begriffen und permanent im Fluss. Die Seele der High Line vertraut auf das Fortbestehen guten Designs, die sich wandelnde Natur der Gärten und die flüchtigen Freuden, die sich unausweichlich daraus ergeben. Oder wie Gaston Bachelard es in seinem Buch „Die Poesie des Raums" ausdrückt: „Es ist besser in Unbeständigkeit zu leben als in der Endgültigkeit."[3]

Obwohl das sinnliche Erleben eines Gartens den Geruch, das Gehör und das haptische Element einschließt, steht am Anfang meistens der visuelle Eindruck. Er weckt Gefühle und Geist. Joel Sternfelds einfühlsame Fotografien der wilden High Line waren derartige visuelle Katalysatoren, die eine weit verbreitete, aber bislang unausgesprochene Sehnsucht ansprachen. Joel beschreibt seine erste Begegnung mit der Landschaft der High Line als halluzinatorisch. Dieser Charakter war damals wie heute für die Bahntrasse essenziell – sie ist ein Ort für Tagträumereien. Um es nochmals mit Bachelard zu sagen, Tagträumerei „transportiert den Träumer aus der konkreten Welt in eine Welt, die alle Zeichen der Unendlichkeit trägt".[4]

Die widersprüchliche Natur der High Line macht sie gleichzeitig zu einem Stadtviertel und zu einem kosmopolitischen Ziel. Die Gärten gehören dem Bezirk Chelsea und gleichzeitig aller Welt. Ihre Mischung aus Stauden und Gräsern entstammt überwiegend der Flora nordamerikanischer Präriewiesen, und doch wurde die Mehrheit dieser Pflanzen erst durch die Bemühungen von Gärtnern, Züchtern und Designern aus weiter Ferne und sogar anderen Kontinenten in den Gartenbau eingeführt. Die Gärtner, die sich heute darum kümmern, sind so unterschiedlich wie die Gärten selbst. Mit ihrem beispiellosen und richtungsweisenden Charakter besitzen die Gärten nun nach aktueller Zählung für mehr als 7 Millionen Besucher jährlich einen hohen Stellenwert. Auch wenn die High Line niemals bis ins Detail imitiert werden kann, stehen ihre grundlegenden Werte als Vorbild für ein verbessertes zeitgenössisches Landschaftsbild ein.

Joel Sternfeld
Blick nach Süden Richtung Chelsea Markets, Dezember 2000, 2000, C-Print, 99,7 × 125,57 cm.

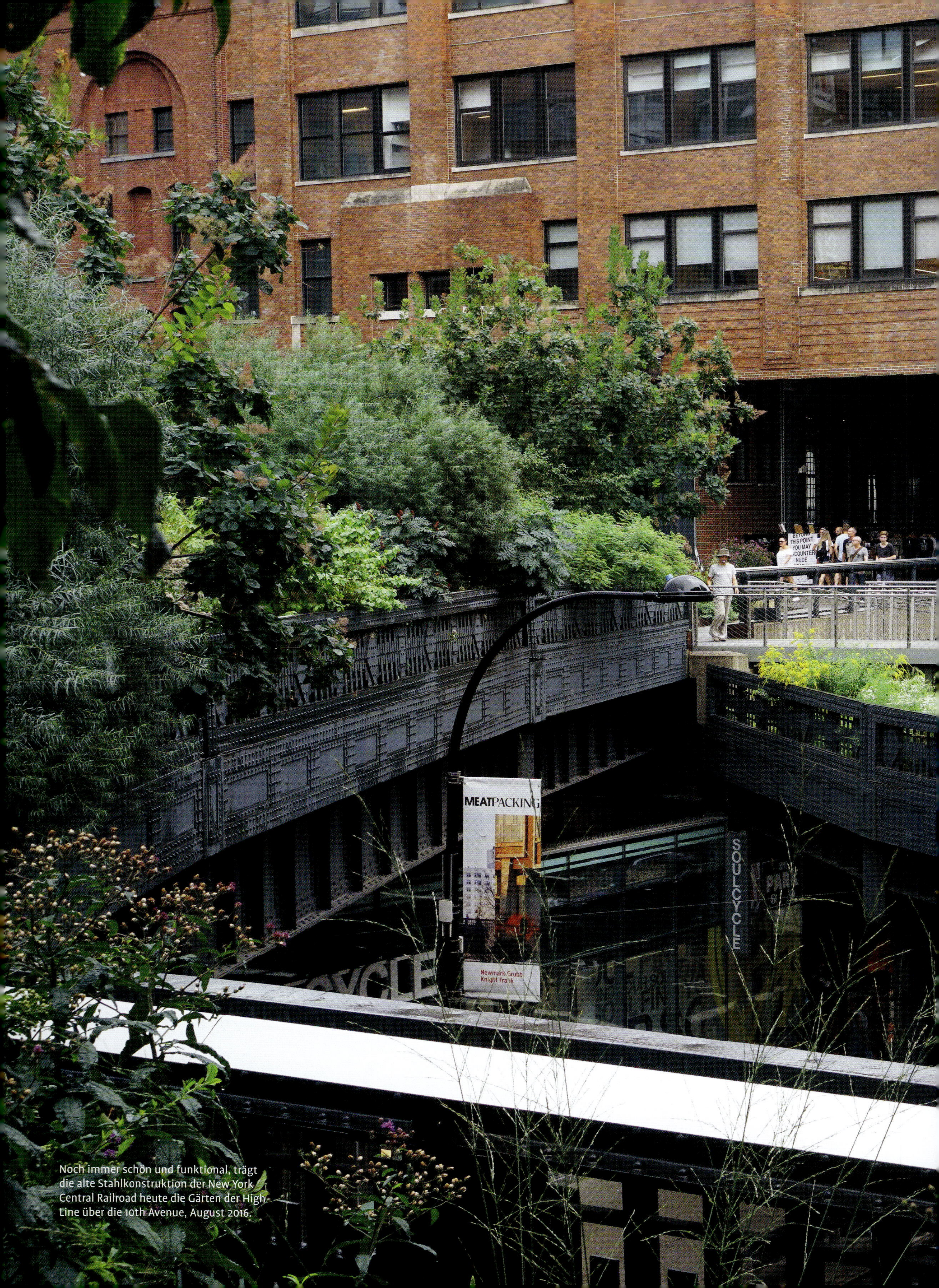

Noch immer schön und funktional, trägt die alte Stahlkonstruktion der New York Central Railroad heute die Gärten der High Line über die 10th Avenue, August 2016.

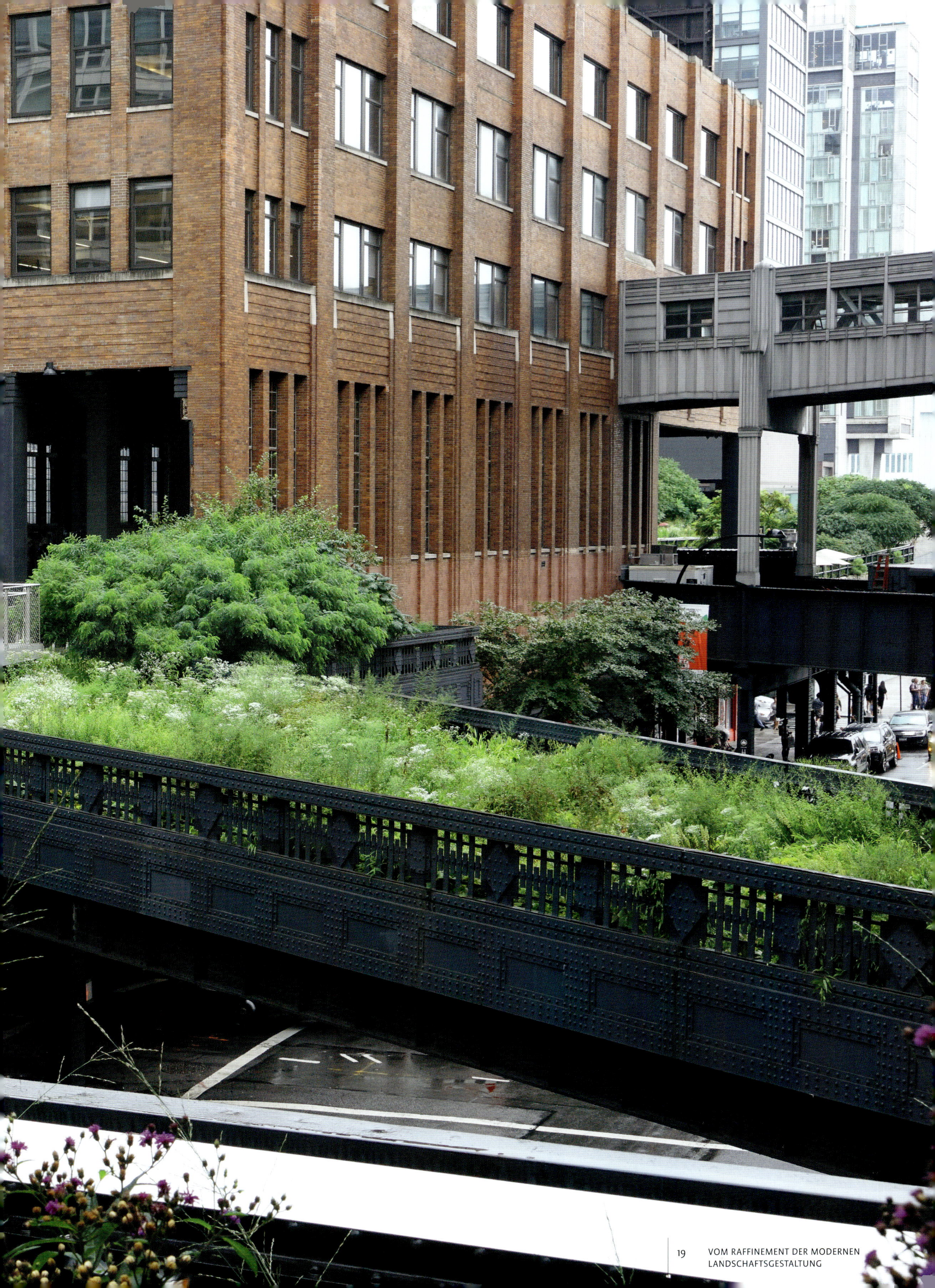

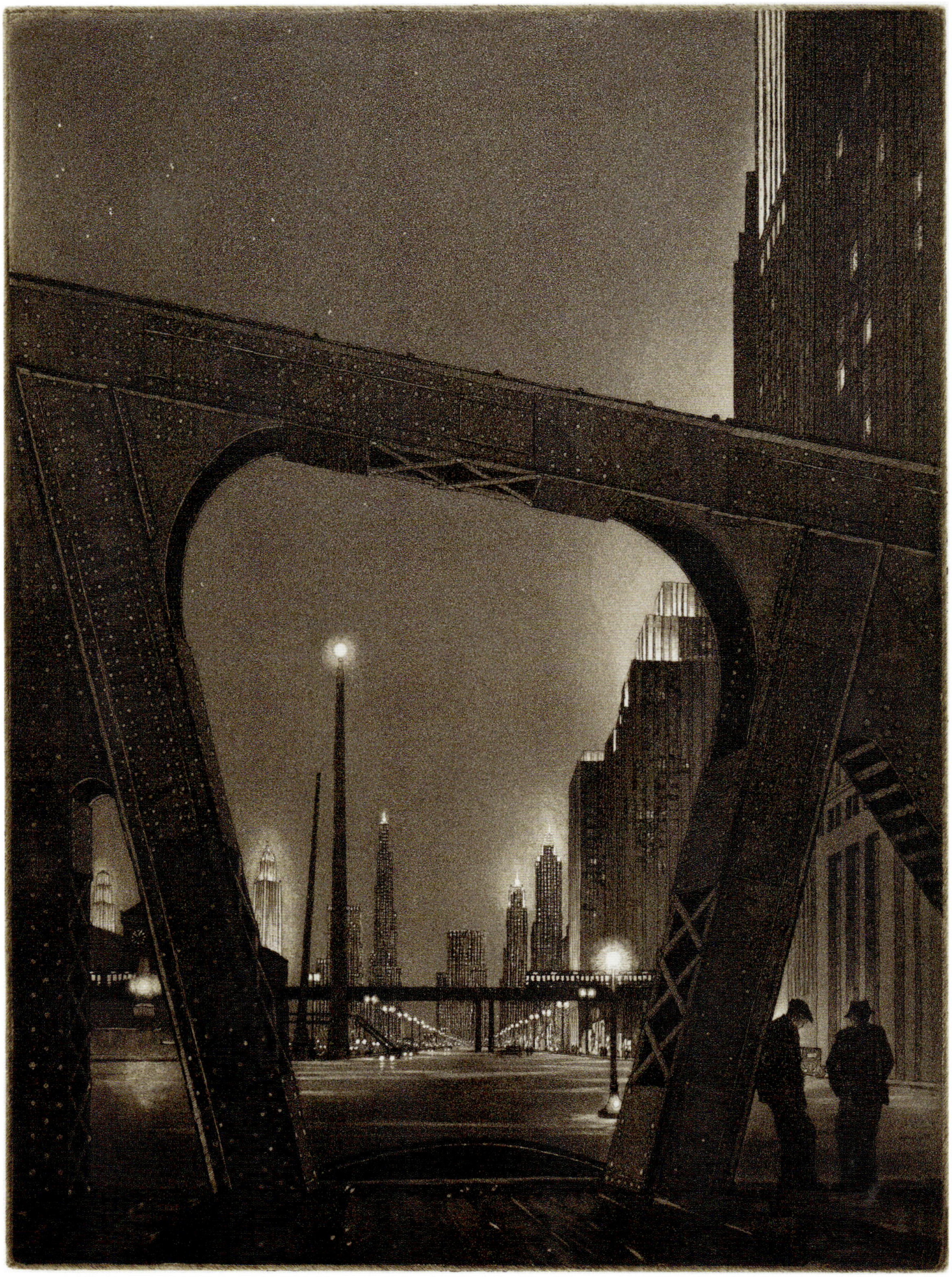

Gerald K. Geerlings (1897 – 1998):
Jeweled City, 1931.
Aquatinta-Radierung, Druckformat 39,5 × 29,7 cm,
Whitney Museum of American Art, New York.
Erworben mit Mitteln der Lauder Stiftung, Leonard and Evelyn Lauder Fund.

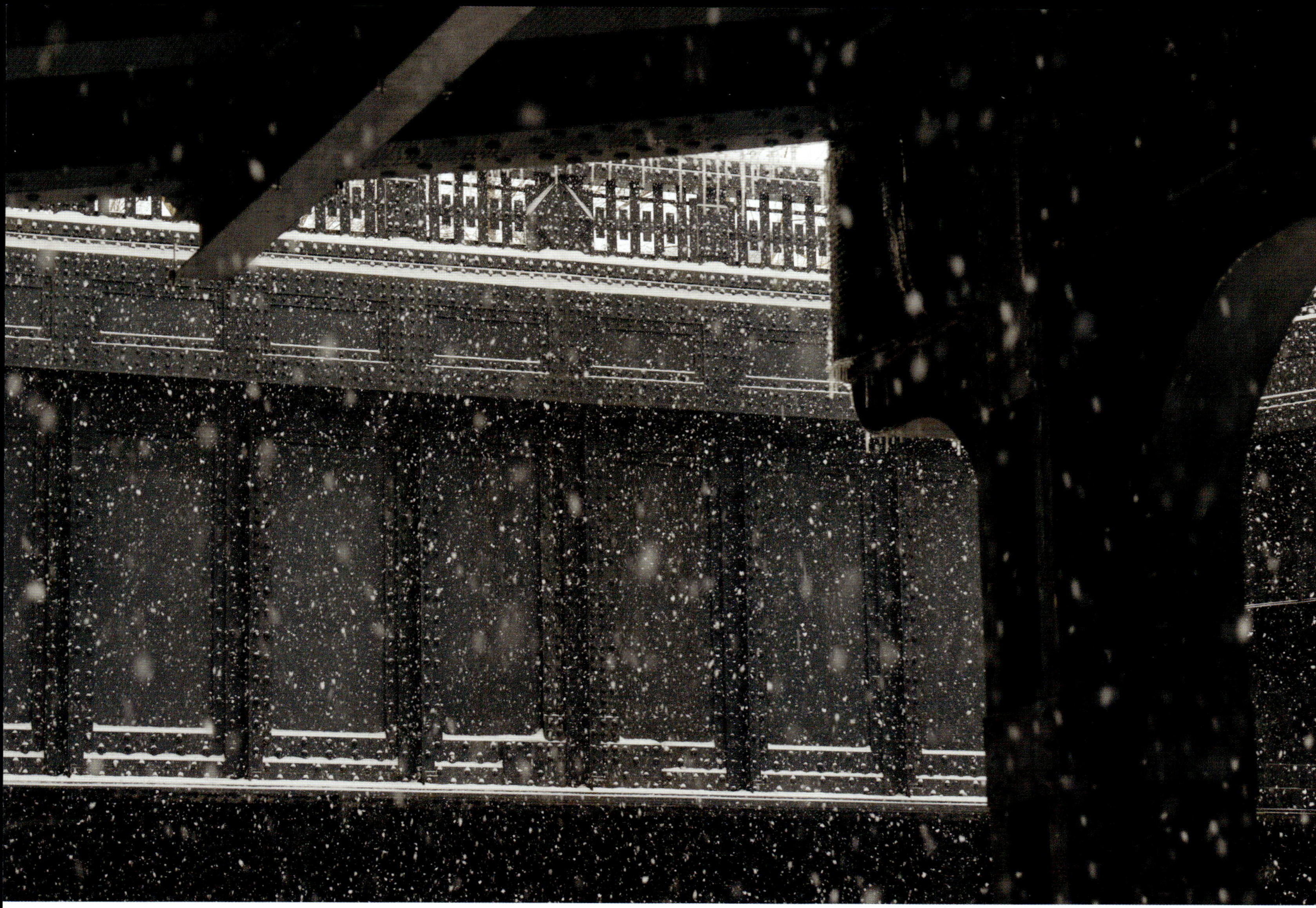

Im Nachhinein gesehen, sind die Gärten der High Line das elegante Ergebnis einer Gelegenheit, die erst mit einem veränderten sozialen, wirtschaftlichen, industriellen und ökologischen Bewusstsein aus dem Verborgenen zutage trat. Die High Line-Trasse entwickelte sich innerhalb von nur zehn Jahren von einer Idee zu einem öffentlichen Park. Ein Blick auf die Ursprünge zeigt jedoch die lange Geschichte dahinter. Sie beginnt mit der Ästhetik der Industrialisierung.

Die Zeiten, als Eisenbahn und Gießereien den Mittagshimmel über Amerika verdüsterten, sind lange vorüber. Die High Line-Trassen („Els" für „Elevated lines"), die einst Schatten auf die Straßen und Fußgängerwege von New York warfen, sind fast alle verschwunden. Da uns dieses Verschwinden einen veränderten Blick auf die Überreste der industriellen Landschaften freigibt, erkennen wir nun hinter der Funktionalität auch ihre Schönheit. „Schäbig" wird langsam „schick". Die Ingenieure der New York Central, die die High Line entworfen hatten, kannten diese Schönheit: Man muss dazu nur die Geländer oder die Muster von Nieten und Stahlplatten betrachten, die an jeder Kreuzung zu sehen sind. Die Kunst feierte diese Ästhetik, besonders deutlich Gerald Geerlings „Jeweled City" von 1931. Die Radierung entstand in dem Jahr, als die Bauarbeiten zur High Line begannen, und zeigt die glitzernden Nieten im Licht der Sterne und Straßenlaternen.

Eine Abstraktion aus Stahlschienen und Holzschwellen – das Logo der High Line steht heute für die Landschaft und die Gärten, ohne dabei Pflanzen zu zeigen.

Oben: Die High Line über der 10th Street bei Schneesturm im März 2015.

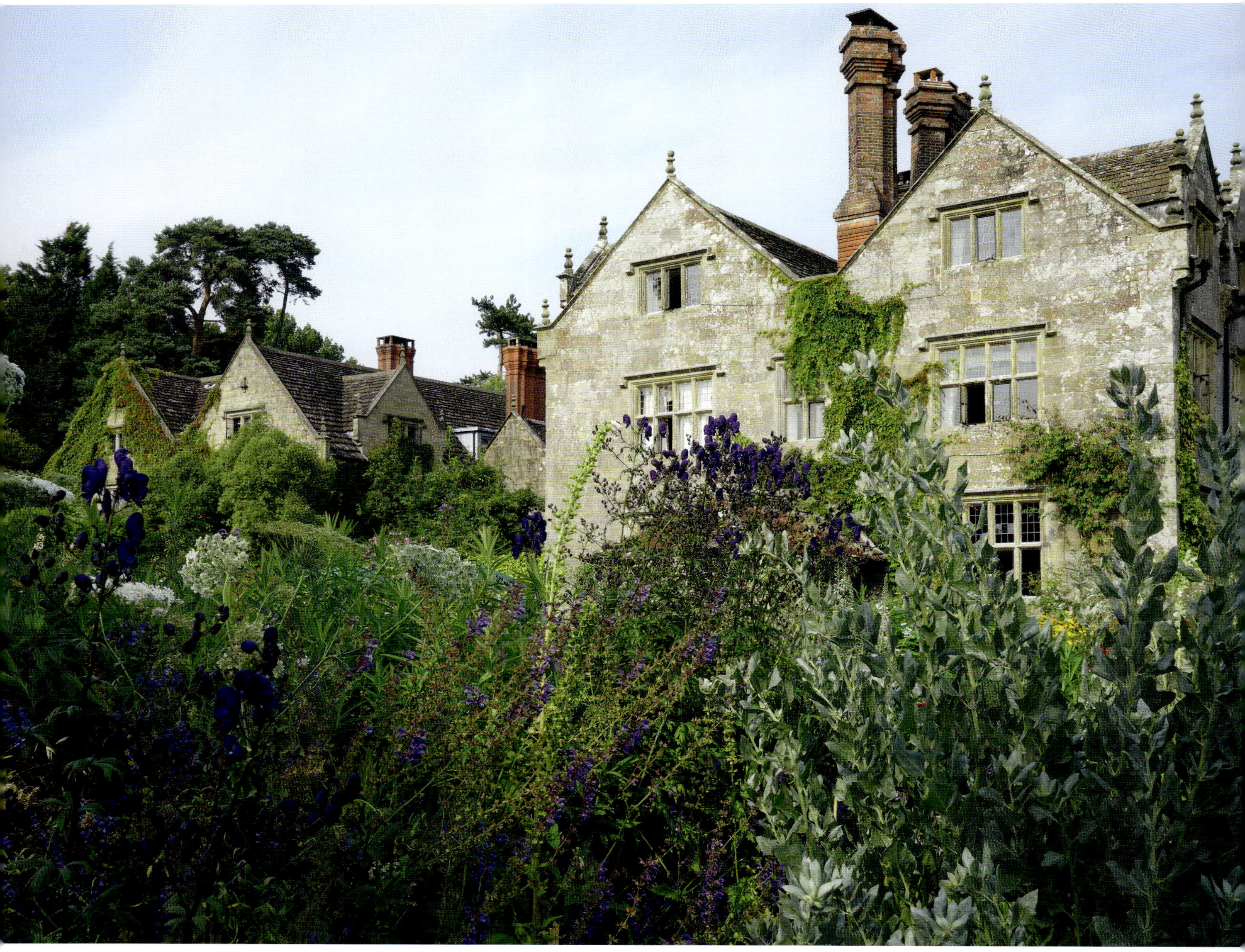

Der restaurierte, wilde Garten an William Robinsons Haus Gravetye Manor nahe East Grinstead in West Sussex. 1598 für den örtlichen Stahlgießer Richard Infield und seine Frau Katherine errichtet, war Gravetye völlig verfallen, als Robinson es 1885 erwarb. Die darauf folgenden 50 Jahre wurde es zu Robinsons grünem Experimentiergrund.

Die Grafikdesignerin Paula Scher erkannte, in welchem Maß die Identität der High Line aus der Erinnerung an die Industrialisierungszeit gespeist wird, als sie das neue Logo entwarf.

„Vom Stil her ist es mit voller Absicht eher industriell als gartenbezogen. Es geht darum, die Industriefläche zu kultivieren und auf moderne, städtische Weise neu zu erfinden. Das ist das wahre Markenzeichen."[5]

Das moderne, städtische Wesen der neuen High Line wird auf ewig mit der kreativen Nutzung der industriellen Ästhetik und dem ursprünglichen Naturalismus der Gärten verknüpft sein. Die High Line ist nicht das früheste Beispiel, geschweige denn eine Pionieranlage eines wilden Gartens. Trotzdem gilt sie als das außergewöhnlichste Beispiel eines öffentlichen Parks, der unmittelbar aus der lebendigen Dynamik seines eigenen, wilden Ursprungs entstanden ist.

Das Konzept des wilden Gartens nahm mit William Robinsons Buch „The Wild Garden" (Der wilde Garten) aus dem Jahr 1870 Fahrt auf.[6] Mit sieben Auflagen zu seinen Lebzeiten (1838–1935) warb es für einen authentischen, naturnahen Ansatz, bei dem die Vitalität und Funktion wilder Pflanzen in die gezielte Gartengestaltung einbezogen werden sollten. Robinson hatte mehrere Beweggründe, als er „The Wild Garden" schrieb. Nach der Emigration aus Irland wurde Robinson zum Experten für die Flora seiner neuen Heimat, den Britischen Inseln. Er warb für die Verwendung der Wildpflanzen im Garten. In seinem Buch „The Wild Garden" stellt er fest, dass „die Leidenschaft für exotische Pflanzen so weitreichend ist, dass man die schönsten heimischen Pflanzen gar nicht verwendet".[7] Danach beschreibt er zahlreiche Arten, die des Anbaus würdig sind. Doch Robinson war kein Naturgärtner. Seine Vision des wilden Gartens war weltumspannend, empfahl er doch Mischungen mehrjähriger Stauden aus aller Welt, die eines gemeinsam hatten: Sie waren an die Bedingungen des jeweiligen Standorts gut angepasst.

Auf seinen Reisen quer durch Nordamerika und Nordeuropa hielt er ständig nach geeigneten Arten Ausschau, um die Gärten zu verschönern und dauerhafter zu gestalten, ohne dass sie viel Mühe verursachten oder Geld verschlangen. Robinson wusste, dass der Schlüssel dazu die Verwilderung der Arten im Garten war. Dadurch waren die Pflanzen für ausdauerndes Überleben und Verbreitung nicht mehr gänzlich auf Gärtner angewiesen. Seine Experimente auf seinem Landsitz Gravetye Manor im englischen Sussex zeigten die Vorteile beim Anbau örtlich angepasster, ausdauernder Stauden im Gegensatz zu schlecht akklimatisierten Pflanzen in fest gefügten Pflanzschemata.

Die Industrielle Revolution im 19. Jahrhundert war damit teilweise für Robinsons Motivation verantwortlich, einen ausdauernden, weniger aufwändigen Gartenbau zu entwickeln. Zu den

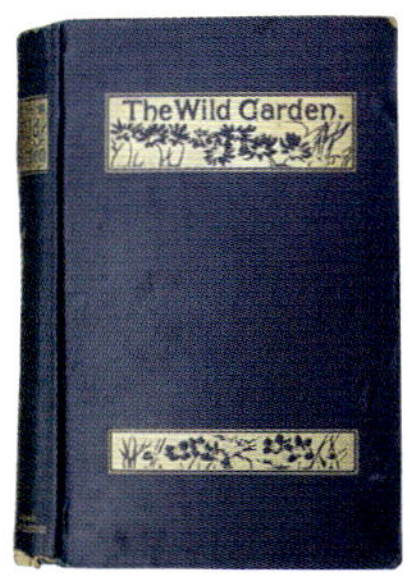

William Robinsons bahnbrechender Klassiker „The Wild Garden" wurde erstmals im Jahr 1870 in England veröffentlicht.

Lesern seiner Bücher zählten auch Besitzer großer Anwesen, deren Gärten bei der Pflege ganze Heere von Gärtnern erforderten. Als viele Gärtner ihre Stellen zugunsten von Industrieberufen aufgaben, wurde schnell klar, dass eine weniger zeitaufwändige Methode der Gartenpflege gefunden werden musste. Die Strategien des wilden Gartens waren sowohl fortschrittlich als auch praktisch.

Das Buch „The Wild Garden" gewann zu Robinsons Lebzeiten immer größeren Einfluss – erst in Großbritannien, dann in Europa und Nordamerika. Frederick Law Olmsted besaß eine Ausgabe des Werkes und machte auch Calvert Vaux mit Robinsons Ideen vertraut. Gemeinsam planten Olmstedt und Vaux im New Yorker Central Park den Abschnitt The Rambles. Die Grundgedanken des Buches gewannen in den letzten Jahrzehnten weltweit für Gärtner zunehmend an Wichtigkeit, da das Potenzial der Gärten für nachhaltige, regionale Ökosysteme immer deutlicher wird.

Neben der wachsenden Akzeptanz wilder Gärten und dem Wechsel von einjährigen hin zu mehrjährigen Pflanzen, war auch die Entdeckung der Gräser seitens der Gartengestalter eine Voraussetzung für die Bepflanzung und das Design der High Line. Obwohl Gräser heutzutage in vielen Gärten wachsen, galten sie bei den meisten Gärtnern bis vor kurzem noch als Unkraut. Ein Blick auf die Gärten zeigt bis weit in das 20. Jahrhundert, dass Gräser recht selten waren. Hin und wieder sah man Pampas-Gras (*Cortaderia*), Lampenputzergräser (*Pennisetum*) oder China-Schilf (*Miscanthus*). Typischerweise setzte man sie als Besonderheit in Szene und bezeichnete sie als Ziergräser, um sie von Rasen oder Wiesen abzugrenzen.

Die überraschende Vielfalt an Gräsern auf der High Line-Trasse lässt sich auf die Arbeiten des deutschen Pflanzenzüchters und Philosophen Karl Foerster (1874–1970) und sein Buch „Einzug der Gräser und Farne in die Gärten"[8] aus dem Jahr 1957 zurückführen. Darin pries Foerster die einzigartige Linienführung, Form, Durchsichtigkeit und Bewegung, die Gräser dem Garten verleihen. Er zeigte, wie man sie unter naturnahe Gestaltungen mischte, und beschrieb ihre winterliche Schönheit. Durch seine Schriften und den Pflanzentausch mit Züchtern erweiterte Foerster die Palette der für die Landschaftsgestaltung tauglichen Gräser um eine große Zahl, einschließlich nordamerikanischer Arten. Und er beeinflusste Generationen nordeuropäischer Gärtner, Landschaftsgestalter sowie Pflanzenzüchter.

Die in Europa stetig wachsende Begeisterung für Gräser erreichte im Lauf der Zeit durch internationalen Austausch von Pflanzen und Ideen auch die Vereinigten Staaten. Kurt Bluemel, der als Sudetendeutscher im Jahr 1957 in die USA einwanderte, begann in seinem Pflanzenzuchtbetrieb in Maryland 1964 mit der Vermehrung von Gräsern. Gemeinsam mit dem ostdeutschen Landschaftsgestalter Wolfgang Oehme brachte Bluemel die Palette europäischer Ziergräser nach

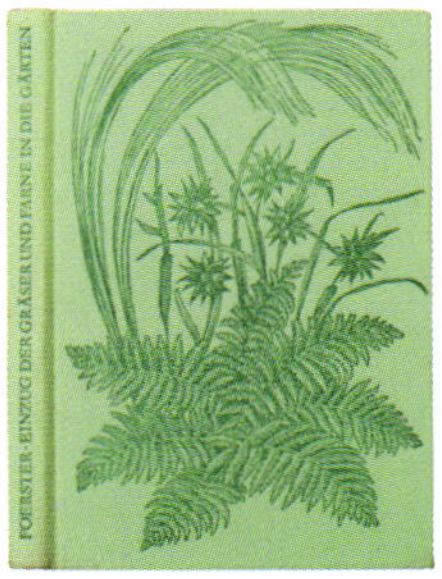

Karl Foersters bedeutendes Buch „Einzug der Gräser und Farne in die Gärten" wurde 1957 im Neumann Verlag verlegt (heute führt es der Verlag Eugen Ulmer im Programm) und beeinflusste Gärtner und Gartengestalter in ganz Europa.

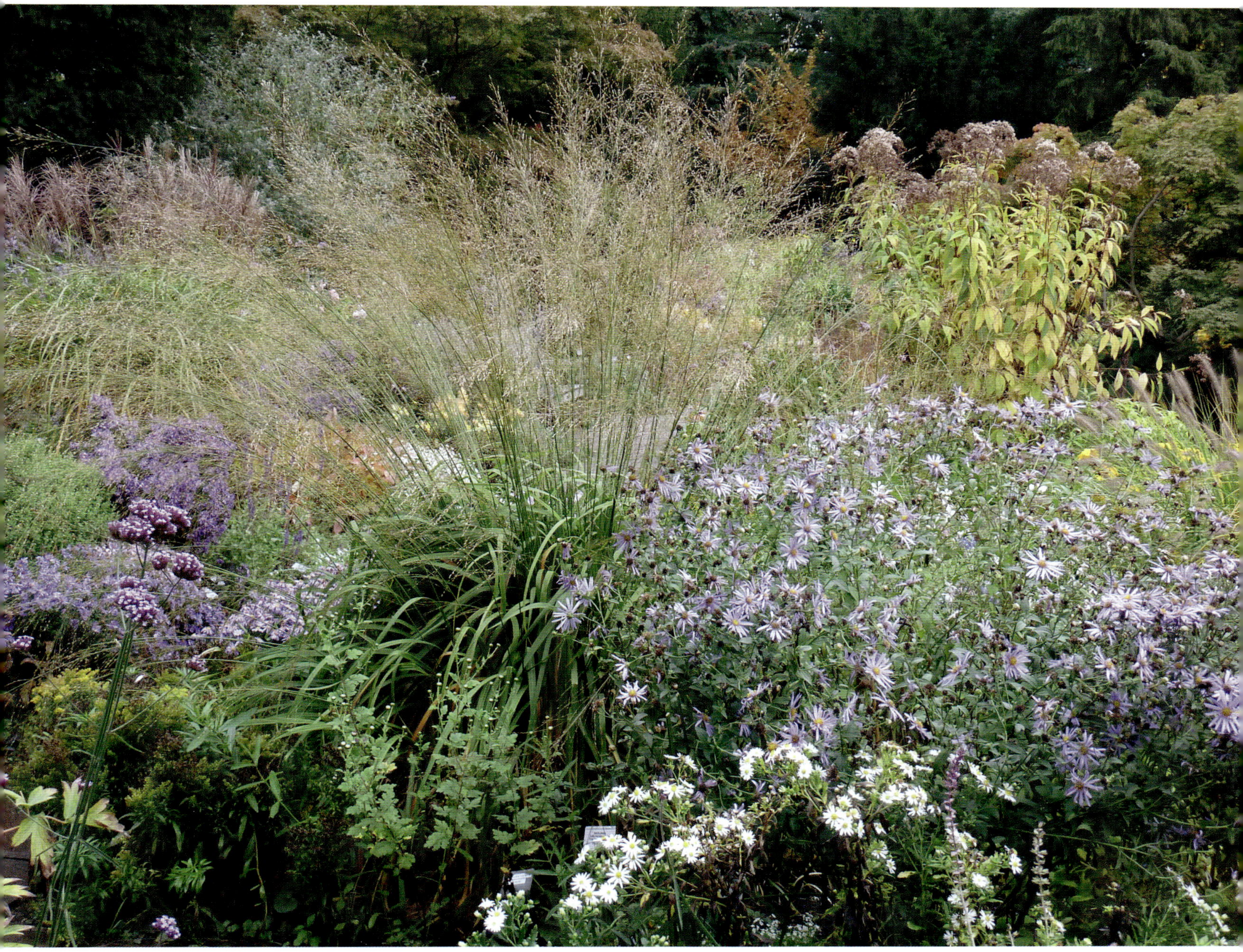

Eine naturalistische Mischung aus Gräsern und winterharten Stauden im restaurierten Foerster-Garten in Potsdam-Bornim. Der Garten wird als Inbegriff von Foersters Arbeit bewahrt. (Bild: Melinda Zoehrer)

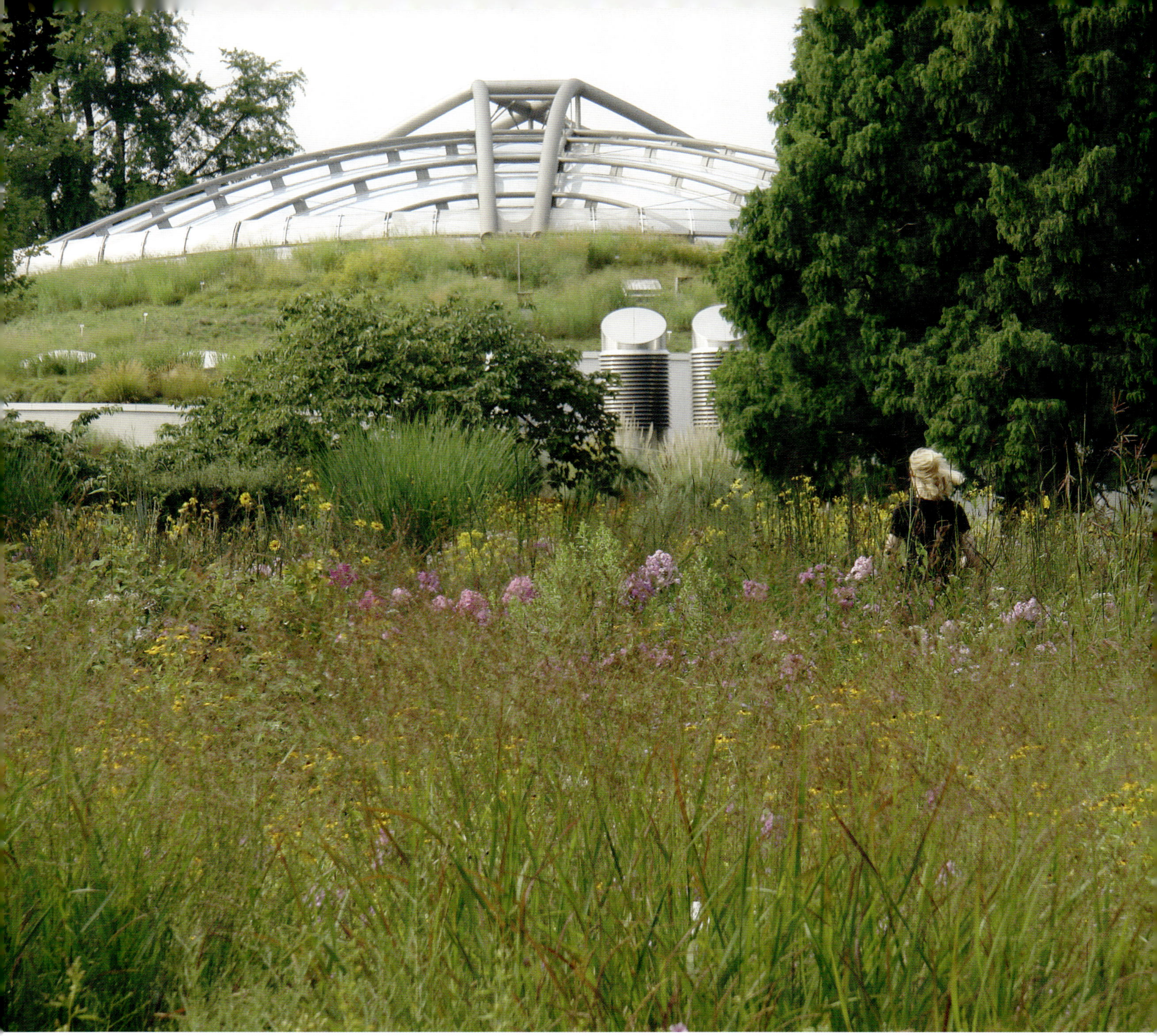

Amerika und erweiterte schließlich sein Angebot an Gräsern, Seggen und Binsen um Arten aus aller Welt. Zusammen mit den Gräsern führten die beiden auch neue, breitblättrige Stauden von Pionieren der Pflanzenzüchtung aus Deutschland wie Ernst Pagels und Hans Simon oder von den Niederländern Piet und Anja Oudolf ein.

Da das Interesse an nordamerikanischen Prärie-Arten sowohl in den USA als auch in Europa wuchs, führte die Zusammenarbeit von deutschen Pflanzenzüchtern wie Hans Simon und Cassian Schmidt mit Amerikanern, darunter Neil Diboll von Prairie Nursery, Roy Diblik von Northwind Nursery und Dale Hendricks von North Creek Nurseries, zum Anbau eines erweiterten Sortiments von Gräsern und Stauden. Oehme ging die Partnerschaft mit dem Landschafts-

In Hans Simons Prärie im Berggarten Hannover wächst ein breites Spektrum nordamerikanischer Prärie-Arten. Die Anlage orientiert sich an der historischen Prärie, integriert aber auch europäische und asiatische Arten, die ästhetisch passen und den städtischen Standort vertragen.

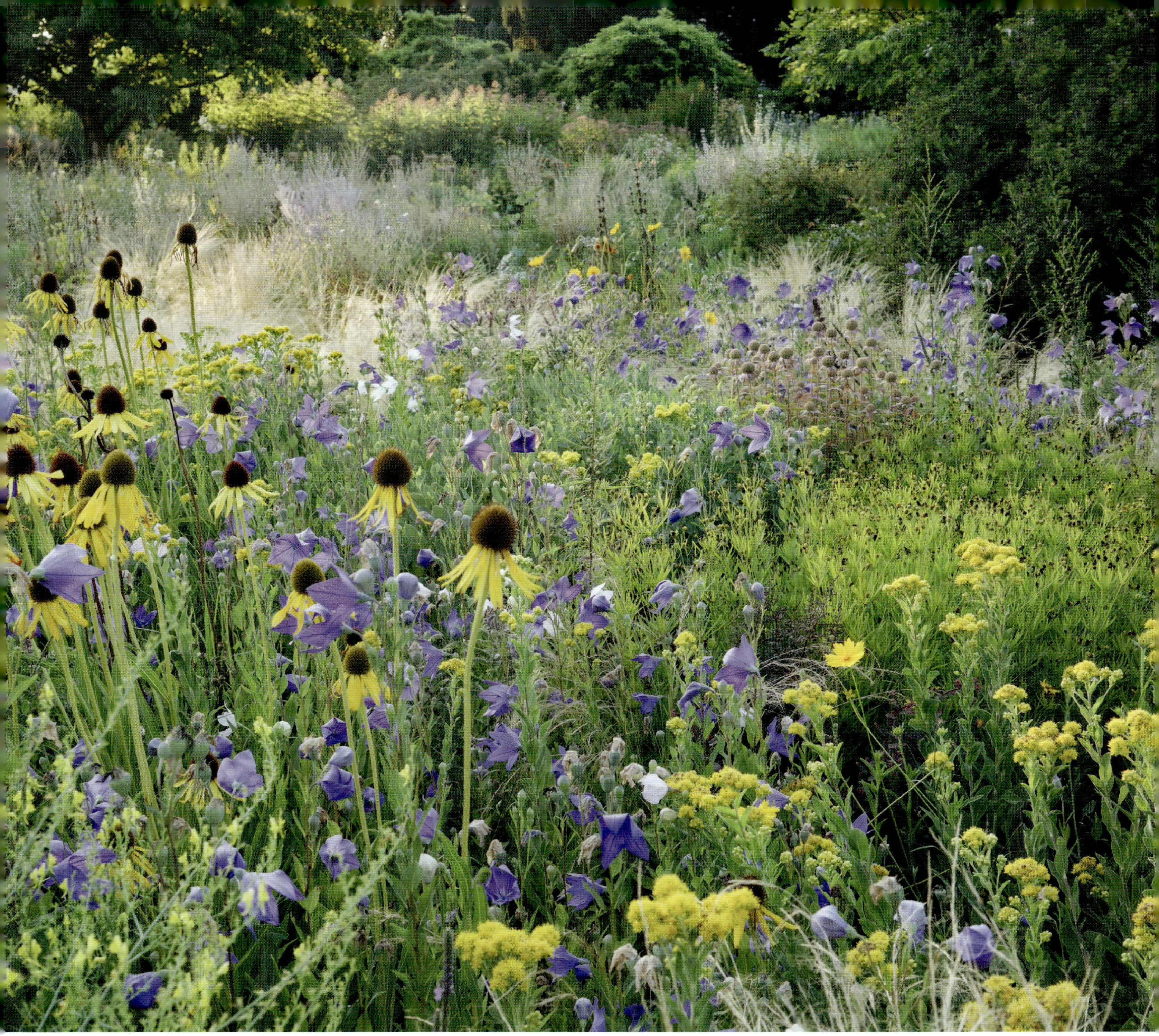

architekten James van Sweden ein. Gemeinsam brachten sie der amerikanischen Öffentlichkeit die Gräser durch ihre Designs für die Innenstadt von Washington D.C. nahe. Enzyklopädien von John Greenlee und Rick Darke dokumentieren die neue Vielfalt an Gräsern und illustrieren deren Pflanzenpotenzial in verschiedenartigen Landschaften. Im Jahr 2004, als Piet Oudolf und die Designer von James Corner Field Operations mit den Planungen der High Line-Gärten begannen, genossen die Gräser bereits weithin Akzeptanz als Bestand auf öffentlichen und privaten Flächen in den USA. Gleichzeitig hatte der Trend bei den Landschafts-Gräsern und Seggen schon von den kritischen Exoten wie *Miscanthus* oder *Pennisetum* zugunsten heimischer, nordamerikanischer Gräser wie Rispenhirse (*Panicum*), Präriegras (*Schizachyrium* und *Andropogon*) sowie Fallsamen-

Cassian Schmidts Design für den Schau- und Sichtungsgarten Hermannshof in Weinheim kombiniert nordamerikanische Pflanzen wie die Steife Goldrute (*Solidago rigida* subsp. *humilis*), gelben Scheinsonnenhut (*Echinacea paradoxa*) und Mexikanisches Fiedergras (*Nassella tenuissima*) mit den blauen Ballonblumen aus Ostasien (*Platycodon grandiflorus*).

gras (*Sporobolus*) Abstand genommen. Die Gräser auf der High Line spiegeln diesen ökologisch aufgeklärten Ansatz.

Gärten werden seit Jahrhunderten mit Ruinen in Verbindung gebracht und ein Garten mit Ruine verströmt eine typisch romantische, nostalgische und kontemplative Stimmung. Die Mehrzahl der europäischen Ruinen waren einst Wohngebäude, Kirchen oder Festungen. Weil das Zeitalter der Industrialisierung den Großteil der amerikanischen Geschichte ausmacht, sind die Ruinen dort eher Relikte von Fabriken, Mühlen und Eisenbahnanlagen. Die zeitgenössische amerikanische Gesellschaft erkennt erst seit kurzem darin den romantischen Geist oder würdigt sie als Orte der Besinnung. Tatsächlich gibt es nun einen bedeutenden Kulturtrend, der sich mit der Erforschung solcher Orte befasst. Stadterforschung, in Englisch abgekürzt UE oder UrbEx (Urban Exploration), hat inzwischen weltweit viele Nachahmer. Alptraumhaft hässliche Landschaft und romantische Landschaft bilden nicht länger einen unüberbrückbaren Gegensatz. Die Landschaft entlang der verfallenen High Line – eine echte Ruine – war ein Ziel der Stadtentdecker. In Form einer Reihe von Gärten wieder hergerichtet, bietet dieselbe Landschaft nun Millionen Menschen eine sichere Gelegenheit, den Nervenkitzel bei der Entdeckung zufällig entstandener Orte zu erleben.

Zufällig entstandene Landschaften wie stillgelegte Bahntrassen sind wunderbare Orte, um die regenerative Kraft der Natur zu beobachten. Jeder, der Zweifel an der Dynamik der Pionierarten in ökologischen Gefügen hat, sollte nur einmal an einer der Trassen entlangwandern. Gräser zählen zu den leistungsfähigsten Pionieren. Sie sind in den frühen Stadien der Besiedlung allgegenwärtig, solange die Landschaft offen und sonnig ist, und bilden eine Matrix, in die sich spätere Ankömmlinge einfügen. Da die verholzenden Pioniere den Boden beschatten, räumen die Gräser dann den Platz zugunsten der Bäume. Dickichte werden zu Waldflächen.

Wir leben im Zeitalter der Menschen und menschliches Handeln wirkt sich auf die weltweite Ökologie aus. Renaturierte Landschaften zeigen allerorts eine Mischung aus heimischen und eingeschleppten Arten. Der Biologe Richard Stalter von der St. Johns University erfasste 2004 in einem Artikel der Torrey Botanical Society mit dem Titel „The Flora on the High Line, New York City, New York“[9] (Die Flora der High Line in New York) 161 Pflanzenarten, die wild auf der High Line-Trasse wuchsen. Mit 82 heimischen und 79 eingeführten Arten hatte die Mischung fast gleiche Anteile. Die Planer der High Line-Gärten haben diese Verteilung und Dynamik als Erste beobachtet und in die Choreographie, die Pflanzgestaltungen und die Pflege der heutigen Gesamtanlage einbezogen. In Zahlen ausgedrückt ist die Pflanzenvielfalt mit nahezu 400 Arten heute (2016) größer als jemals zuvor.

„Wir waren alle gespannt, wie der vorgefundene Zustand des Verfalls die Designsprache inspirieren würde und wie man die Metapher der Ruine und ihre Verknüpfung mit Nostalgie und negativer Utopie zum Ausdruck bringen könnte".[10]

ELIZABETH DILLER

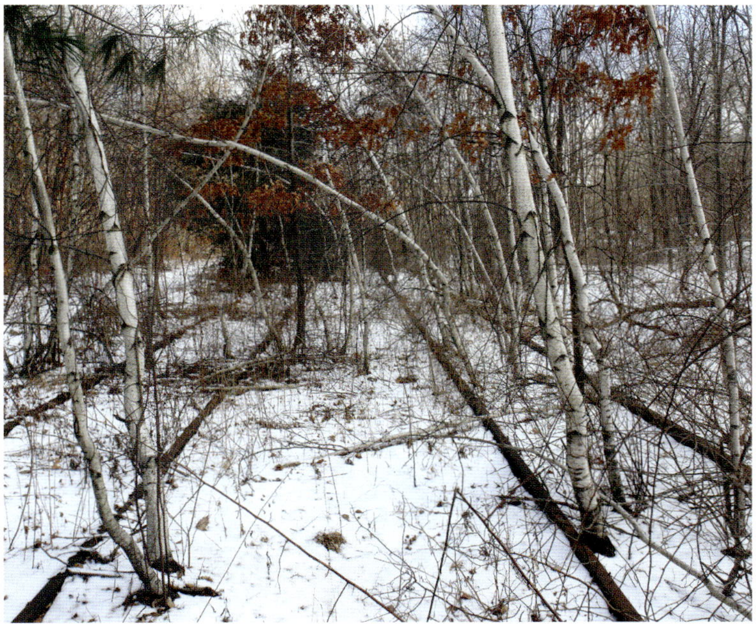

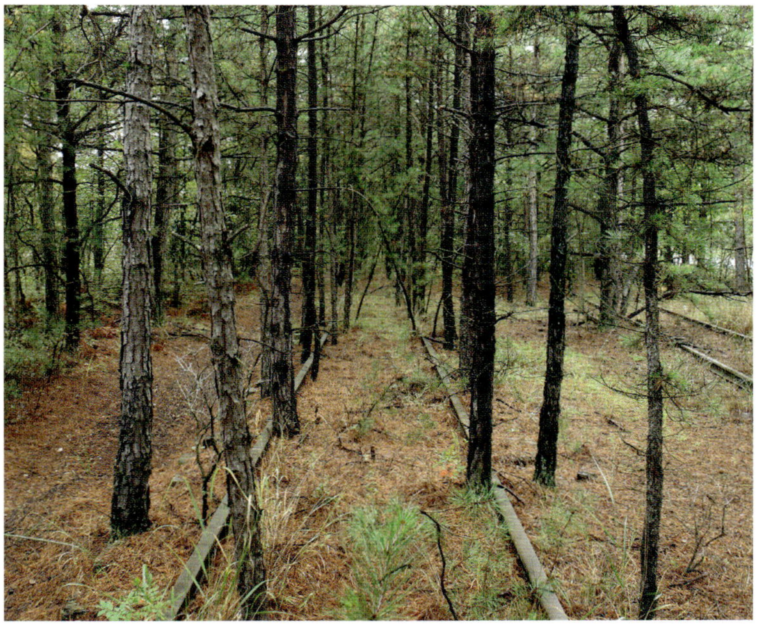

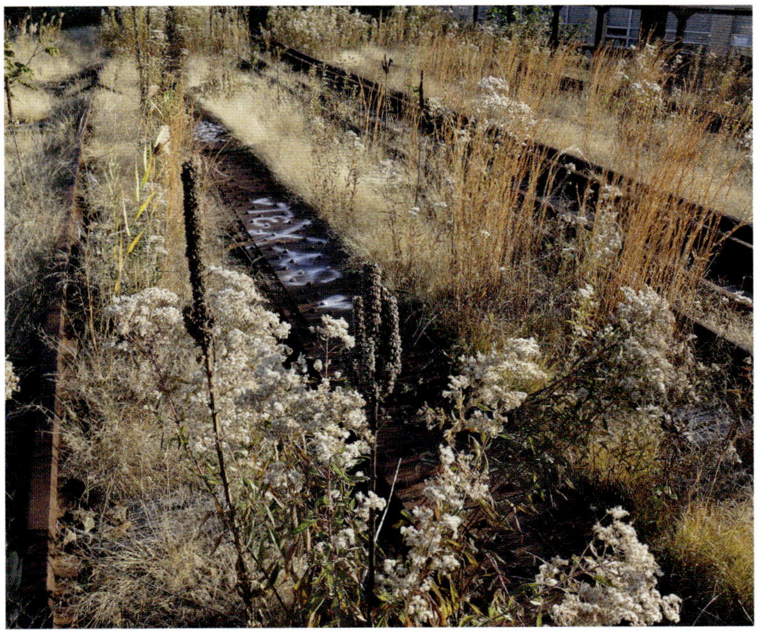

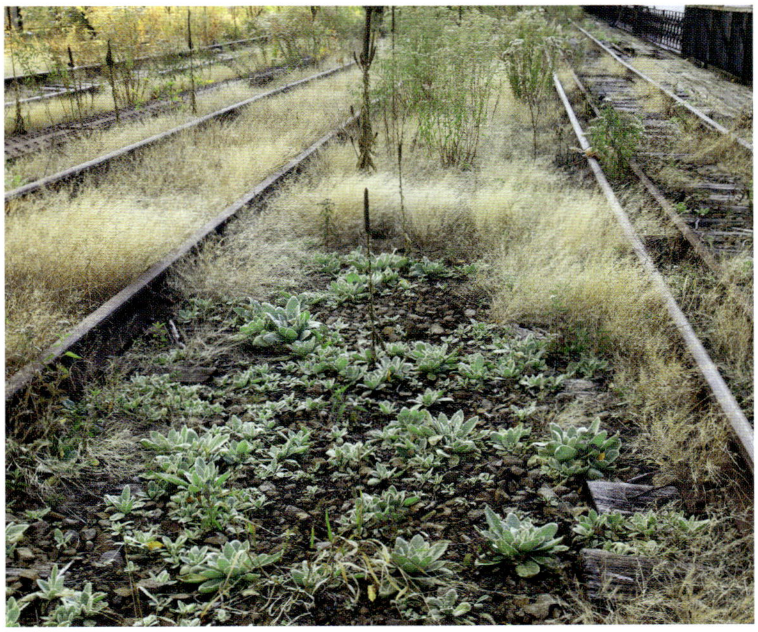

Oben links: Von selbst aufgegangener Bewuchs aus einheimischen Grau-Birken (*Betula populifolia*) erschafft Gehölzdickichte entlang einer aufgelassenen Bahnlinie im Kohlerevier von Pennsylvania.

Oben rechts: Pech-Kiefern (*Pinus rigida*) und Ruten-Hirse (*Panicum virgatum*) wachsen auf einem verlassenen Nebengleis in den öden Kiefernlandschaften in New Jersey.

Unten links und rechts: Gräser mischen sich mit breitblättrigen Stauden und zweijährigen Pionierarten auf dem verlassenen Reading-Viadukt in Philadelphia.

Folgende Doppelseite: Die heimische europäische Sand-Birke (*Betula pendula*) wächst im Dickicht des Südgeländes im Berliner Natur-Park.

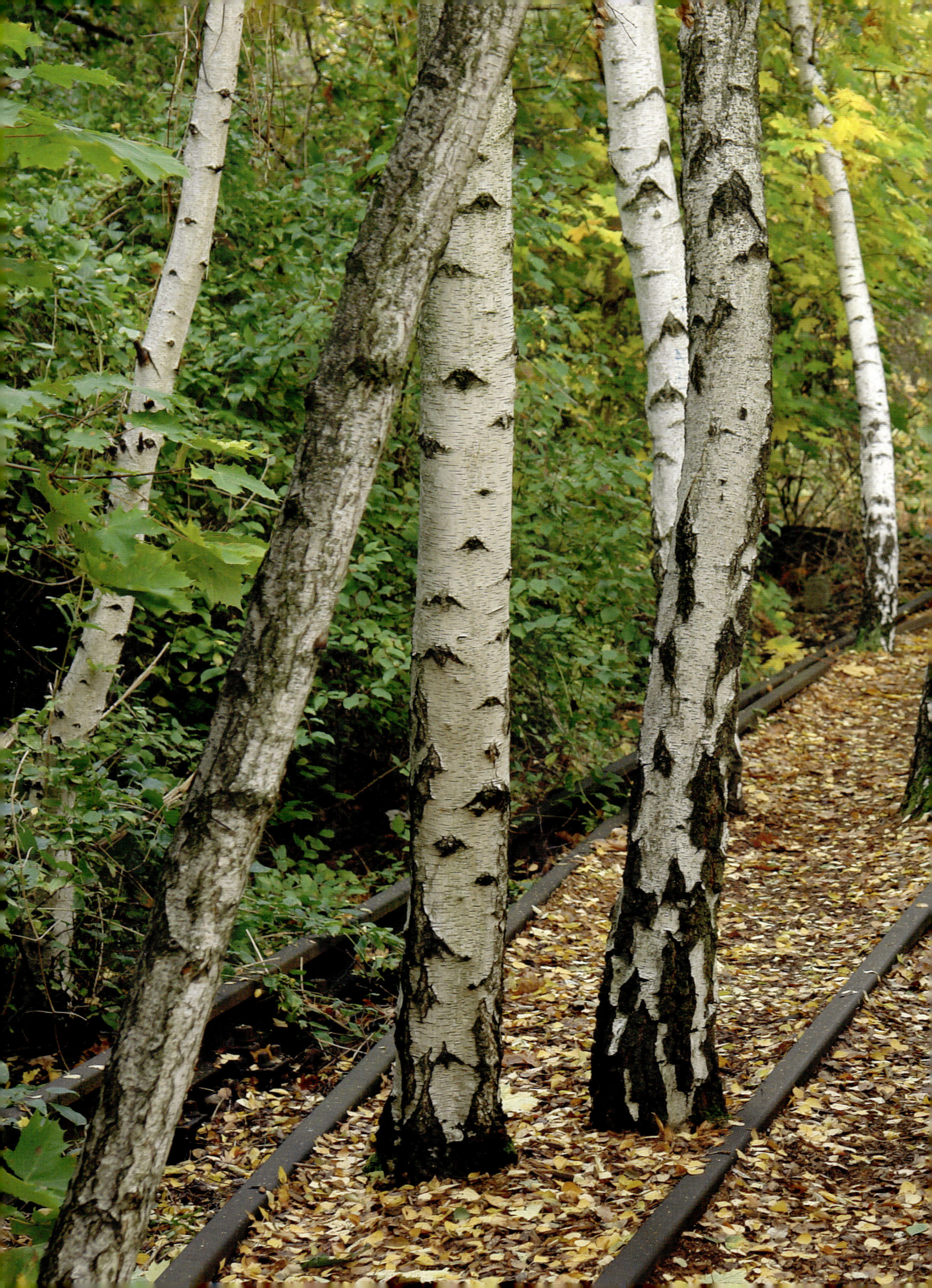

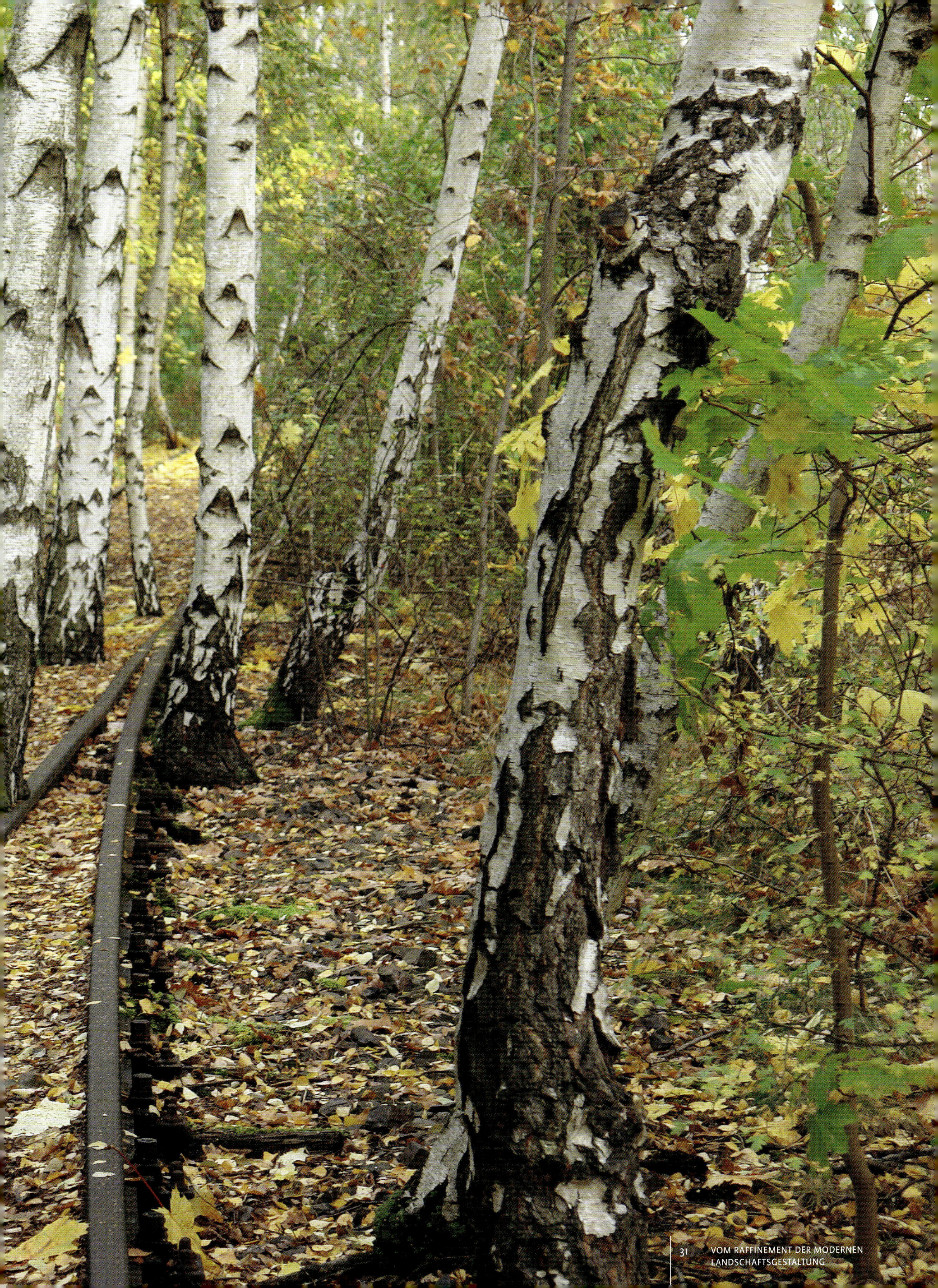

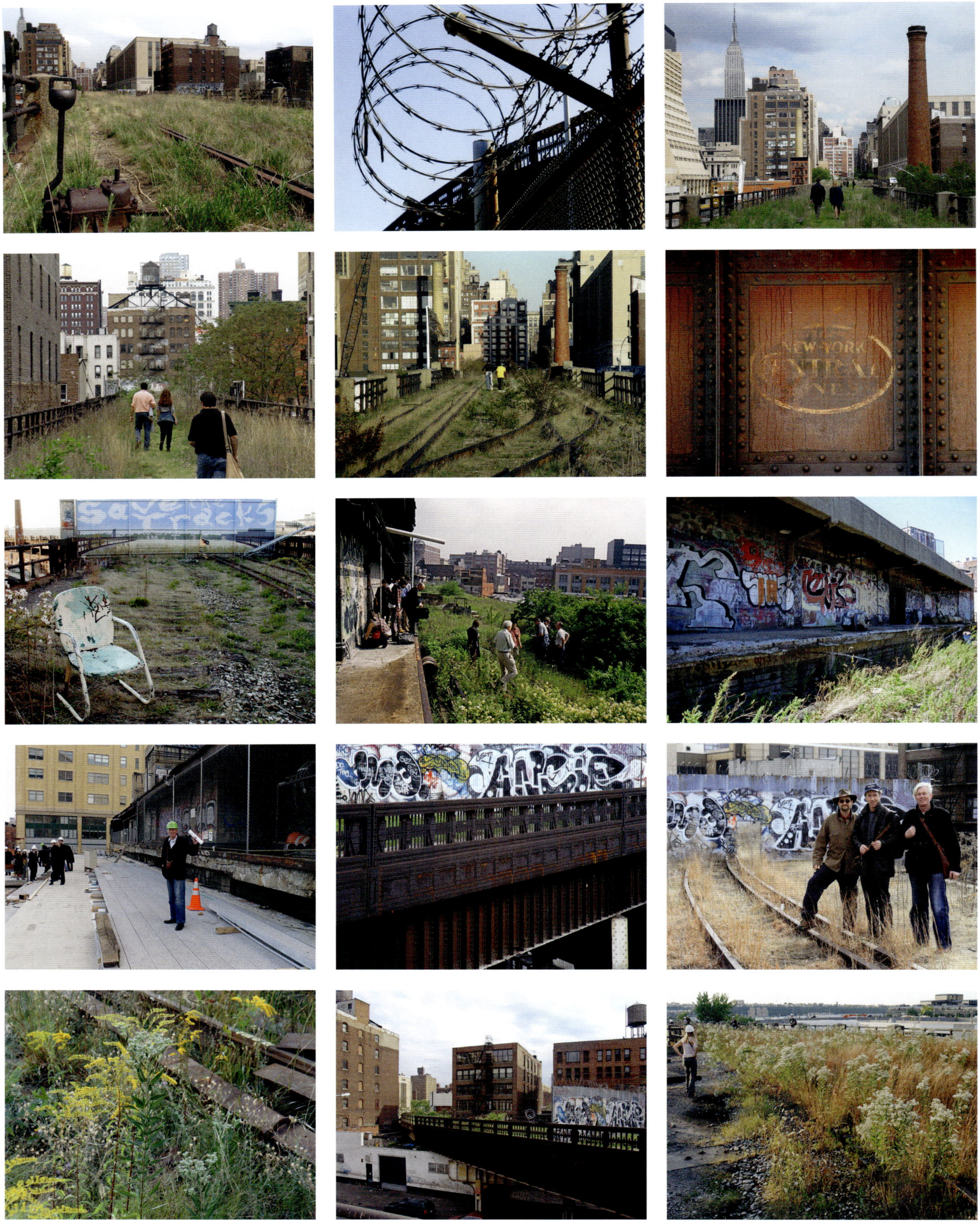

Von oben links nach unten rechts: Von der unrestaurierten High Line mit Stacheldraht im Jahr 2002 über den ersten Besuch der Designer 2004 bis zu Piet Oudolfs neuerlicher Begutachtung der Baustelle mit den Kollegen Rick Darke und Dale Hendricks im Jahr 2006.

Gegenüber: Der Landschaftsarchitekt James Corner bei der Betrachtung der von selbst entstandenen Muster auf der High Line im Oktober 2004.

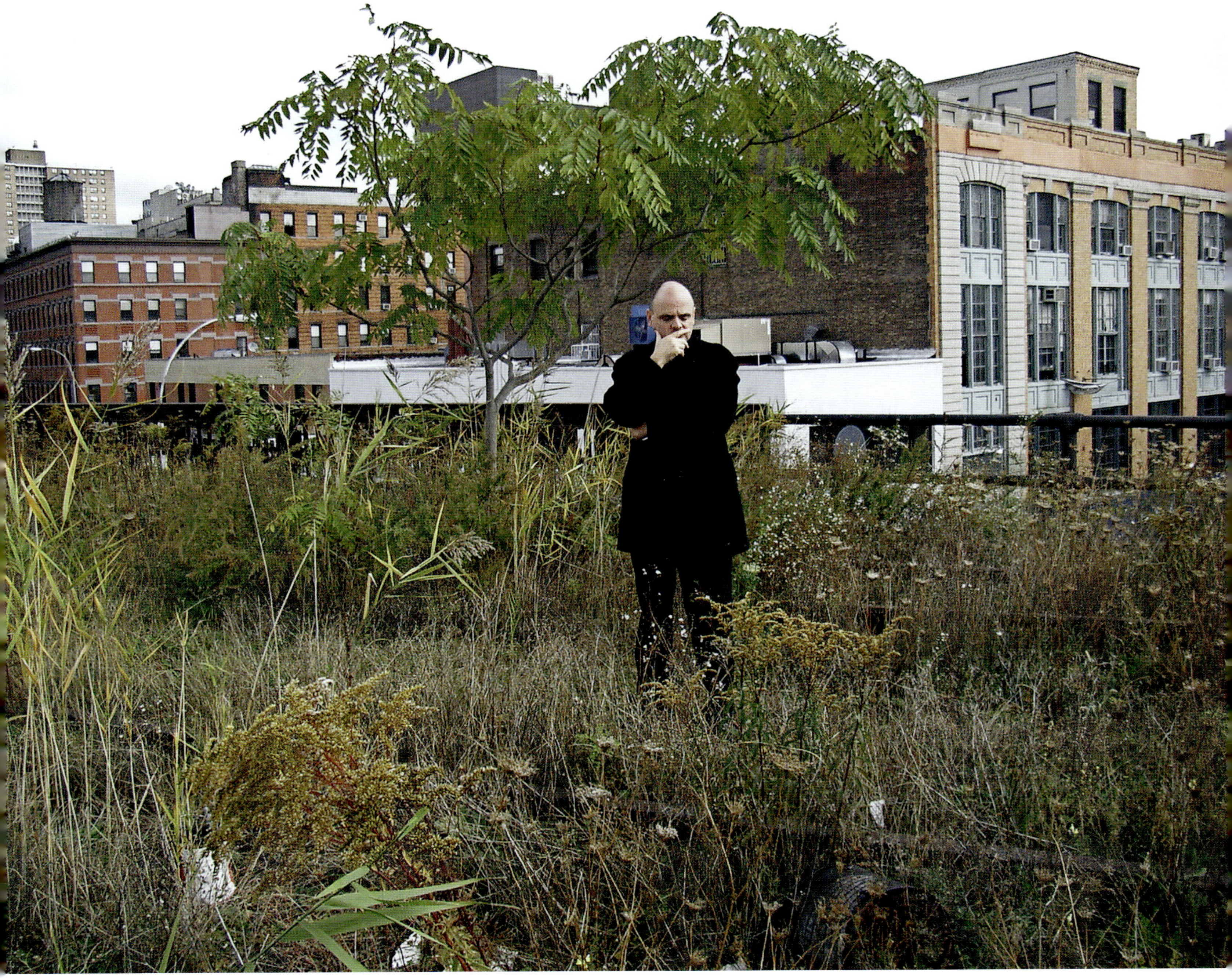

Beim ersten Betreten der High Line beeindruckte mich besonders stark, wie die Natur sich die Ruine zurückeroberte. Die High Line-Trasse ist eine massive Struktur aus Stahl und Beton, daher waren der üppige Pflanzenreichtum und das Zwitschern der Vögel eine echte Überraschung. Die Inspirationsquelle für unsere Gestaltung lag direkt vor unseren Augen.[11]

JAMES CORNER

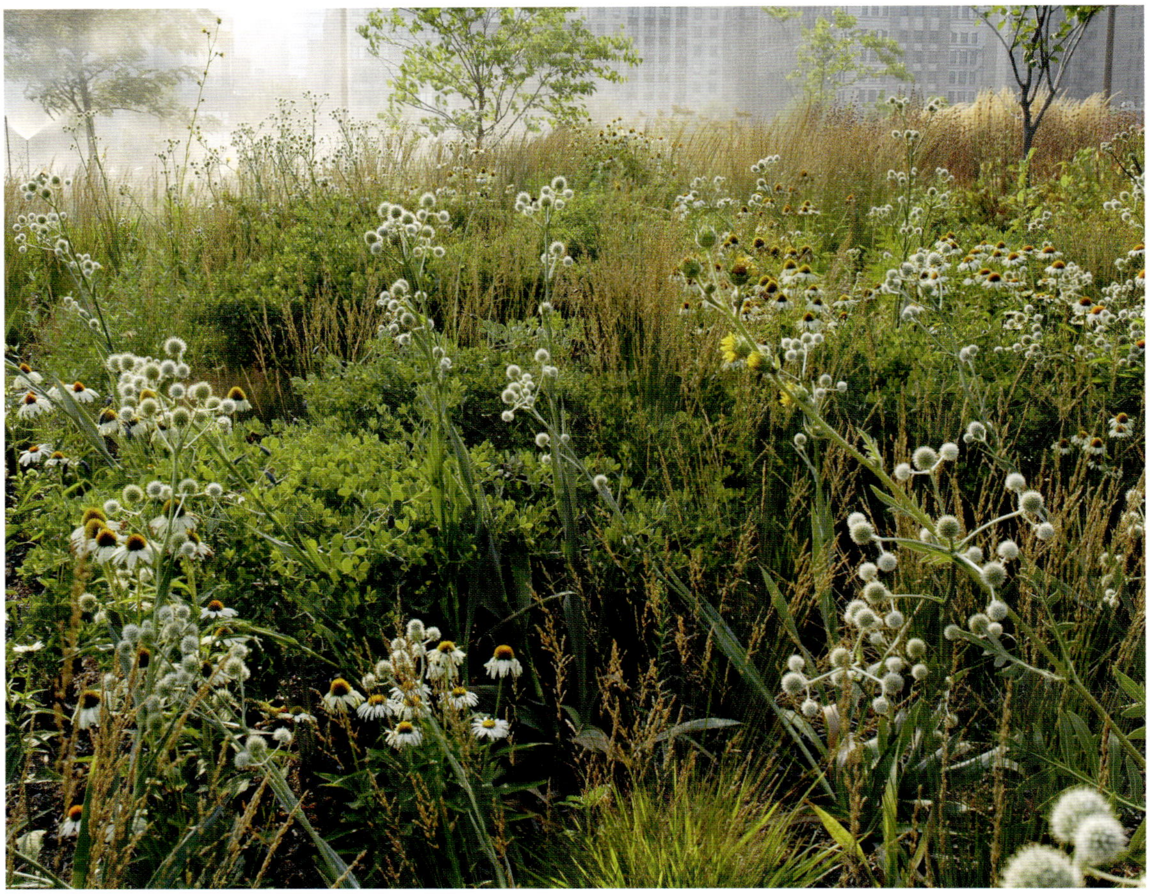

Auch wenn sie einzigartig sind, haben die Gärten der High Line Vorläufer. Die Blumenbrücke (Bridge of Flowers) in Shelburne Falls, Massachusetts, und die Bepflanzte Promenade (Promenade plantée) in Paris sind frühe Beispiele verlassener, zu Gärten umgestalteter Gleisbetten. Doch bei der Bepflanzung enden die Übereinstimmungen: Keine Gestaltung erlaubt dynamische Veränderungen. Das Natur-Park Südgelände in Berlin Tempelhof ist der bedeutendste Vorläufer. Die Gleisbetten des Bahnbetriebshofes aus den 1880er-Jahren wurden zu Wegen umfunktioniert und das 18 Hektar große Gelände ist von spontaner Vegetation überzogen, die sich hier seit der Stilllegung 1952 ausbreitet. Studien des Instituts für Ökologie an der Technischen Universität Berlin erfassten für das Jahr 1992 366 Pflanzenarten.[12] Die fortgesetzte Beobachtung hat jedoch eine Verringerung der Vielfalt gezeigt, da nun der Wald die Pflanzengemeinschaften aus Stauden und Gebüsch verdrängt. Es ist ein Dilemma. Wie und wann sollte man in selbstständig verlaufende biologische Prozesse eingreifen, um die Vielfalt zu bewahren? Einen Namen hat dieses Handeln zumindest schon: Gartenbau.

Piet Oudolfs künstlerischer Ansatz der Gartengestaltung stützt sich zunehmend auf dynamische, lebendige Prozesse. Zu Beginn stellte er Pflanzungen, wie die meisten naturnah arbeitenden Designer, blockweise zusammen. Die Pflanzblöcke unterschieden sich in Formen und Farben und

Piet Oudolfs erste Matrixpflanzung für öffentliches Grün in den Vereinigten Staaten: Lurie-Park in Chicago.

Gegenüber: Wilde Gräser bilden ein Netz zusammen mit den Samenständen von *Lachnanthes tinctoria* in rhythmischen Wogen. Ein spätherbstlicher Anblick auf einer stillgelegten Cranberry-Plantage im Kieferngürtel von New Jersey. Für die Cranberry-Bauern sind diese Wildpflanzen lästiges Unkraut.

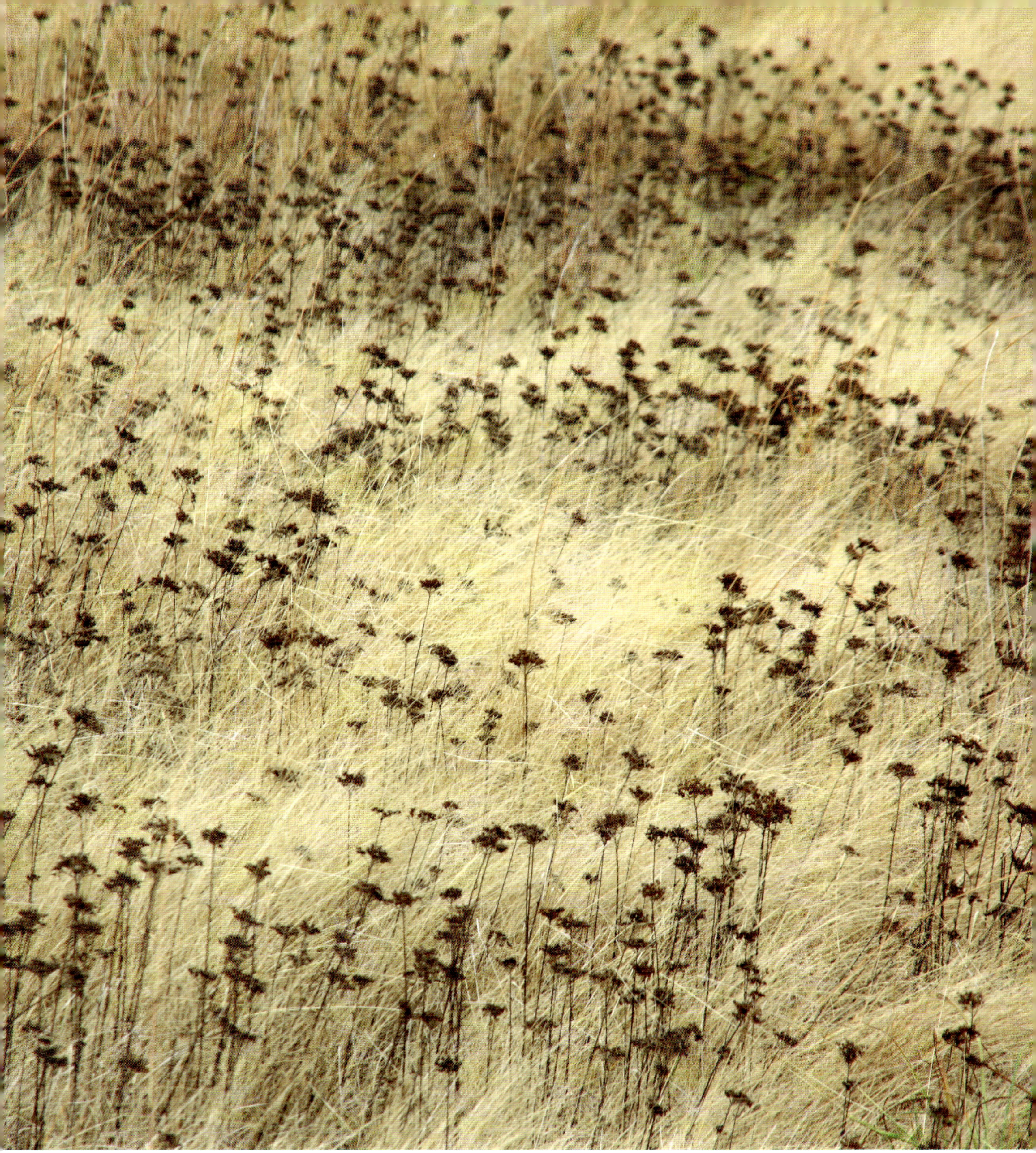

Ich suche stets Pflanzen, die nach ihrem Leben noch ein zweites haben. PIET OUDOLF

Piet Oudolf und sein Mitautor Henk Gerritsen bezeichneten die phantasieanregenden, breitblättrigen Stauden und Gräser anfangs als „Traumpflanzen". Das gleichnamige Buch, niederländisch „Droomplanten"[13], erschien 1990. Die möglichen, zauberhaften Effekte zeigen sich bei diesem kürzlich entstanden Winter-Foto aus dem Privatgarten der Oudolfs in Hummelo. Stängel mit Samenständen ragen aus einer Gräsermatrix, während die Formen der umstehenden Hecken an entfernte Wälder denken lassen. Die Komposition ist in ihrer Unvollkommenheit vollkommen.

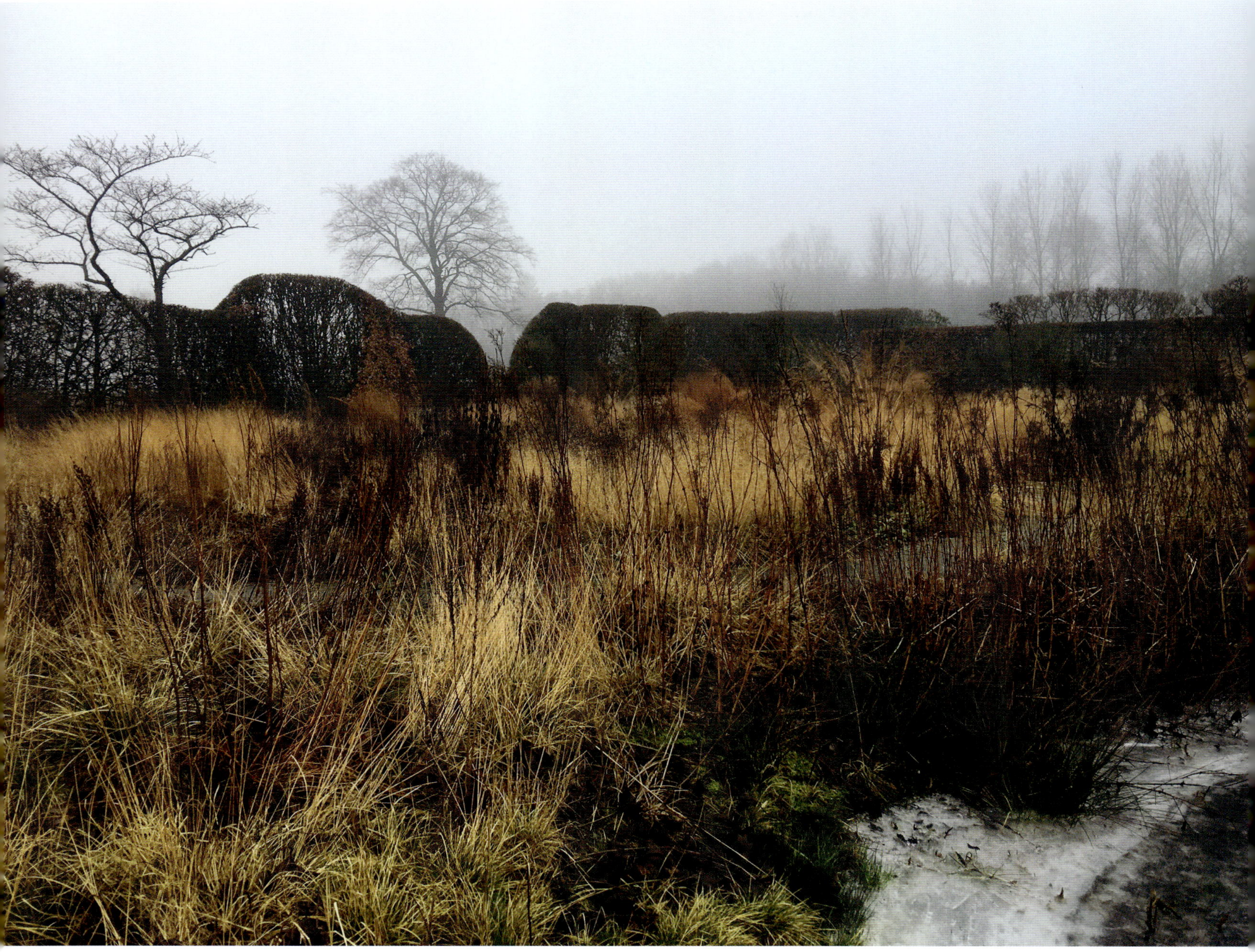

überschnitten sich. Aus der Entfernung betrachtet, insbesondere aus Schrägsicht, ähneln die blockweisen Pflanzungen einer nuancierten, verwobenen Pflanzengemeinschaft. Aus der Nähe fällt jedoch auf, dass sie lediglich eine statische Vereinfachung sind.

2004 experimentierte Oudolf mit dem verwobenen Konzept für einen Teil seiner Pflanzungen im Lurie-Park in Chicago. Die Dynamik des Ansatzes wurde schnell deutlich und kam gut an. Als Lisa Switkin von James Corner Field Operations ihn kurz darauf einlud, zum Designer-Team für die High Line zu stoßen, entschied sich Oudolf, das Matrix-Design in großem Maßstab für die Gleisbetten anzupassen. Das Ergebnis ist eine Serie von Gärten, die wie wild gewachsen und dynamisch aussehen, weil sie das tatsächlich zum großen Teil auch sind. Das Designprinzip kombiniert gut an den Standort angepasste und miteinander verträgliche, langlebige Pflanzen auf mehreren Ebenen. Damit orientiert es sich an wilden Pflanzengesellschaften, ohne diese aber sklavisch zu kopieren. Mit diesem Ansatz wird die Verwilderung teilweise vorausgeplant und gefördert. Er garantiert außerdem, dass die Gärten und Pflanzungen sich stufenweise entwickeln, da das Kräfteverhältnis einiger Arten aufgrund veränderter Bedingungen variiert. Die Gärten der High Line gehen damit denselben Weg wie die einander ersetzenden Landschaften des gemäßigten Nordostens, wenn der Schatten der Bäume oder neuer Häuser die Anpassung der Arten antreibt.

Welchen Beitrag leisten die Gärten der High Line zur Verfeinerung moderner Landschaftsgestaltung? Sie zeigen deutlich, dass das wichtigste Ziel nicht die Imitation vergangener Natur oder Kultur sein sollte, sondern die Neudefinition des Wesens moderner Gärten. Sie präsentieren ein Modell, das auf stetiger Beobachtung und Neuerung basiert und damit bestens den örtlichen, regionalen und globalen, menschlichen und nichtmenschlichen Gesellschaften dient. Als Verwalter haben die Mitarbeiter und freiwilligen Helfer von Friends of the High Line gezeigt, dass sie hier achtsam die Führung übernommen haben. Die High Line leistet ihren Beitrag zur Gartengestaltung, indem sie einen neuen Typus von Gärtnern mit beispiellosen Fähigkeiten bei der Pflege dynamischer Landschaften betreut und unterstützt.

Trotz der Verantwortung im Dienste einer überwältigenden Besucherzahl wurde die High Line nicht ehrwürdig trist, sondern bewahrte sich die spielerische Note. Auch wenn es höchst unwahrscheinlich ist, dass jemals wieder ein Ort wie die High Line-Trasse existieren sollte, bietet sie eine reiche Palette an Einsichten und Ansätzen, die man in großen oder kleinen, öffentlichen oder privaten Gärten anwenden könnte. Die im Grundgedanken und der Ausführung originellen Gärten entlang der High Line entführen zu einer faszinierenden, unvorhersehbaren, unvollkommenen und vor allem wechselhaften Reise.

Ernsthaftes Design ist unvollkommen. Es steckt voller handwerklicher Gesetze, die irgendwie noch nie da gewesen sind. Die Kunst des ernsthaften Spiels bedeutet Erfindungsreichtum, Wandel und Widerstand – nicht Perfektion.[14]

PAULA SCHER

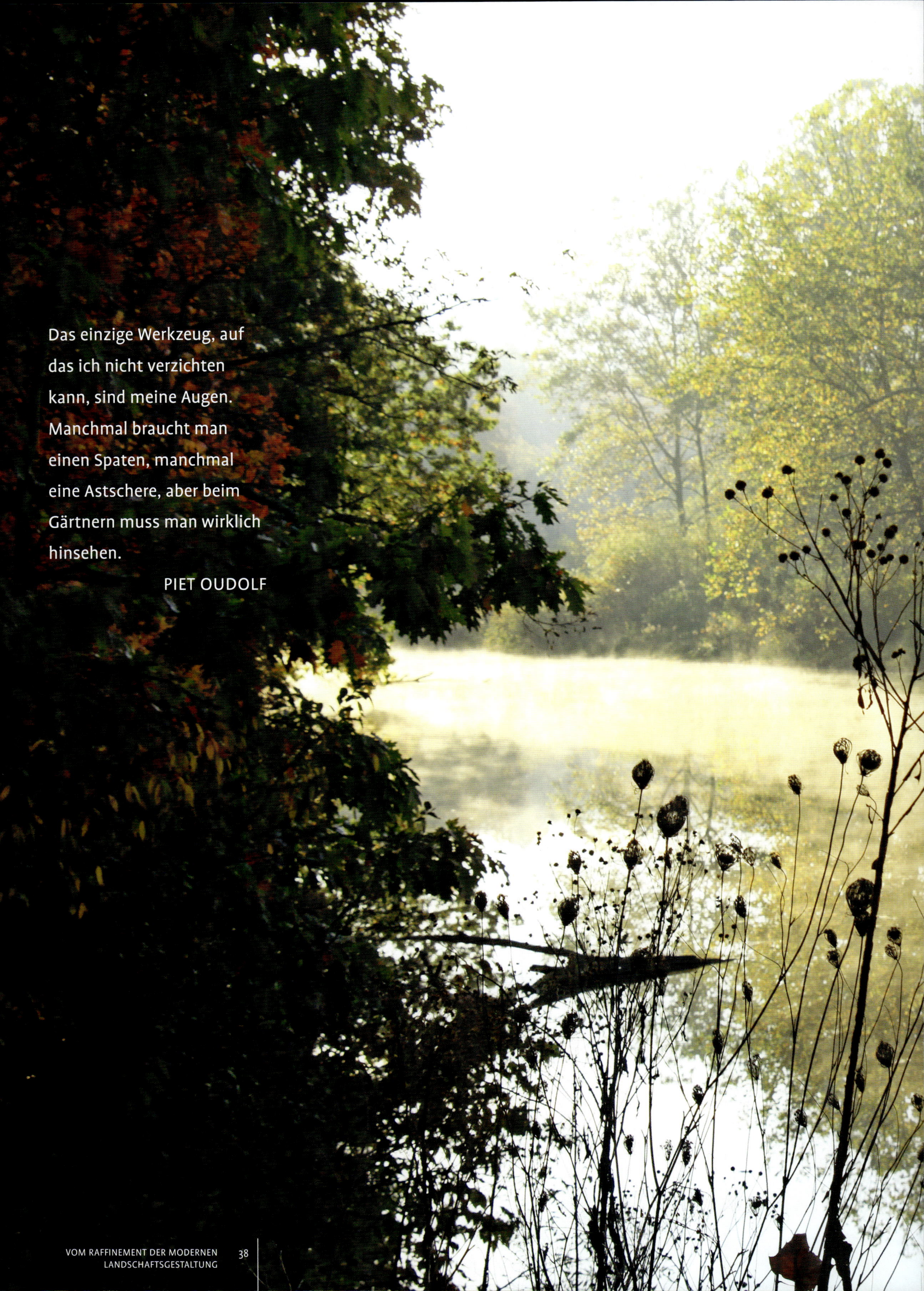

Das einzige Werkzeug, auf das ich nicht verzichten kann, sind meine Augen. Manchmal braucht man einen Spaten, manchmal eine Astschere, aber beim Gärtnern muss man wirklich hinsehen.

PIET OUDOLF

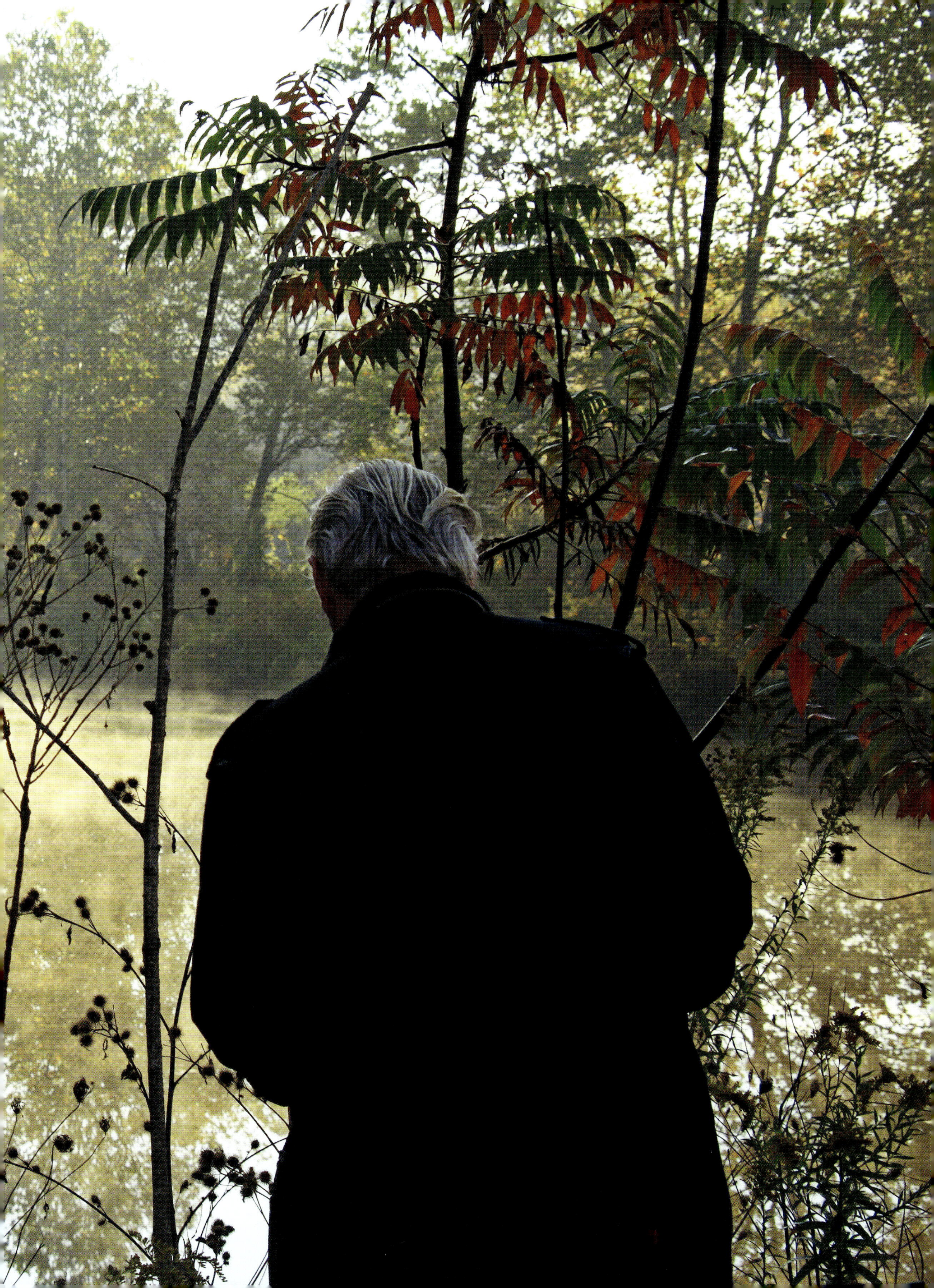

DIE GÄRTEN DER HIGH LINE

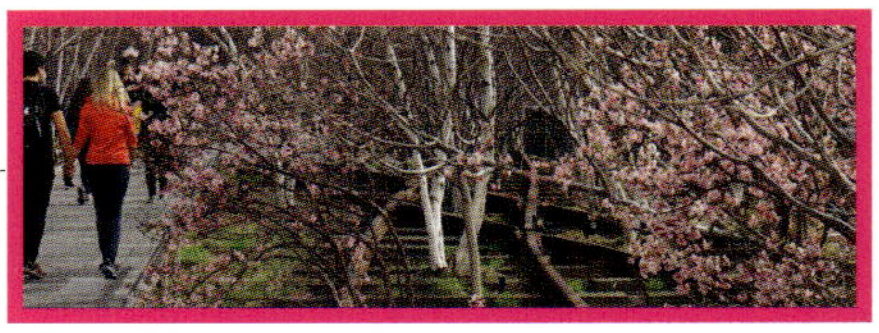

GANSEVOORT WOODLAND
GANSEVOORT-WÄLDCHEN
42

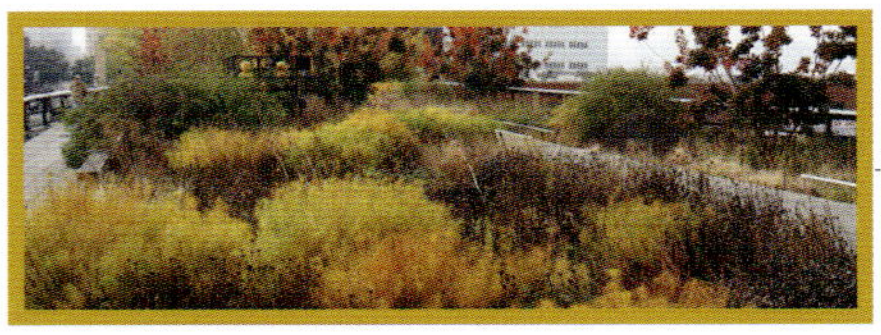

WASHINGTON GRASSLANDS
WASHINGTON-PRÄRIE
91

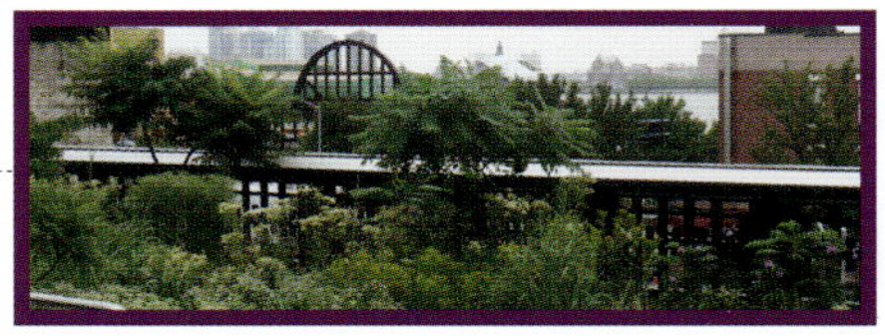

AUSSICHTSPUNKT HUDSON RIVER
122

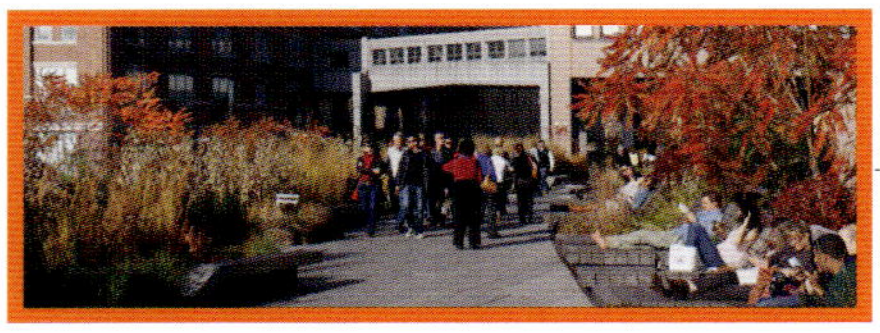

SONNENTERRASSE UND WASSERGARTEN
130

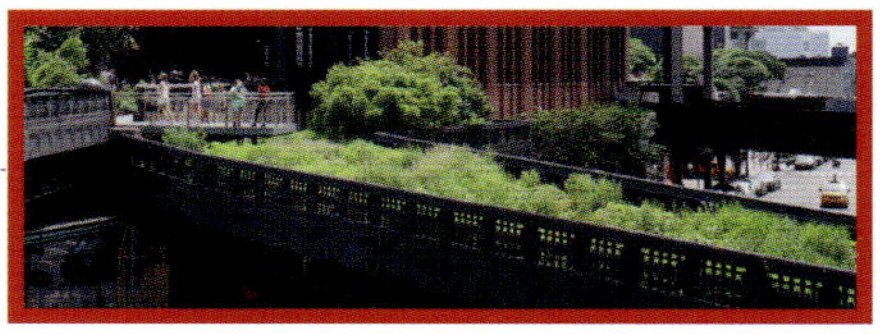

NORTHERN SPUR
NÖRDLICHES NEBENGLEIS
144

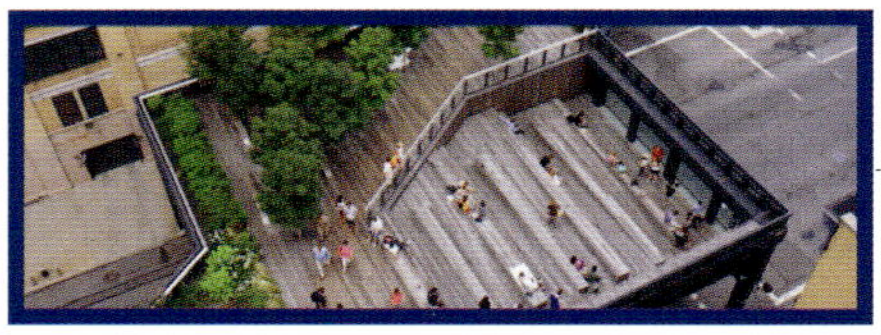

10th AVENUE SQUARE
165

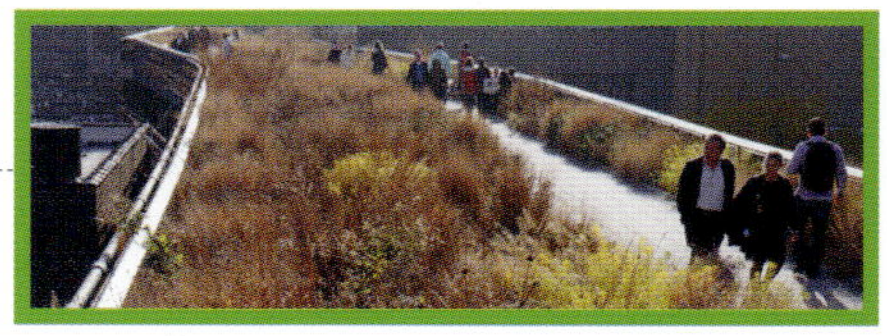

CHELSEA GRASSLANDS
CHELSEA-PRÄRIE
175

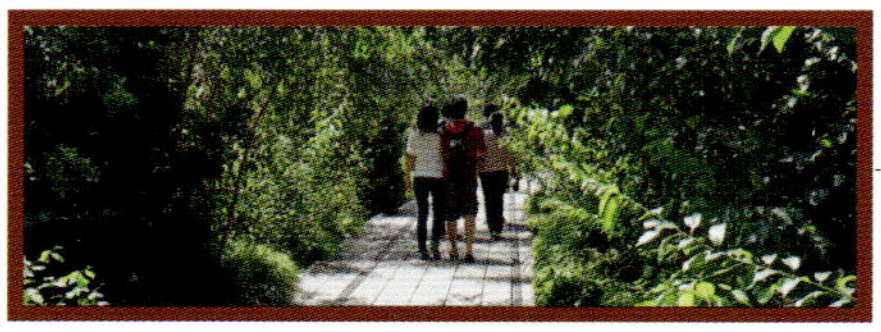

CHELSEA THICKET
CHELSEA-DICKICHT
227

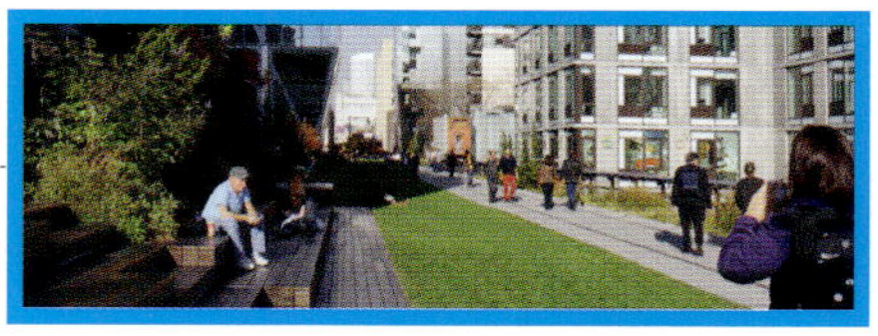

LIEGEWIESE UND SITZSTUFEN AN DER 23rd STREET
245

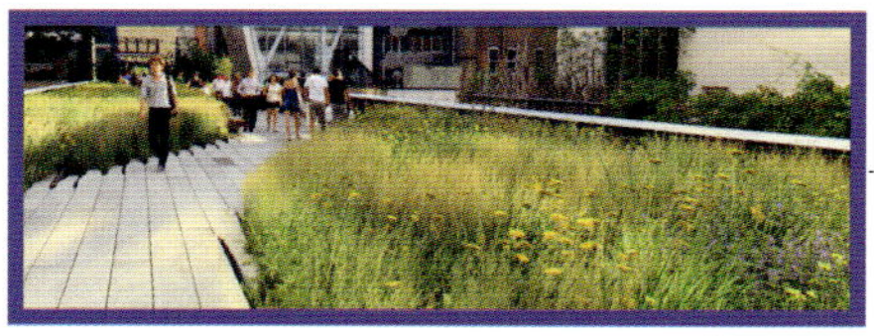

MEADOW WALK
WIESENWEG
251

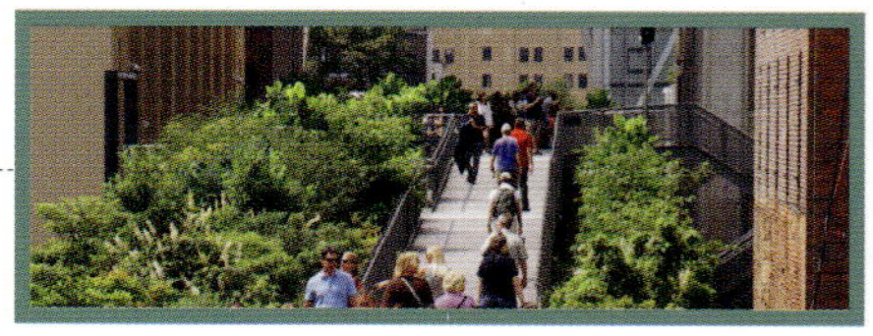

FLYOVER
ÜBERFÜHRUNG
259

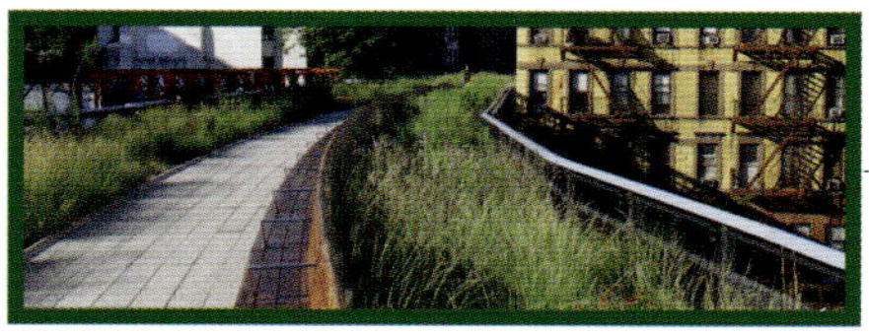

WILDBLUMENFELD UND KREISPFLANZUNGEN
273

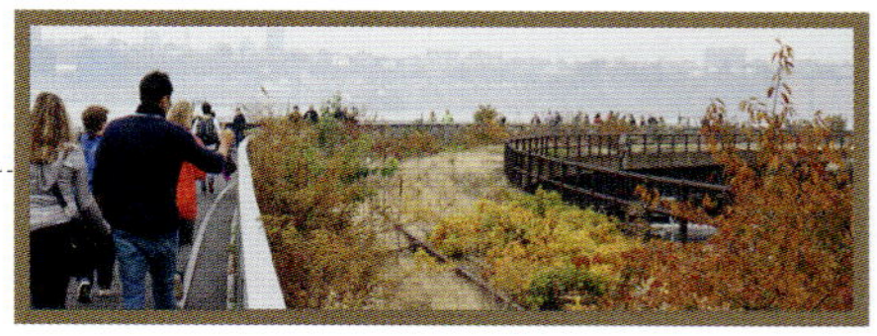

DEPOT UND STELLWERK
283

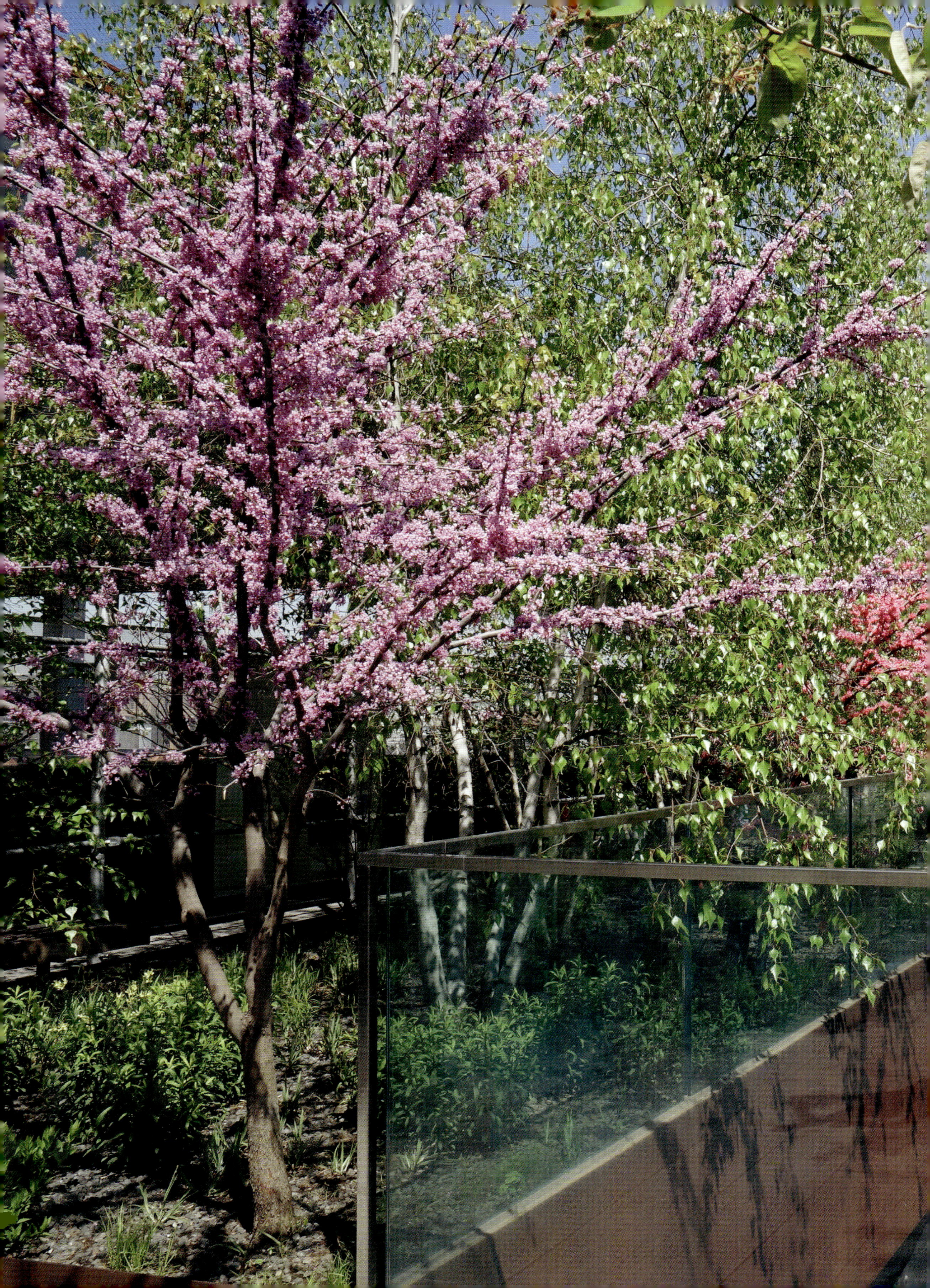

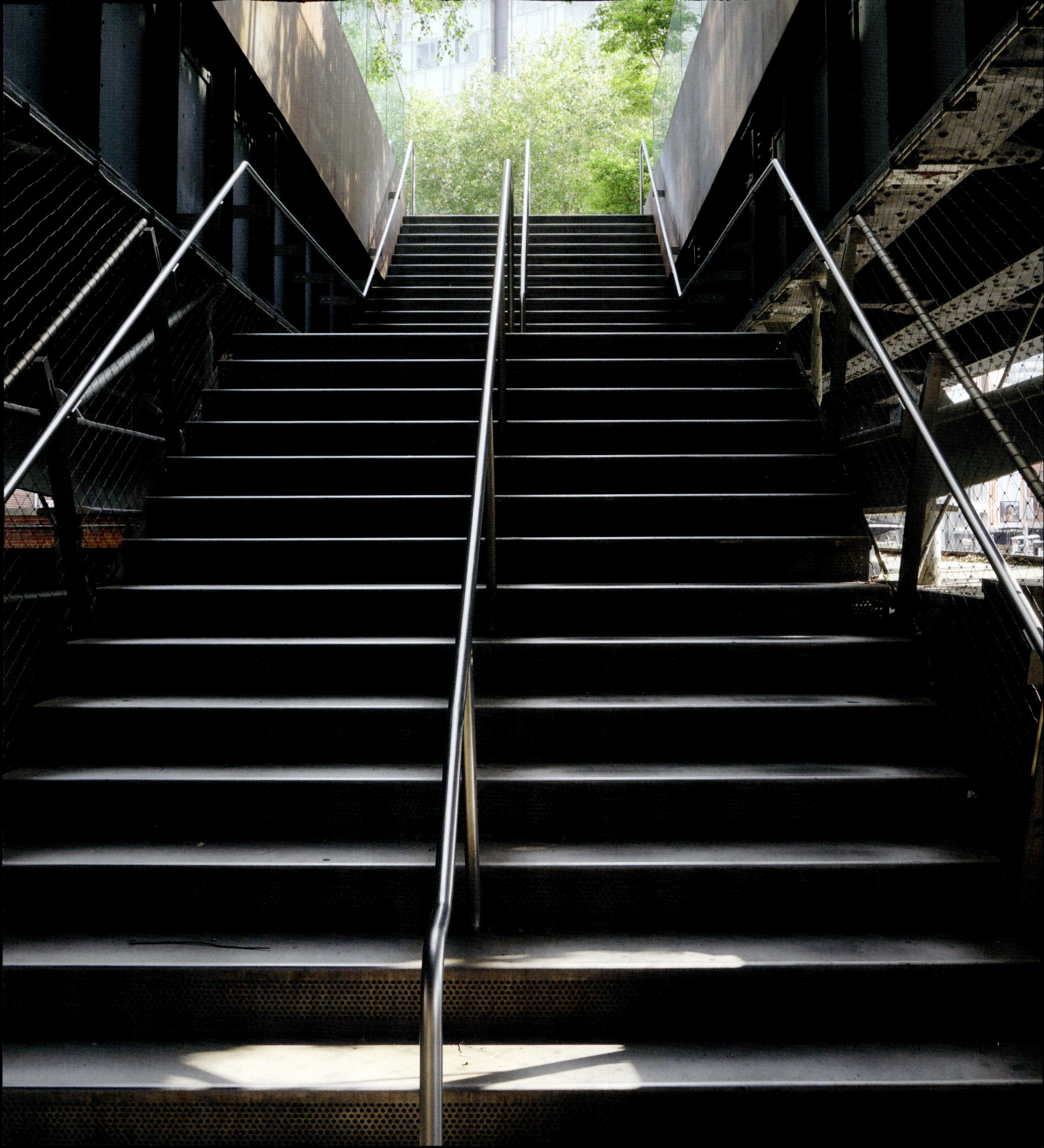

GANSEVOORT WOODLAND

GANSEVOORT-WÄLDCHEN

Wo beginnt ein Garten? Wenn die Gestaltung wirklich gut gelungen ist, kann die Reise an jedem Punkt beginnen. Der erste Eindruck gräbt sich tief ins Gedächtnis und die erste Erfahrung ist ein einziger Genuss. Genauso ist es bei der High Line – jeder Zugangspunkt öffnet sich zu einem atemberaubenden Garten hin. Andere Gartenanlagen hingegen besitzen keinen klar definierten Startpunkt oder großartigen Zugang, vor allem dann nicht, wenn sich ihre Gestaltung im Laufe der Jahre verändert hat. Bei der High Line ist das anders. Die Gärten wurden zusammen als choreographiertes Erlebnis konzipiert. Die dramatischste Stelle zum Beginnen eines Rundgangs ist die Treppe an der Gansevoort Street.

Das Team, das die High Line umgestaltete, stand unter der Leitung des Landschaftsarchitekturbüros James Corner Field Operations, und die Projektleitung lag bei James Corner und Lisa Switkin. Als die restliche Mannschaft zusammengestellt wurde, wussten sie, wie Lisa sich erinnert, dass „das Neue bei diesem Projekt die Mitarbeit von Kollegen nötig machte, die ihre Disziplinen hinterfragten und bis an die Grenzen gingen".[15] Sie wählten das Architekturbüro Diller Scofidio + Renfro (DS + R) wegen deren bühnenhafter Herangehensweise aus. Sie baten Piet Oudolf wegen seiner einzigartigen Expertise mit plastischen, naturalistischen Pflanzungen um Mitarbeit. Der rote Faden bei den Landschaften der High Line wurde durch die Landschaftsarchitekten gewoben und Piet Oudolf verantwortete die detaillierte Bepflanzung, die das Ganze zum Leben erwecken sollte.

Gemeinsam formulierte das Team Gestaltungsprinzipien und Ziele, die sich als erstaunlich vorausschauend erwiesen, um den Gärten der High Line einen einzigartigen Charakter zu verleihen. Nimmt man sich als Besucher der High Line etwas Zeit, über deren Erwähnung in den Designvorschlägen und dem nachher eingereichten Plan[16] nachzudenken, wird das Erlebnis der High Line ein größerer Genuss. Hauptprinzip ist, dass die Gärten „fortwährend unvollendet bleiben sollen, damit ständiges Wachsen und Wandel im Lauf der Zeit fortbestehen". Zu den Zielen gehört, „eine unverwechselbare Identität zu schaffen, die auf den ungewöhnlichen, vorgefundenen Standortbedingungen basiert". Auch sollte „eine abwechslungsreiche und kleinteilige Choreografie geschaffen werden, um die Besucher dazu zu bringen, langsam umherzuflanieren und Zerstreuung zuzulassen."

Das innovative, entschleunigte Drehbuch für die Landschaft der High Line wird besonders in der „entschleunigten Treppe" deutlich, die die Besucher zu den Gärten hinaufbringt. Die Stufen, Setzstufen und Absätze sollen gezielt den Schritt verlangsamen und den Weg in die Länge ziehen. Damit entsteht Raum für den intensiven Blick auf die genietete Stahlkonstruktion und man wird auf die Veränderung beim Betreten des Wäldchens eingestimmt.

Es war wichtig, die Besucher als Einstimmung auf die High Line mitten in diese historische Architekturstruktur hineinzuversetzen, indem man sie unmittelbar unter und in die Tiefe der gewaltigen Träger stellt.[17]

MATTHEW JOHNSON

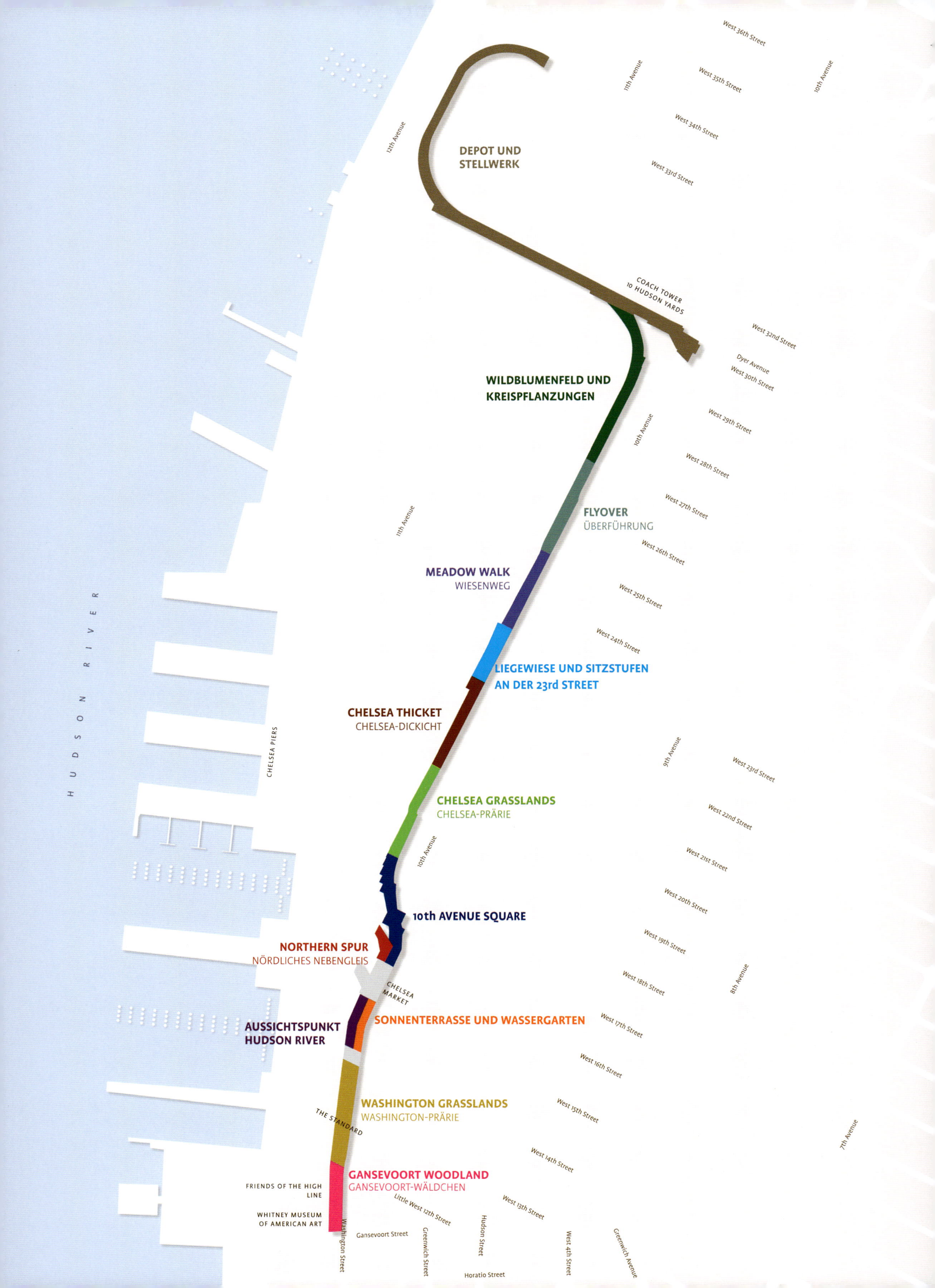

DEPOT UND STELLWERK
COACH TOWER
10 HUDSON YARDS
WILDBLUMENFELD UND KREISPFLANZUNGEN
FLYOVER
ÜBERFÜHRUNG
MEADOW WALK
WIESENWEG
LIEGEWIESE UND SITZSTUFEN AN DER 23rd STREET
CHELSEA THICKET
CHELSEA-DICKICHT
CHELSEA GRASSLANDS
CHELSEA-PRÄRIE
10th AVENUE SQUARE
NORTHERN SPUR
NÖRDLICHES NEBENGLEIS
CHELSEA MARKET
SONNENTERRASSE UND WASSERGARTEN
AUSSICHTSPUNKT HUDSON RIVER
WASHINGTON GRASSLANDS
WASHINGTON-PRÄRIE
THE STANDARD
GANSEVOORT WOODLAND
GANSEVOORT-WÄLDCHEN
FRIENDS OF THE HIGH LINE
WHITNEY MUSEUM OF AMERICAN ART
HUDSON RIVER
CHELSEA PIERS
West 36th Street
West 35th Street
West 34th Street
West 33rd Street
West 32nd Street
Dyer Avenue
West 30th Street
West 29th Street
West 28th Street
West 27th Street
West 26th Street
West 25th Street
West 24th Street
West 23rd Street
West 22nd Street
West 21st Street
West 20th Street
West 19th Street
West 18th Street
West 17th Street
West 16th Street
West 15th Street
West 14th Street
West 13th Street
Little West 12th Street
Gansevoort Street
Horatio Street
Washington Street
Greenwich Street
Hudson Street
West 4th Street
Greenwich Avenue
12th Avenue
11th Avenue
10th Avenue
9th Avenue
8th Avenue
7th Avenue

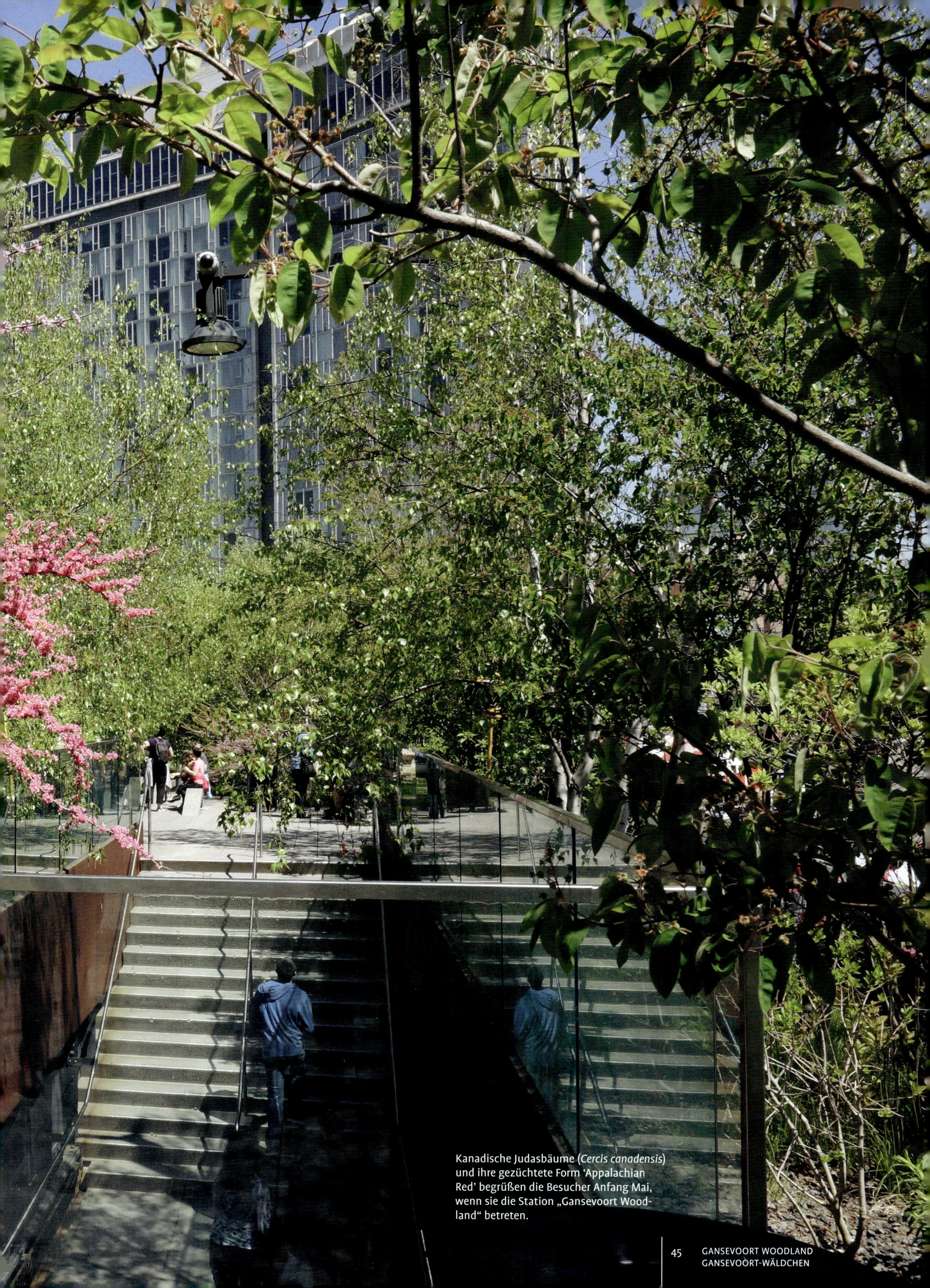

Kanadische Judasbäume (*Cercis canadensis*) und ihre gezüchtete Form 'Appalachian Red' begrüßen die Besucher Anfang Mai, wenn sie die Station „Gansevoort Woodland“ betreten.

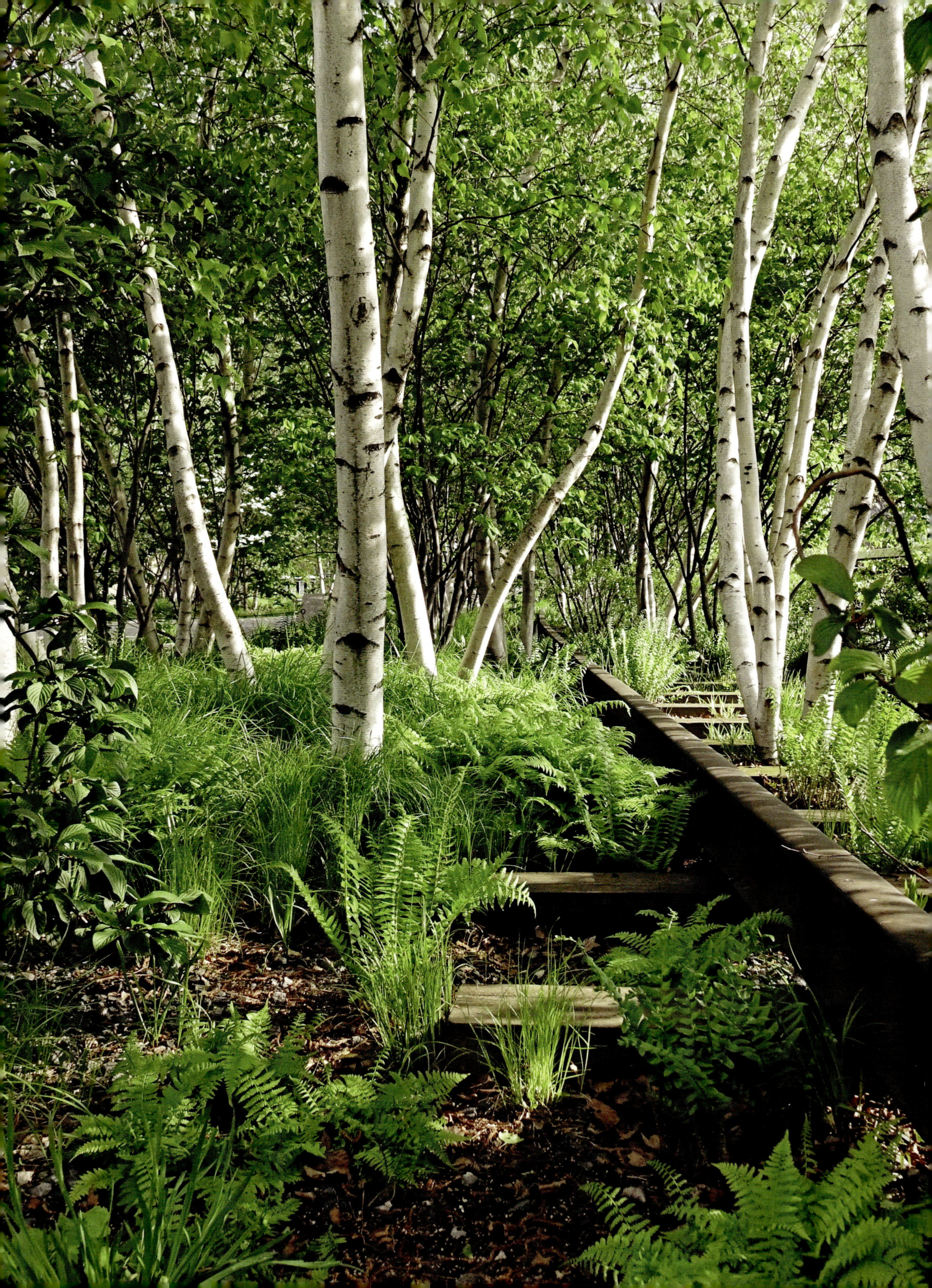

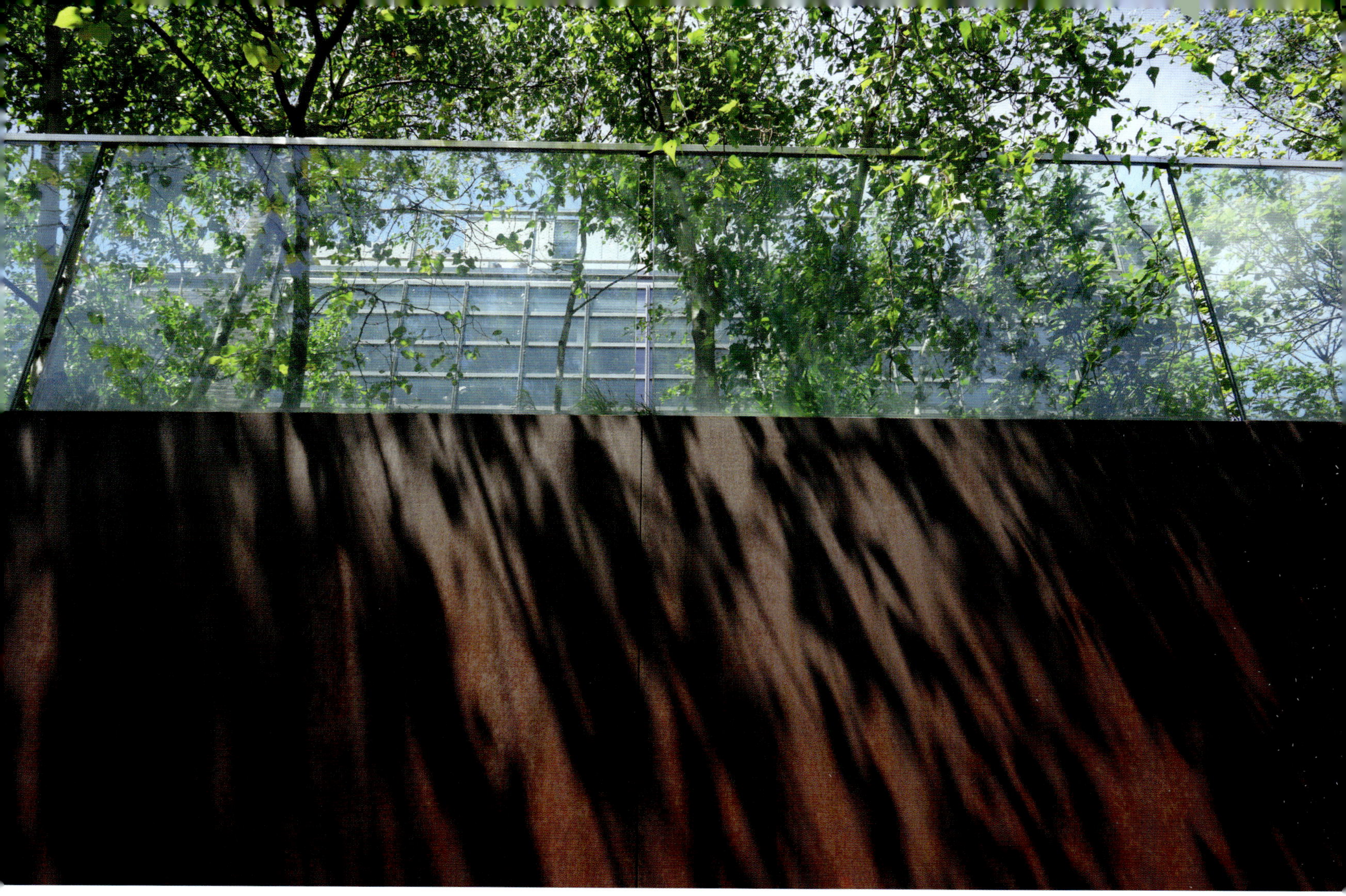

Das Wäldchen an der Gansevoort Street ist der südlichste Garten entlang der High Line. Es soll dem Besucher das Erlebnis vermitteln, ein bewaldetes Dickicht zu betreten. Und es erfüllt diese Aufgabe auf schöne und dynamische Art. Aufmerksame Besucher werden zuerst durch tanzende Muster auf den Cortenstahl-Platten um die Treppe neugierig gemacht. Oben sorgen eng beieinander stehende Grau-Birken (*Betula populifolia*) für ein authentisches Walderlebnis. Es wird belebt durch das lichte, luftige, aufgelockerte Linien- und Schattenspiel, das typisch für das Ökosystem der Wälder im Nordosten Amerikas ist. Die Grau-Birke ist der charakteristische Baum des Gansevoort-Wäldchens und zugleich einer der markantesten Bäume der gesamten High Line-Gärten. Dieser relativ kleine, mehrstämmige Baum gehört zu den Pionierarten, die oft als erste sonnige, aufgebrochene Flächen wie felsige Straßenböschungen oder stillgelegte Gleisbetten besiedeln. Auch wenn die einzelnen Stämme kurzlebig sein können, treiben gewöhnlich neue Stämme aus der Wurzel und verlängern so die Lebenszeit des Baums. Im Gegensatz zu anderen Birkenarten mit weißer Borke vertragen die Grau-Birken die heißen und trockenen Bedingungen innerhalb des städtischen Raums und sie sind resistent gegen den Birkenprachtkäfer.

Die Auswahl und Beschaffung der Pflanzen für die High Line erfolgen in Kooperationsprozessen und Piet Oudolf forderte seine Kollegen stets zu Vorschlägen auf. Ursprünglich war die Schwarz-Birke (*Betula nigra*) für das Gansevoort-Wäldchen vorgesehen. Patrick Cullina, der als Berater tätig war und später der erste gesamtverantwortliche Gärtner wurde, schlug die Grau-Birke als größenmäßig besser geeignete Alternative vor. Das Team stimmte zu und als nächstes mussten Bäume gefunden werden. Die arttypische Form wird selten in Baumschulen gezogen, doch Cullina wusste von einigen Bezugsquellen der Züchtung 'Whitespire' mit außergewöhnlich weißer Rinde. Die meisten Grau-Birken entlang der High Line sind Bäume dieser Sorte.

Schattenspiel der frühlingshaften Bäume und Blätter auf den Schienen und den Cortenstahl-Platten des Gansevoort-Wäldchens.

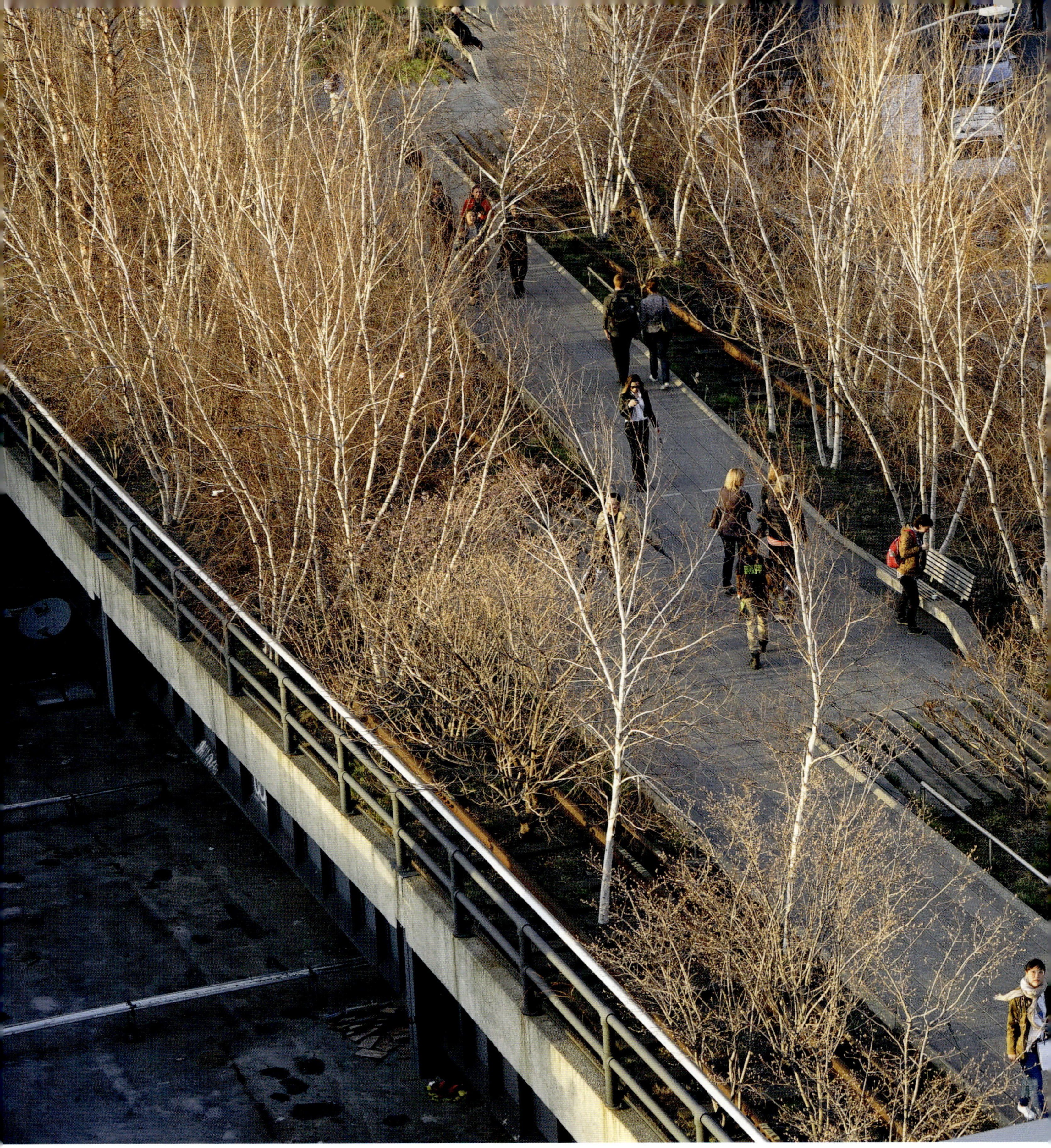

Mehrere Wuchsebenen des Gansevoort-Wäldchens tragen zur ganzjährigen Schönheit und Nutzung bei. Grau-Birken bilden das Blätterdach, während Blumen-Hartriegel (*Cornus florida*), Kanadischer Judasbaum (*Cercis canadensis*) und Felsenbirnen (*Amelanchier* sp.) die Höhe darunter einnehmen. Die Strauch-Zone ist bestimmt von Japanischen Zimterlen (*Clethra barbinervis*) und Bodnant-Schneeball (*Viburnum* × *bodnantense* 'Dawn'). Der Bodenbewuchs besteht aus einer reichen Mischung breitblättriger Stauden, Zwiebelpflanzen, Gräsern, Seggen und Farnen.

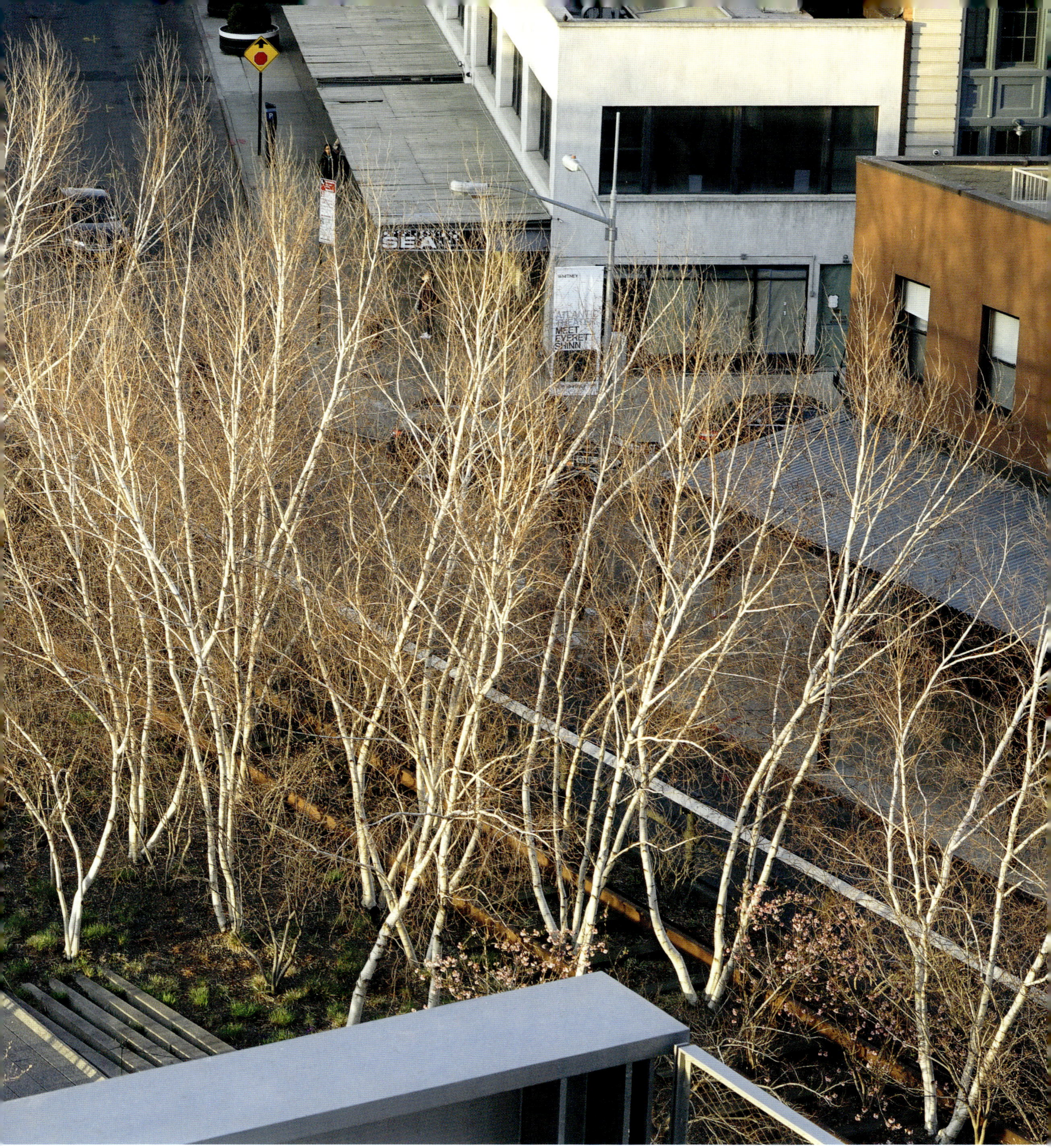

Der warme Schimmer des frühen Abendlichts bringt das Gansevoort-Wäldchen zum Leuchten, wie bei diesem Blick Mitte April von einer der Aussichtsplattformen des Whitney Museums zu sehen ist. Der ständige präsente, städtische Kontext sorgt dafür, dass die Dimensionen der Gärten zugleich gemütlich und riesig wirken. Auch wenn der Bodnant-Schneeball aus dieser Höhe kaum zu erkennen ist, bieten seine Farben und sein Duft den Passanten einen unausweichlichen Genuss.

Folgende Doppelseite: Blick auf die Ebenen des Gansevoort-Wäldchens aus der Fußgänger-Perspektive, etwas früher am selben Tag als das Foto oben aufgenommen.

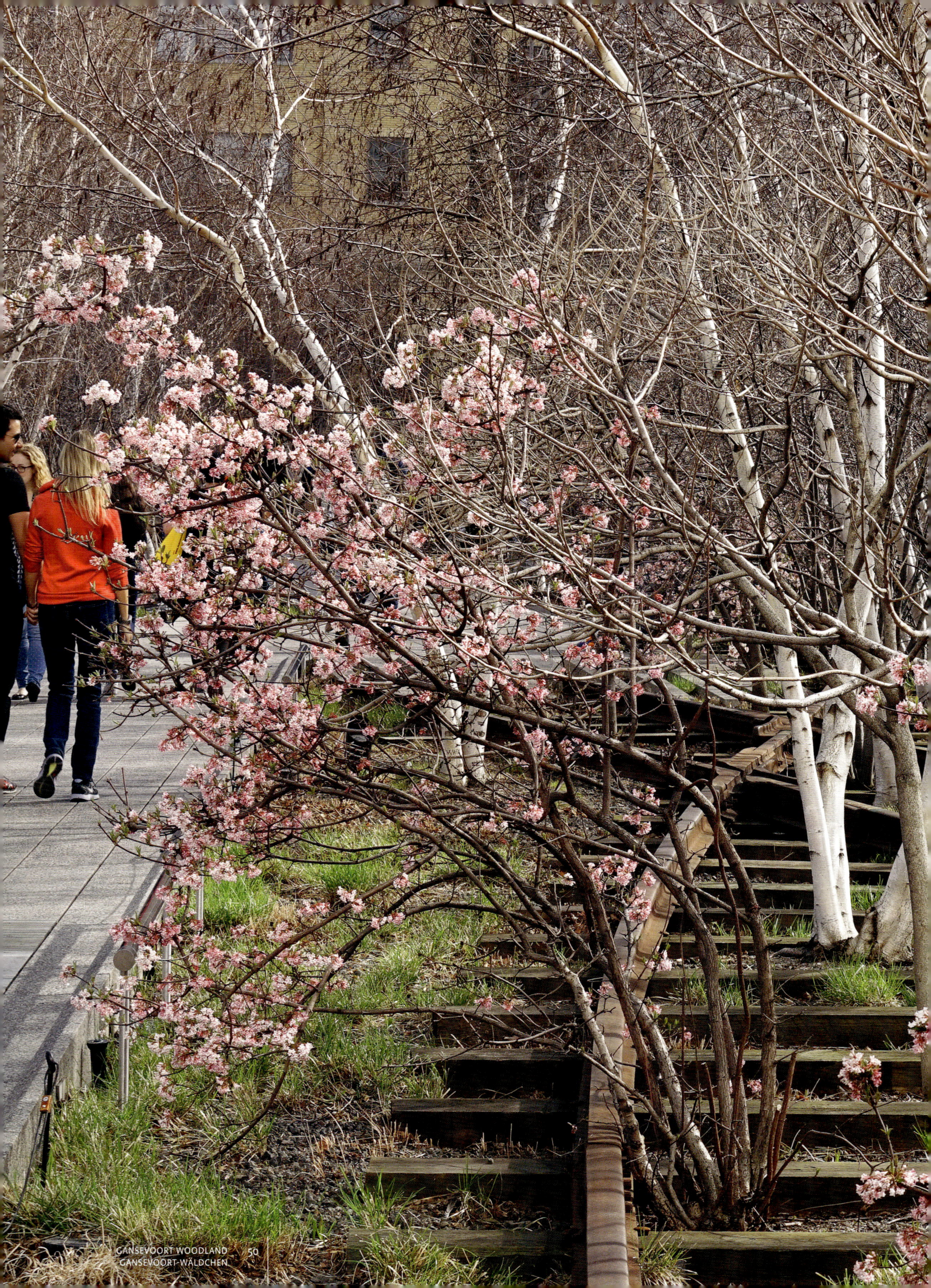

GANSEVOORT WOODLAND
GANSEVOORT-WÄLDCHEN

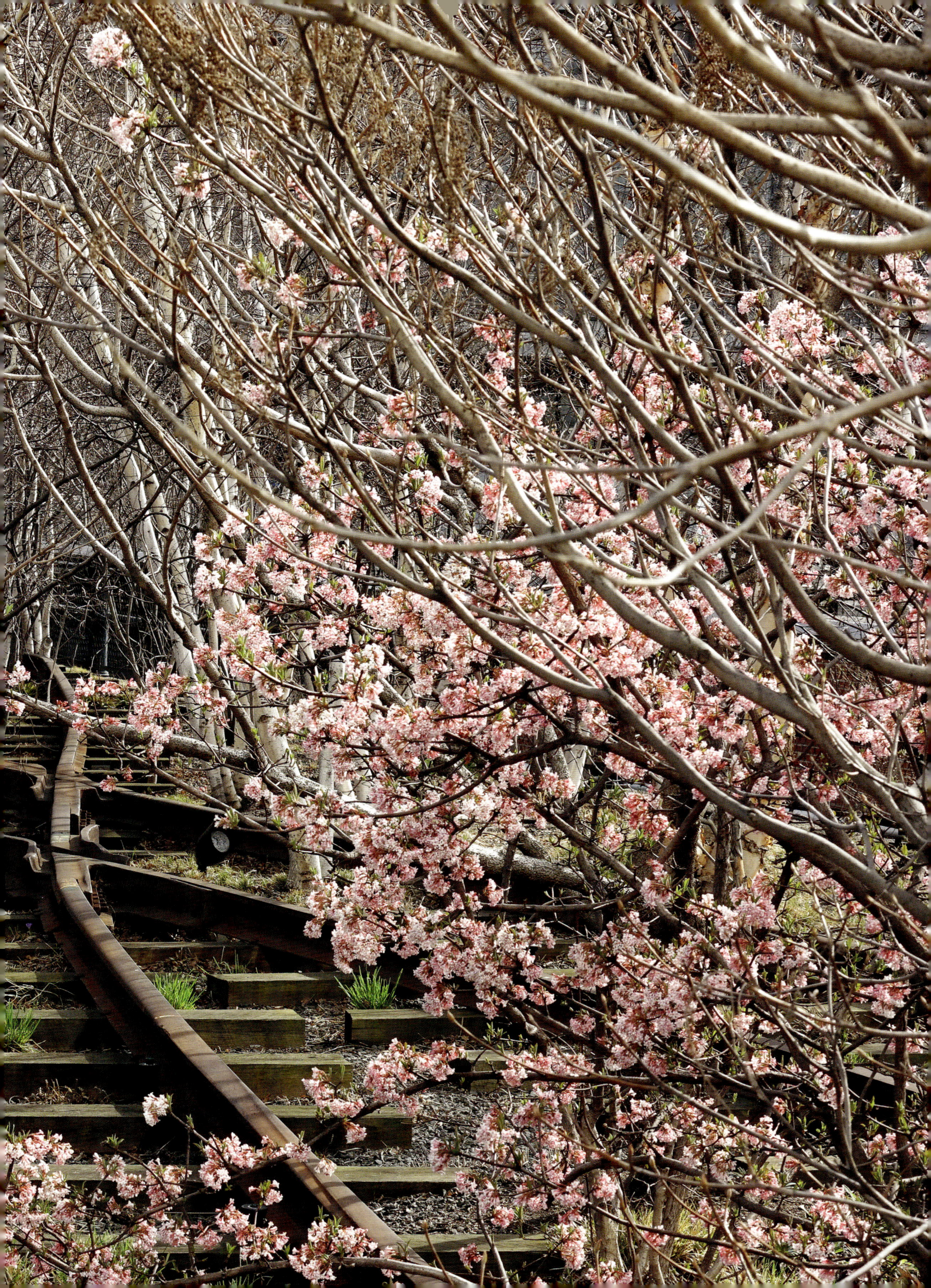

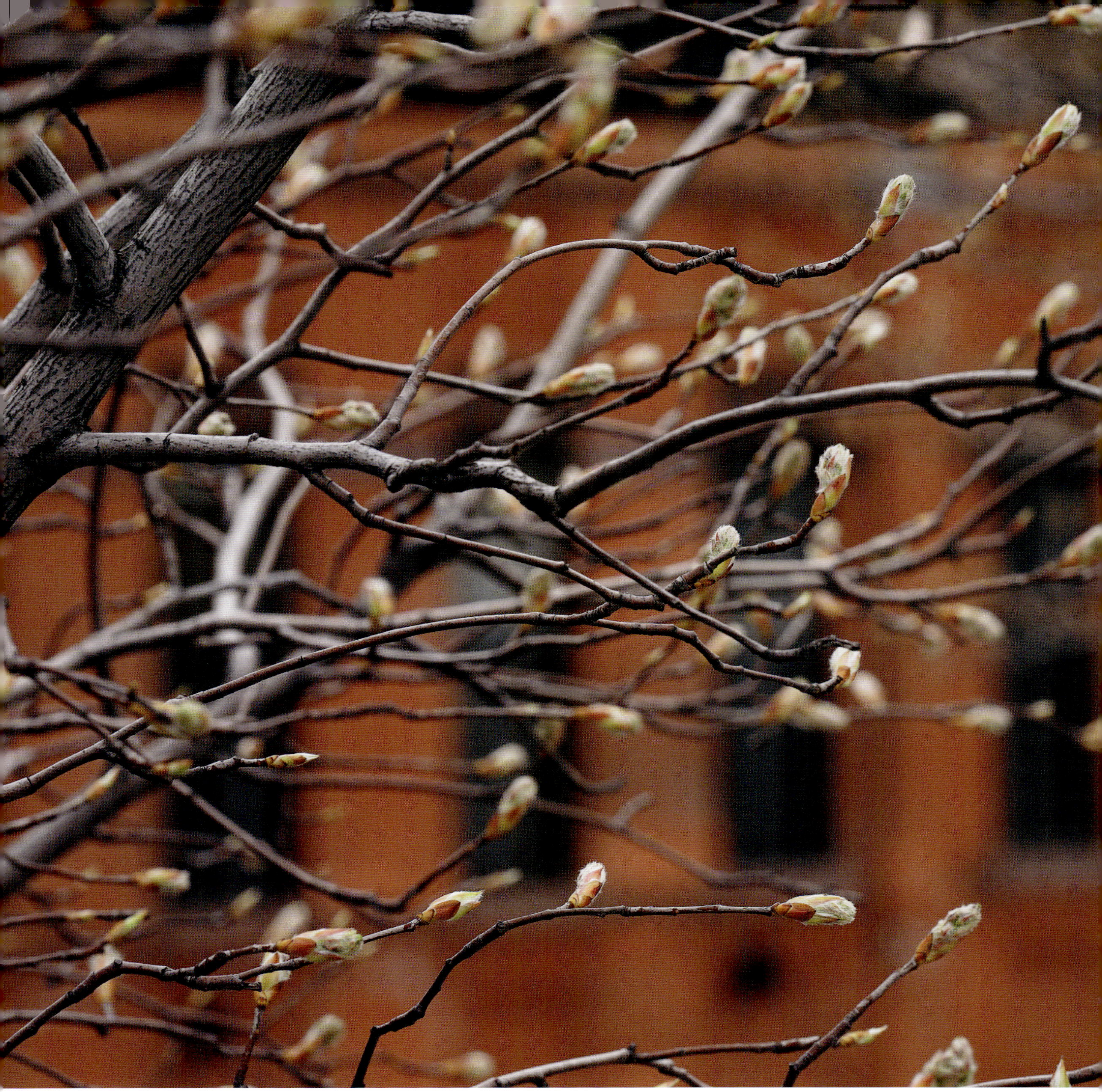

Zu den Freuden des Lebens in kalt gemäßigtem Klima wie in New York gehört die Erwartung der kommenden Jahreszeiten. Der Wechsel der Jahreszeiten steckt in einer nahezu unendlichen Abfolge winziger Momente. Es ist eine lohnende Lebensaufgabe, diese winzigen Ereignisse sehen und verstehen zu lernen. In seinem Buch *Outside Lies Magic: Regaining History and Awareness in Everyday Places* (Der Zauber liegt draußen: Wie man Geschichte und Bewusstsein für alltägliche Orte wiederfindet) bezeichnet John Stilgoe dies als „Sehschärfe" (visual acuity). Auf diesen beiden Aufnahmen sieht man die prallen Knospen einer Felsenbirne, kurz bevor sie sich öffnen. Die Knospenhüllen, die sie vor der Austrocknung durch die Winterwinde geschützt haben, verschwimmen mit dem rötlichen Ton der Backsteingebäude an der Washington Street im Schlachthof-Bezirk.

Genaues Hinsehen zeigt, dass die Knospenhüllen der Felsenbirne (*Amelanchier × grandiflora*) die rötlichen Farben des Fabrikgebäudes aus Backstein spiegeln.

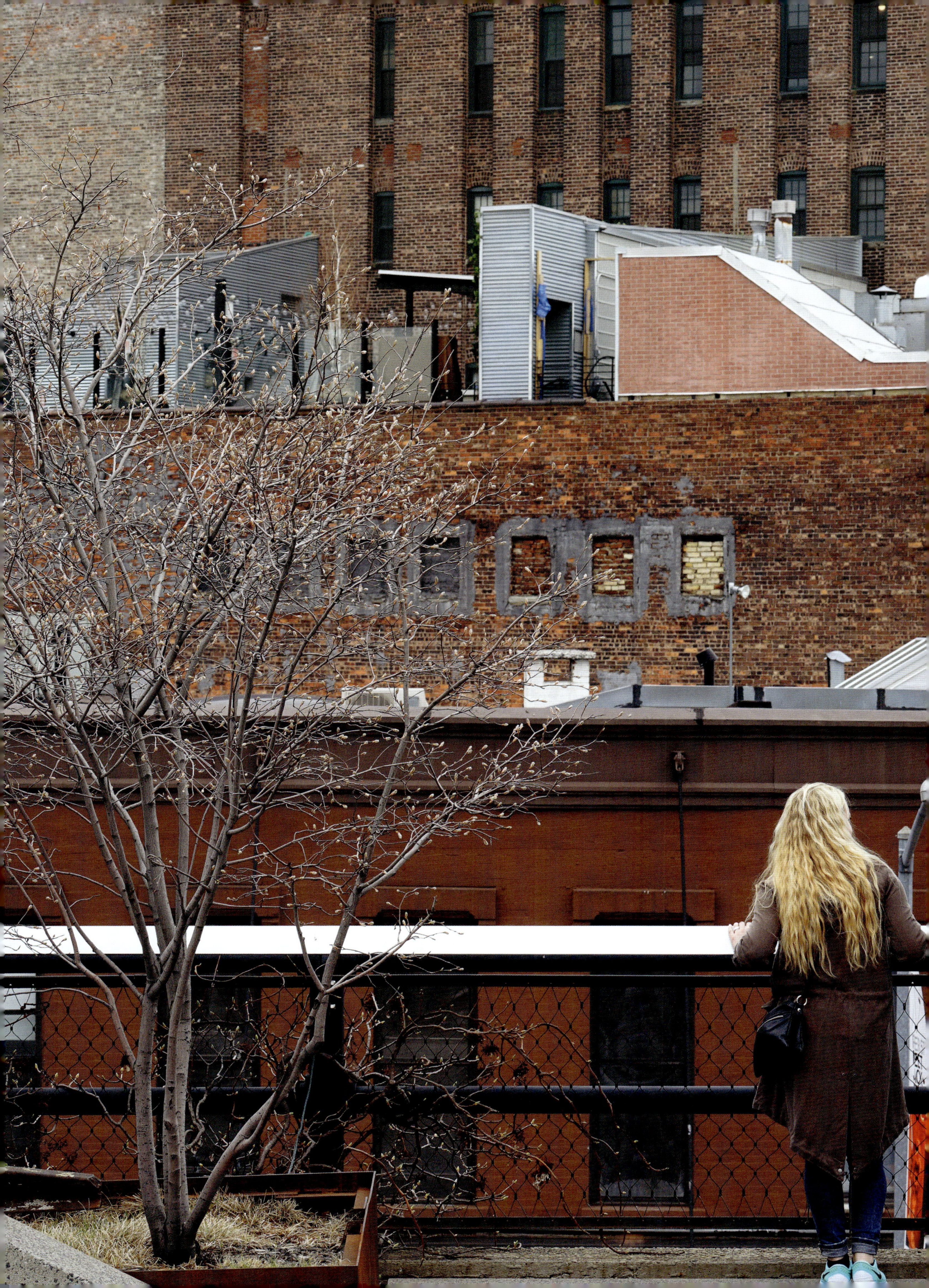

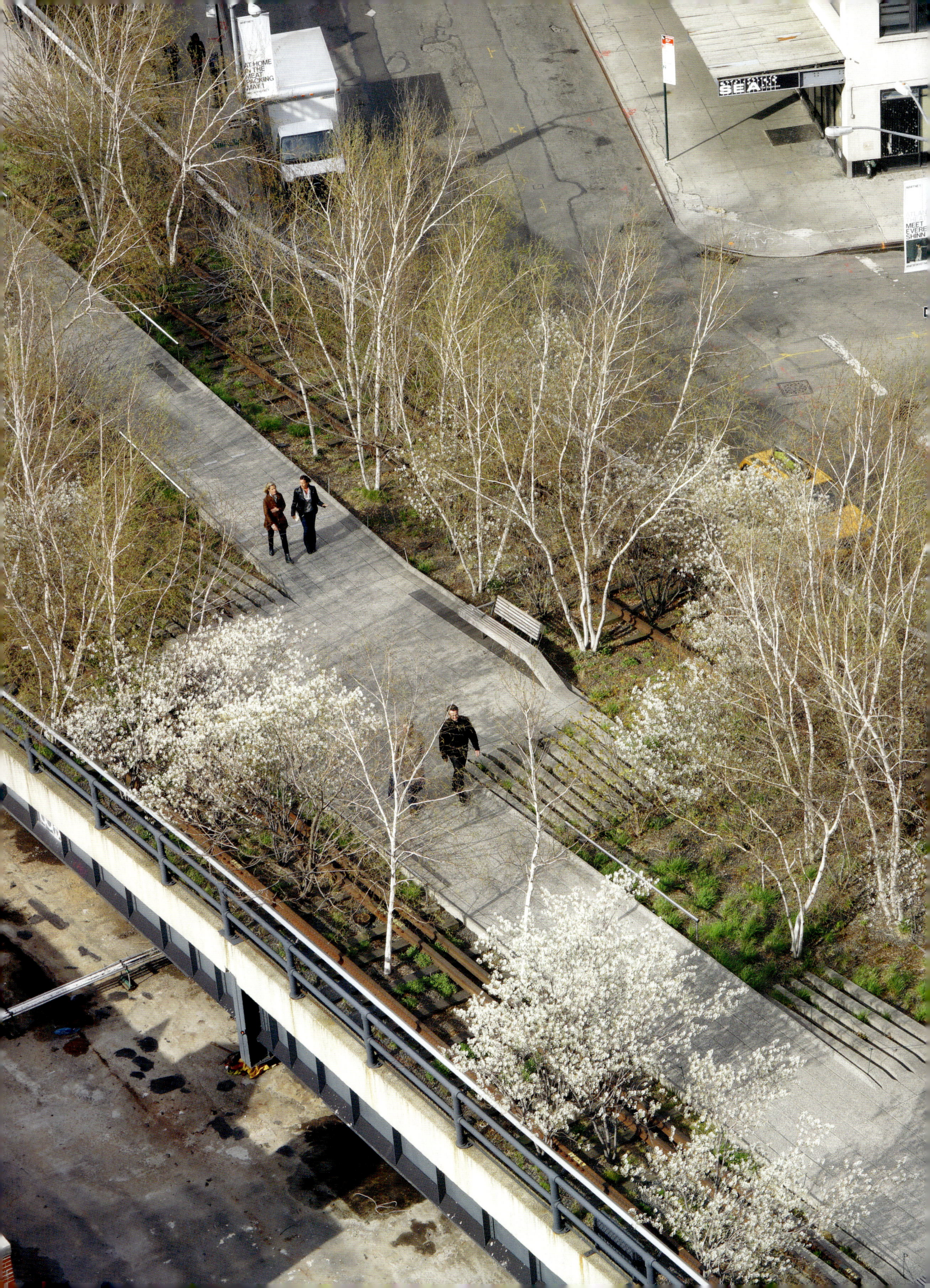

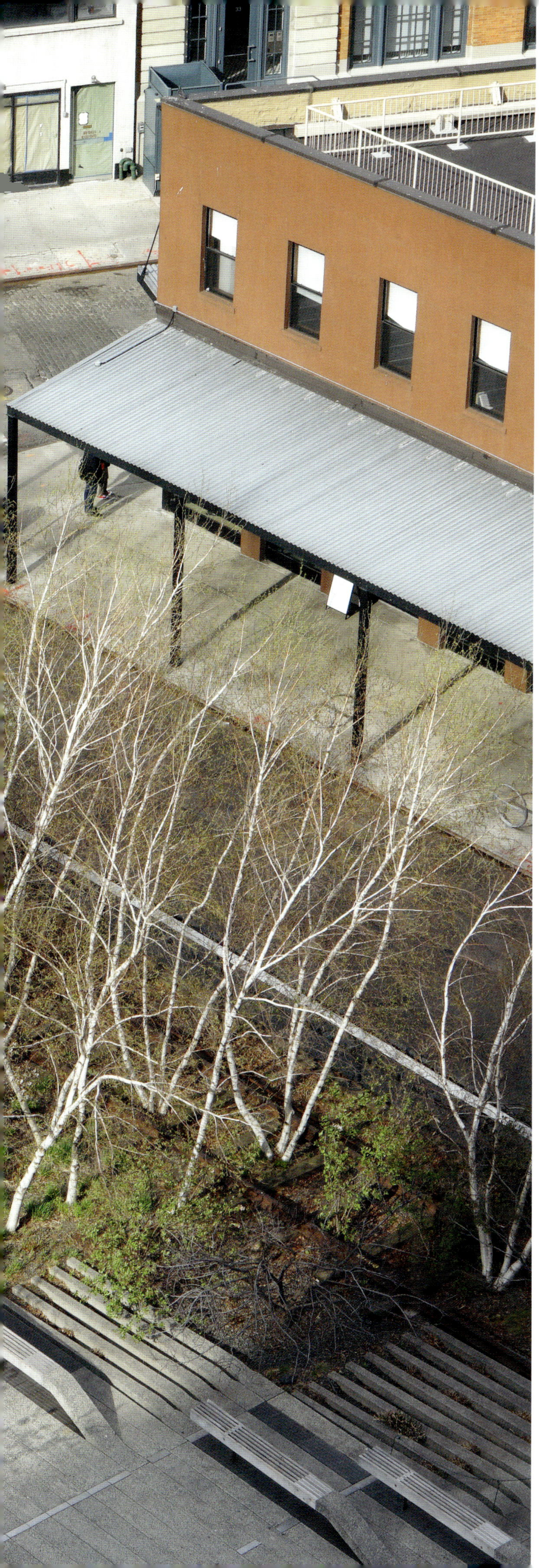

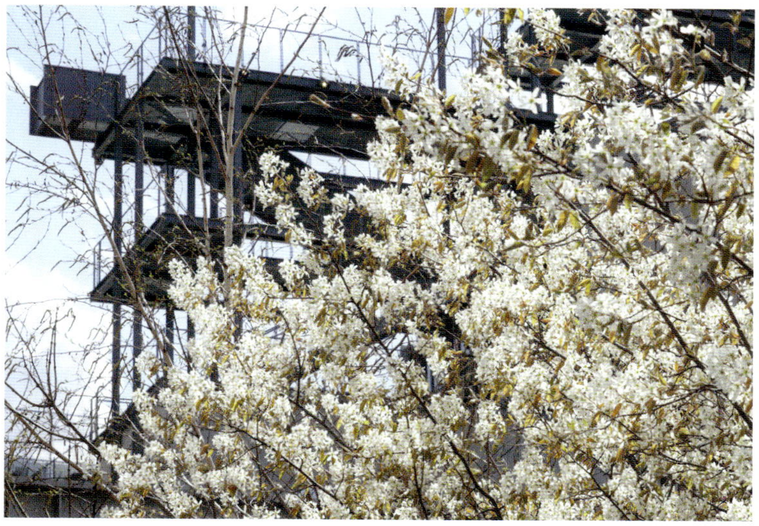

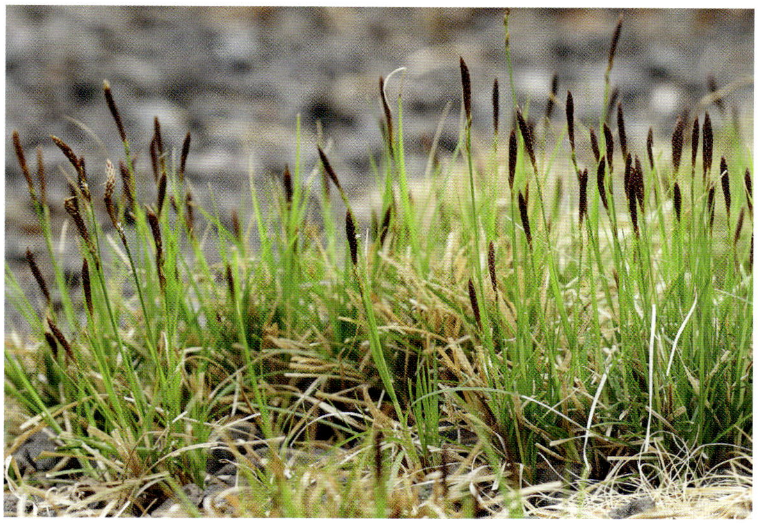

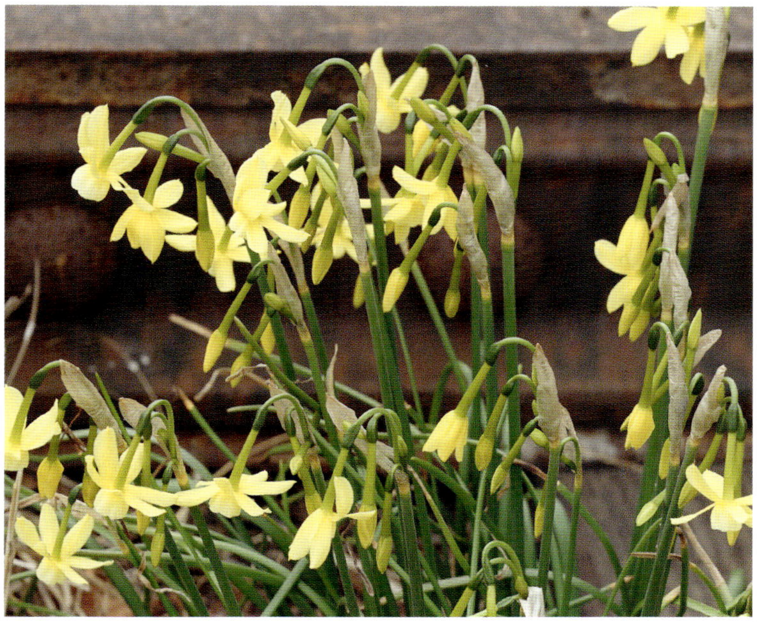

Gegenüber: Jedes Jahr im späten April verwandeln die Blüten der Felsenbirnen das Gansevoort-Wäldchen. Die Wipfel lassen noch fast das gesamte Sonnenlicht bis auf den Boden dringen, wodurch die Pflanzen der Staudenzone treiben und wachsen können.

Von oben nach unten: Die markanten bronzefarbenen Blatttriebe der Felsenbirnen sind zwischen schneeweißen Blütenwolken zu erkennen.

Die Seggenart *Carex pensylvanica* blüht im Staudenteppich.

Die kleinwüchsige Narzissensorte *Narcissus* 'Hawera' fügt der Mischung gelbe Tupfer hinzu.

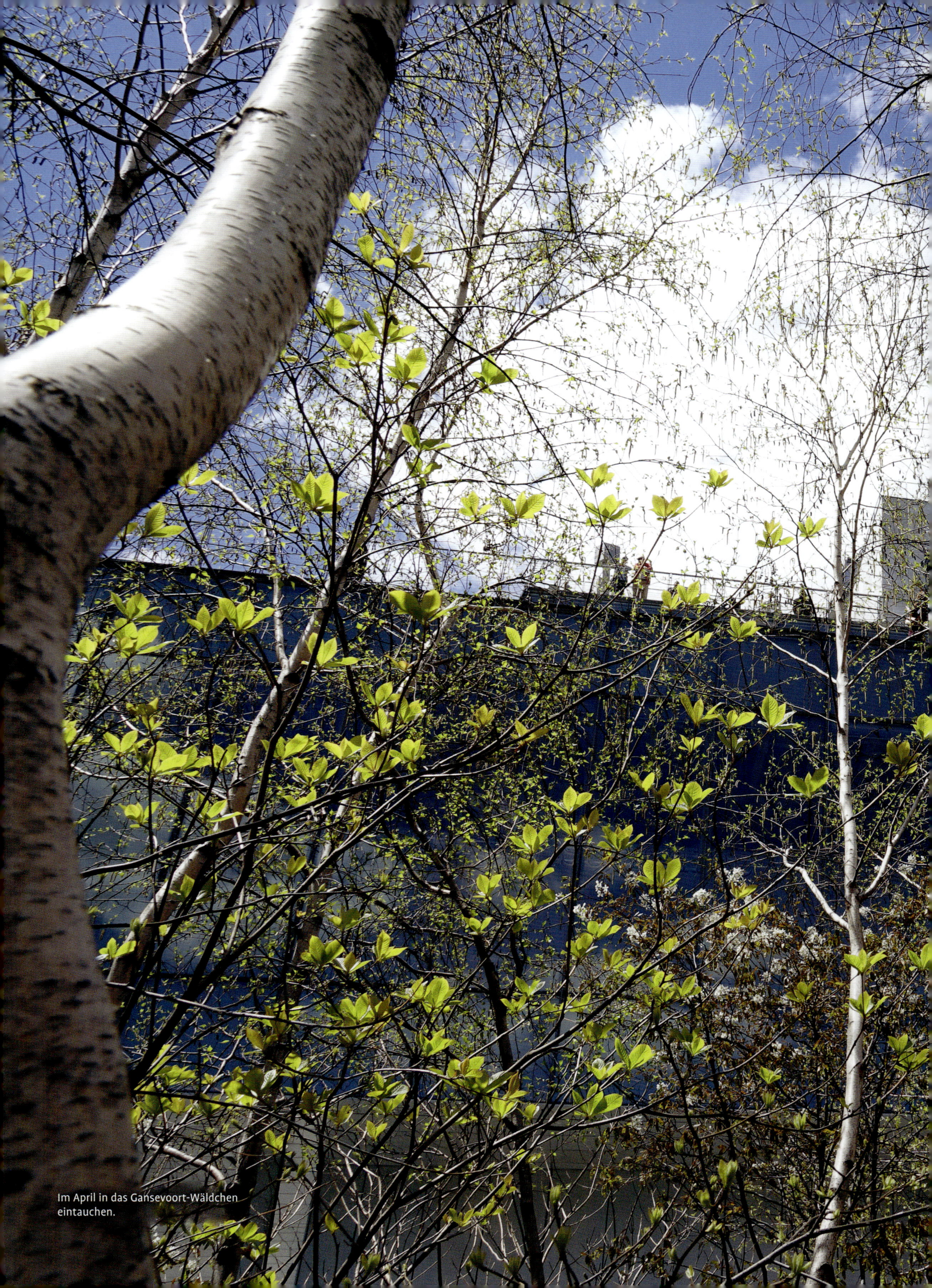

Im April in das Gansevoort-Wäldchen eintauchen.

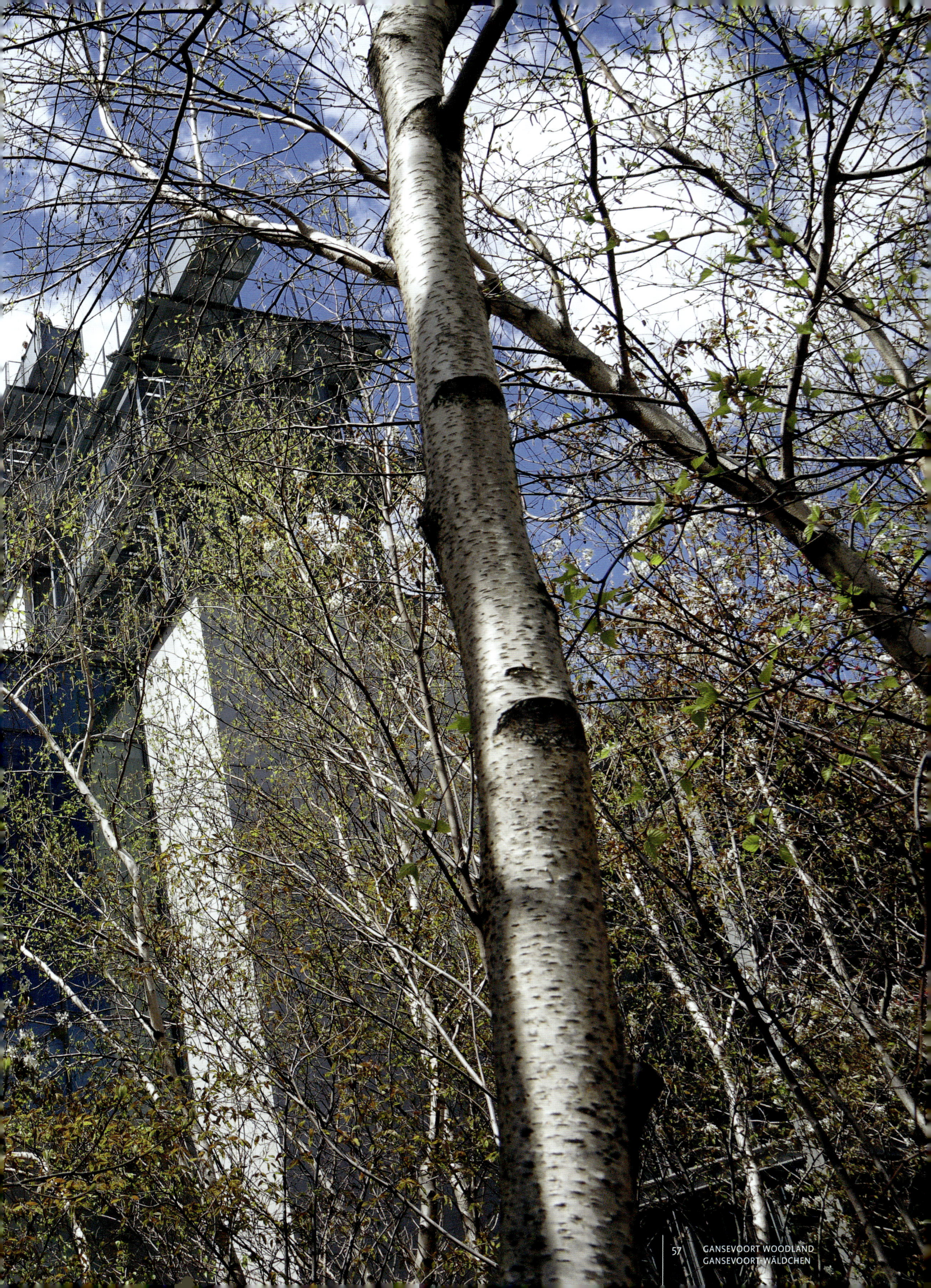

GANSEVOORT WOODLAND
GANSEVOORT WÄLDCHEN

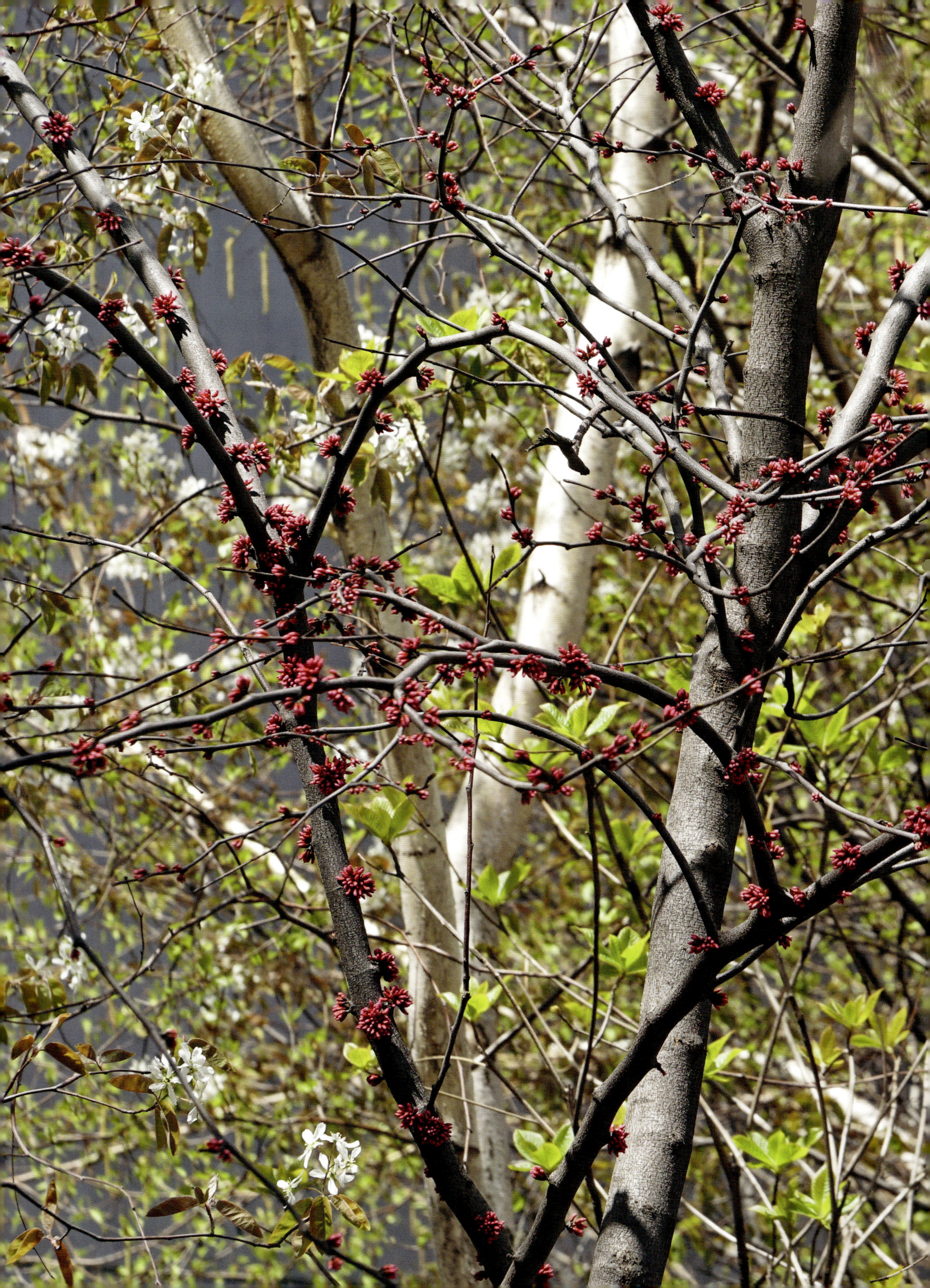

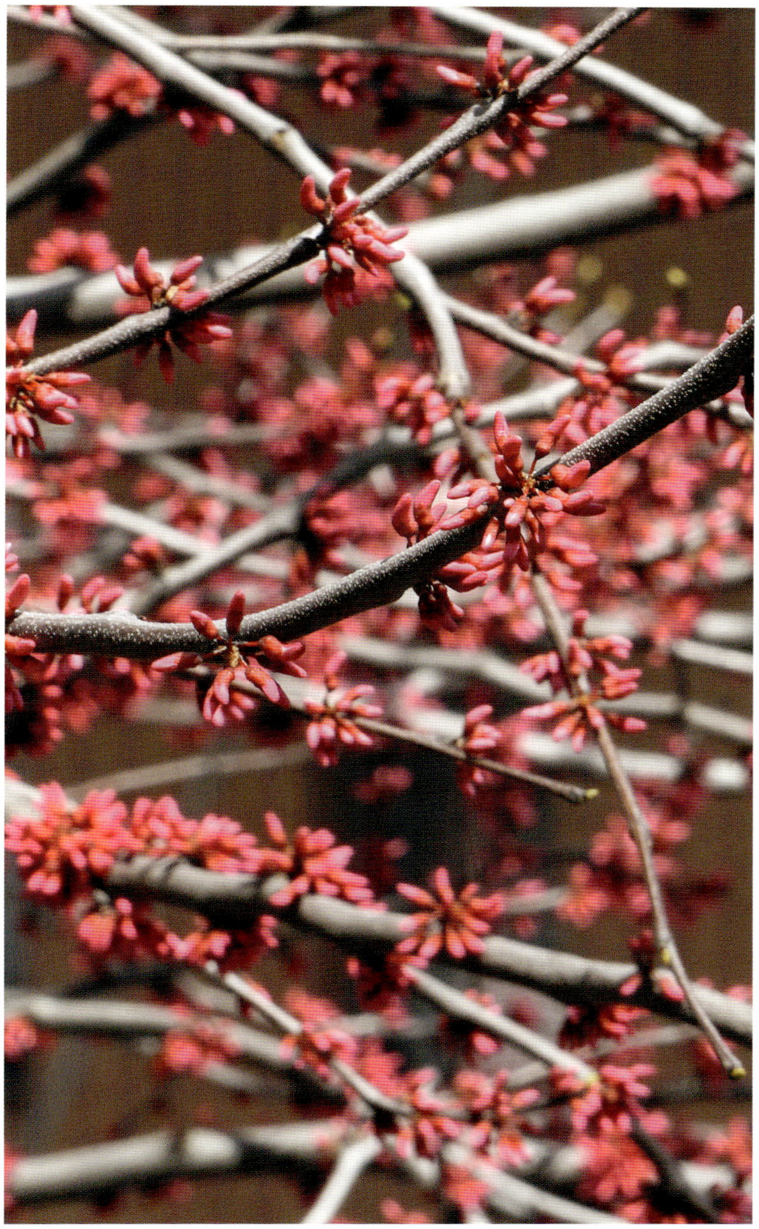

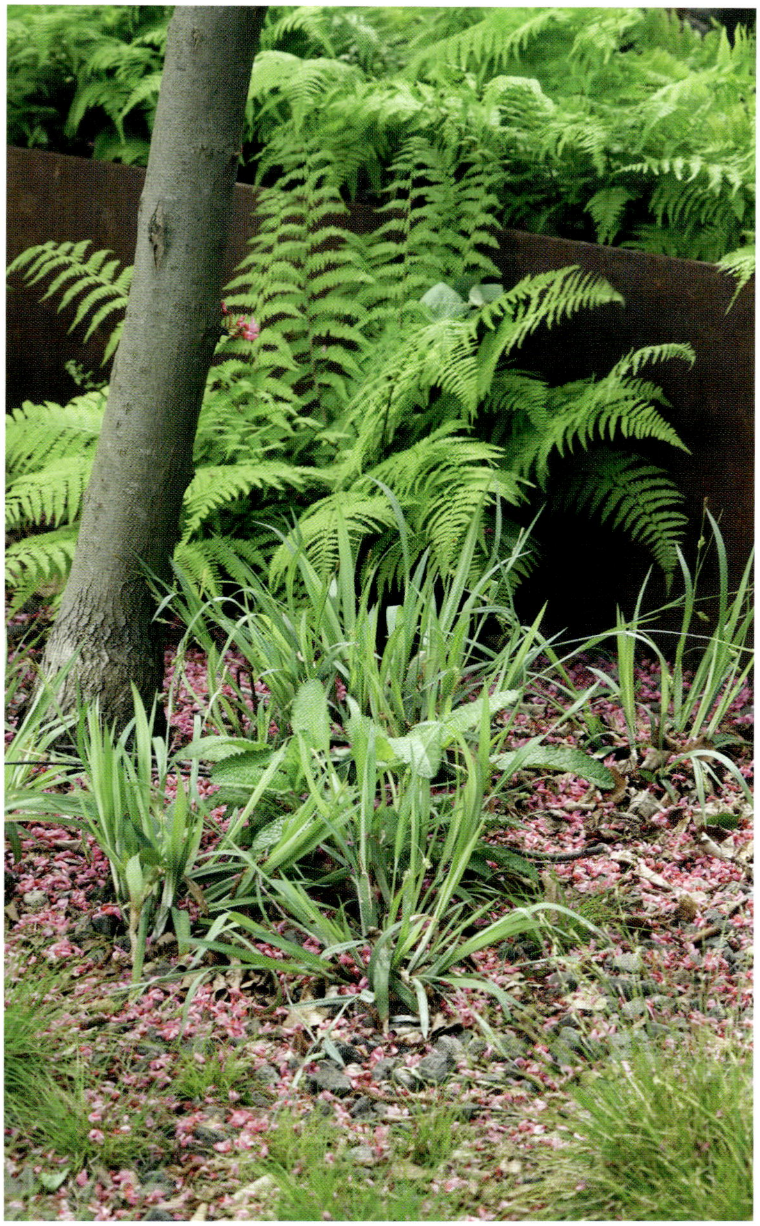

Die alljährliche Blüte der Bäume verschiebt sich je nach Wetterlage um ein bis zwei Wochen, die Blühfolge der Arten ist gewöhnlich gleich. Den Anfang machen die Felsenbirnen, dann folgen der Kanadische Judasbaum (*Cercis canadensis*) und Blumen-Hartriegel (*Cornus florida*). In kühlen Frühlingszeiten dauert die Blütezeit der Felsenbirne eine Woche und mehr, wenn es aber sehr warm ist, erreicht sie ihren Höhepunkt schon nach wenigen Tagen. Der Blütenschmuck von Judasbaum und Hartriegel hält sich länger. Beide Bäume blühen übrigens schon, bevor sich ihre Laubblätter entfalten. Der Judasbaum hat eigentlich zwei Hochphasen der Blüte – wenn sich die Blüten am Baum öffnen und wenn sie abfallen, weil dann der Boden mit einer dichten Lage von gleicher Farbe überzogen wird.

Im Gansevoort-Wäldchen wachsen die Wildform von *Cercis canadensis* mit purpurrosa Blüten und die grelle, pinkrote Züchtung 'Appalachian Red' sowie 'Forest Pansy', eine Sorte mit purpurfarbenem, lederigem Laub, das sich im Spätsommer bronzegrün färbt.

Gegenüber und links: Kanadischer Judasbaum der Sorte 'Appalachian Red'.
Rechts: Der farbige Teppich herabgefallener Judasbaum-Blüten auf dem Boden.

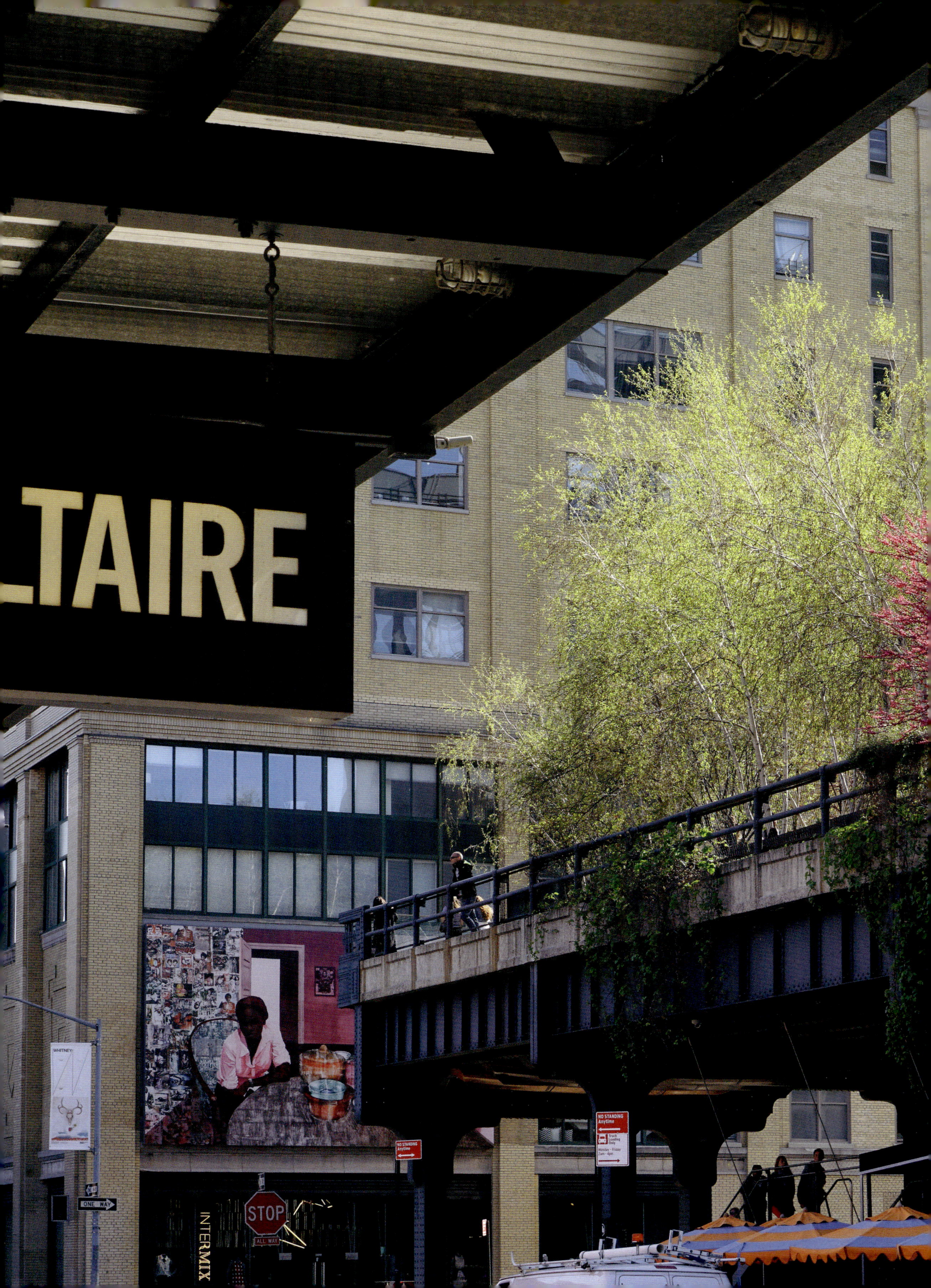
TAIRE
STOP
ONE WAY
INTERMIX

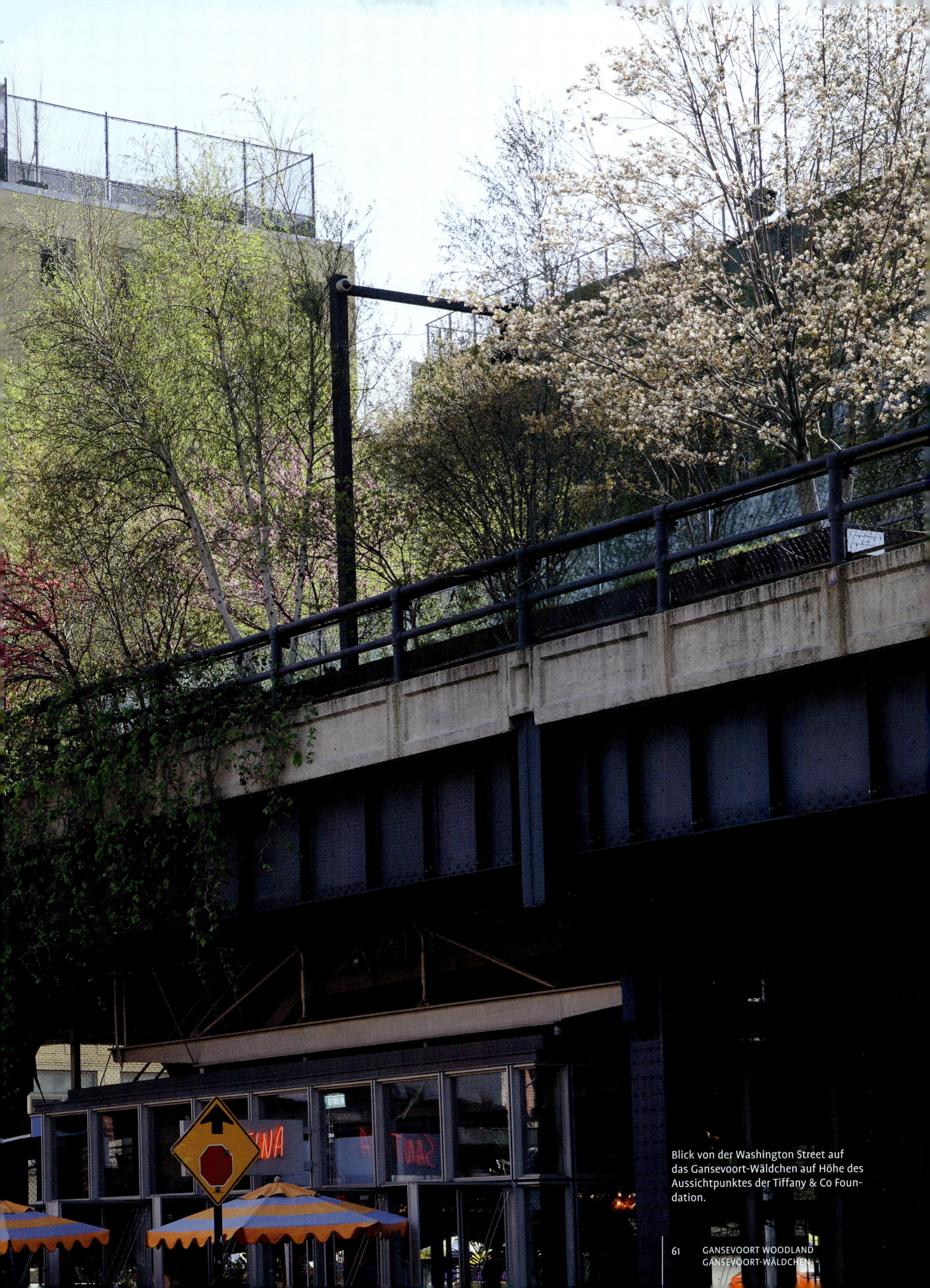

Blick von der Washington Street auf das Gansevoort-Wäldchen auf Höhe des Aussichtpunktes der Tiffany & Co Foundation.

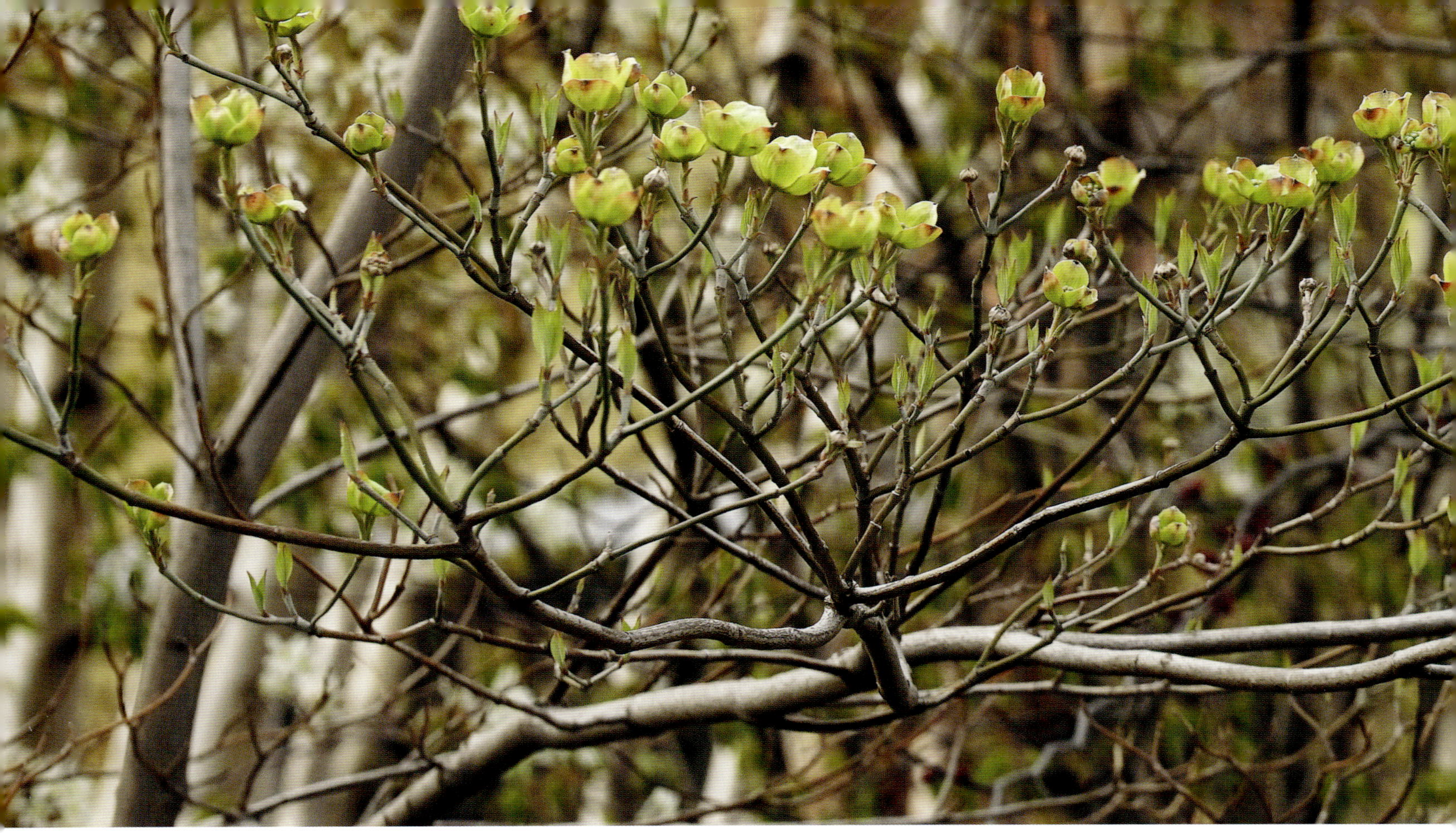

Piet Oudolfs Blick richtet sich besonders auf den Bau der Pflanzen, egal ob verholzt oder krautige Staude. Bei seinen Gestaltungen sind der architektonische Charakter und die Form bedeutender als die Blütenfarbe. Der in Nordamerika heimische Hartriegel *Cornus florida* ist ein gutes Beispiel für markante Struktur. Obwohl er als Blüten-Hartriegel bekannt ist, handelt es sich bei den schneeweißen oder pinkfarbenen blütenblattähnlichen Teilen nicht um Blüten, sondern um Scheinblüten. Diese Scheinblüten sind zäher und härter als Petalen. Die einzigartige

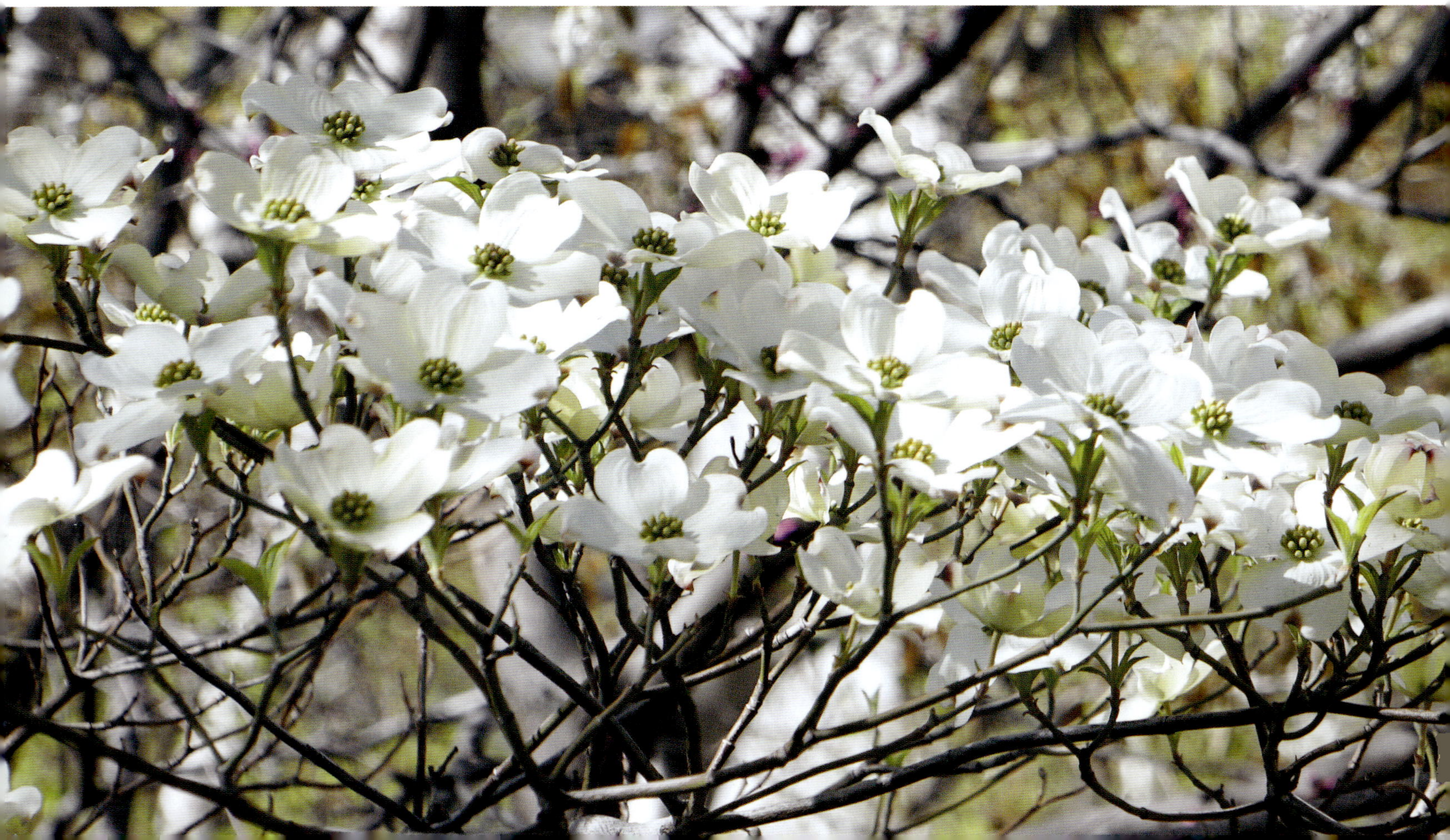

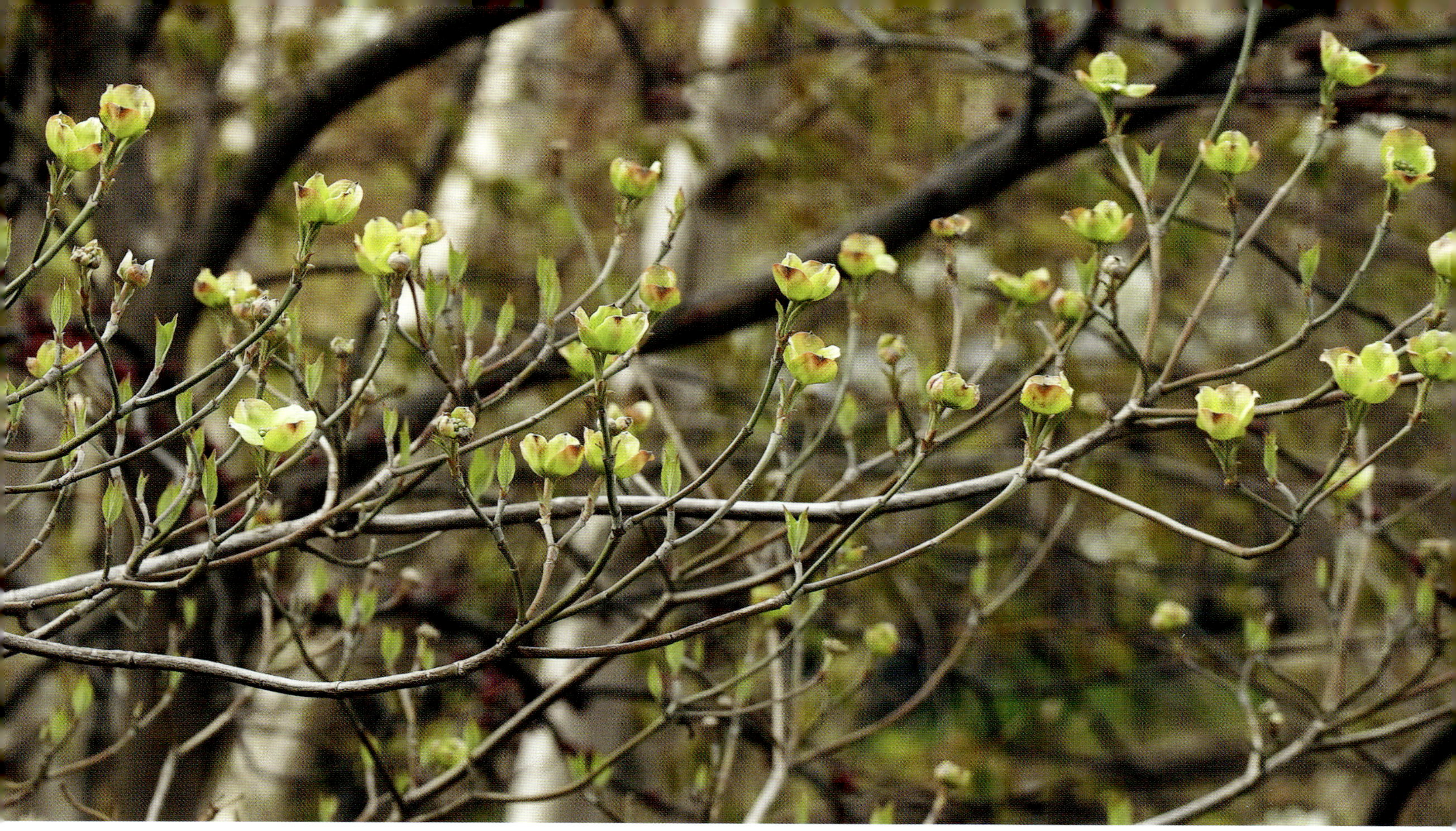

Schönheit dieses Hartriegels geht zum Großteil auf die sympodiale Verzweigung zurück. Die meisten verholzenden Pflanzen wachsen durch Endknospen, aus welchen sich Stängel und Zweige entwickeln. Da die endständigen Knospen des Blüten-Hartriegels Blüten hervorbringen, erfolgt das Längenwachstum der Zweige durch seitliche Triebe. Aus der Nähe gesehen, entsteht ein Muster aus steigenden und fallenden Zweigen – eine Art Auf und Ab, was der Architektur der Zweige einen unverwechselbaren Rhythmus verleiht.

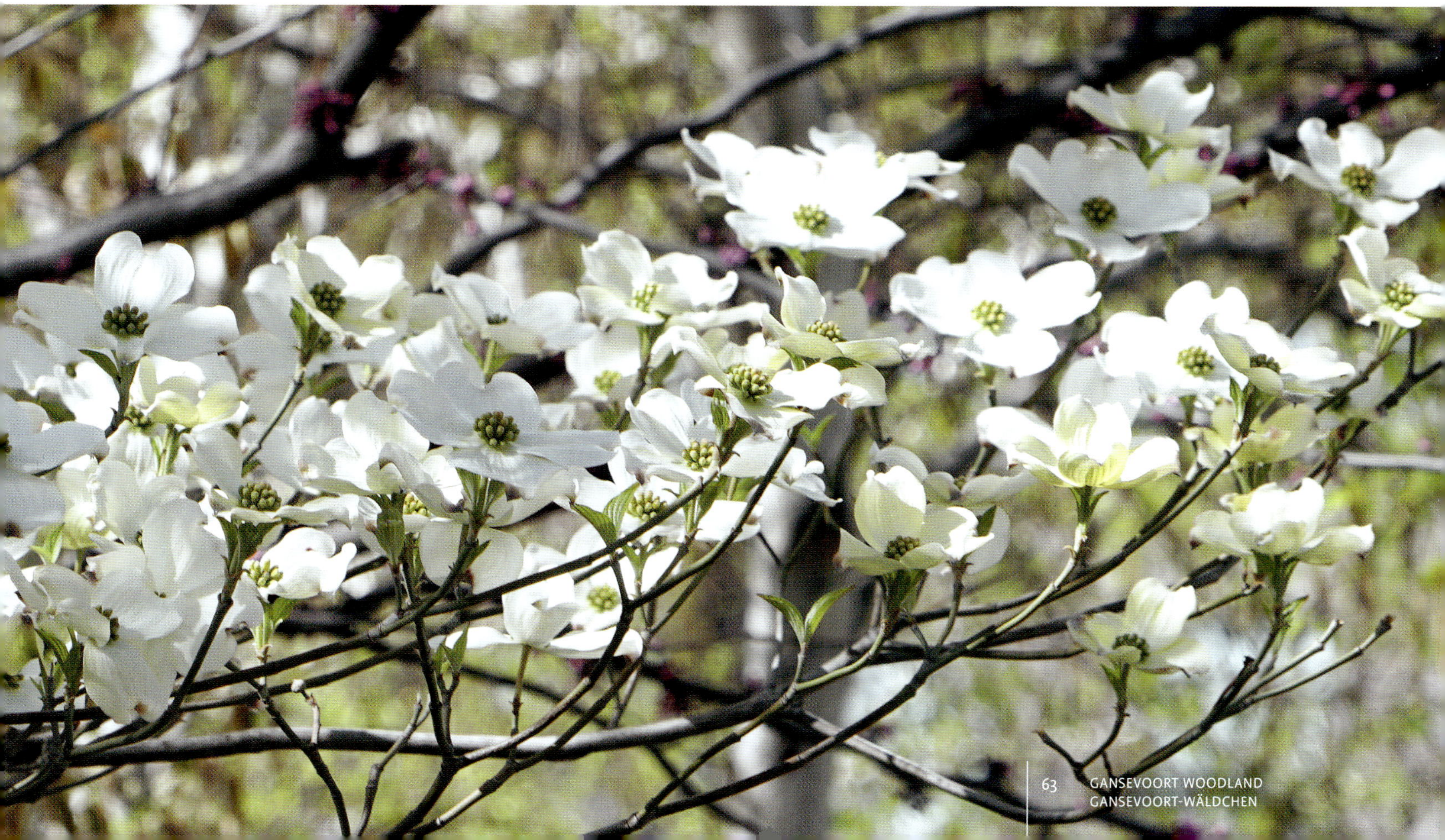

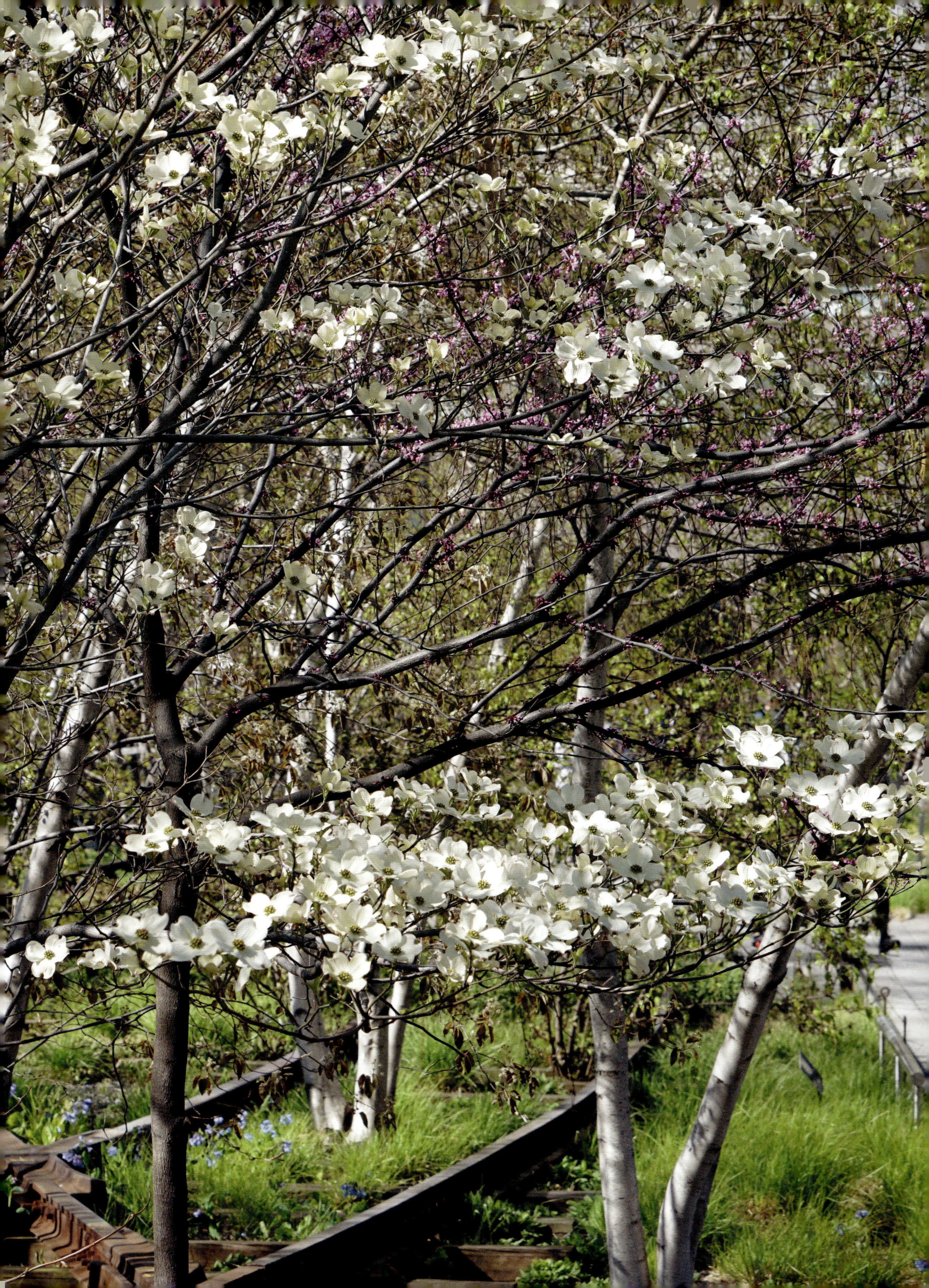

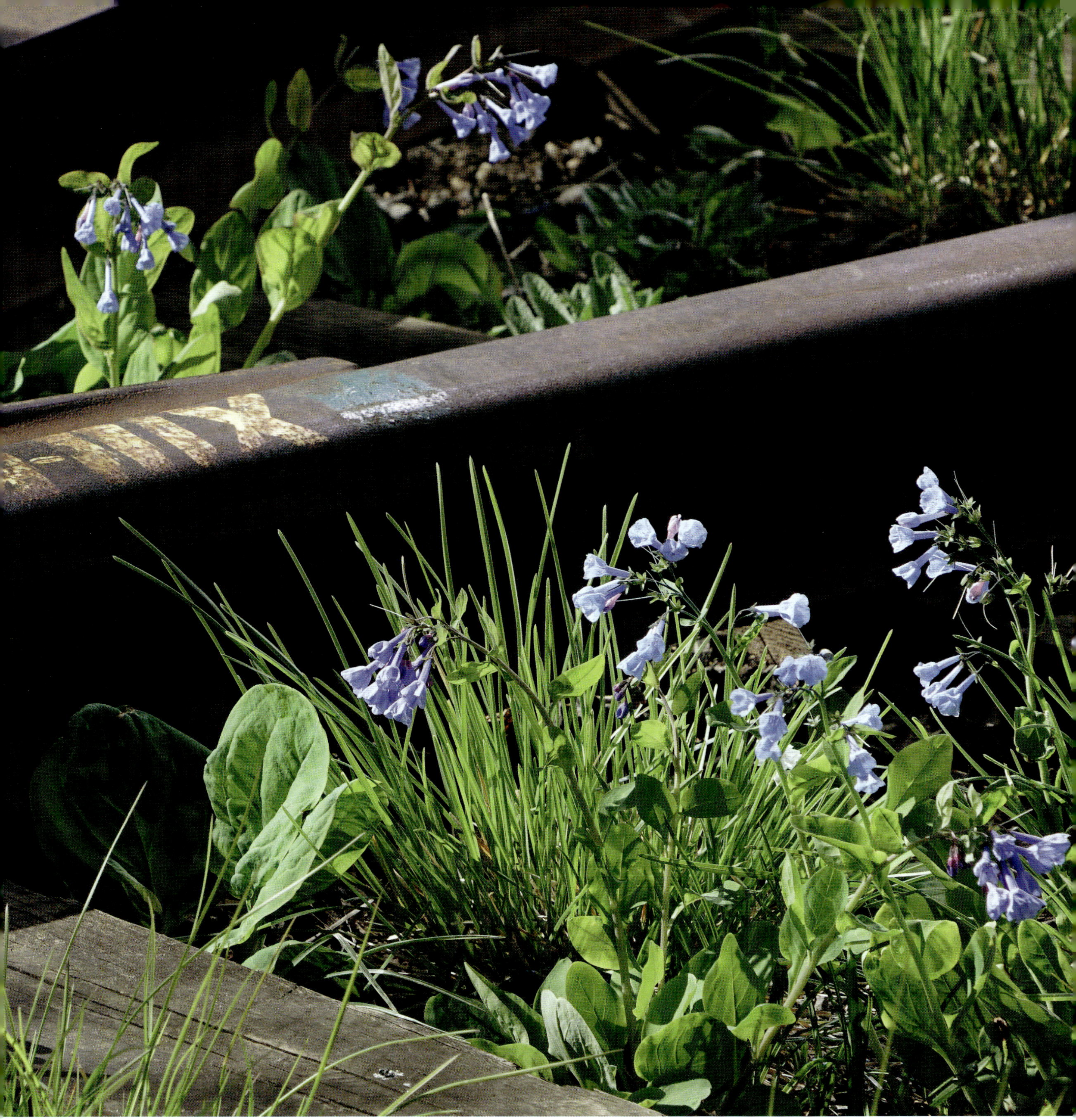

Die Blüten von des Virginischen Blauglöckchens (*Mertensia virginica*) überziehen die Staudenzone des Gansevoort-Wäldchens mit blauem Schleier. Sie blühen zusammen mit Hartriegel und Judasbaum – eine Pflanzengesellschaft, die typisch für feuchte Gehölzstandorte und Auenwälder im östlichen Nordamerika ist. Die Blauglöckchen sind echte Frühlingsgeister. Sie blühen und vermehren sich, bevor die Kronen dicht werden und den Boden beschatten. Im Frühsommer beginnt ihre Ruhephase und in diesem Zustand können weder Sommerhitze noch Trockenheit den Blauglöckchen schaden.

Die Blüte des Virginischen Blauglöckchens (*Mertensia virginica*) fällt immer zusammen mit der von Hartriegel und Judasbaum.

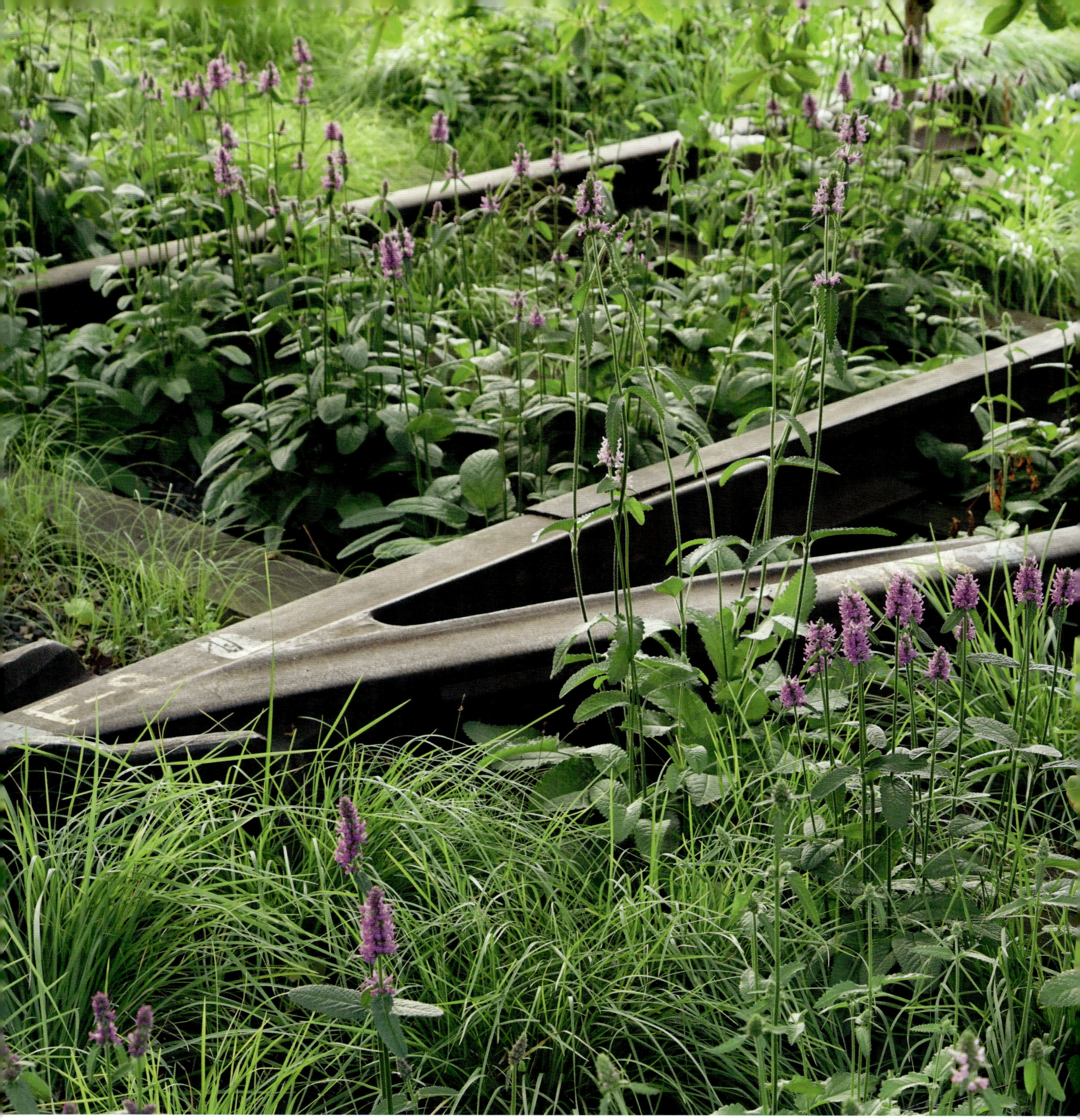

Mitte Juni ist der Boden unter den Bäumen und Sträuchern des Gansevoort-Wäldchens fast vollständig mit einem Mosaik aus Stauden bedeckt. Die purpurrosa Blütenstängel des Echten Ziest (*Stachys officinalis* 'Hummelo') ragen sogar im Schatten auf, obwohl die Pflanze an sonnigen Stellen reicher blüht. Das gelbgrüne Blattwerk des Herbst-Blaugrases (*Sesleria autumnalis*) spielt nun eine wichtige Rolle, weil es Unkraut verdrängt und den Boden feucht hält. Das gilt auch für die niedrig wachsende Amsonie (*Amsonia* 'Blue Ice').

Die purpurrosa Blüten des Echten Ziest (*Stachys officinalis* 'Hummelo') hellen den Staudenteppich im Juni auf.

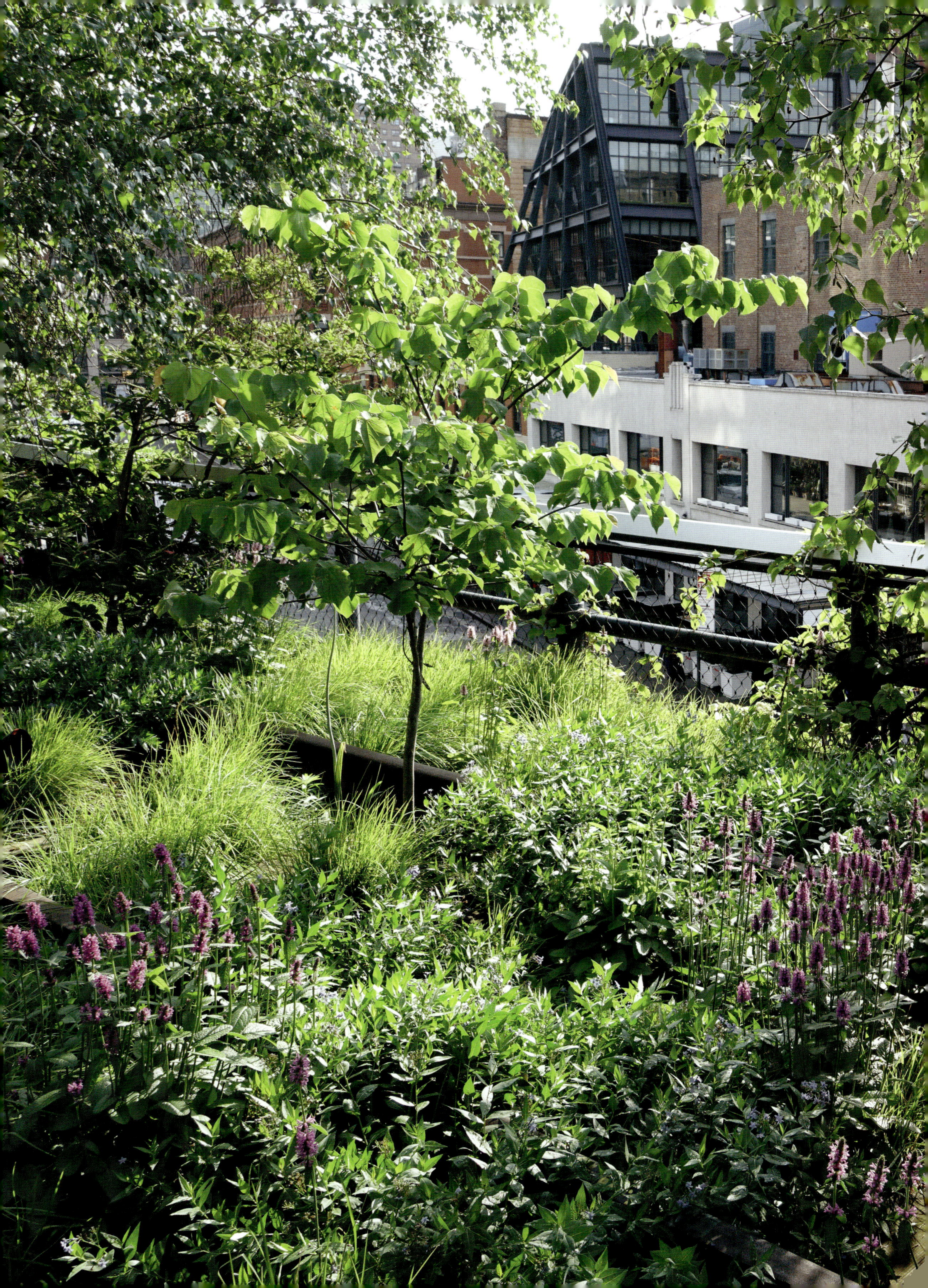

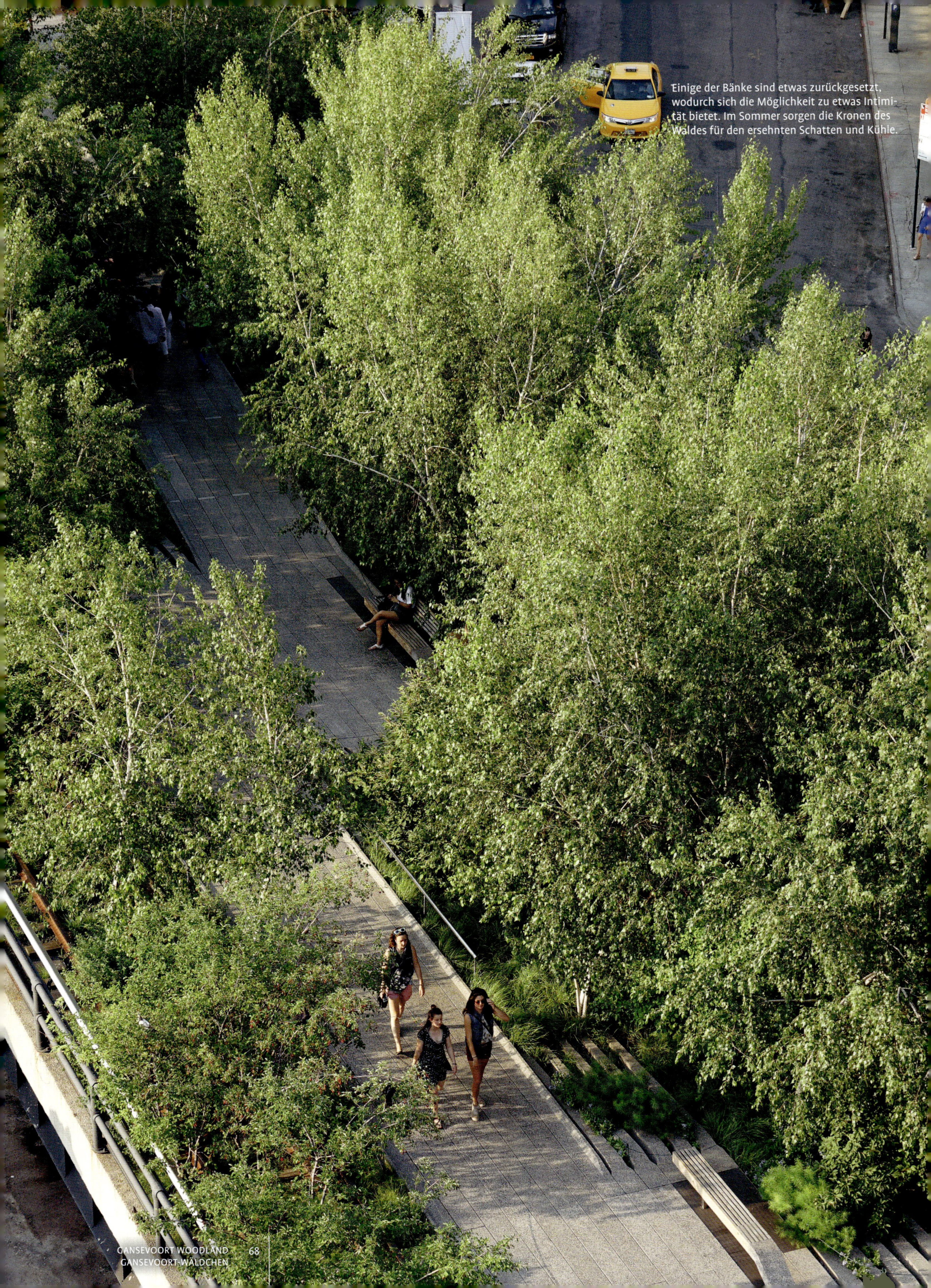

Einige der Bänke sind etwas zurückgesetzt, wodurch sich die Möglichkeit zu etwas Intimität bietet. Im Sommer sorgen die Kronen des Waldes für den ersehnten Schatten und Kühle.

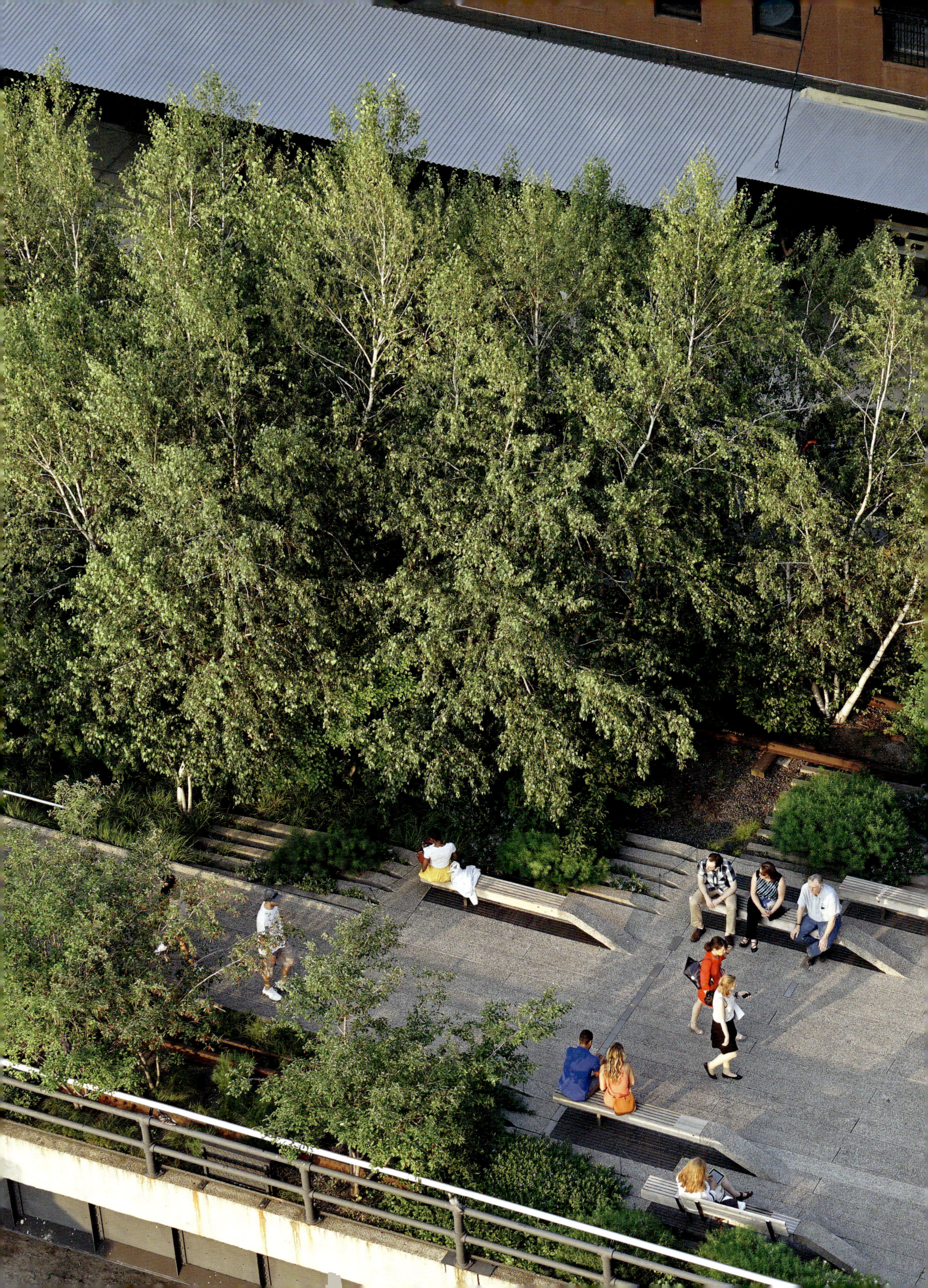

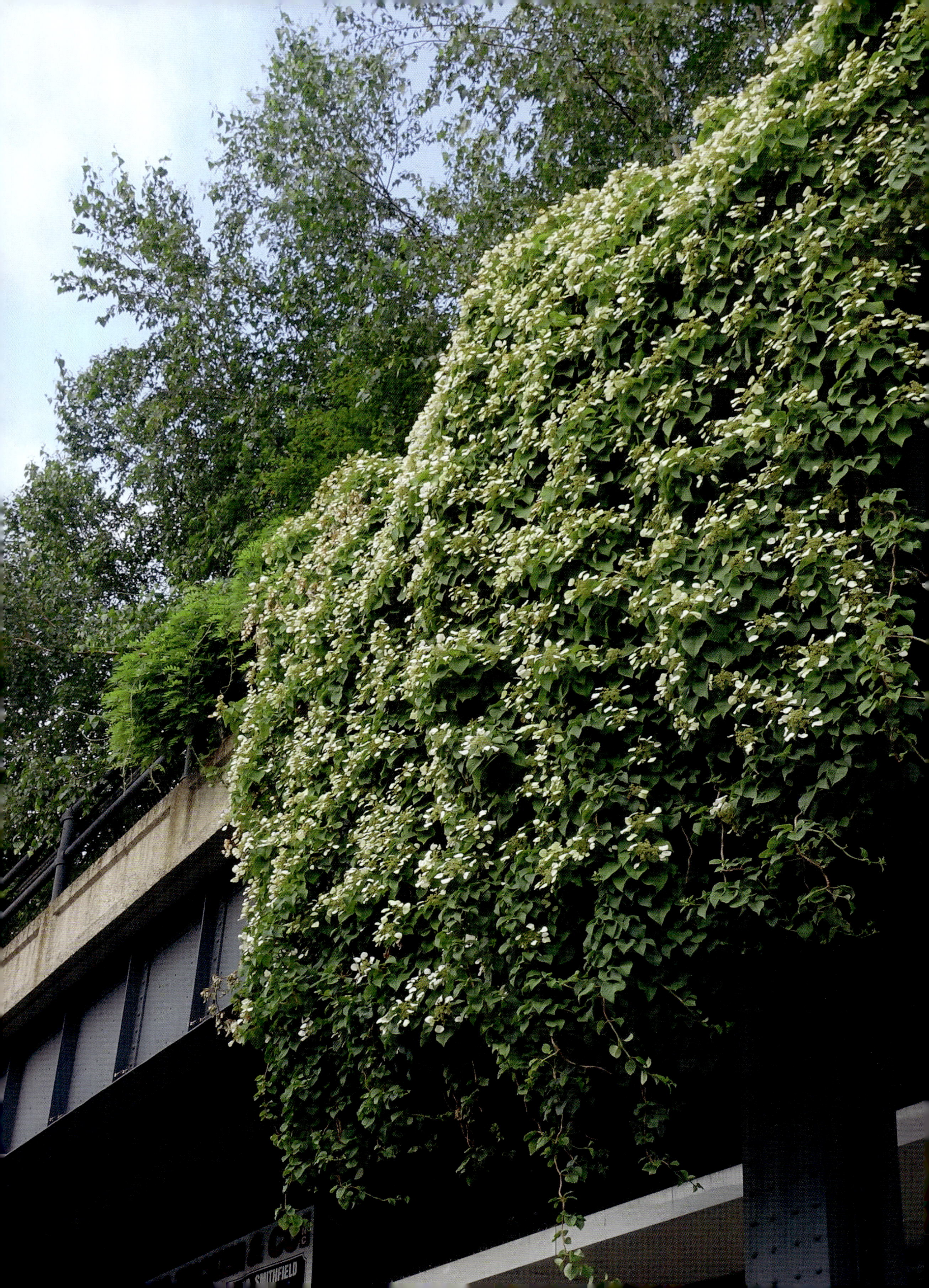
SMITHFIELD

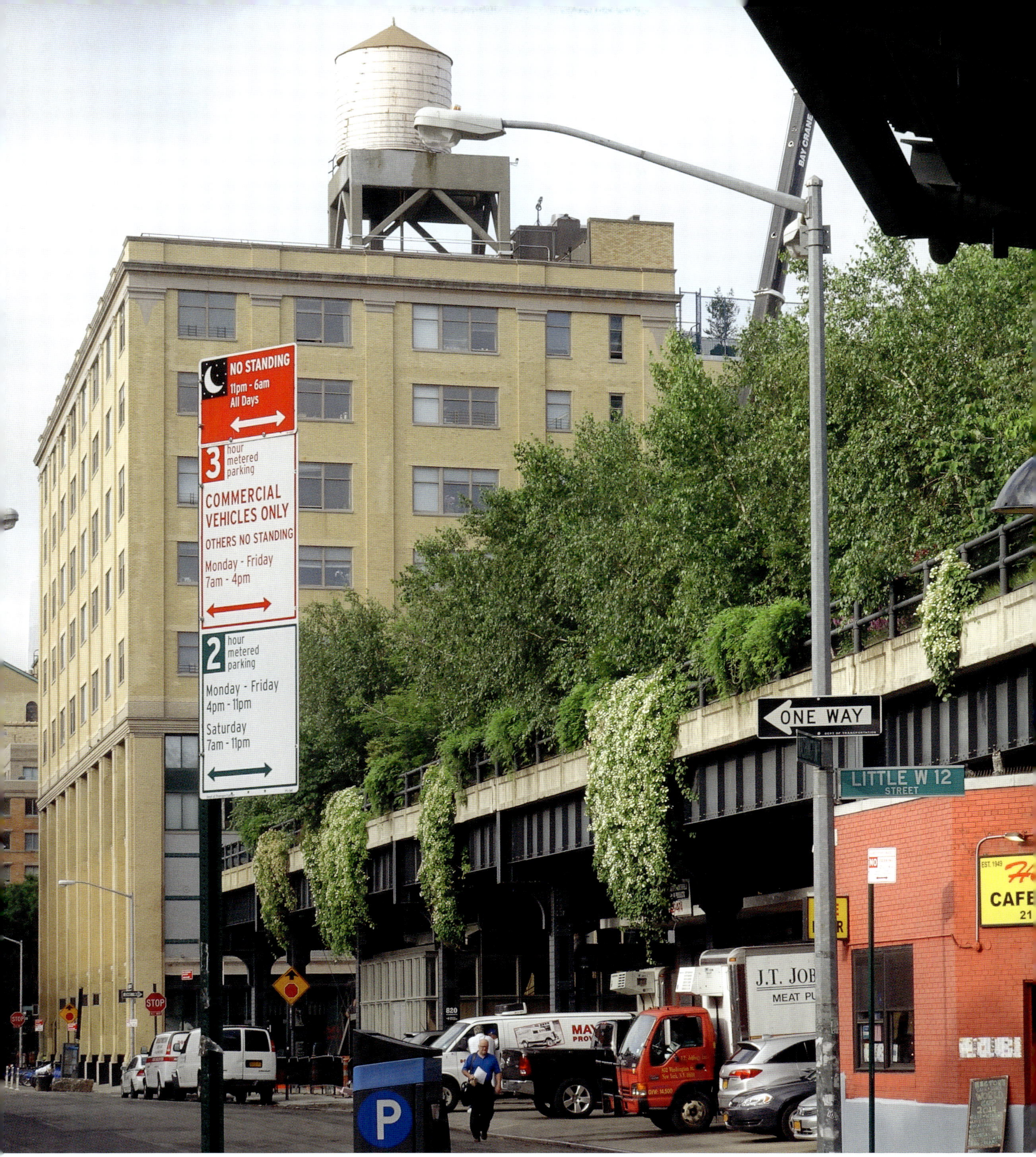

Wasserfälle von Kletterpflanzen am östlichen Ende des Gansevoort-Wäldchens lenken den Blick nach oben und halten die Verbindung zur Straße. Die Spalthortensie (*Schizophragma hydrangeoides* 'Moonlight') kleidet sich im Juni in Blüten. Traditionelle Gewerbe, die dem Bezirk Chelsea den Namen „Schlachthof-Viertel" einbrachten, werden in der Washington Street unter der High Line noch immer geführt.

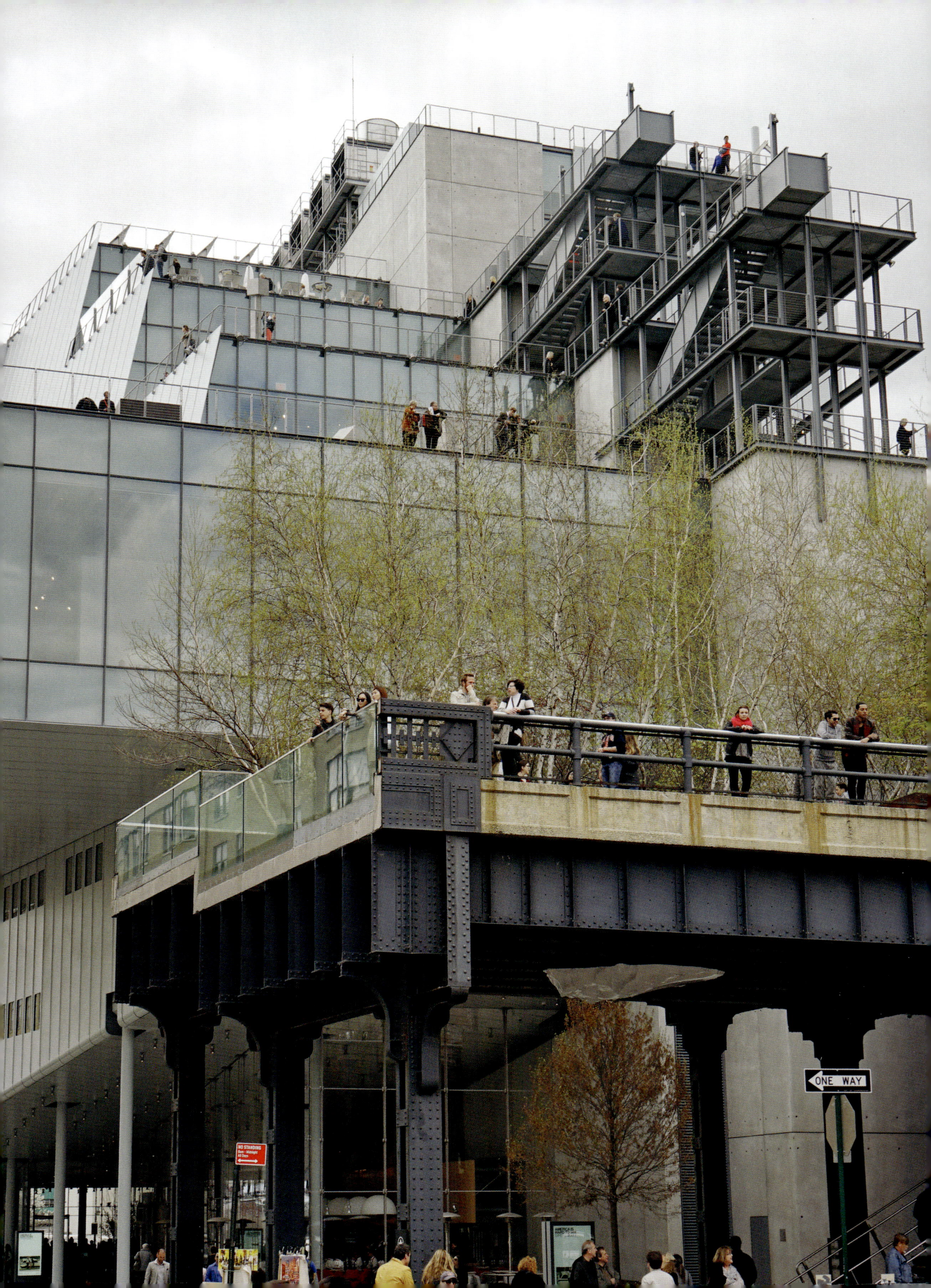
ONE WAY

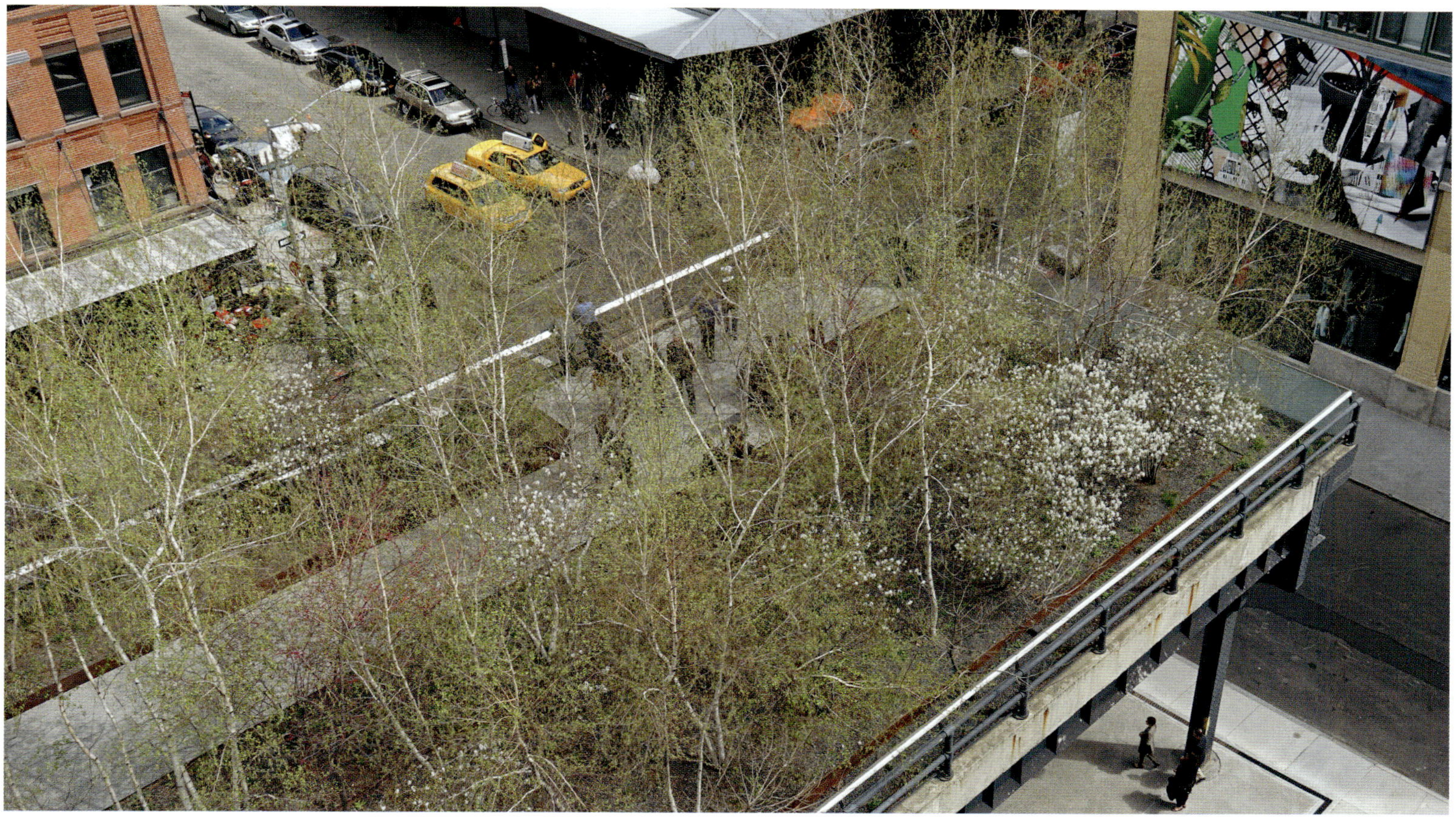

Der hier aus drei verschiedenen Perspektiven gezeigte Tiffany & Co Foundation-Ausblick liegt am südlichen Ende des Gansevoort-Wäldchens. Man kann vom Aussichtspunkt über die Washington Street und Gansevoort Street blicken. Im Frühling ist die Stelle offen und luftig, unter dem Blätterdach im Sommer aber angenehm geschützt. Die heute hier abgeschnittene Trasse verlief früher durch das Gebäude an der Südseite der Gansevoort Street. Wechselnde Kunstwerke in der Größe von Plakatwänden (oben und unten) werden nun über der früheren Öffnung präsentiert.

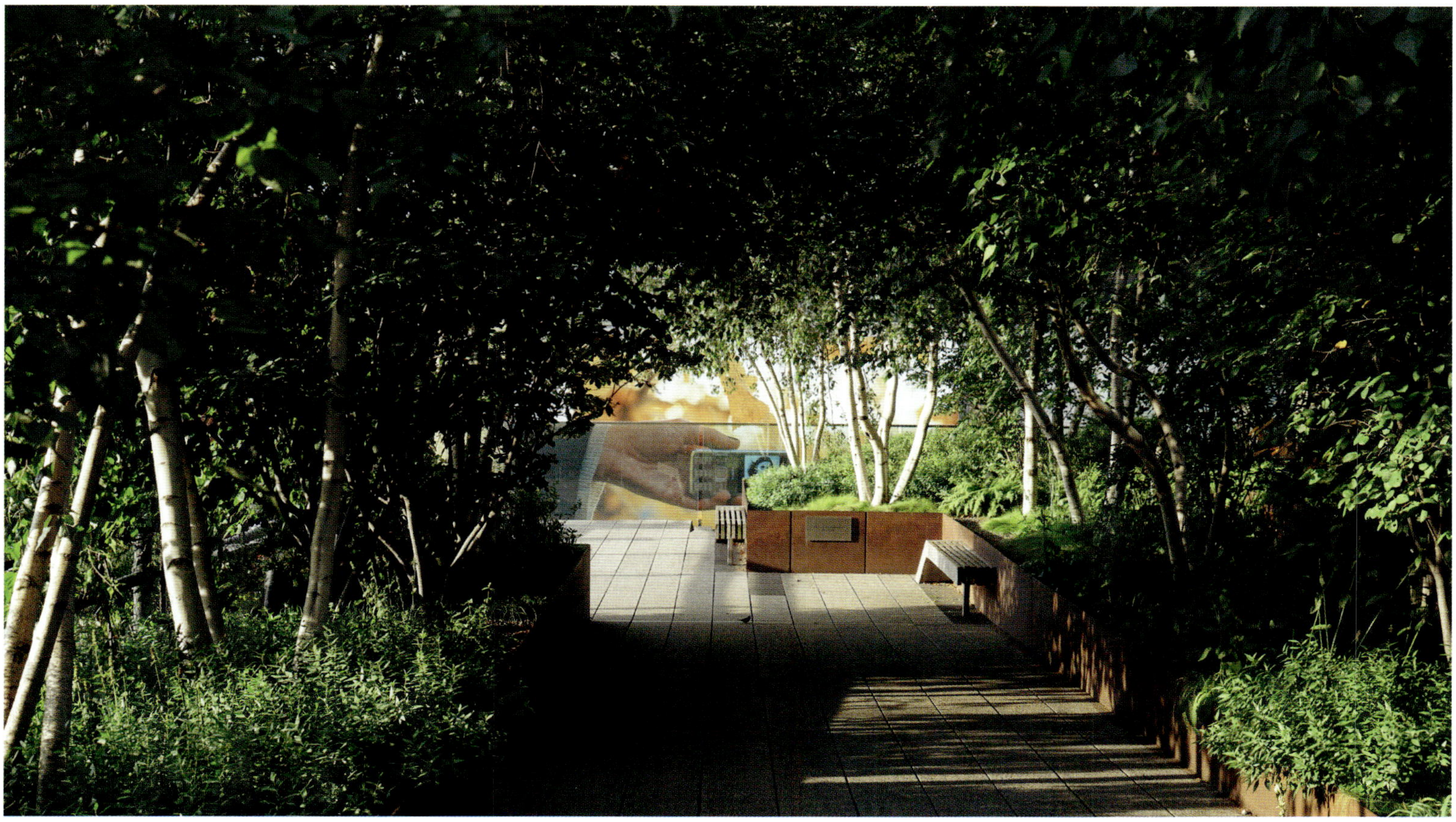

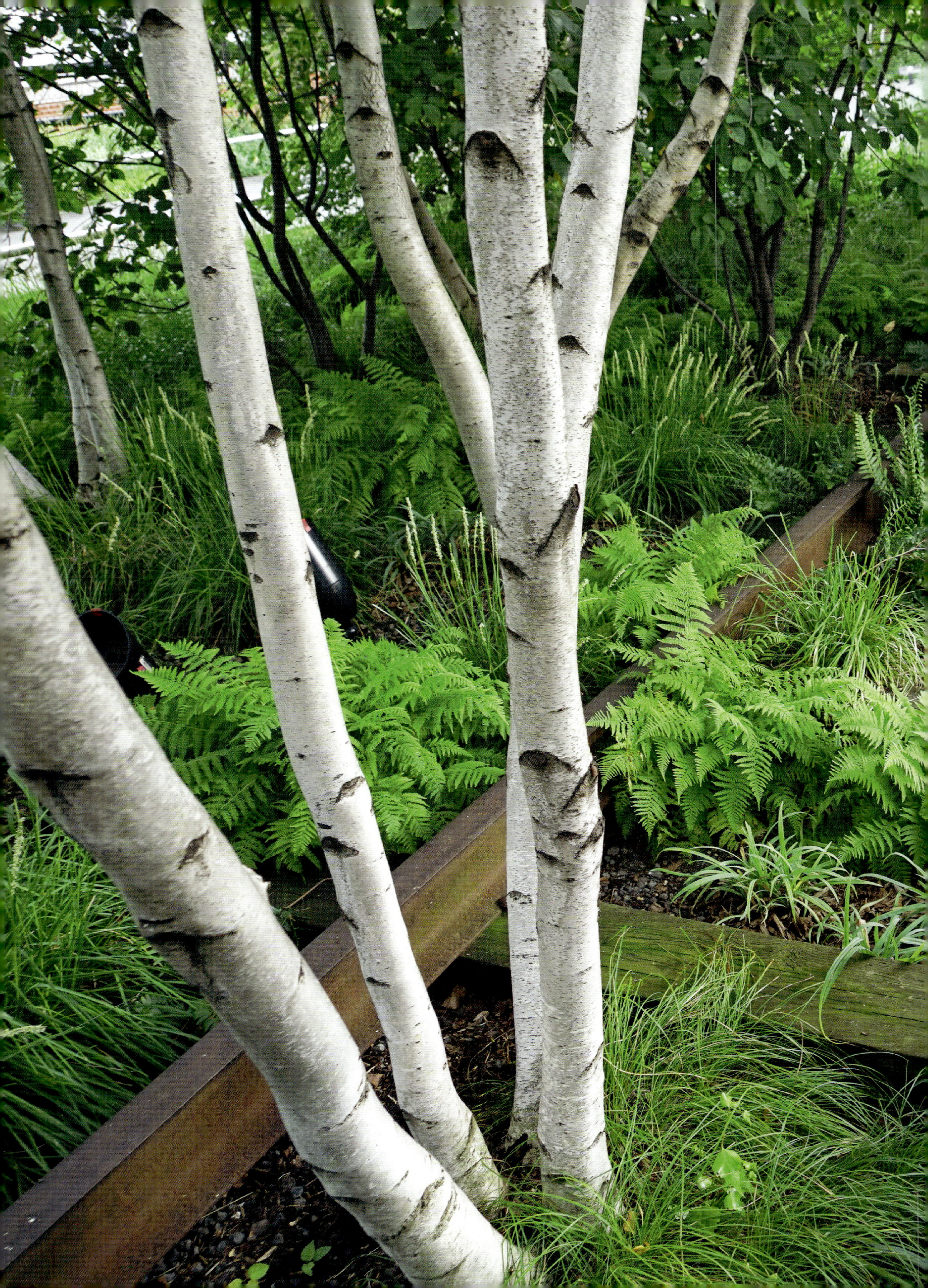

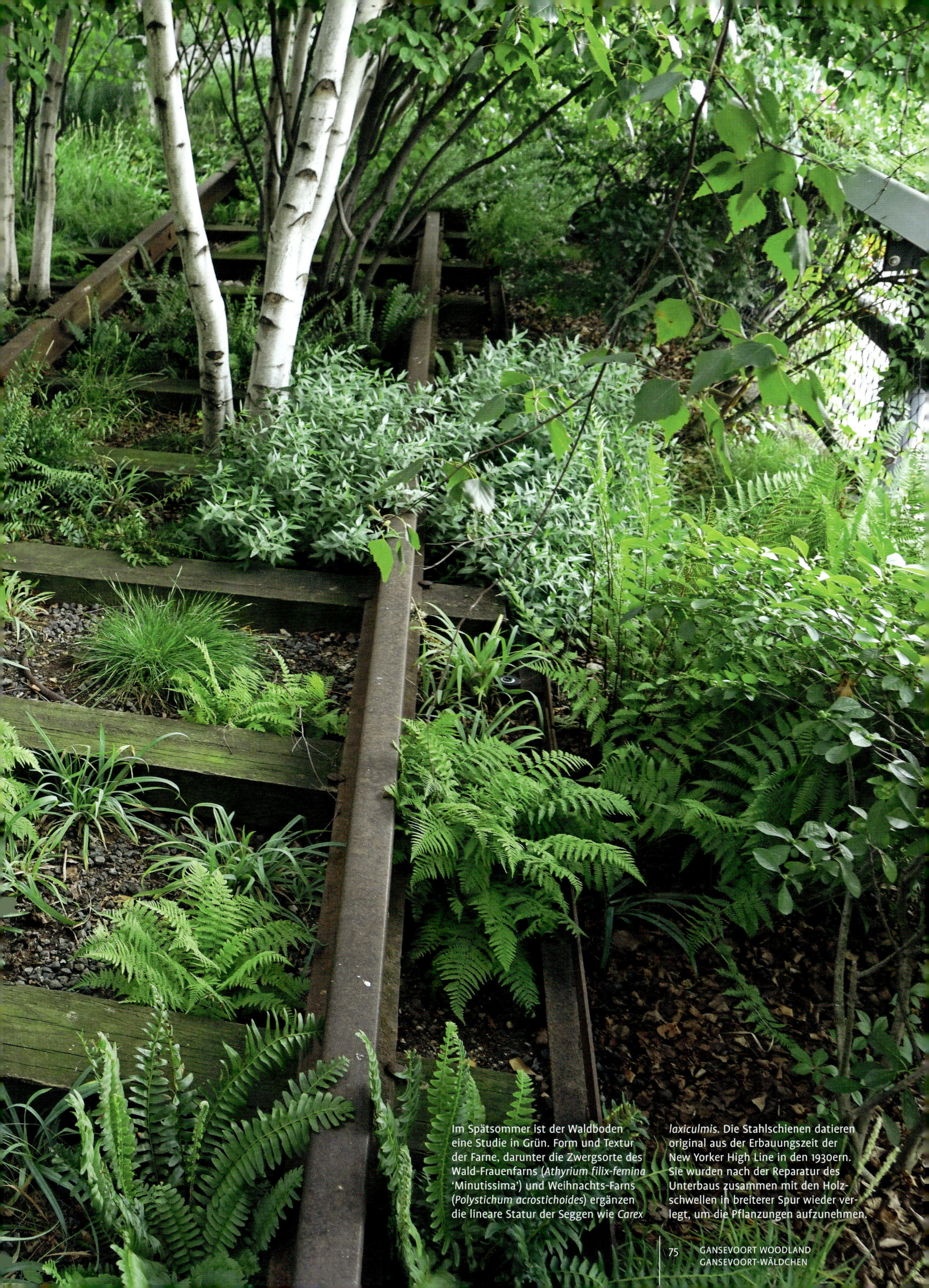

Im Spätsommer ist der Waldboden eine Studie in Grün. Form und Textur der Farne, darunter die Zwergsorte des Wald-Frauenfarns (*Athyrium filix-femina* 'Minutissima') und Weihnachts-Farns (*Polystichum acrostichoides*) ergänzen die lineare Statur der Seggen wie *Carex laxiculmis*. Die Stahlschienen datieren original aus der Erbauungszeit der New Yorker High Line in den 1930ern. Sie wurden nach der Reparatur des Unterbaus zusammen mit den Holzschwellen in breiterer Spur wieder verlegt, um die Pflanzungen aufzunehmen.

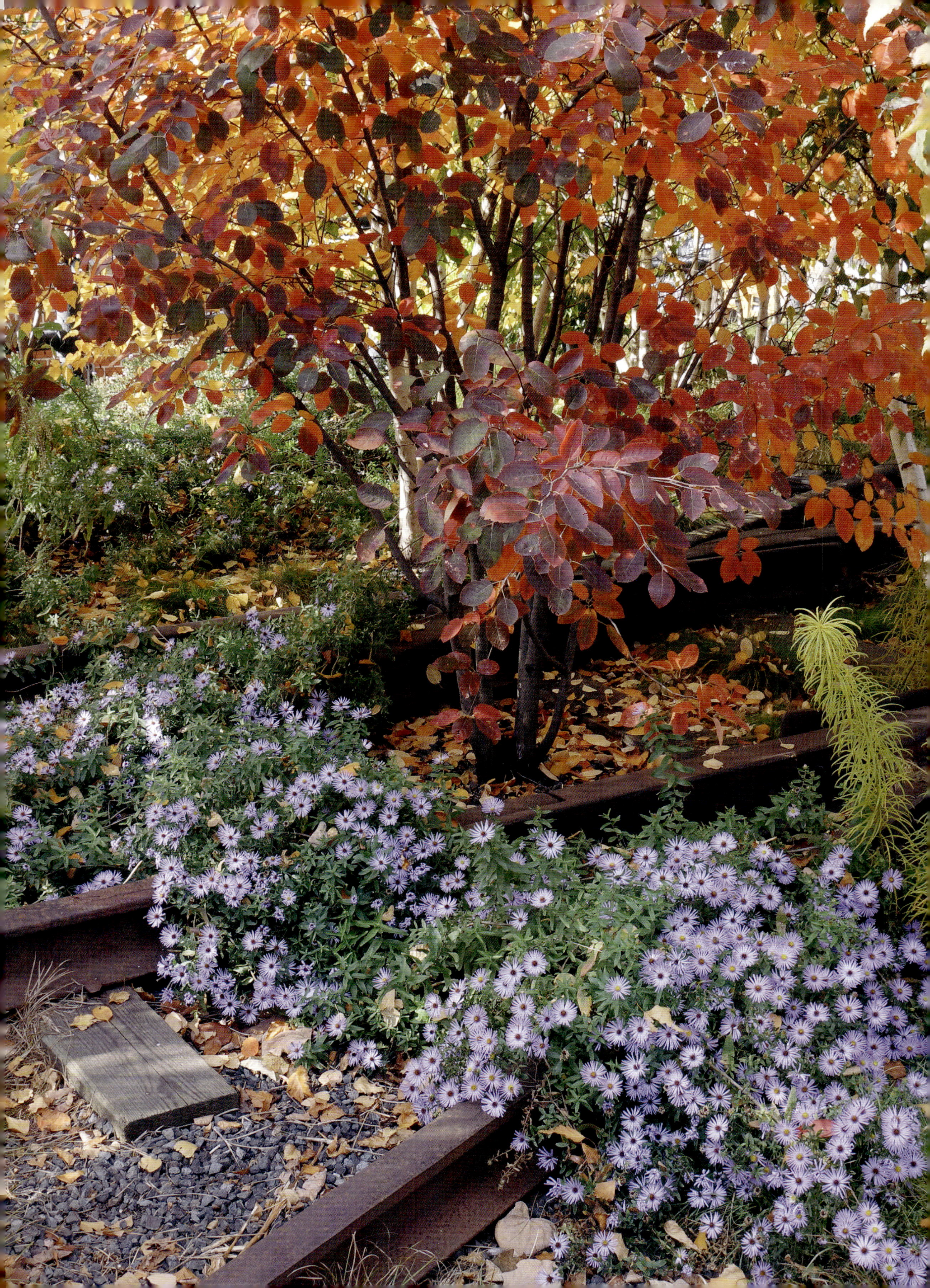

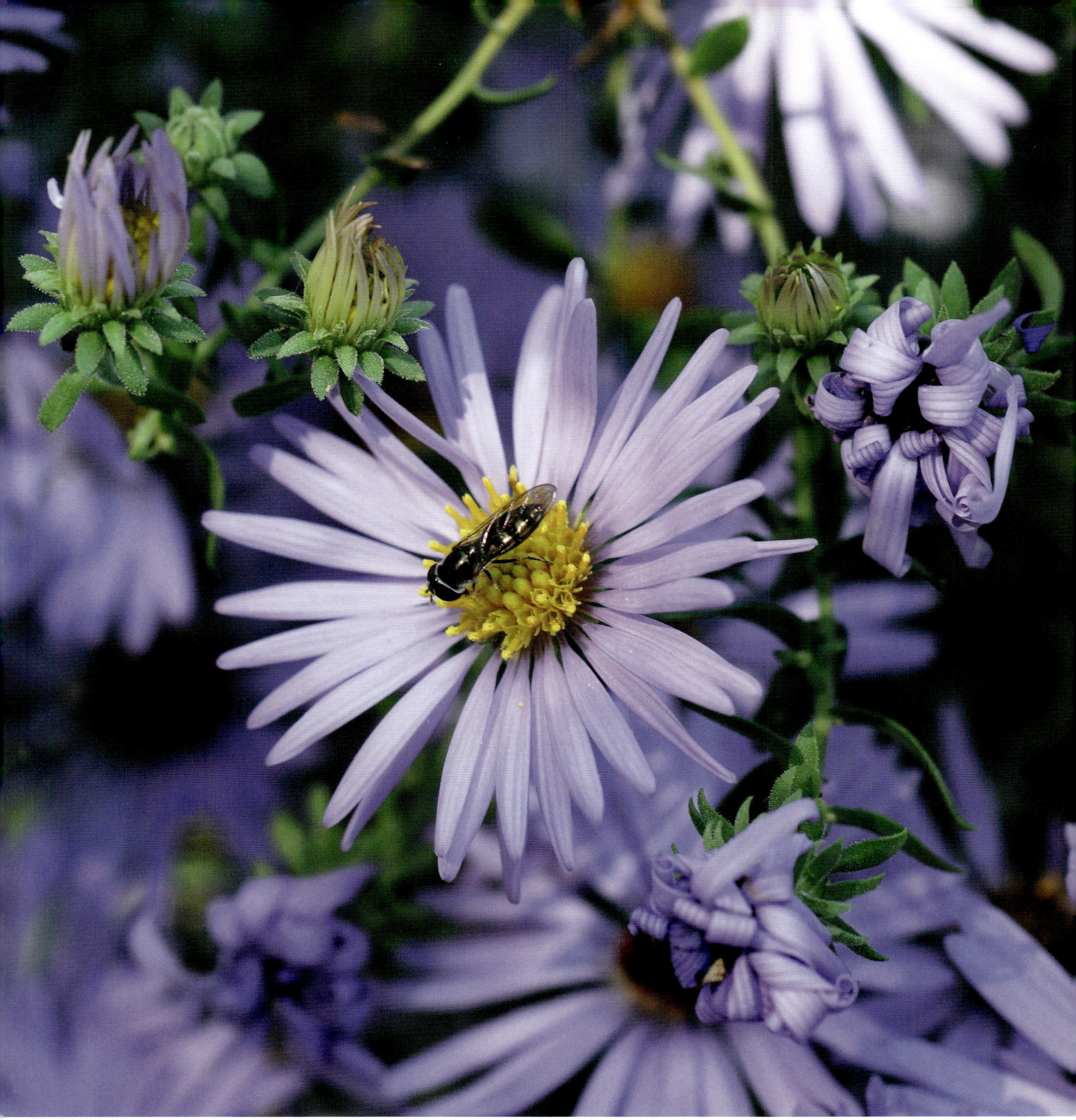

Der Gehölzgarten an der Gansevoort Street erlebt im Herbst eine atemberaubende Verwandlung, da die Pflanzen aller Wuchshöhen zum Farbenspiel beitragen. Felsenbirnen erscheinen in allen Farbtönen von Apricot bis Kardinalsrot. Birke und Judasbaum bilden eine goldene Kulisse für Felsenbirne und Hartriegel.

In der Staudenzone legt sich die lavendelblaue Aster oblongifolius über die Gleise und bietet Bestäubern wie dieser Blütenfliege Nahrung.

Aster oblongifolius, nach aktueller botanischer Nomenklatur *Symphyotrichum oblongifolium*, wächst wild in den Wäldern und Präriewiesen der nördlichen und mittleren USA. Die Widerstandkraft gegen extreme Winterkälte und Sommerhitze machen die Art ideal für die Standortbedingungen der High Line.

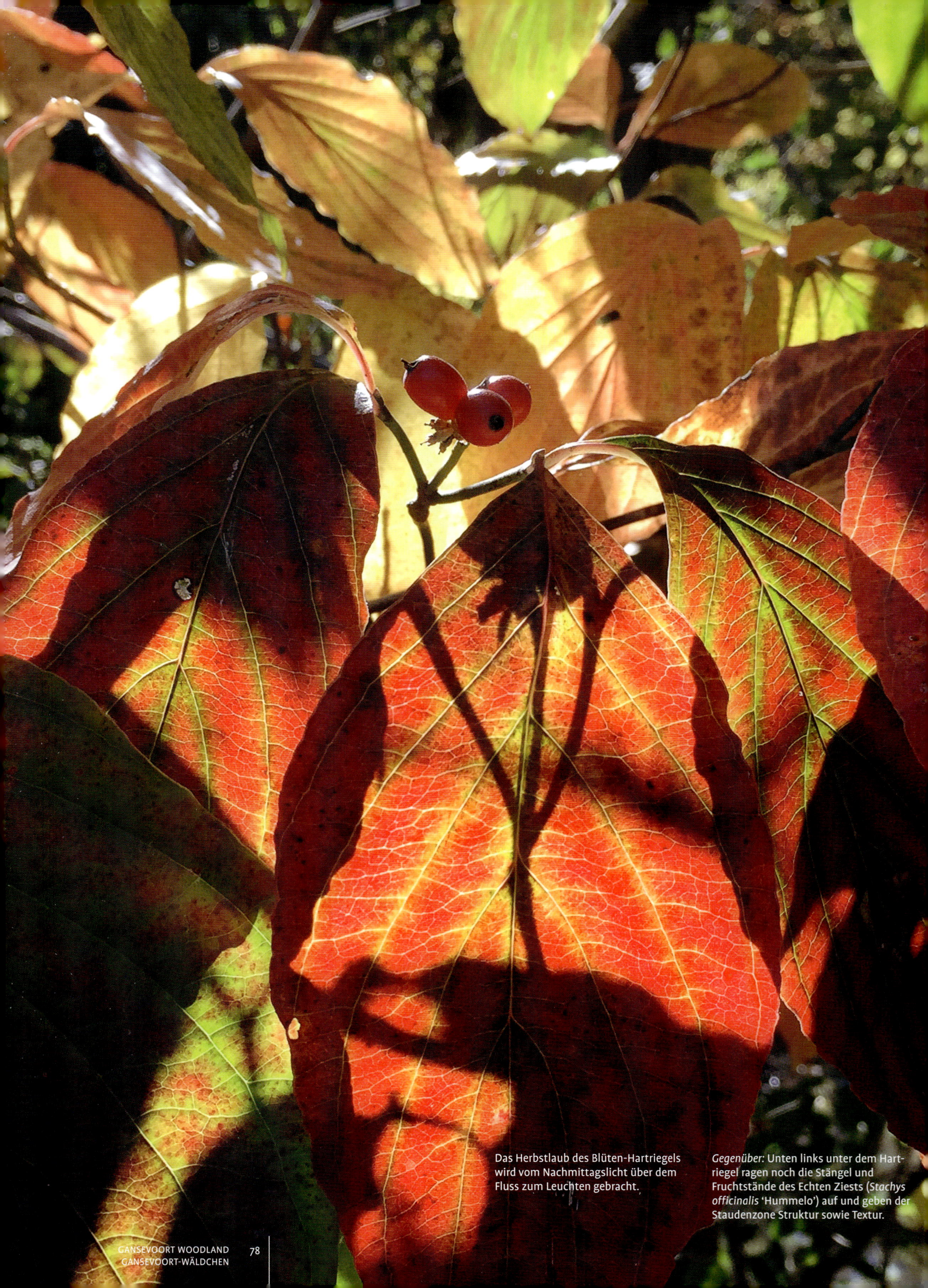

Das Herbstlaub des Blüten-Hartriegels wird vom Nachmittagslicht über dem Fluss zum Leuchten gebracht.

Gegenüber: Unten links unter dem Hartriegel ragen noch die Stängel und Fruchtstände des Echten Ziests (*Stachys officinalis* 'Hummelo') auf und geben der Staudenzone Struktur sowie Textur.

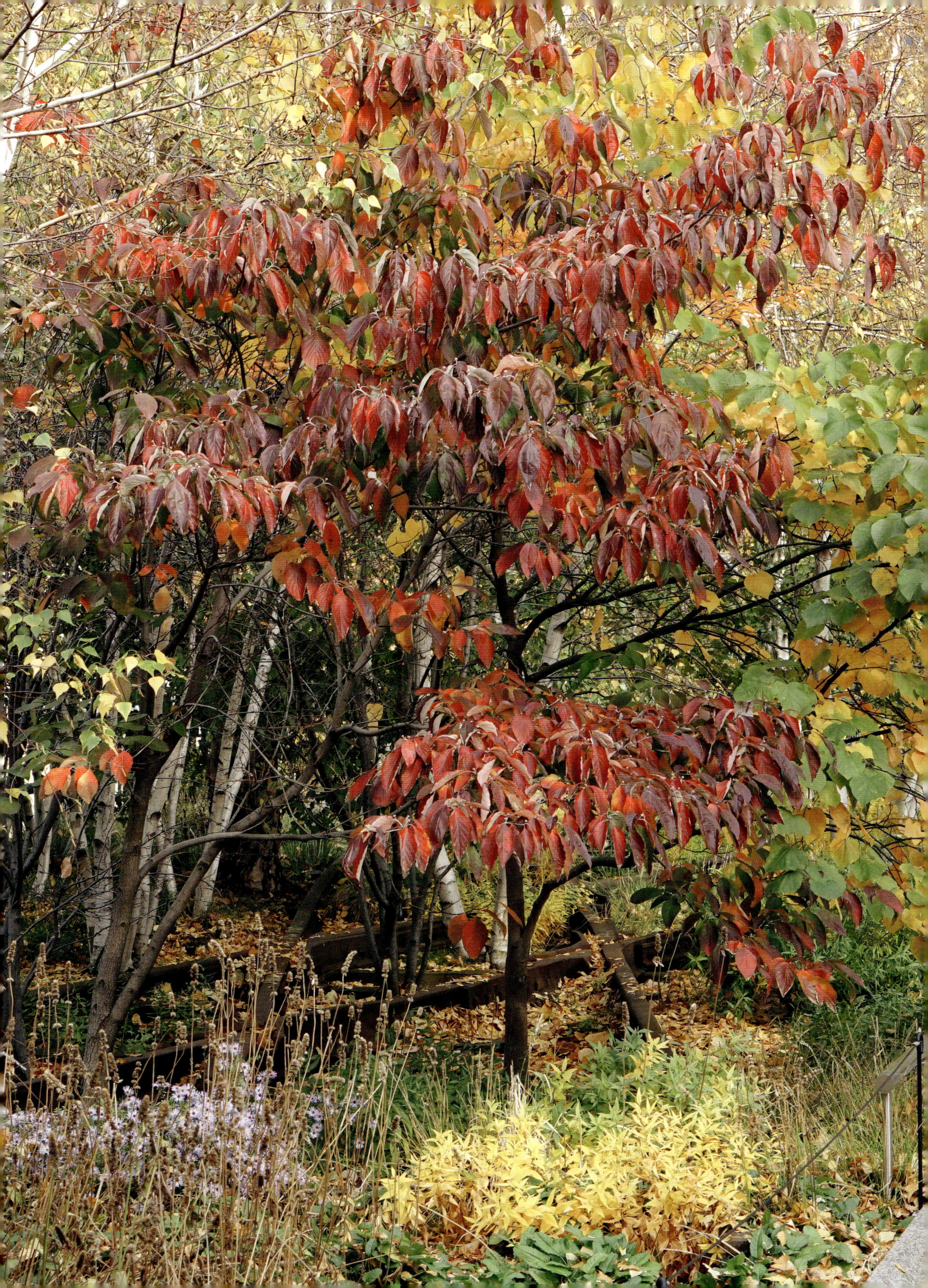

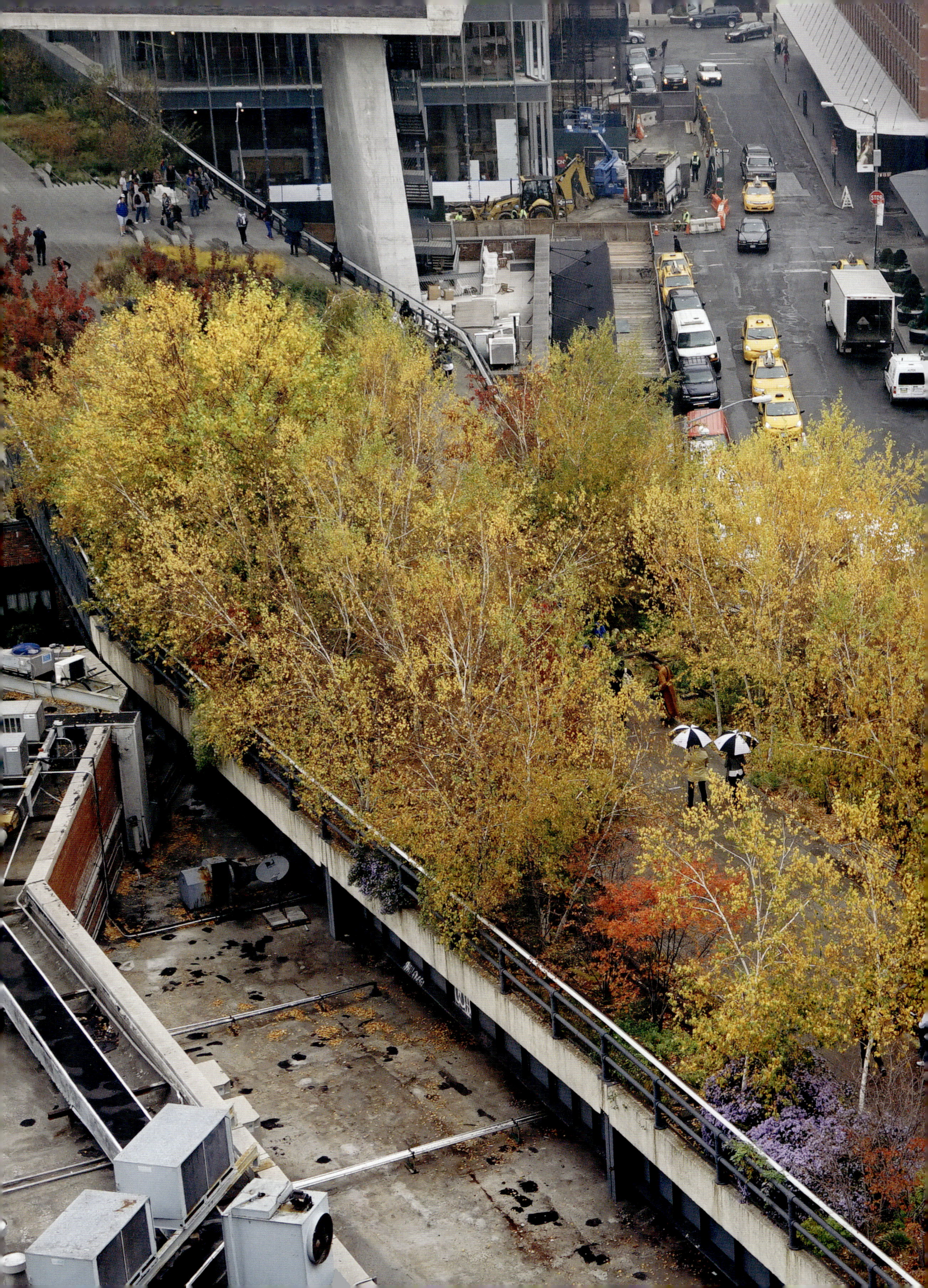

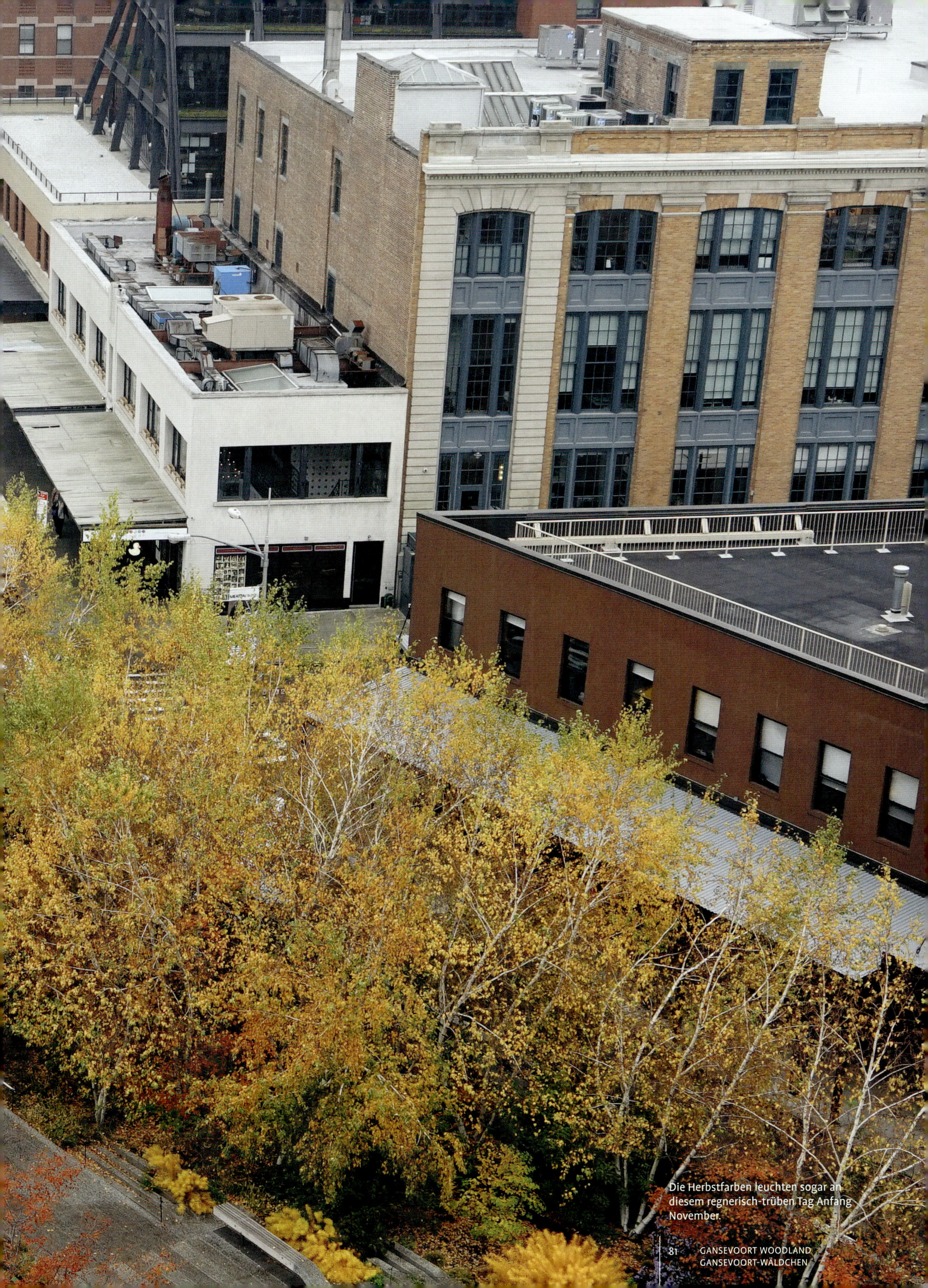

Die Herbstfarben leuchten sogar an diesem regnerisch-trüben Tag Anfang November.

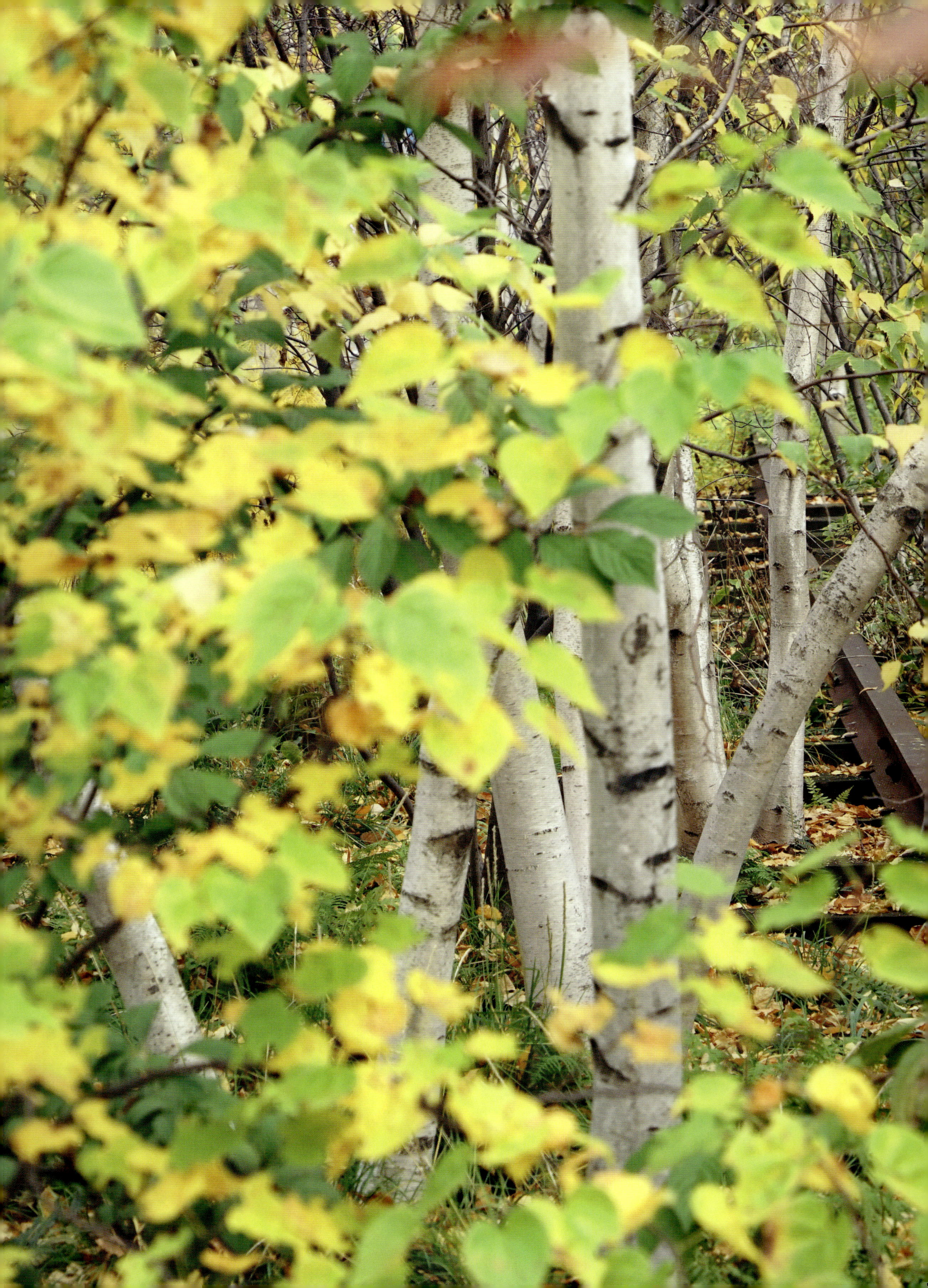

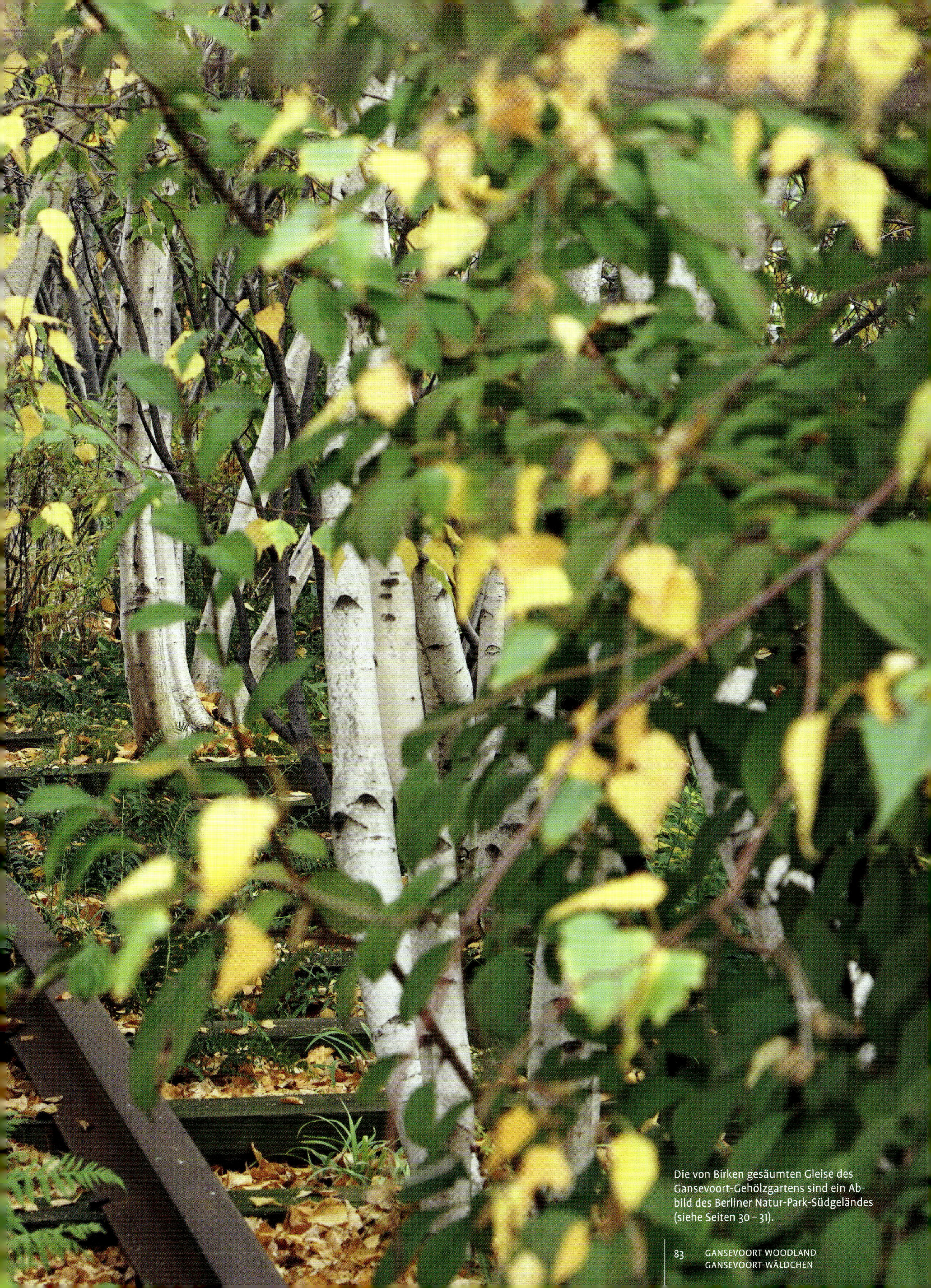

Die von Birken gesäumten Gleise des Gansevoort-Gehölzgartens sind ein Abbild des Berliner Natur-Park-Südgeländes (siehe Seiten 30–31).

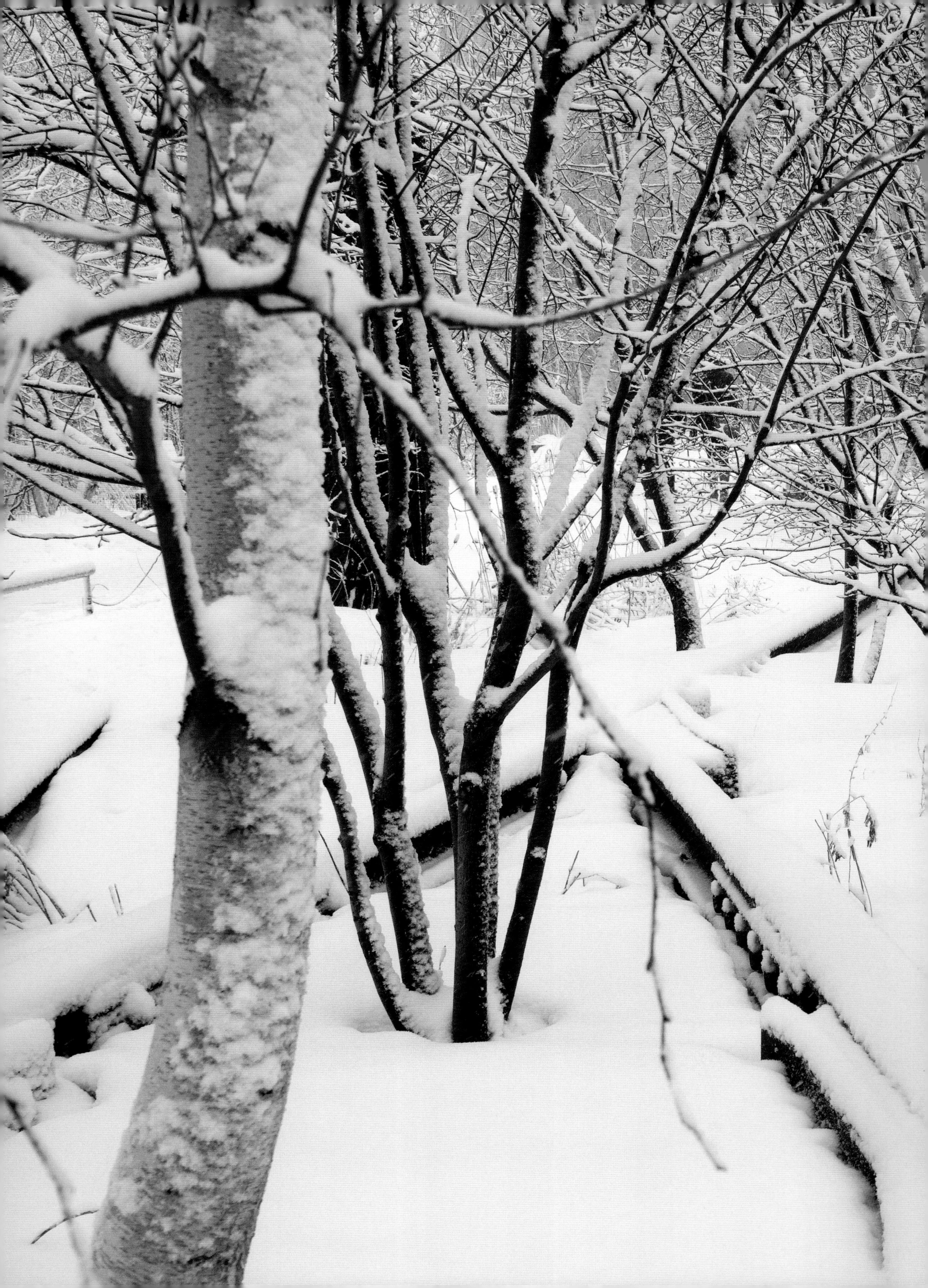

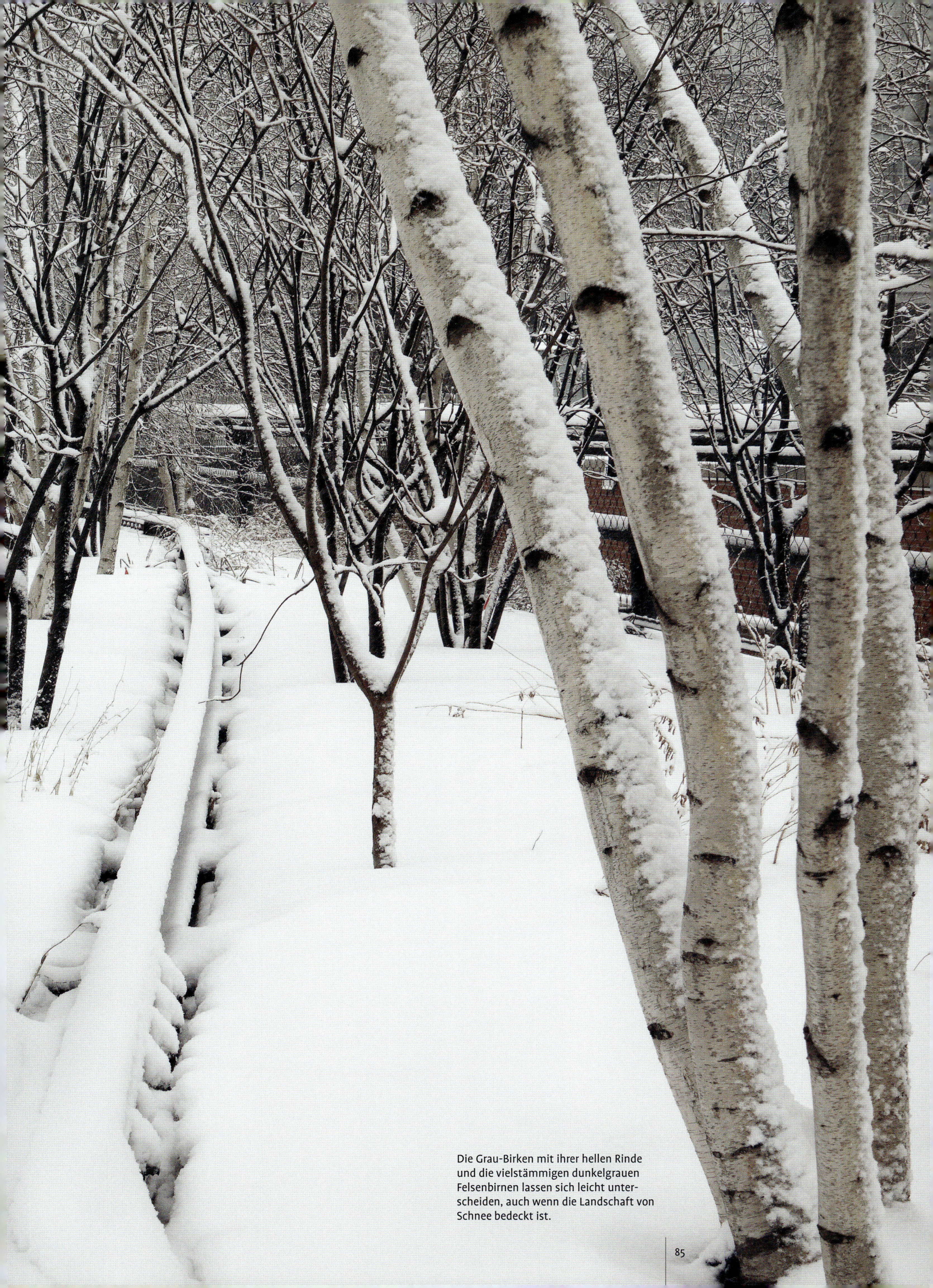

Die Grau-Birken mit ihrer hellen Rinde und die vielstämmigen dunkelgrauen Felsenbirnen lassen sich leicht unterscheiden, auch wenn die Landschaft von Schnee bedeckt ist.

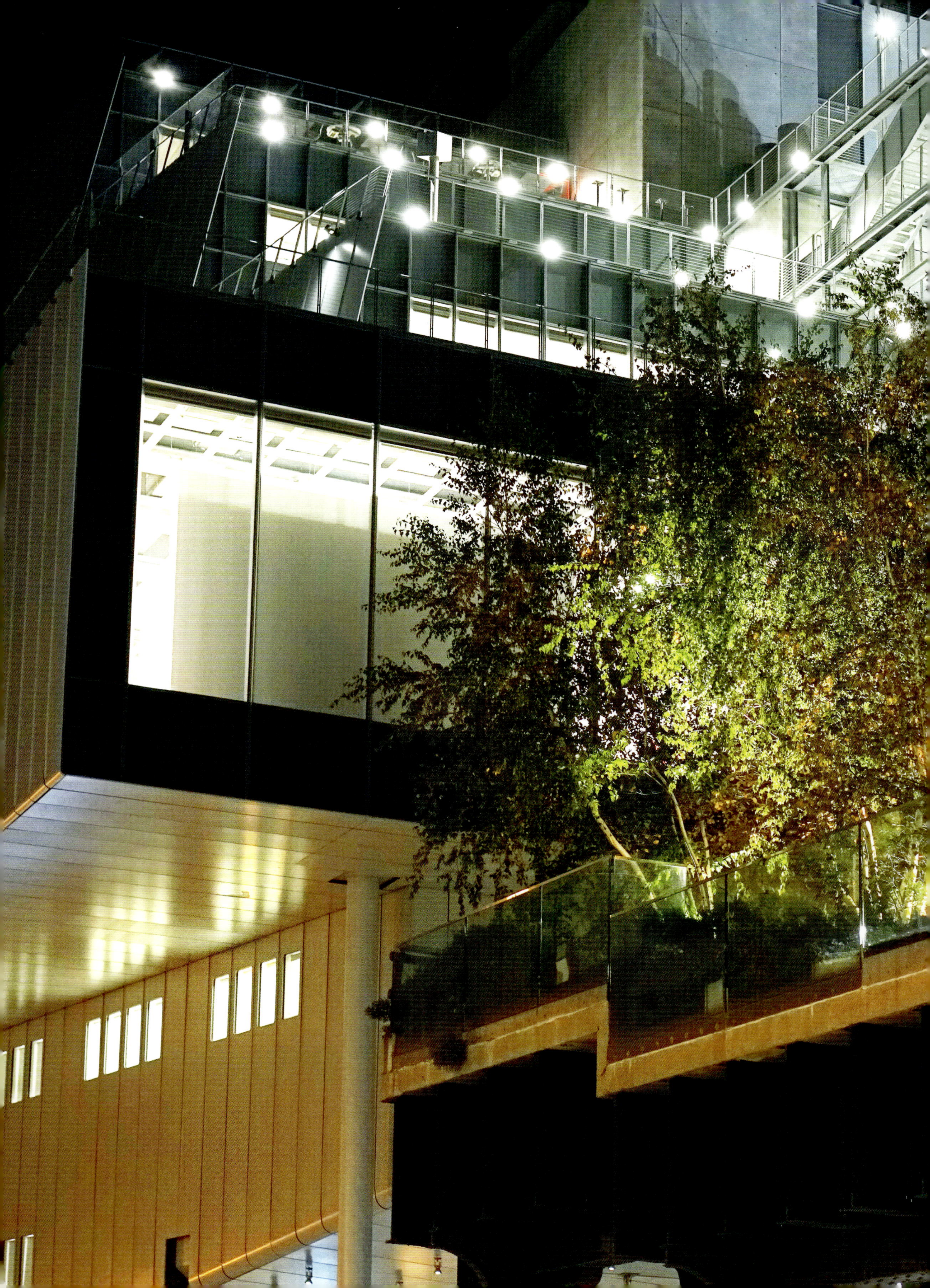

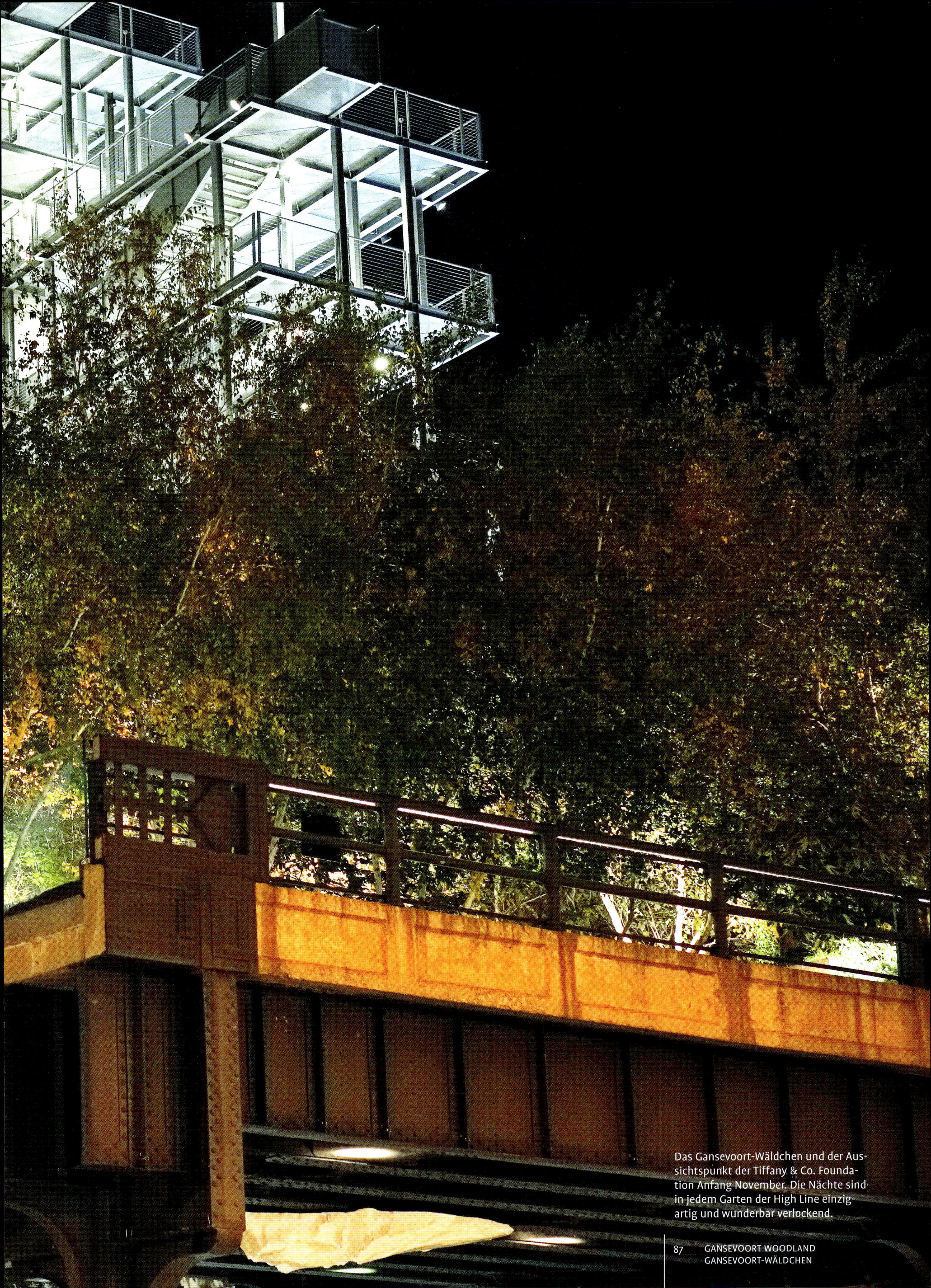

Das Gansevoort-Wäldchen und der Aussichtspunkt der Tiffany & Co. Foundation Anfang November. Die Nächte sind in jedem Garten der High Line einzigartig und wunderbar verlockend.

Mögen die Dichter sagen, was sie wollen, die Natur ist keineswegs ihr eigener immer angenehmer Deuter. Sie liefert bloß die inhaltvollen Buchstaben, in welche jeder seinen eigenen beschränkten Geist und Sinn in willkürlicher Wahl und Verbindung hineindeutet.

HERMAN MELVILLE

Aus Pierre; oder The Ambiguities, 1852. Melville, der Autor von Moby Dick (1851) war der Enkel von Peter Gansevoort.

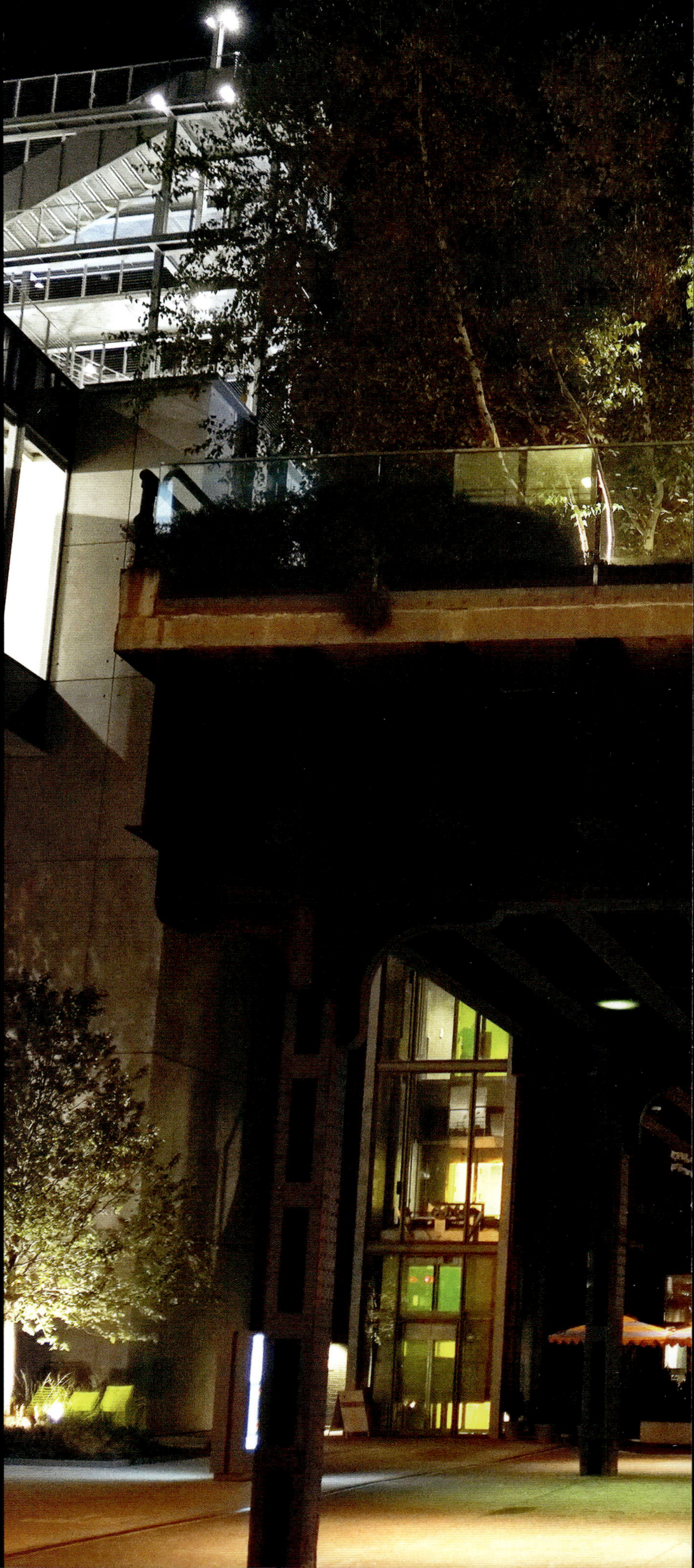

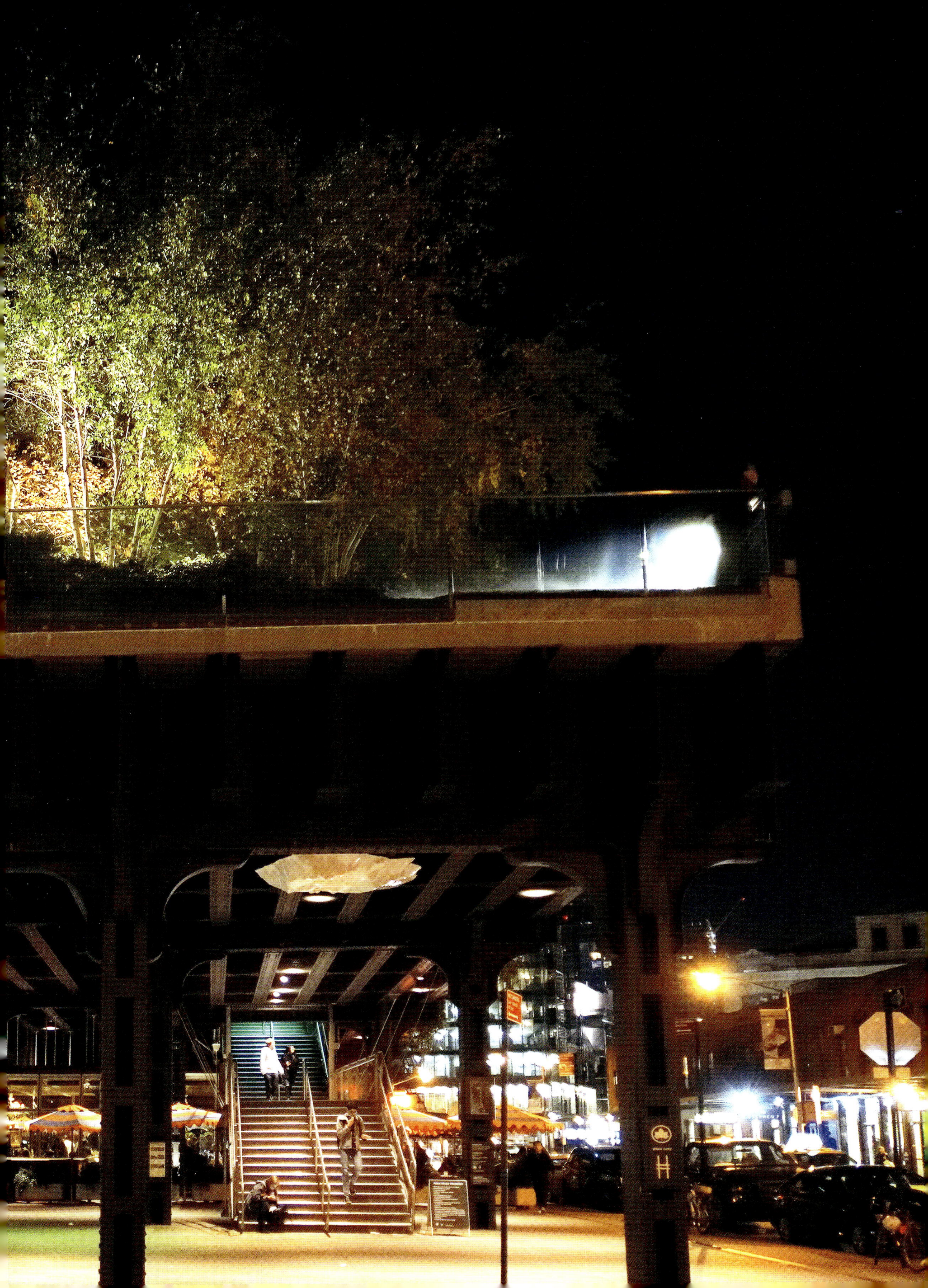

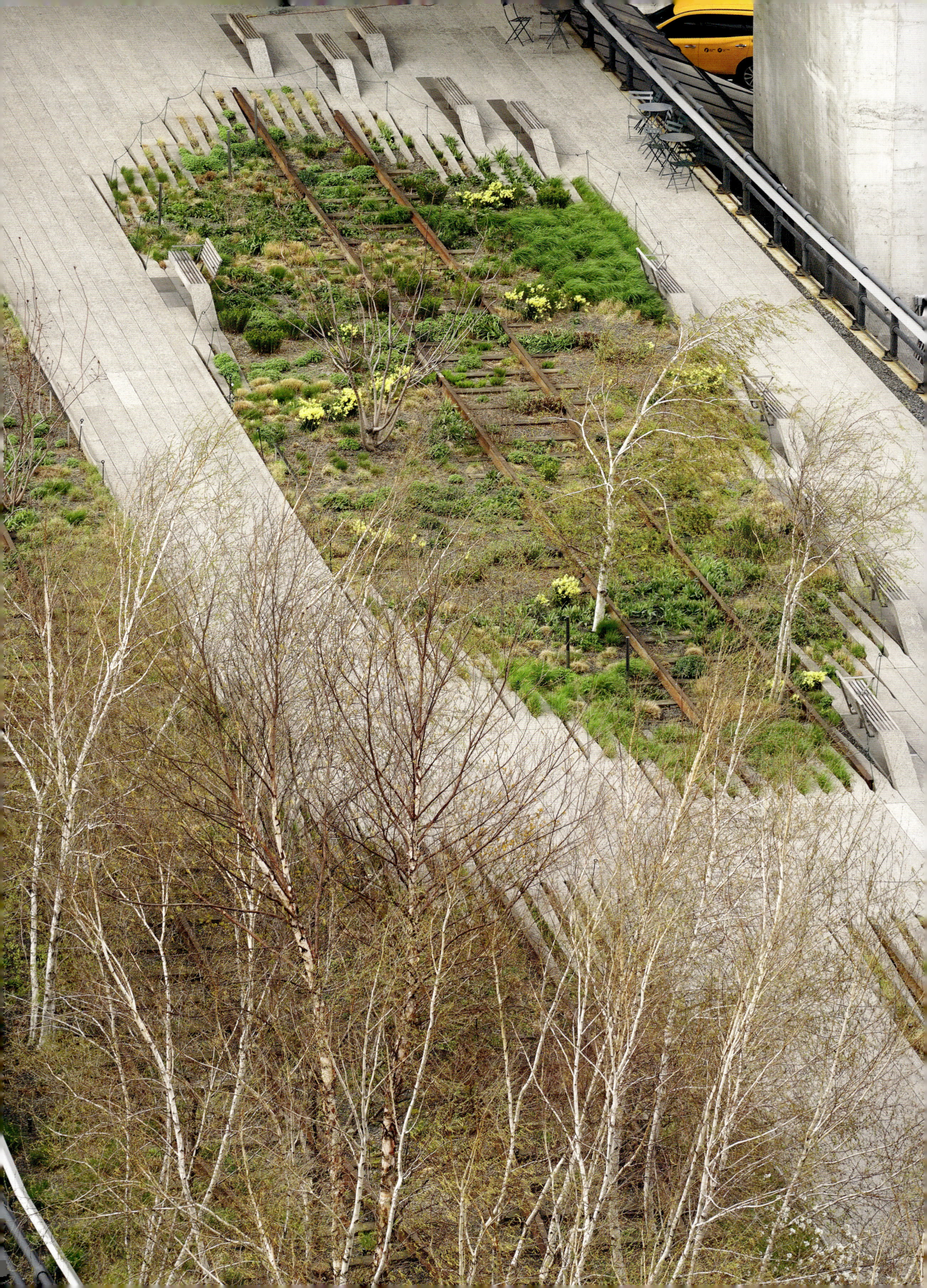

WASHINGTON GRASSLANDS
WASHINGTON-PRÄRIE

Der Übergang vom Gansevoort-Wäldchen zur Washington-Prärie ist elegant und verheißungsvoll. Das Blätterdach des Wäldchens öffnet sich am nördlichen Ende erst ein wenig als Rahmen des nächsten Abschnitts und gibt dann die sonnige, offene Fläche der Washington-Prärie frei. Auf der High Line nach Norden wandernde Besucher erleben so die erste einer ganzen Reihe von Überraschungen, die sich aus dem einzigartigen Charakter jedes neuen Gartenübergangs ergeben.

Viele Gärten rahmen und markieren diese Übergänge durch Elemente wie Lauben, Gitter, Mauern oder Gebäude. Die High Line-Gärten profitieren dabei von vorhandenen Strukturen der hochgesetzten Gleisanlagen und der unendlich variantenreichen Architektur ihres städtischen Umfelds. Dieser ordnende Kontext ist auf schöpferische Weise integriert und die Struktur der Gärten wird durch Pflanzungen noch perfektioniert.

Nutzt man Pflanzen tatsächlich baulich, um Gartenräume zu definieren, so wäre das eine kreative Möglichkeit, um die ökologische Funktion zu verbessern. Aus Pflanzen errichtete Einfassungen, Rahmen und Laibungen haben eine Zweitfunktion: Sie atmen Sauerstoff und bieten den Wildtieren Nahrung und Schutz. Im Gegensatz zu Stahl, Backstein und Zement verändern sich Farbe, Form, Geruch, Geräusch und die Durchsichtigkeit organischer Architekturen im Lauf der Jahreszeiten. Ebenso wichtig ist, dass die Pflanzungen formbar sind. Dadurch bietet sich eine kostengünstigere Möglichkeit, die Ordnung und das Wesen der Gartenräume an Veränderungen anzupassen. Die Gestaltungsprinzipien der High Line sahen dieses Bedürfnis voraus und legten fest, dass die Gärten unvollendet bleiben sollten und sich die Veränderungen des Pflanzenwachstums fortwährend zeigen würden.

Seit der Eröffnung der High Line-Gärten im Jahr 2009 hat sich die Washington-Prärie bereits verändert. Ursprünglich handelte es sich um einen Gräser-Garten. Herbst-Blaugras (*Sesleria autumnalis*) stand als Hauptpflanzung auf und um den inselartigen Bereich an der Südseite des Hotels The Strand, nördlich davon waren große Mengen Blaues Pfeifengras (*Molinia caerulea*), Zierliches Schillergras (*Koeleria macrantha*) und Kleines Präriegras (*Schizachyrium scoparium*) gepflanzt. Herbst-Blaugras gedeiht gut, Blaues Pfeifengras hat sich dauerhaft etabliert, die beiden anderen Arten vertragen die Schattenlage nördlich des Hotels nicht. Durch Baumaßnahmen östlich der High Line wurde es noch schattiger. Als Reaktion auf diese Veränderungen reduzierten sich die Gräserarten in der Pflanzenzusammensetzung des Bodenbewuchses.

Den deutlichsten Wiedererkennungswert der Pflanzen dieser Prärie besitzt der Perückenstrauch *Cotinus* 'Grace', eine Dummer-Hybride aus dem Europäischen Perückenstrauch *Cotinus coggygria* und dem Amerikanischen Perückenstrauch *Cotinus obovatus*. Der Perückenstrauch 'Grace' ist im zeitigen Frühling eine dezente Gestalt, deren Laub erst nach dem der meisten Gehölzen austreibt, später im Jahr zeigt er sich leuchtend in den sonnendurchfluteten südlichen Bereichen.

Eine Birke markiert den Übergang am Rand des Wäldchens von enger Umfassung zu atemberaubender Ausdehnung.

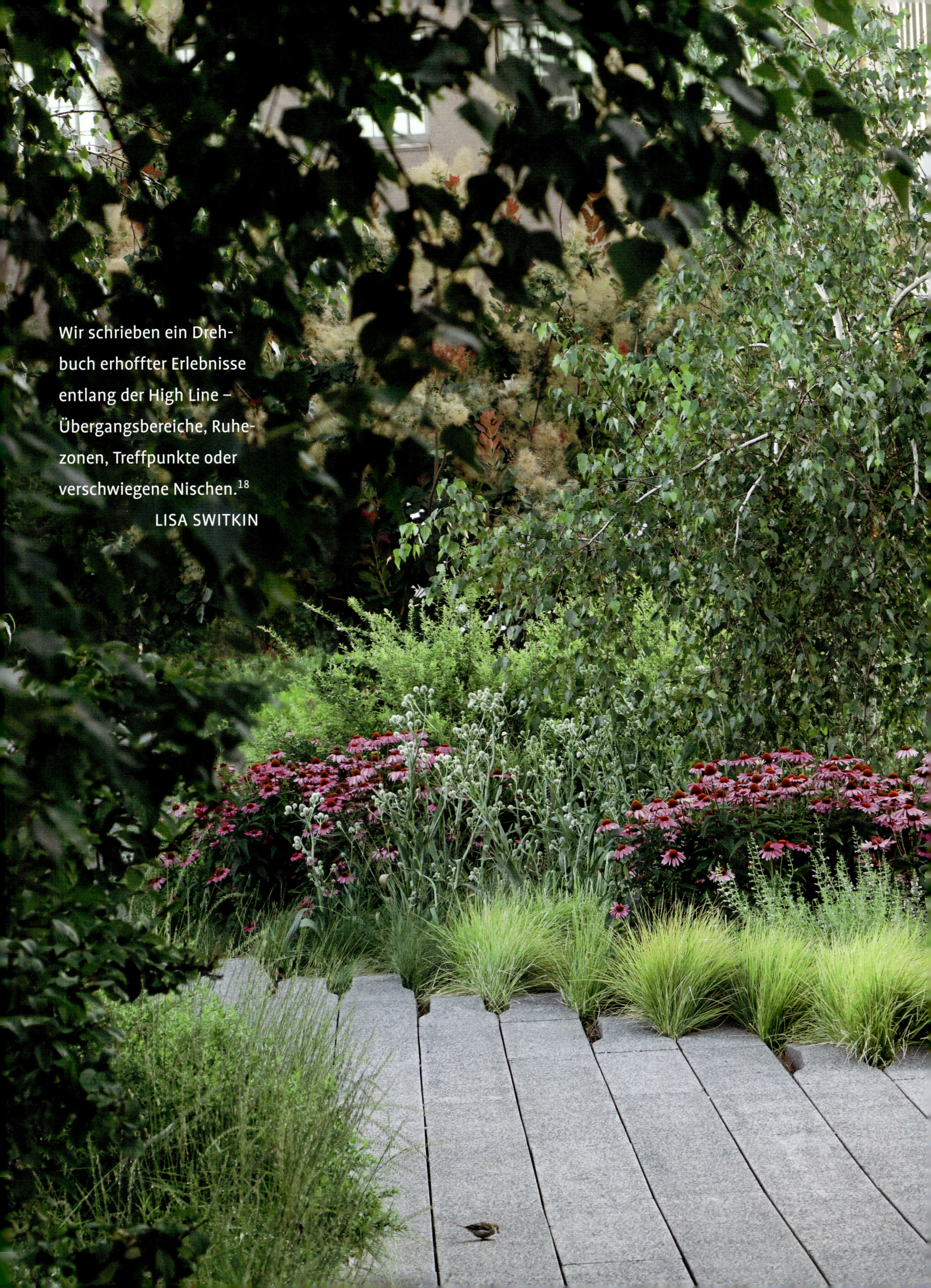

Wir schrieben ein Drehbuch erhoffter Erlebnisse entlang der High Line – Übergangsbereiche, Ruhezonen, Treffpunkte oder verschwiegene Nischen.[18]

LISA SWITKIN

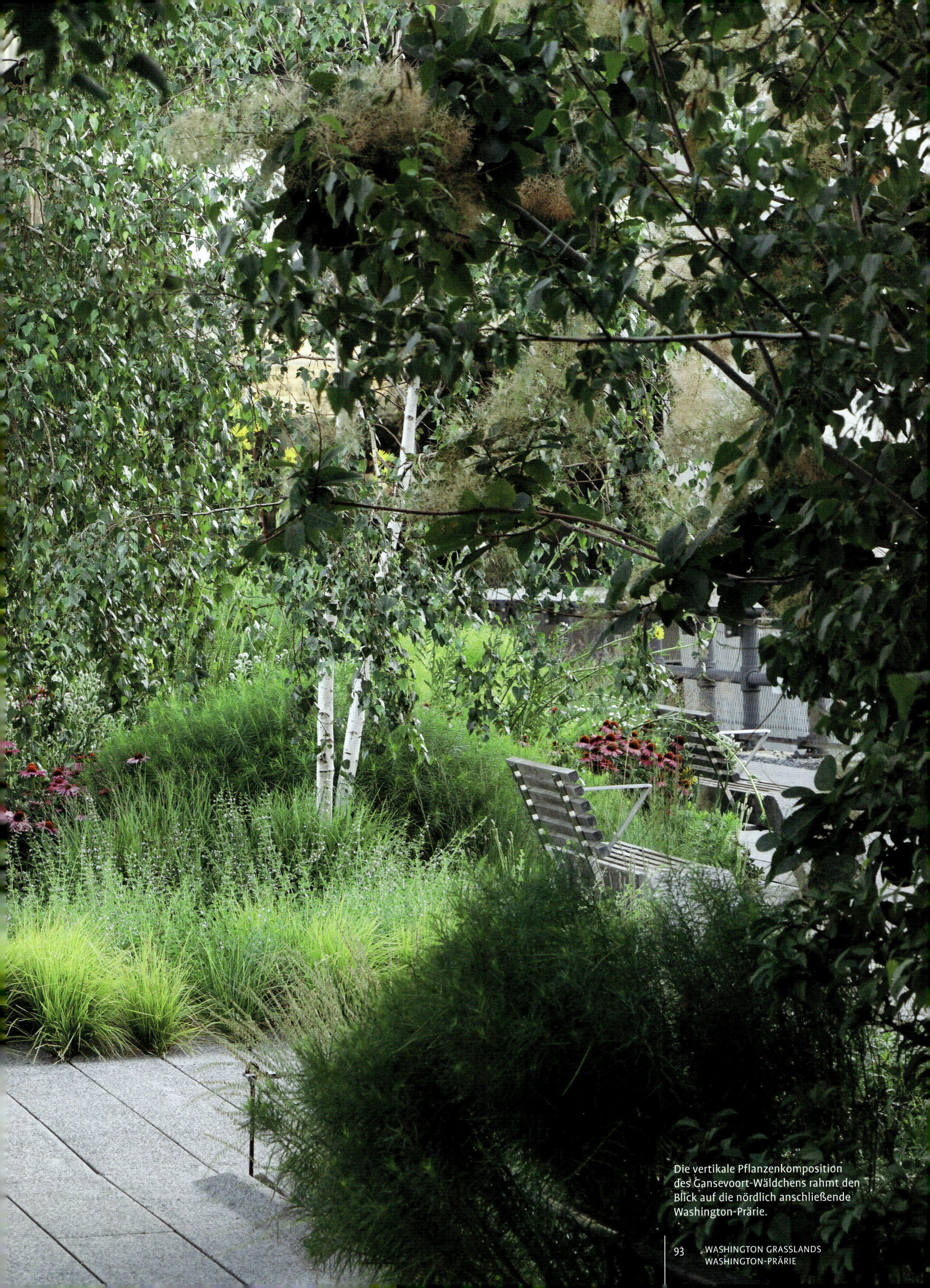

Die vertikale Pflanzenkomposition des Gansevoort-Wäldchens rahmt den Blick auf die nördlich anschließende Washington-Prärie.

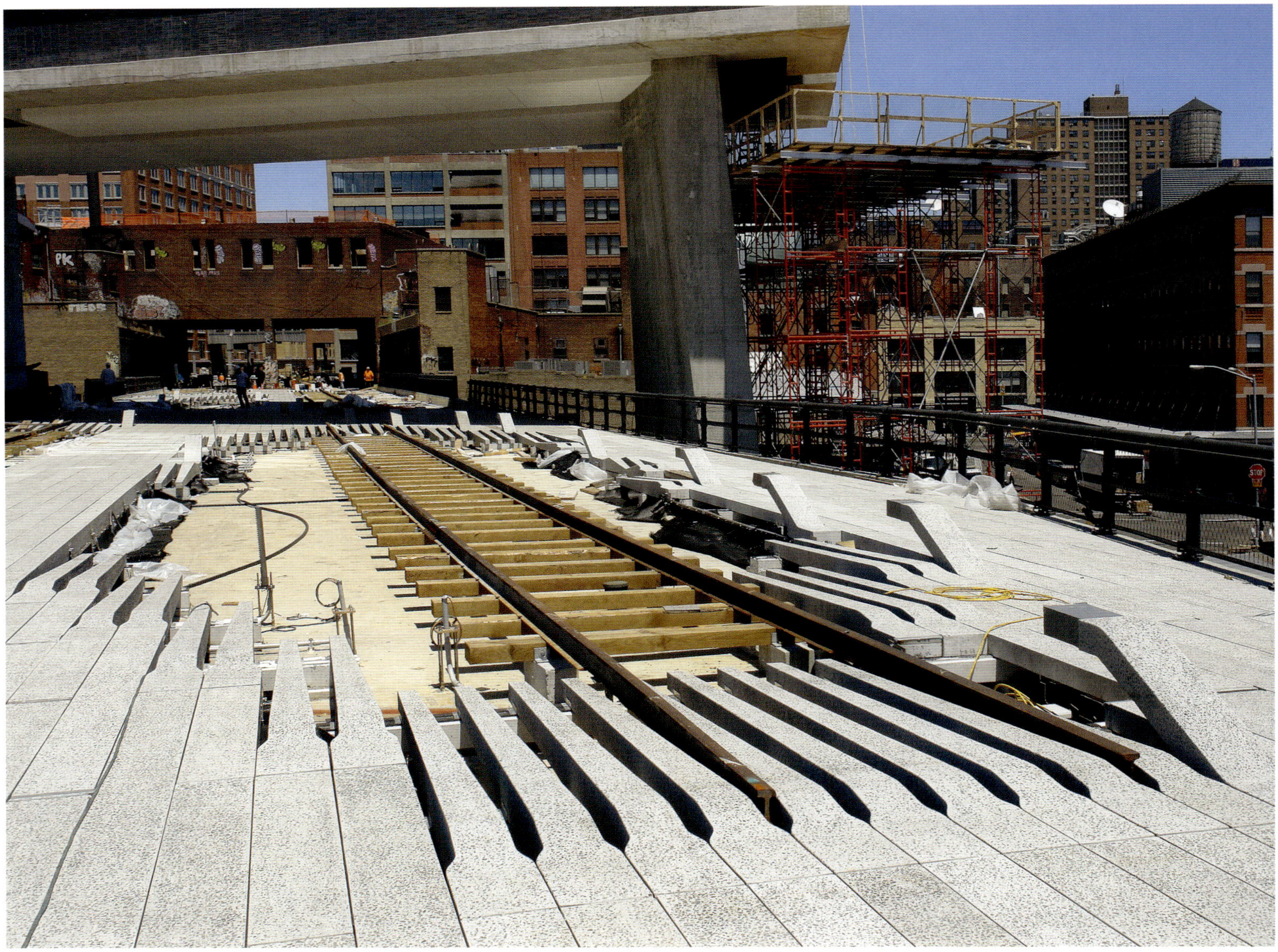

Die Wuchshöhen und die Vielfalt der High Line-Pflanzungen verschleiern die Tatsache, dass die ganze Landschaft eigentlich ein begrüntes Dach ist. Beim Substrat variiert die Tiefe zwischen 25 und 125 cm, die dickeren Schichten liegen jedoch nur in wenigen Bereichen wie dem Tiffany & Co. Foundation-Aussichtspunkt oder der Hochbrücke, wo hohe Pflanzcontainer stehen oder der Boden eigens zu Hügeln aufgeschüttet wurde. Die Substratstärke liegt gewöhnlich bei etwa 45 cm. Erschwerend kommt noch hinzu, dass der Unterbau eher einer Autobahnbrücke gleicht und damit schneller gefriert oder sich im Sommer schneller aufheizt als auf Erdbodenniveau. Weil diese Temperaturextreme für viele im Raum New York als winterhart geltende Pflanzen tödlich sind, erfordert die Pflanzenauswahl der High Line ständige Versuche und Verbesserungen.

Die Aufnahme oben aus der Bauzeit 2008 zeigt, wie flach die Pflanzbeete sind. Bei dieser Pflanzinsel südlich des Hotels „The Standard" liegt die Substratstärke bei 30 bis knapp 40 cm.

Gegenüber: Das neue Frühlingsgrün des Herbst-Blaugrases und das helle Gelb der Narzissensorte 'Hawera' erleuchten die Bodenzone am Übergang vom Gansevoort-Gehölz zur Washington-Prärie.

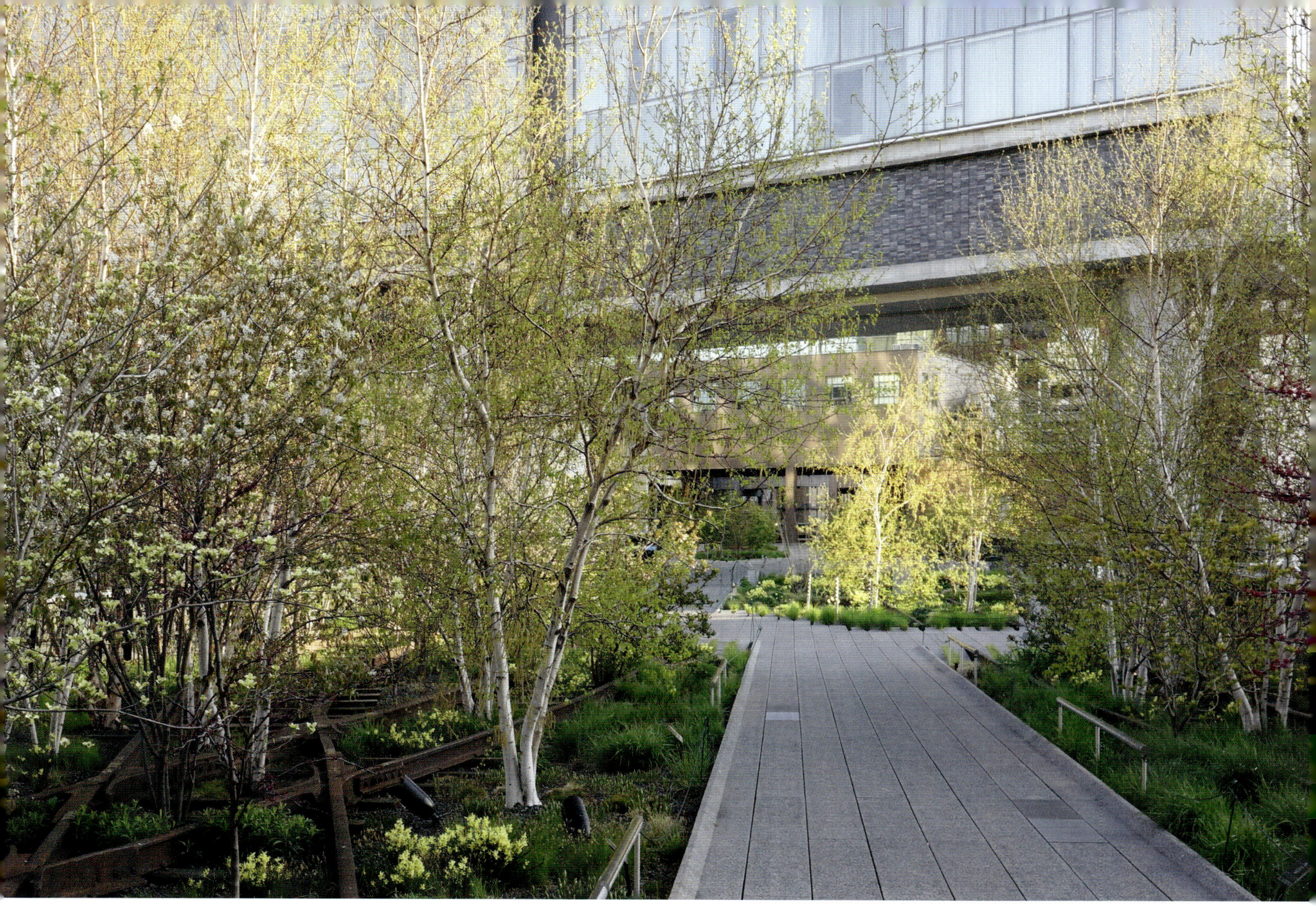

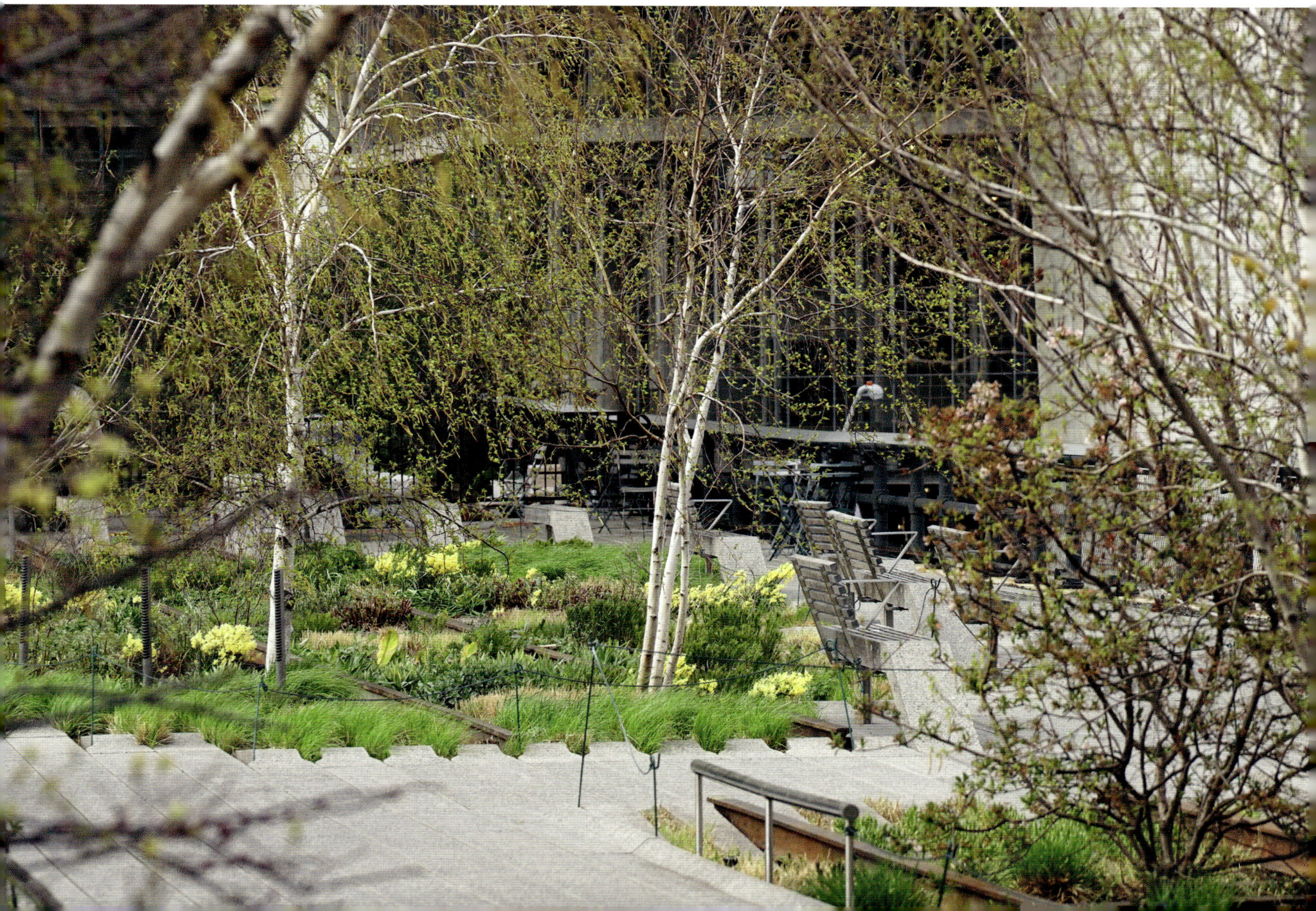

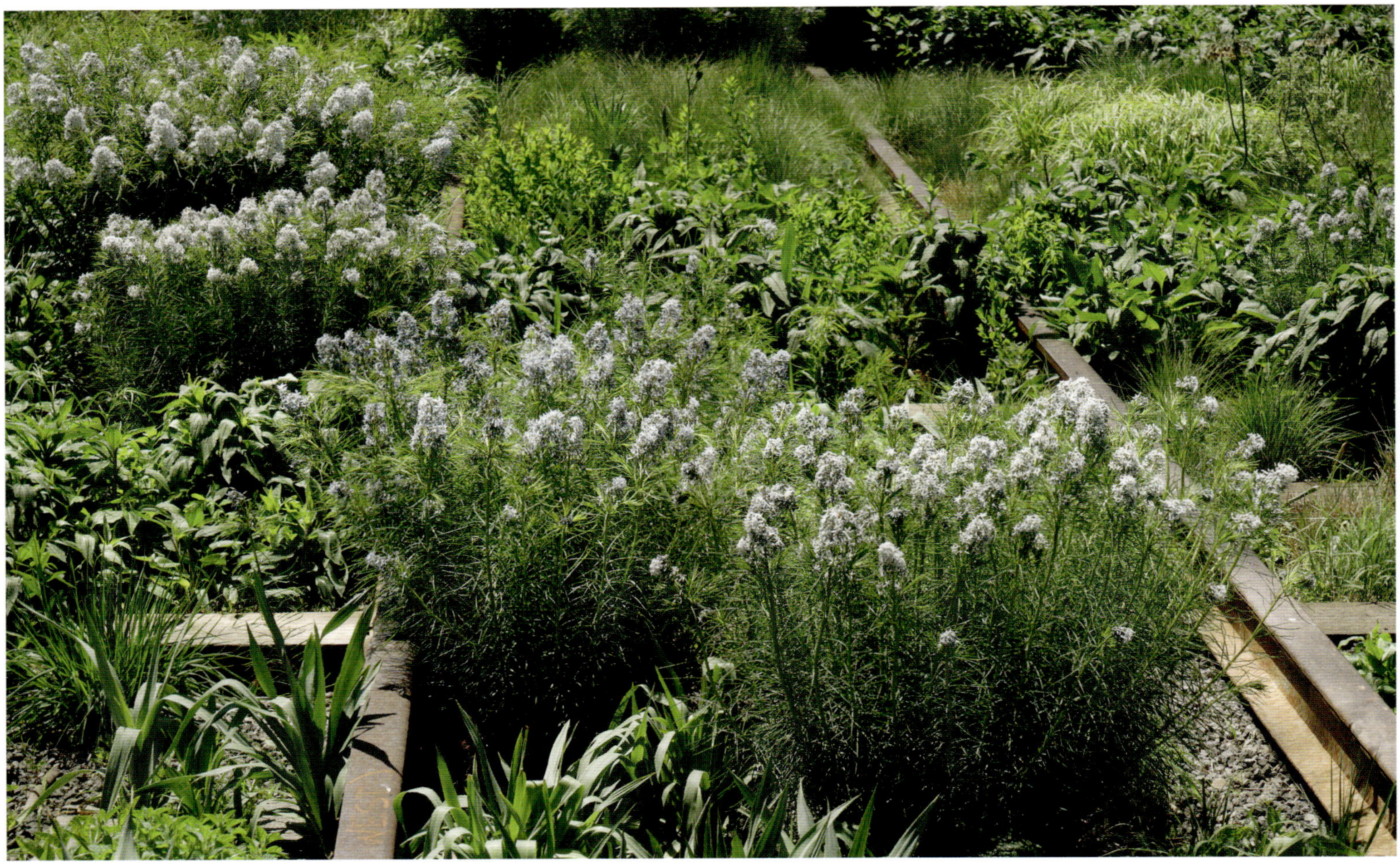

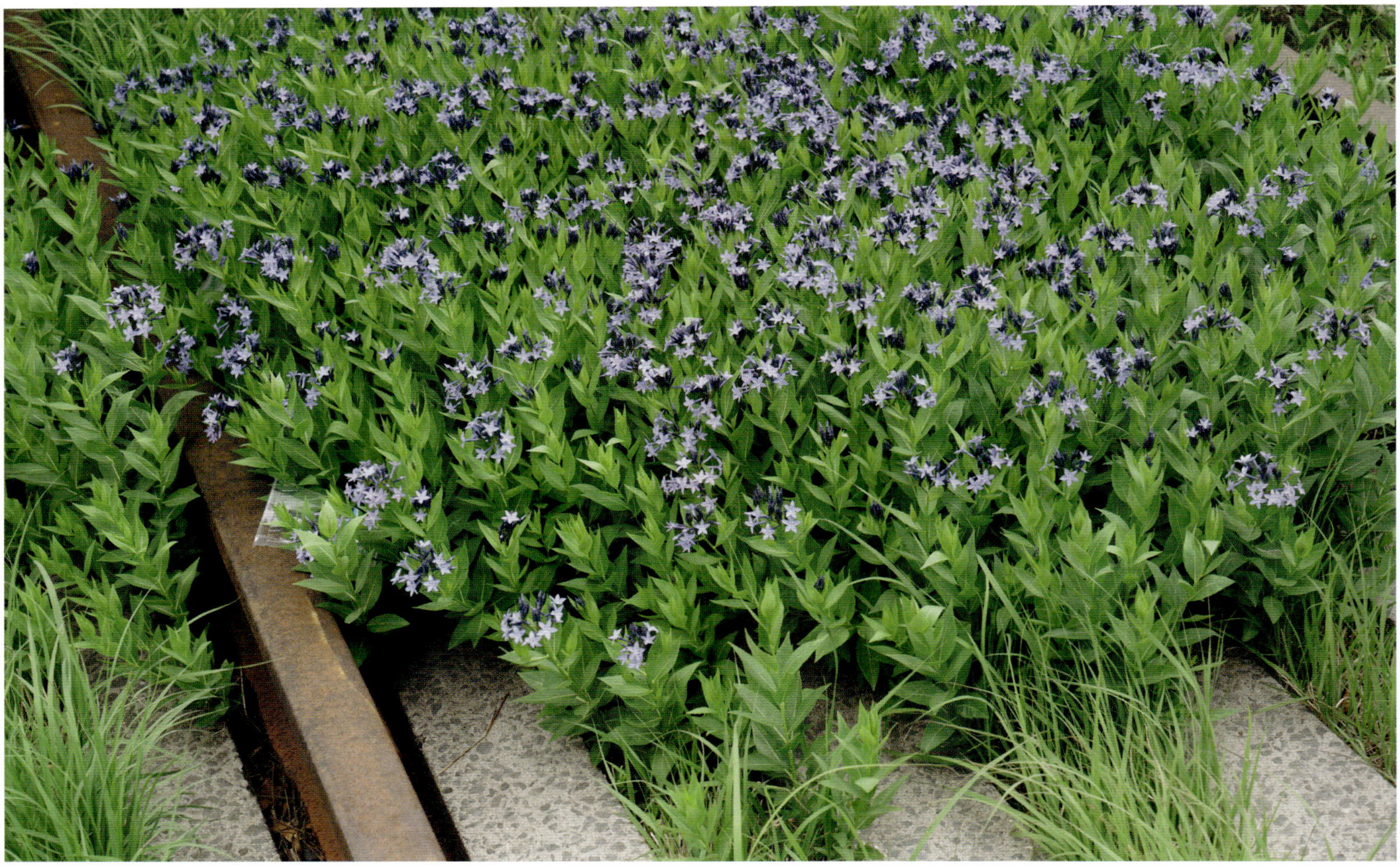

Zwei *Amsonia*-Arten bilden den Bestand der Washington-Prärie. Die in Arkansas heimische, zarte, schlank beblätterte Hubrichts Amsonie (*Amsonia hubrichtii*) ist eine Alternative zu den Gräsern für sonnige Standorte (oben). Die niedrig wachsende *Amsonia*-Züchtung 'Blue Ice' ist ein ausdauernder, blühender Bodendecker (unten). Beide blühen im Mai und färben sich im Herbst golden.

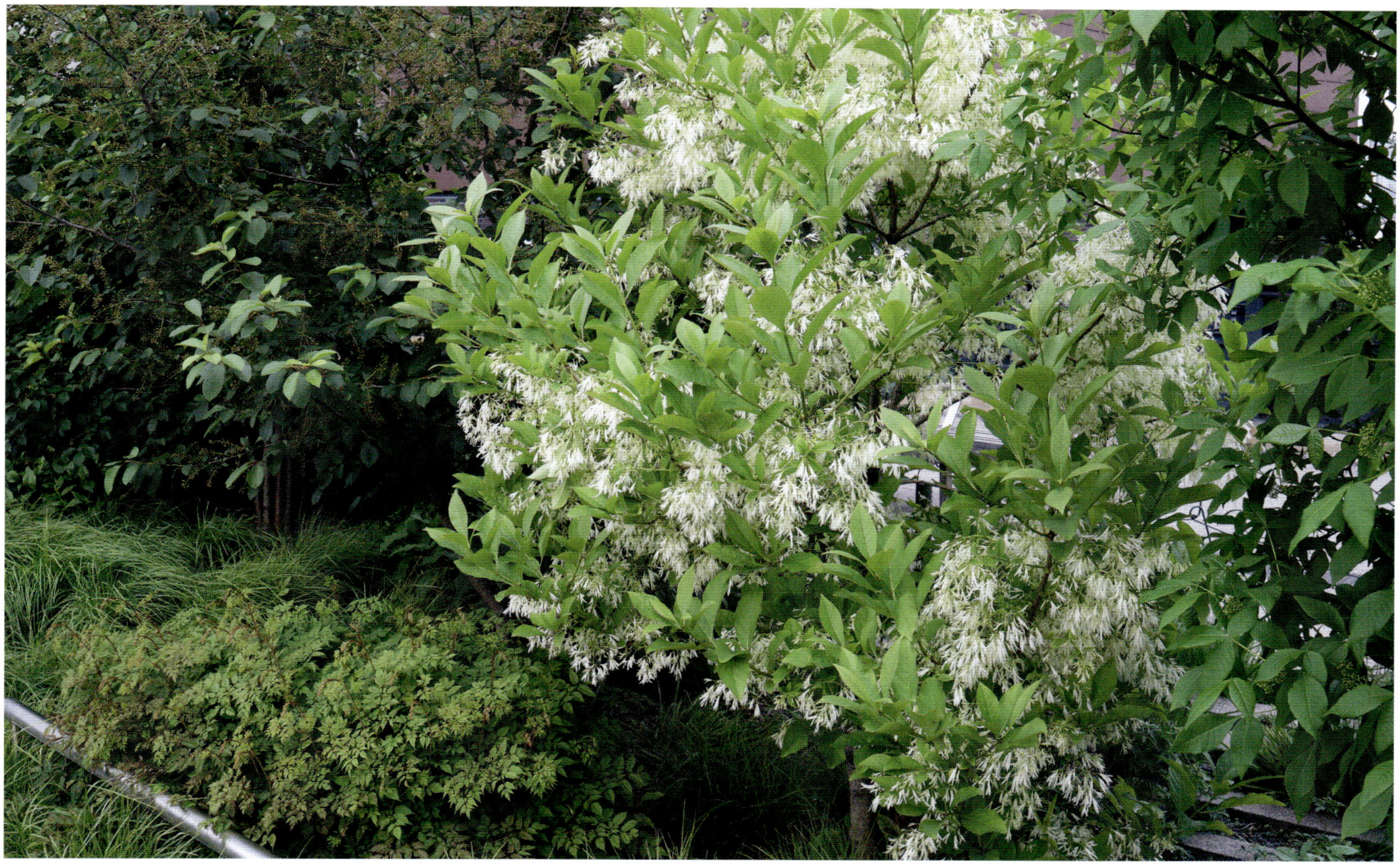

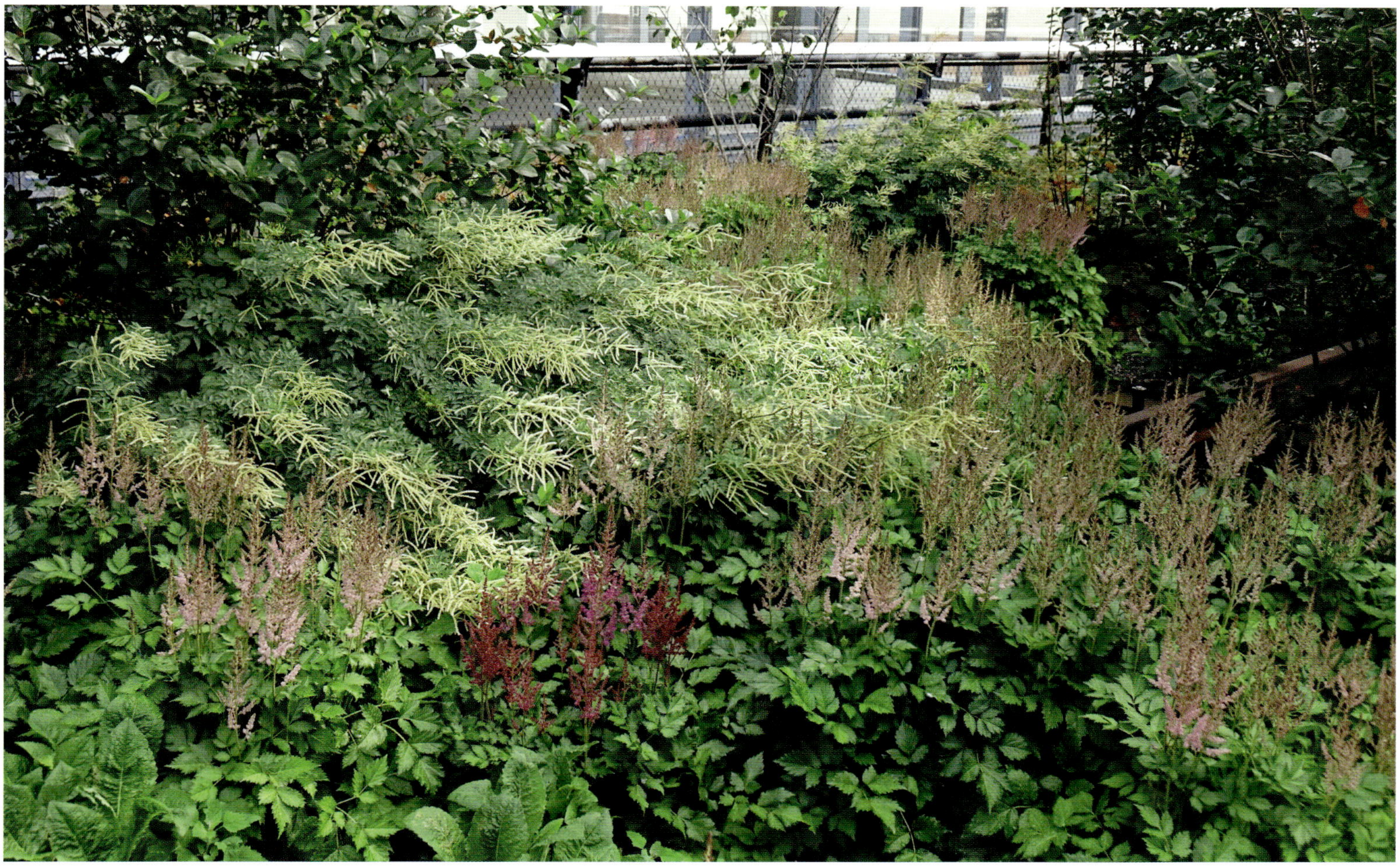

Im Mai belebt der Virginische Schneeflockenstrauch (*Chionanthus virginicus)* den schattigen Bereich nördlich des Hotels „The Standard". Im Juni folgen ihm Geißbart (*Aruncus* 'Horatio') und Astilben (überwiegend die Züchtung *Astilbe* 'Visions in Pink').

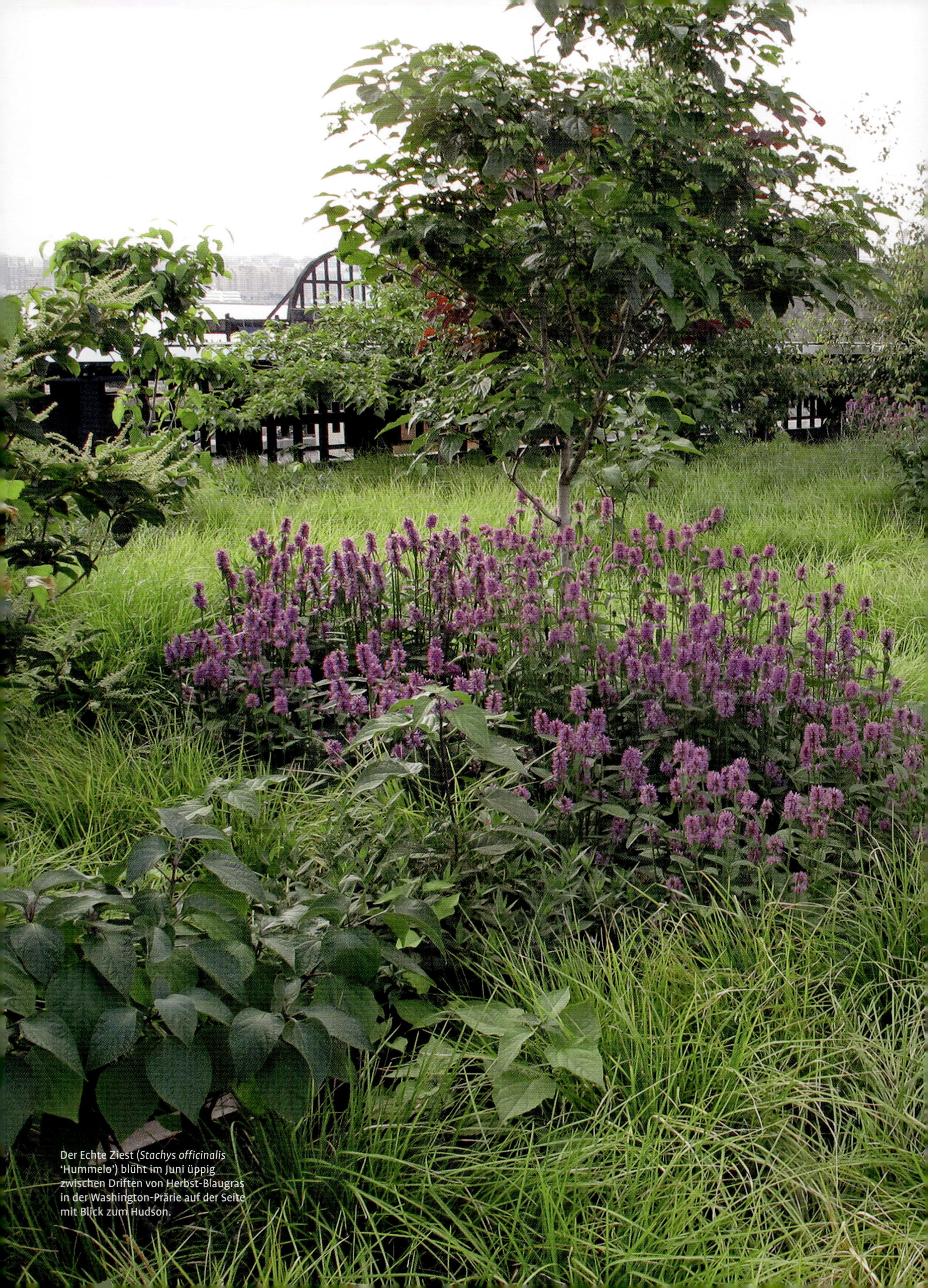

Der Echte Ziest (*Stachys officinalis* 'Hummelo') blüht im Juni üppig zwischen Driften von Herbst-Blaugras in der Washington-Prärie auf der Seite mit Blick zum Hudson.

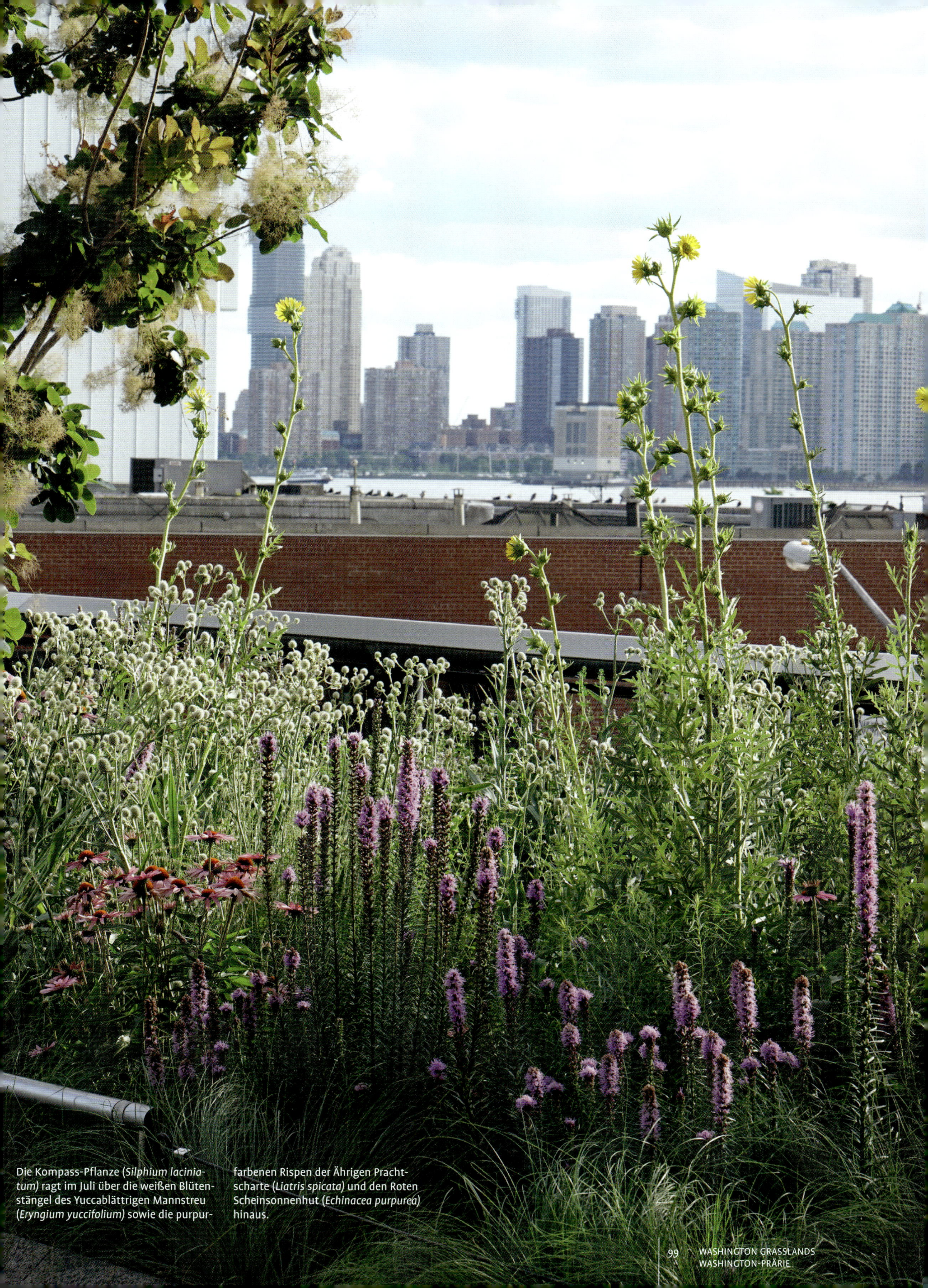

Die Kompass-Pflanze (*Silphium laciniatum*) ragt im Juli über die weißen Blütenstängel des Yuccablättrigen Mannstreu (*Eryngium yuccifolium*) sowie die purpurfarbenen Rispen der Ährigen Prachtscharte (*Liatris spicata*) und den Roten Scheinsonnenhut (*Echinacea purpurea*) hinaus.

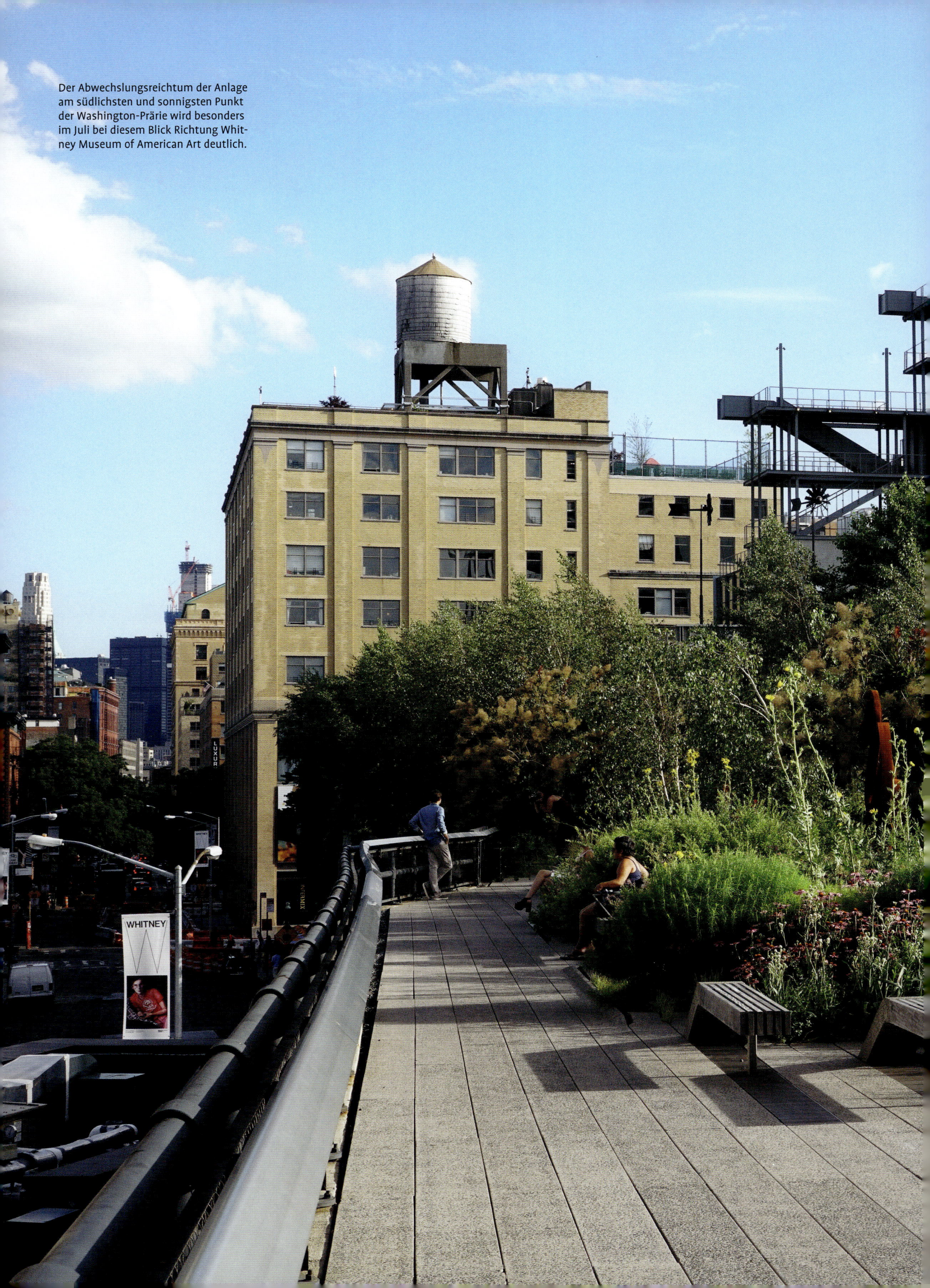

Der Abwechslungsreichtum der Anlage am südlichsten und sonnigsten Punkt der Washington-Prärie wird besonders im Juli bei diesem Blick Richtung Whitney Museum of American Art deutlich.

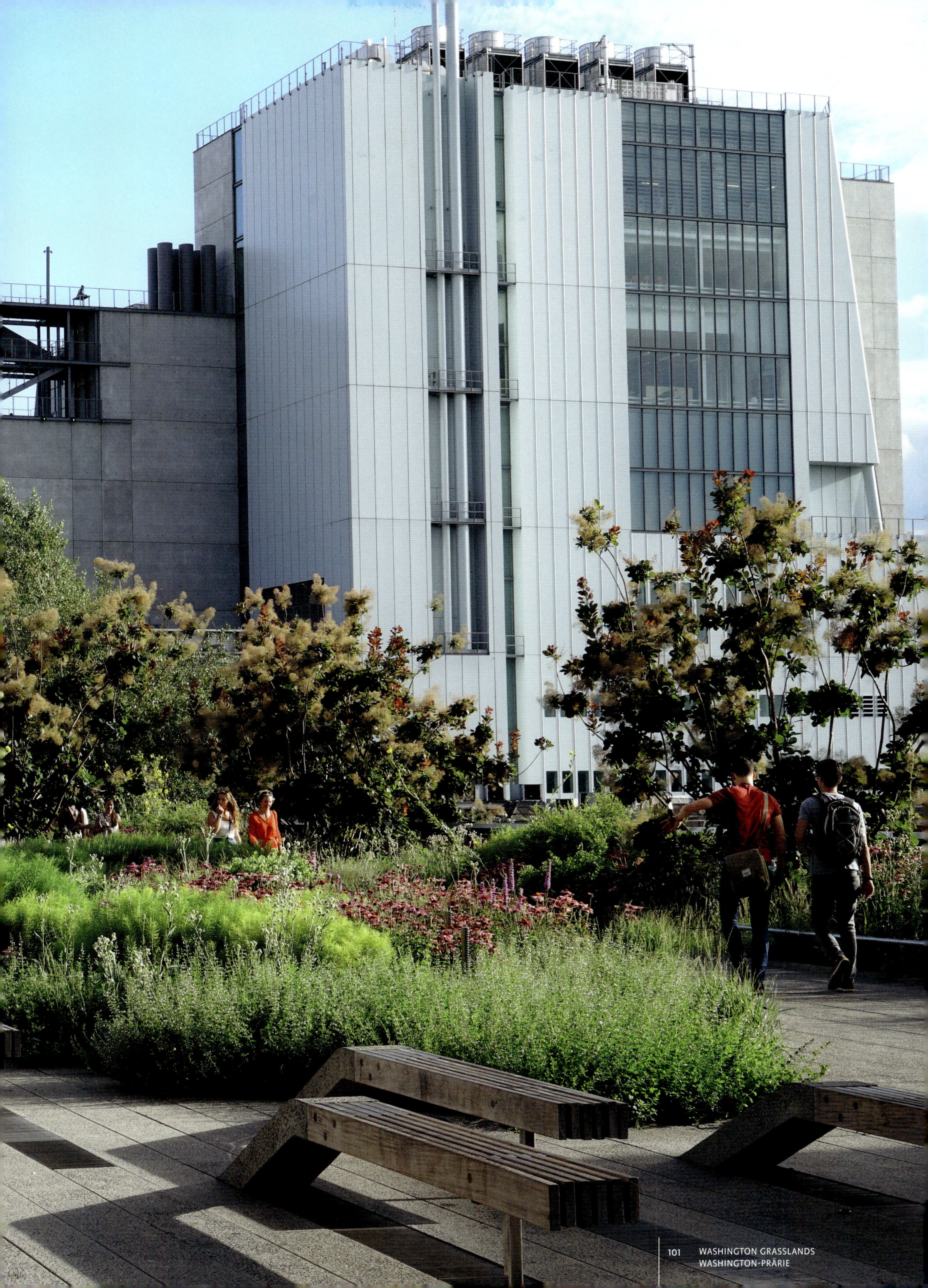

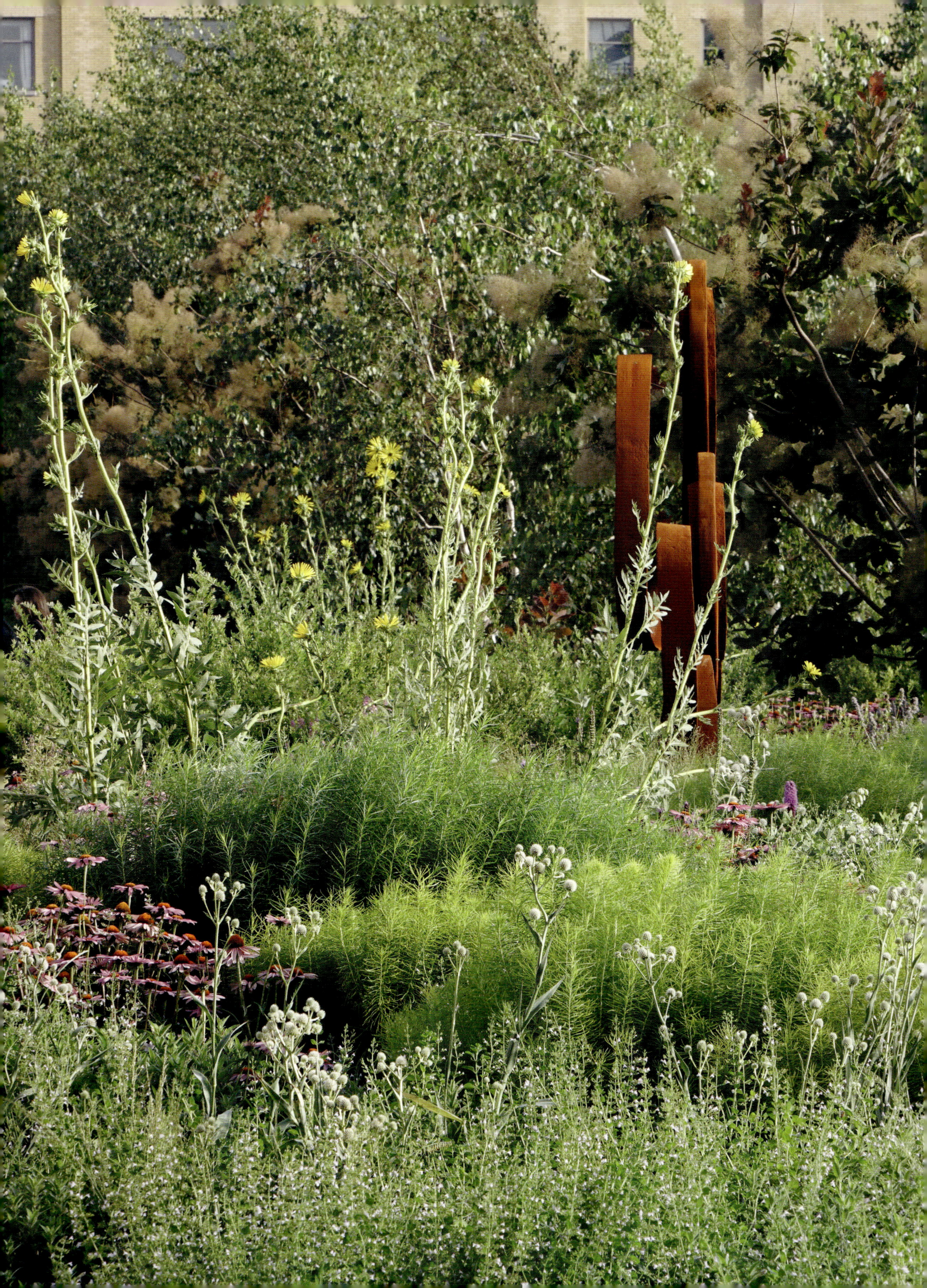

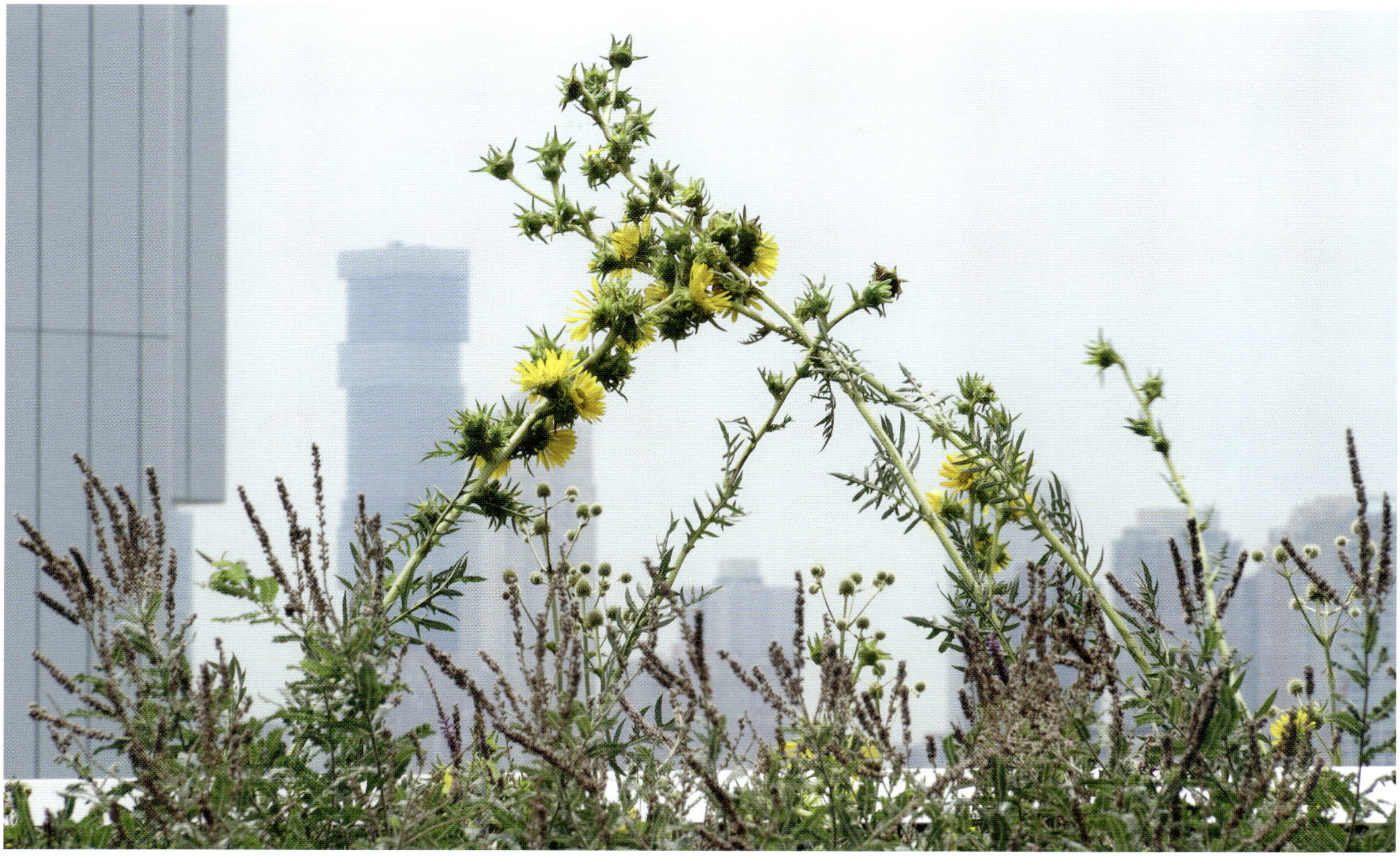

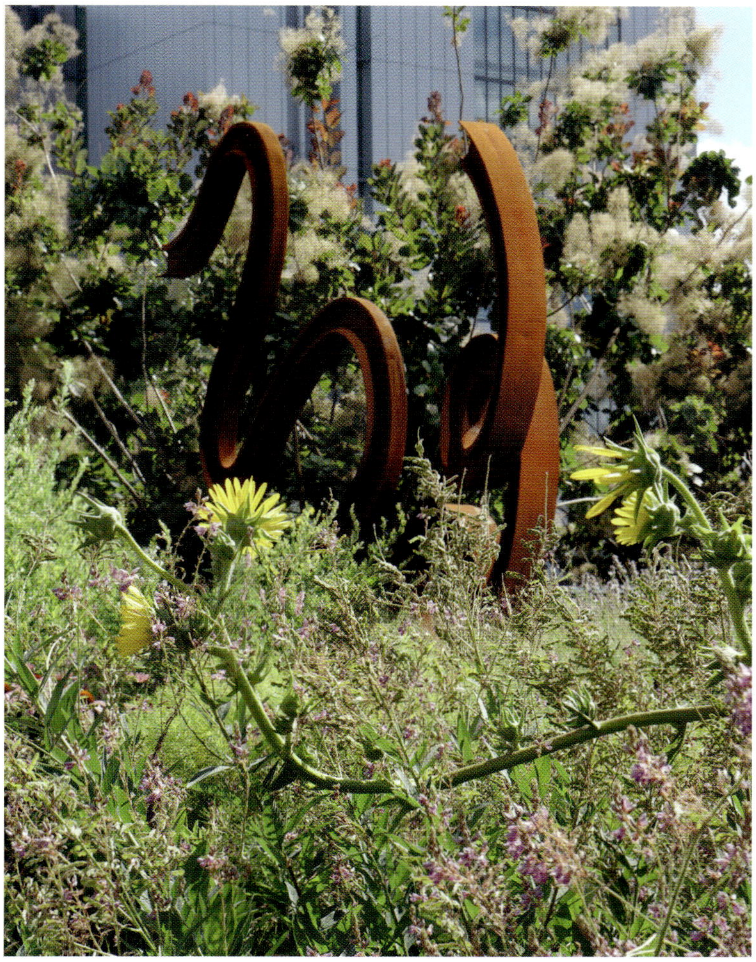

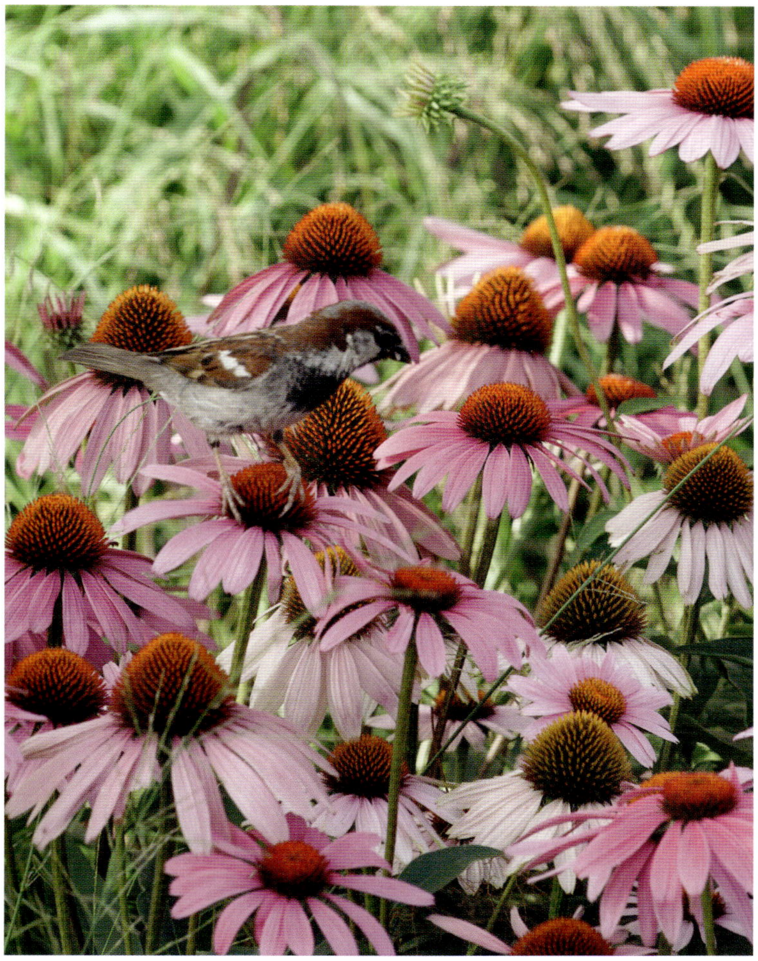

Unten links und gegenüber: Matt Johnsons Skulptur „*Ohne Titel (Schwan)*" wurde aus einer originalen Stahlschiene der High Line als Hommage an die Geschichte der New York Central Eisenbahngesellschaft gefertigt. Die geschwungenen Linien passen wunderbar zu den Stängeln der Kompass-Pflanzen.

Oben: Die Kompass-Pflanzen rahmen den Blick Richtung Westen über den Hudson bis nach Jersey City und Hoboken.

Unten rechts: Roter Scheinsonnenhut – Attraktion durch Sommerblüten und Nahrungsquelle für unterschiedliche Tiere im Winter durch Samenstände.

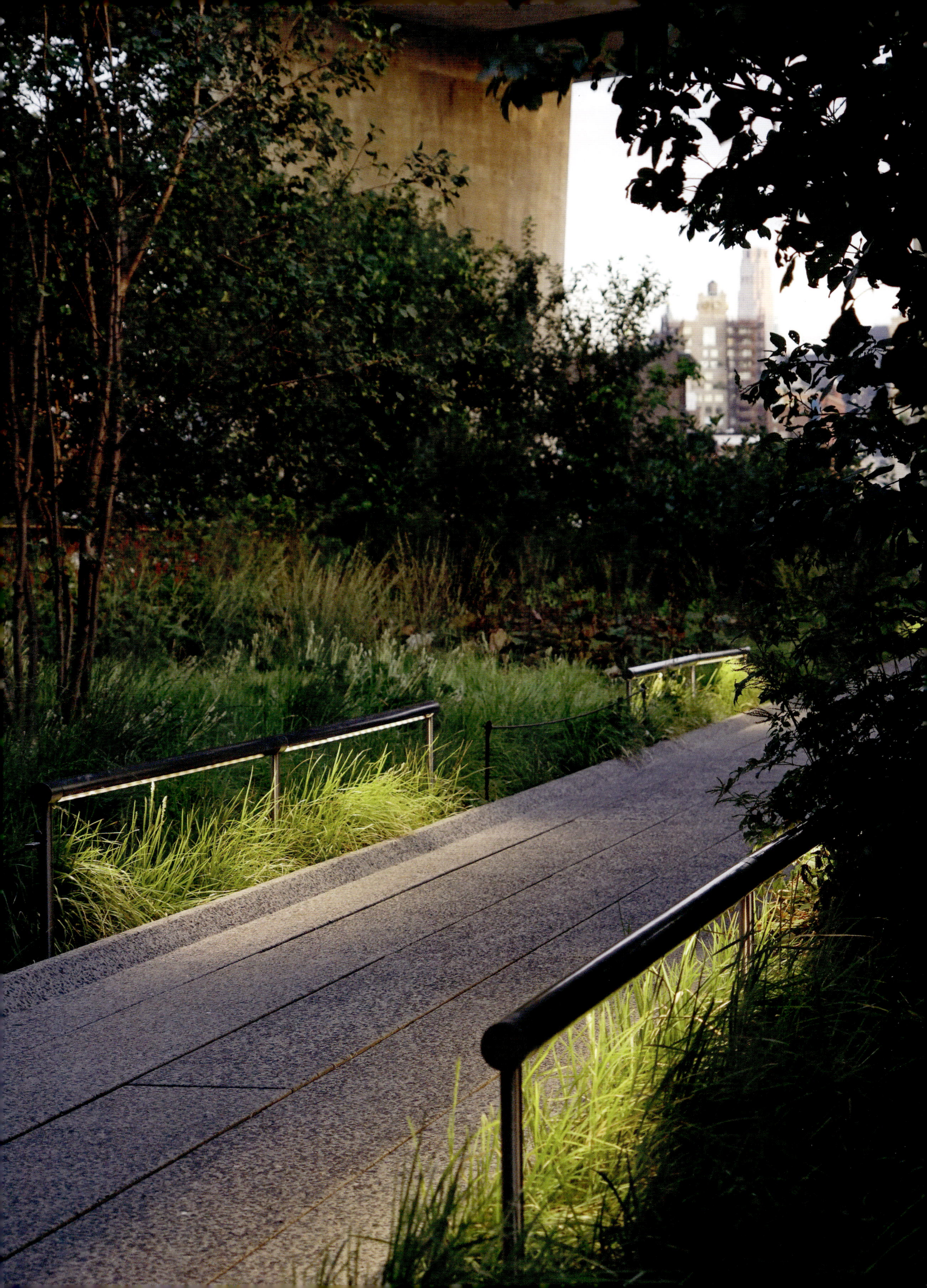

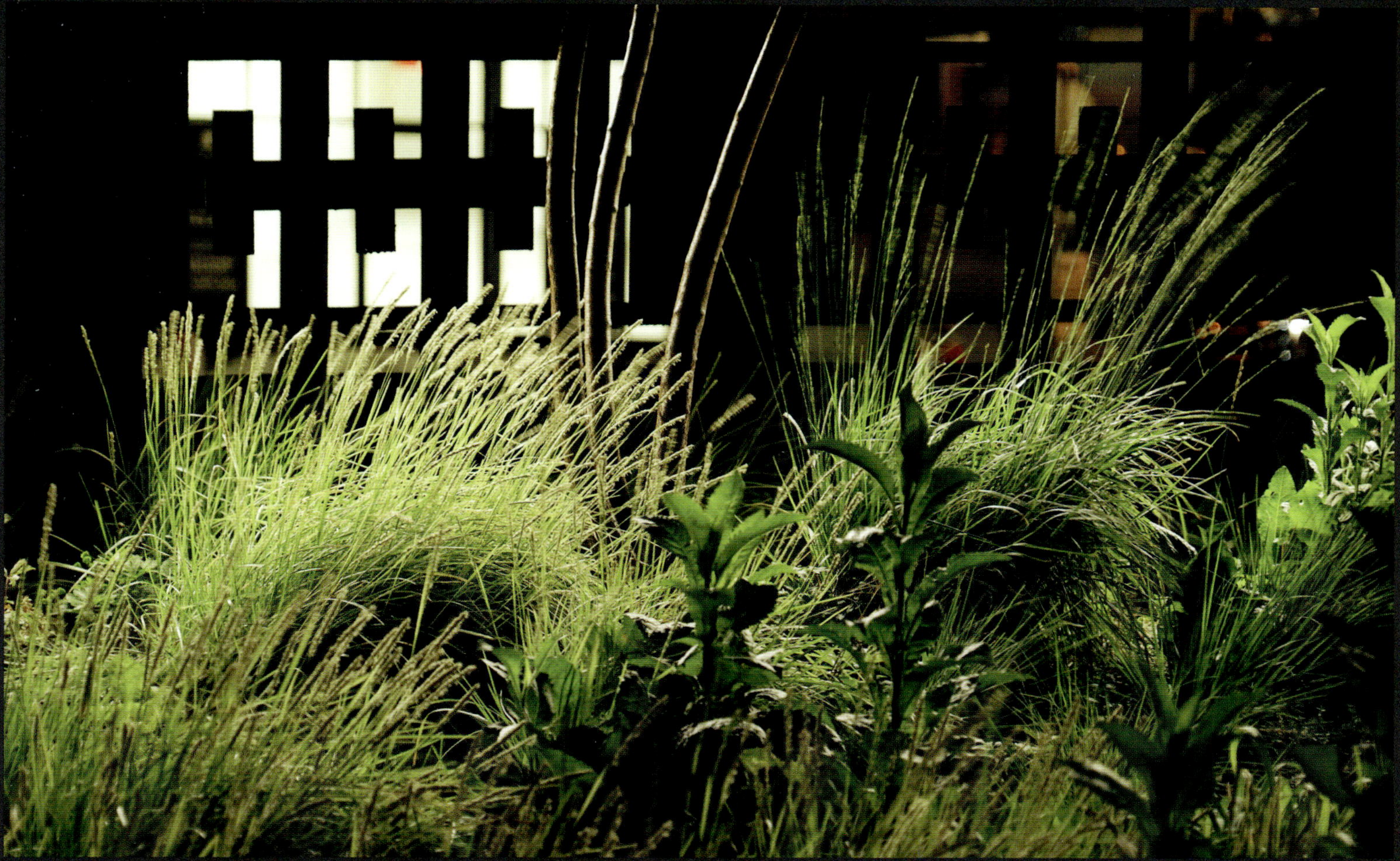

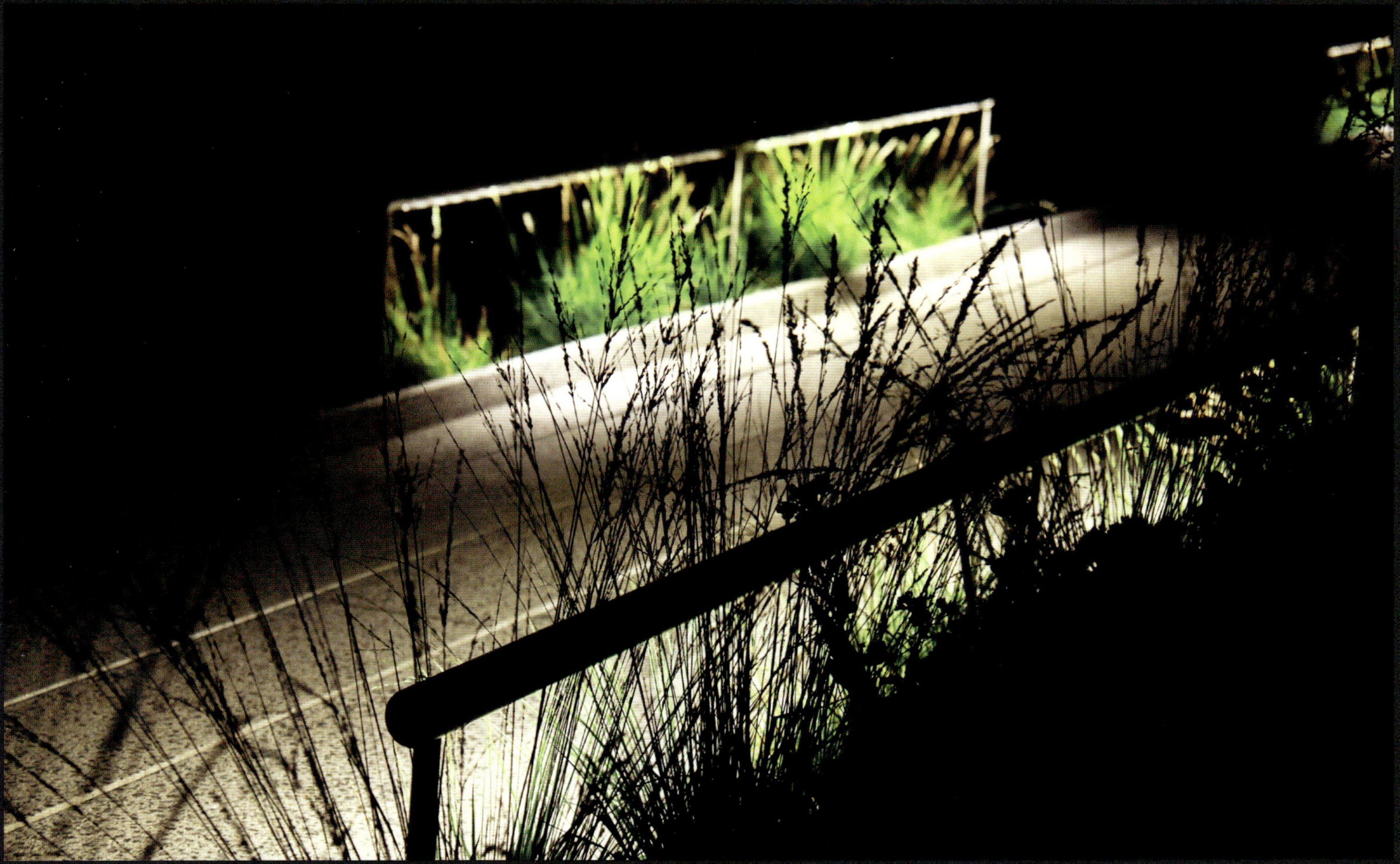

Hervé Descottes hat die Beleuchtung der High Line schön, funktional und unaufdringlich entworfen. Sein wunderbar umgesetzter Plan hält die Beleuchtung unterhalb der Augenhöhe, damit man nicht geblendet wird und die Verbindung zu allem oberhalb der Augenhöhe und zur benachbarten Stadtkulisse nicht abreißt. Dank der schmalen Fußwege beleuchtet das niedrige, zu Boden strahlende Lampensystem auch die niedrige Bepflanzung.

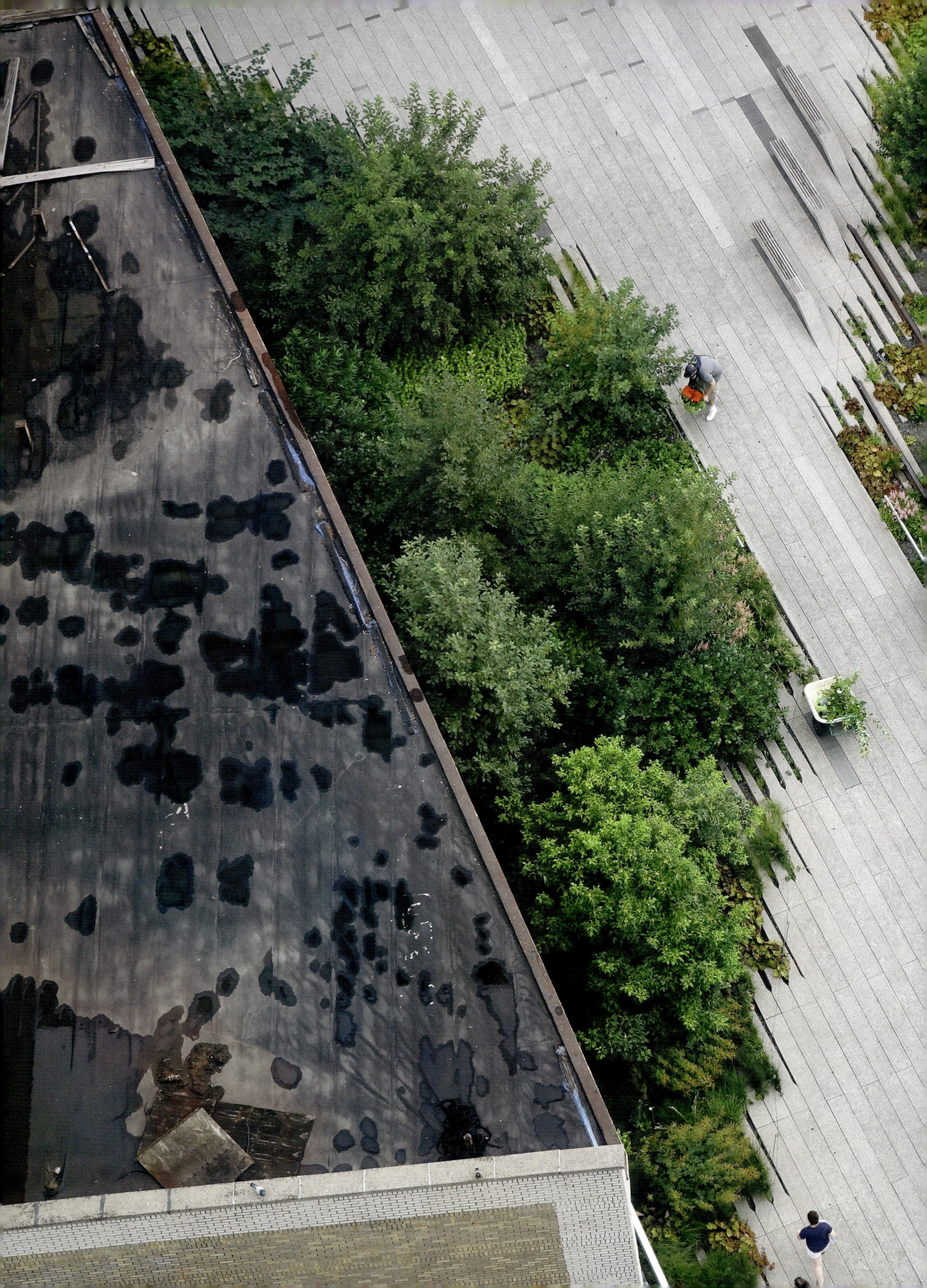

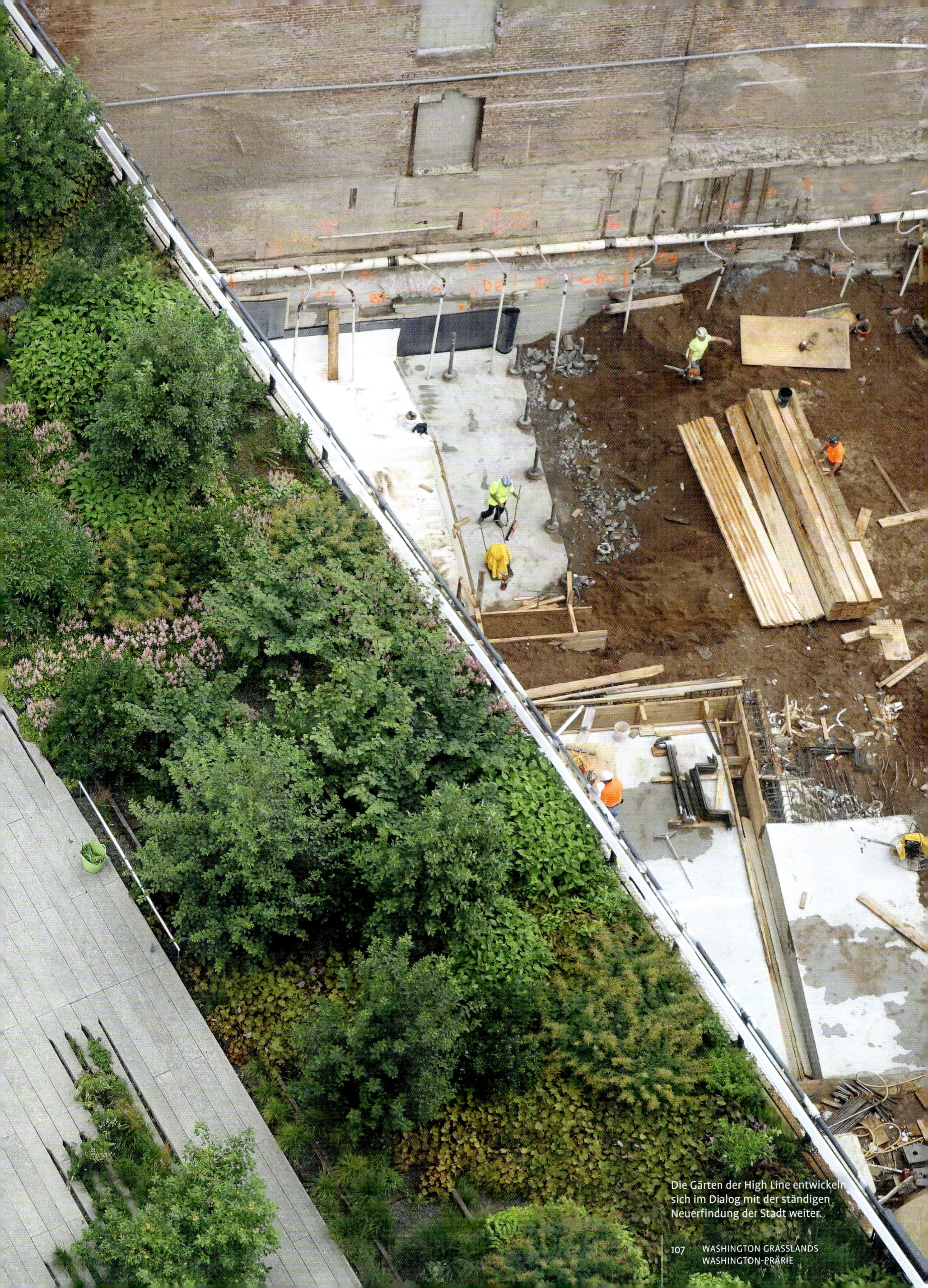

Die Gärten der High Line entwickeln sich im Dialog mit der ständigen Neuerfindung der Stadt weiter.

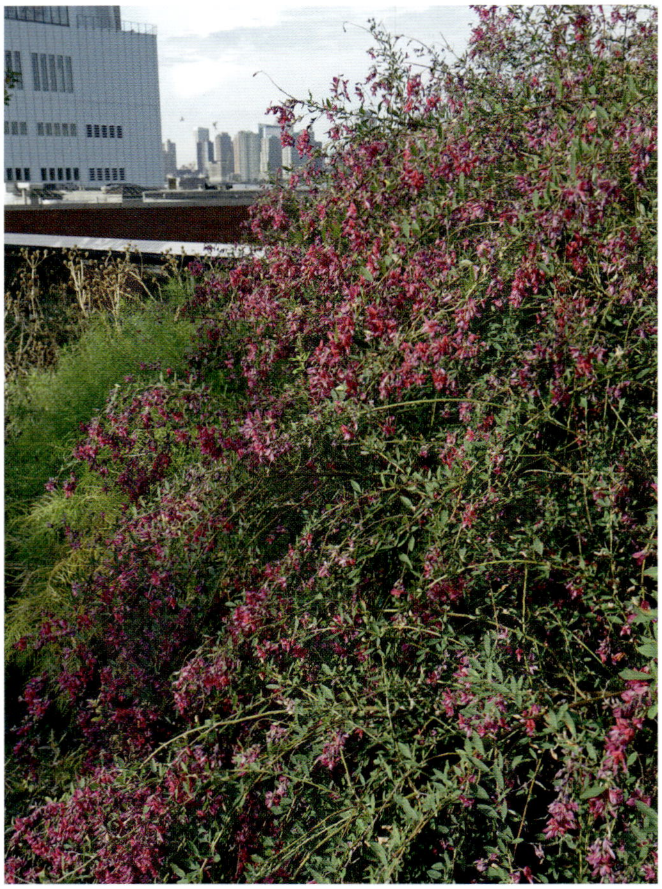

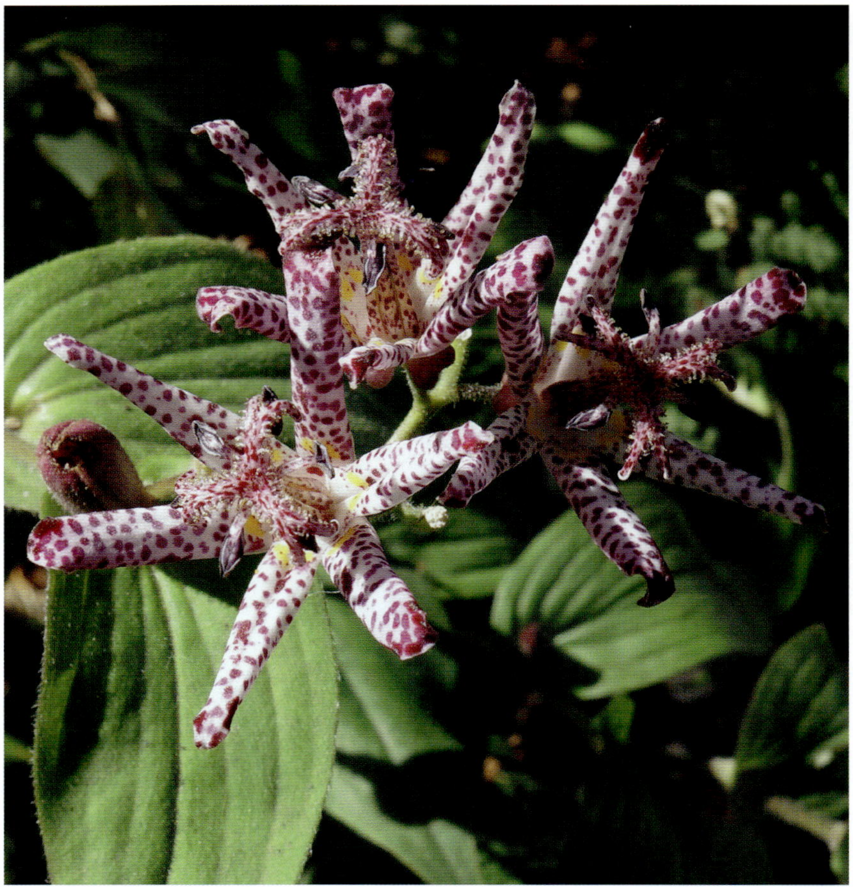

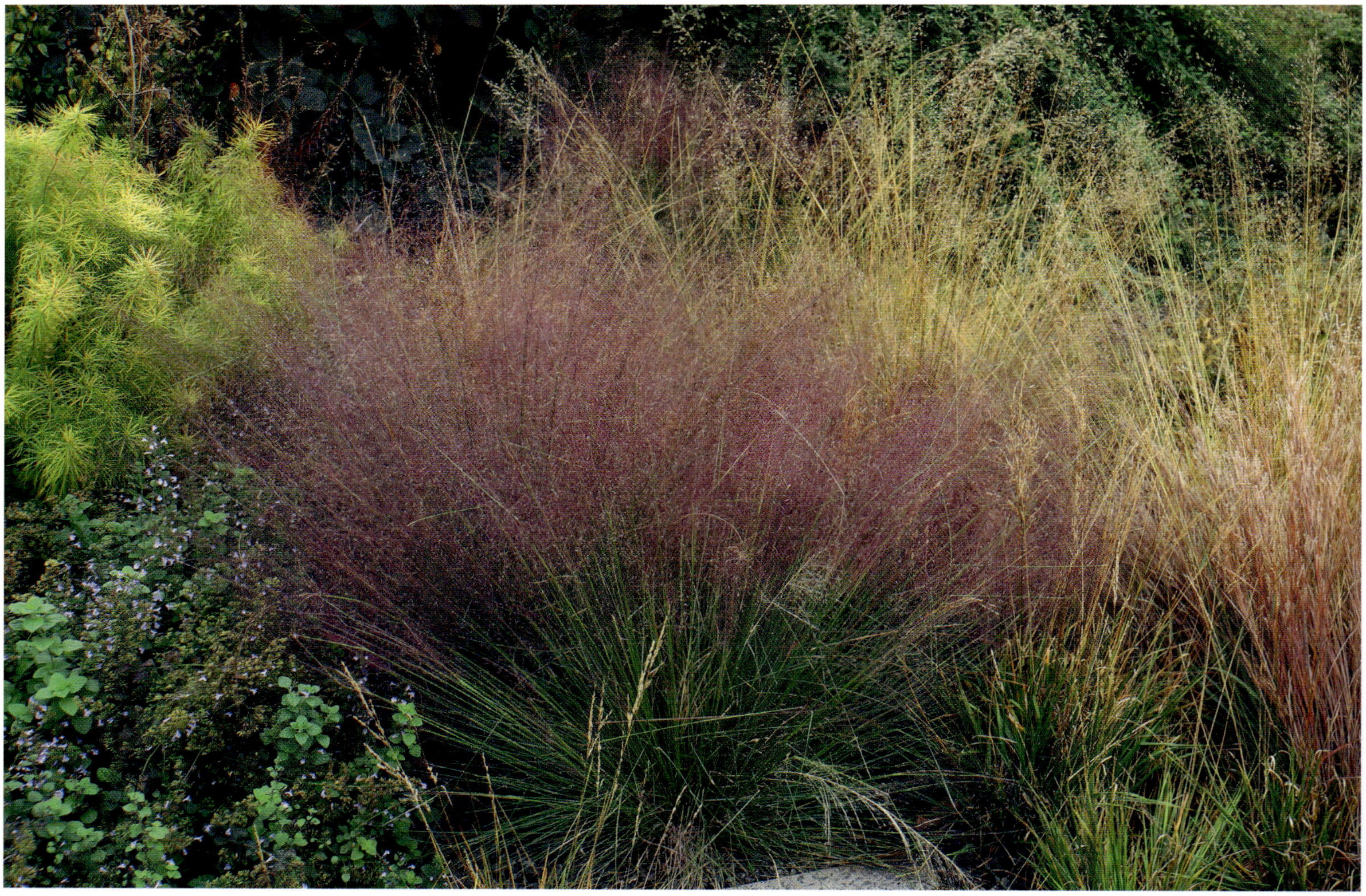

Der Herbst lässt die Washington-Prärie in vielen Pink- und Purpurtönen erstrahlen, darunter das rosafarbene Süßgras Haarfeiner Tropfensame (*Muhlenbergia capillaris*, unten), Thunbergs Buschklee (*Lespedeza thunbergii* 'Gibraltar', oben links) und Krötenlilie (*Tricyrtis* 'Sinonome', oben rechts und gegenüber).

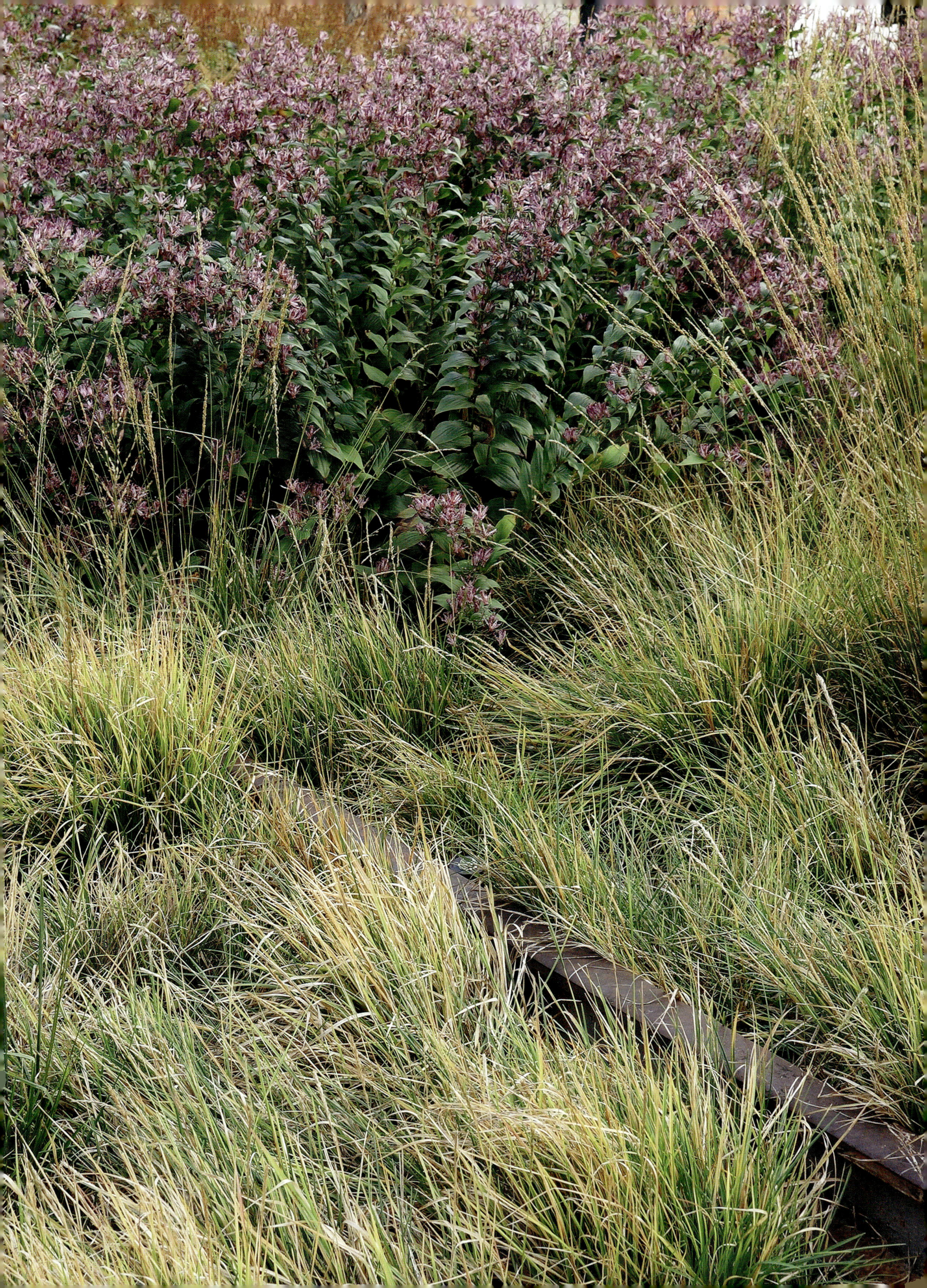

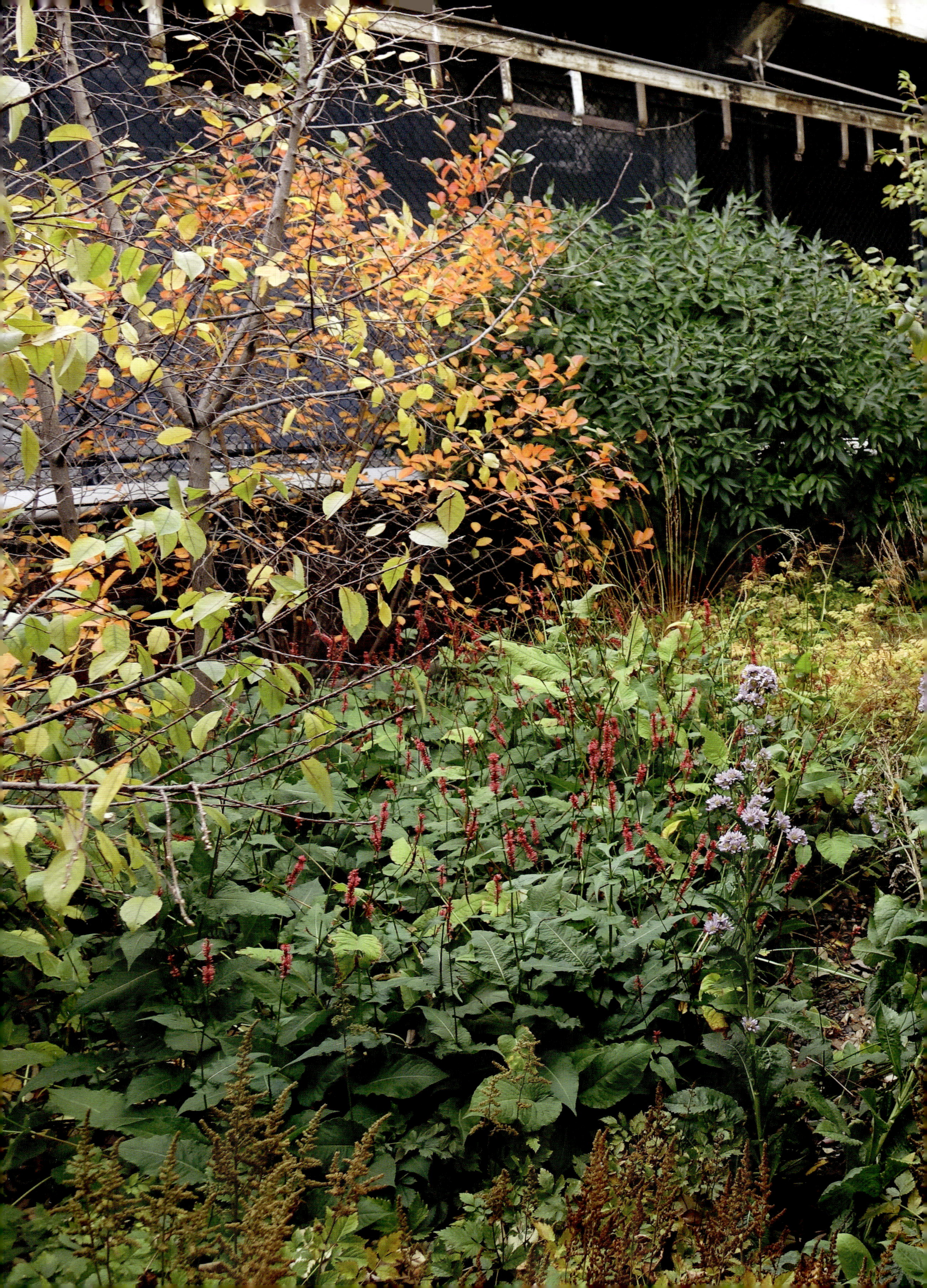

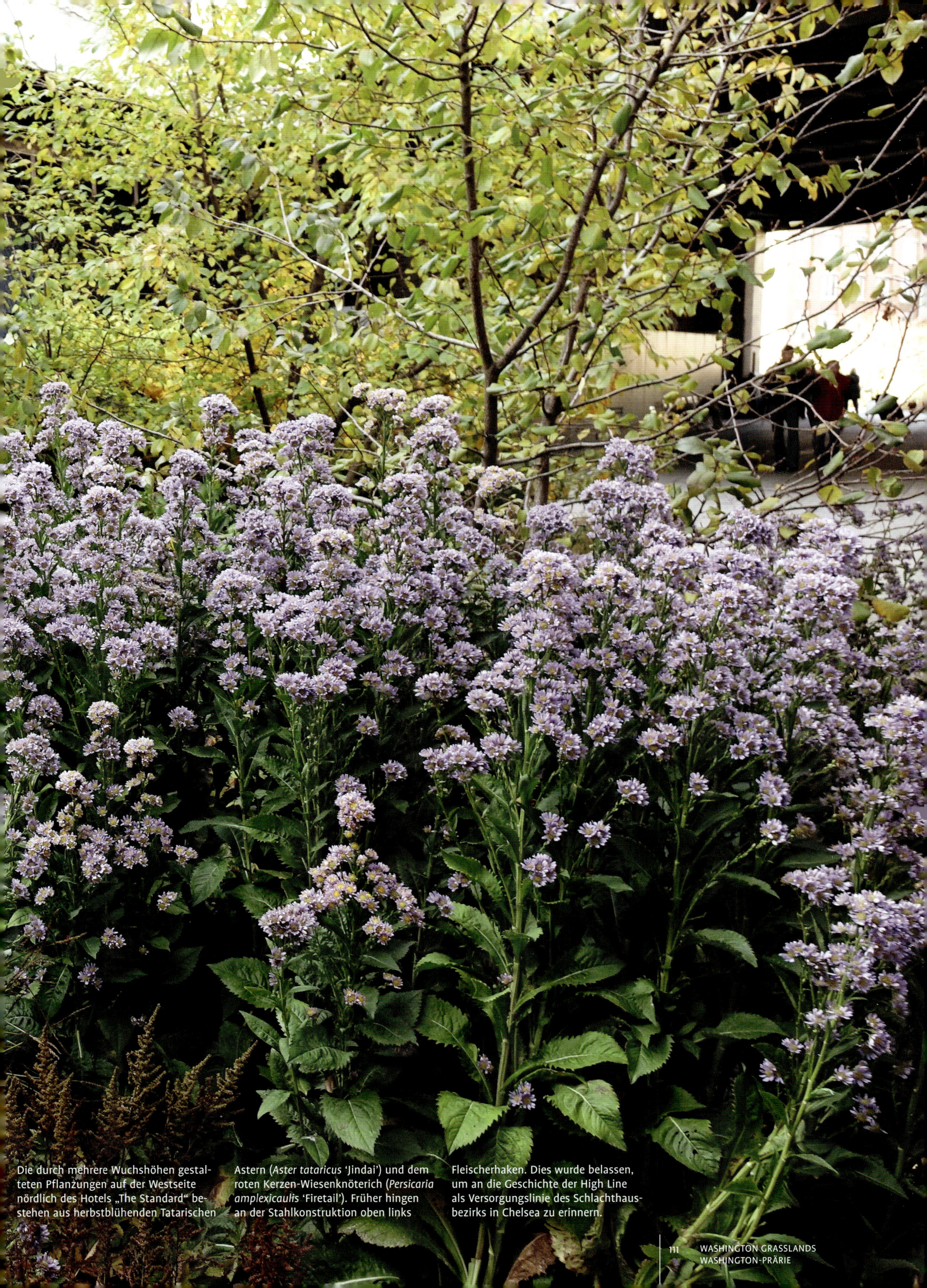

Die durch mehrere Wuchshöhen gestalteten Pflanzungen auf der Westseite nördlich des Hotels „The Standard" bestehen aus herbstblühenden Tatarischen Astern (*Aster tataricus* 'Jindai') und dem roten Kerzen-Wiesenknöterich (*Persicaria amplexicaulis* 'Firetail'). Früher hingen an der Stahlkonstruktion oben links Fleischerhaken. Dies wurde belassen, um an die Geschichte der High Line als Versorgungslinie des Schlachthausbezirks in Chelsea zu erinnern.

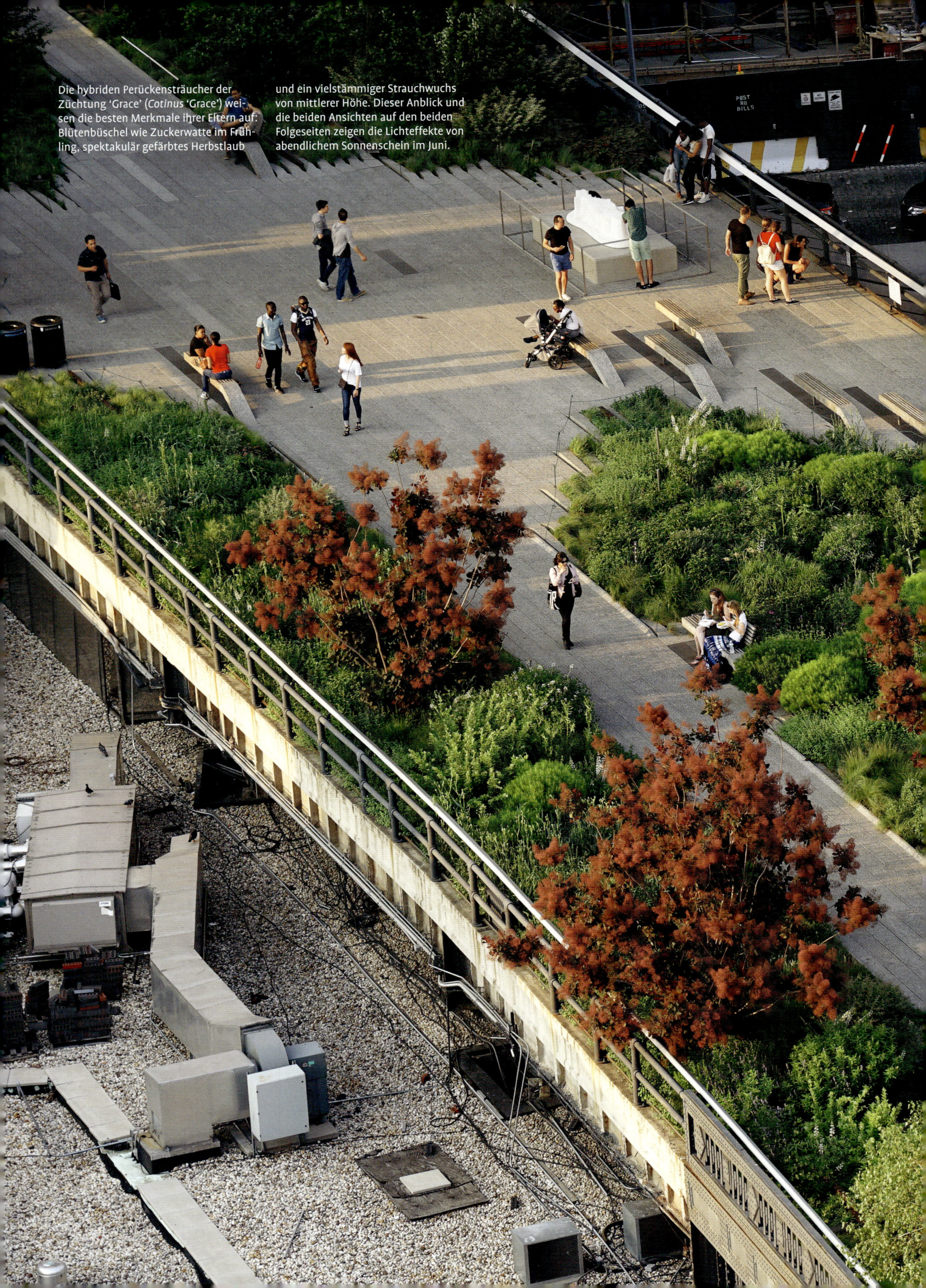

Die hybriden Perückensträucher der Züchtung 'Grace' (*Cotinus* 'Grace') weisen die besten Merkmale ihrer Eltern auf: Blütenbüschel wie Zuckerwatte im Frühling, spektakulär gefärbtes Herbstlaub und ein vielstämmiger Strauchwuchs von mittlerer Höhe. Dieser Anblick und die beiden Ansichten auf den beiden Folgeseiten zeigen die Lichteffekte von abendlichem Sonnenschein im Juni.

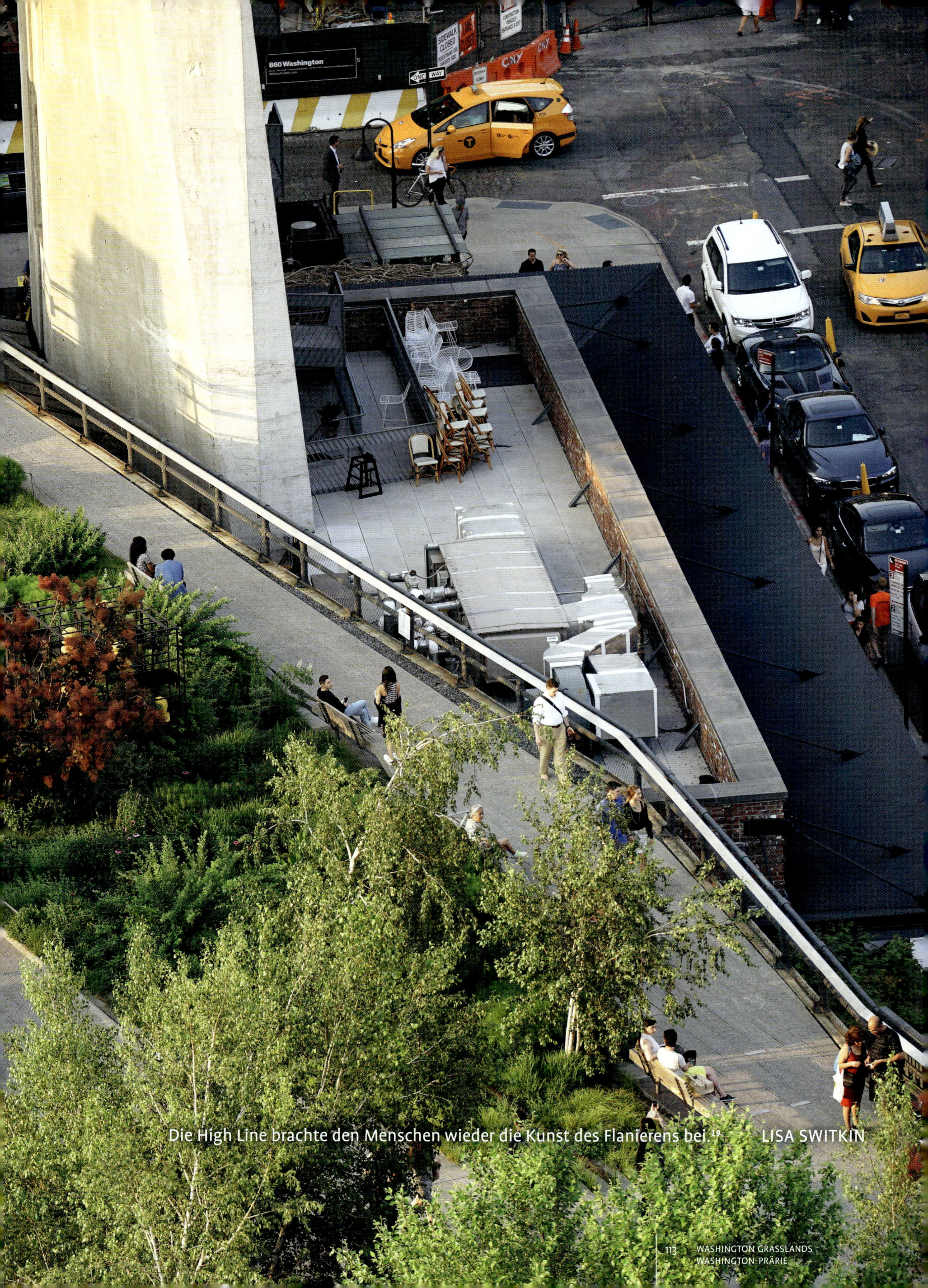

Die High Line brachte den Menschen wieder die Kunst des Flanierens bei.[19] LISA SWITKIN

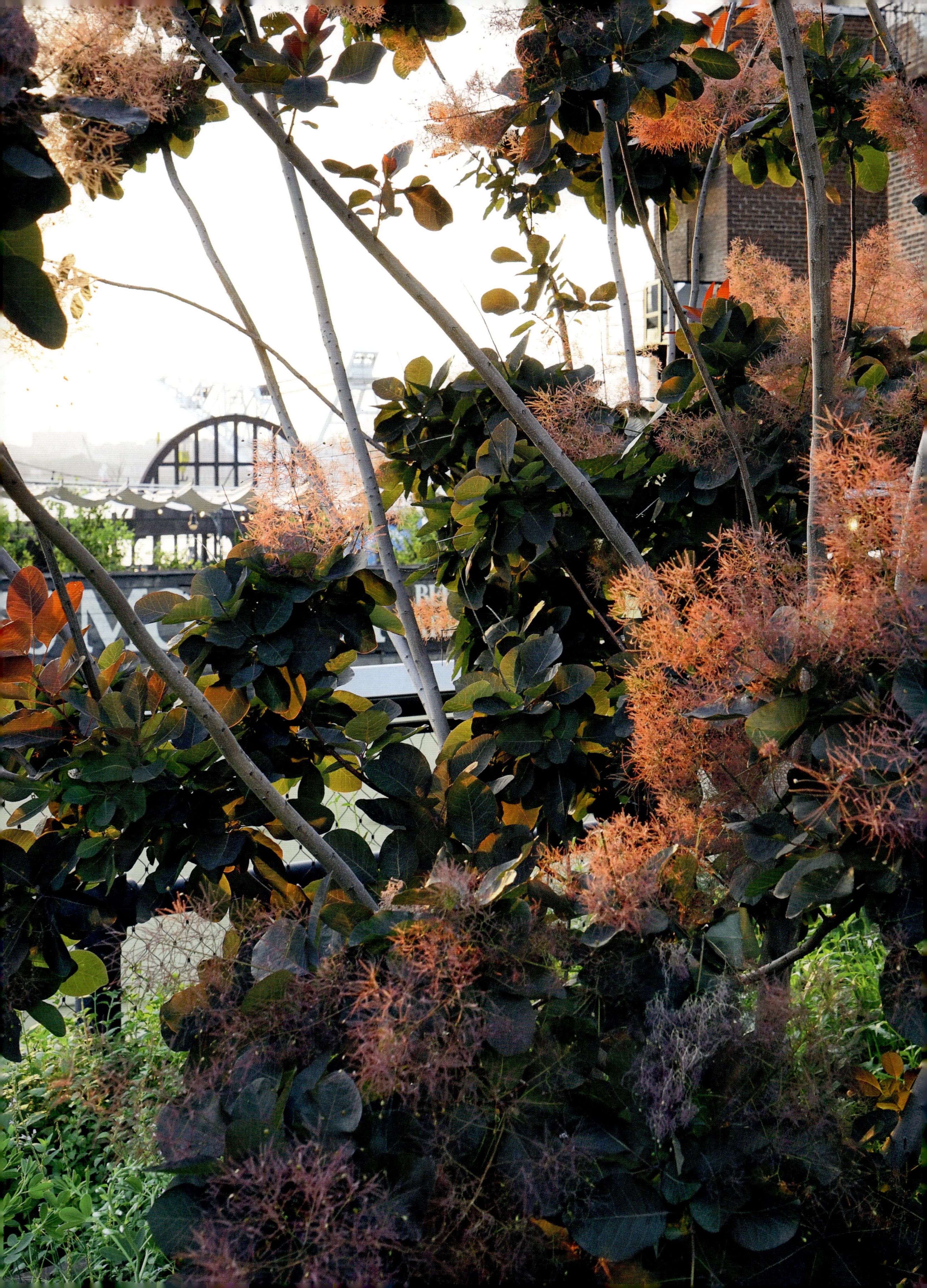

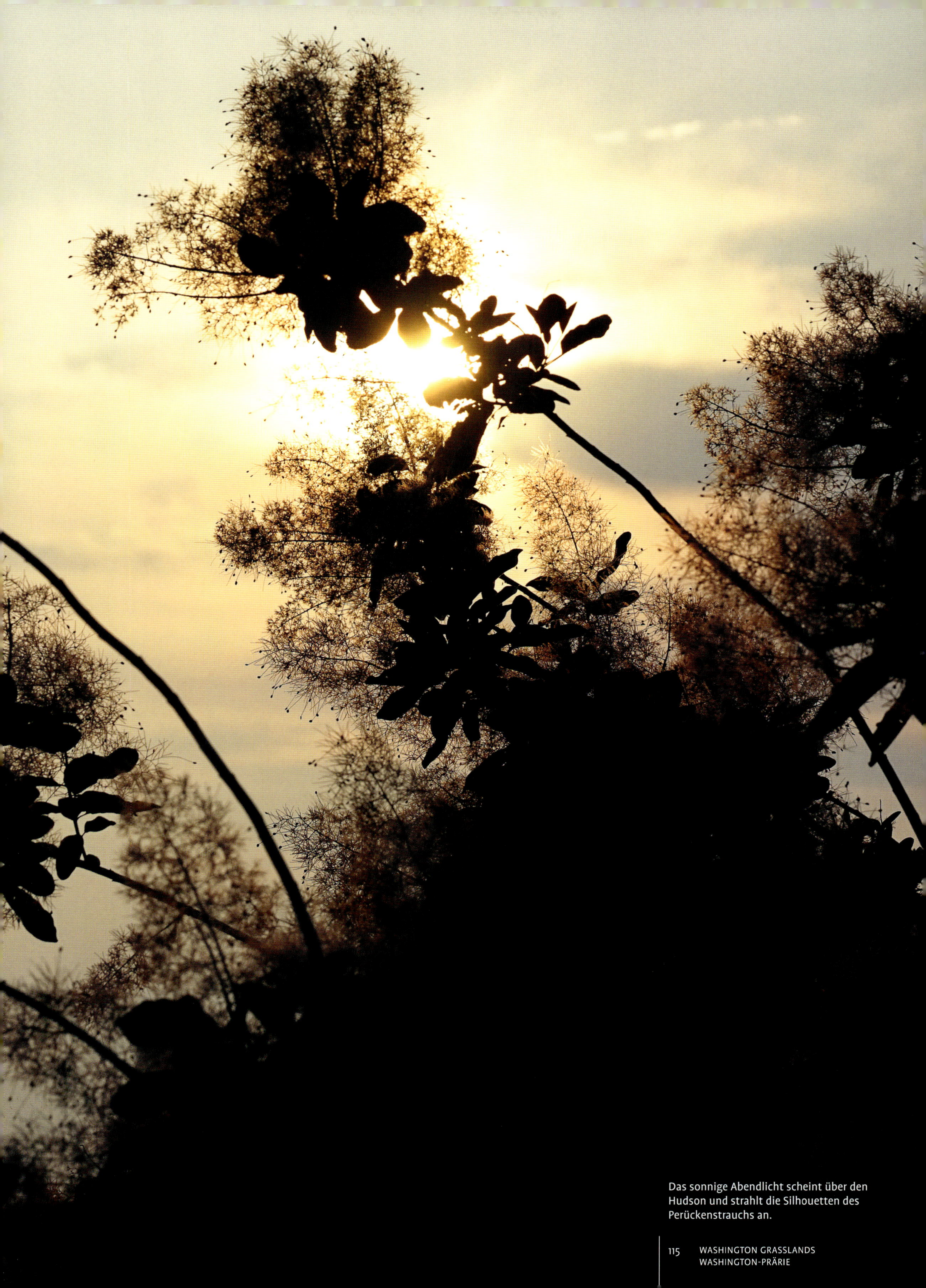

Das sonnige Abendlicht scheint über den Hudson und strahlt die Silhouetten des Perückenstrauchs an.

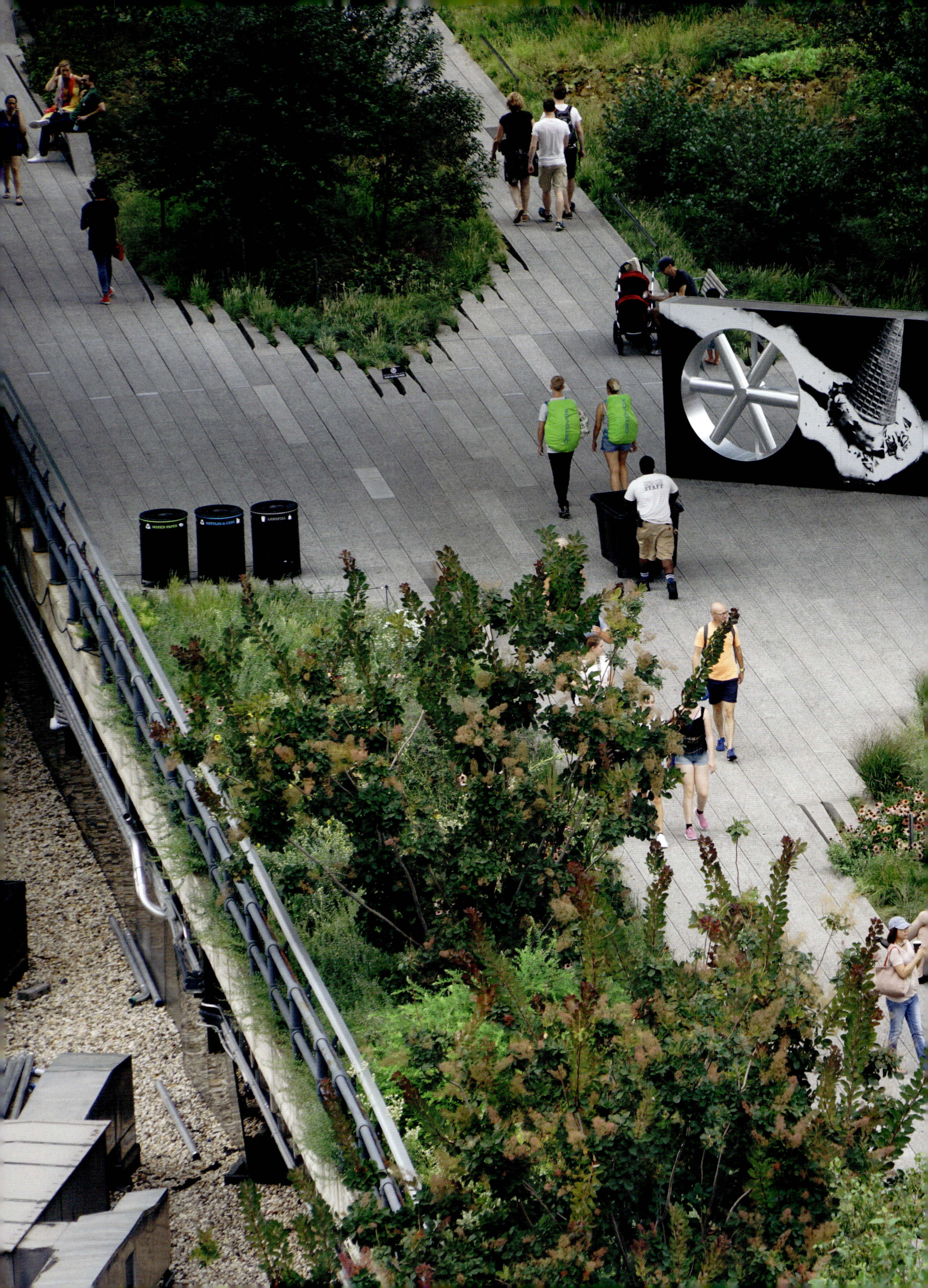
BOTTLES & CANS
LANDFILL
STAFF

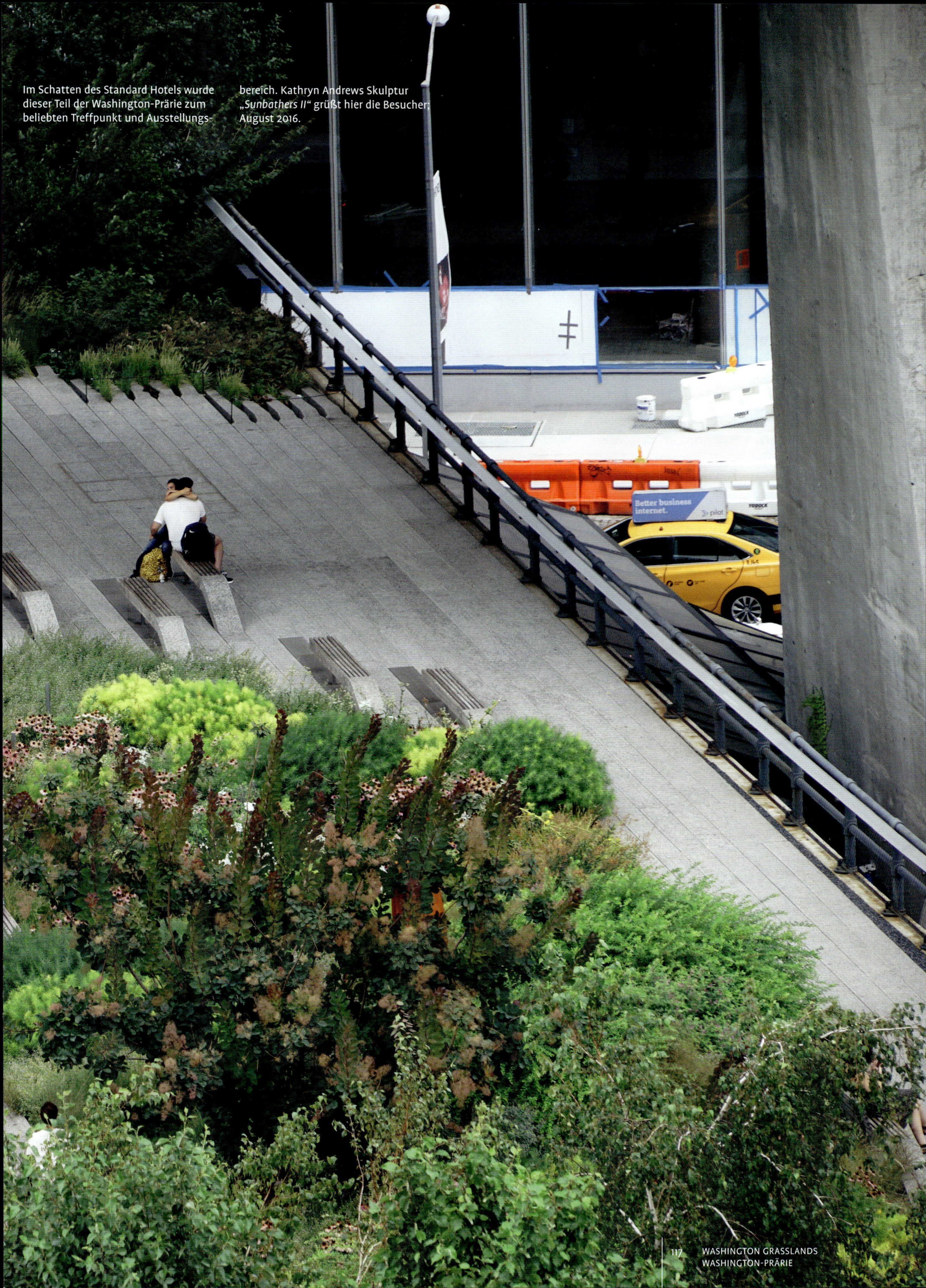

Im Schatten des Standard Hotels wurde dieser Teil der Washington-Prärie zum beliebten Treffpunkt und Ausstellungsbereich. Kathryn Andrews Skulptur „*Sunbathers II*“ grüßt hier die Besucher; August 2016.

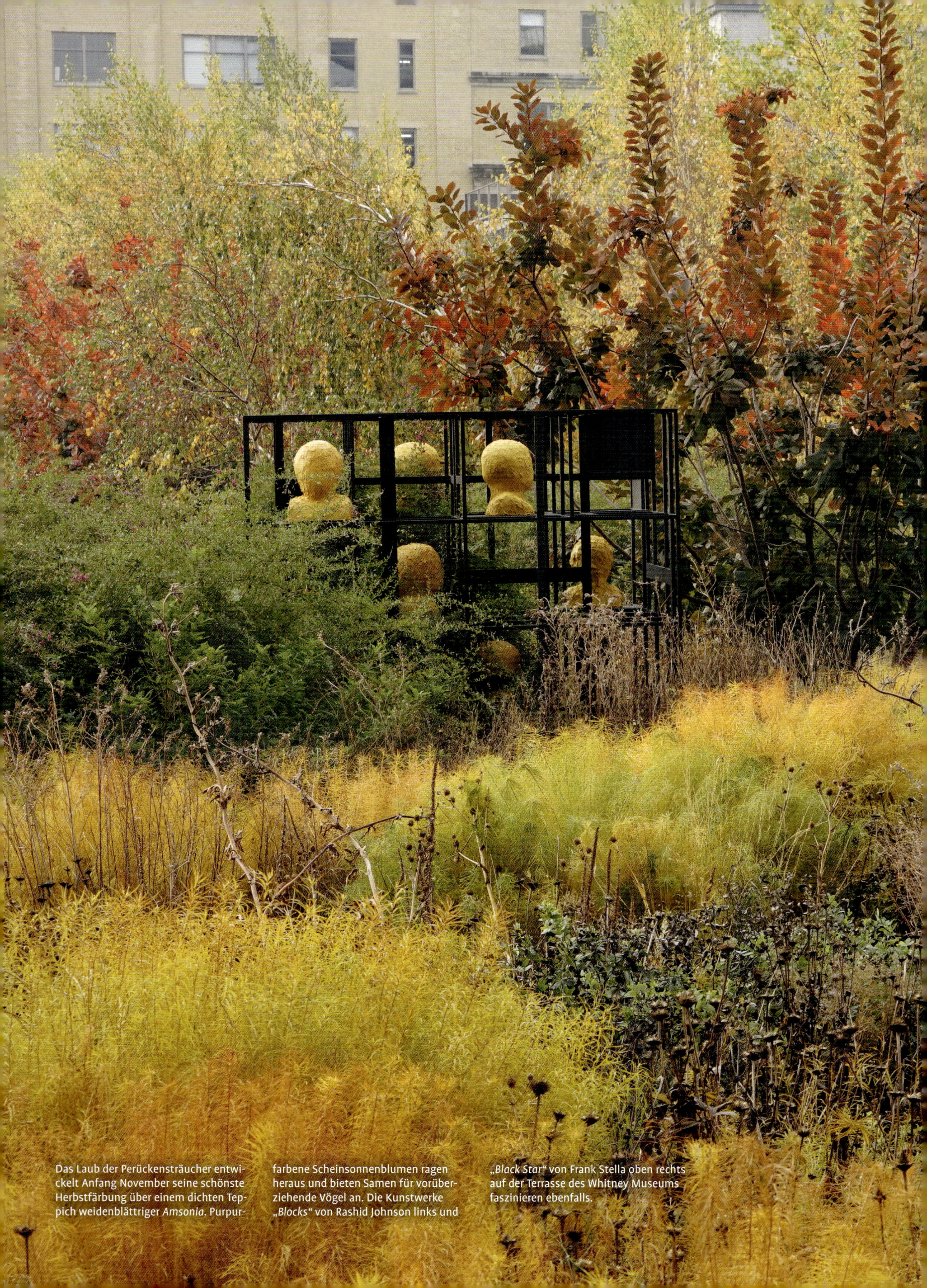

Das Laub der Perückensträucher entwickelt Anfang November seine schönste Herbstfärbung über einem dichten Teppich weidenblättriger *Amsonia*. Purpurfarbene Scheinsonnenblumen ragen heraus und bieten Samen für vorüberziehende Vögel an. Die Kunstwerke „*Blocks*“ von Rashid Johnson links und „*Black Star*“ von Frank Stella oben rechts auf der Terrasse des Whitney Museums faszinieren ebenfalls.

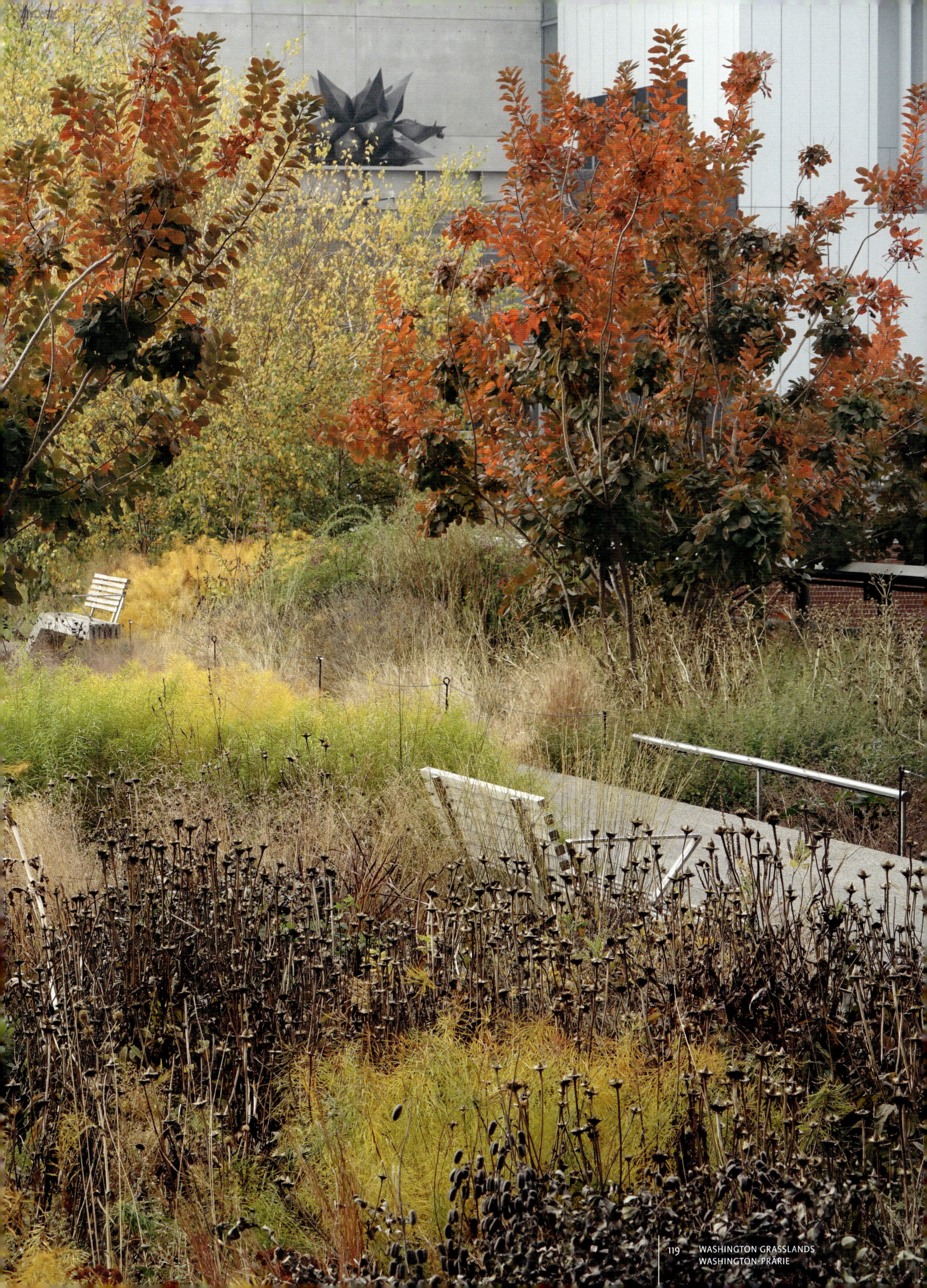

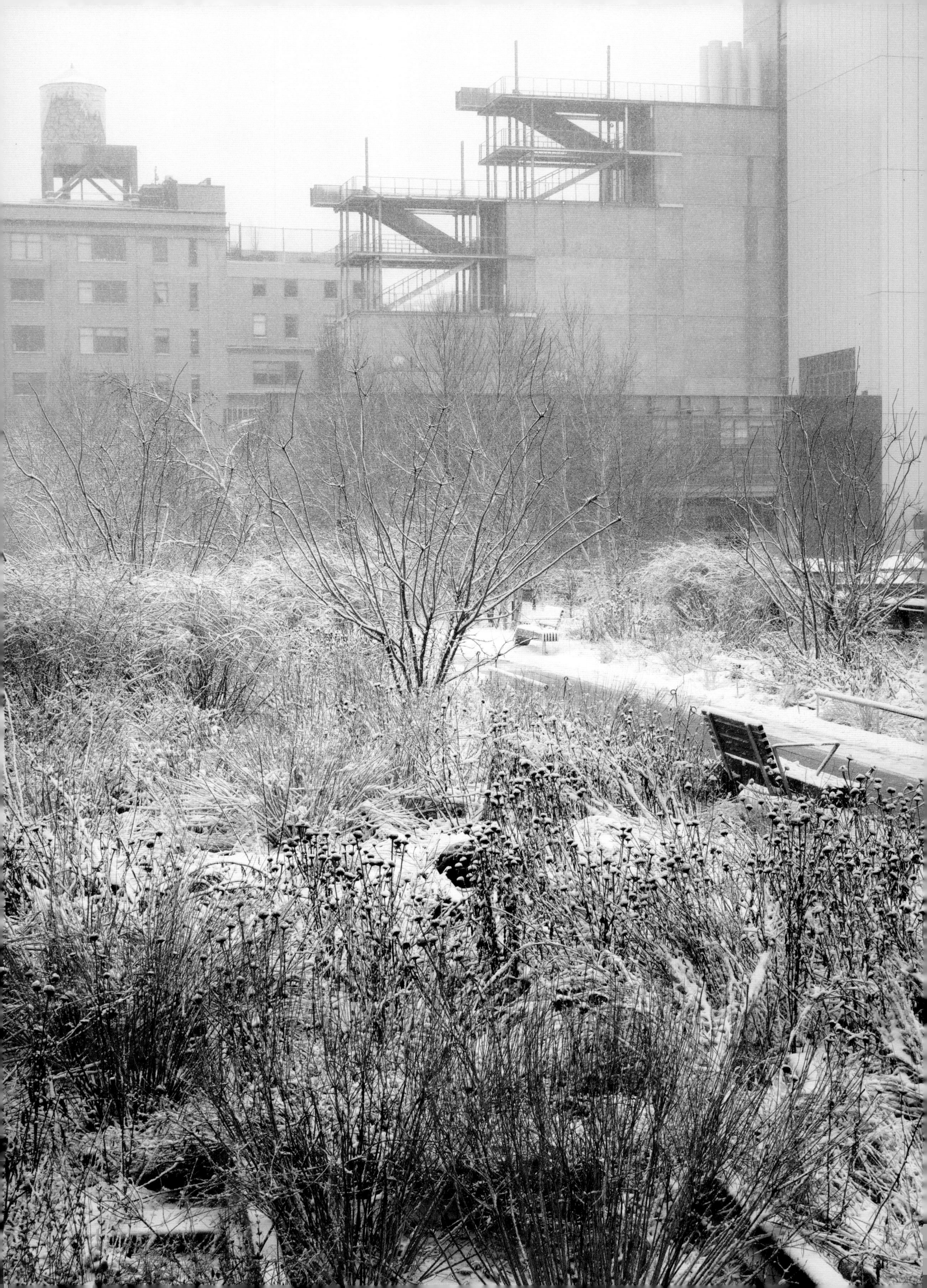

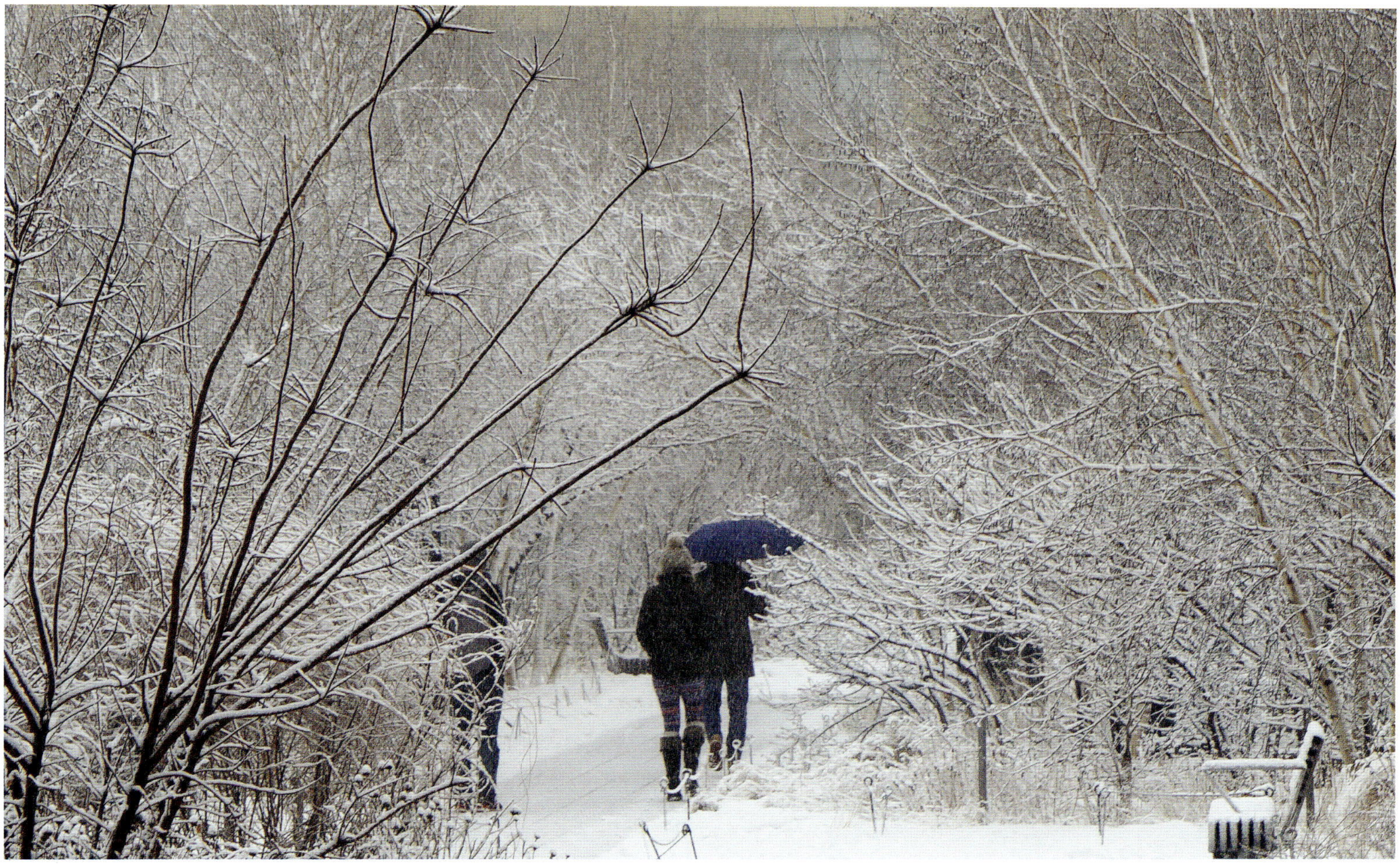

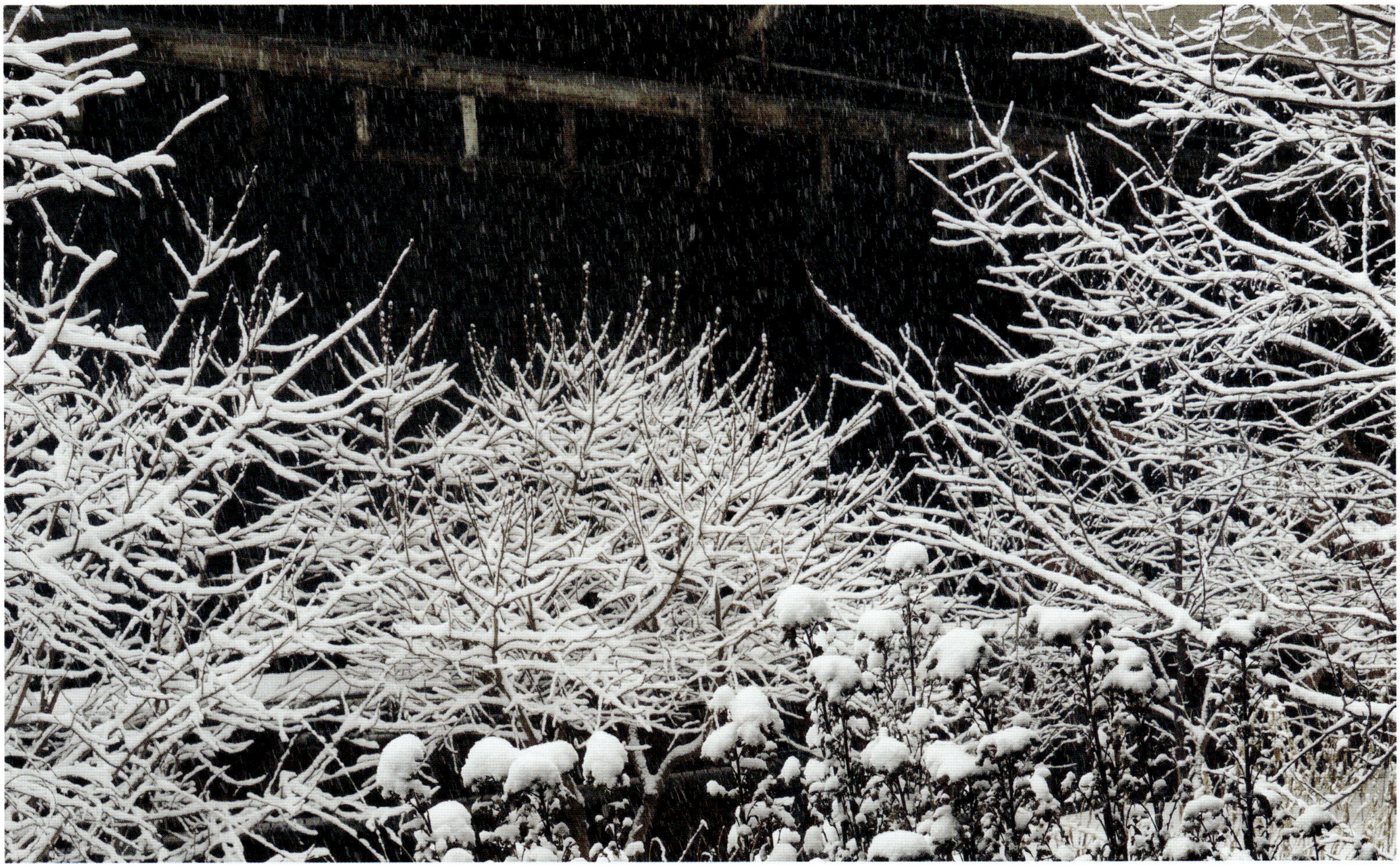

Gestalt, Linien und Formen der Gärten und Pflanzungen auf der High Line-Trasse zeigen sich zu keiner Jahreszeit schöner als im Winter. Eine dünne Schneedecke setzt wirkungsvolle Akzente, während die Landschaft eine seltene Ruhe und Stille atmet. Der Verein Friends of the High Line bemüht sich, die Gärten auch im Winter geöffnet zu halten. Man sollte diese Saison nicht verpassen.

AUSSICHTSPUNKT HUDSON RIVER

Oft bestimmt die Topografie einen Garten. Der natürliche Anstieg oder Abfall des Geländes trägt zum Naturerleben bei, wenn Senken eine nestähnliche Einfassung bilden oder hoch gelegene Punkte faszinierende Aussichten bieten. Der markanteste und einzigartige Charakterzug der High Line ist, dass sie oberhalb des Straßenniveaus verläuft – eine topografische Besonderheit, auch wenn diese bautechnisch bedingt ist.

Leicht vergisst man dabei, dass ein abwechslungsreiches Geländeprofil aus Eisenbahnersicht dem optimalen Nutzen entgegensteht. Züge brauchen auf ebenen Gleisbetten weniger Energie. Die Gärten der High Line erstrecken sich über die Gleisbetten der früheren Westside-Linie der New York Central Railroad. Als diese 1934 fertig gestellt wurden, betrug das Gefälle über die ganze Strecke von der 30th Street Richtung Süden bis Gansevoort höchstens 1 Prozent. Das heißt, auf einer Strecke von 100 Metern gab es weniger als einen Meter Höhenunterschied. Eine Ausnahme bildete der Kurvenabschnitt, der an der 10th Street und 14th Street abzweigte und bis auf das Straßenniveau zwischen der 15th Street und 17th Street abfiel. Am nördlichsten Punkt liegt heute der „Garten am nördlichen Nebengleis". Der Kurvenabschnitt schuf zwei Ebenen und eröffnete die Möglichkeit, zwei Gärten anzulegen: den Aussichtspunkt Hudson River und die Sonnenterrasse mit Wassergarten oberhalb und nördlich davon.

Der Garten genießt alle Vorzüge der flussnahen Lage, da sich einzigartige Aussichten auf die historische, maritime Architektur und das Geschehen am Hafen bieten. Das im Jugendstil errichtete Hafengebäude Hoboken Terminal von Kenneth Murchison ist das Markenzeichen von West-Manhattan. Im Jahr 1907 für die Delaware, Lackawanna und Western Railroad Eisenbahngesellschaft errichtet, wurde der mit Kupferfassaden verhängte Komplex kurz nach dem 100jährigen Jubiläum zur umfänglichen Nutzung rekonstruiert. Durch ein Fährterminal und die unter dem Hudson verlaufenden Tunnelröhren mit Bahngleisen verbindet er New Jersey mit Manhattan. Am Ostufer wird der Blick zu einem Stahlbogen gelenkt, der früher den Zugang zu Pier 54 in Chelsea markierte. Hier gingen 1912 die Überlebenden der Titanic an Land. Drei Jahre später legte hier die später von Torpedos versenkte Lusitania mit dem Ziel Liverpool ab. Der Aussichtspunkt Hudson River ist ein wunderbarer Ort, um über die lebenswichtige und doch widersprüchliche Rolle des Flusses für das Stadtbild und die Stadtviertel nachzusinnen.

Den Blick nach Westen rahmen mit Ausnahme eines balkonähnlichen Abschnitts und eines Bereichs mit Bänken am südlichen Ende viele Pflanzen. Ursprünglich war die Gartengestaltung als Refugium für heimische Arten aus dem östlichen Nordamerika gedacht. Auch wenn der Name „Schutzzone" nicht überdauerte, blieb der Pflanzplan bestehen. Heute gedeihen hier überwiegend regionale, indigene Arten. Unterschiedliche Essigbaum-Arten sind zu Bäumen herangewachsen und bilden die Gebüschzone sowie das Kronendach. Darunter wächst ein widerstandsfähiger Mix aus Gräsern, Astern und großwüchsigen Stauden.

Vom Aussichtspunkt Hudson River sieht man, wie das warme Licht des Sonnenuntergangs an einem lauen Juliabend den wieder aufgebauten Uhrturm des Hoboken Terminals auf der New Jersey-Seite des Flusses beleuchtet.

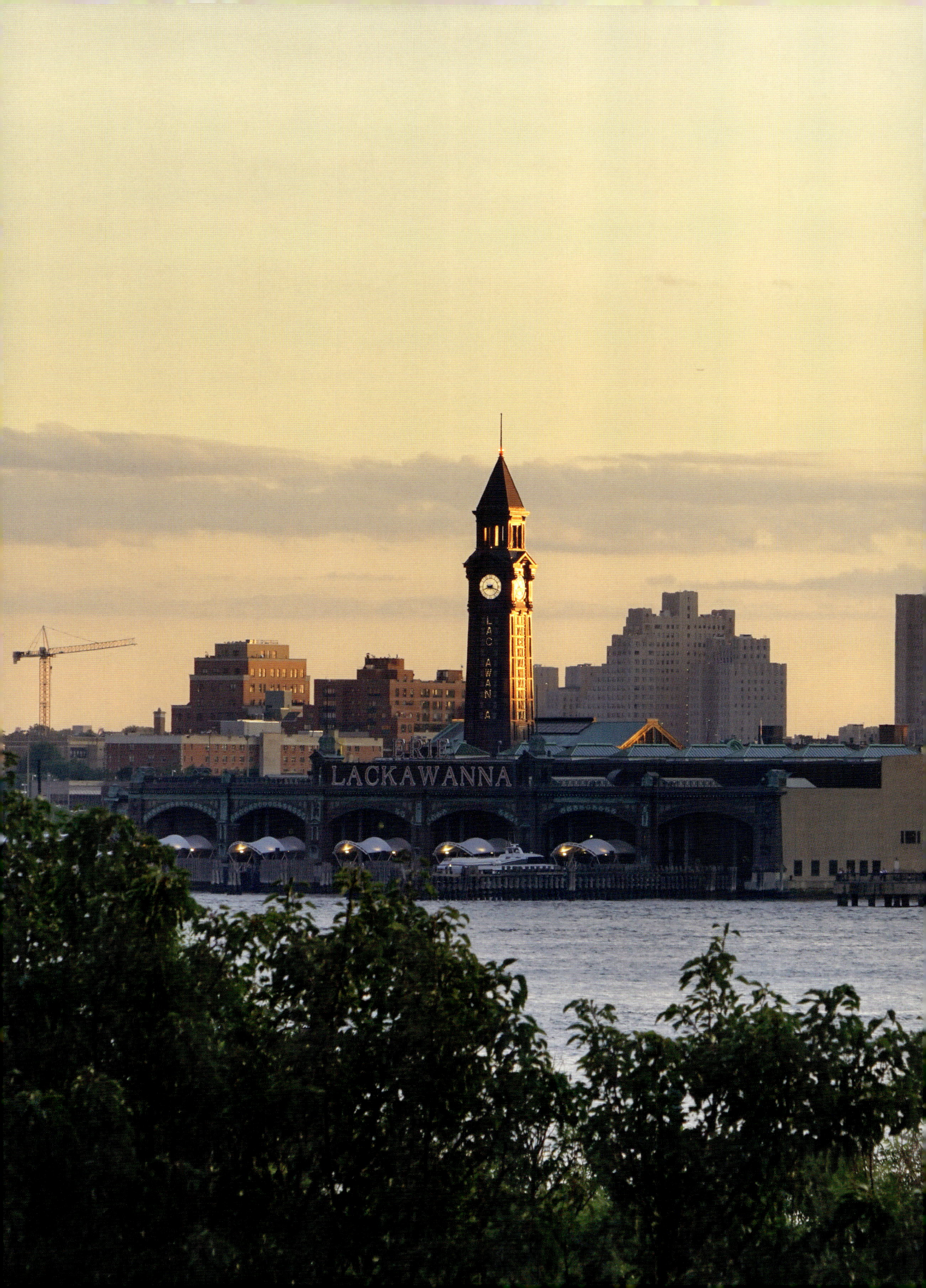

ERIE
LACKAWANNA

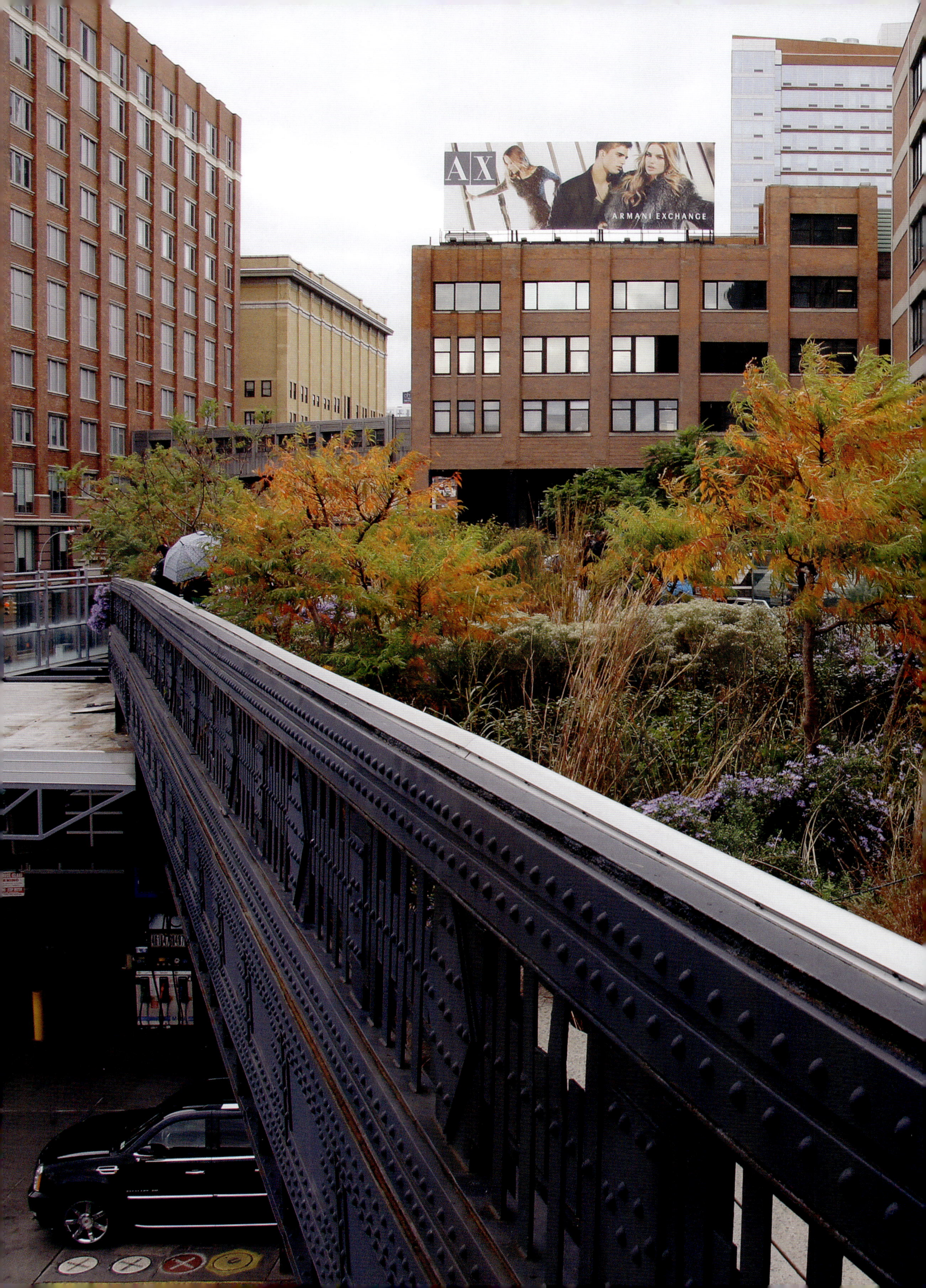
AX
ARMANI EXCHANGE

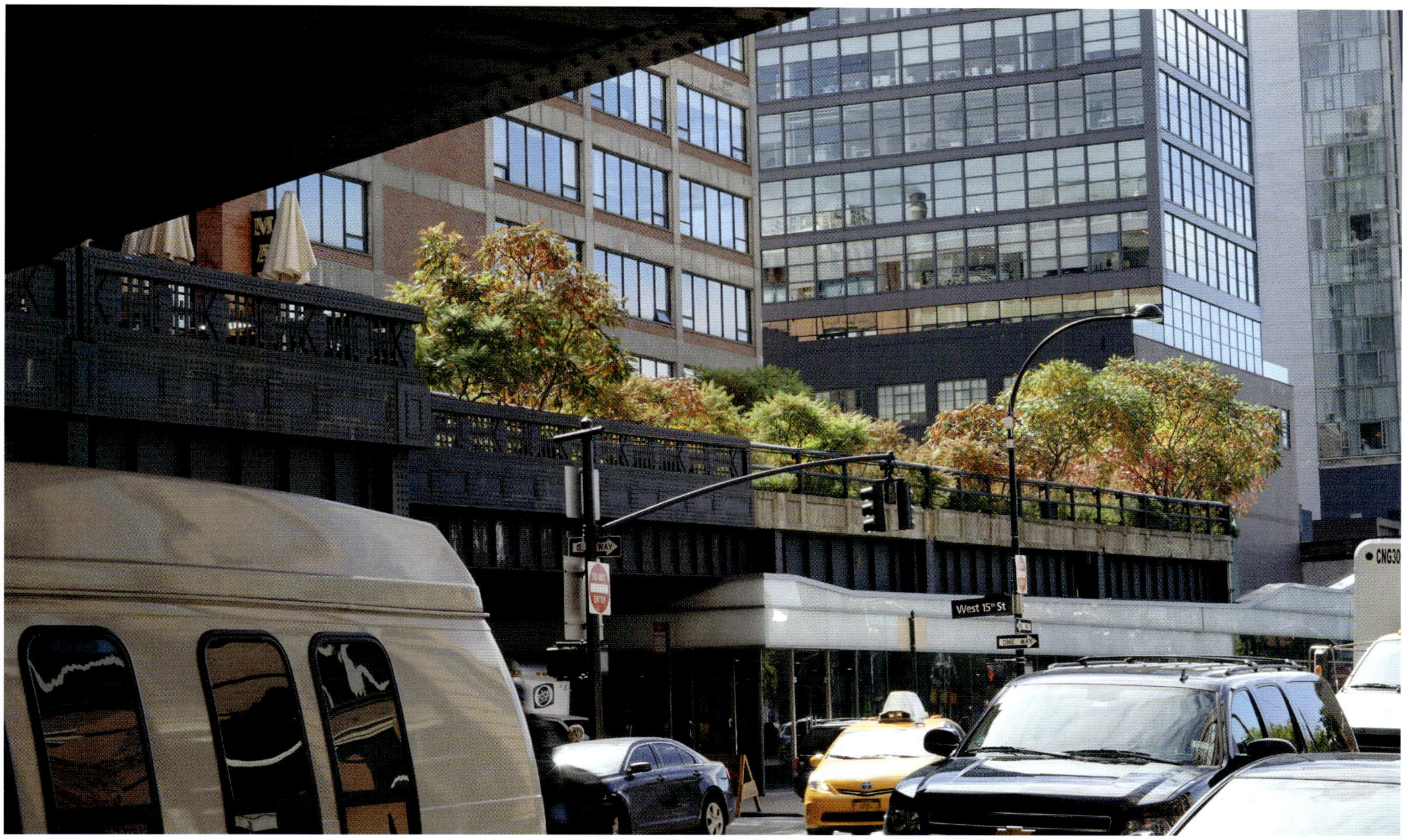

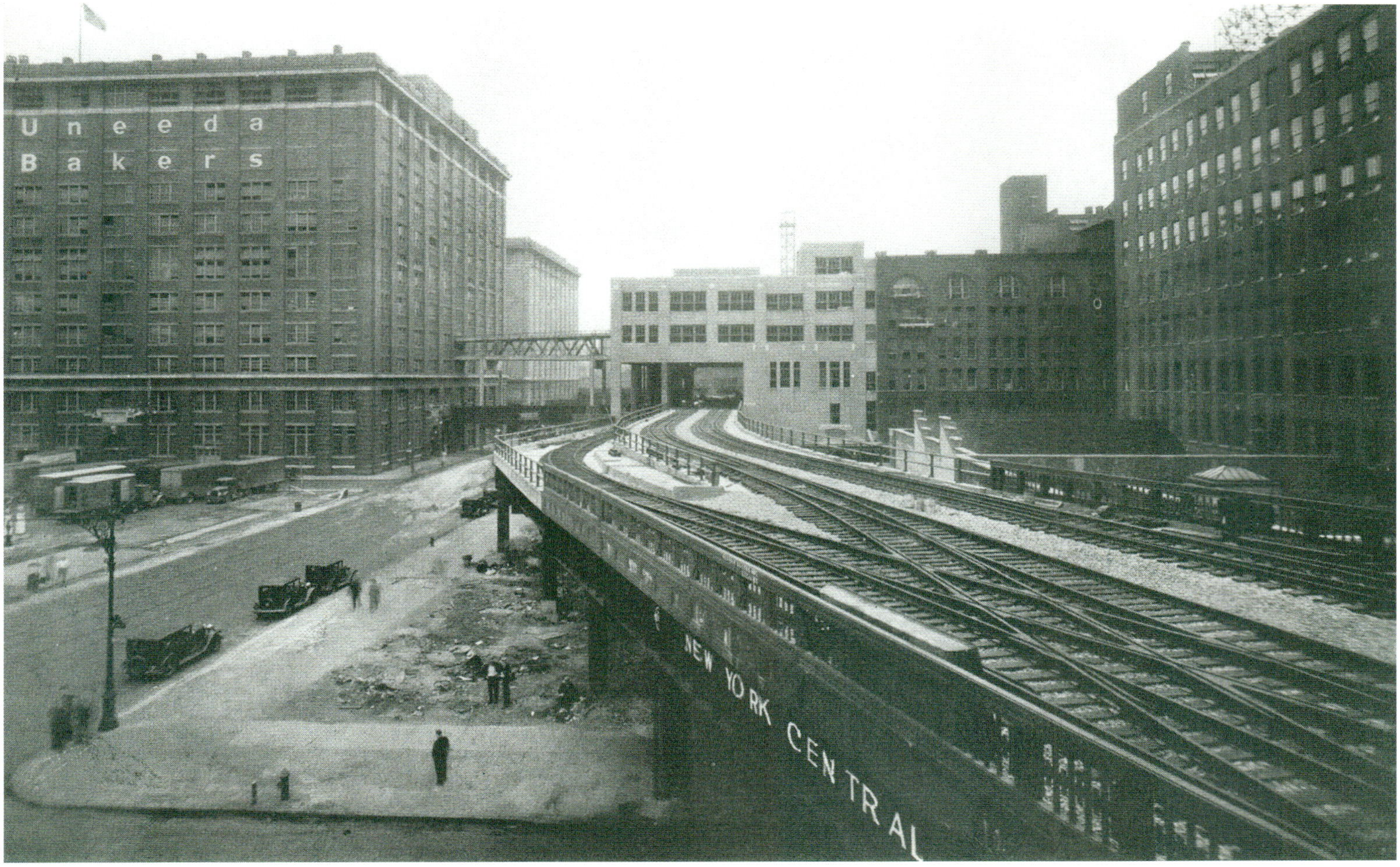

Oben und gegenüber: Essigbaum-Arten wie *Rhus typhina*, *Rhus glabra* und kleinblättrige Sorten rahmen den Aussichtspunkt Hudson River fast auf der gesamten Strecke zwischen 10th Street und 14th Street. Ihre feine Textur und die der heimischen Gräser und Stauden ergänzen die historische Stahlkonstruktion an allen Kreuzungen.

Unten: Dieses Foto der Eisenbahngesellschaft aus der Broschüre „Verschönerung der West Side"[20] zeigt den Blick von der 14th Street nach Norden mit der Kurve und den beiden Ebenen kurz vor der Fertigstellung 1934. Ein Teil der Stahlgleise wurde erhalten und in die gepflasterten Flächen des heutigen Gartens eingesetzt.

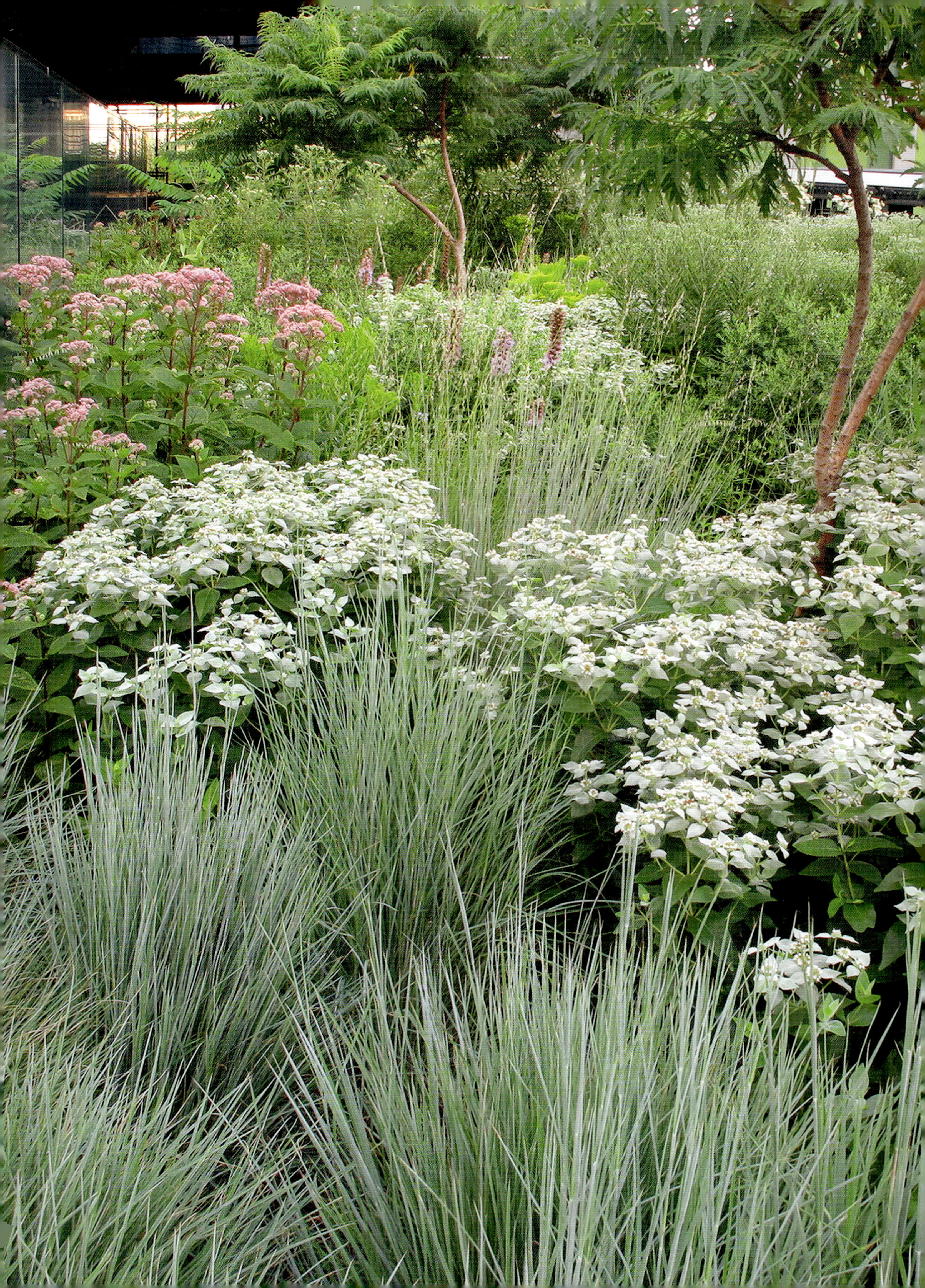

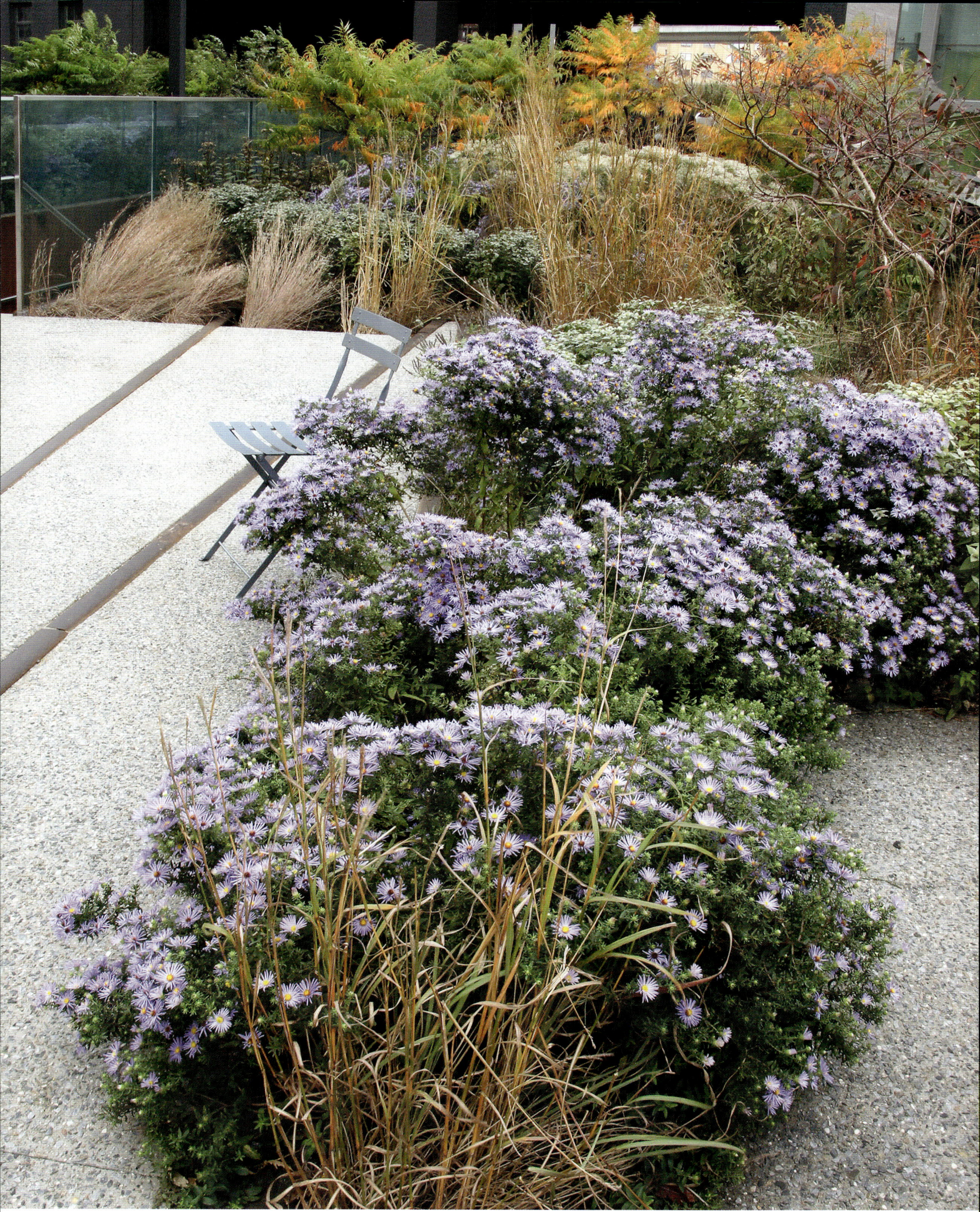

Gegenüber: Frische, kühle Farben begrüßen im Sommer die Besucher, die über die Treppe der 14th Street heraufkommen.

Dicht gepflanztes Präriegras, Bergminze (*Pycnanthemum muticum*), *Eupatorium* und *Liatris* bedecken den Boden unter den Essigbäumen und halten ihn feucht sowie frei von Unkraut.

Oben: Im Herbst verfärbt sich die Treppenbepflanzung in warmen Tönen als Kulisse für das Lavendelblau der Astern.

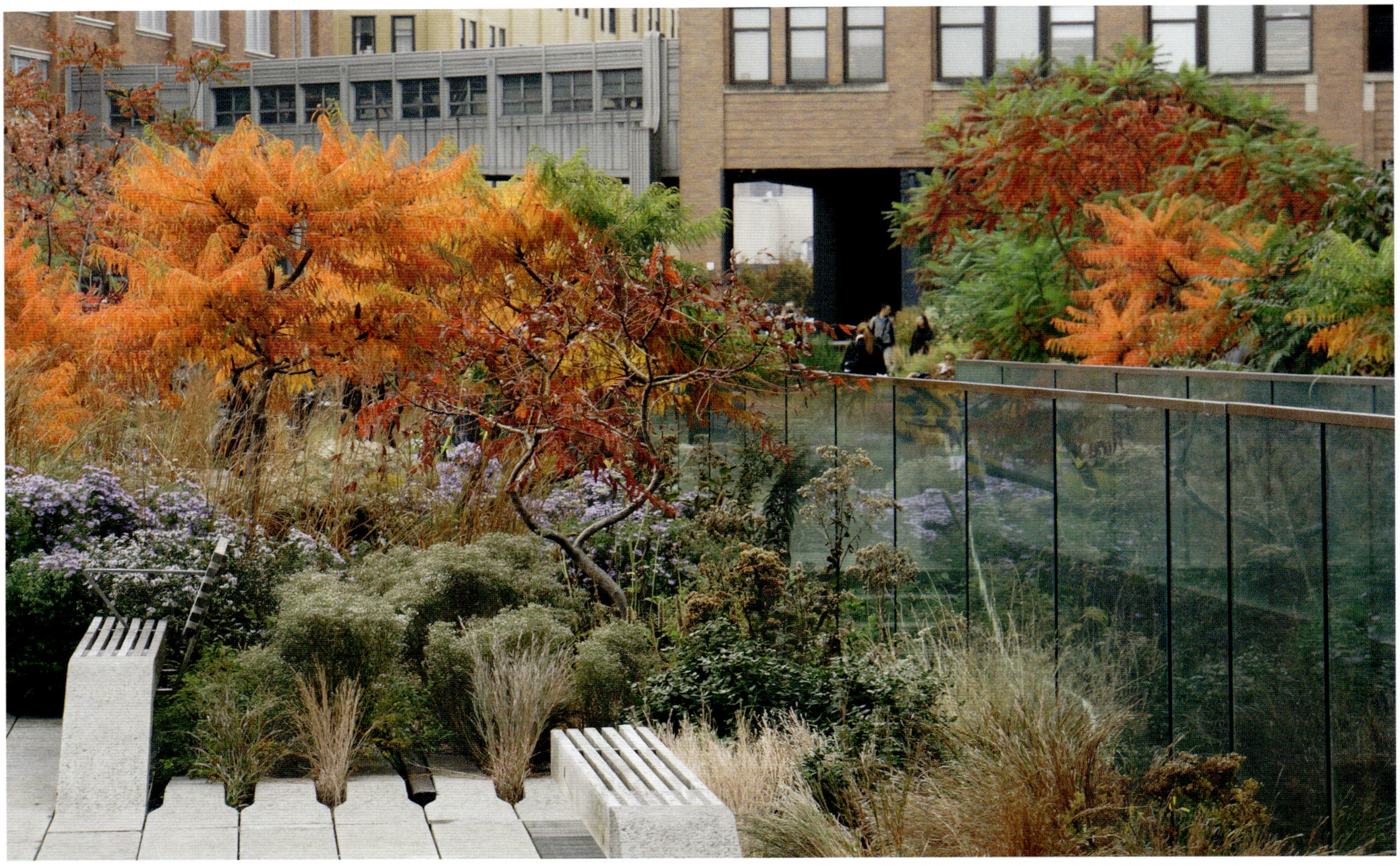

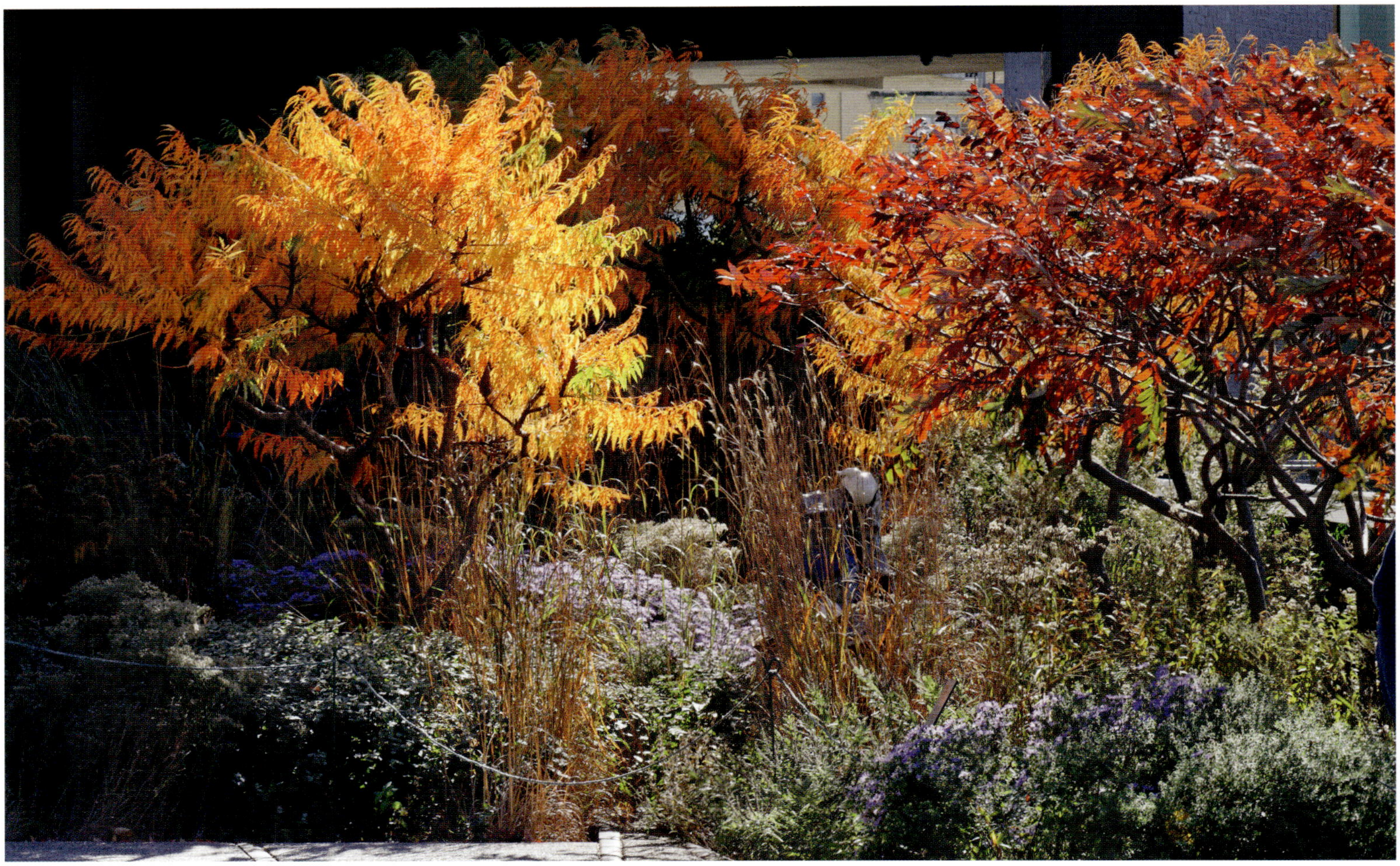

Durch die offene Westlage hängt die Farbwirkung dieser Landschaft mit dem Sonnenschein zusammen. Satte Farben eines bedeckten Herbsttags (oben) intensivieren sich, wenn sie von der tief stehenden Sonne gegen Abend eines klaren Tages angestrahlt werden (unten).

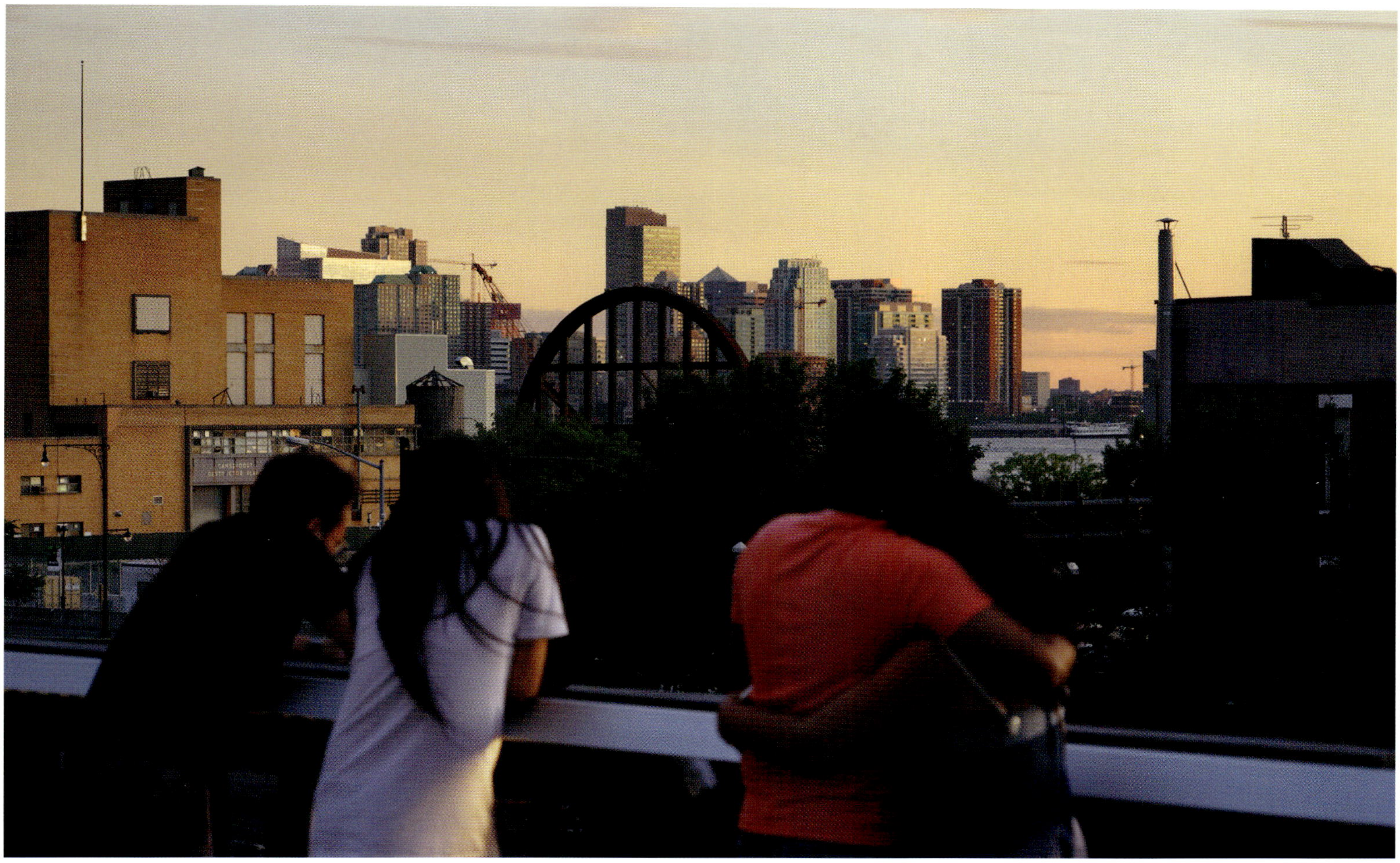

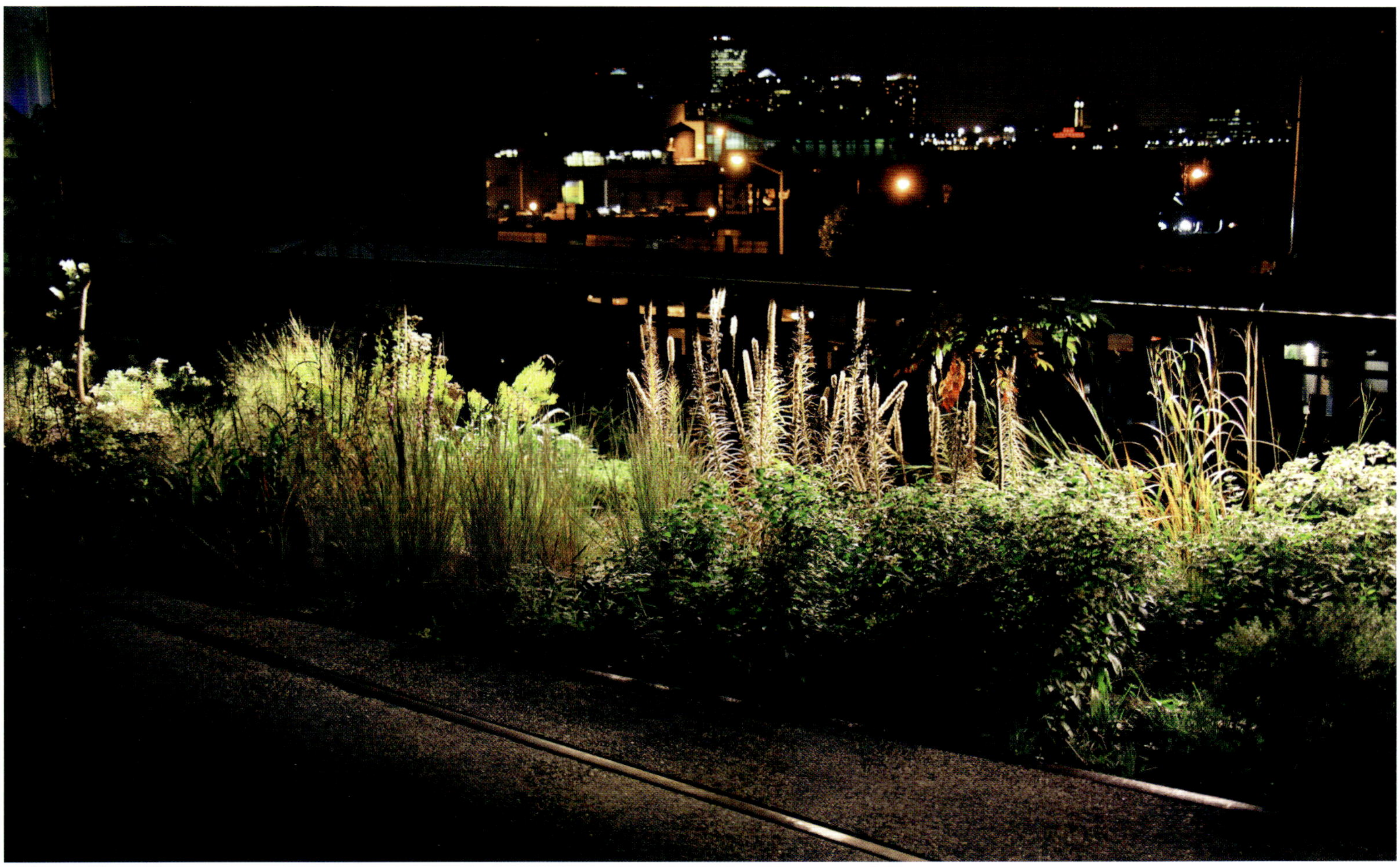

Oben: Der Sonnenuntergang über dem Hudson ist das ganze Jahr über bemerkenswert, wenn man ihn vom Aussichtspunkt Hudson River aus betrachtet. Der Stahlbogen des ehemaligen Piers 54 der Cunard Lines gemahnt ständig an die prägende Verbindung von Manhattan mit dem Fluss.

Unten: Ein weiteres Beispiel dafür, wie die gelungene, nach unten gerichtete Beleuchtung den Fußweg und die Pflanzungen erhellt, ohne dass die optische Faszination der nächtlichen Landschaft im Hintergrund verloren geht.

SONNENTERRASSE UND WASSERGARTEN

Die Sonnenterrasse, die sich auf der Hauptebene oberhalb des Aussichtspunktes Hudson River befindet, wird von der Mittagszeit bis zum Sonnenuntergang schön von der Sonne beschienen. Die Holzbänke der Sonnenterrasse laden die Besucher ein, sich eine Weile zurückzulehnen und auf dem Weg innezuhalten. Manche Liegestühle lassen sich mit Stahlrädern auf Schienen verschieben wie Eisenbahnwaggons. Unter dem Blätterdach der Essigbäume wächst eine Mischung aus Gräsern und feinblättrigen Amsonien als zarte Umrahmung der Liegestühle. In der warmen Jahreszeit sind die Liegen fast ununterbrochen belegt und der Bereich ist besonders beliebt, um zu sehen und gesehen zu werden. Im Spätherbst werden die Besuchermassen spärlich und man kann in der Stille leicht mit einem Buch, einem Apfel oder Freunden entspannen. Die Bänke sind nach Westen zum Wassergarten hin ausgerichtet. Dieser erwacht im Frühling zwar nur langsam, hat dafür aber im Frühsommer seinen Höhepunkt und bleibt bis in den Winter hinein farbenfroh und lebendig.

Obwohl einer der phantasievollen Pläne des vorläufigen Designs für die High Line eine Landschaftsgestaltung in Form eines unendlich langen Beckens vorsah, war aufgrund der exponierten Lage in der Höhe kein konventioneller Wassergarten realisierbar. Trotzdem bedeutet Wasser im Garten eine äußerst sinnliche Erfahrung: Es fühlt sich gut an, man kann es ansehen, ihm zuhören und es wird oft herbeigewünscht. Dieser Garten bietet nun eine elegante gestalterische Lösung, wobei Wasser und der Genuss des Wassers ein besonders unvergesslicher und nachhaltiger Aspekt der Gartenerfahrung sind. Man kann mit fließendem Wasser spielen oder einfach nur am Wasser sitzend nachdenken und sich unterhalten. Kern der Anlage ist eine sparsame Quelle, die einen dünnen Wasserschleier sanft über die Pflasterung laufen lässt. Die Neigung ist so gering, dass sie quasi unsichtbar scheint. Eine unauffällige Rinne an den Kanten fängt das Wasser für den Kreislauf wieder auf. Die Bänke im Wasserlauf laden zum Barfuß-Abenteuer ein. Das Wasser ist so flach, dass man auch mit Straßenschuhen hindurchlaufen kann.

In natürlichen Ökosystemen beeinflusst die Verfügbarkeit von Wasser die Zusammensetzung von Pflanzengesellschaften oder der Fauna. Dieser Wassergarten vermittelt ein authentisches und dekoratives Bild von Ökologie, da die Rieselfläche von einer Gesellschaft typischer Sumpf-Pflanzen der New Yorker Umgebung eingefasst ist. Zu den in der Region heimischen Sumpfpflanzen gehören Rote Seidenpflanze (*Asclepias incarnata*), Kardinals-Lobelie (*Lobelia cardinalis*), Küsten-Rutenhirse (*Panicum amarum*), Kahler Schlangenkopf (*Chelone glabra*), Wasserdost (*Eupatorium*) und Sumpf-Roseneibisch (*Hibiscus moscheutos*). Dazu wachsen hier die anmutigen Rohrkolben-Arten *Typha laxmannii* und *T. minima*. Diese auf dem eurasischen Kontinent heimischen Arten ähneln dem nordamerikanischen Breitblättrigen Rohrkolben *Typha latifolia*, sind aber bei weitem nicht so starkwüchsig.

Die Totempfähle der Künstlerin Mariana Castillo Deball finden in den Herbstfarben von Sumach und anderer Pflanzen der Sonnenterrasse ihre Ergänzung. Blick nach Norden.

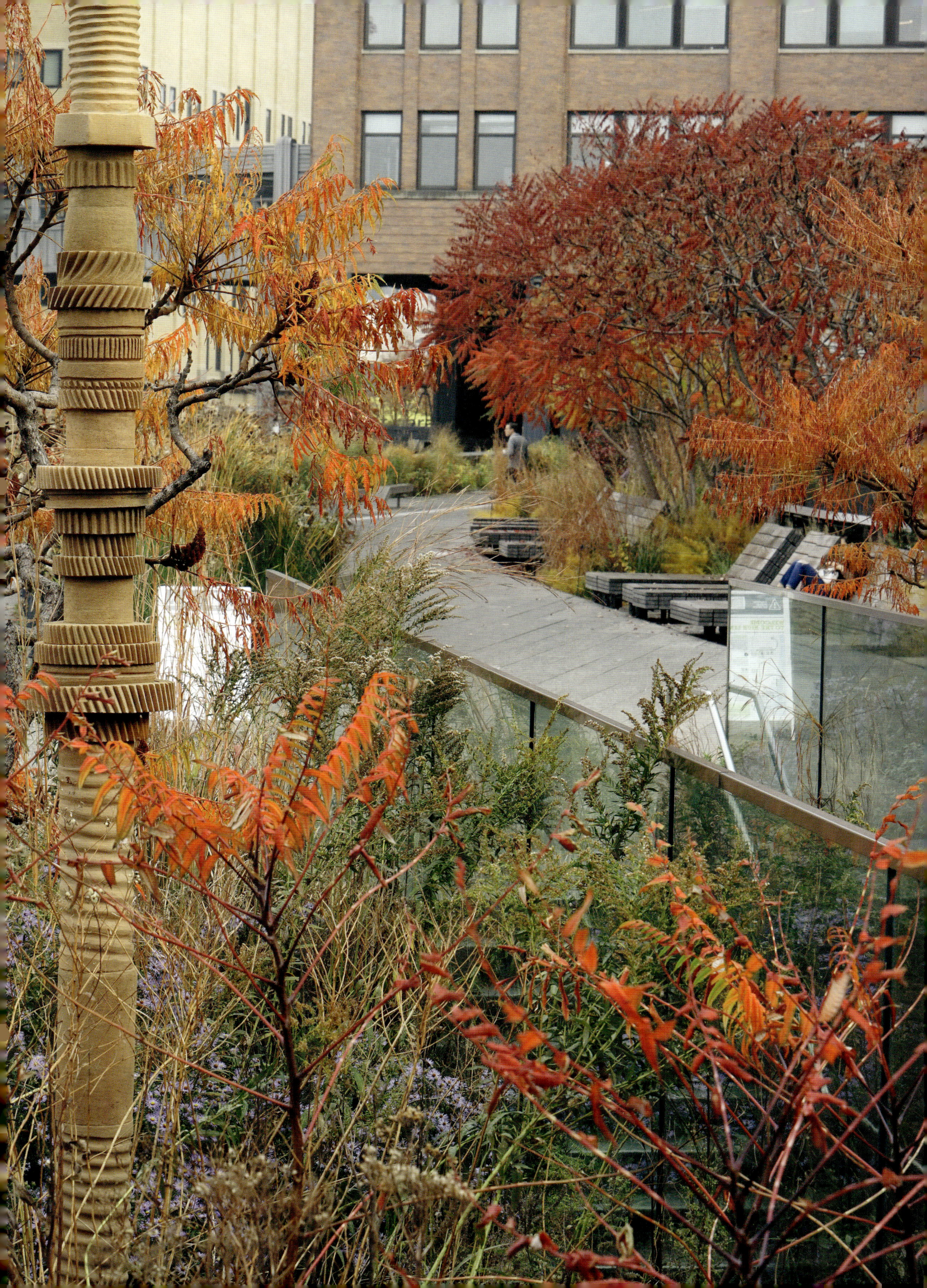

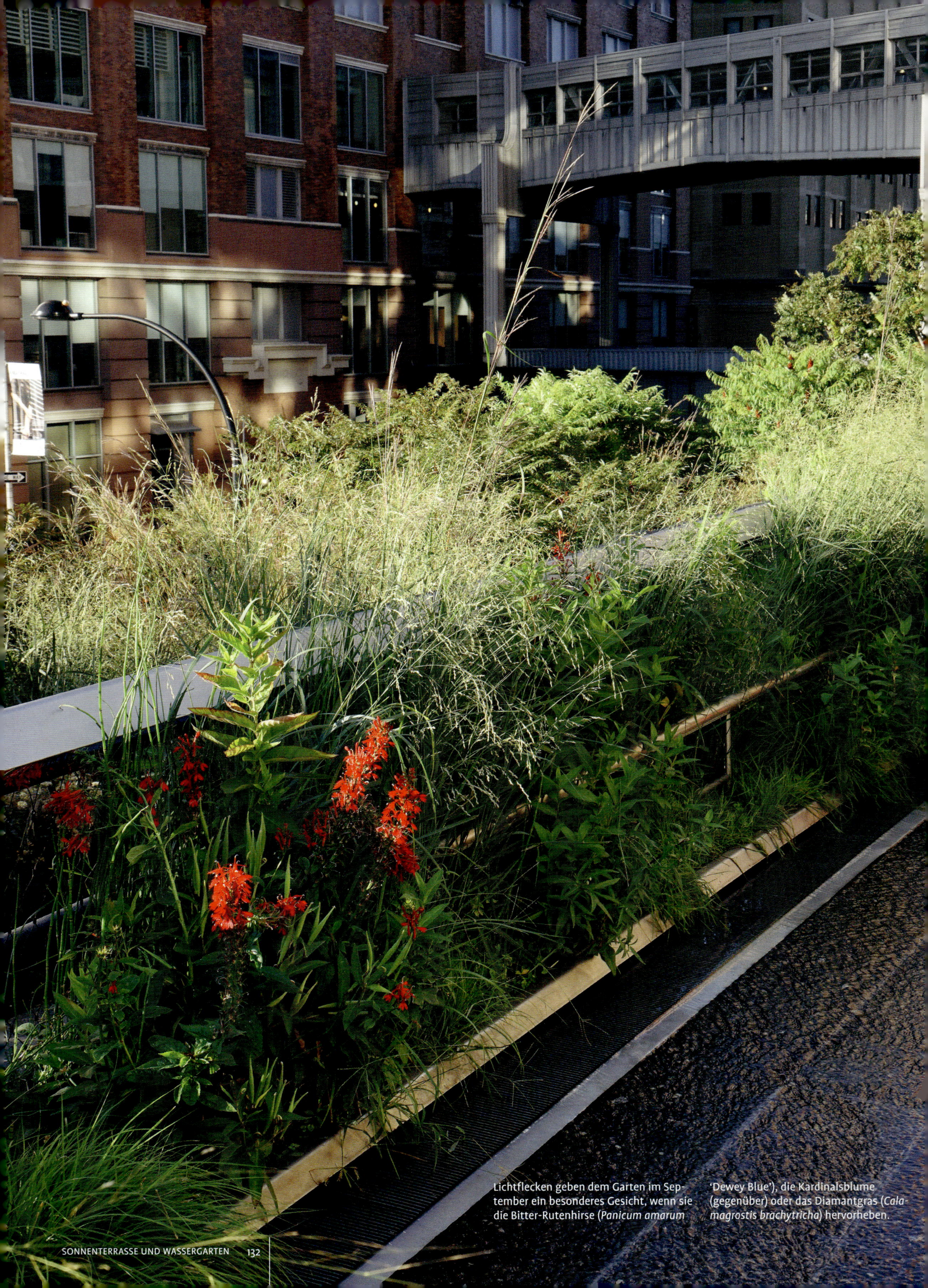

Lichtflecken geben dem Garten im September ein besonderes Gesicht, wenn sie die Bitter-Rutenhirse (*Panicum amarum* 'Dewey Blue'), die Kardinalsblume (gegenüber) oder das Diamantgras (*Calamagrostis brachytricha*) hervorheben.

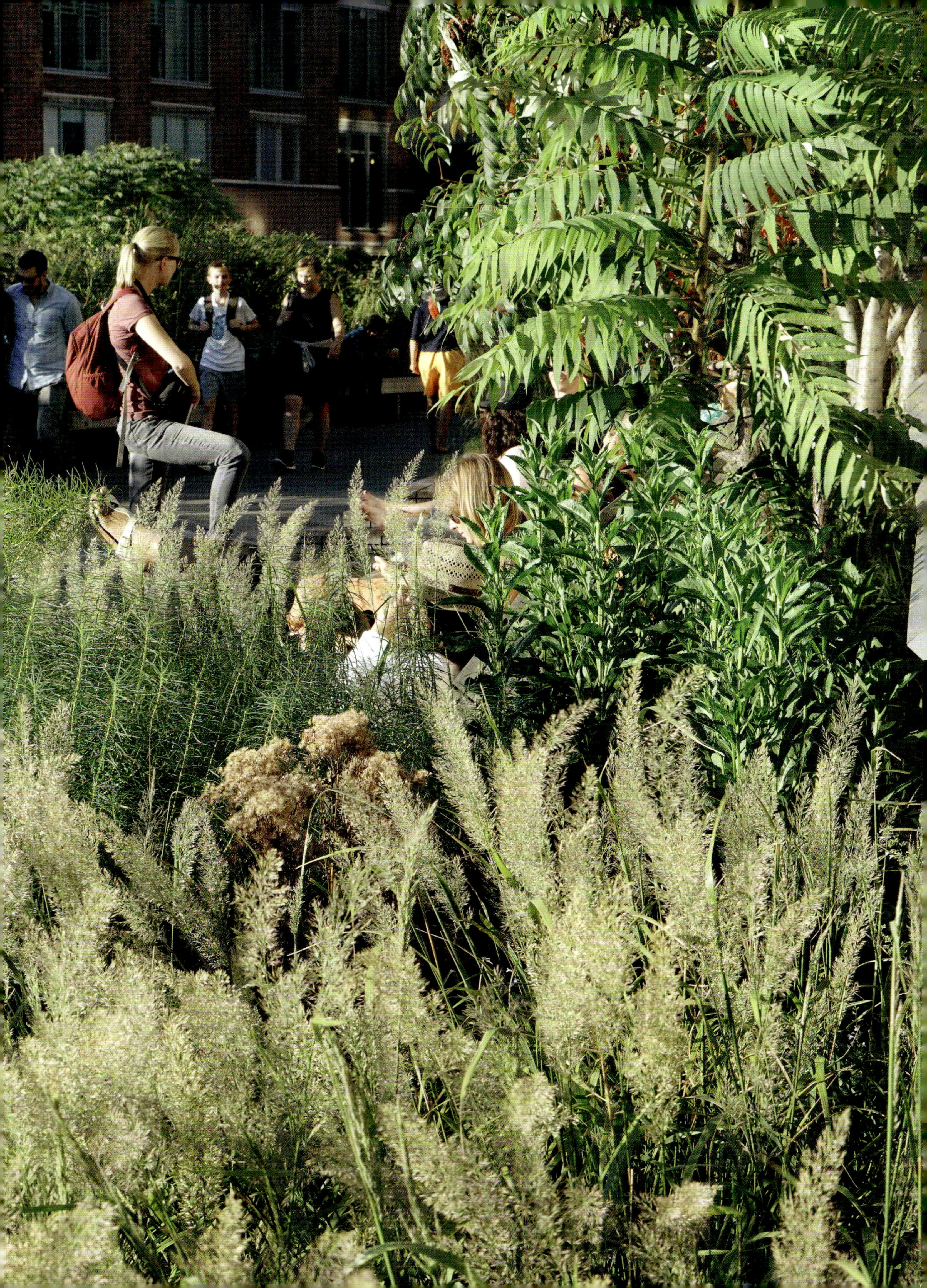

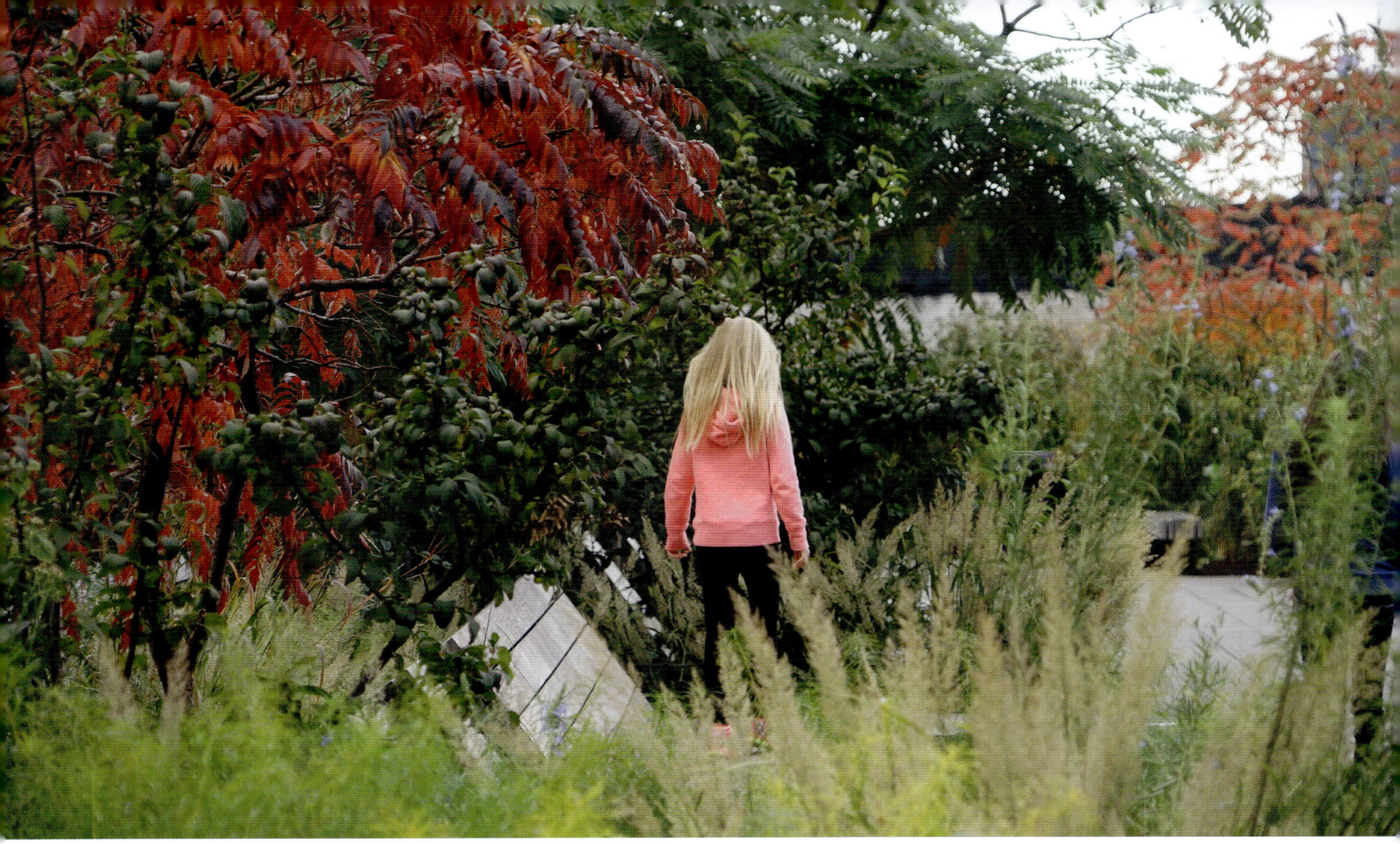

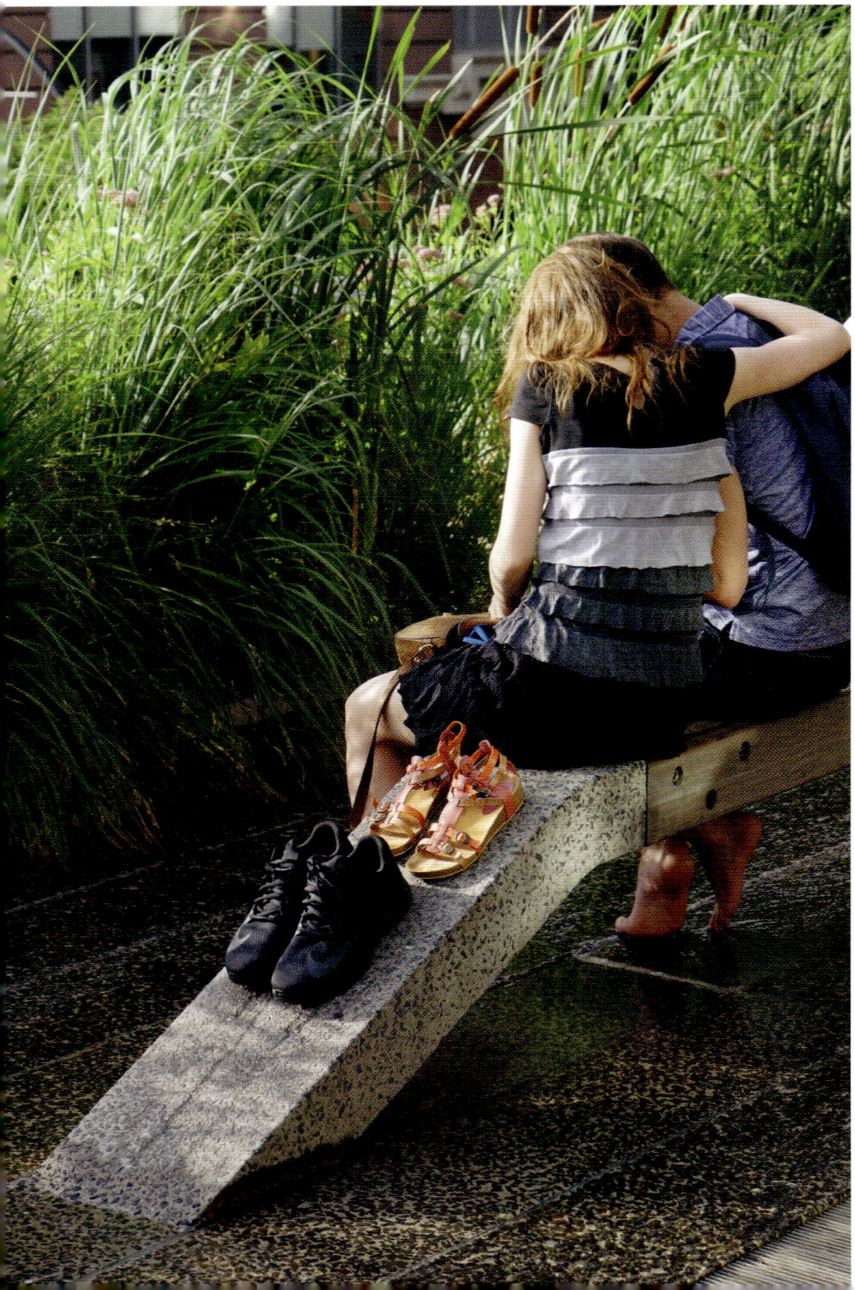

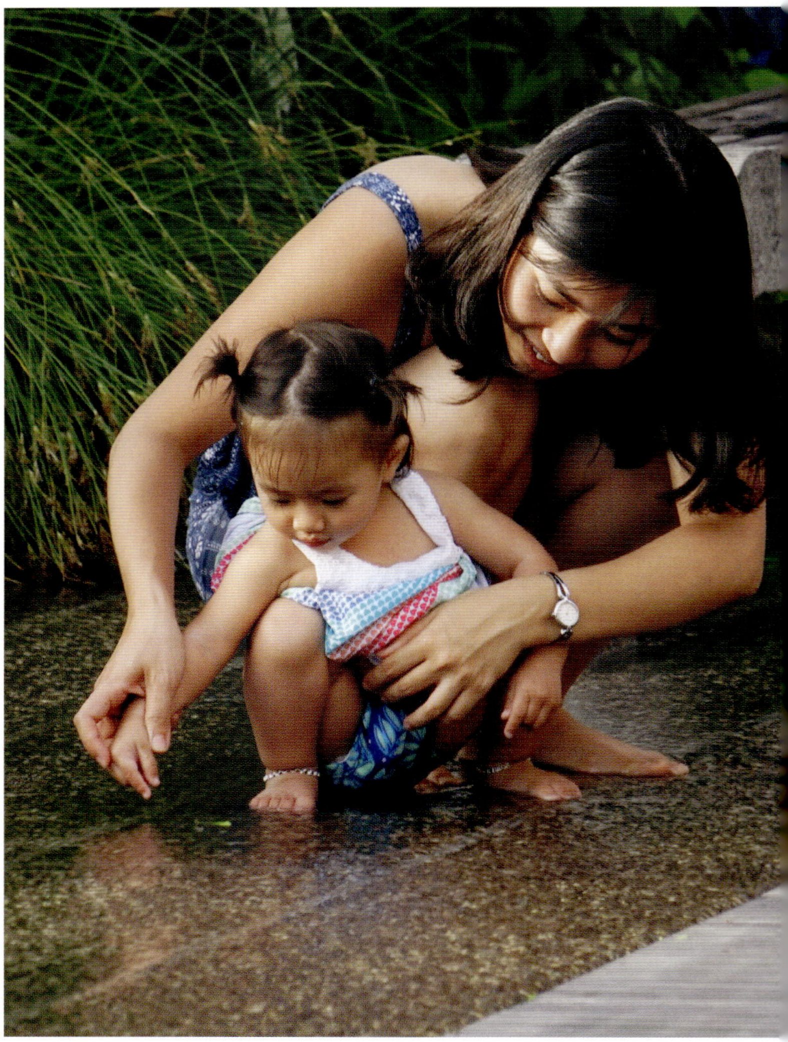

Die Sonnenterrasse und der dazugehörende Wassergarten zählen zu den gesellschaftlich belebtesten Stellen der High Line. In warmen Monaten lädt die Rieselquelle zum Spielen ein, während sich darin die Farben des Sommerhimmels spiegeln. Die florale Mauer aus Sumpfpflanzen schafft eine intime und abgeschiedene Atmosphäre.

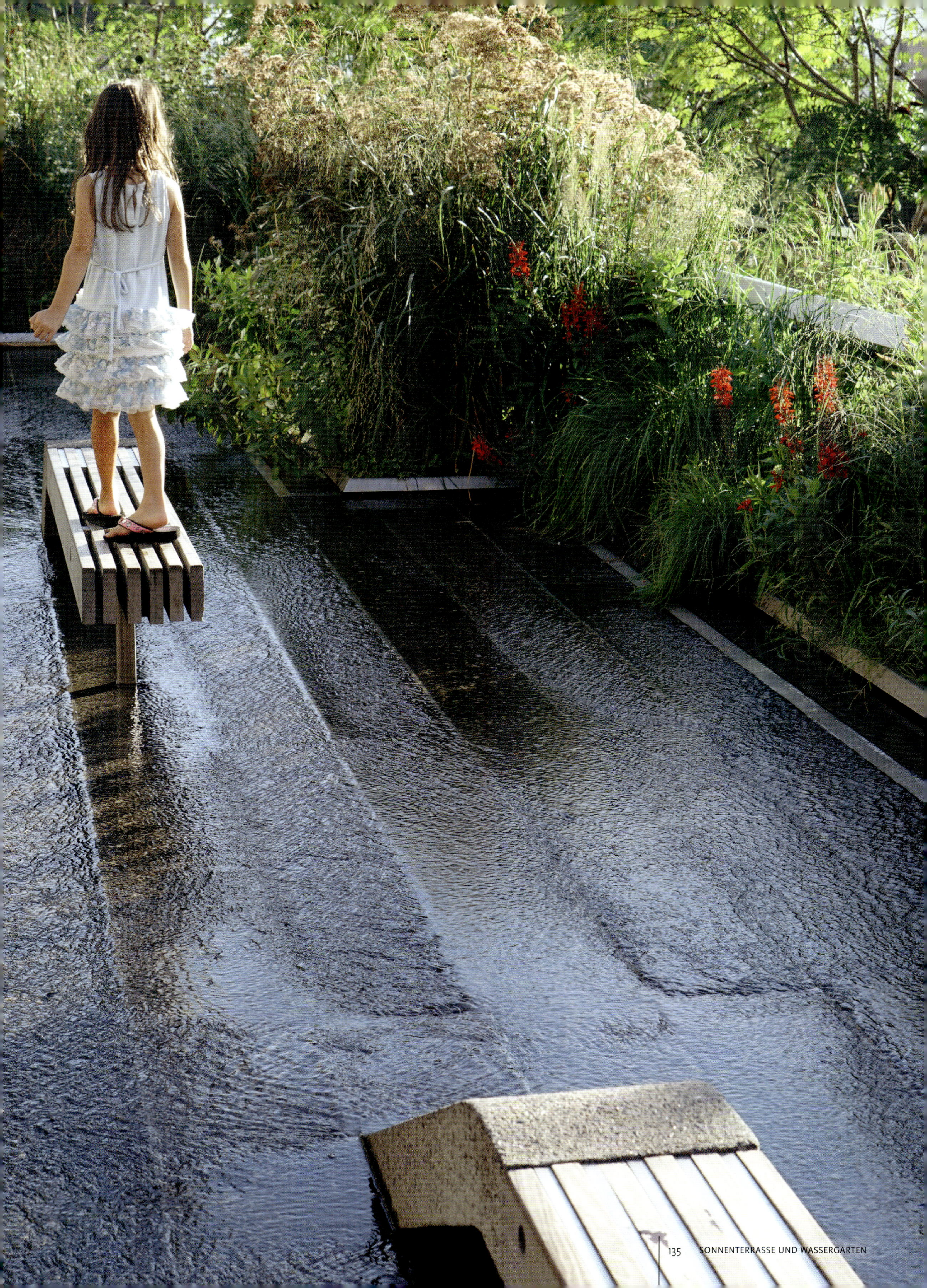

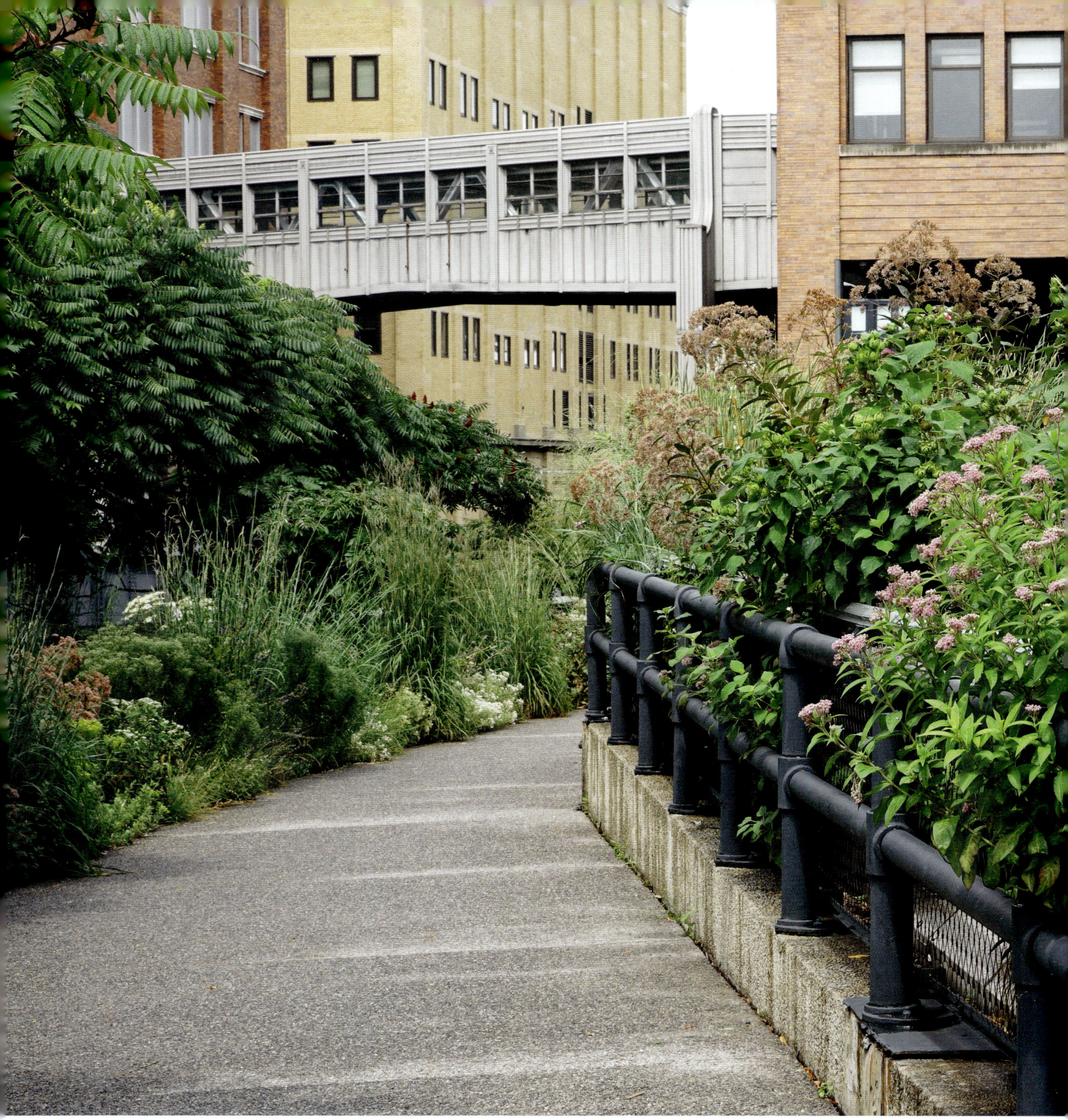

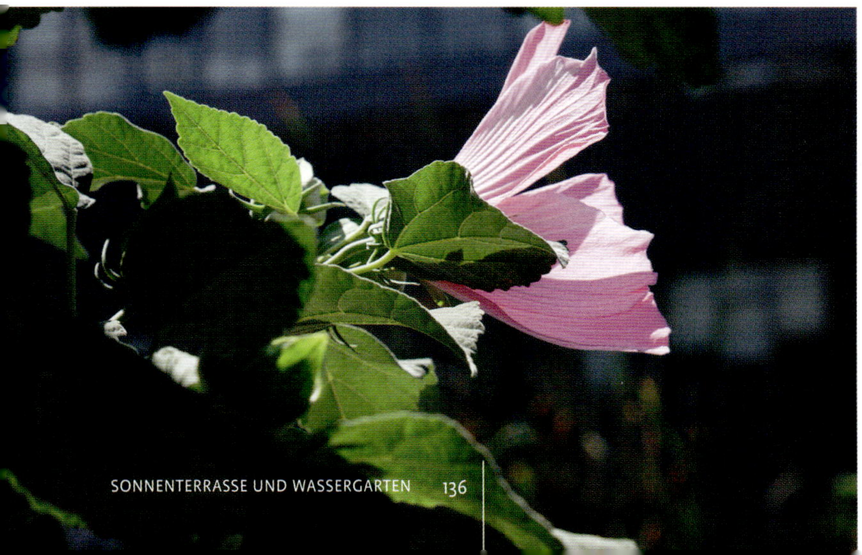

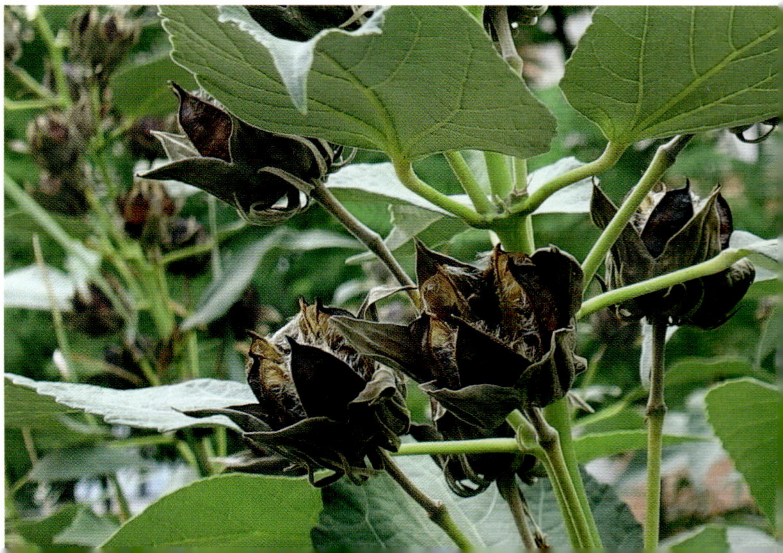

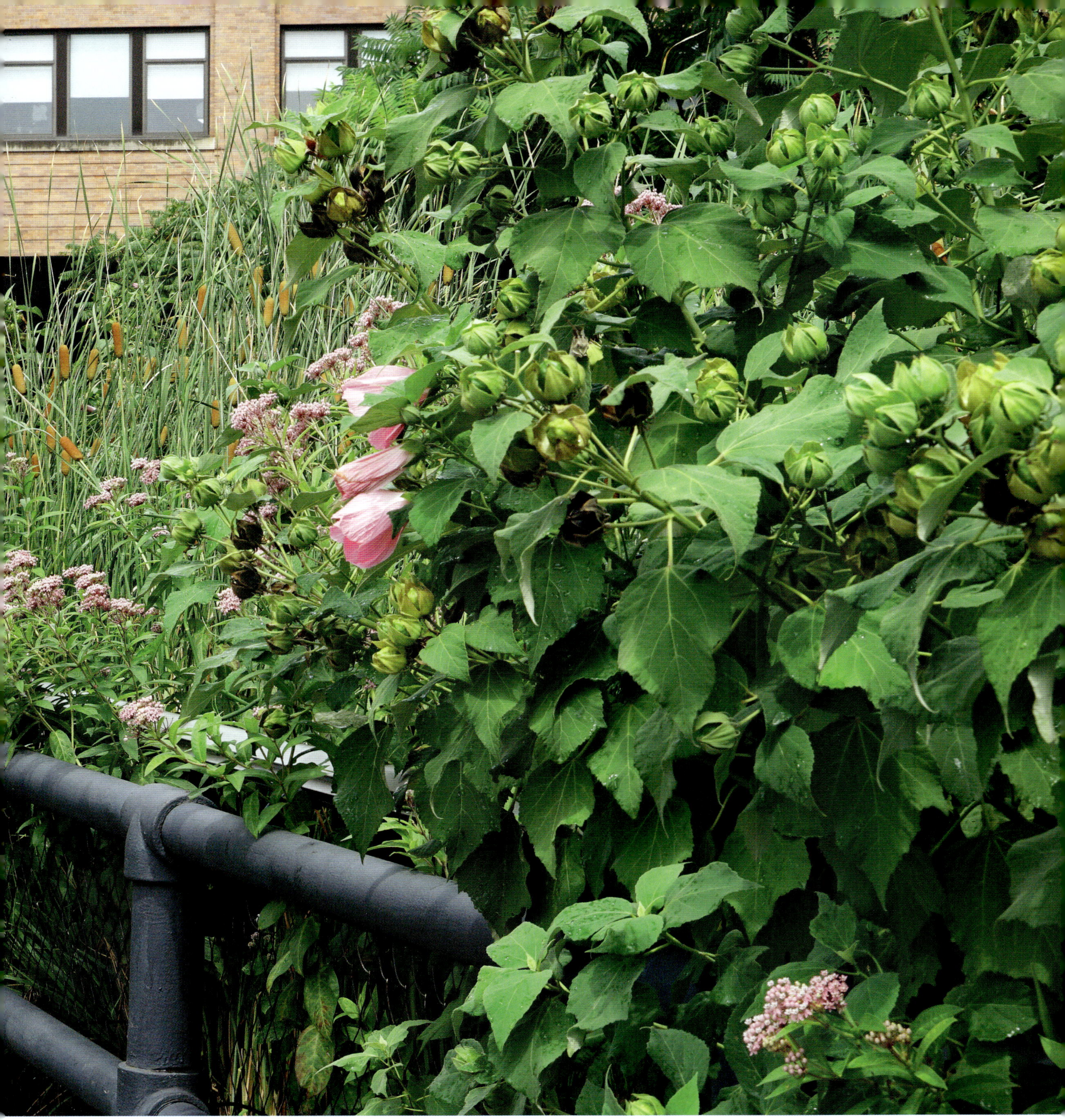

Oben: Von der unteren Ebene aus betrachtet, unterscheidet sich der Bestand der Sumpfpflanzen deutlich von den trockenheitsliebenden Arten auf der linken Seite des Fußwegs. Bei dieser Aufnahme Mitte August öffnet der Sumpf-Roseneibisch gerade neue pinkfarbene Blüten, während die Fruchtstände der früheren Blüten reifen und sich braun färben. Rohrkolben ragen über die Rote Seidenpflanze hinaus, *Eupatorium* ist verblüht und die Samen reifen.

Gegenüber, von links: Sumpf-Roseneibisch, Fruchtstände des Sumpf-Roseneibisch. *Unten rechts:* Blüten der Seidenblume.

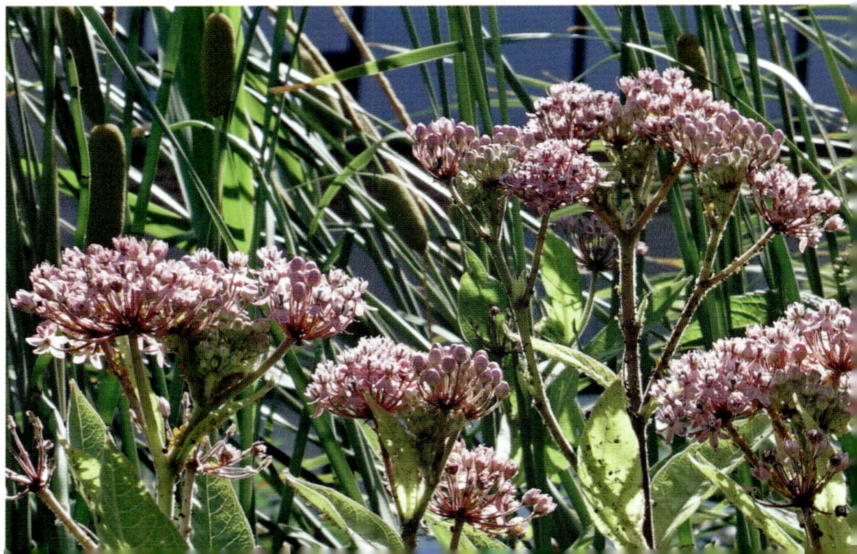

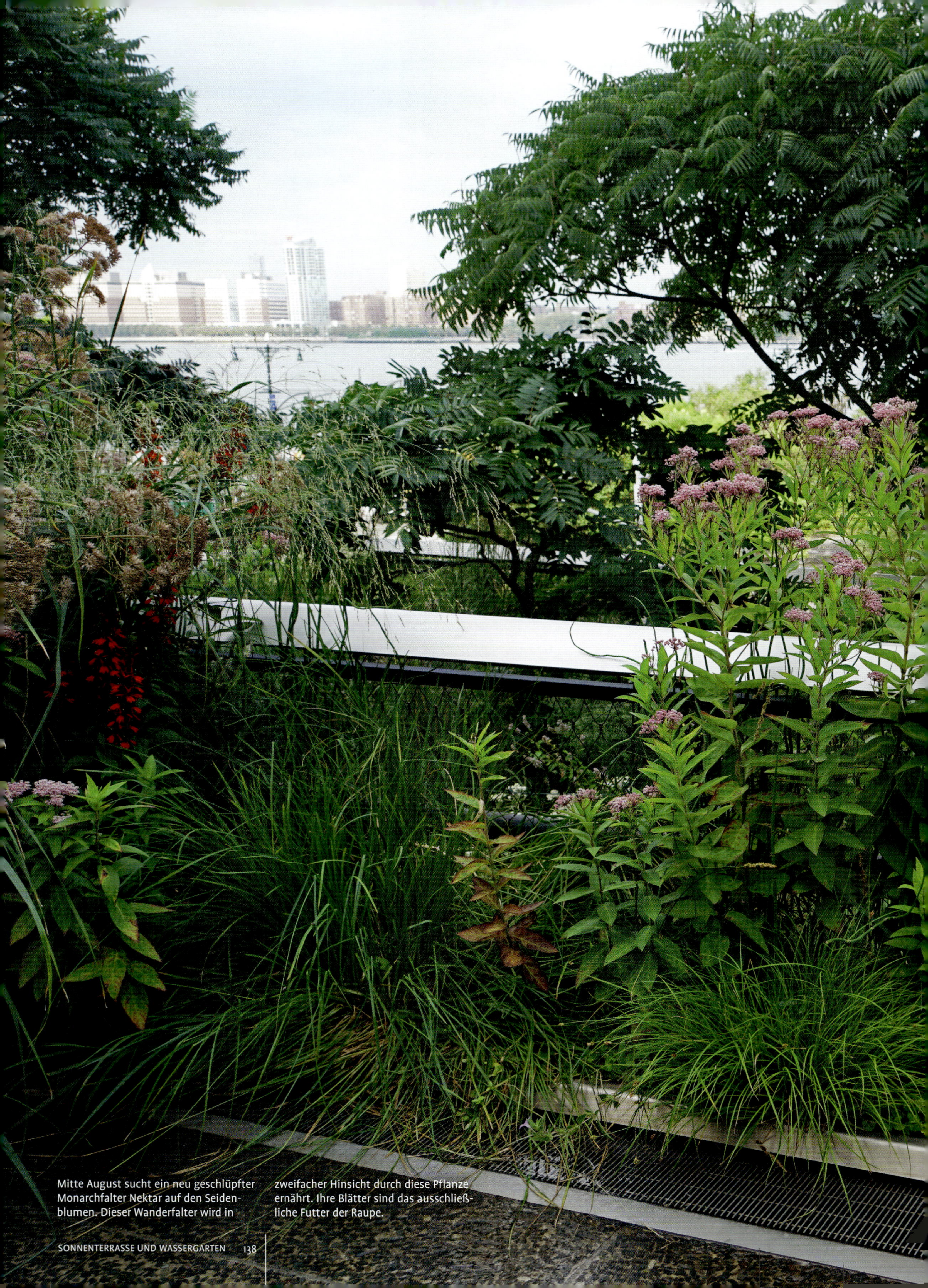

Mitte August sucht ein neu geschlüpfter Monarchfalter Nektar auf den Seidenblumen. Dieser Wanderfalter wird in zweifacher Hinsicht durch diese Pflanze ernährt. Ihre Blätter sind das ausschließliche Futter der Raupe.

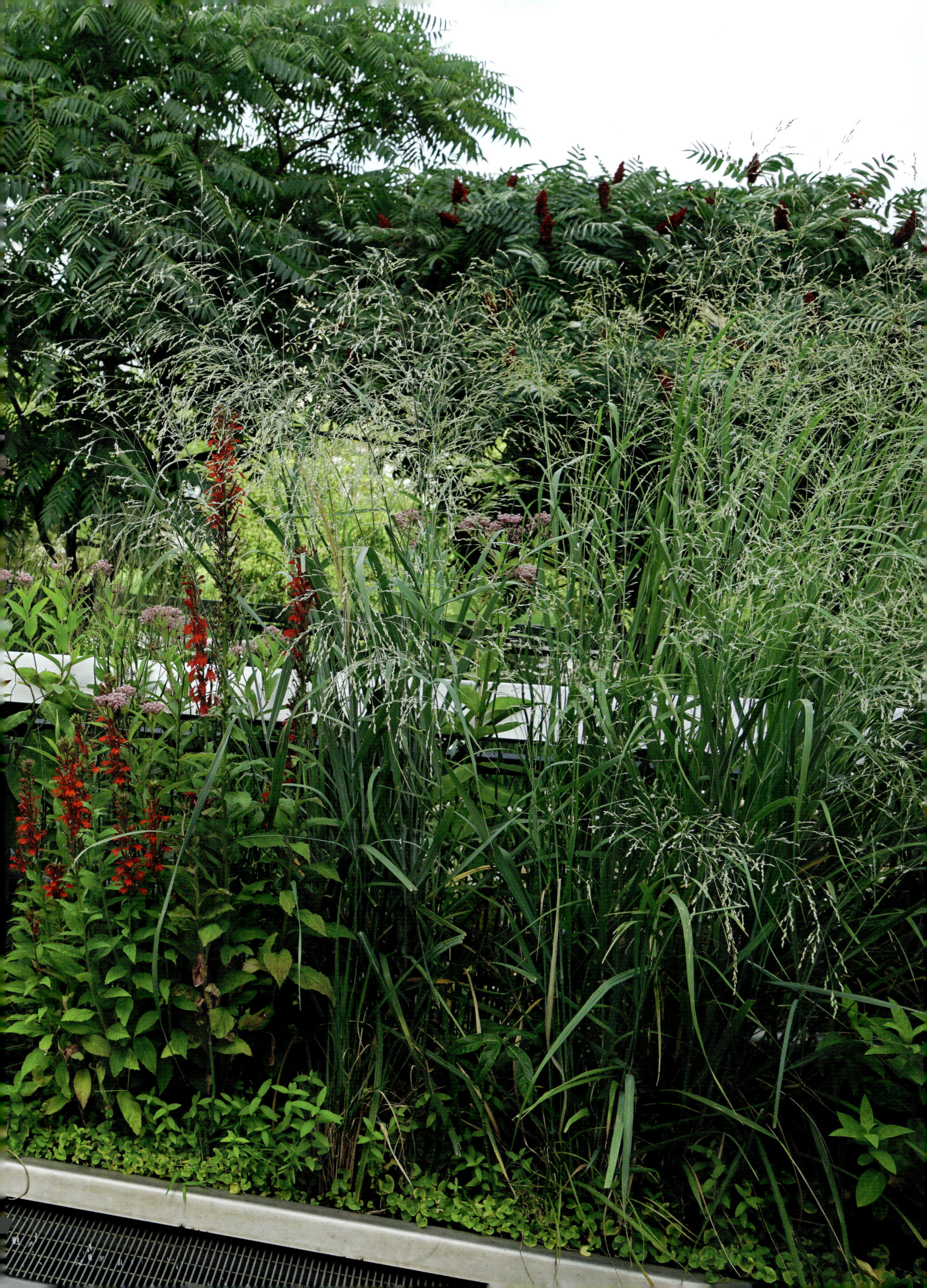

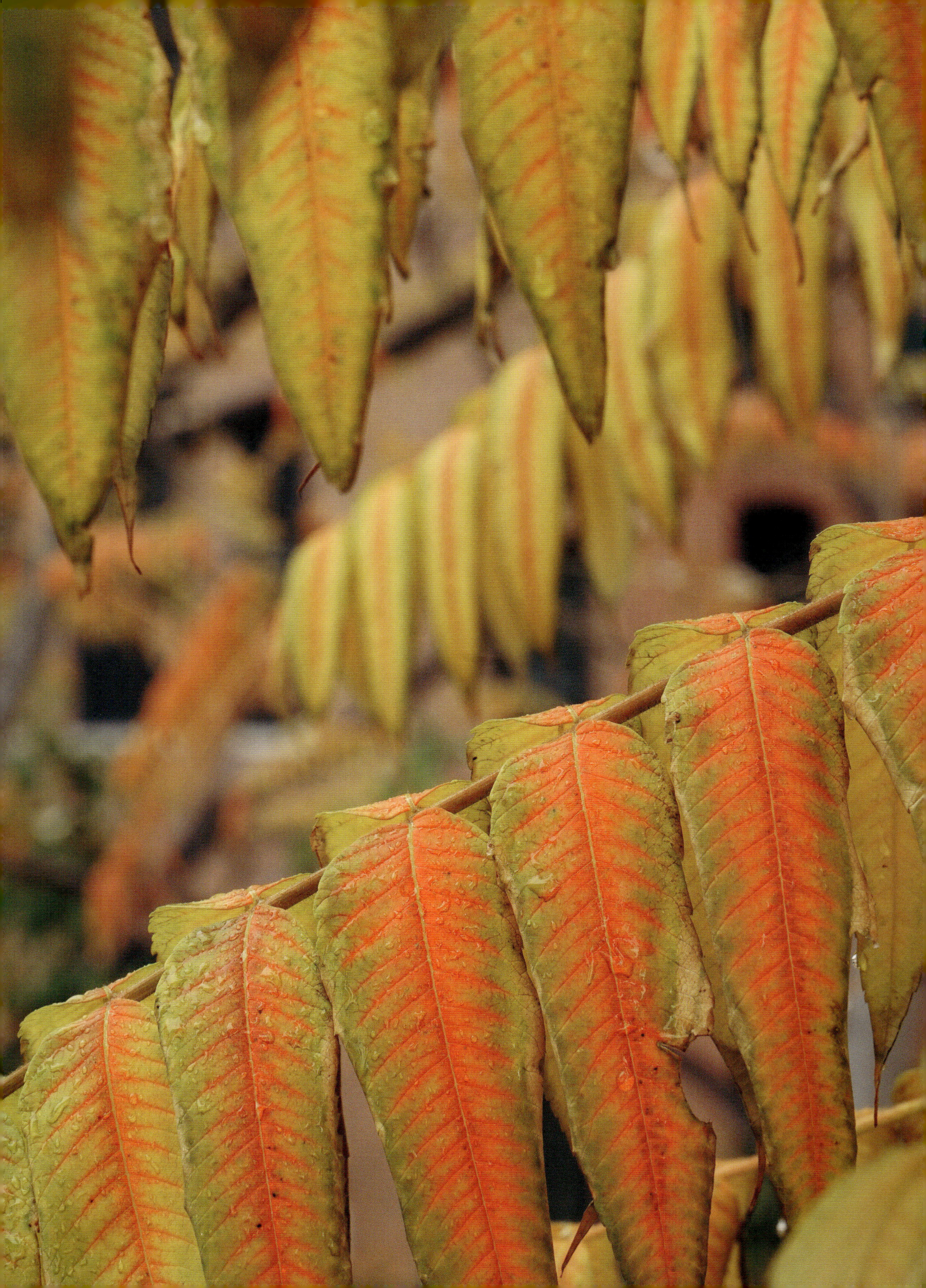

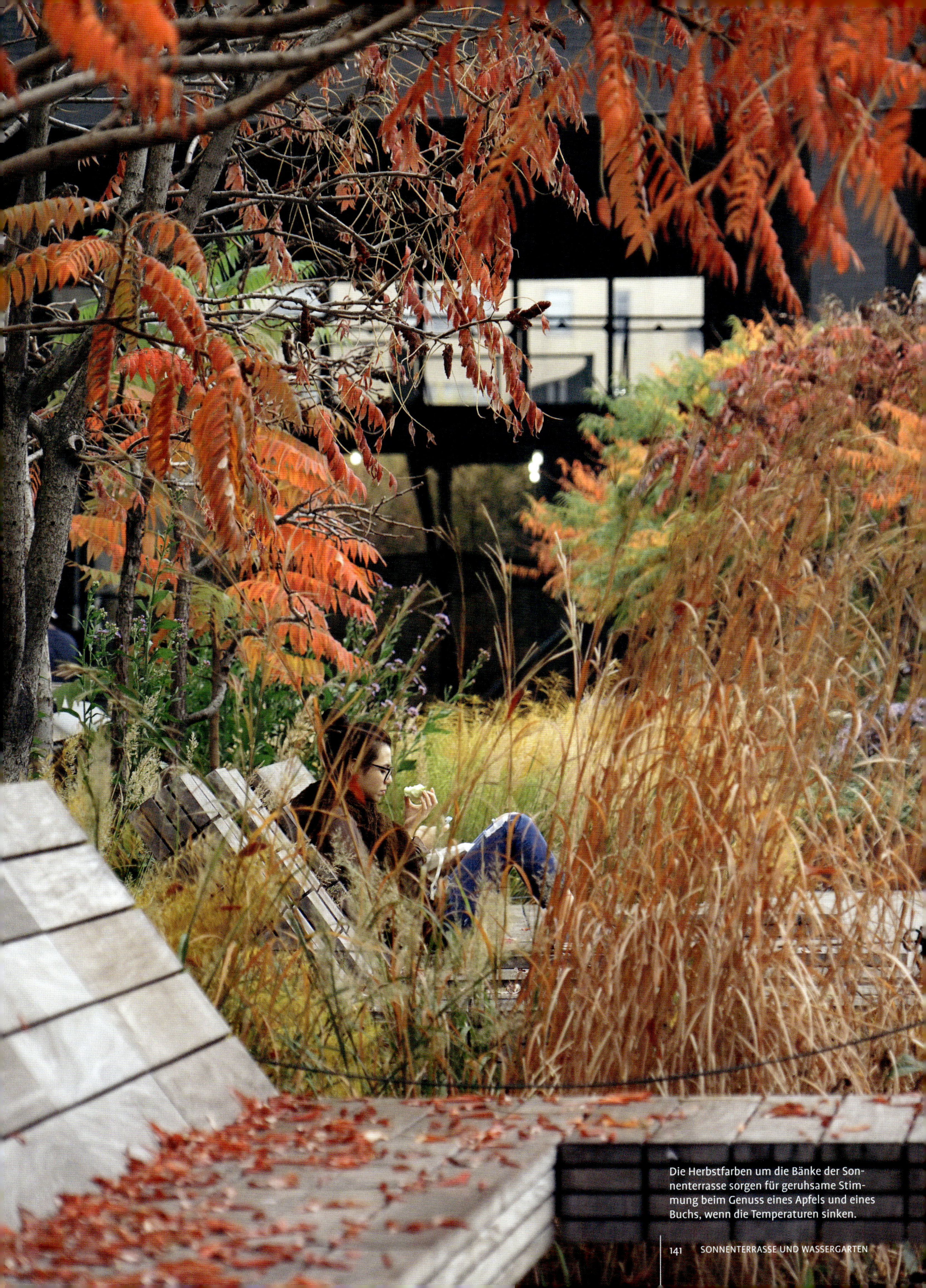

Die Herbstfarben um die Bänke der Sonnenterrasse sorgen für geruhsame Stimmung beim Genuss eines Apfels und eines Buchs, wenn die Temperaturen sinken.

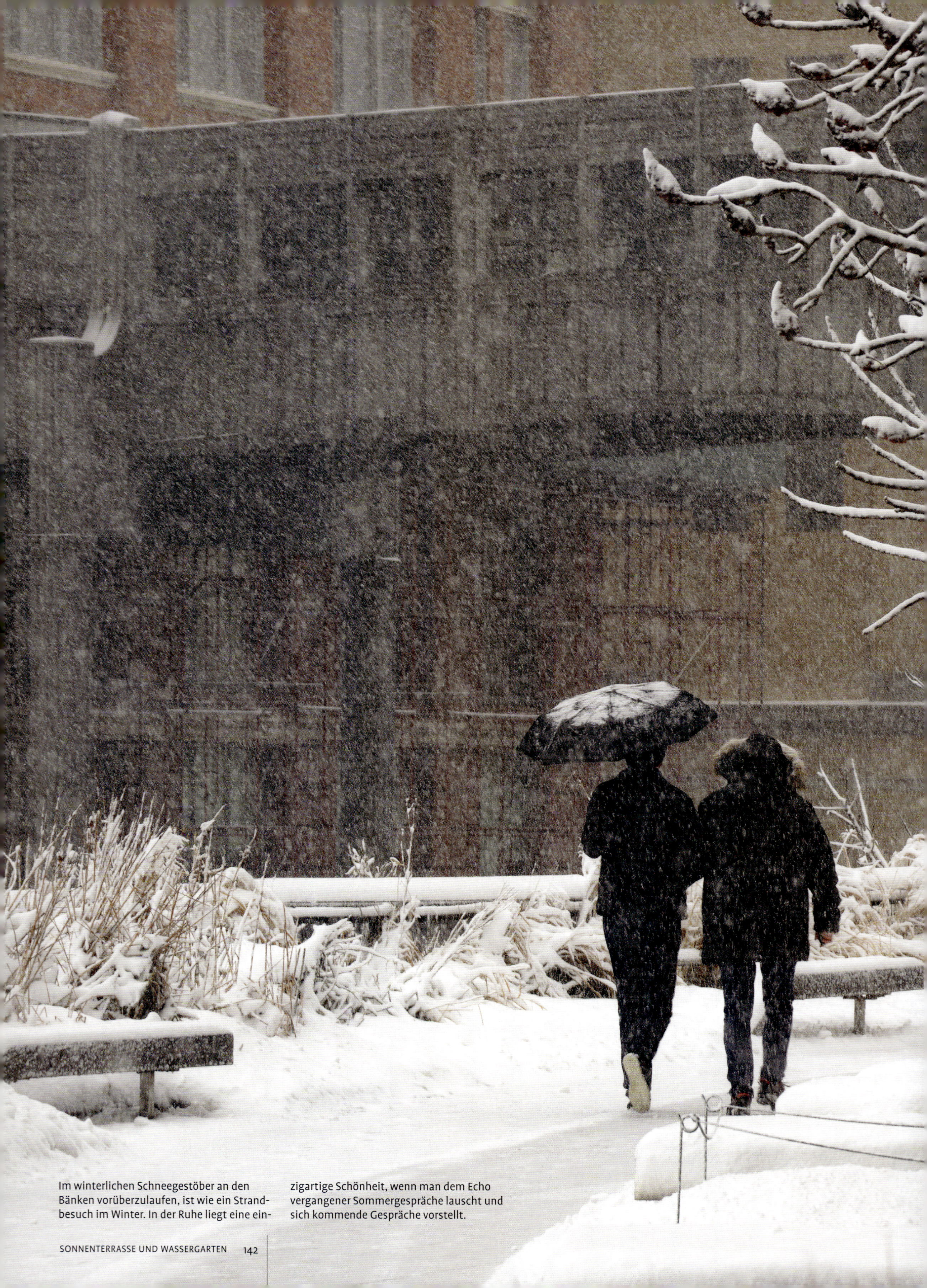

Im winterlichen Schneegestöber an den Bänken vorüberzulaufen, ist wie ein Strandbesuch im Winter. In der Ruhe liegt eine einzigartige Schönheit, wenn man dem Echo vergangener Sommergespräche lauscht und sich kommende Gespräche vorstellt.

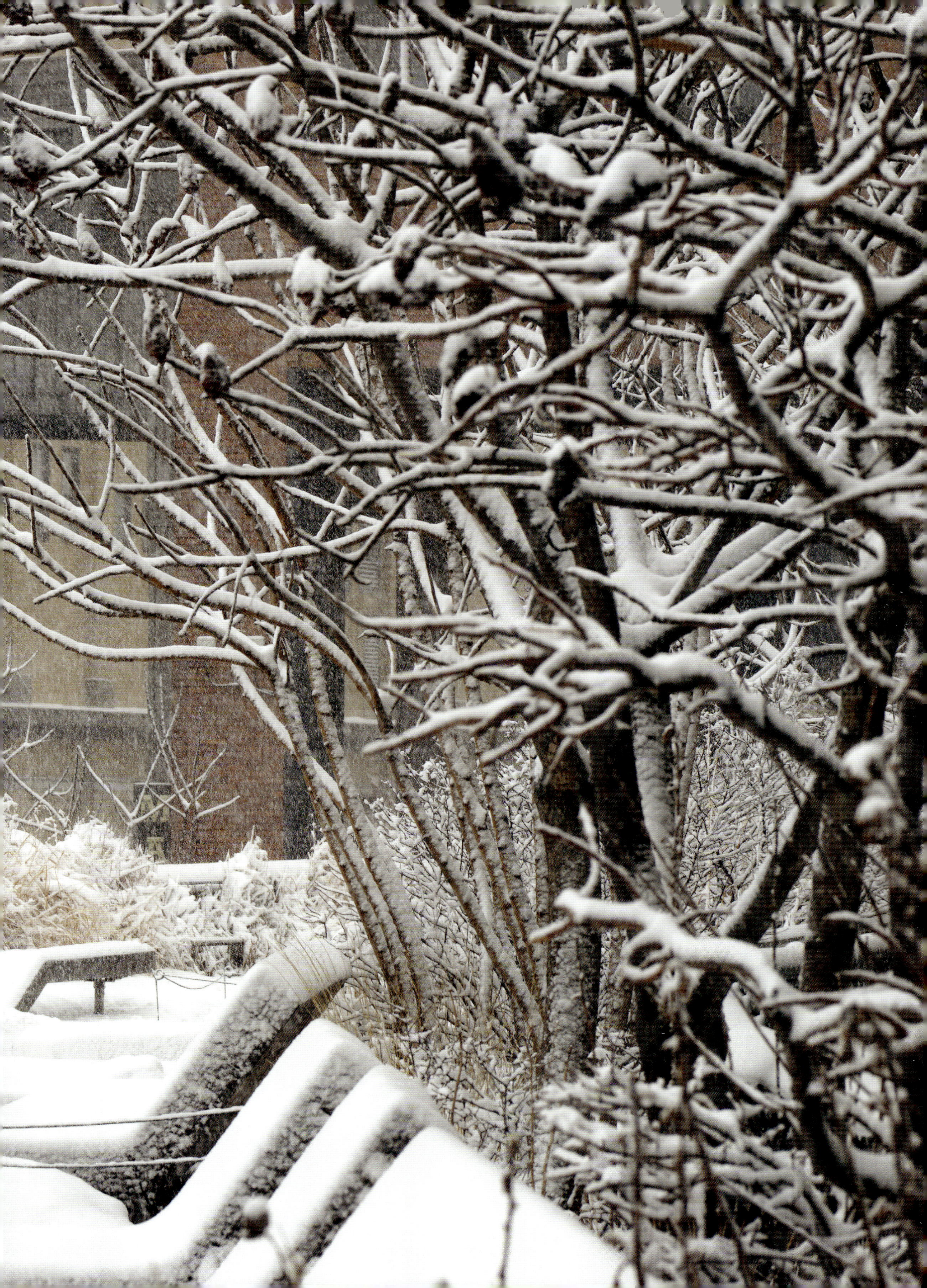

NORTHERN SPUR

NÖRDLICHES NEBENGLEIS

Erfahrene Gärtner wissen, dass besonders markante Designs oft aus entmutigenden Herausforderungen entstehen. Solch eine Geschichte steht hinter der Nördlichen Trasse. 1934 fertiggestellt, schloss dieses Gleis lediglich ein Lagerhaus der Merchants Refrigerating Company an die Bahnlinie an. Wie viele andere im Zusammenhang mit der West-Side-Bahn errichtete Gebäude, wurde dieser riesige, schon vorher bestehende Kühlraumkomplex so umgebaut, dass der An- und Abtransport von Fleischwaren und Fertigprodukten mit der Bahn bequem möglich wurde.

Das Nördliche Nebengleis überspannt die 10th Avenue und stellt eine optisch dramatische Pflanzfläche dar. Auch aus gärtnerischer Sicht ist der Bereich problematisch, weil die Standortbedingungen von der geringen Substrattiefe, von der Asphalthitze der darunter gelegenen Straße, von Frost und Tauwetter stark beeinflusst werden. Da hier kein Fußweg geplant war, sollte auch der Zugang für spätere Gartenpflegemaßnahmen kritisch werden. Es galt, eine besonders robuste und ausdauernde Pflanzenpalette zu finden.

Die aus ästhetischen wie praktischen Gesichtspunkten heraus beste und erfolgreichste Lösung war die Beschränkung auf die robustesten, anspruchslosesten Arten. Inzwischen sind seit der Erstbepflanzung mehr als 10 Jahre vergangen und die Überlebensquote ist beachtlich. Nordamerikanische Arten dominieren die Mischung, doch dies ist eher unbeabsichtigt und durch die Auswahl nach Winterhärte bedingt. Unter anderem gedeihen *Aster azureus*, Pennsylvania-Segge (*Carex pensylvanica)*, Plattährengras (*Chasmantium latifolium)*, *Porteranthus stipulatus*, Amerikanische Wolfsmilch (*Euphorbia corollata)*, Amerikanischer Storchschnabel (*Geranium maculatum*), Mauerpfeffer (*Sedum ternatum)*, Weiße Natternwurz (*Eupatorium rugosum*), Durchwachsener Wasserdost (*Eupatorium perfoliatum*), Purpurglöckchen (*Heuchera macrorhiza* 'Autumn Bride'), Blaustängelige Goldrute (*Solidago caesia*), Wald-Schaumblüte (*Tiarella cordifolia*). Eine der wenigen nicht heimischen Stauden – Katzenminze (*Nepeta sibirica*) – aus der ursprünglichen Pflanzung hat auf diesem Stich nicht überlebt, obwohl sie an anderer Stelle durchaus wächst. Winterhärte kann nicht das Problem sein, weil die Art in Sibirien und nordchinesischen Bergregionen über 2000 Höhenmetern heimisch ist. Auch wenn es dort kalt ist, sind die Steillagen gewöhnlich sonnig und gut dräniert. Die verhältnismäßig düsteren und staunassen Wintertage in New York, die durch die Trasse noch verstärkt werden, dürften der Auslöser für das Verschwinden sein.

Als der Lagerhauskomplex zu Beginn der 1980er-Jahre zu Büros umgebaut wurde, mauerte man die Zugänge der Schienenstränge zu. Aufmerksame Besucher erkennen bei den neu gemauerten Wänden leicht die Unterschiede in Backsteinfarbe und Muster. Diese und unzählige andere Veränderungen entlang der High Line lassen die Landschaft wie ein Palimpsest erscheinen – wie ein mittelalterliches Pergament, das mehrfach beschrieben wurde, ohne die vorherige Inschrift völlig entfernt zu haben, wodurch sie teilweise sichtbar bleibt. Irgendwann wurden am Ende der Trasse Sträucher gesetzt, um den zugemauerten Zugang zu verstecken, man hat sie sicher aber wieder entfernt. Die Frage, warum ein Gleis in eine Backsteinmauer führt, gehört nun zur Raffinesse dieses Gartens.

Die überwiegend aus nordamerikanischen Arten bestehende Bepflanzung kurz vor der schönsten Herbstfärbung Mitte Oktober an der Stelle, wo die Nordtrasse die 10th Avenue quert.

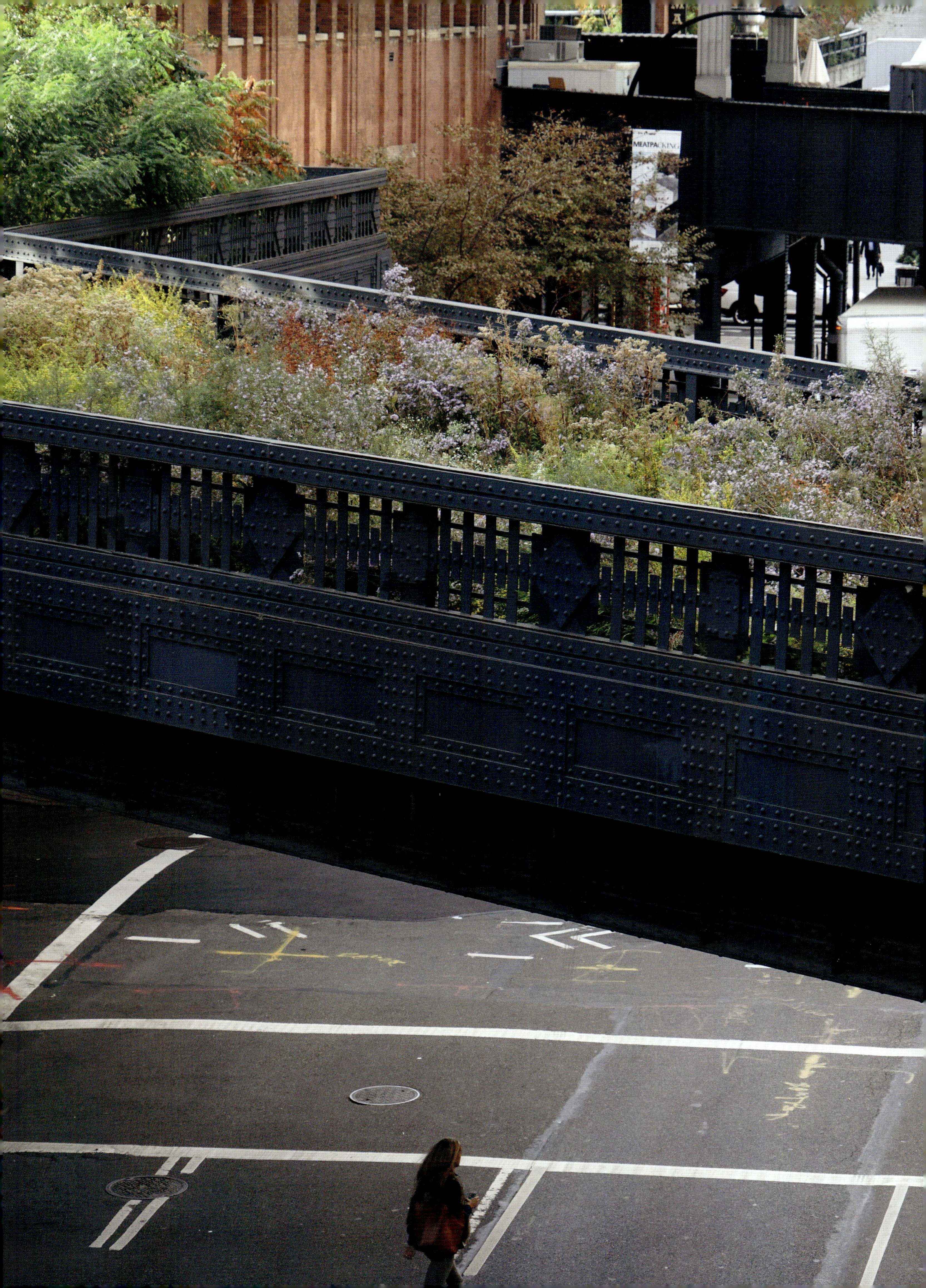
MEATPACKING

Die Standortbedingungen des Nördlichen Nebengleises sind im Sommer heiß und trocken, im Winter aber kalt und nass.

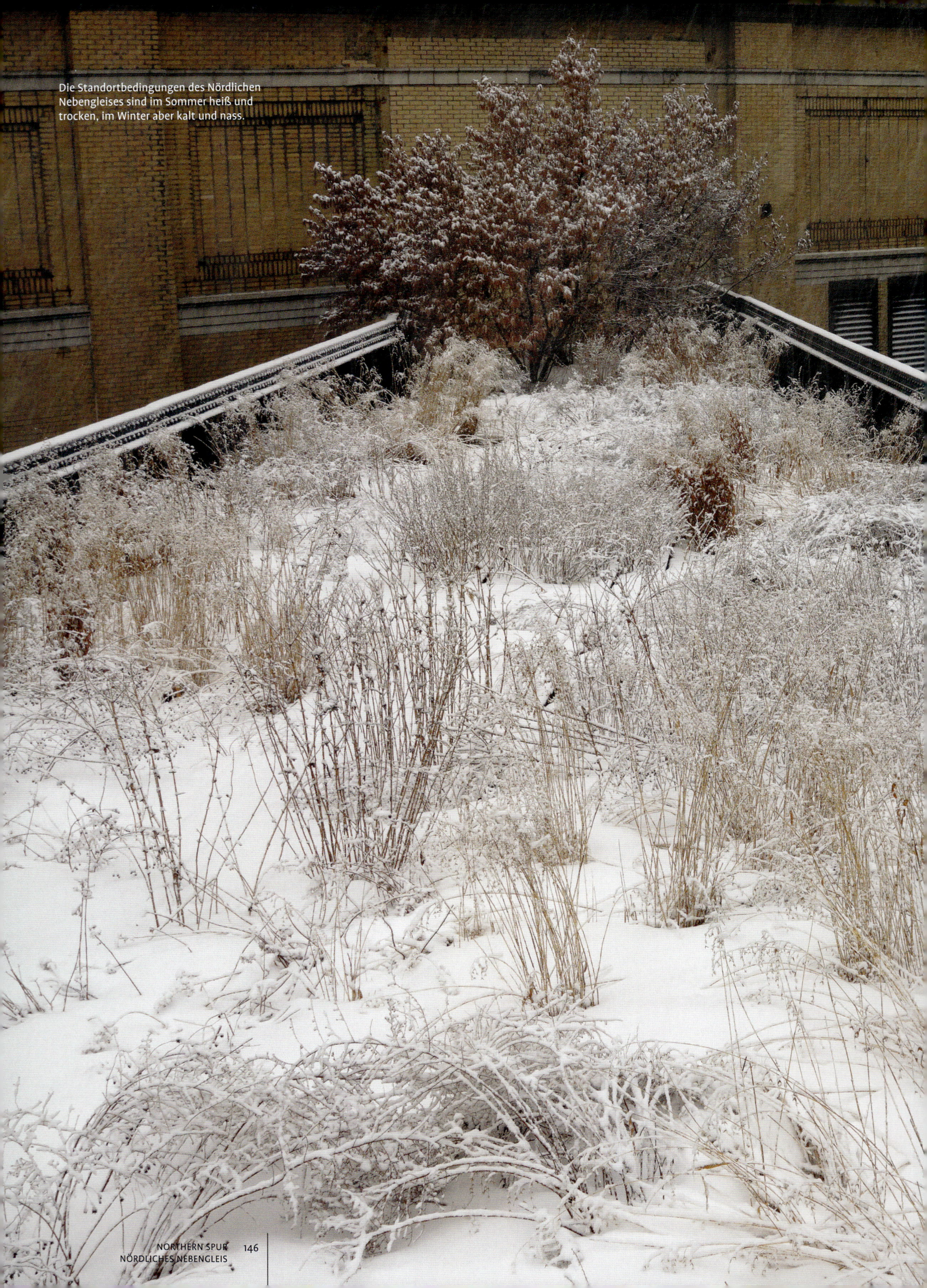

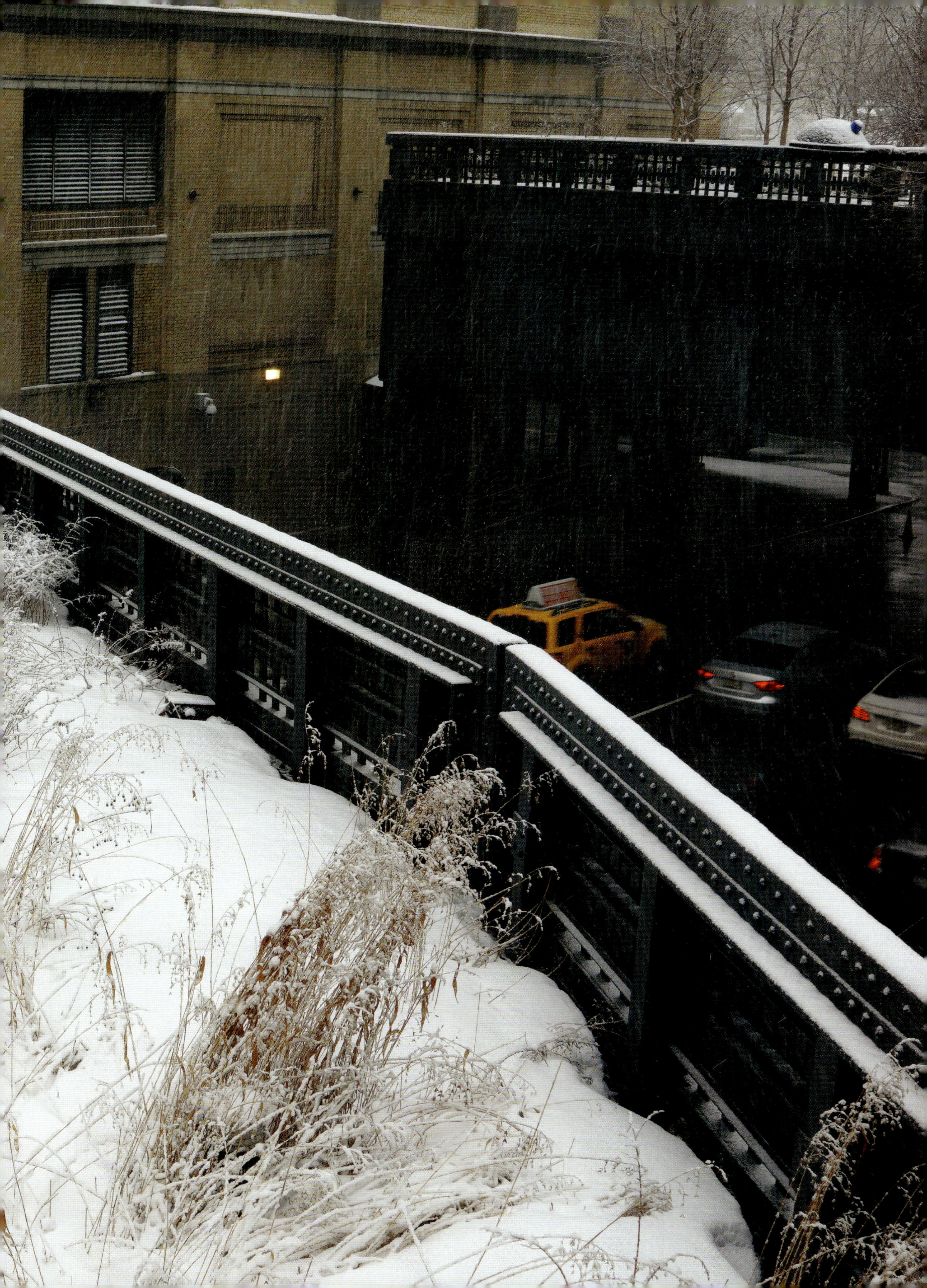

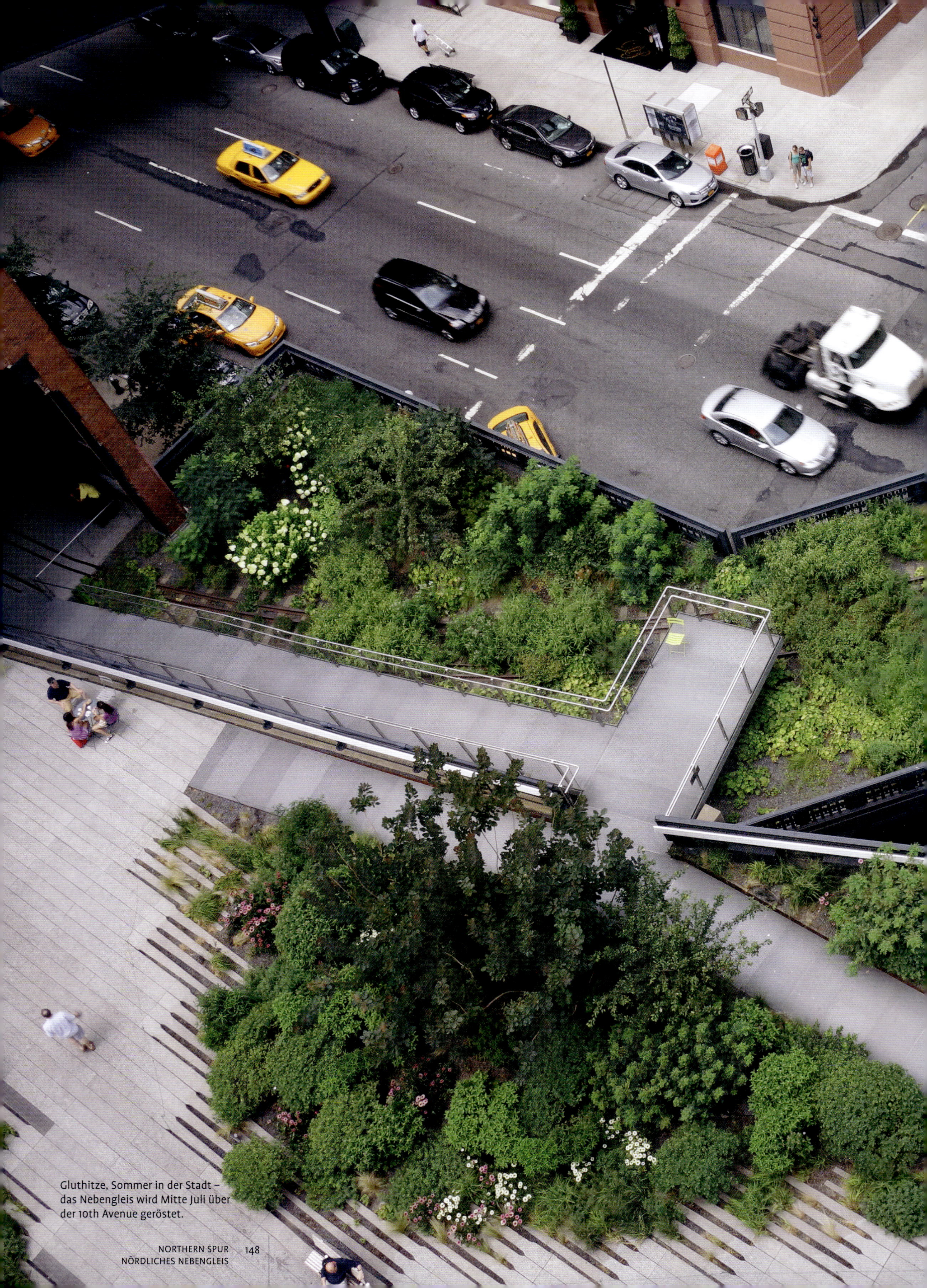

Gluthitze, Sommer in der Stadt – das Nebengleis wird Mitte Juli über der 10th Avenue geröstet.

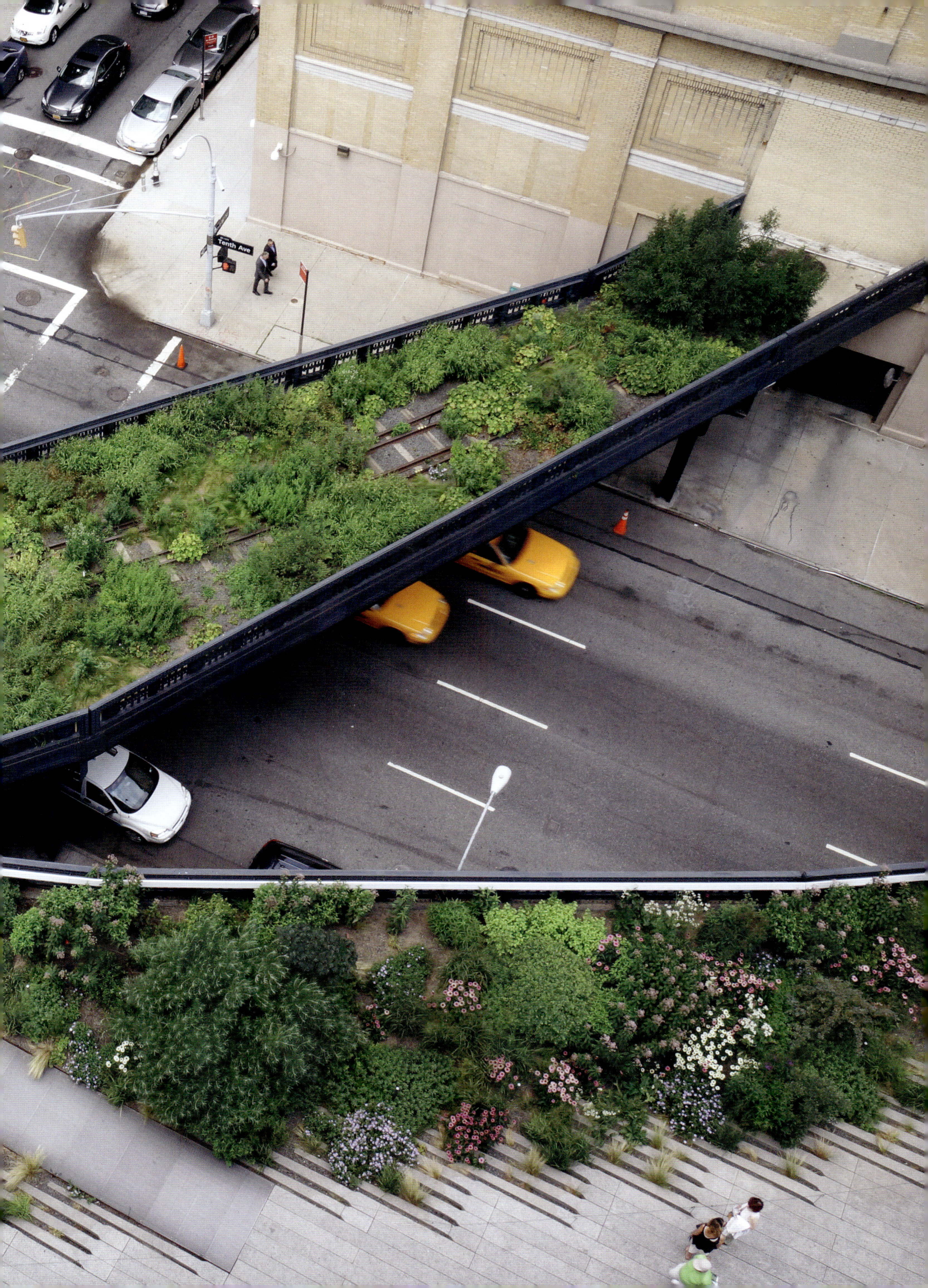
Tenth Ave

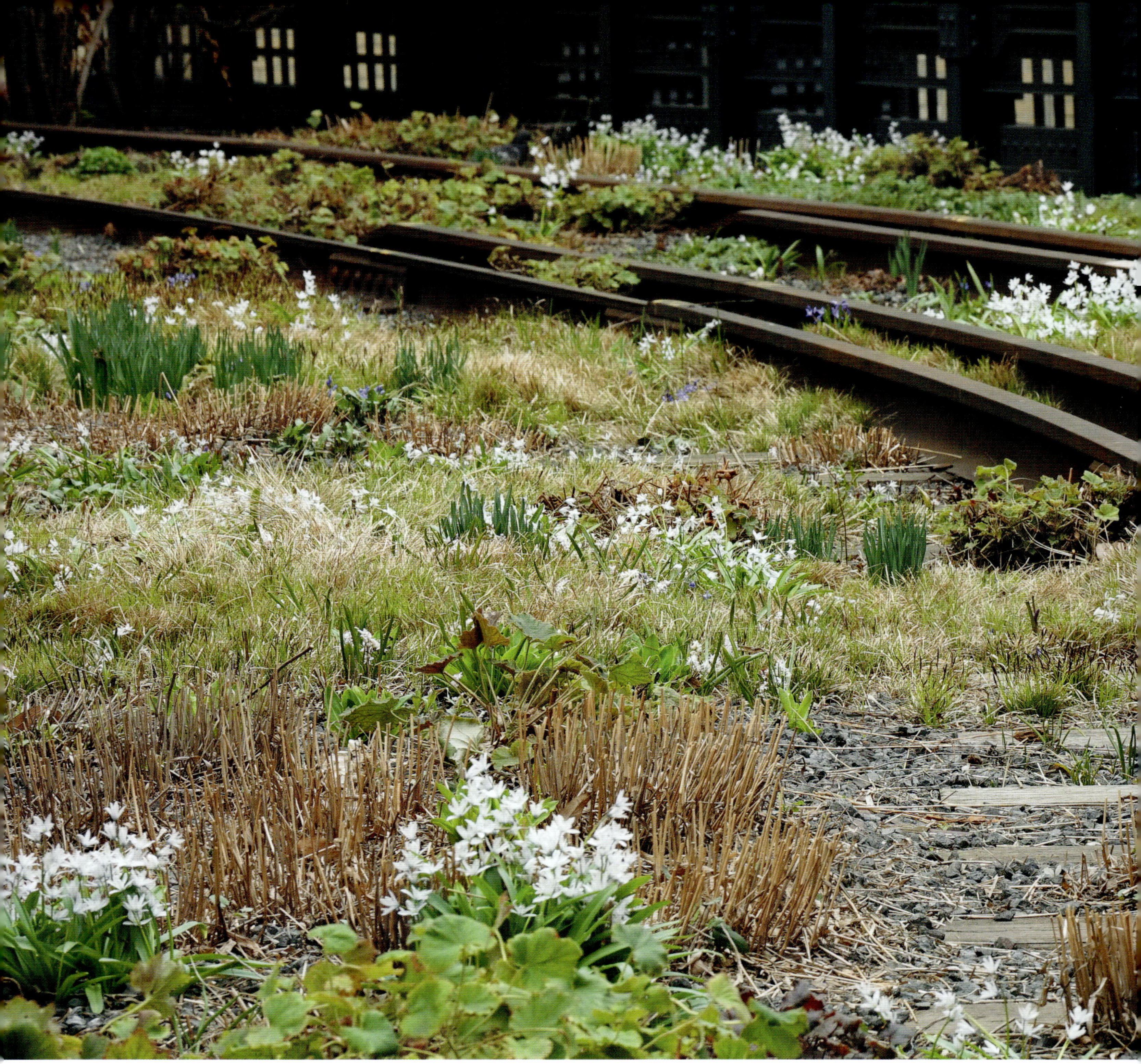

Da man sich bei der Gestaltung des Nördlichen Nebengleises auf nordamerikanische, heimische Arten (insbesondere von waldigen Standorten) konzentrierte, sieht man hier im Frühling viele Blüten, im Sommer ist alles grün und Blätter dominieren, im Herbst haben die Blüten und Blätter ihren farblichen Höhepunkt. Spätwinter und Vorfrühling sind relativ farblos. Etwa ein Jahr nach der ursprünglichen Bepflanzung wurden kleine Zwiebelpflanzen wie Dunkler Schneeglanz (*Chionodoxa sardensis*) und Blaustern (*Scilla mischtschenkoana*) eingesetzt, um die Frühjahrsansicht interessanter zu machen. Gut an trockene und heiße Sommer sowie nasse, kalte Winter (wie im Klima des Kaukasus) angepasst, eignen sich diese und andere kleinwüchsige Zwiebelpflanzen wunderbar für die Standortbedingungen im städtischen Umfeld.

Die hellblau blühenden Blausterne (*Scilla mischtschenkoana*) und der dunkelblaue Schneeglanz (*Chionodoxa sardensis*) beleben im März und April das Nördliche Nebengleis. Die Pennsylvania-Segge ist der einzige nordamerikanische Vertreter, der zugleich blüht.

Gegenüber: Samen und bodenlebende Insekten dienen der Vogelwelt, darunter den heimischen und eingeschleppten Spatzen, als Nahrung.

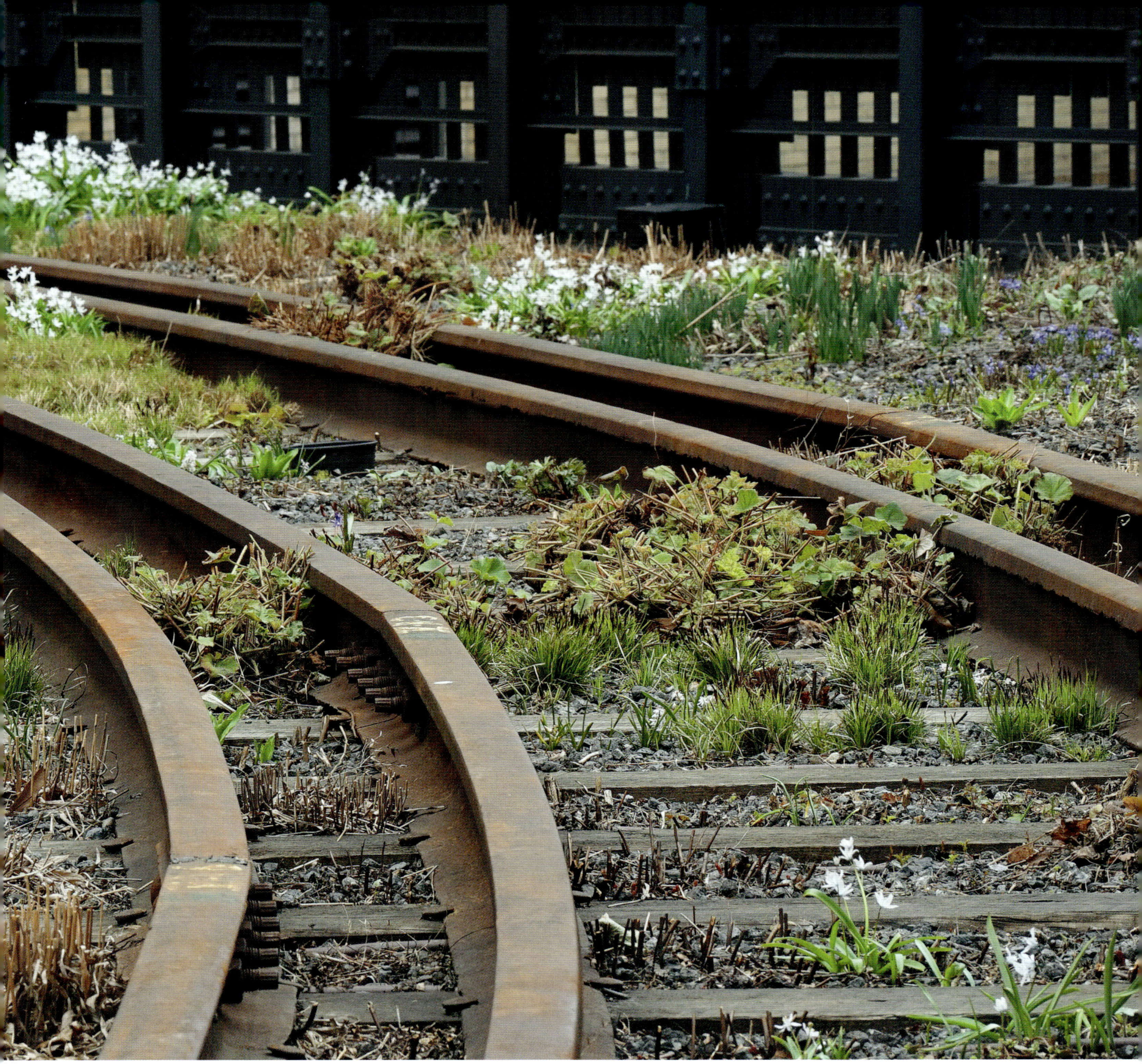

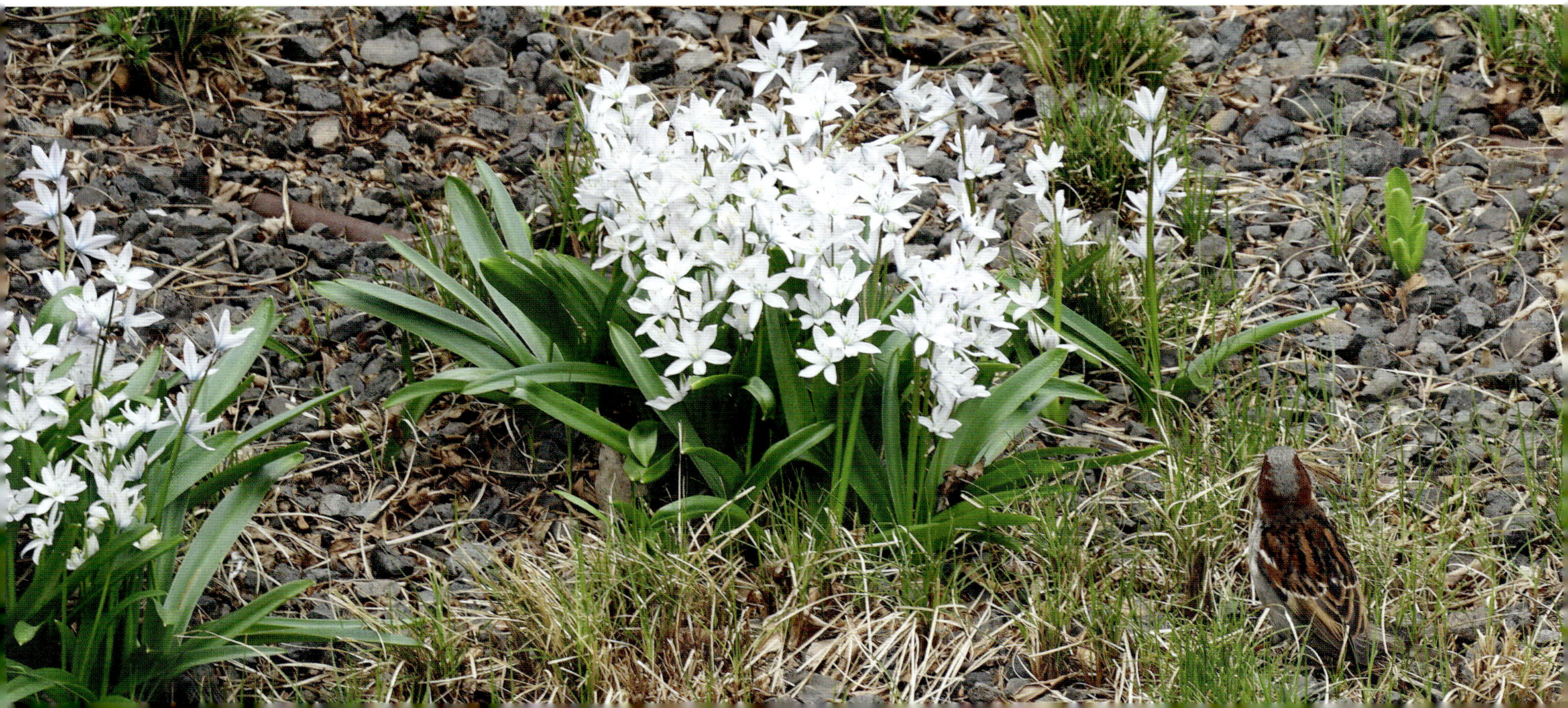

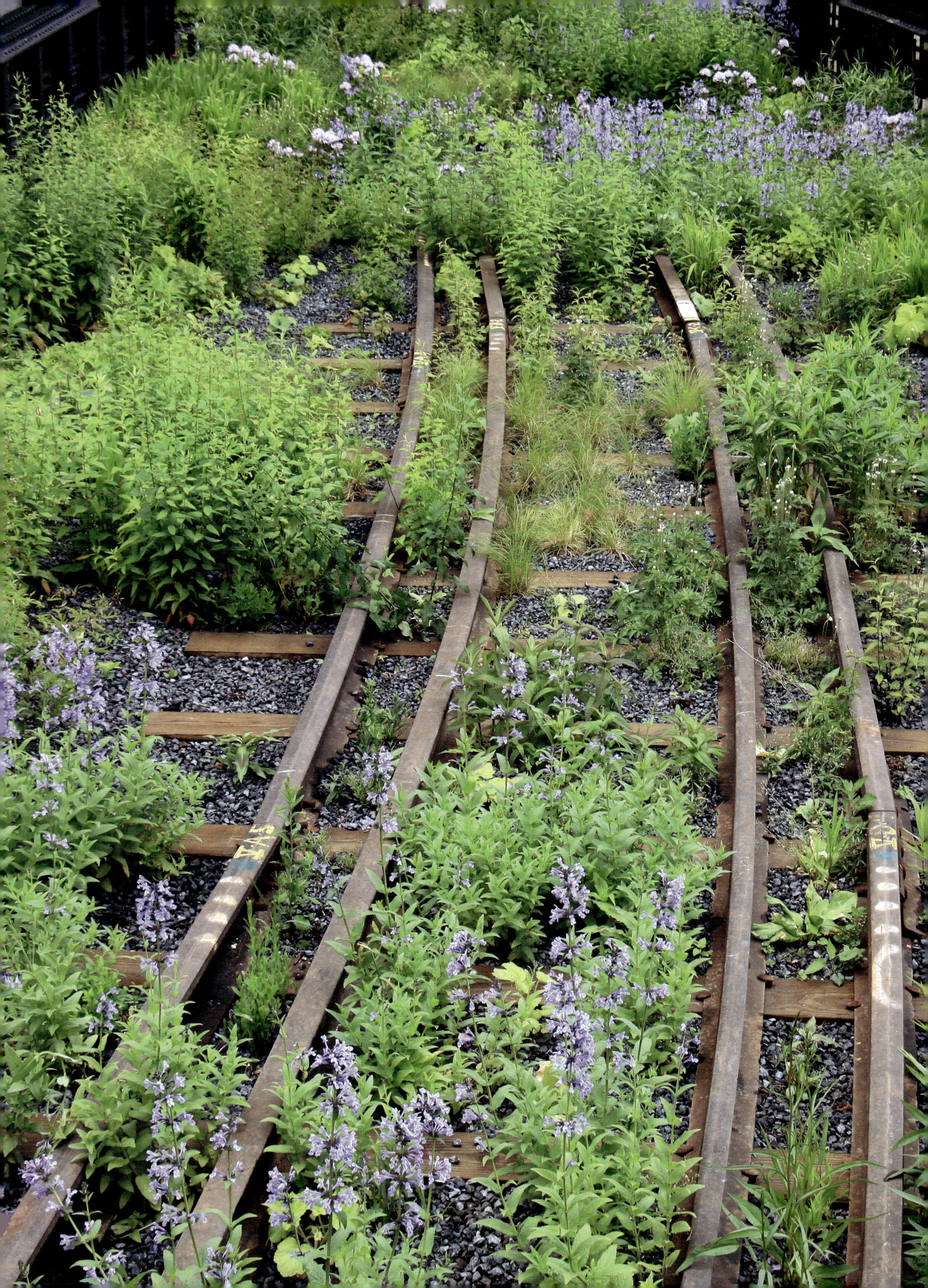

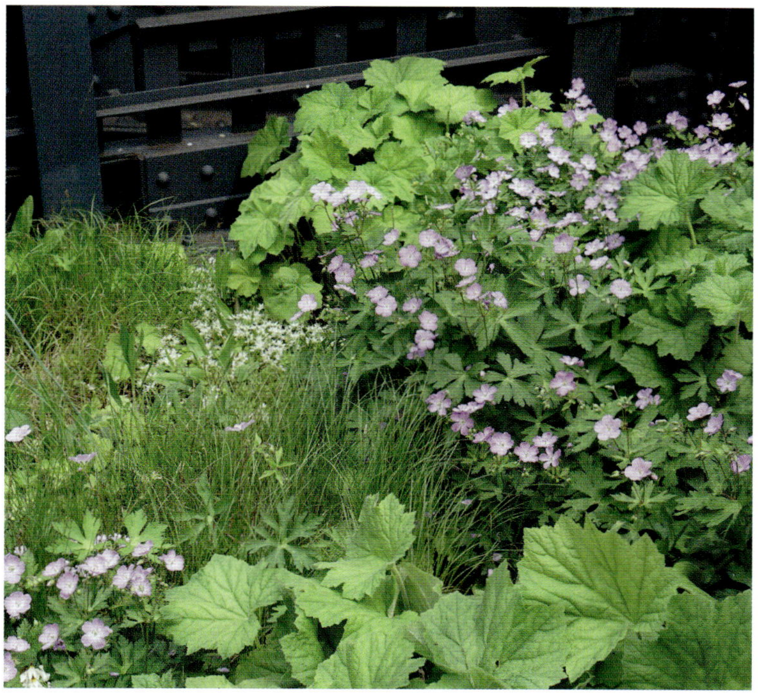

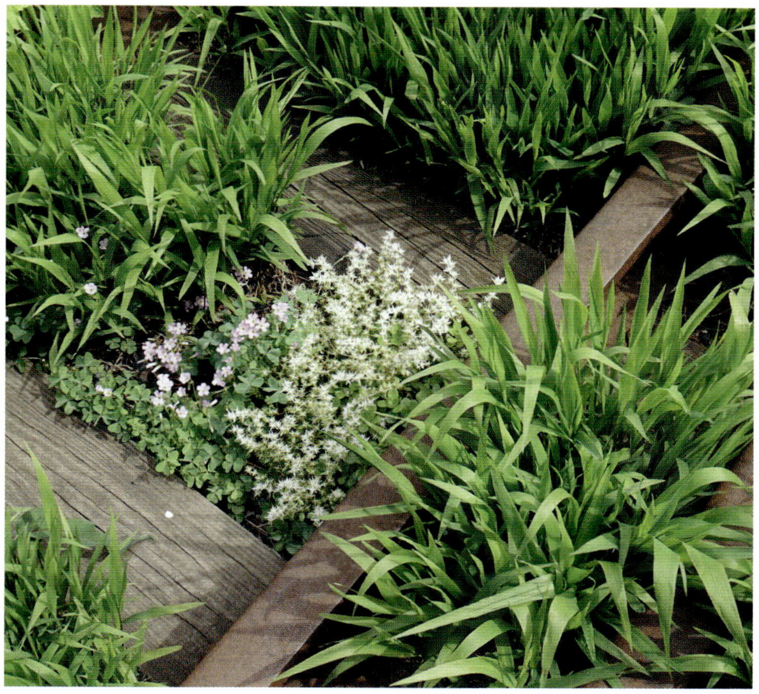

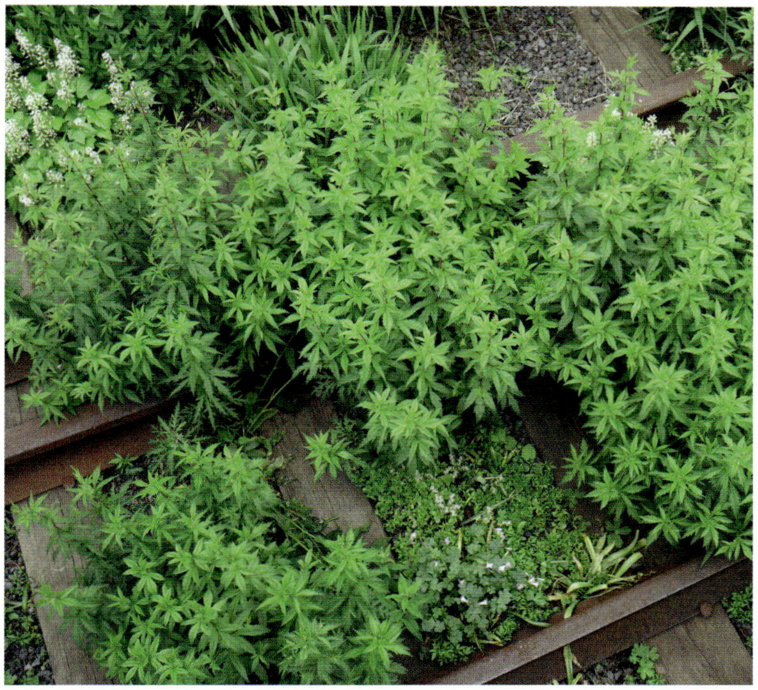

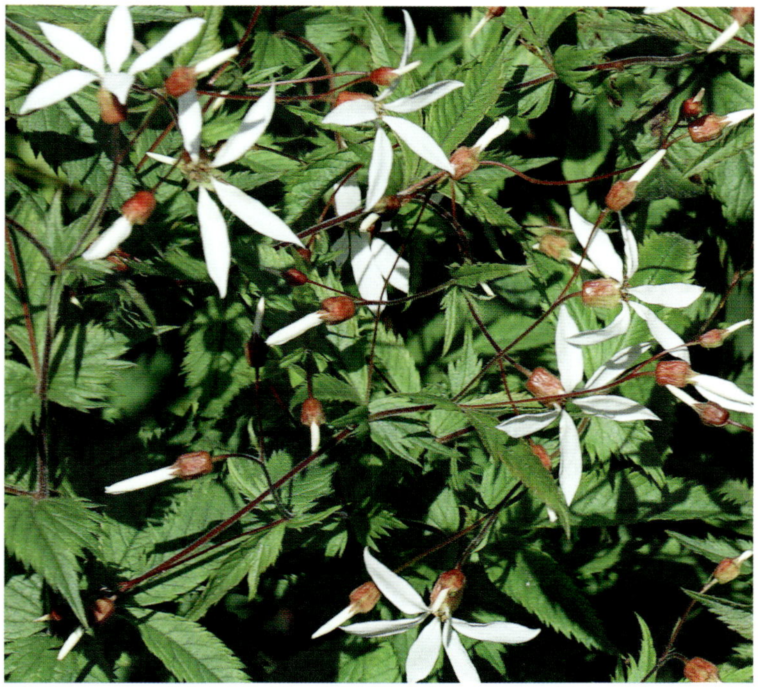

Wirklich nachhaltige Gartengestaltung bedeutet die Schonung von Ressourcen. Da alle Eingriffe in die Standortbedingungen, darunter Bodenaufbereitung, Düngung, Entwässerung und Bewässerung, die Ressourcen aufbrauchen, sollte man für einen möglichst sparsamen Ansatz die Pflanzen an den Standort anpassen und nicht umgekehrt. Das bedeutet, dass eine bestimmte Art wie die Katzenminze an einem bestimmten Platz nicht nachhaltig gedeiht, auch wenn man sie noch so gerne dort sehen würde.

Der Pflanzenbestand der High Line ist ein fortwährendes Experiment, bei dem es um die Entdeckung der schönsten und am besten geeigneten Pflanzen und Pflanzengesellschaften für jedes der Habitate geht. Dieser Ansatz stellt sicher, dass die Gärten lebendige Beispiele für verantwortungsvollen Gartenbau werden.

Gegenüber: Katzenminze hat in den ersten Jahren nach der Neuanlage spektakulär ausgesehen, erwies sich aber für die Standortbedingungen als zu schlecht angepasst. Anstatt sie immer wieder neu zu pflanzen, ließ man sie sich allmählich zurückziehen.

Oben, von links: Wilder Storchenschnabel zusammen mit Spitzblättrigem Purpurglöckchen; Mauerpfeffer mit pinkfarbenem Sauerklee (*Oxalis debilis*) und wildem Hafer.

Unten links und rechts: Dreiblattspiere (*Porteranthus stipulatus*), Blätter und Blüten.

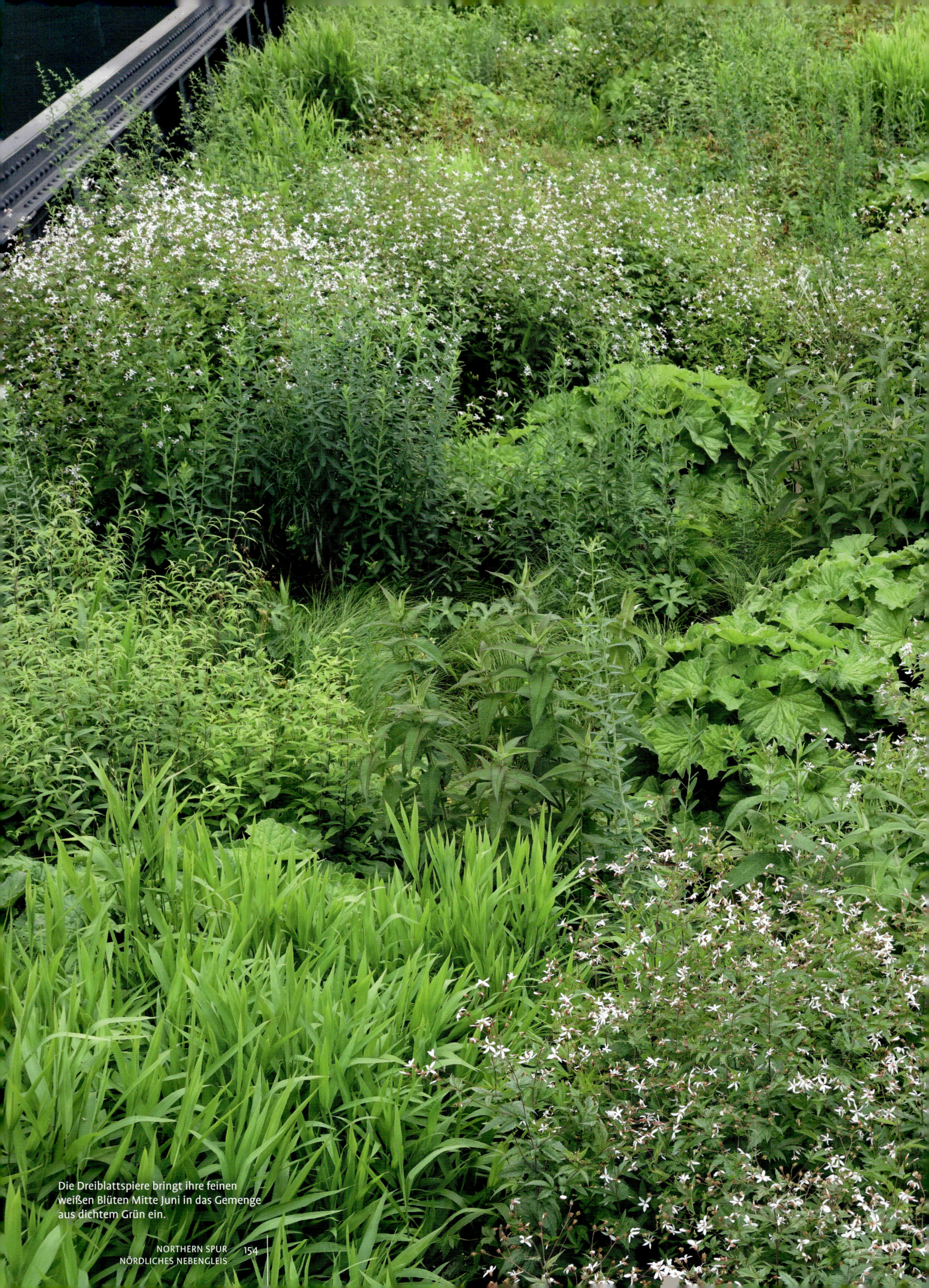

Die Dreiblattspiere bringt ihre feinen weißen Blüten Mitte Juni in das Gemenge aus dichtem Grün ein.

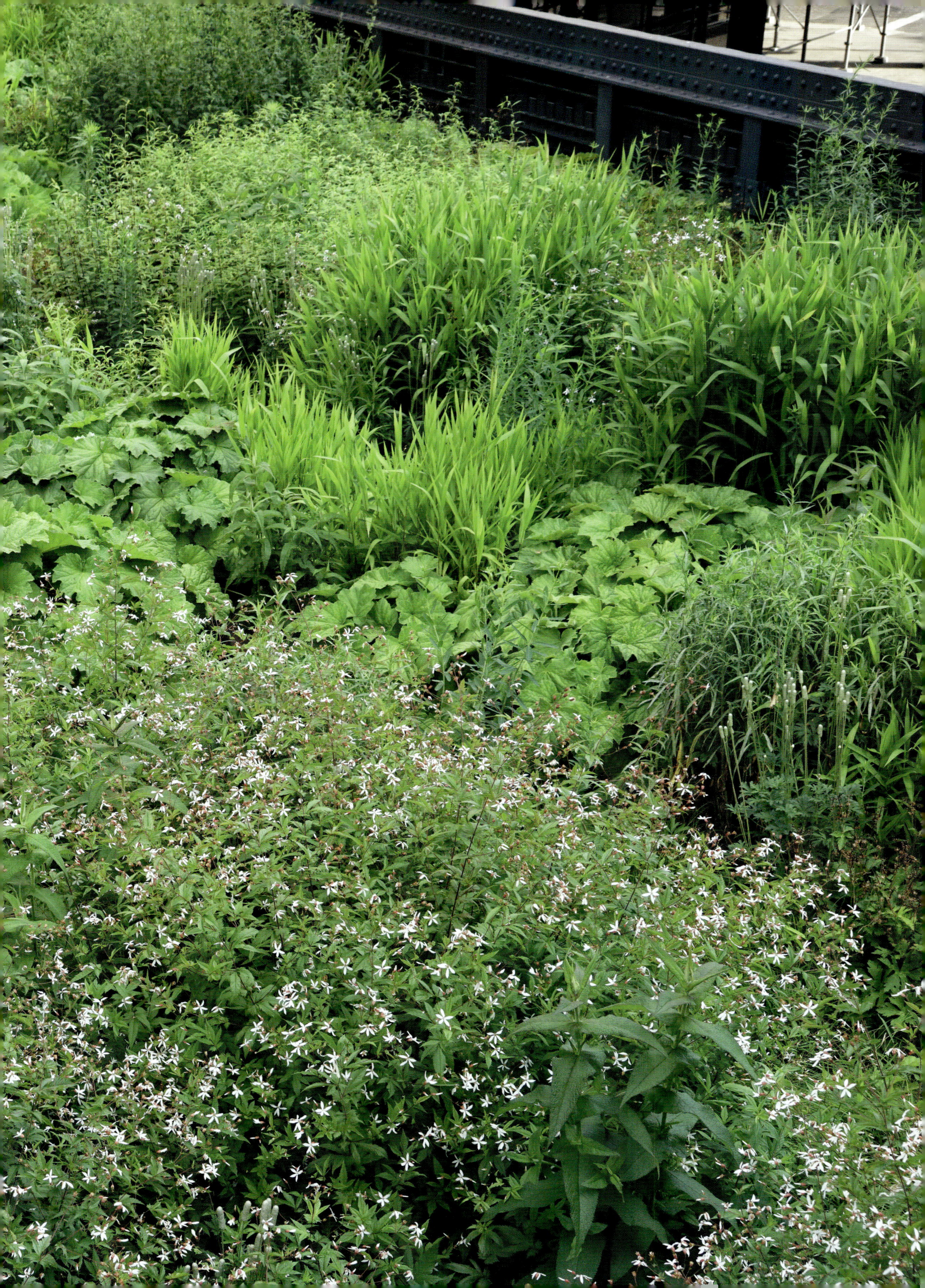

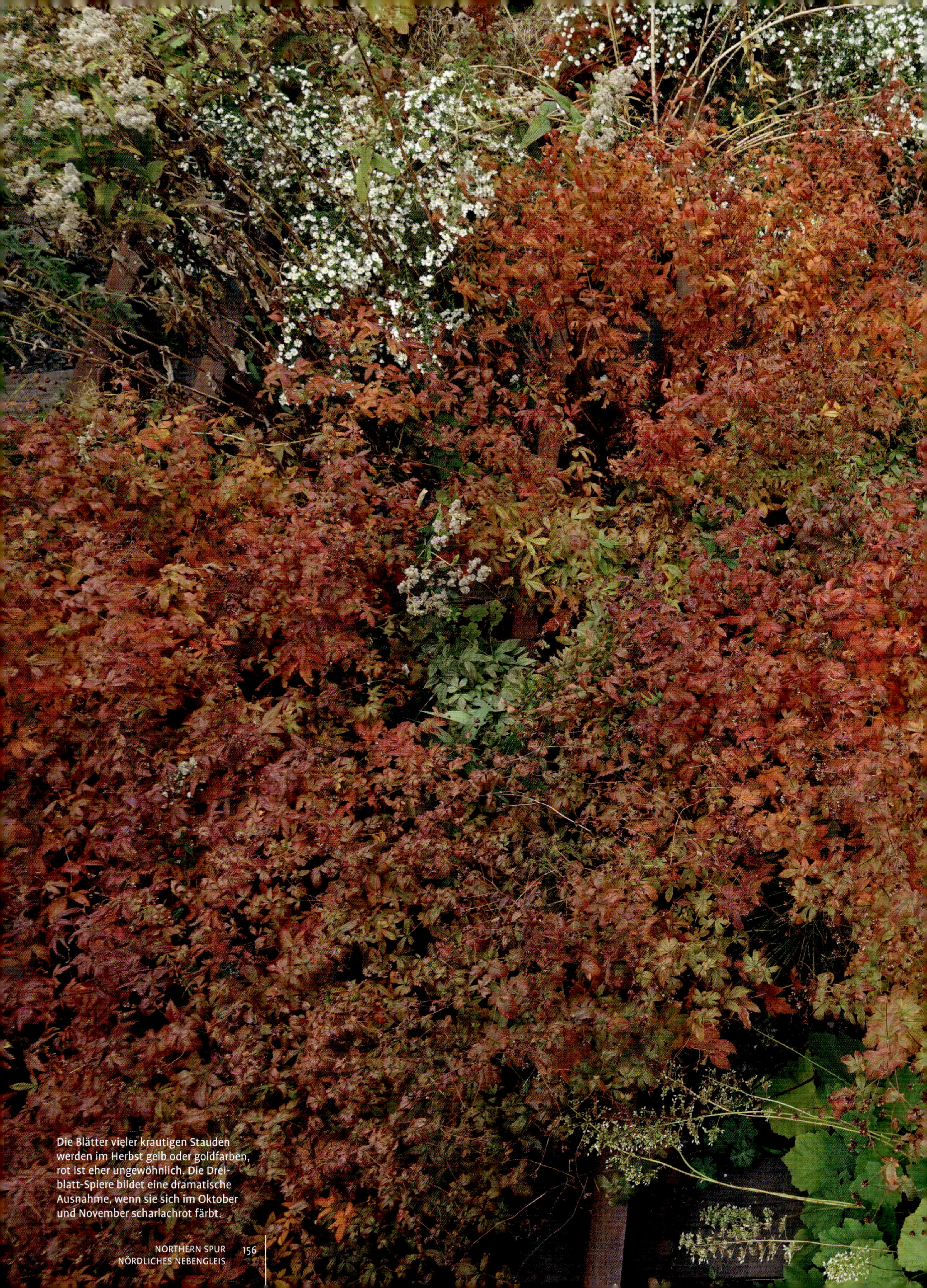

Die Blätter vieler krautigen Stauden werden im Herbst gelb oder goldfarben, rot ist eher ungewöhnlich. Die Dreiblatt-Spiere bildet eine dramatische Ausnahme, wenn sie sich im Oktober und November scharlachrot färbt.

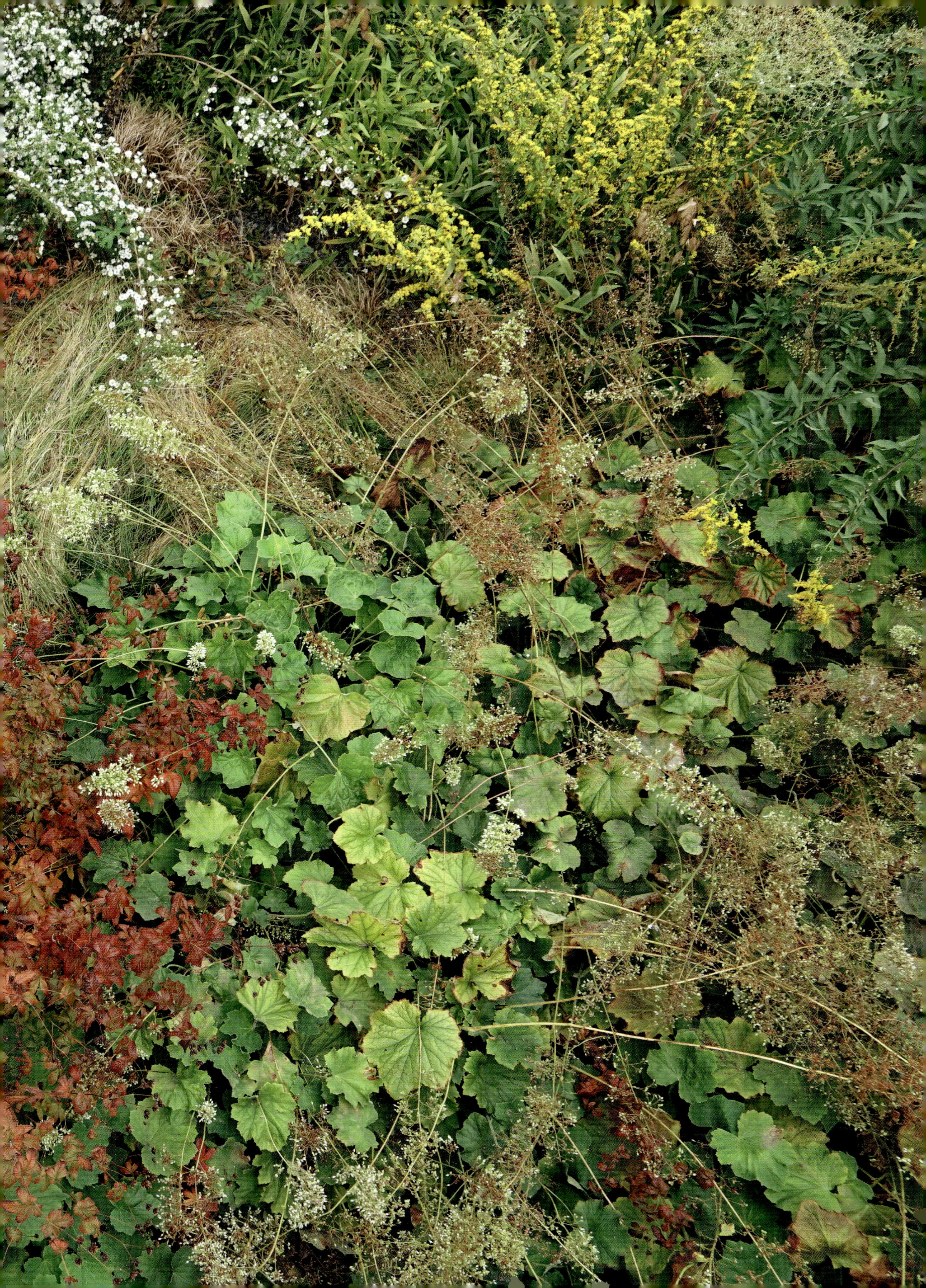

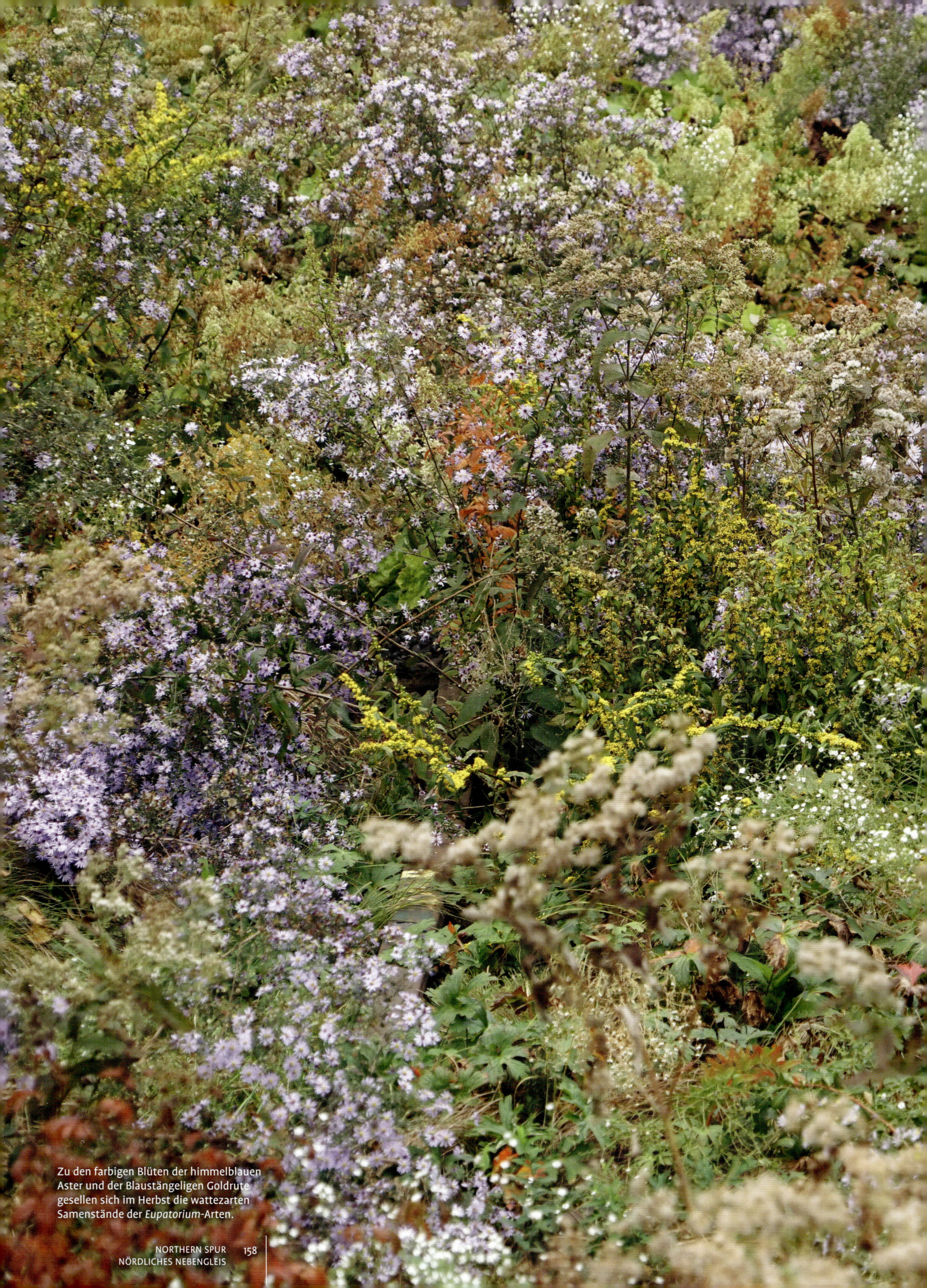

Zu den farbigen Blüten der himmelblauen Aster und der Blaustängeligen Goldrute gesellen sich im Herbst die wattezarten Samenstände der *Eupatorium*-Arten.

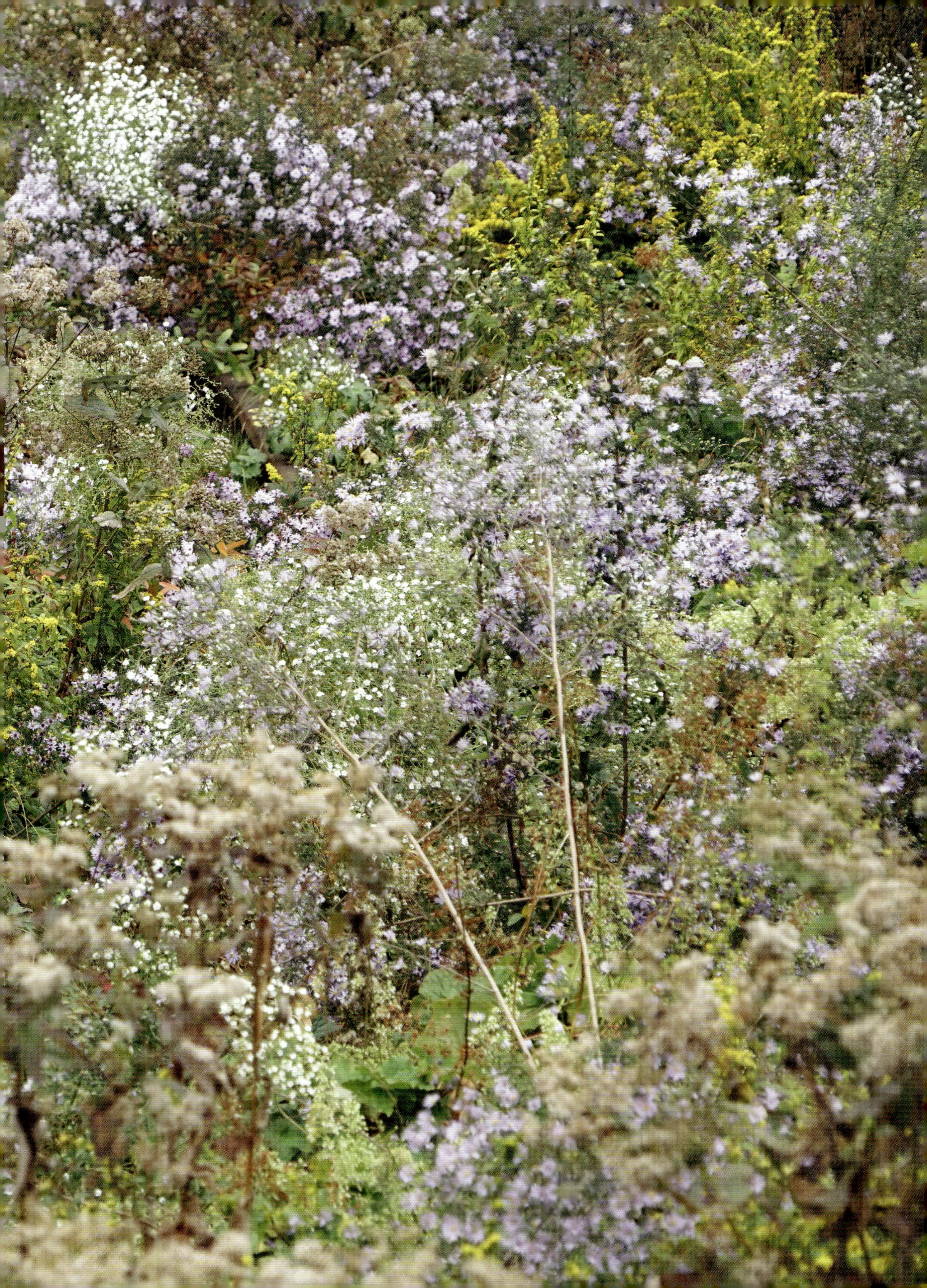

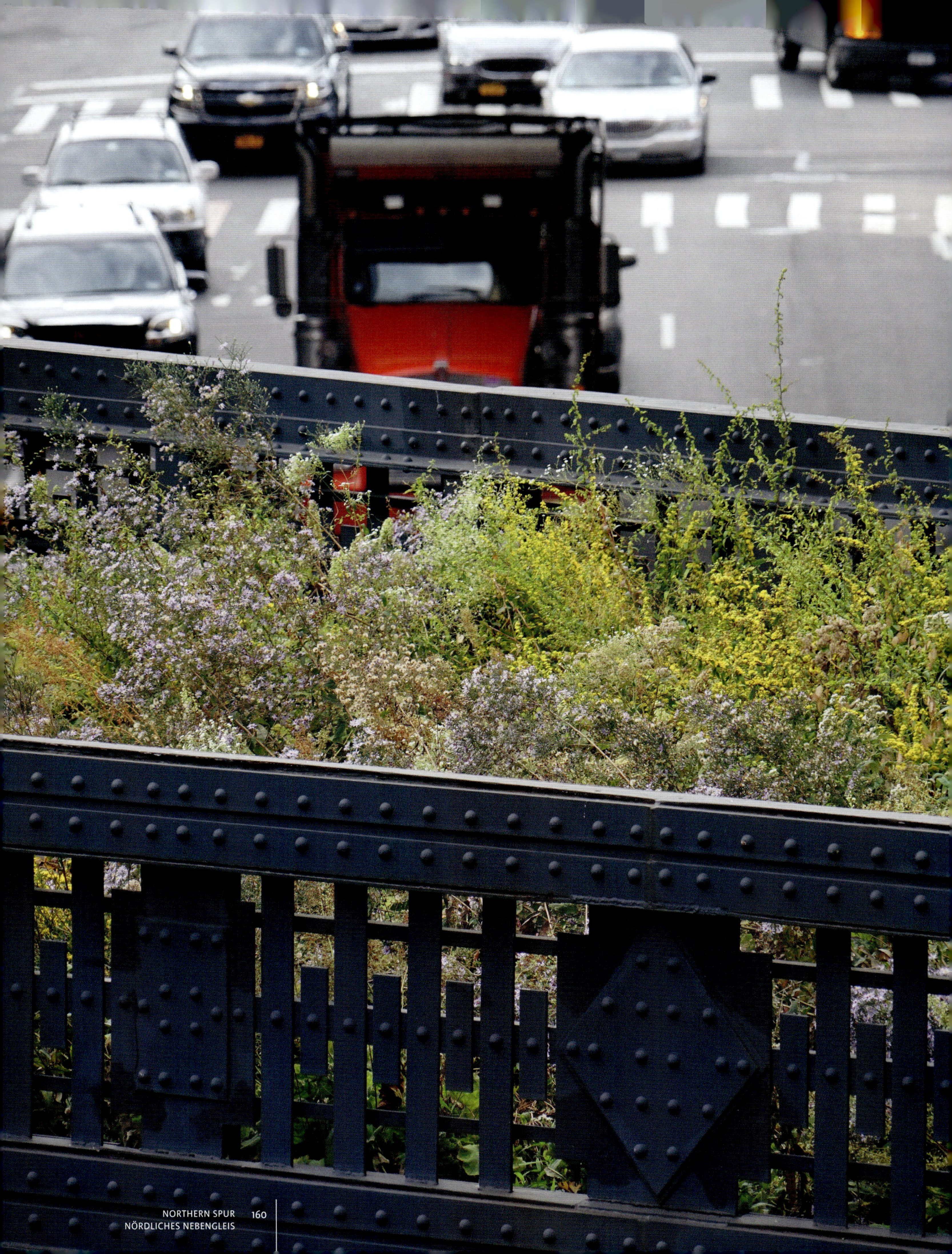

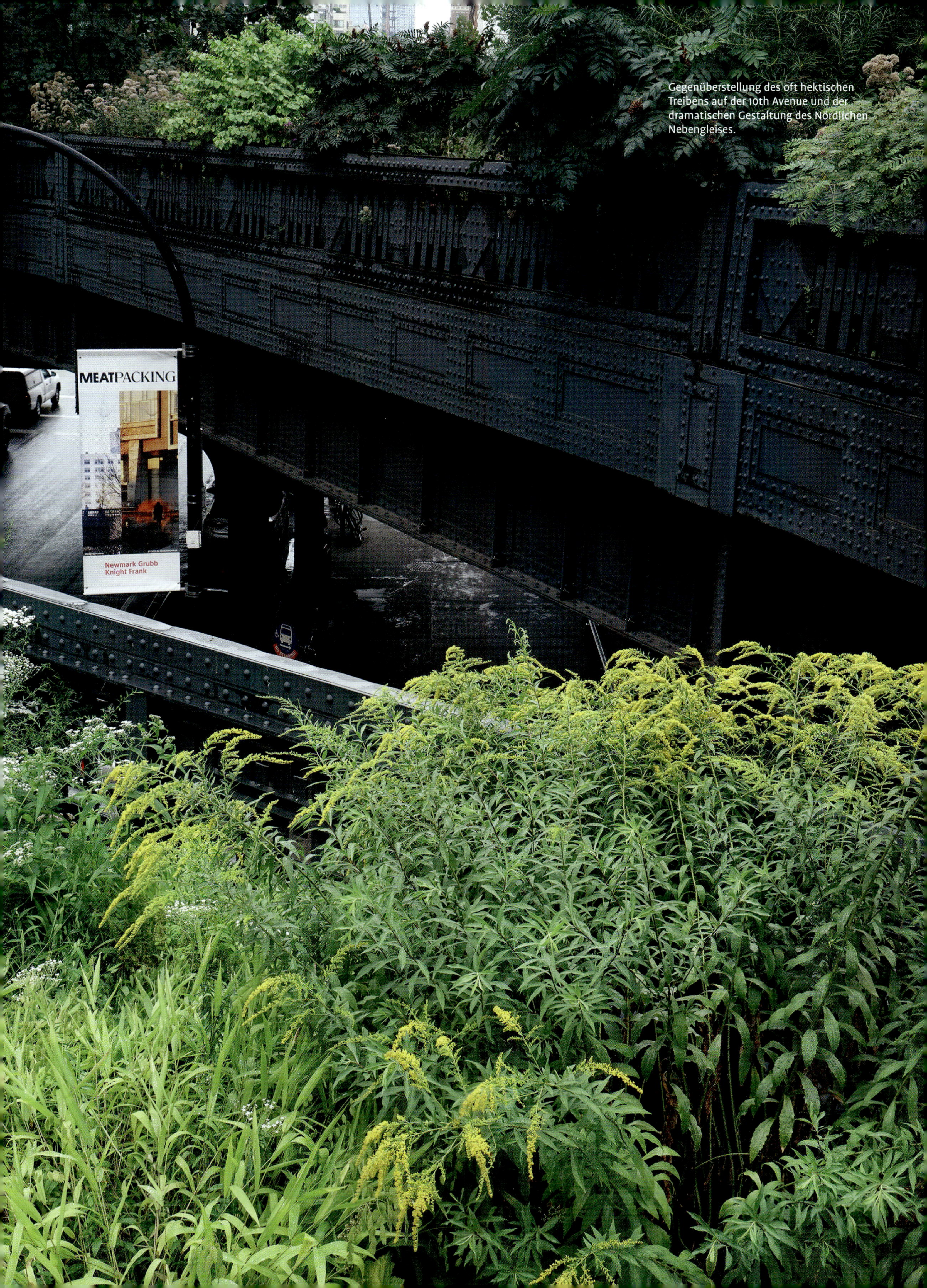

Gegenüberstellung des oft hektischen Treibens auf der 10th Avenue und der dramatischen Gestaltung des Nördlichen Nebengleises.

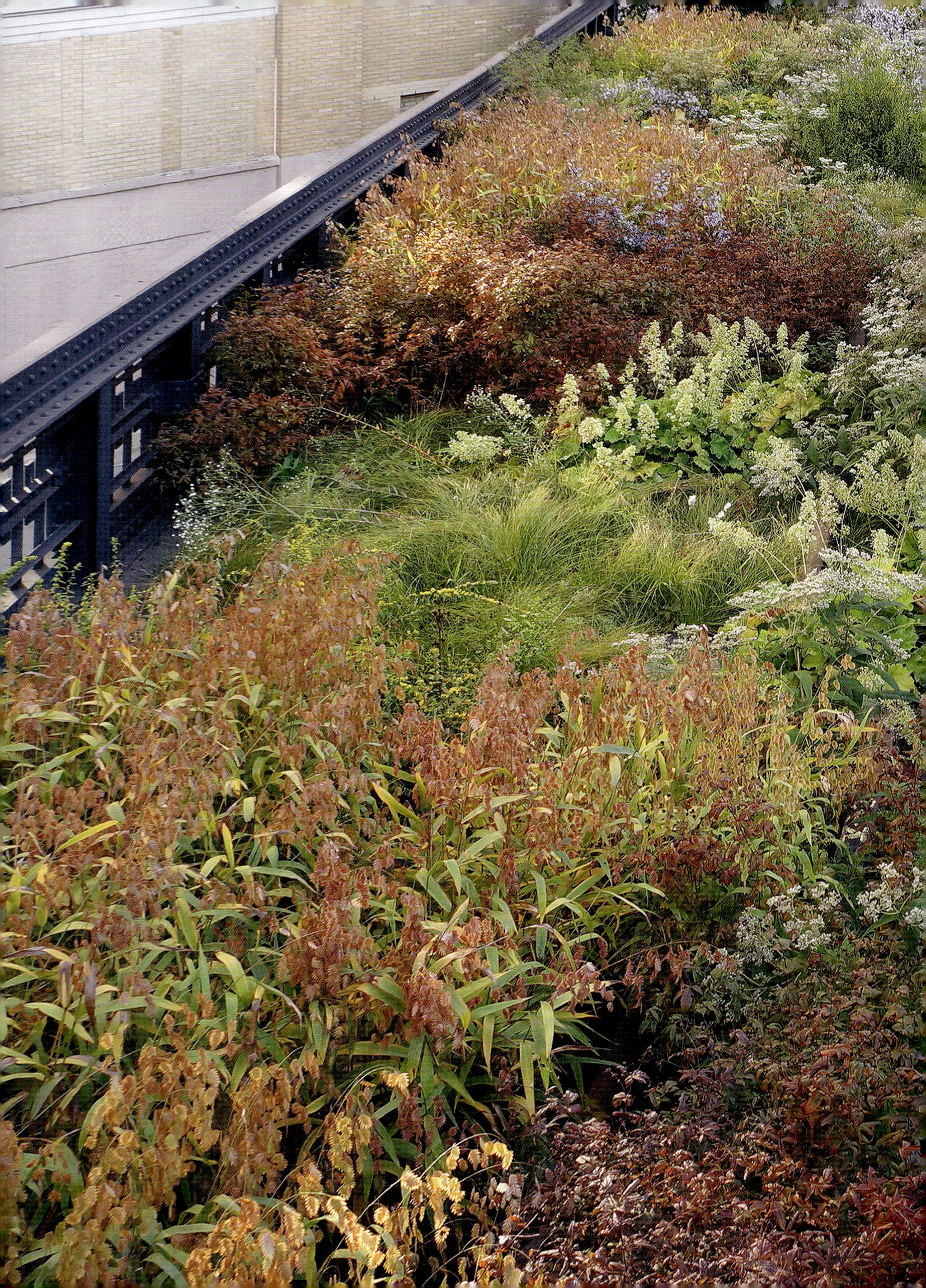

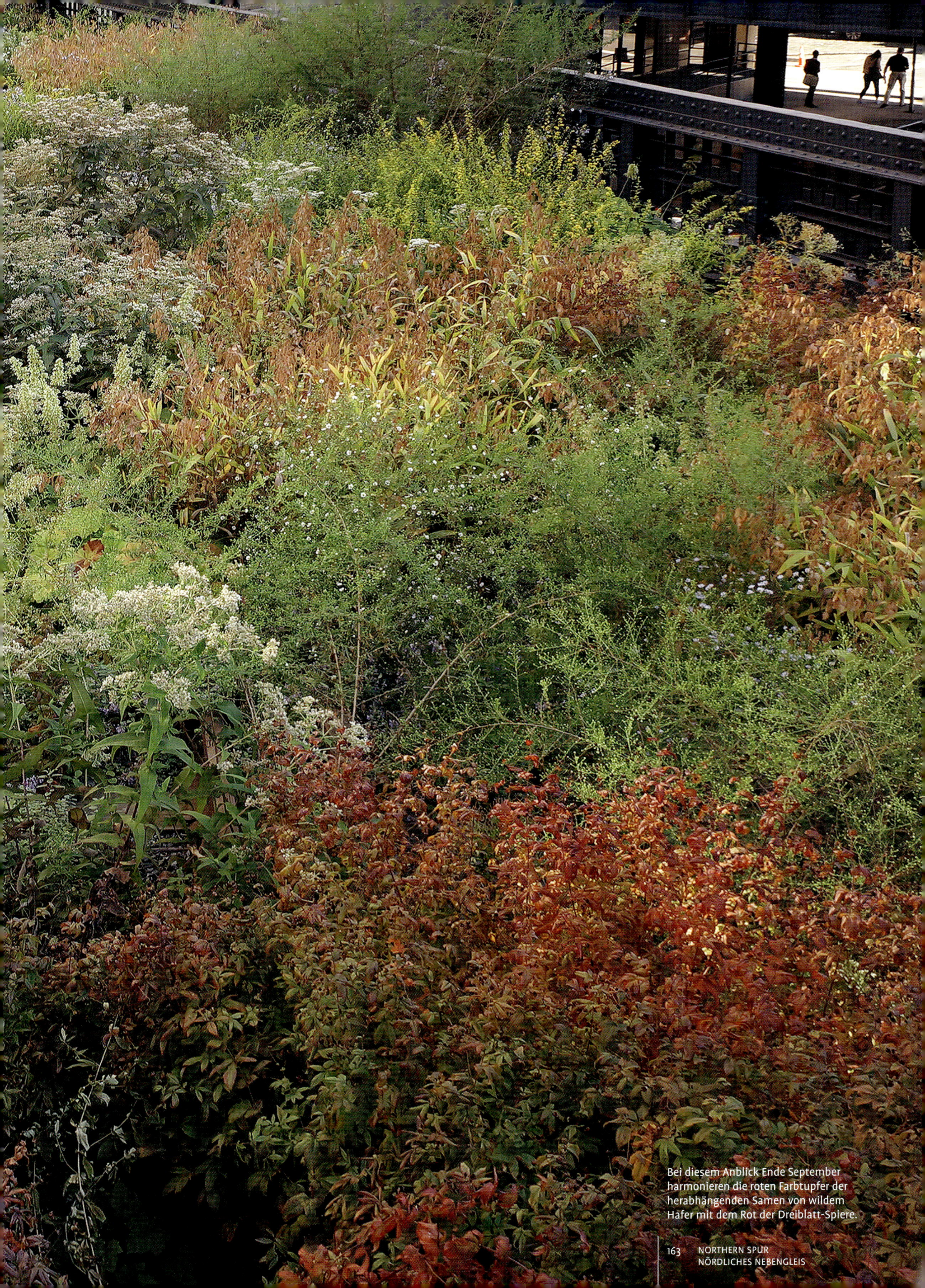

Bei diesem Anblick Ende September harmonieren die roten Farbtupfer der herabhängenden Samen von wildem Hafer mit dem Rot der Dreiblatt-Spiere.

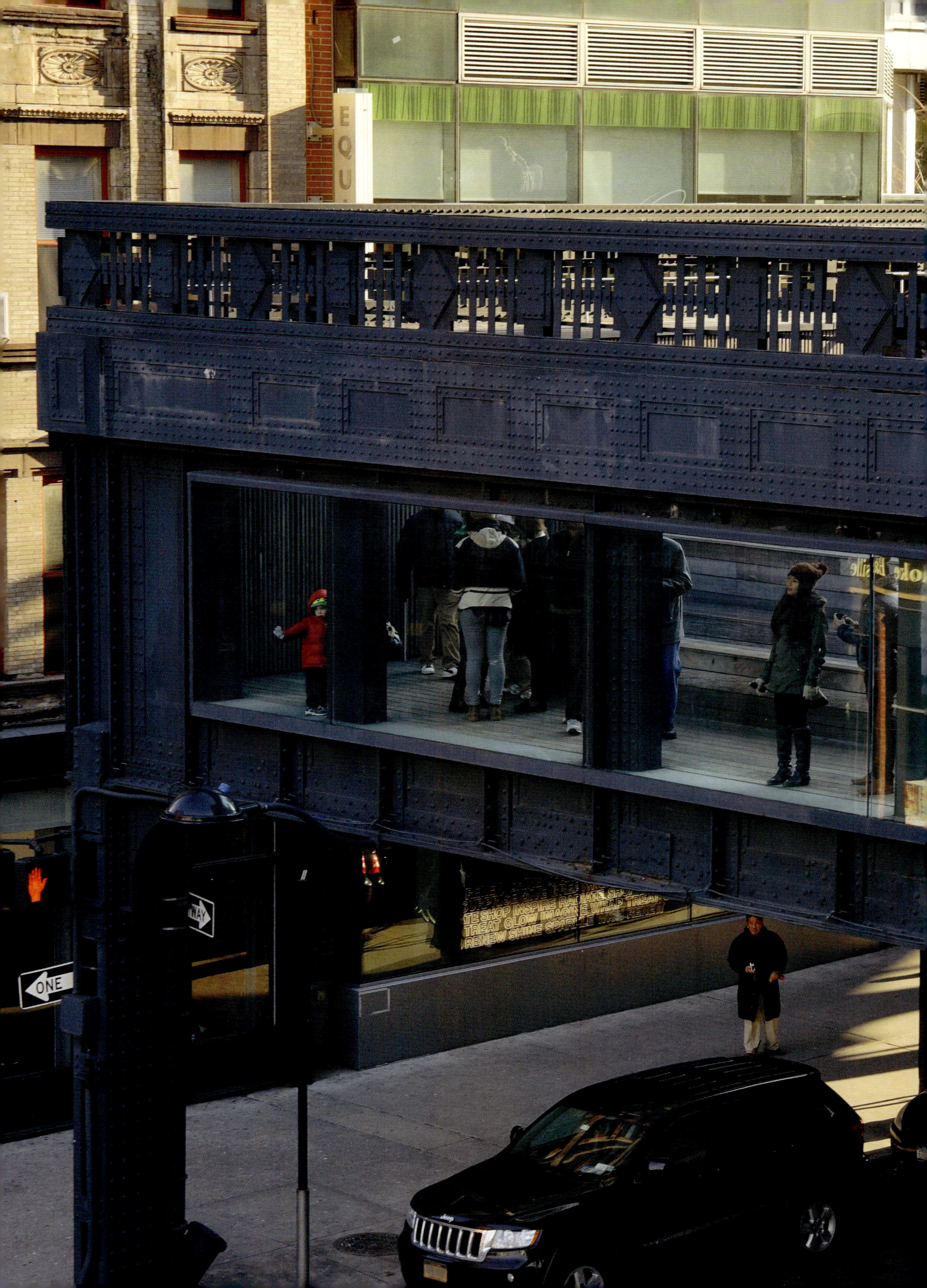
WAY
ONE

10th AVENUE SQUARE

Die dynamische und mehrschichtig strukturierte Landschaft der High Line bietet unzählige Möglichkeiten, um die Kunst des Betrachtens zu pflegen. Die komplexen Pflanzungen und die Verschiedenartigkeit der Besucher garantieren, dass das Leben auf der High Line unendlich spannend bleibt. Auch wenn der Planungsprozess unzählige Experimentiermöglichkeiten vorsah, war die unvorhergesehene Reaktion darauf immer das höchste Ziel. Von einem verwilderten Garten voller echter Wildpflanzen inspiriert, ist die nachgestaltete Landschaft ein wirklich wilder Ort.

Der Wissenschaftler Louis Pasteur sprach bei einem Vortrag an der Universität Lille 1854 davon, dass „im Bereich der Beobachtungen das Glück nur dem vorbereiteten Geist hold ist". Der Platz an der 10th Avenue zusammen mit dem üppig gestalteten Aussichtspunkt beweisen diesen Gedanken. Weil Gärten eine wunderbare Bühne zum Geschichtenerzählen sind, plante man historisch oft Freilichttheater ein. Die High Line-Brücke über die 10th Avenue sollte ein dreiviertel Jahrhundert warten, bis sich jemand diese Stelle als Theater vorstellte. Es bedurfte der Fantasie des Design-Teams, um diese Besonderheit zu erkennen und dieses markante Element zu gestalten. Der Blick von den Theaterrängen auf das hektische Treiben der Straße ist sowohl tagsüber faszinierend als auch nachts. Der Blick nach Norden in Richtung Coach Tower, ein Dutzend Blocks entfernt am Hudson gelegen, ermöglicht Einblicke und die Sicht auf Chelsea. Schaut man von der Straße herauf oder von der Präriegestaltung der Chelsea Grasslands, so zeigt der Anblick des Freilichttheaters, warum gerade diese Stelle die Betrachter so fesselt.

Direkt neben der Freilichtbühne gibt der Platz die Möglichkeit, sich zu treffen oder unter dem geordneten Dach von Dreiblättrigem Ahorn (*Acer trifolium*) zu entspannen. Die in Nordostchina und Korea heimische, relativ kleinwüchsige Ahornart wird wegen ihrer Hitzeverträglichkeit, der kupferfarbenen, sich schälenden Rinde und der lebendigen orangeroten Herbstfärbung geschätzt. Die Kronen sind dicht genug, um für Kühle zu sorgen, aber sie sind auch so licht, dass die Sonnenstrahlen in Form hübscher Lichtpunkte den Boden erreichen. Die Sitz- und Laufflächen unter den Ahornbäumen und im Freilichttheater sind aus Ipe-Holz gefertigt. Ipe (*Handroanthus sp.*) sieht aus wie Walnussholz, ist aber ein in Lateinamerika kommerziell angebautes Tropenholz. An klaren Tagen kann man vom Ahornwald nach Süden über das Nördliche Nebengleis hinweg bis zur Freiheitsstatue und nach Ellis Island sehen.

Die Pflanzungen sind überwiegend an den Rändern um diesen betriebsamen Platz herum angelegt. Perückensträucher besetzen als markante Bepflanzung eine Insel zwischen Hauptebene und Fußweg zum Nördlichen Nebengleis. Seidenpflanzen (*Asclepias purpurascens*) stechen in der Staudenzone besonders hervor, wenn sie in Blüte stehen und wenn später ihre raketenähnlichen Samenstände heranreifen.

Wie bei anderen Gestaltungen nutzt auch das Design der Überführung an der 10th Avenue vorhandene Elemente. So entsteht ein Miniaturtheater für das Drama der Stadt. Man ist überrascht, wenn man von der Straße hinaufschaut und plötzlich merkt, dass man ein Publikum hat. In diesem Fall steht das Publikum ebenfalls auf einer Bühne.[21]

MATTHEW JOHNSON

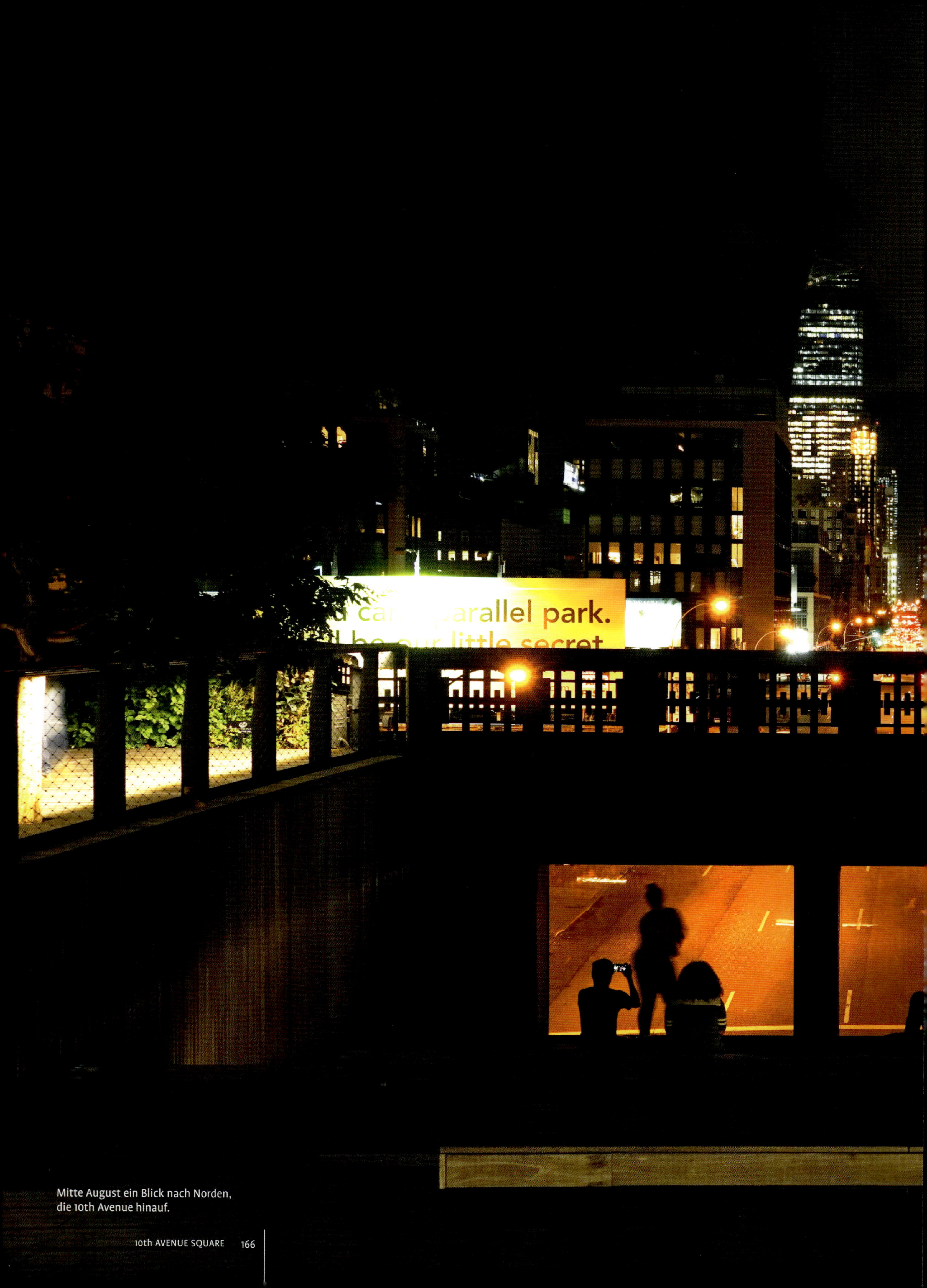

Mitte August ein Blick nach Norden,
die 10th Avenue hinauf.

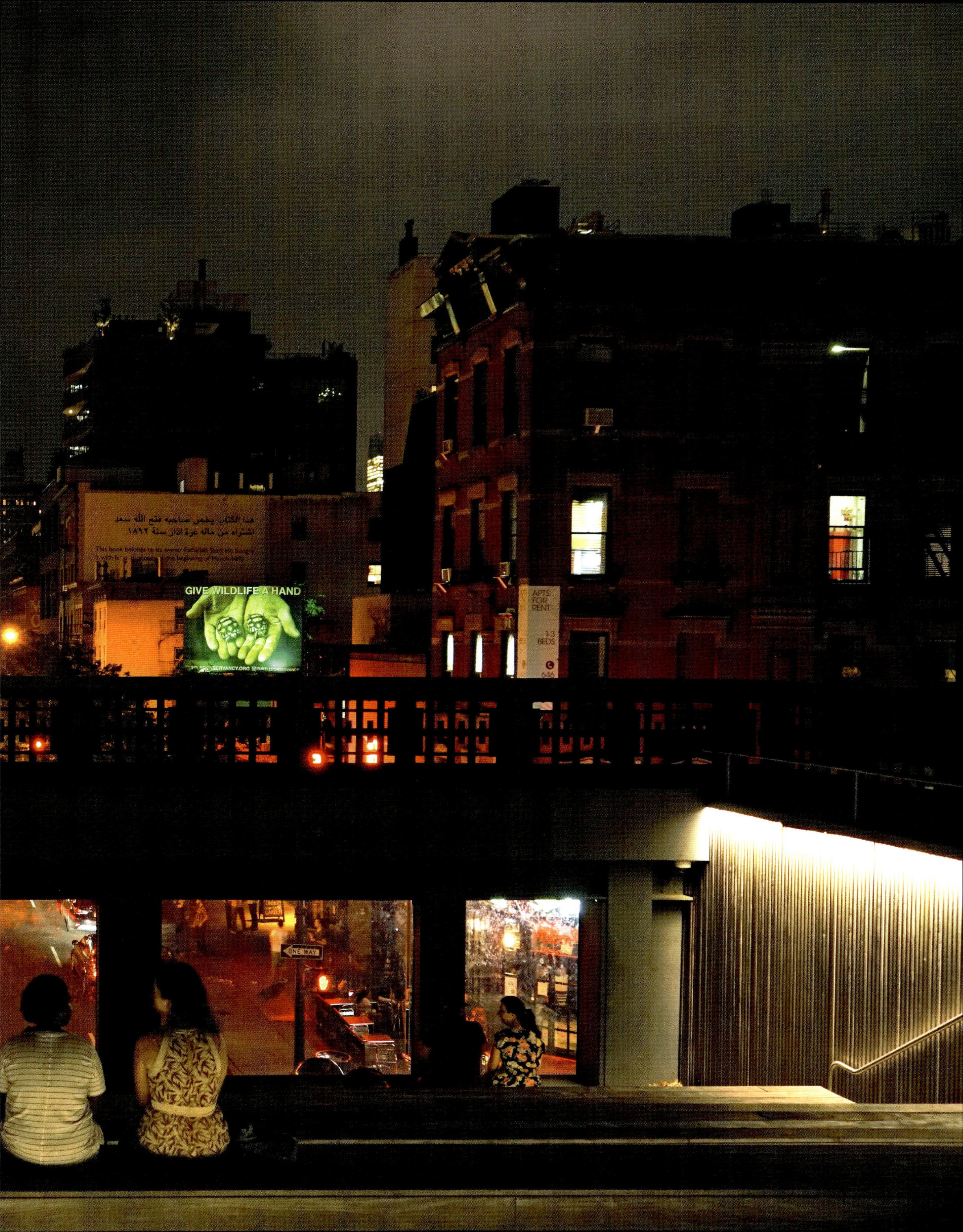

هذا الكتاب يخص صاحبه فتح الله سعد
اشتراه من ماله غرة اذار سنة ١٨٩٢
This book belongs to its owner Fathallah Saad. He bought
GIVE WILDLIFE A HAND
APTS FOR RENT
1-3 BEDS
ONE WAY

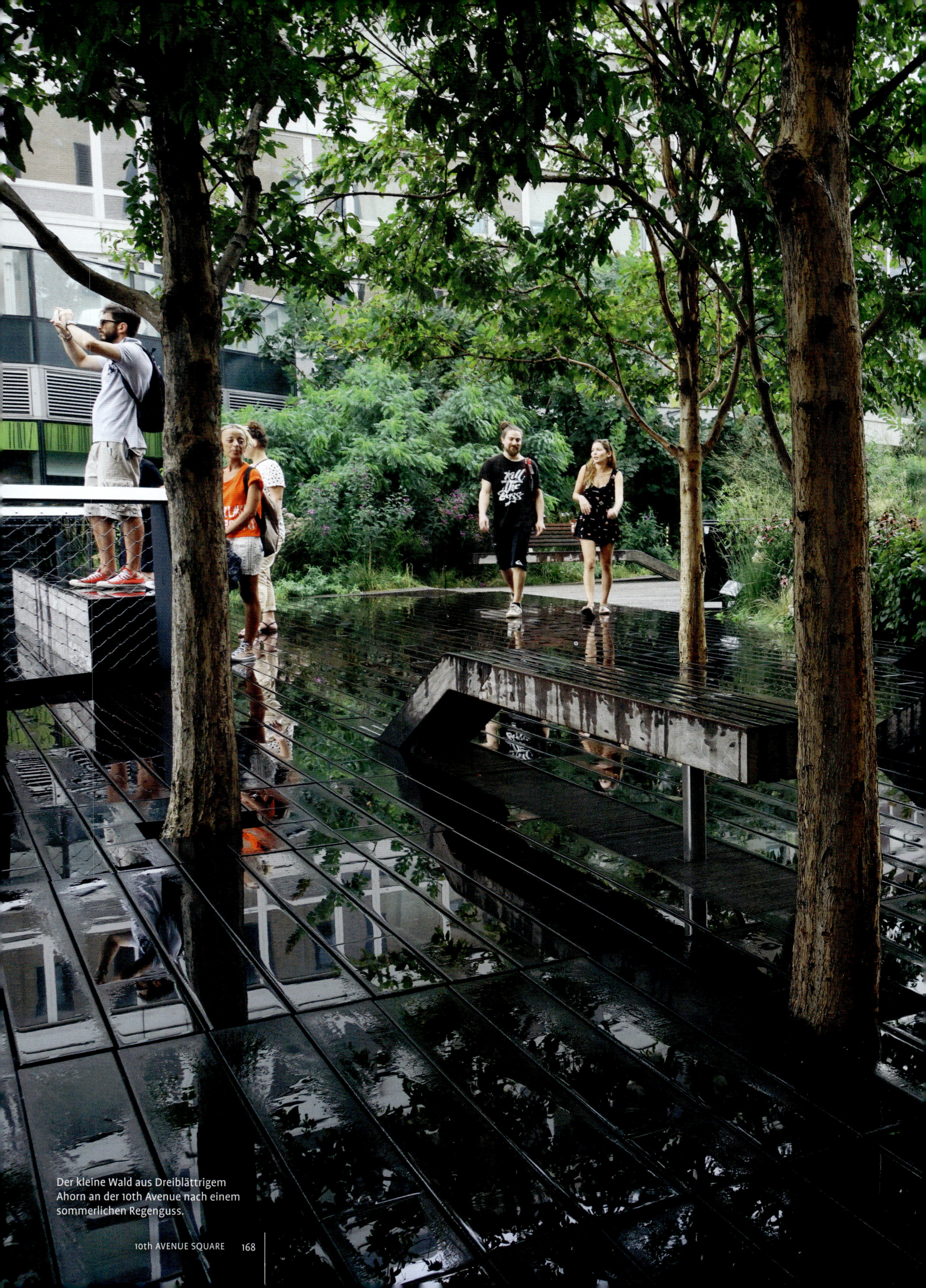

Der kleine Wald aus Dreiblättrigem Ahorn an der 10th Avenue nach einem sommerlichen Regenguss.

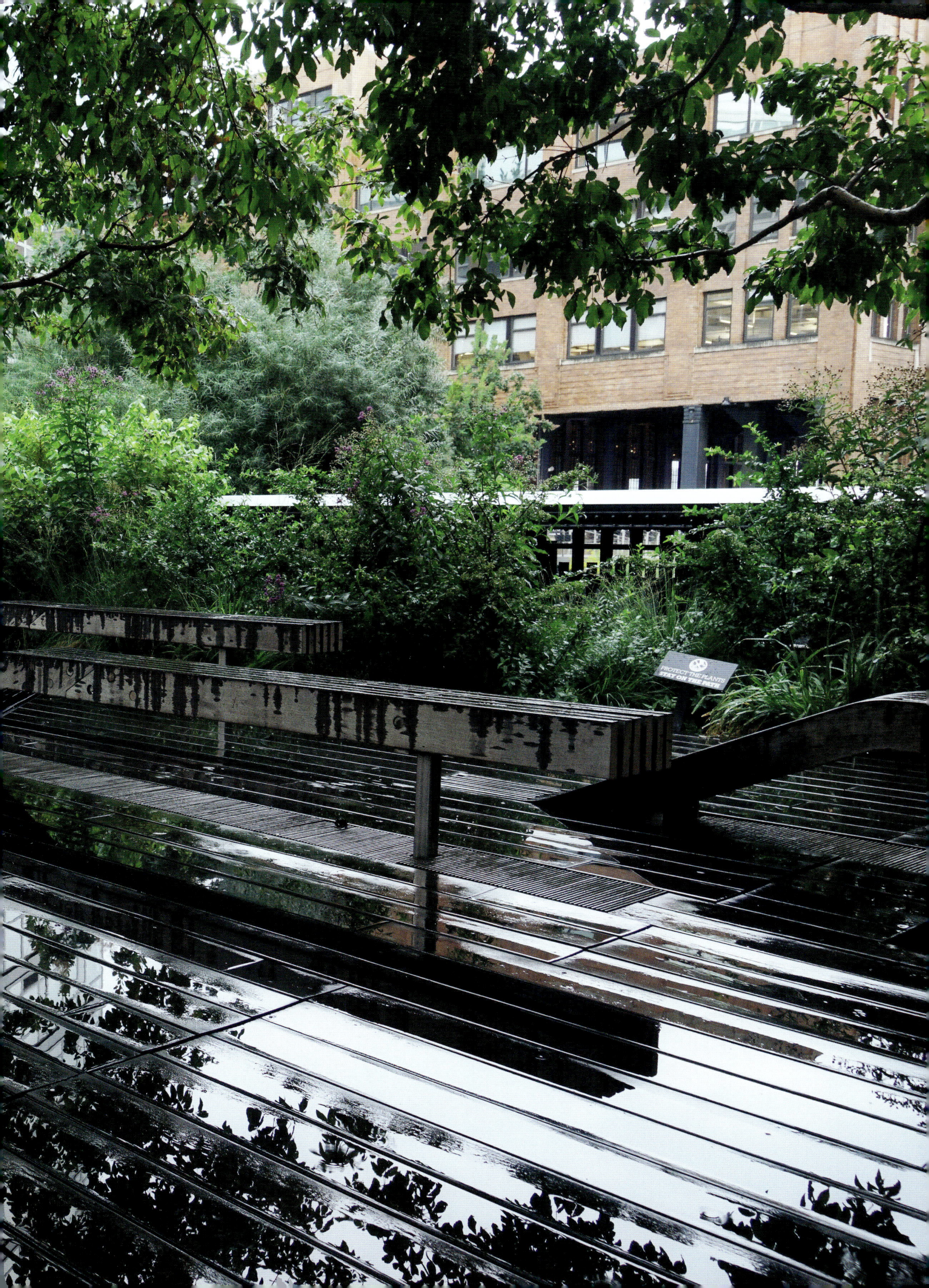
PROTECT THE PLANTS

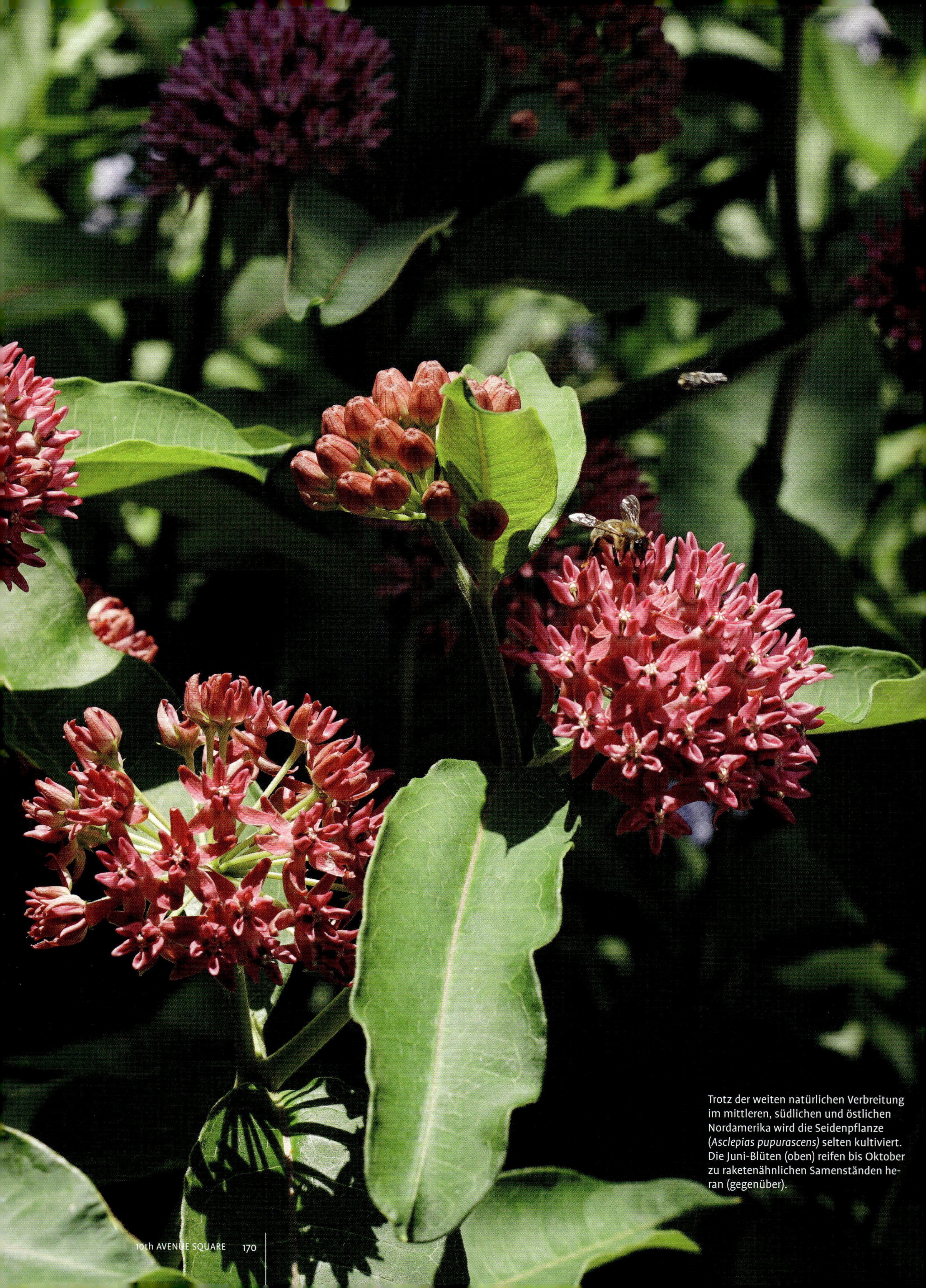

Trotz der weiten natürlichen Verbreitung im mittleren, südlichen und östlichen Nordamerika wird die Seidenpflanze (*Asclepias pupurascens*) selten kultiviert. Die Juni-Blüten (oben) reifen bis Oktober zu raketenähnlichen Samenständen heran (gegenüber).

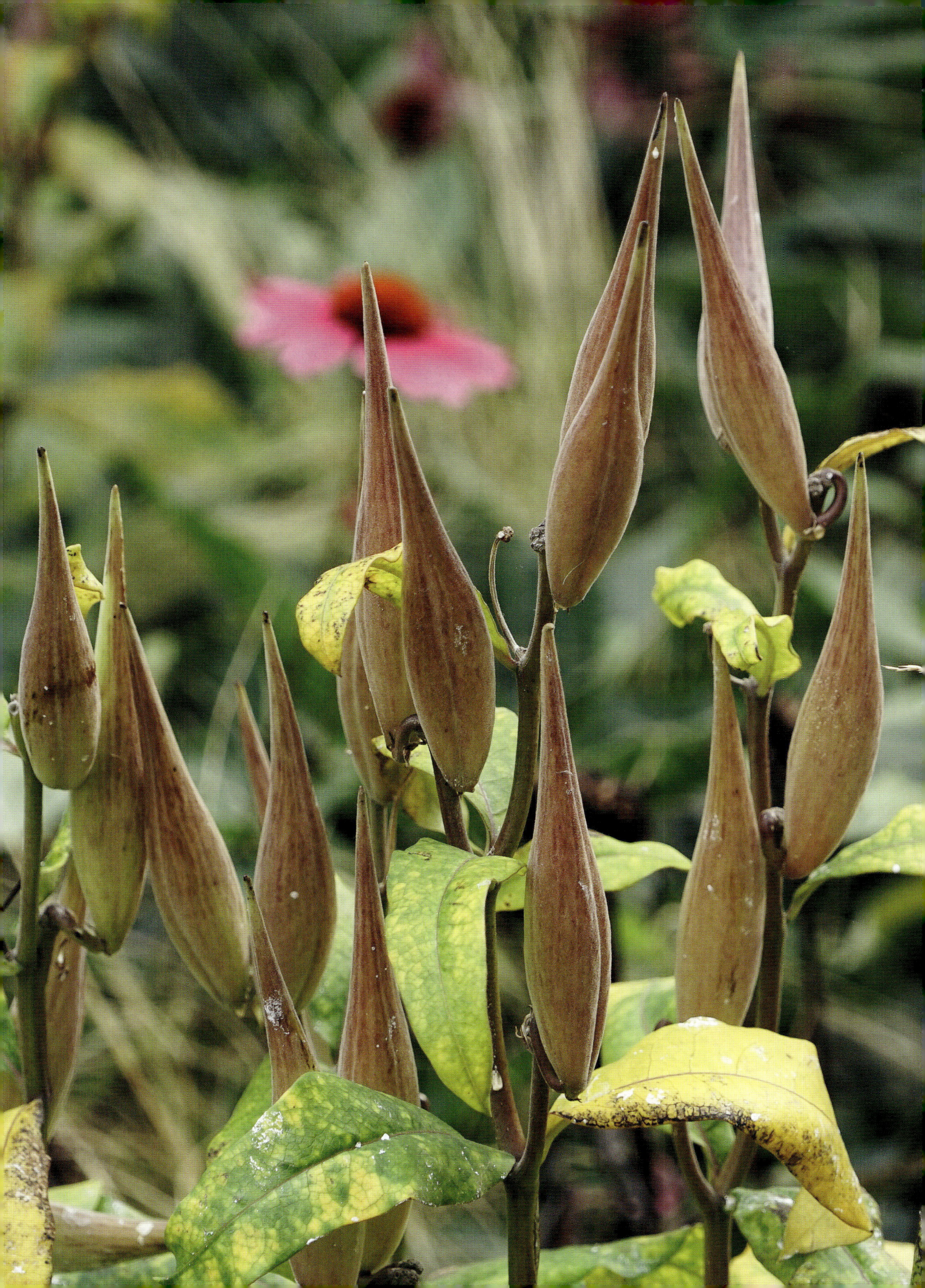

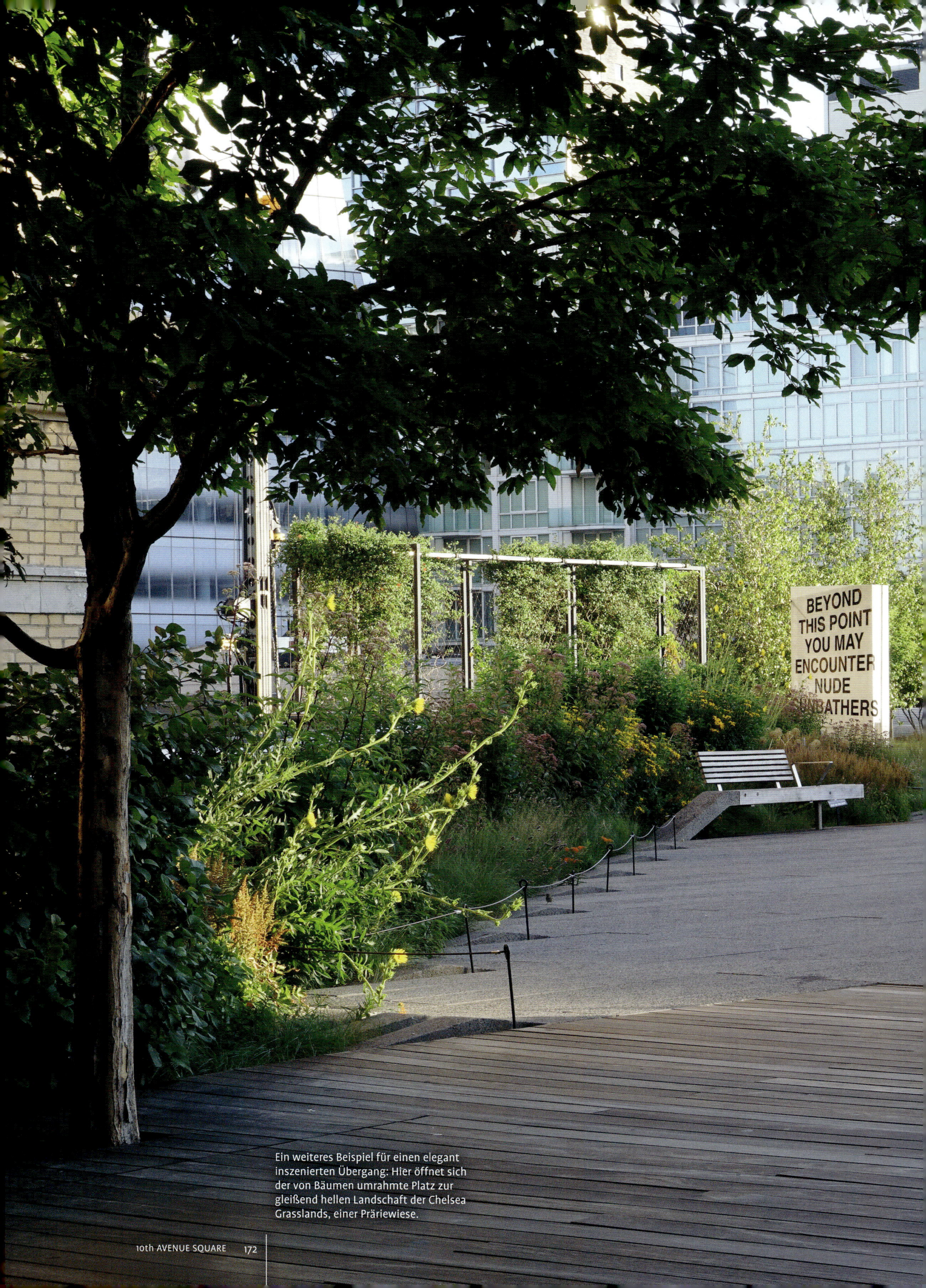

Ein weiteres Beispiel für einen elegant inszenierten Übergang: Hier öffnet sich der von Bäumen umrahmte Platz zur gleißend hellen Landschaft der Chelsea Grasslands, einer Präriewiese.

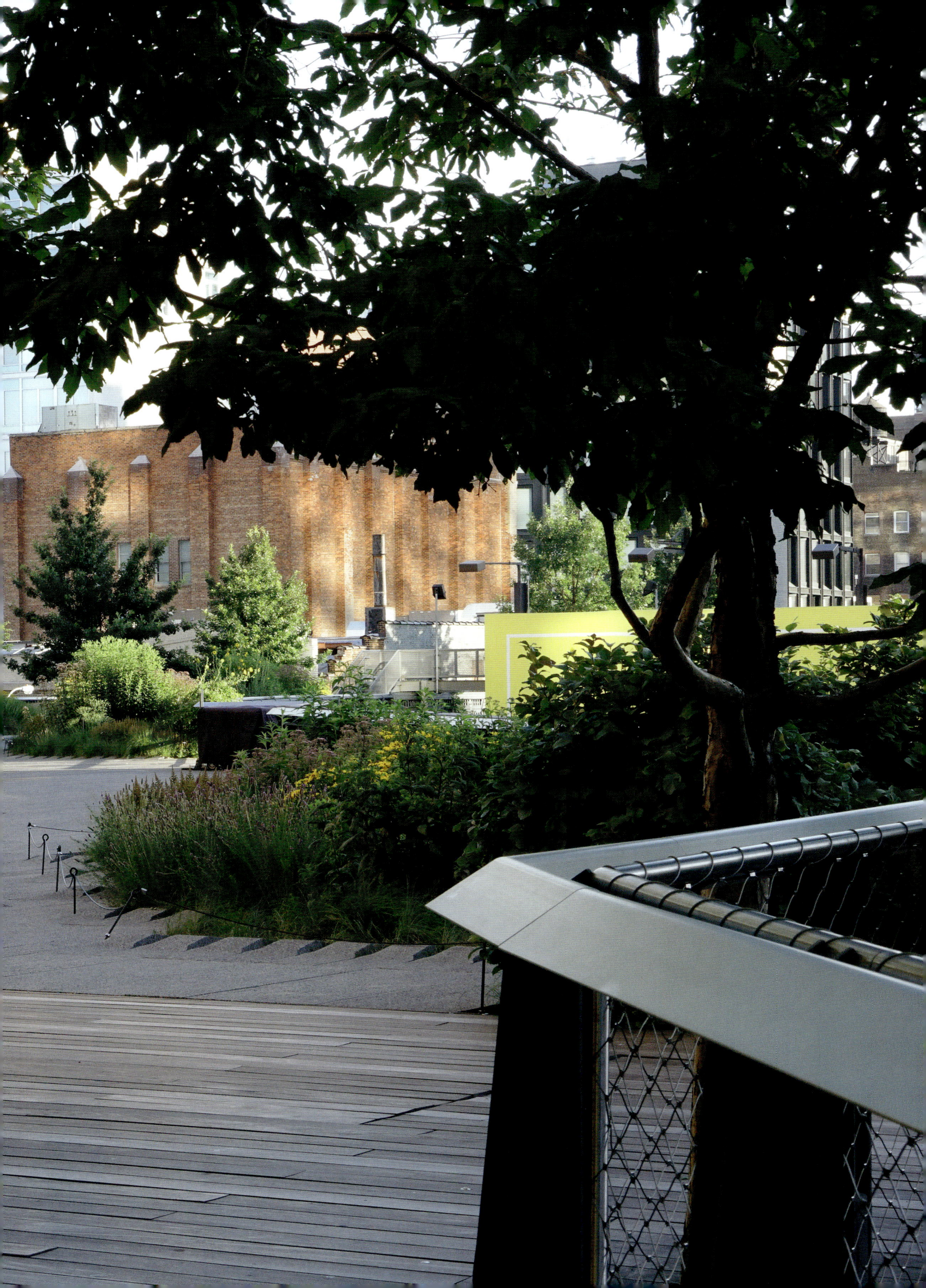

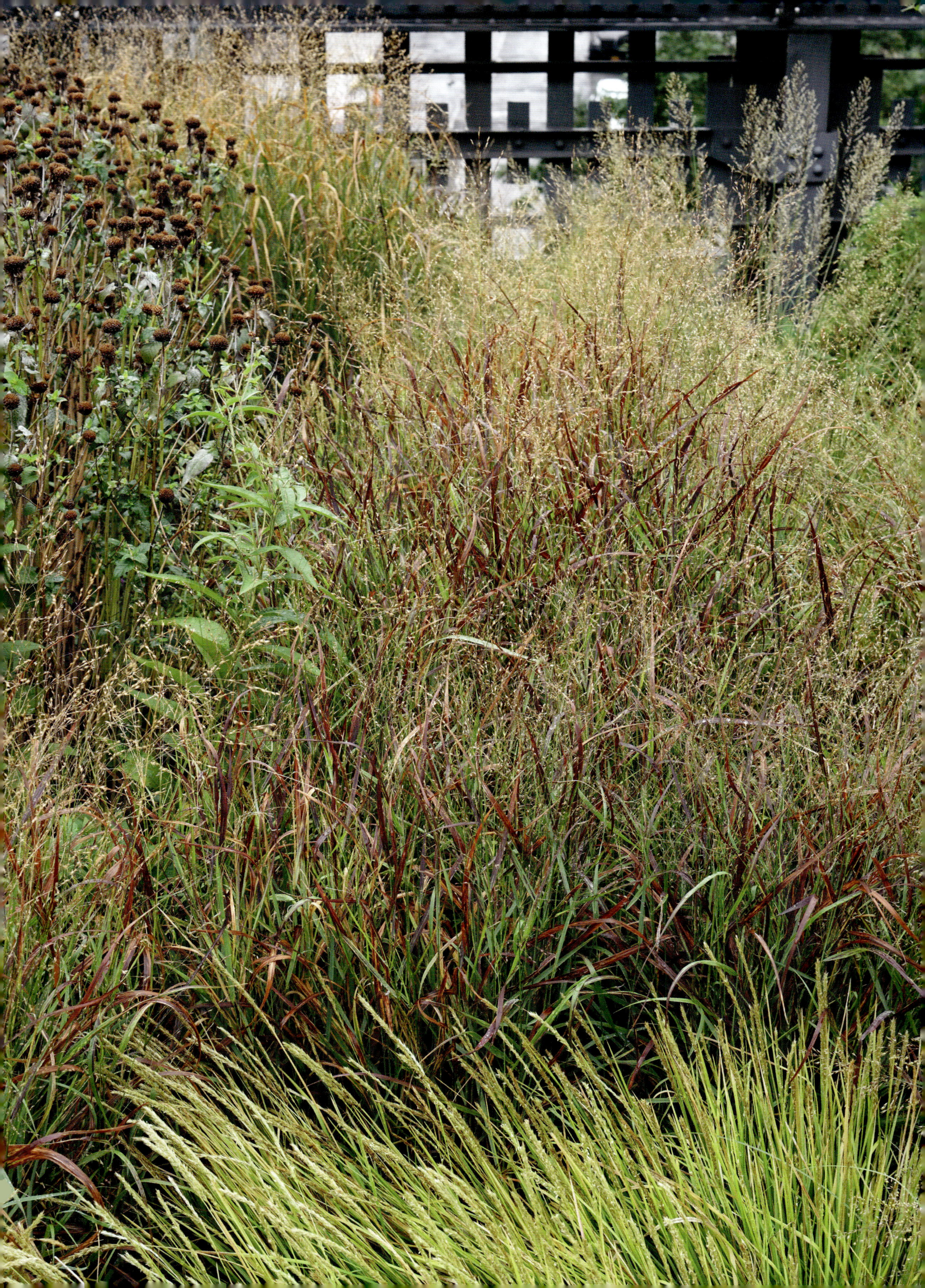

CHELSEA GRASSLANDS

CHELSEA-PRÄRIE

Gräser waren für die High Line unverzichtbar und werden es auch bleiben. Als Pioniere im ökologischen Sinne gehörten sie zu den ersten Lebensformen, die sich im neu entstehenden Habitat auf der ehemaligen Gleisanlage ausbreiteten. Aus ästhetischer Sicht spielen sie eine grundlegende Rolle bei der Entstehung der städtischen Natur, die diese Landschaft ausmacht. Anders als ihre engen Verwandten, die Seggen, sind die meisten echten Gräser wahre Sonnenanbeter. Es ist geradezu selbstverständlich, dass sie in der Chelsea-Präriewiese, einem der sonnigsten Abschnitte der High Line, besonders vielfältig und imposant gedeihen.

Da Gräser von Natur aus Gestaltwandler sind, tragen sie mehr als alle anderen Pflanzen zum dynamischen Bild eines Gartens bei. Ihre Farben sind zwar nicht so satt wie die der typischen Blütenpflanzen, dafür sind sie raffiniert und bemerkenswert vielfältig. Die Farbpalette der Gräser beginnt bei Grün, in allen Abtönungen und Schattierungen. Im Herbst werden die grünen Gräser golden, dann apricotfarben, rot, rostrot und schließlich verblassen sie. Die blaugrünen Gräser legen sich eine silber- oder purpurfarbene Tönung zu. Gräser vermehren sich durch Samen selbst, was ein Garant für permanent veränderliche Muster ist. Und es führt auch zu massenhaftem Wuchs. Neben der Farbe machen die Gräser unsere Gärten durch ihre Linearität, Form, Textur und filigrane Durchsichtigkeit auf vielfältige Weise schön und attraktiv. Ihre grazilen Halme und Blüten wiegen sich in jeder Sommerbrise, im Herbststurm oder Winterwind. Wenn sie sich bewegen, singen sie in leisen Tönen – vom Flüstern bis zum abgehackten Rasseln. Ihr filigraner Charakter bildet einen spannenden Kontrast zum kraftvollen Bau der breitblättrigen Stauden. Die Leichtigkeit macht sie zu idealen Begleitern von starren und undurchsichtigen Kunstwerken oder Architekturformen.

In erster Linie bestimmen Großer Blauhalm (*Andropogon gerardii)*, Gelbes Indianergras (auch Goldbart) *Sorghastrum nutans* und Rutenhirse (*Panicum virgatum)* die glanzvolle Grasfläche der Chelsea-Prärie. Zusammen mit Präriegras (*Schizachyrium scoparium)* gehören sie zu den dominierenden Arten der typischen nordamerikanischen Steppengräser. Allerdings sind alle auch im Osten der USA einschließlich der Gegend um New York heimisch. Physiologisch betrachtet, bevorzugen diese wärmeliebenden Gräser die warme Jahreszeit mit Lufttemperaturen über 26 °C für optimalen Wuchs. Im Frühling treiben sie zögerlich aus und bleiben bis Ende Mai, Anfang Juni eher klein und wenig raumgreifend. Im Spätsommer erreichen sie ihre vollständige Wuchshöhe und -breite, wobei sie die Wirkung der gesamten Landschaft radikal verändern.

Das klein bleibende Präriegras eignet sich im Gegensatz zu den hoch aufwachsenden Gräsern am wenigsten für die Gesellschaft von Stauden, vor allem nicht bei geringen Pflanzabständen. Obwohl das Präriegras zum Bestand der Chelsea-Prärie gehört, wachsen im unteren Register der Gräser überwiegend das nordamerikanische Prärie-Fallsamengras (*Sporobolus heterolepis)* und das südeuropäische Herbst-Blaugras (*Sesleria autumnalis)*. Beide zeigten, dass sie in der komplexen Mischung gut gedeihen.

Chartreuse-grünes Herbst-Blaugras besetzt die Ebene mit Gräsern geringer Wuchshöhe, während die Rutenhirse der Züchtung 'Shenandoah' (*Panicum virgatum* 'Shenandoah') sich im Frühherbst burgunderrot verfärbt.

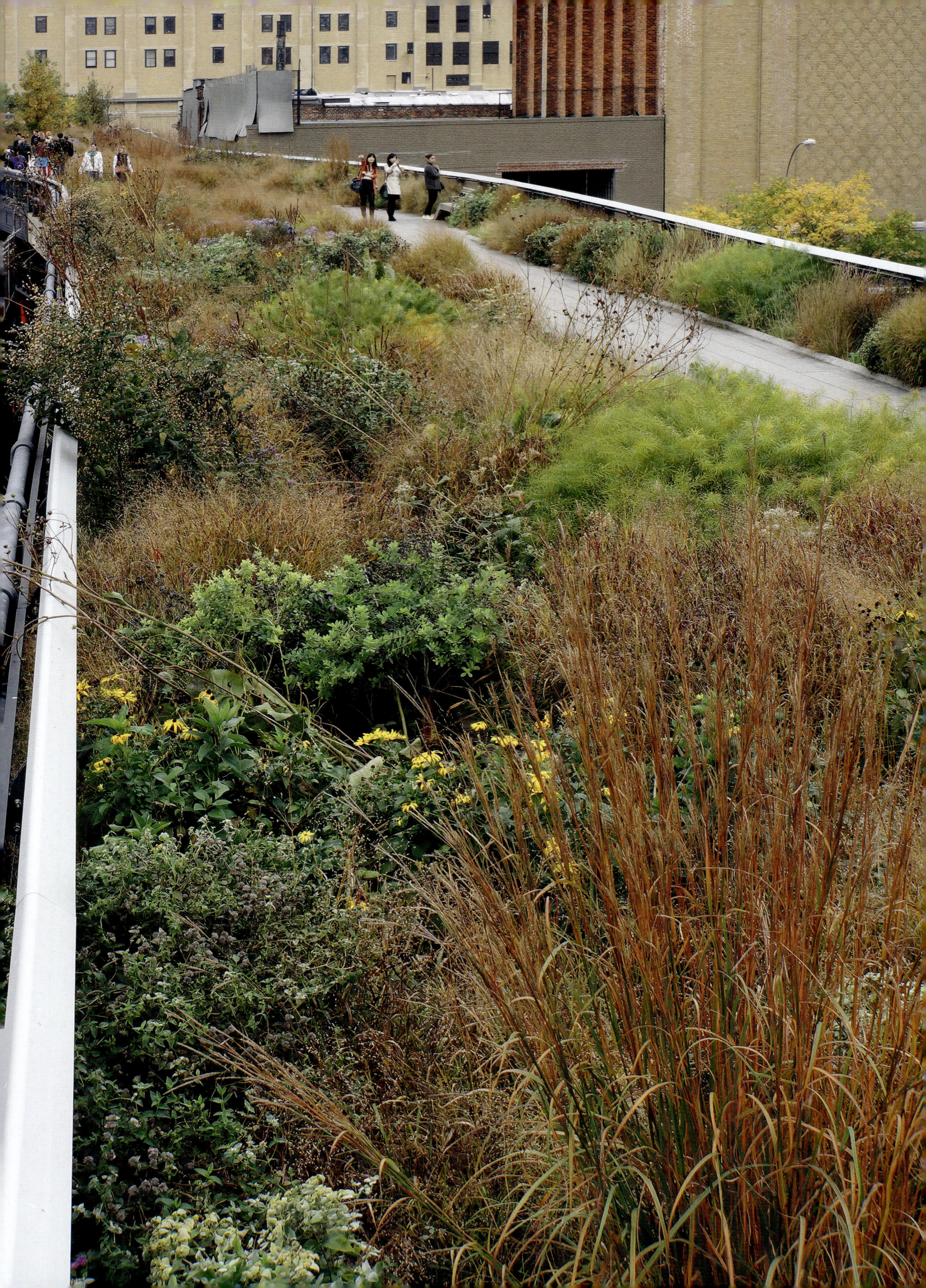

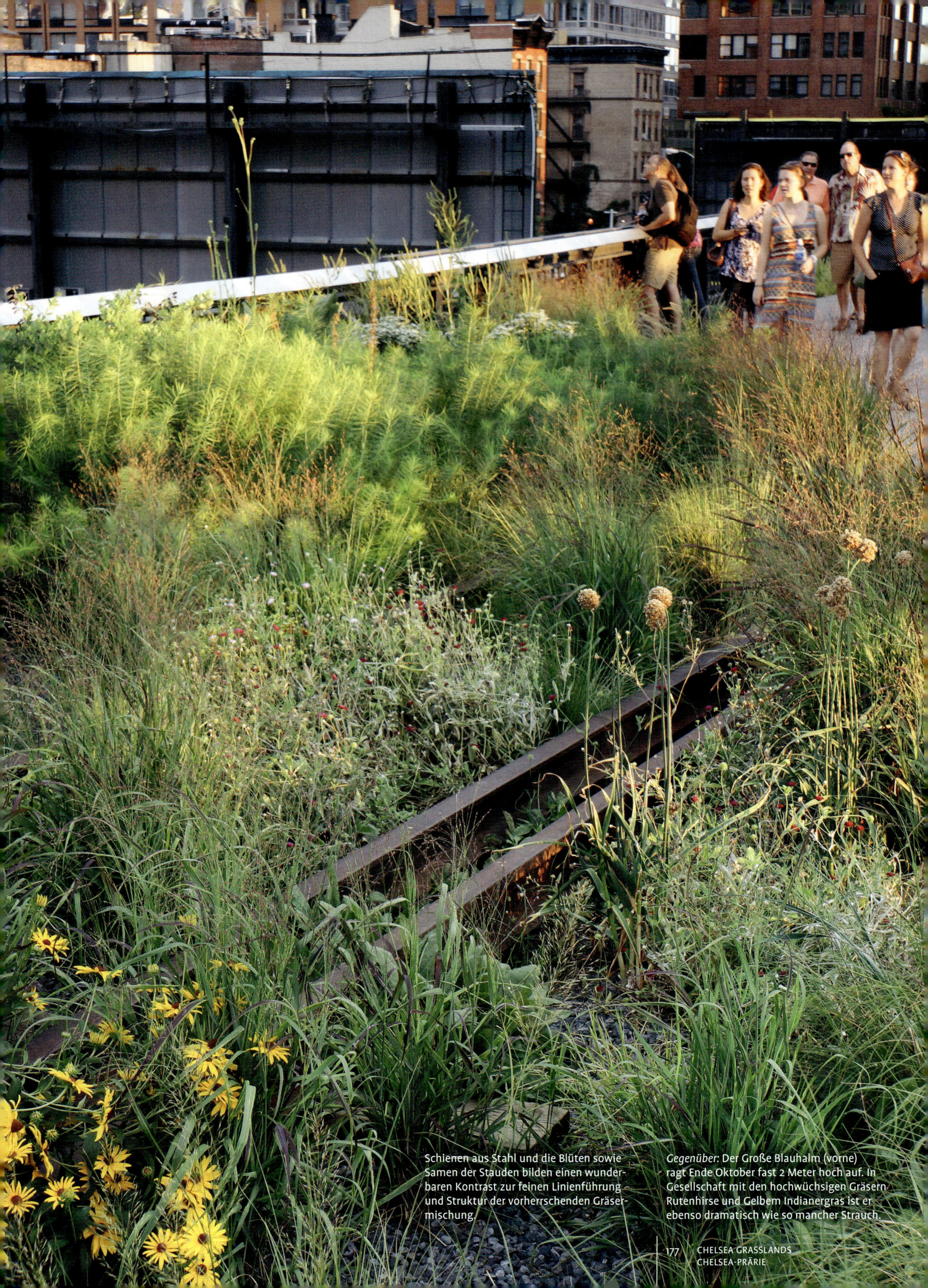

Schienen aus Stahl und die Blüten sowie Samen der Stauden bilden einen wunderbaren Kontrast zur feinen Linienführung und Struktur der vorherrschenden Gräsermischung.

Gegenüber: Der Große Blauhalm (vorne) ragt Ende Oktober fast 2 Meter hoch auf. In Gesellschaft mit den hochwüchsigen Gräsern Rutenhirse und Gelbem Indianergras ist er ebenso dramatisch wie so mancher Strauch.

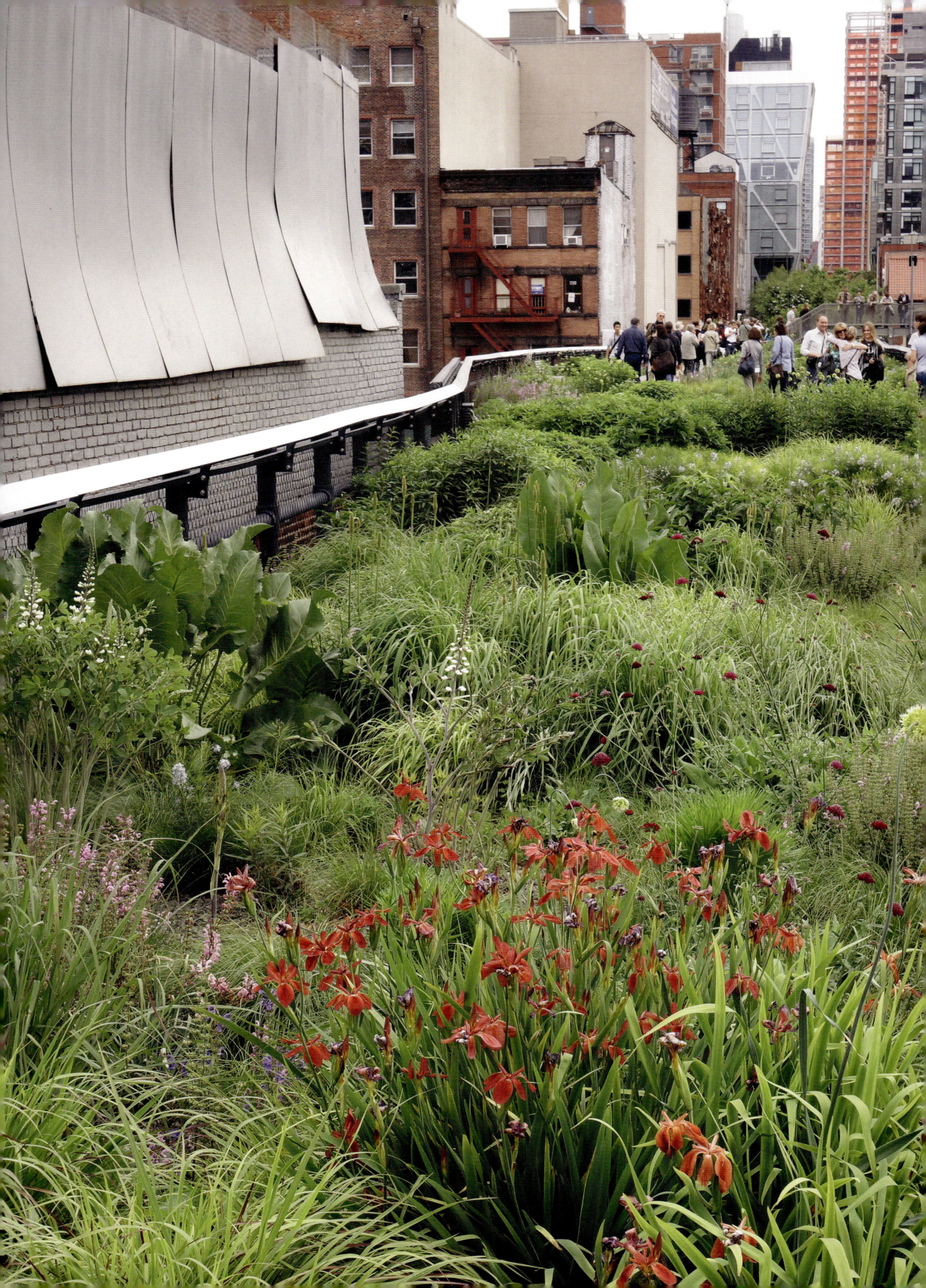

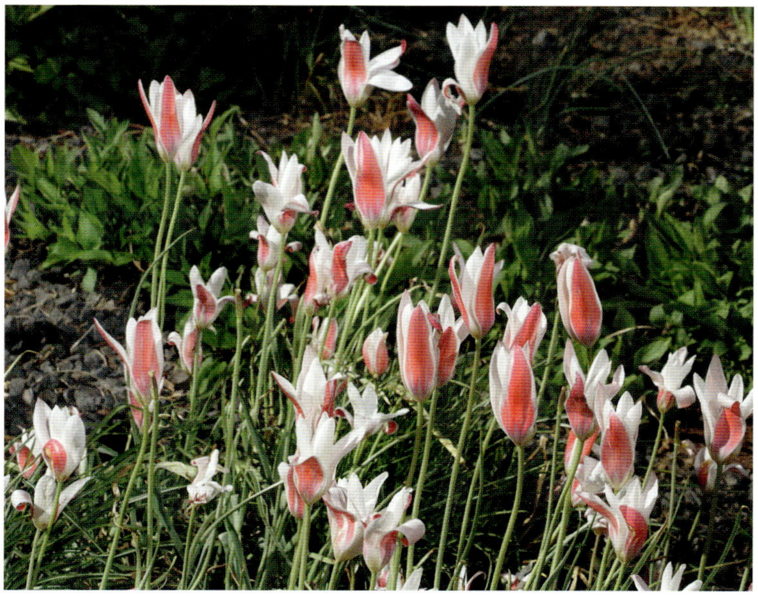

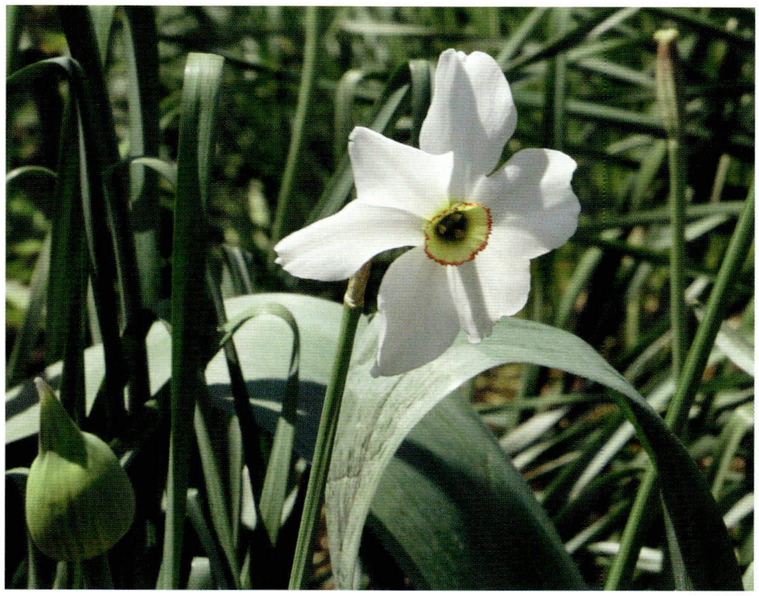

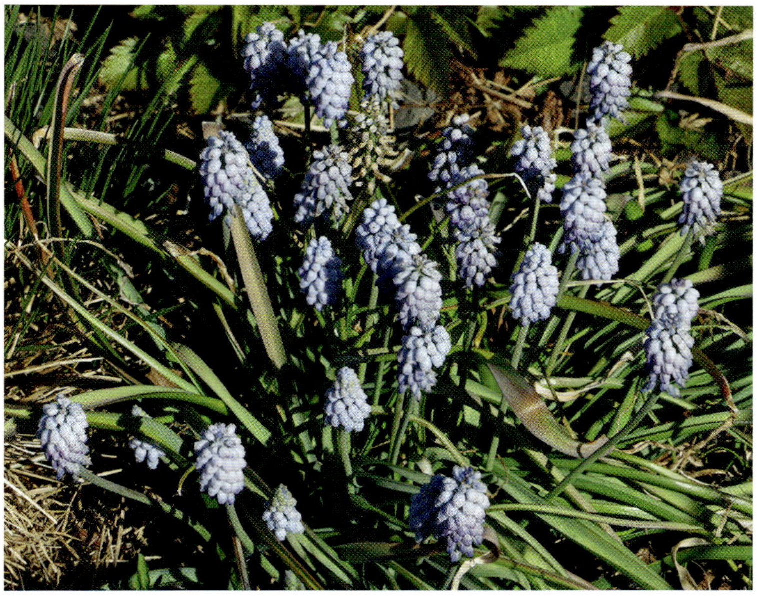

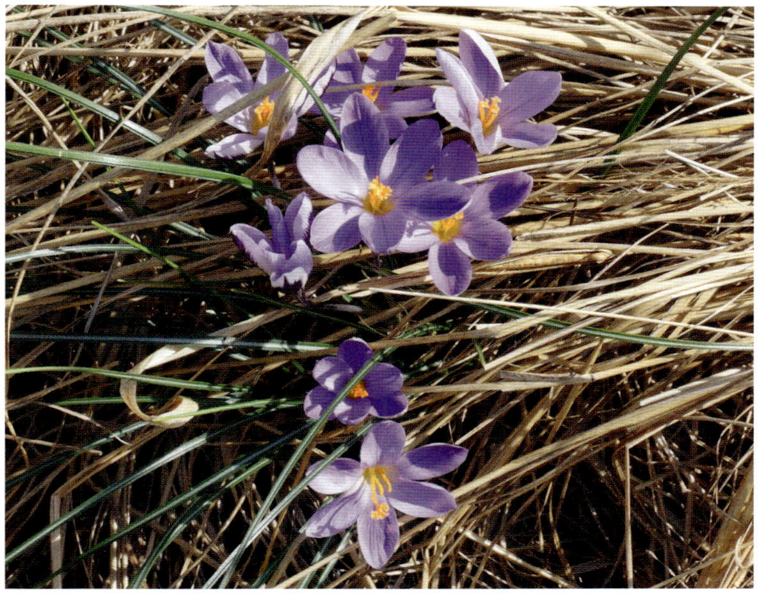

Es ist eine Kunst für sich, die farbigen Begleiter für die Gräser auszusuchen. Auch wenn die Gräser im Frühling ziemlich niedrig sind, so entwickeln sie im Sommer und Herbst eine geradezu unbändige Kraft. Um unter diesen Umständen zu überleben, müssen Pflanzen zu Beginn des Jahres das Licht in Bodennähe optimal ausnutzen und später eine Strategie besitzen, um den Schatten und die Konkurrenz durch die Gräser zu vertragen. Einige wie Iris-Arten oder Becherpflanzen (*Silphium terebinthinaceum*) überleben dank ihrer kräftigen, oft tief reichenden Wurzelsysteme. Andere wie die Astern wachsen neben den Gräsern in die Höhe und blühen im Spätsommer oder Herbst. Viele Zwiebelpflanzen, darunter Osterglocken, Tulpen, Krokus, Traubenhyazinthen (*Muscari sp.*), Blaustern (*Scilla sp.*), Allium und Schneeglöckchen (*Galanthus sp.*), ziehen sich nach der Blüte und Frucht in die Vegetationsruhe zurück, weshalb ihnen fehlendes Sonnenlicht nichts ausmacht. Bei der Gestaltung der Chelsea Grasslands kombinierte man sorgfältig Gräser und passende Begleiter, um eine nachhaltige Landschaft für das ganze Jahr zu schaffen.

Gegenüber: Terrakotta-Schwertlilie *Iris fulva* belebt Ende Mai die Prärie-Landschaft, während die Gräser noch niedrig sind.

Oben, im Uhrzeigersinn von links: Die Tulpe 'Lady Jane' (*Tulipa clusiana* 'Lady Jane'), die Dichternarzisse (*Narcissus poeticus*), die Traubenhyzinthe (*Muscari armeniacum* 'Valerie Finnis') und die frühe Krokusart (*Crocus tommasinianus*) blühen im April und Mai, danach setzt ihre Vegetationsruhe ein.

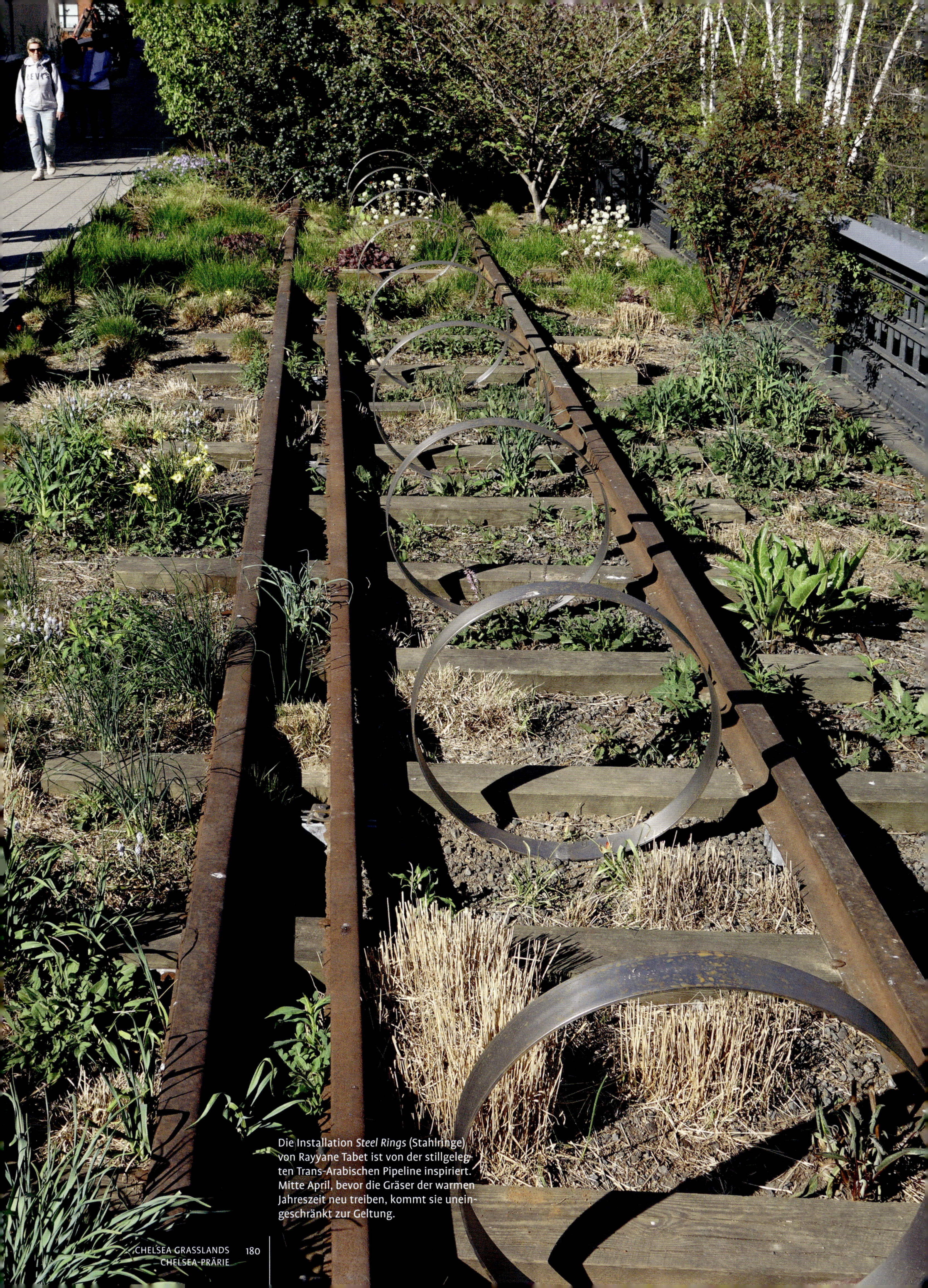

Die Installation *Steel Rings* (Stahlringe) von Rayyane Tabet ist von der stillgelegten Trans-Arabischen Pipeline inspiriert. Mitte April, bevor die Gräser der warmen Jahreszeit neu treiben, kommt sie uneingeschränkt zur Geltung.

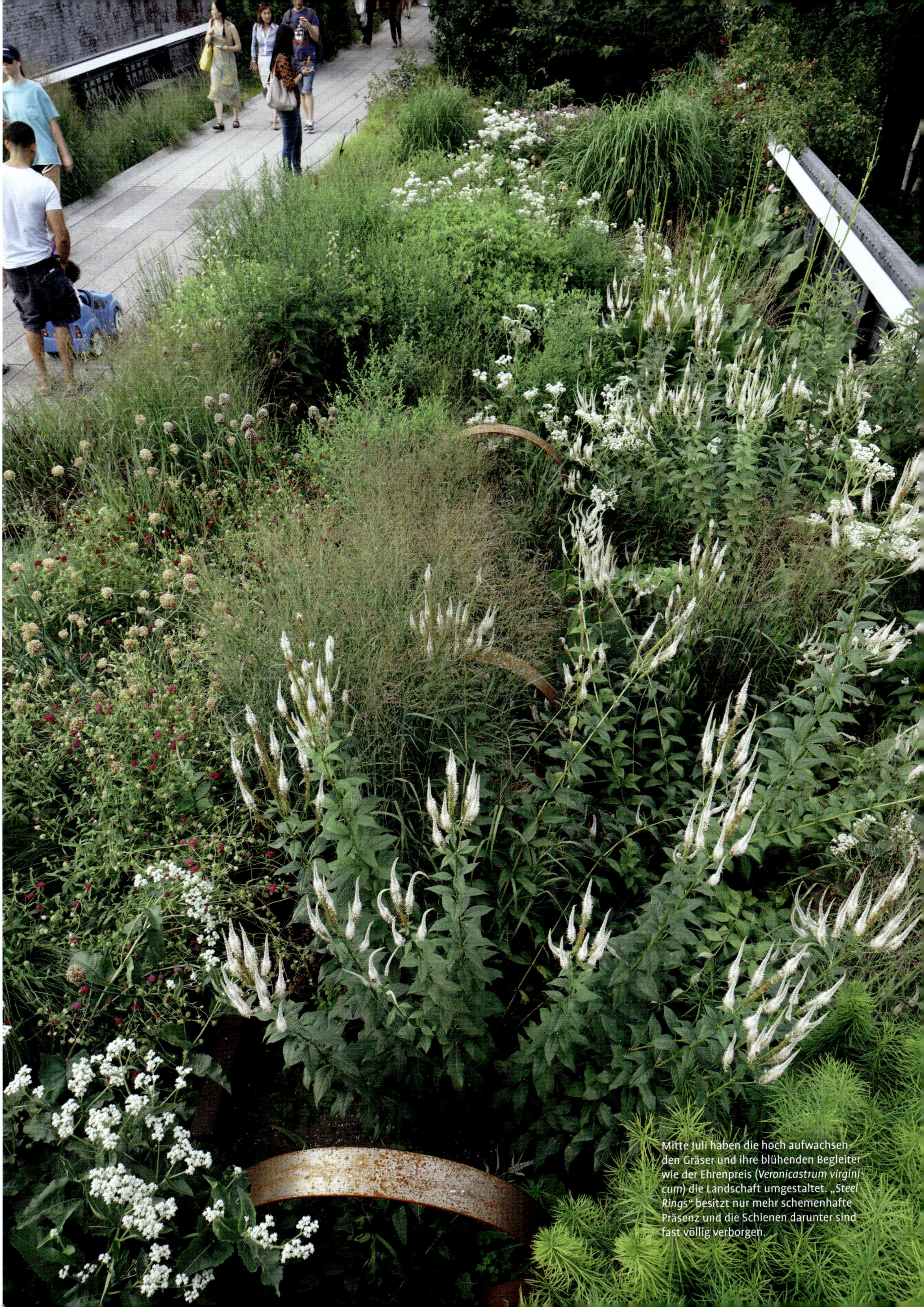

Mitte Juli haben die hoch aufwachsenden Gräser und ihre blühenden Begleiter wie der Ehrenpreis (*Veronicastrum virginicum*) die Landschaft umgestaltet. „*Steel Rings*" besitzt nur mehr schemenhafte Präsenz und die Schienen darunter sind fast völlig verborgen.

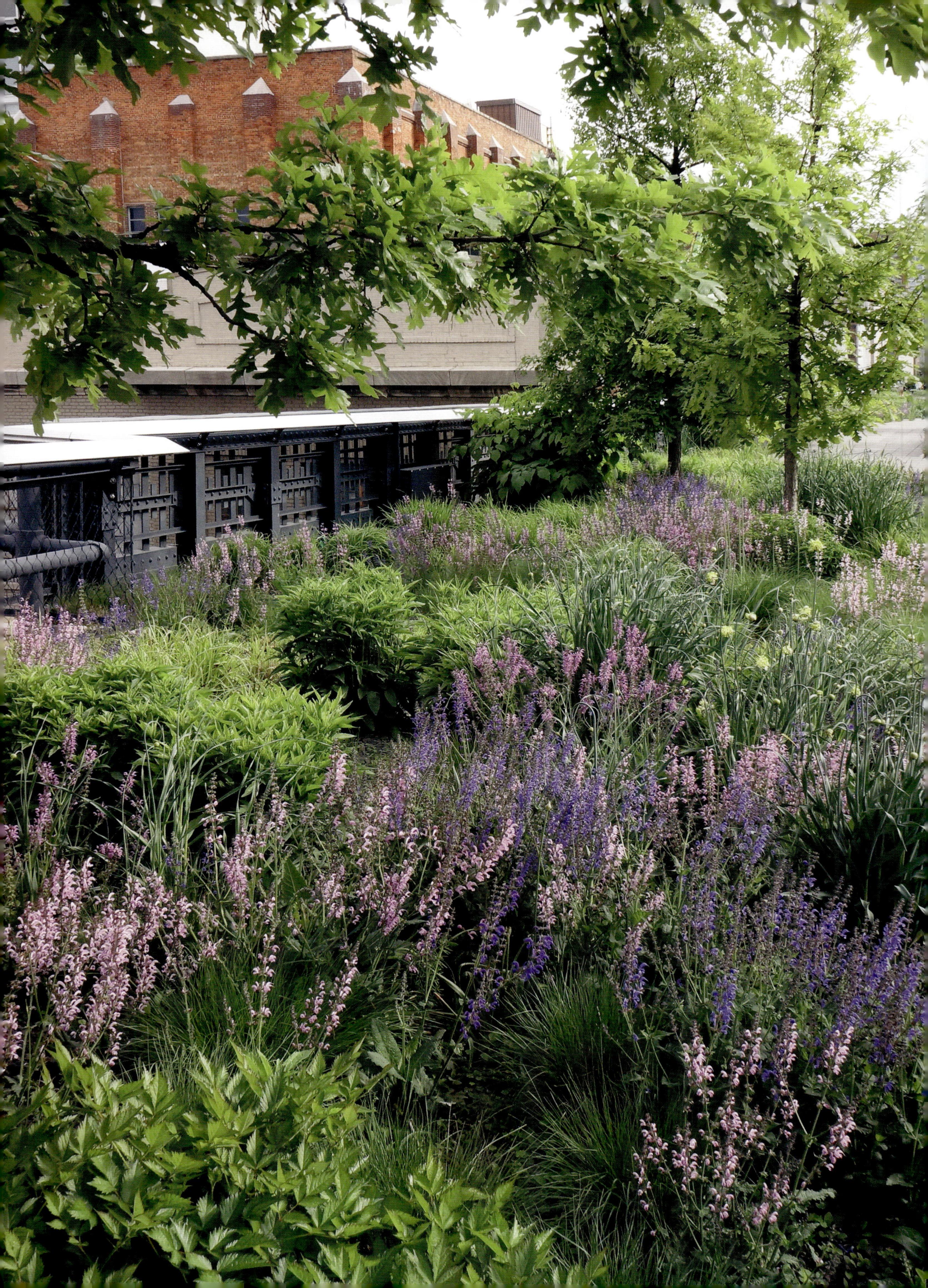

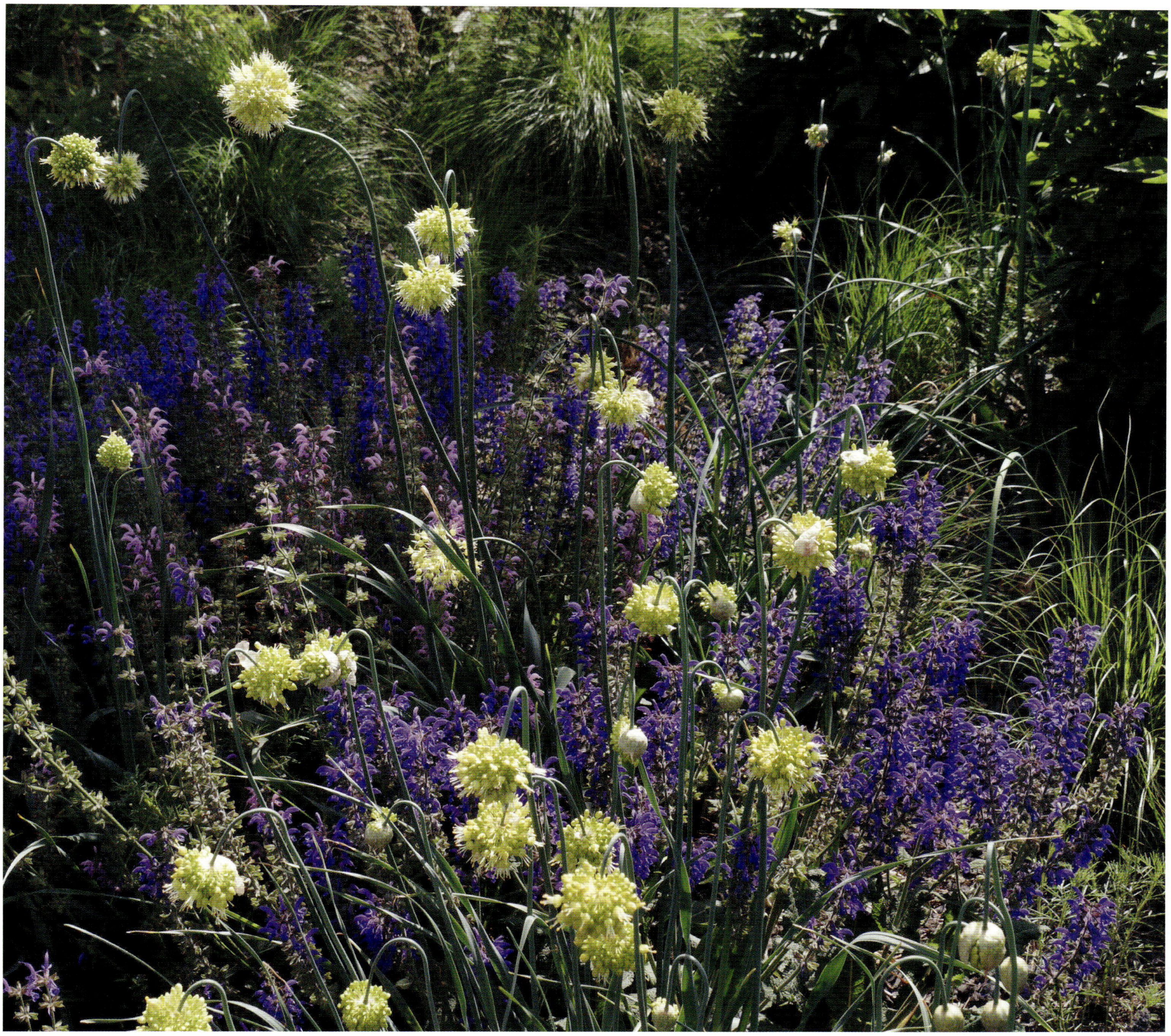

Gehölzpflanzen wie Bäume und Sträucher spielen mit Ausnahme der Großfrüchtigen Eiche *(Quercus macrocarpa)* in Bereich der Chelsea-Prärie nur eine untergeordnete Rolle. Dieser in Nordamerika heimische Baum wächst zwischen der Atlantikküste und den Ebenen des Mittleren Westens häufig zusammen mit Gräsern. Die Eiche in den Bestand der High Line zu integrieren, war eines der zahlreichen Experimente. Bislang gedeiht die Art trotz des geringen Platzes für die Wurzeln gut. Unter den Bäumen wächst eine dichte, Unkraut verdrängende Mischung aus Gräsern und Blütenpflanzen, zum Beispiel Sorten des Wiesen-Salbei (*Salvia pratensis* 'Rhapsody in Blue' und 'Pink Delight'), die sich teils durch Selbstaussaat vermehren und somit erhalten. Der hellgelbe Wildlauch *Allium obliquum* blüht zusammen mit dem Salbei im Mai.

Oben und gegenüber: Wiesen-Salbei (*Salvia pratensis* 'Rhapsody in Blue' und 'Pink Delight') blüht im Mai zusammen mit *Allium obliquum*, dem Scharfen Gelblauch vom eurasischen Kontinent, der wegen seiner essbaren Zwiebeln und Blütenknospen sowie der hellgelben Blüten und Samen angebaut wird.

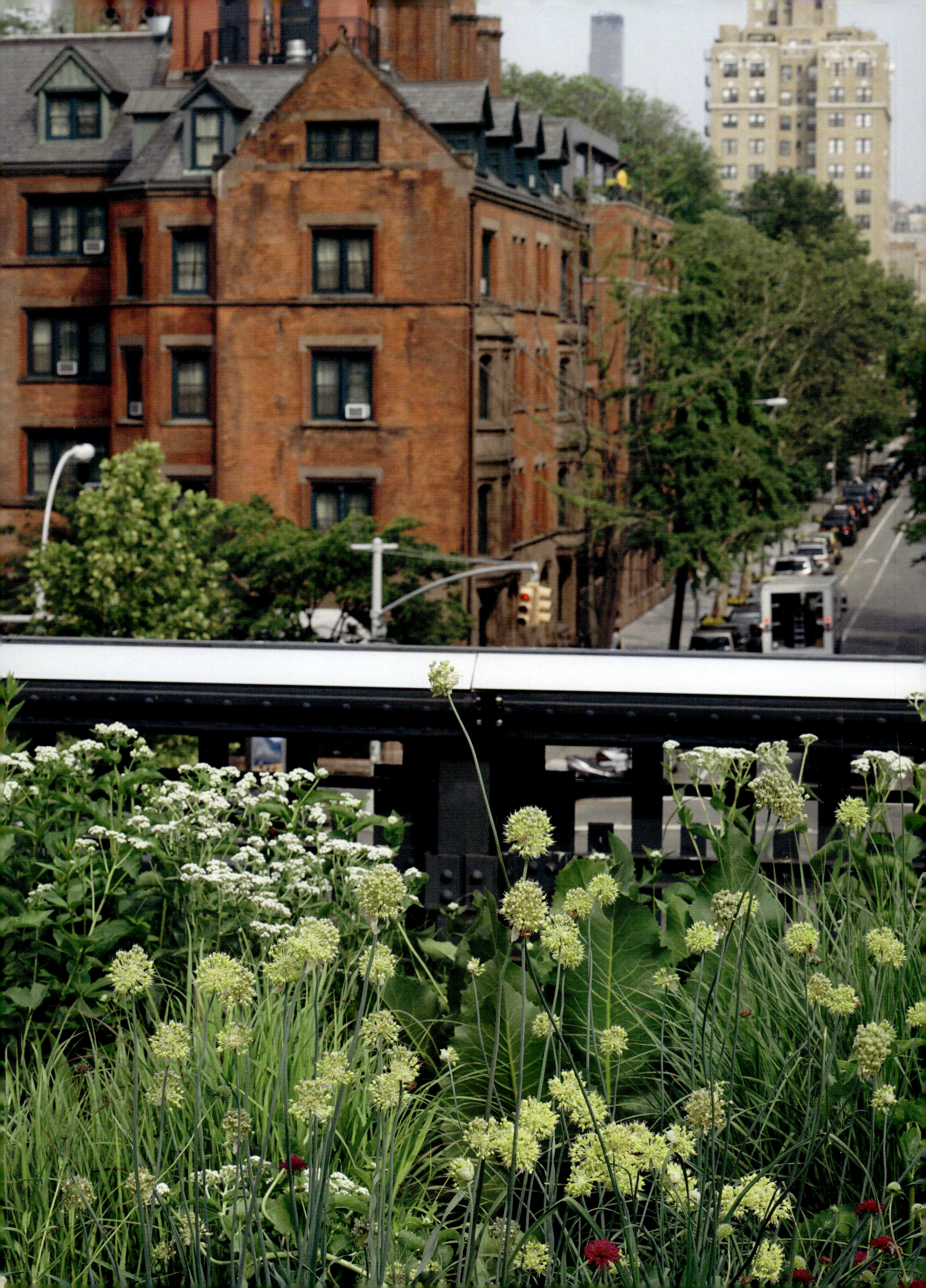

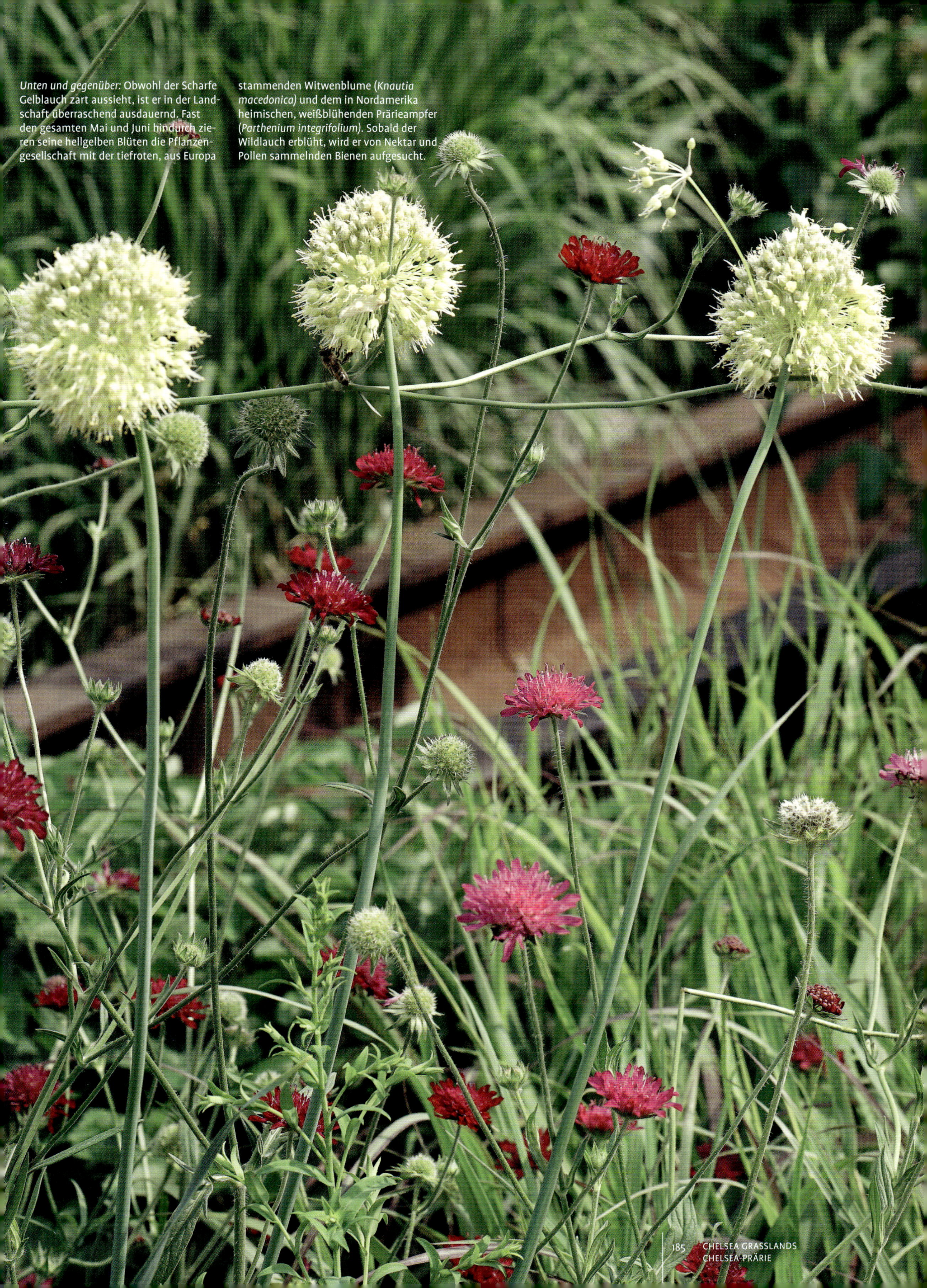

Unten und gegenüber: Obwohl der Scharfe Gelblauch zart aussieht, ist er in der Landschaft überraschend ausdauernd. Fast den gesamten Mai und Juni hindurch zieren seine hellgelben Blüten die Pflanzengesellschaft mit der tiefroten, aus Europa stammenden Witwenblume (*Knautia macedonica)* und dem in Nordamerika heimischen, weißblühenden Präarieampfer (*Parthenium integrifolium*). Sobald der Wildlauch erblüht, wird er von Nektar und Pollen sammelnden Bienen aufgesucht.

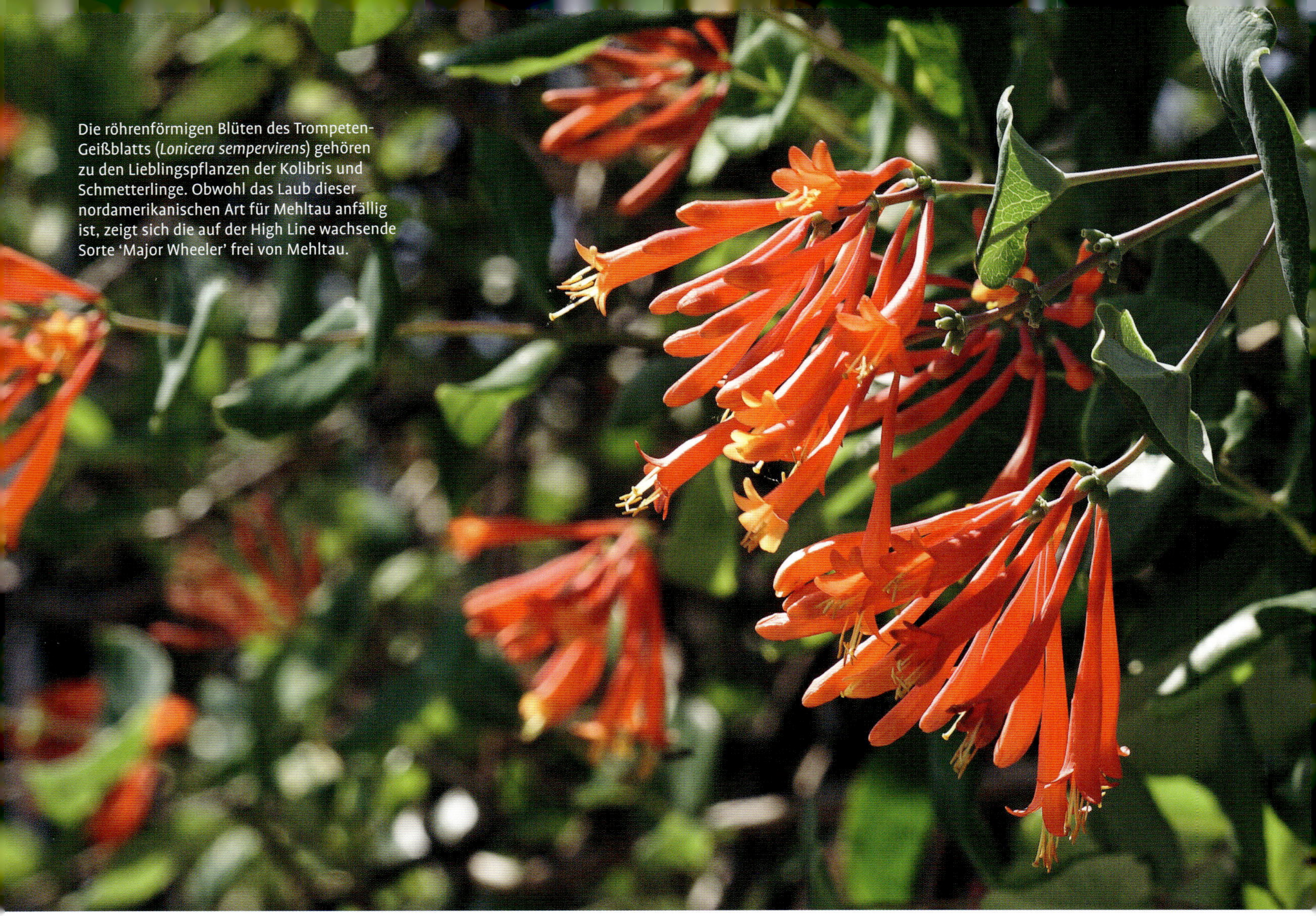

Die röhrenförmigen Blüten des Trompeten-Geißblatts (*Lonicera sempervirens*) gehören zu den Lieblingspflanzen der Kolibris und Schmetterlinge. Obwohl das Laub dieser nordamerikanischen Art für Mehltau anfällig ist, zeigt sich die auf der High Line wachsende Sorte 'Major Wheeler' frei von Mehltau.

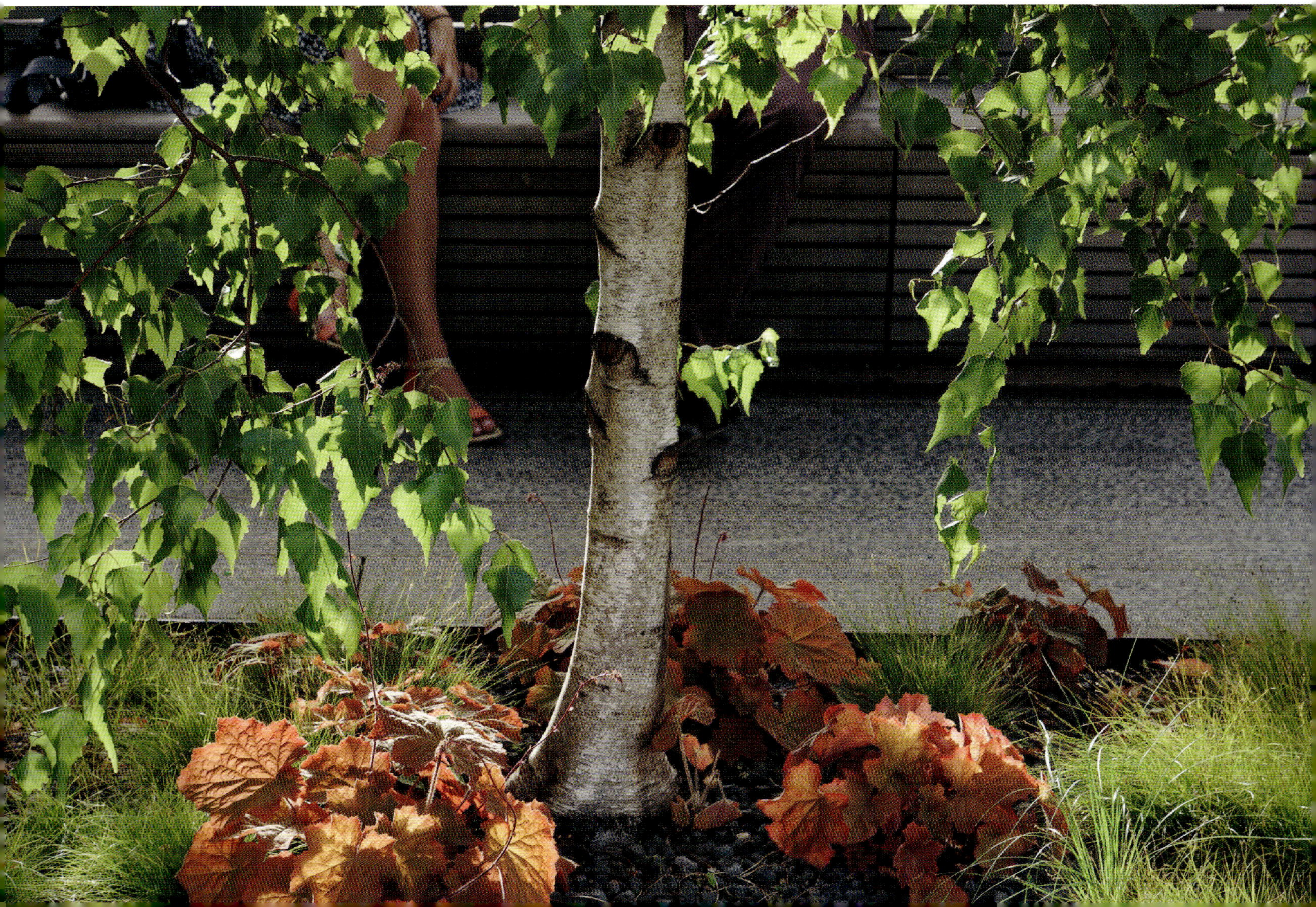

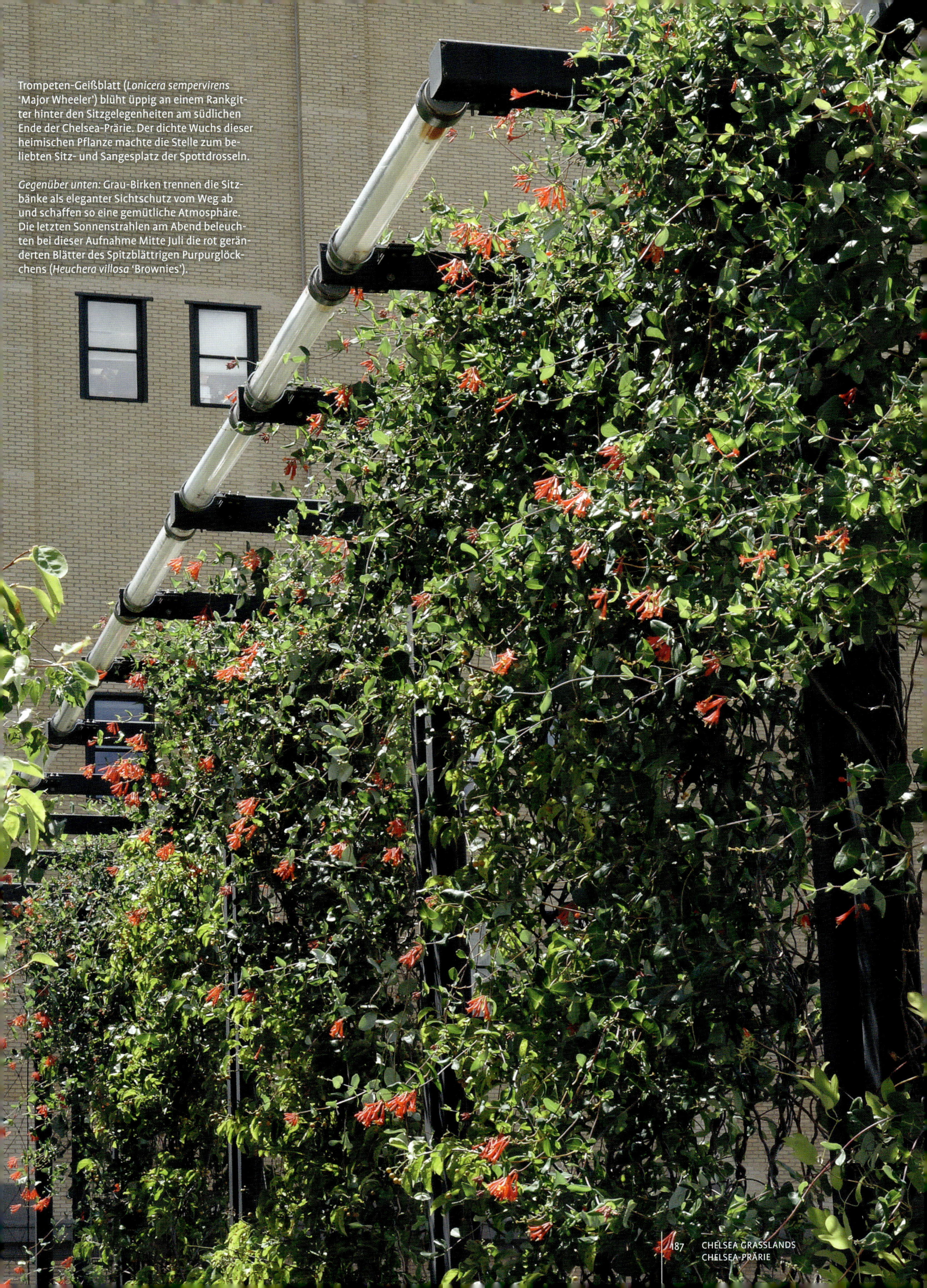

Trompeten-Geißblatt (*Lonicera sempervirens* 'Major Wheeler') blüht üppig an einem Rankgitter hinter den Sitzgelegenheiten am südlichen Ende der Chelsea-Prärie. Der dichte Wuchs dieser heimischen Pflanze machte die Stelle zum beliebten Sitz- und Sangesplatz der Spottdrosseln.

Gegenüber unten: Grau-Birken trennen die Sitzbänke als eleganter Sichtschutz vom Weg ab und schaffen so eine gemütliche Atmosphäre. Die letzten Sonnenstrahlen am Abend beleuchten bei dieser Aufnahme Mitte Juli die rot geränderten Blätter des Spitzblättrigen Purpurglöckchens (*Heuchera villosa* 'Brownies').

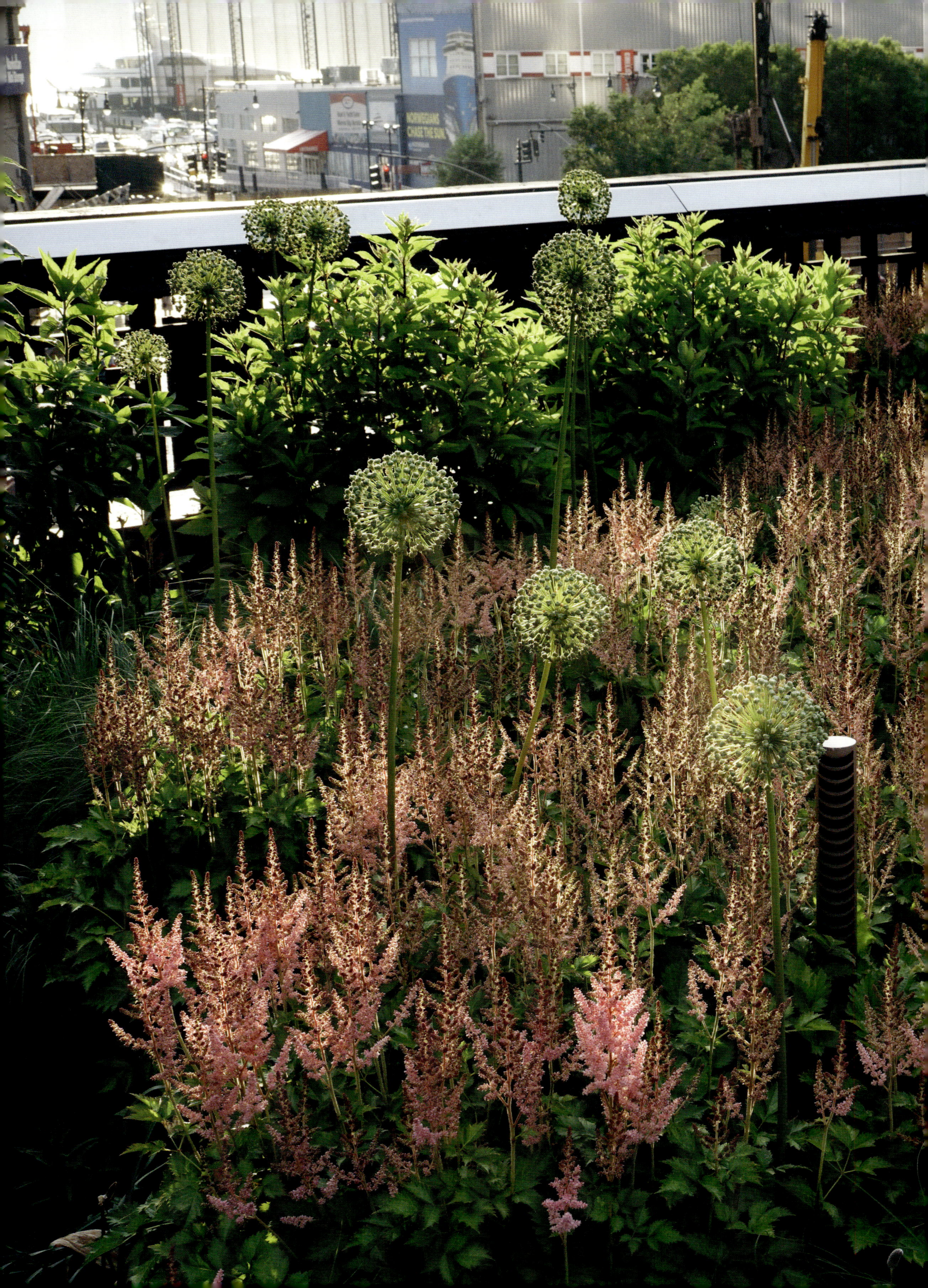

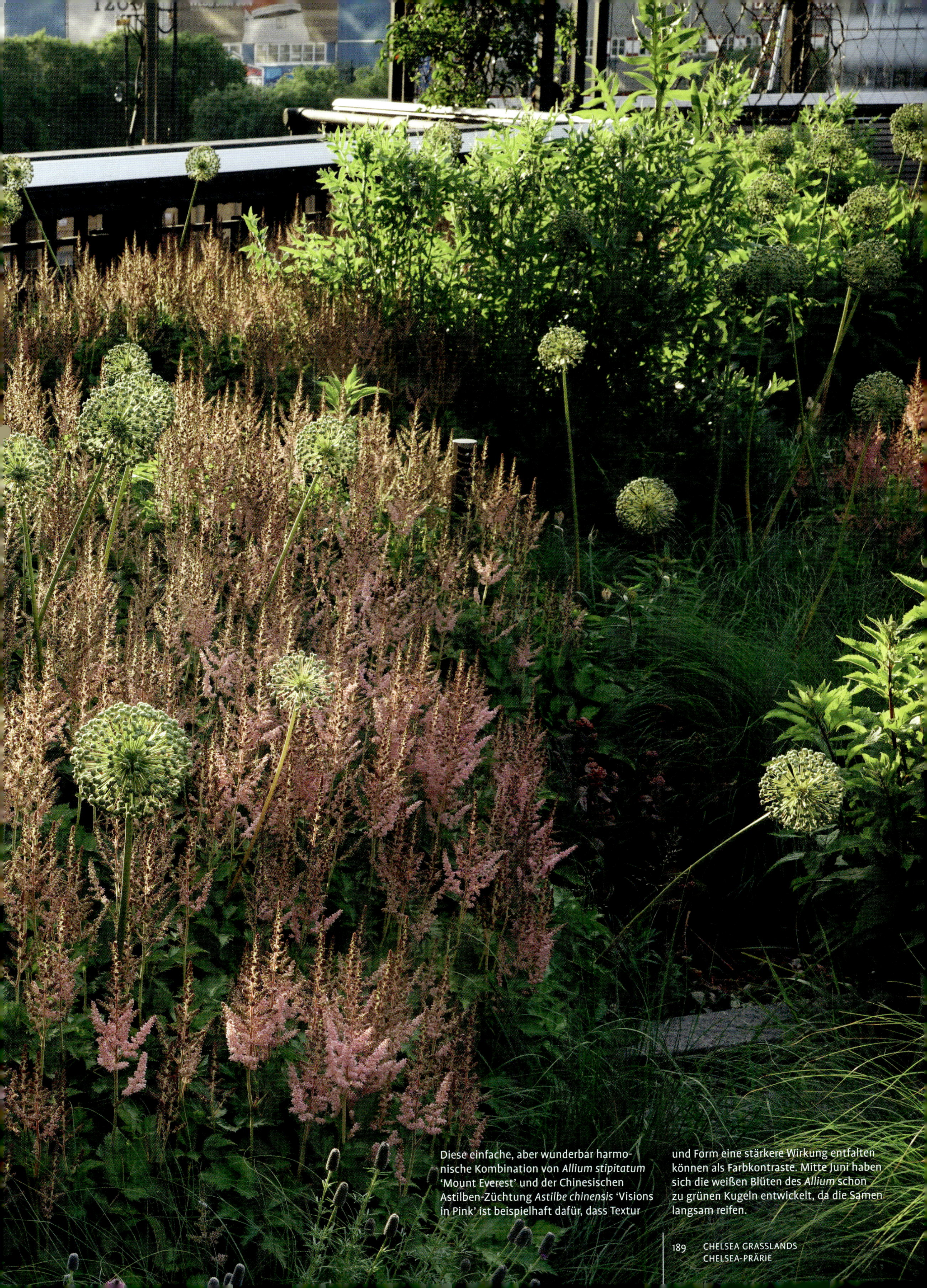

Diese einfache, aber wunderbar harmonische Kombination von *Allium stipitatum* 'Mount Everest' und der Chinesischen Astilben-Züchtung *Astilbe chinensis* 'Visions in Pink' ist beispielhaft dafür, dass Textur und Form eine stärkere Wirkung entfalten können als Farbkontraste. Mitte Juni haben sich die weißen Blüten des *Allium* schon zu grünen Kugeln entwickelt, da die Samen langsam reifen.

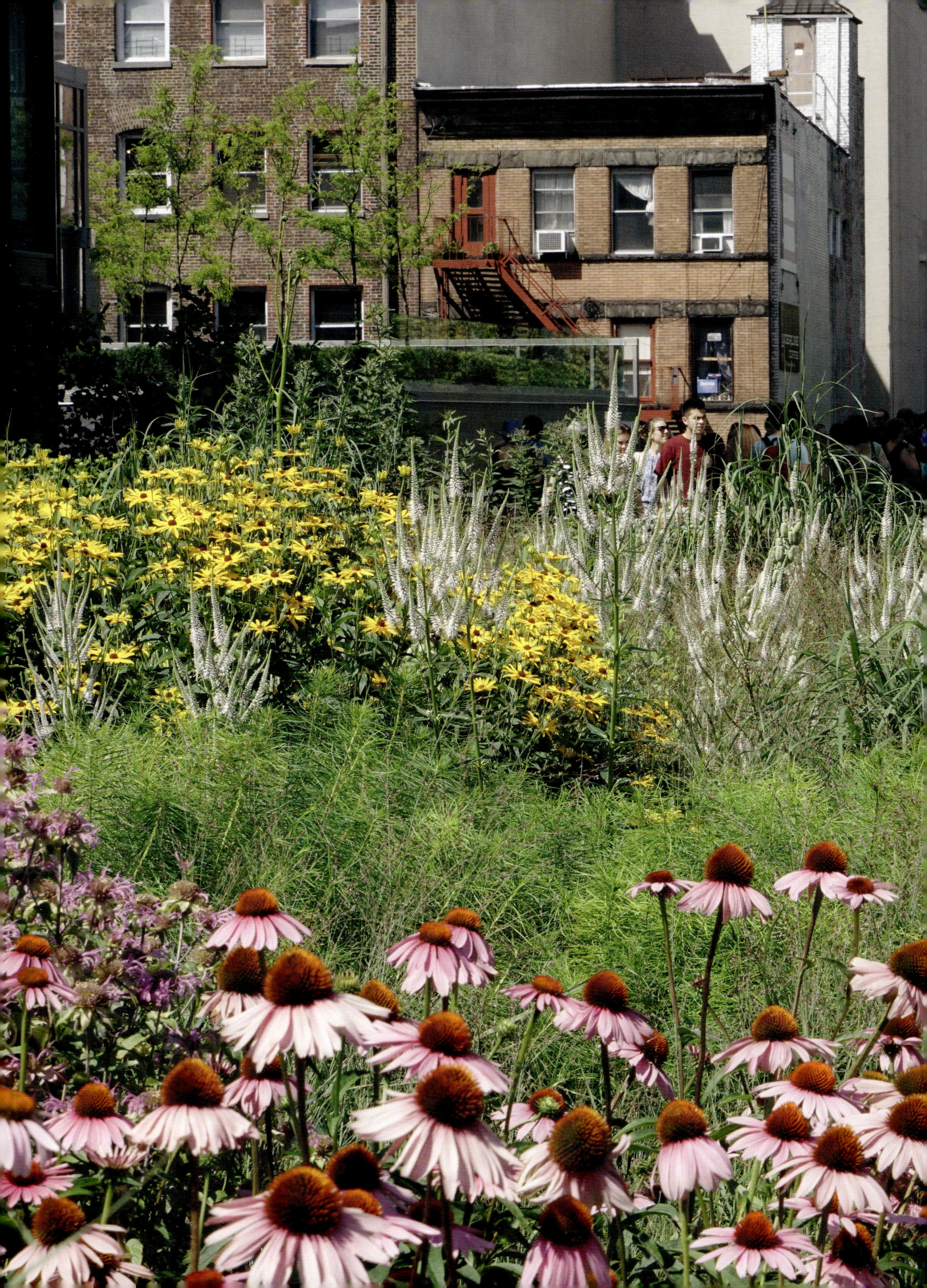

Gegenüber und unten: Der Blütenreigen der Chelsea-Prärie erreicht Mitte Juli einen ersten Höhepunkt, wenn purpurfarbene Echinaceen, Virginischer Arznei-Ehrenpreis (*Veronicastrum virginicum*), Indianernessel (*Monarda fistulosa* 'Claire Grace') und Sonnenhut (*Rudbeckia subtomentosa*) mit Form und Farbe zur Pflanzengesellschaft beitragen.

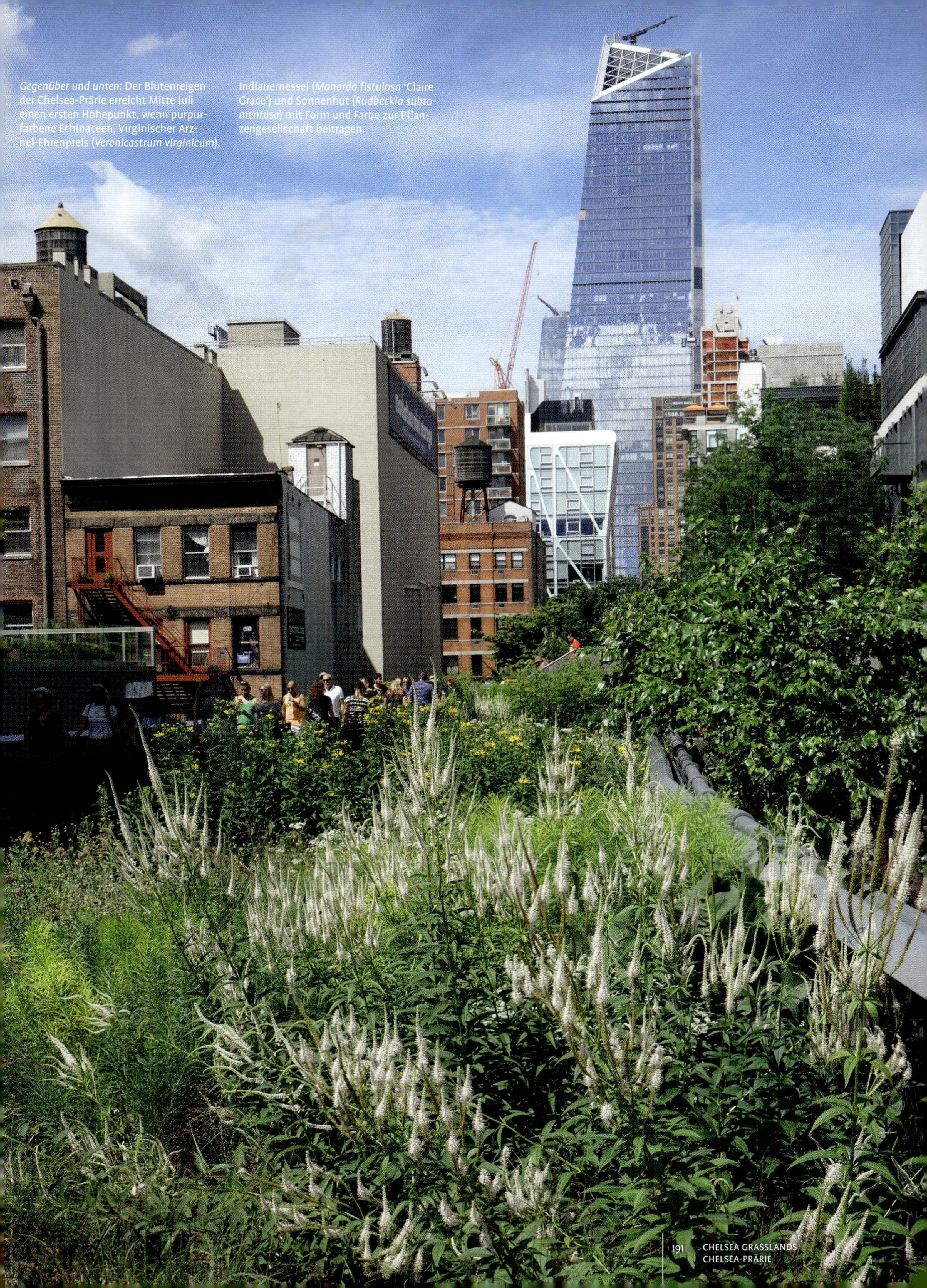

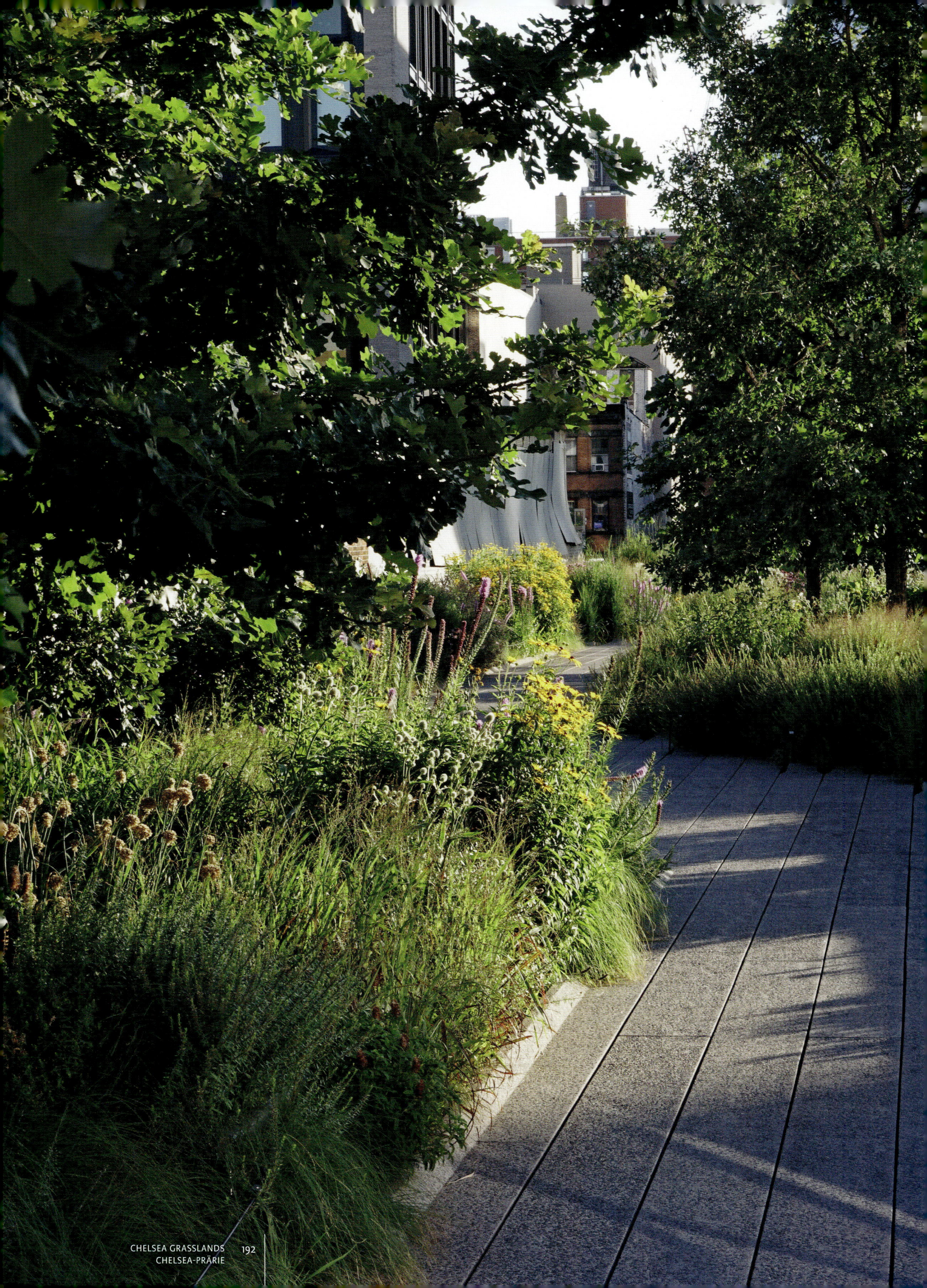

CHELSEA GRASSLANDS
CHELSEA-PRÄRIE

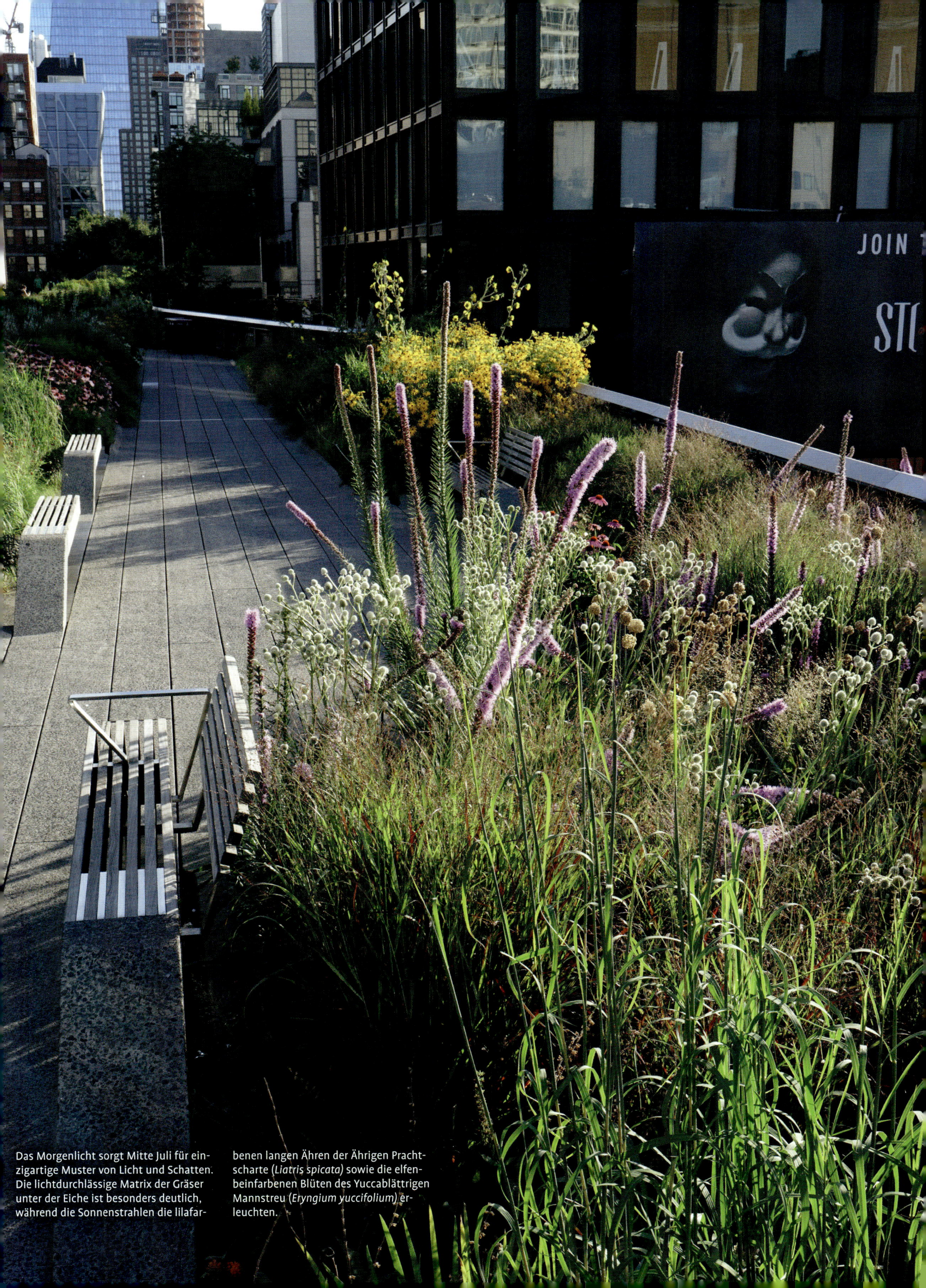

Das Morgenlicht sorgt Mitte Juli für einzigartige Muster von Licht und Schatten. Die lichtdurchlässige Matrix der Gräser unter der Eiche ist besonders deutlich, während die Sonnenstrahlen die lilafarbenen langen Ähren der Ährigen Prachtscharte (*Liatris spicata*) sowie die elfenbeinfarbenen Blüten des Yuccablättrigen Mannstreu (*Eryngium yuccifolium*) erleuchten.

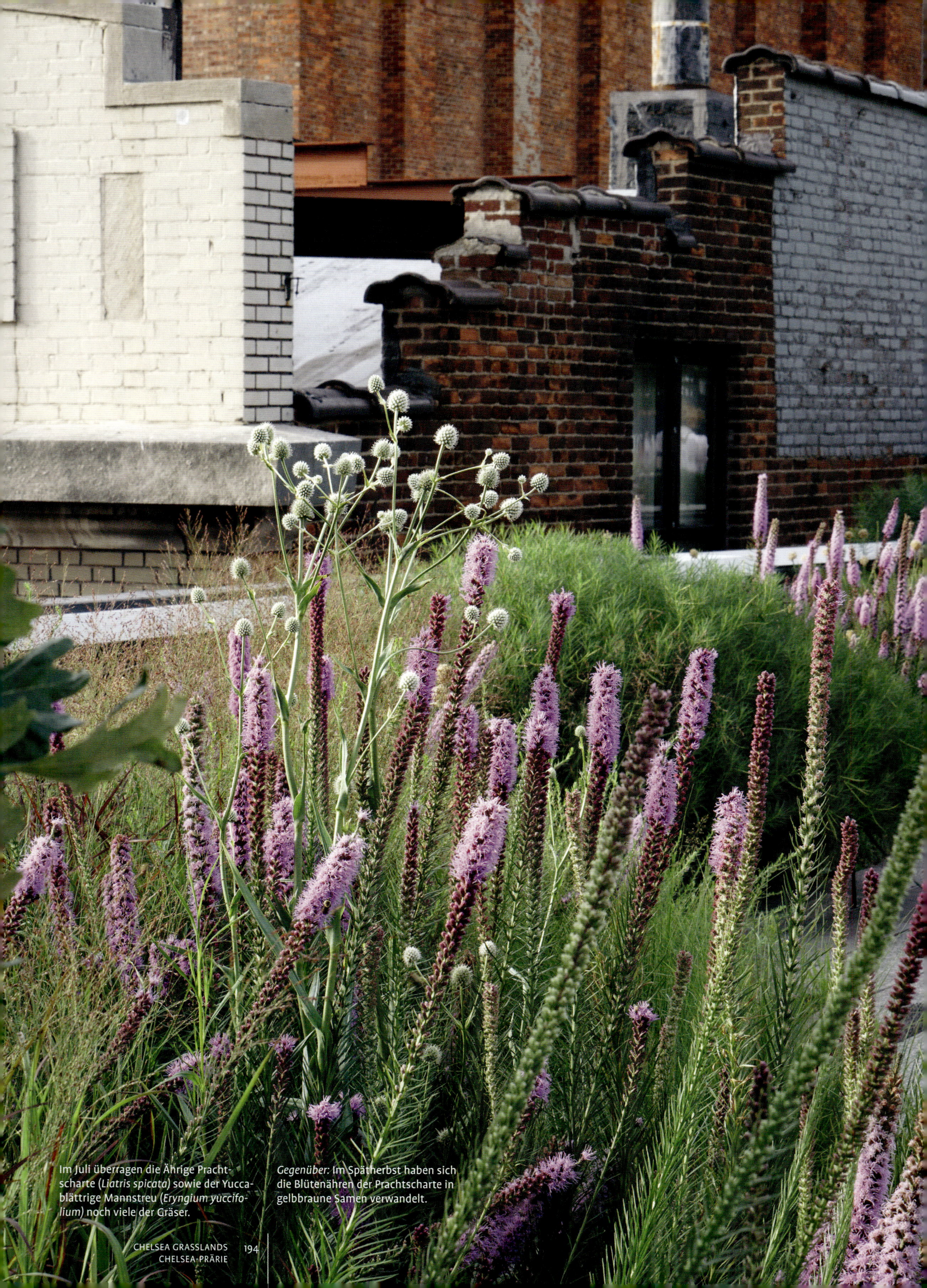

Im Juli überragen die Ährige Prachtscharte (*Liatris spicata*) sowie der Yuccablättrige Mannstreu (*Eryngium yuccifolium*) noch viele der Gräser.

Gegenüber: Im Spätherbst haben sich die Blütenähren der Prachtscharte in gelbbraune Samen verwandelt.

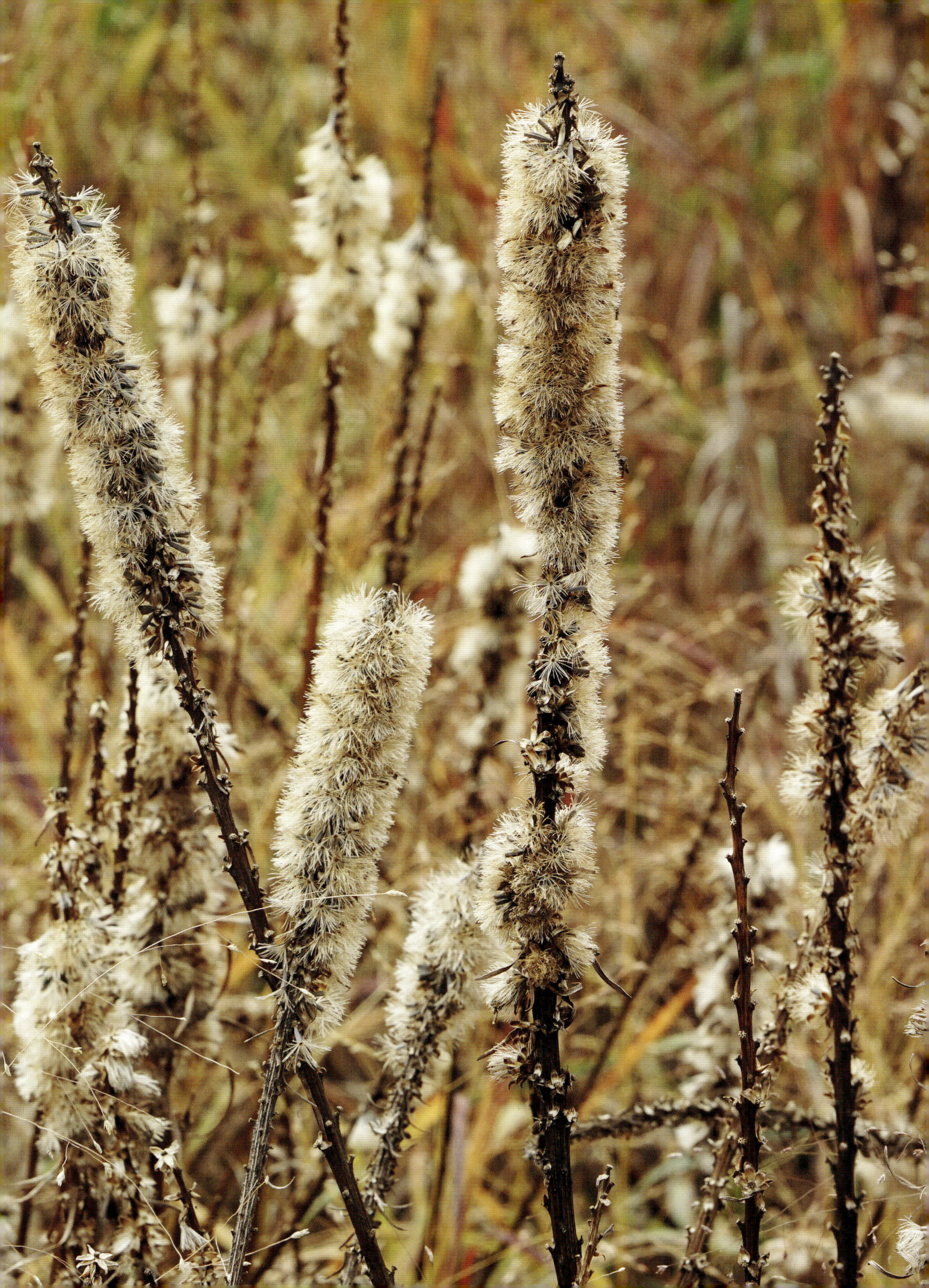

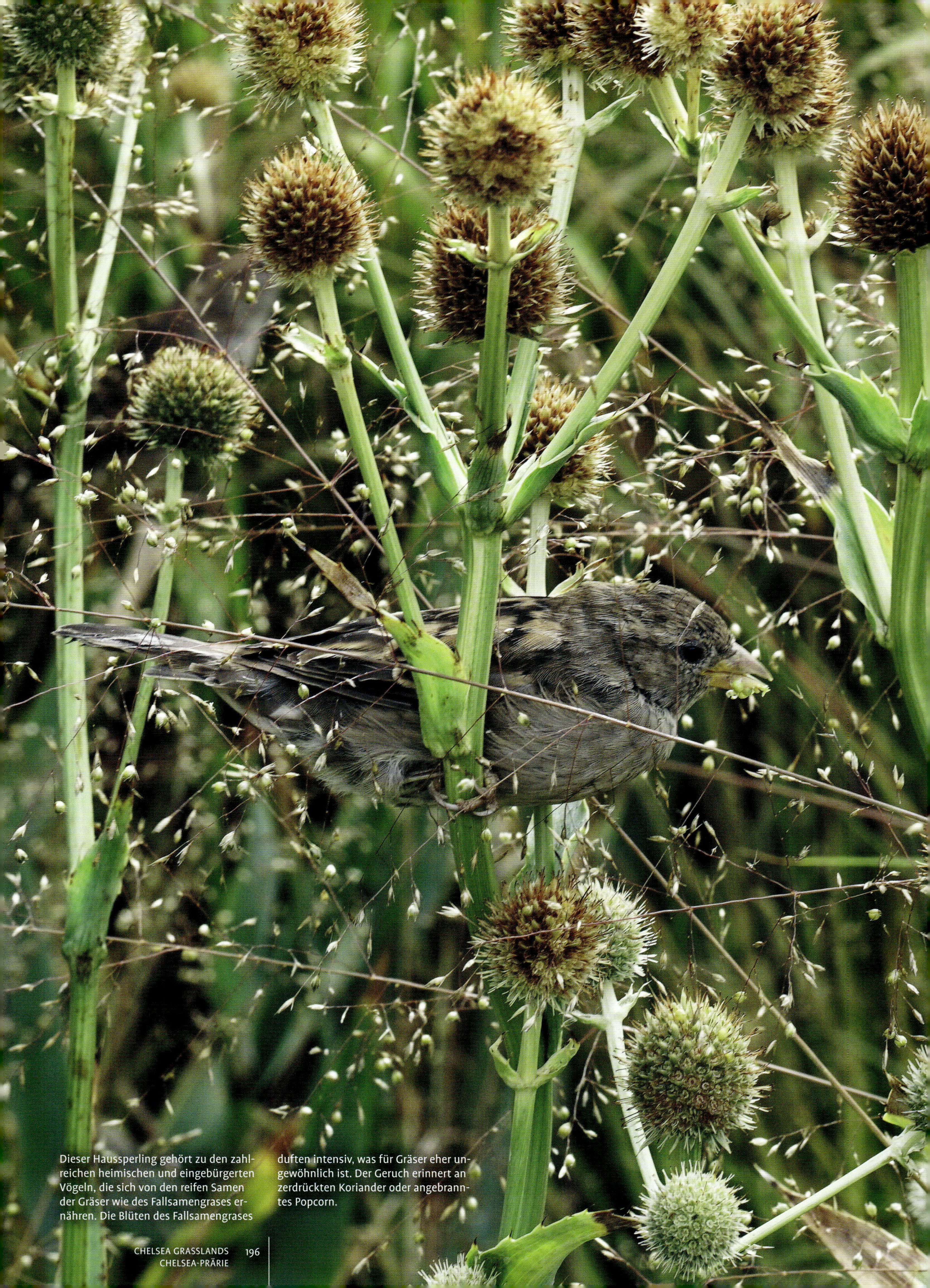

Dieser Haussperling gehört zu den zahlreichen heimischen und eingebürgerten Vögeln, die sich von den reifen Samen der Gräser wie des Fallsamengrases ernähren. Die Blüten des Fallsamengrases duften intensiv, was für Gräser eher ungewöhnlich ist. Der Geruch erinnert an zerdrückten Koriander oder angebranntes Popcorn.

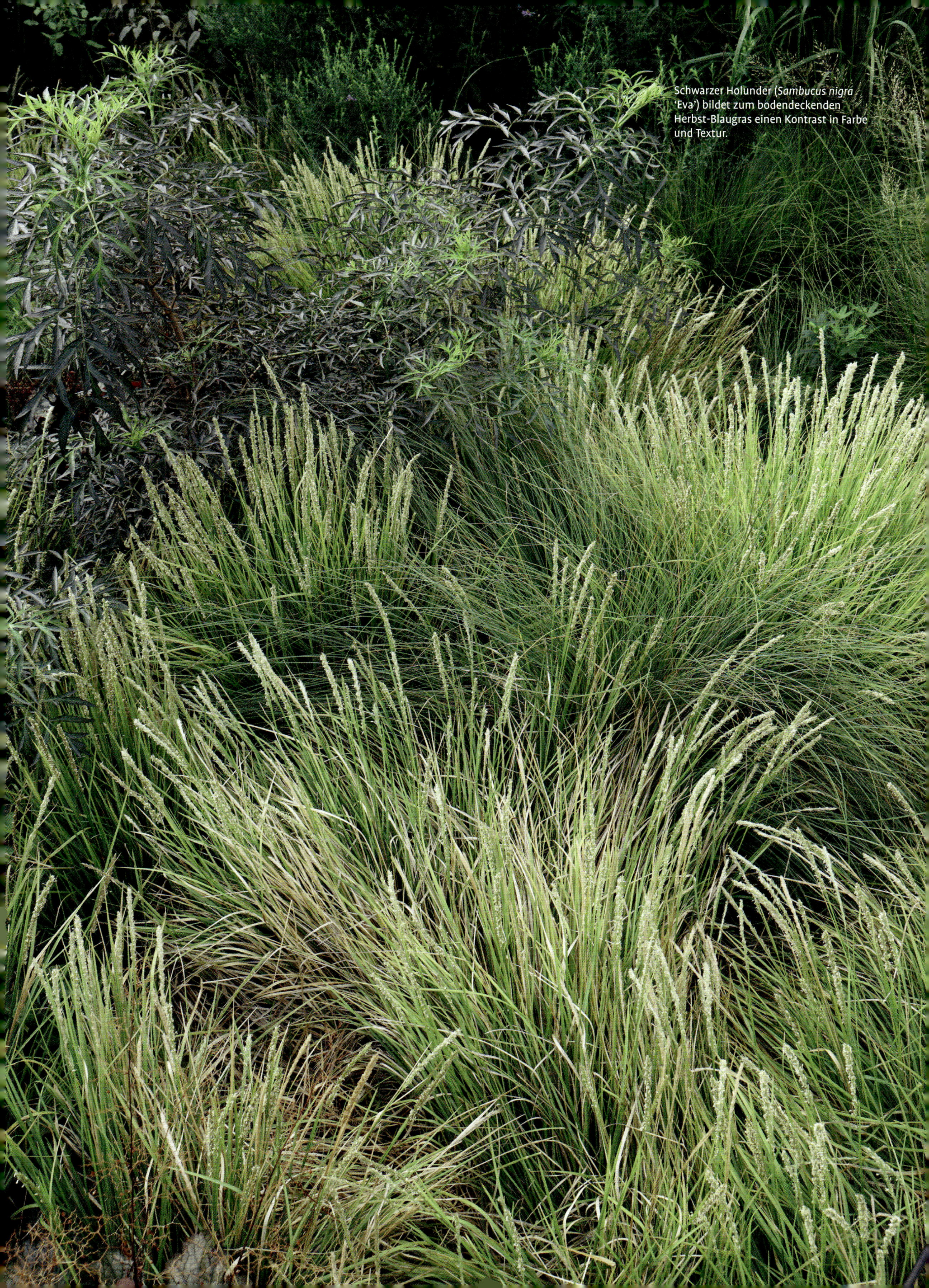

Schwarzer Holunder (*Sambucus nigra* 'Eva') bildet zum bodendeckenden Herbst-Blaugras einen Kontrast in Farbe und Textur.

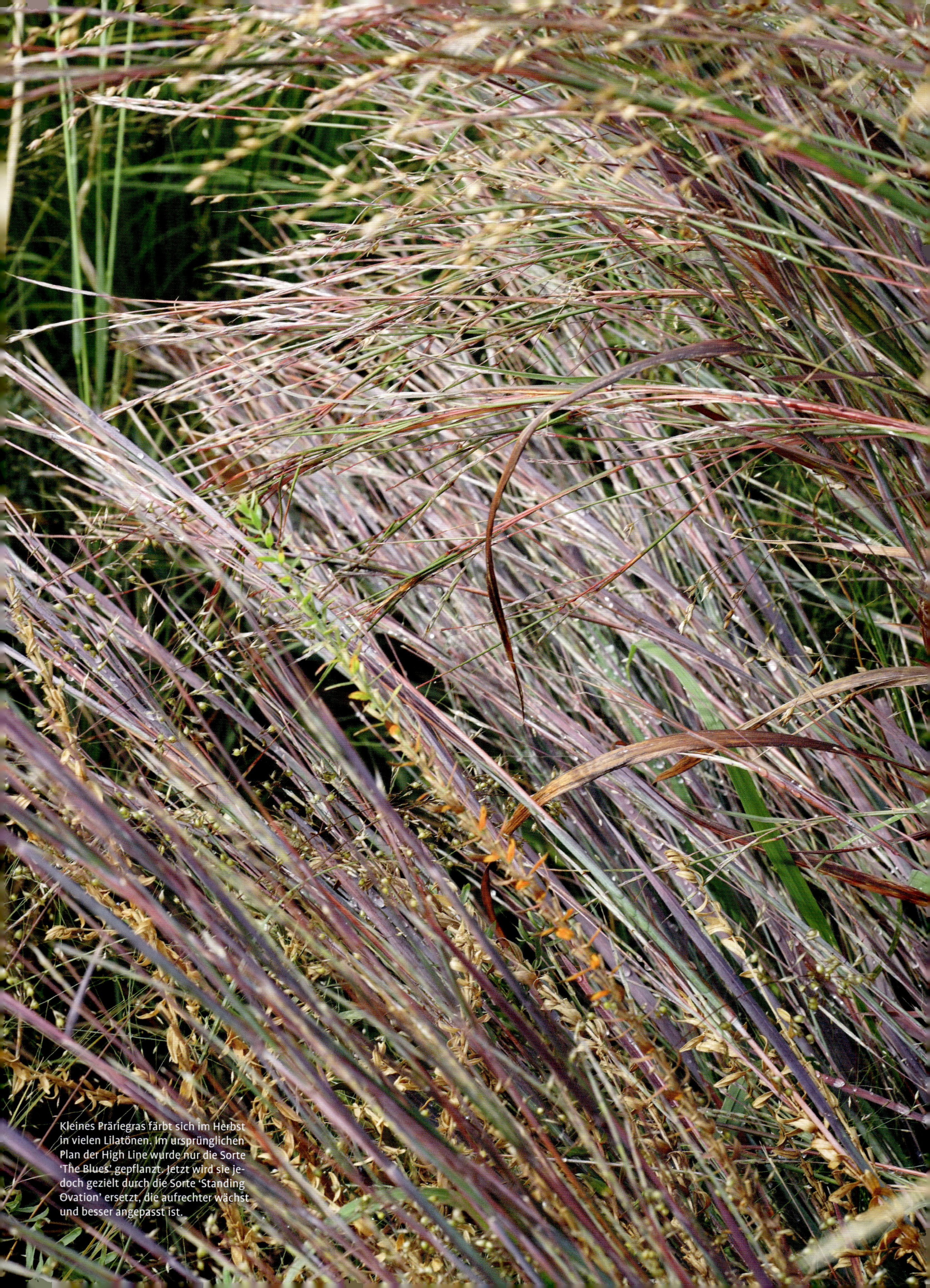

Kleines Präriegras färbt sich im Herbst in vielen Lilatönen. Im ursprünglichen Plan der High Line wurde nur die Sorte 'The Blues' gepflanzt. Jetzt wird sie jedoch gezielt durch die Sorte 'Standing Ovation' ersetzt, die aufrechter wächst und besser angepasst ist.

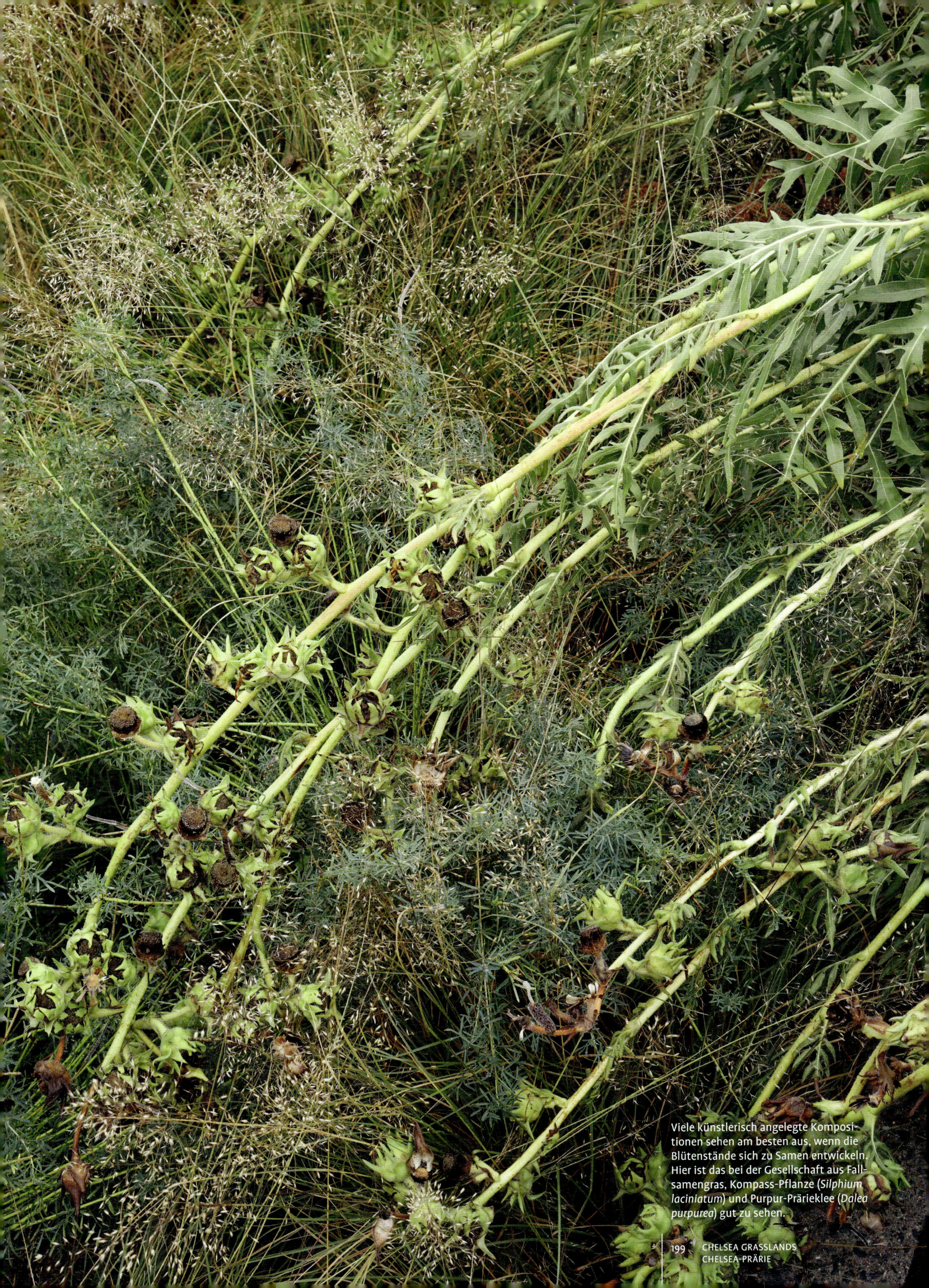

Viele künstlerisch angelegte Kompositionen sehen am besten aus, wenn die Blütenstände sich zu Samen entwickeln. Hier ist das bei der Gesellschaft aus Fallsamengras, Kompass-Pflanze (*Silphium laciniatum*) und Purpur-Prärieklee (*Dalea purpurea*) gut zu sehen.

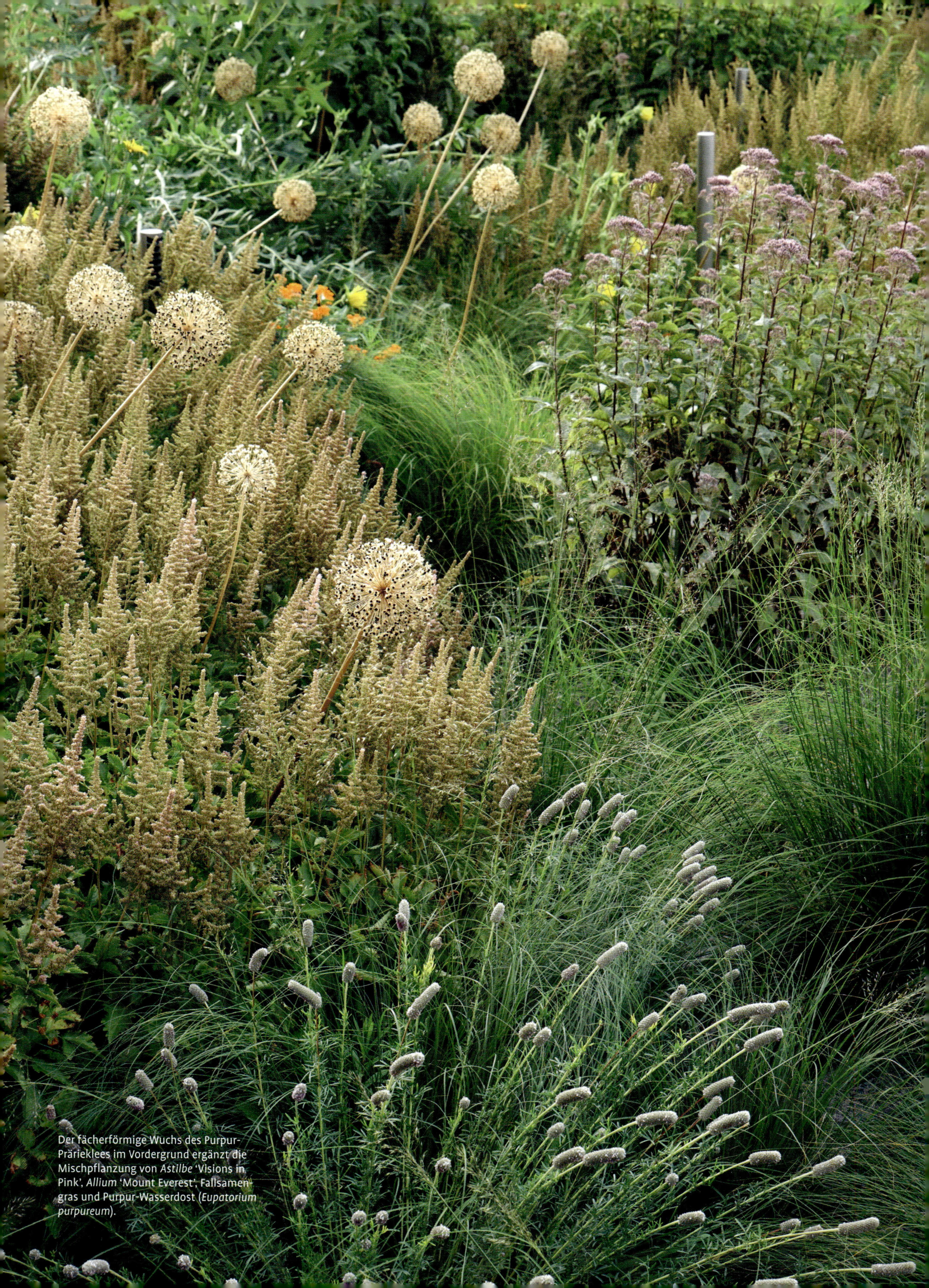

Der fächerförmige Wuchs des Purpur-Präriеklees im Vordergrund ergänzt die Mischpflanzung von *Astilbe* 'Visions in Pink', *Allium* 'Mount Everest', Fallsamengras und Purpur-Wasserdost (*Eupatorium purpureum*).

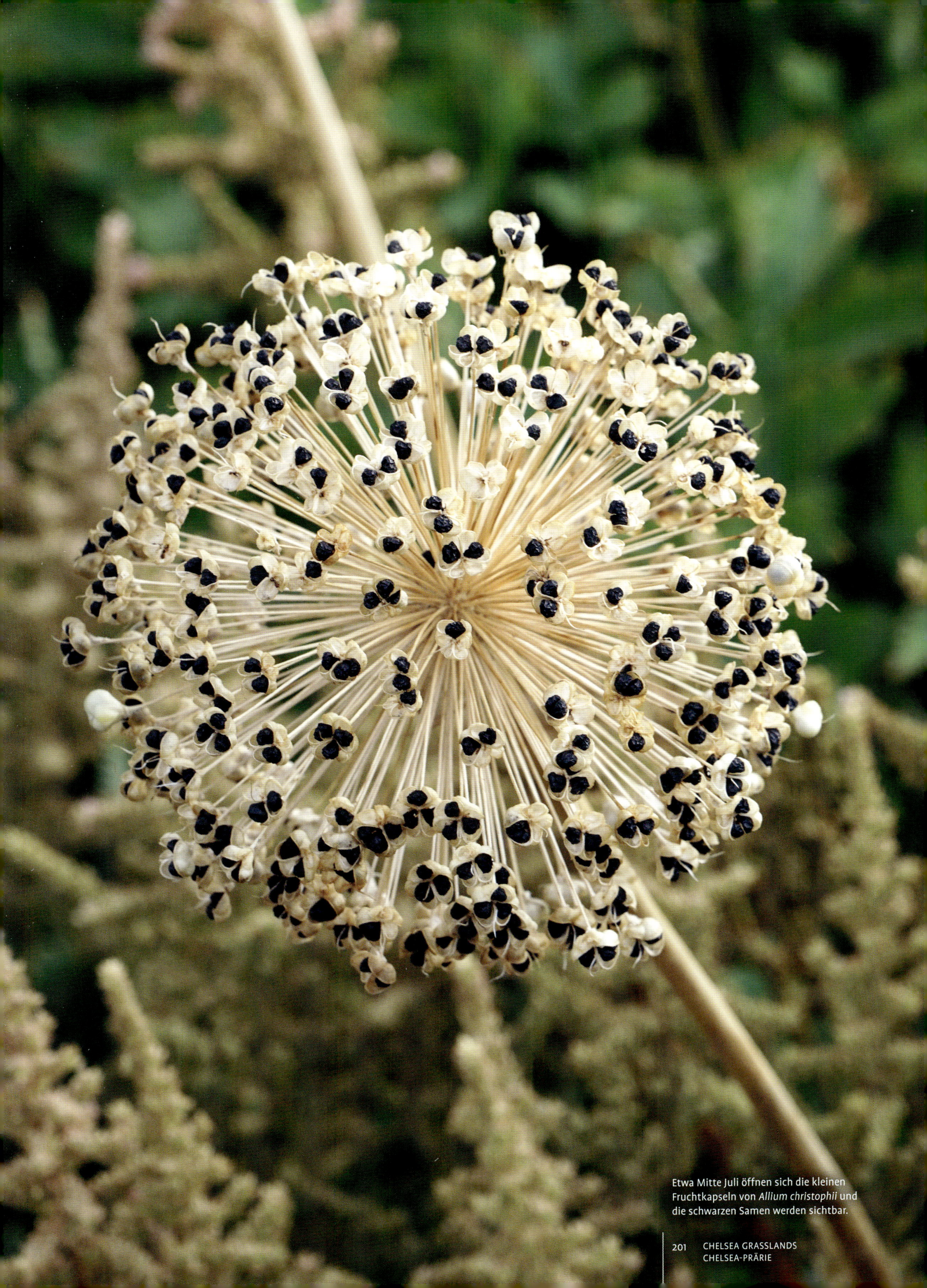

Etwa Mitte Juli öffnen sich die kleinen Fruchtkapseln von *Allium christophii* und die schwarzen Samen werden sichtbar.

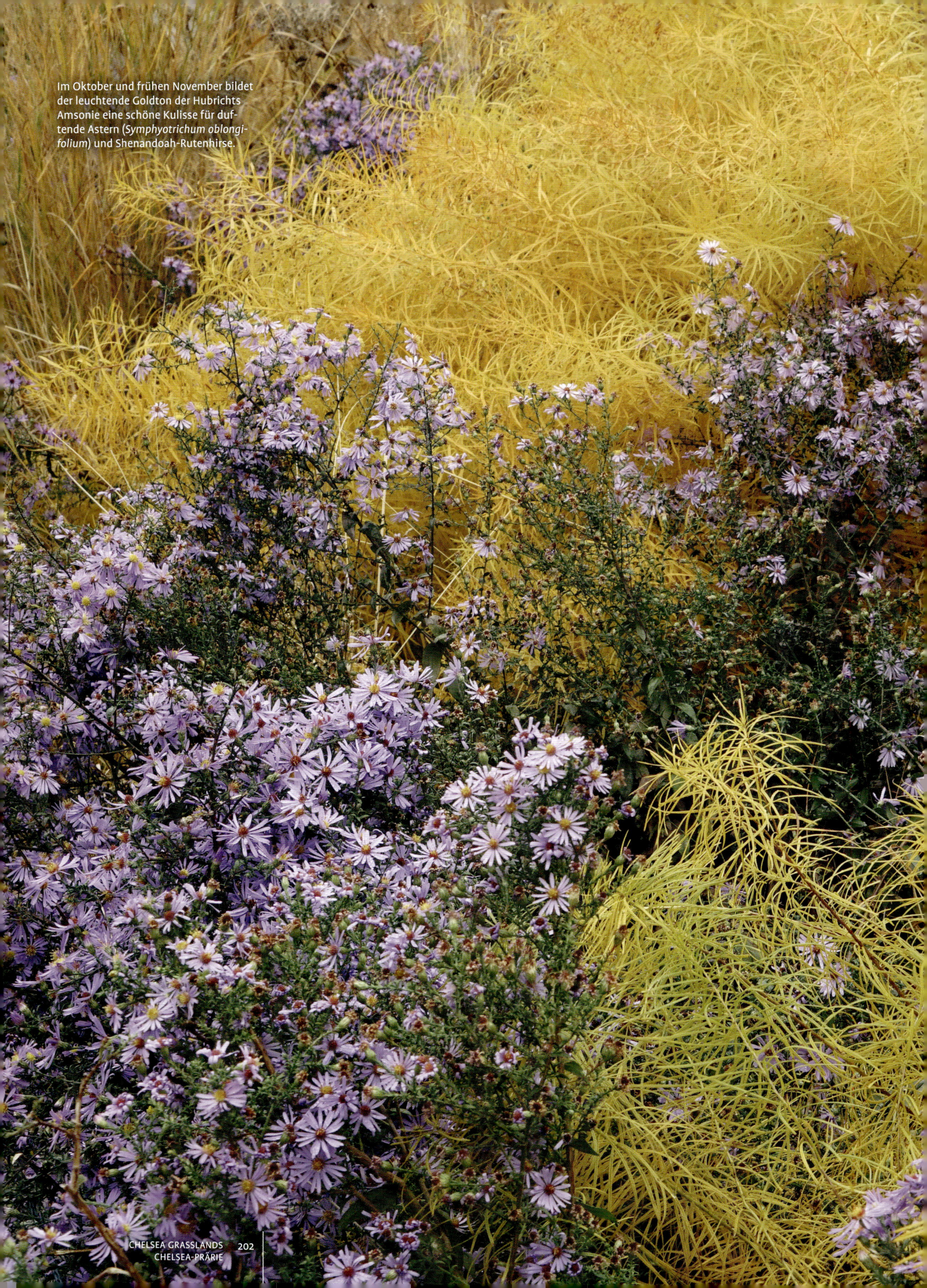

Im Oktober und frühen November bildet der leuchtende Goldton der Hubrichts Amsonie eine schöne Kulisse für duftende Astern (*Symphyotrichum oblongifolium*) und Shenandoah-Rutenhirse.

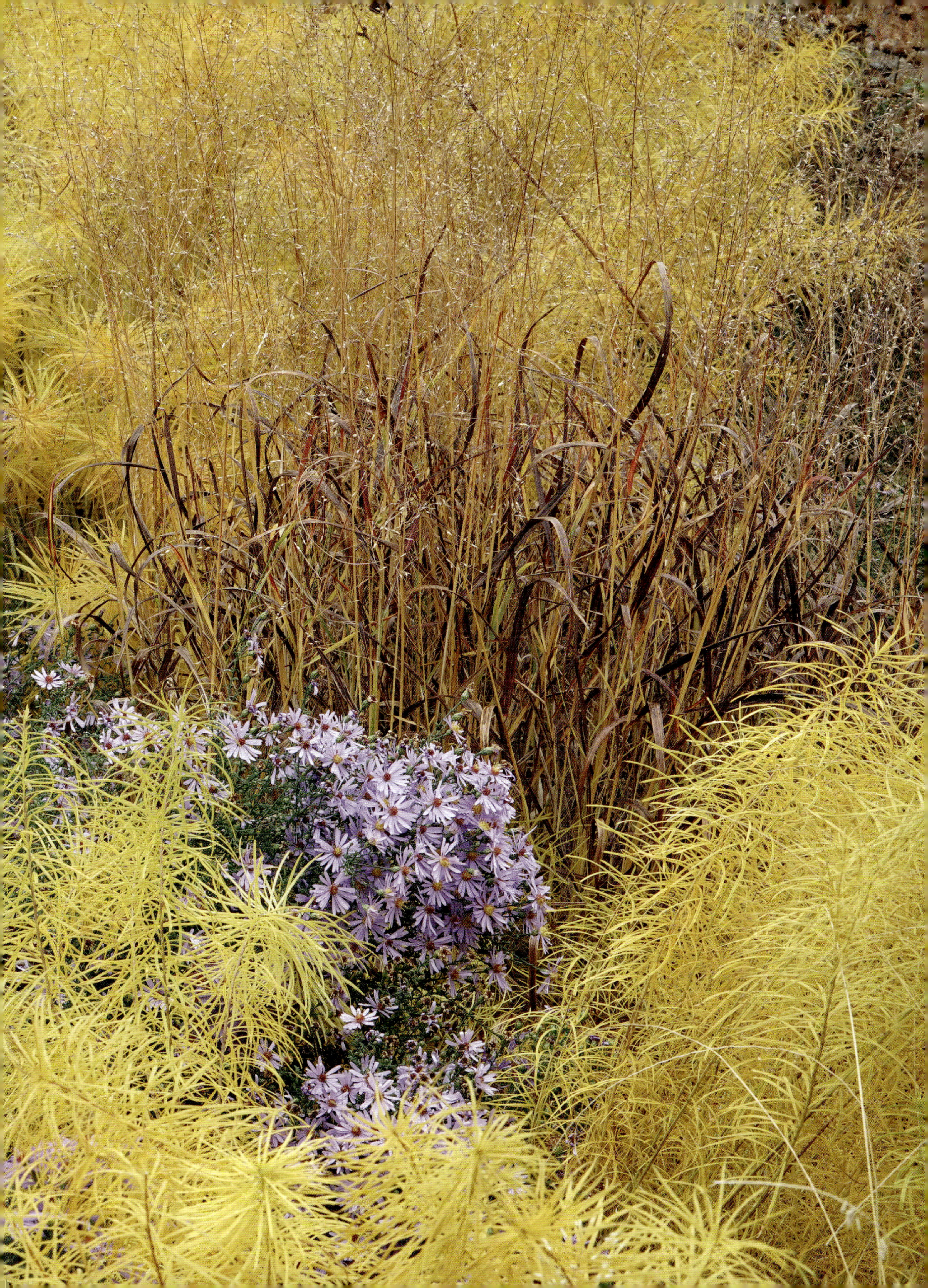

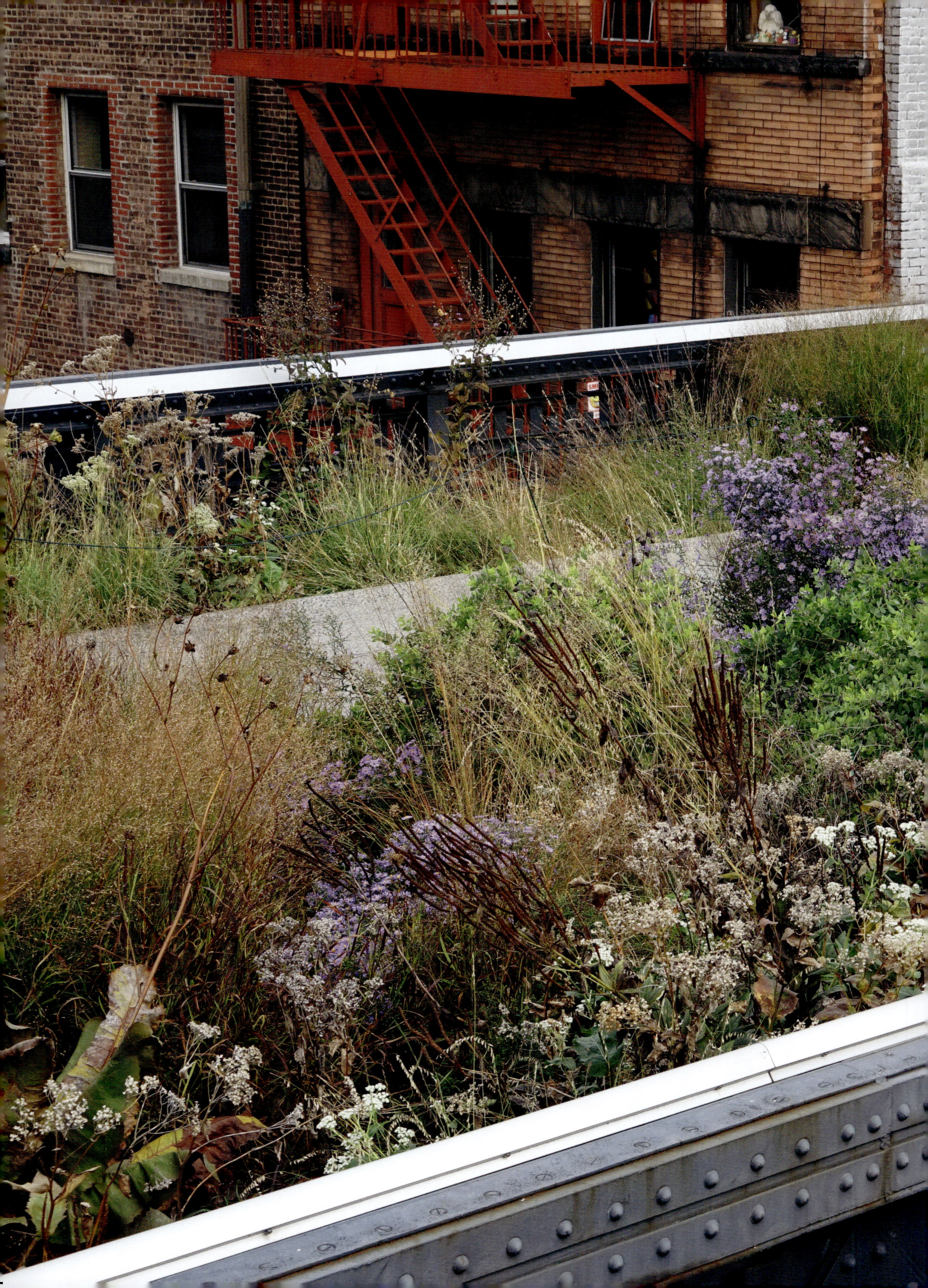

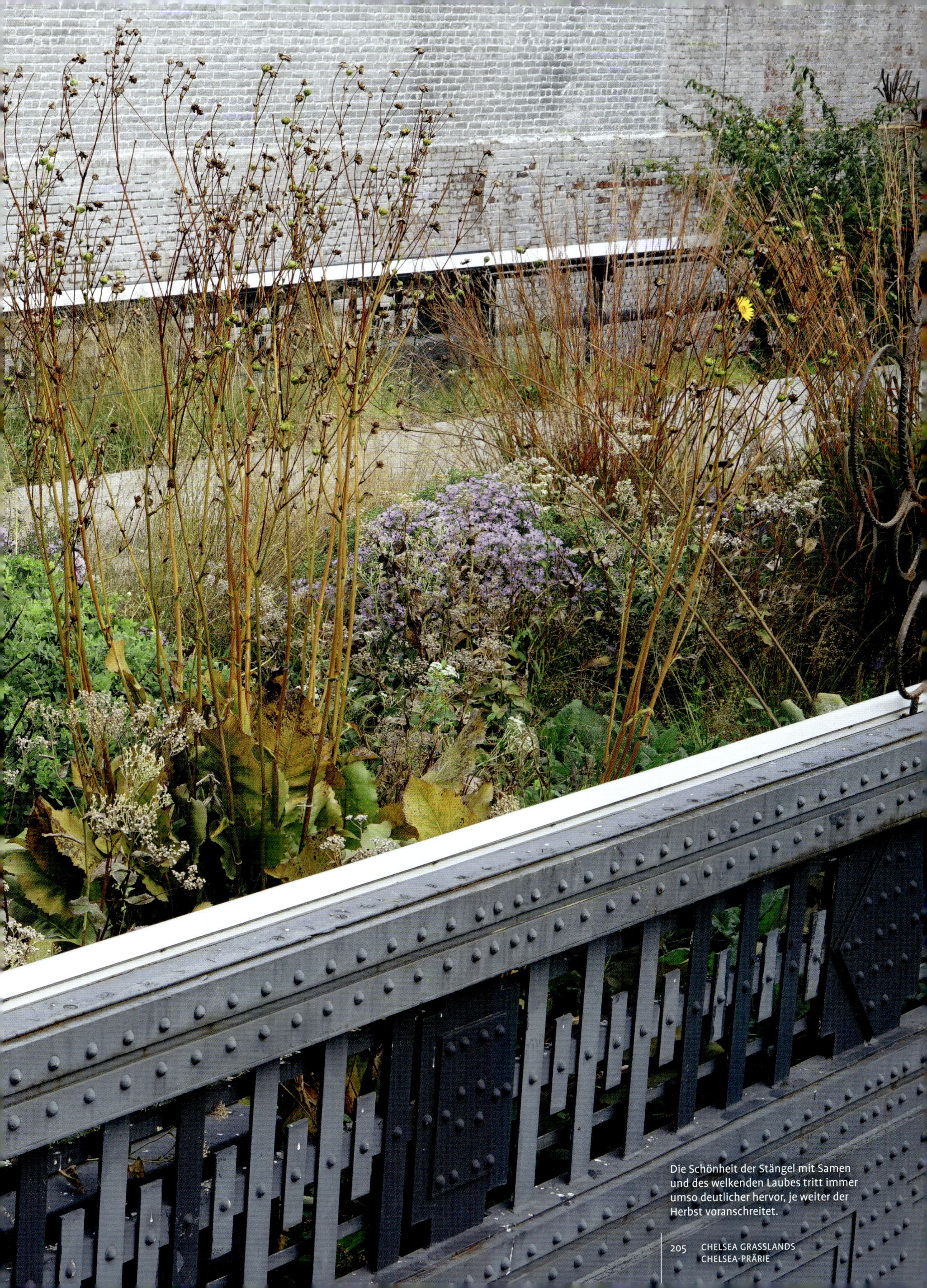

Die Schönheit der Stängel mit Samen und des welkenden Laubes tritt immer umso deutlicher hervor, je weiter der Herbst voranschreitet.

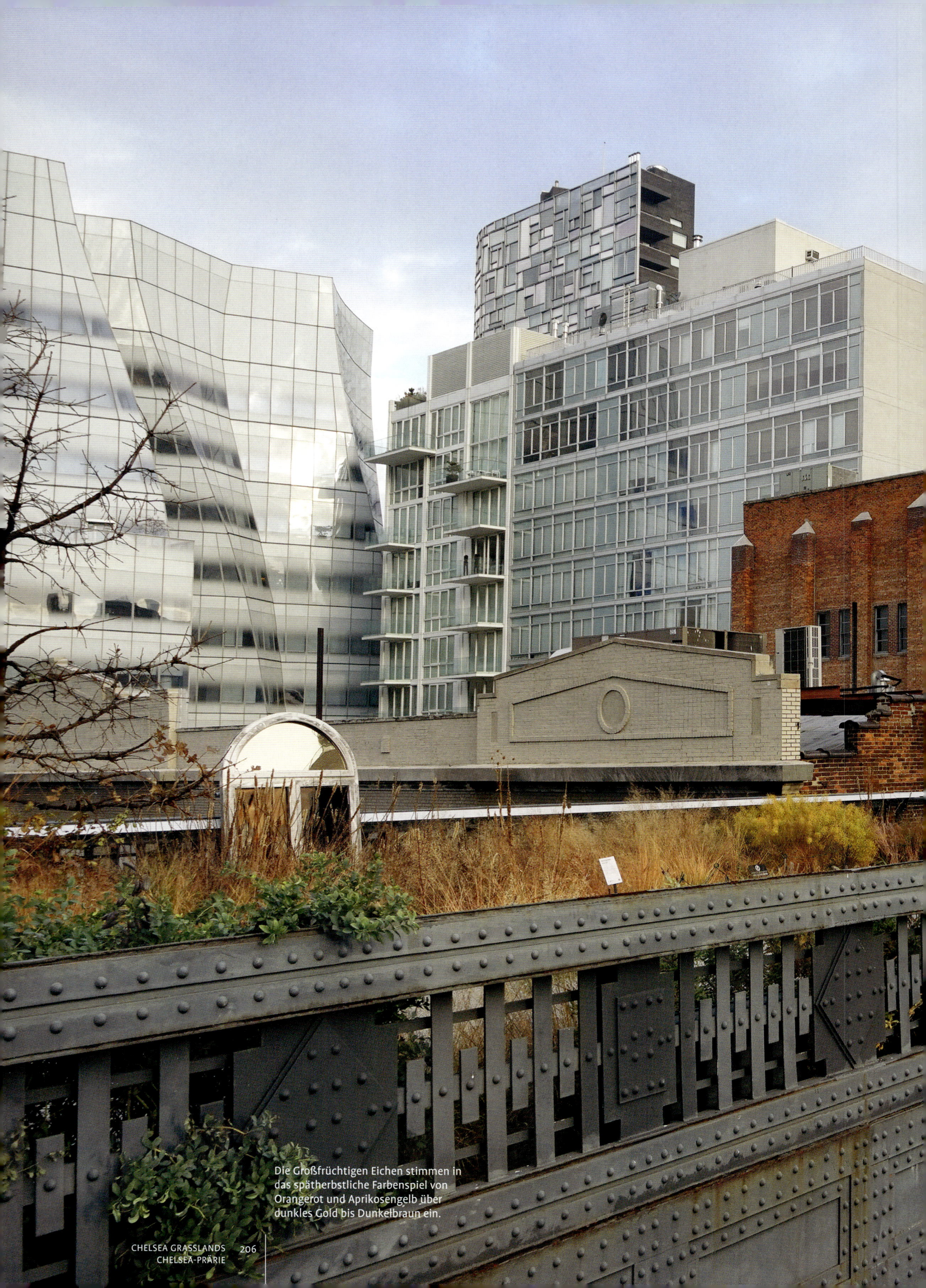

Die Großfrüchtigen Eichen stimmen in das spätherbstliche Farbenspiel von Orangerot und Aprikosengelb über dunkles Gold bis Dunkelbraun ein.

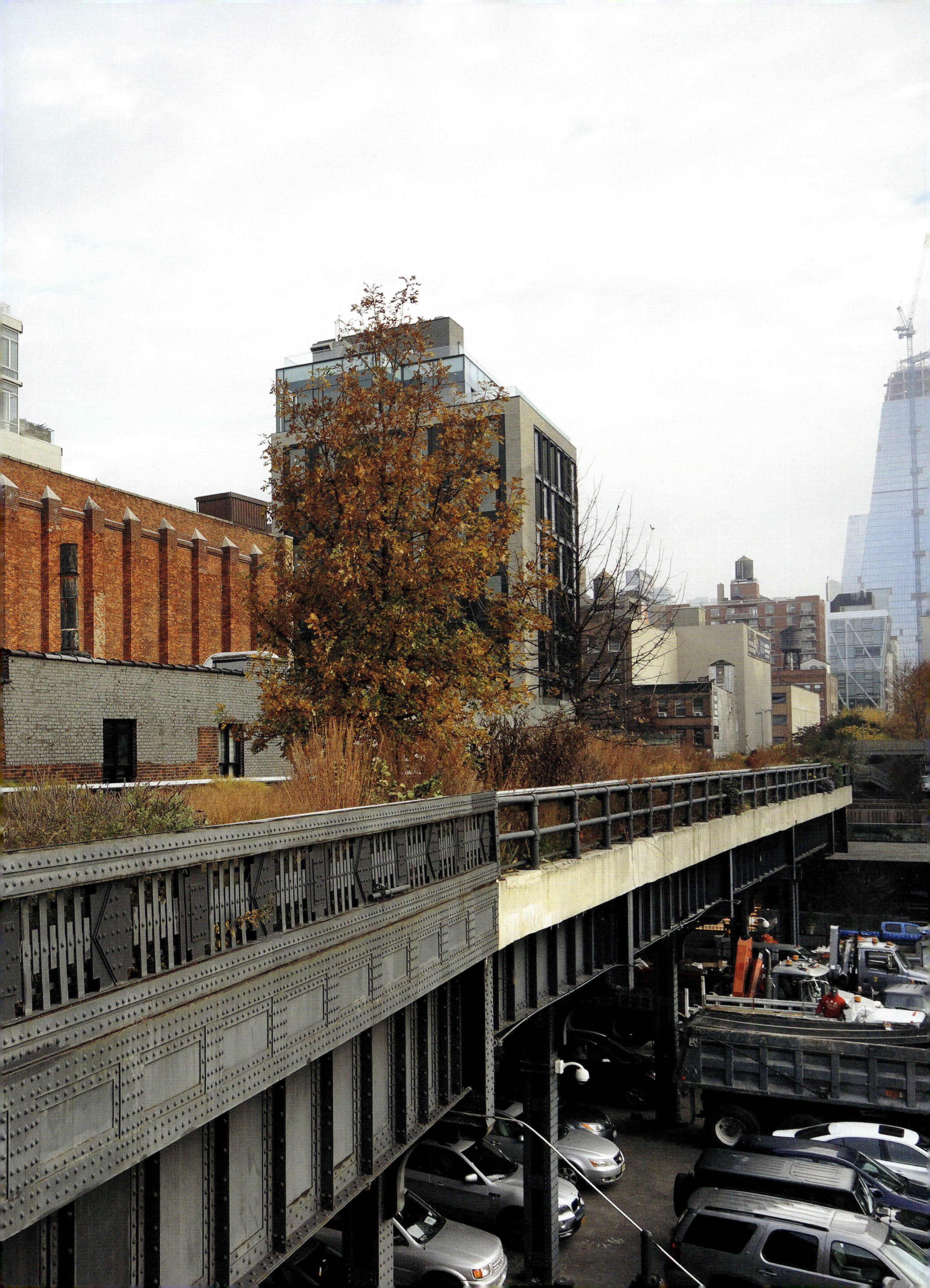

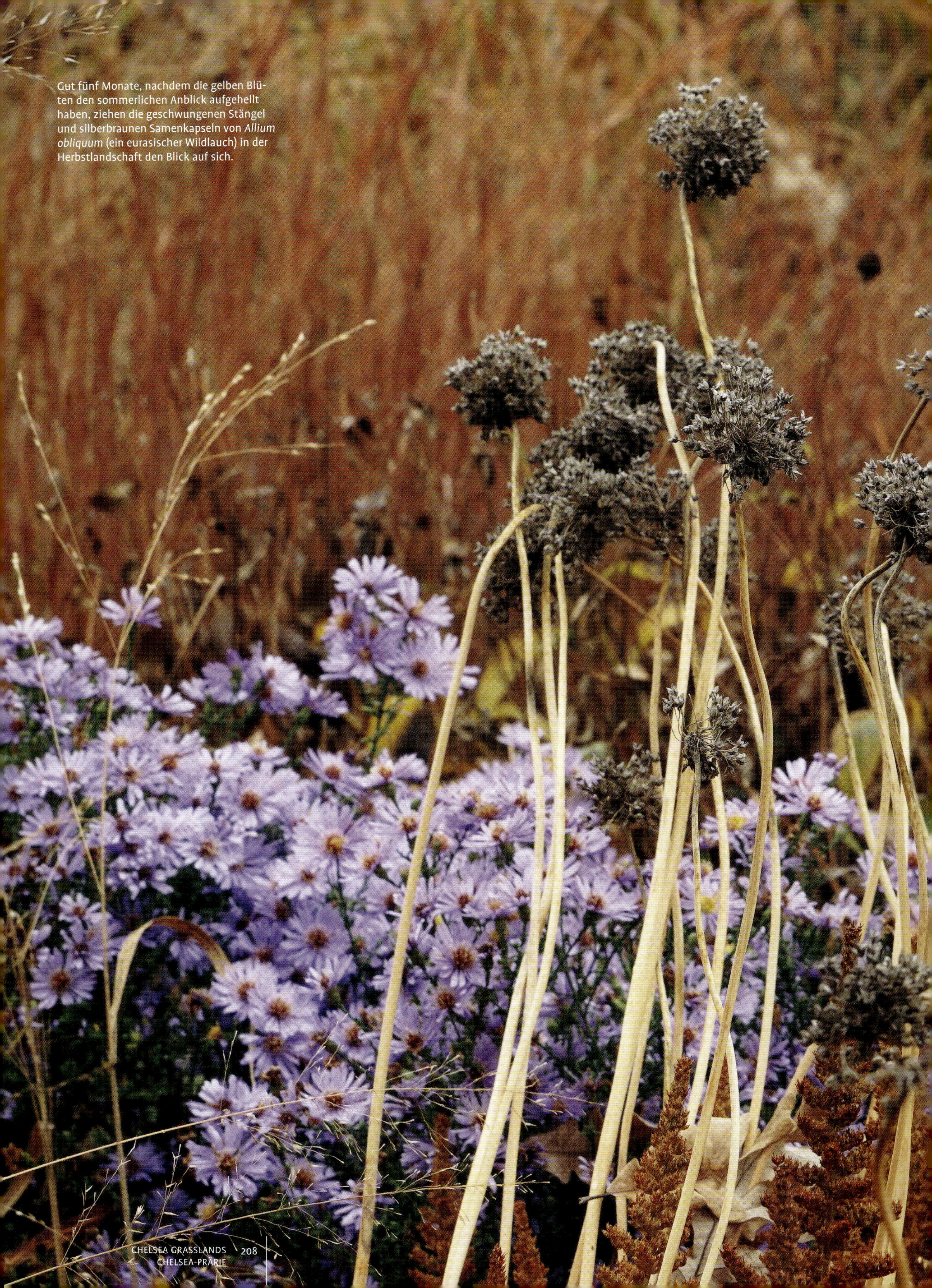

Gut fünf Monate, nachdem die gelben Blüten den sommerlichen Anblick aufgehellt haben, ziehen die geschwungenen Stängel und silberbraunen Samenkapseln von *Allium obliquum* (ein eurasischer Wildlauch) in der Herbstlandschaft den Blick auf sich.

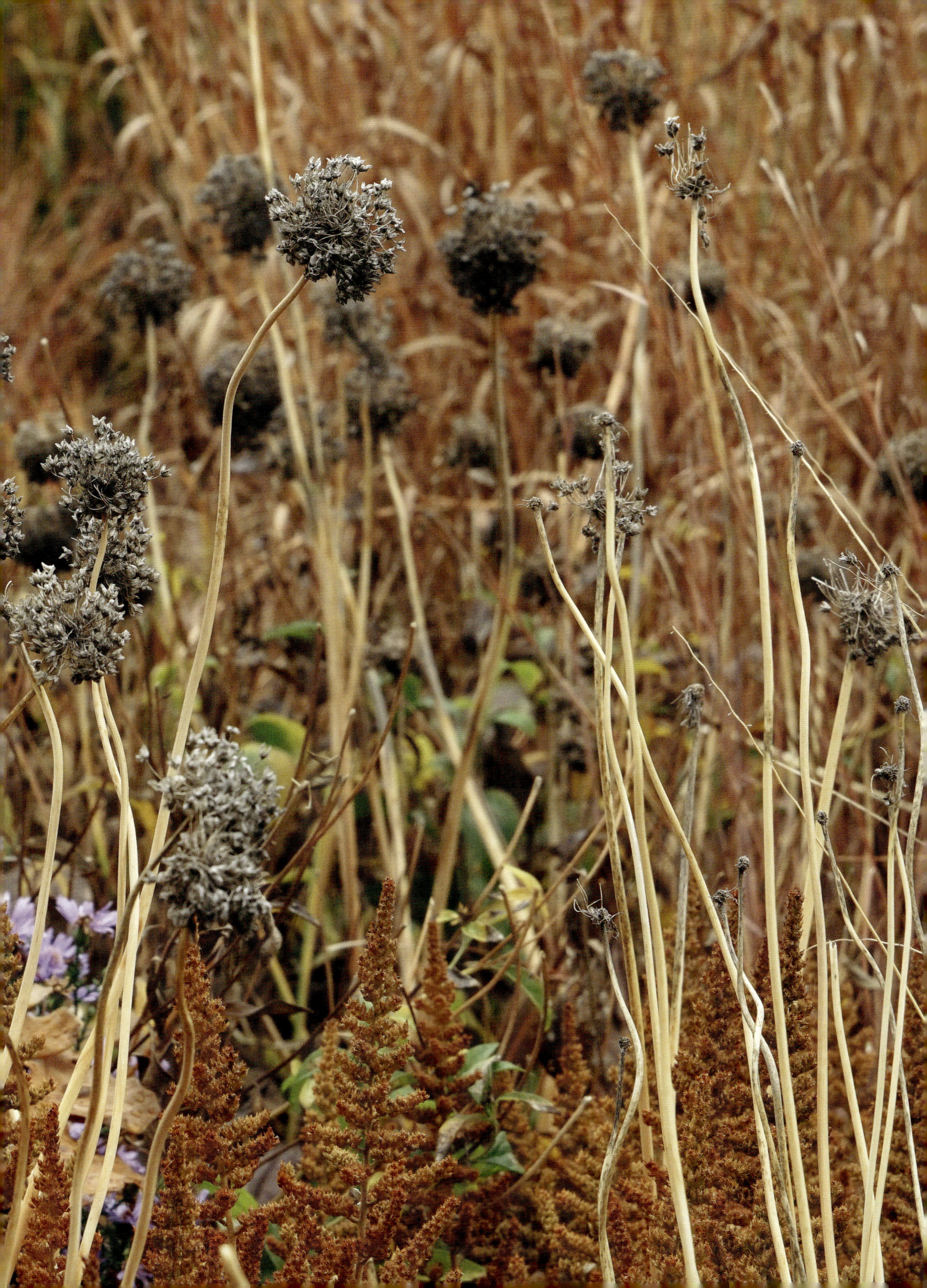

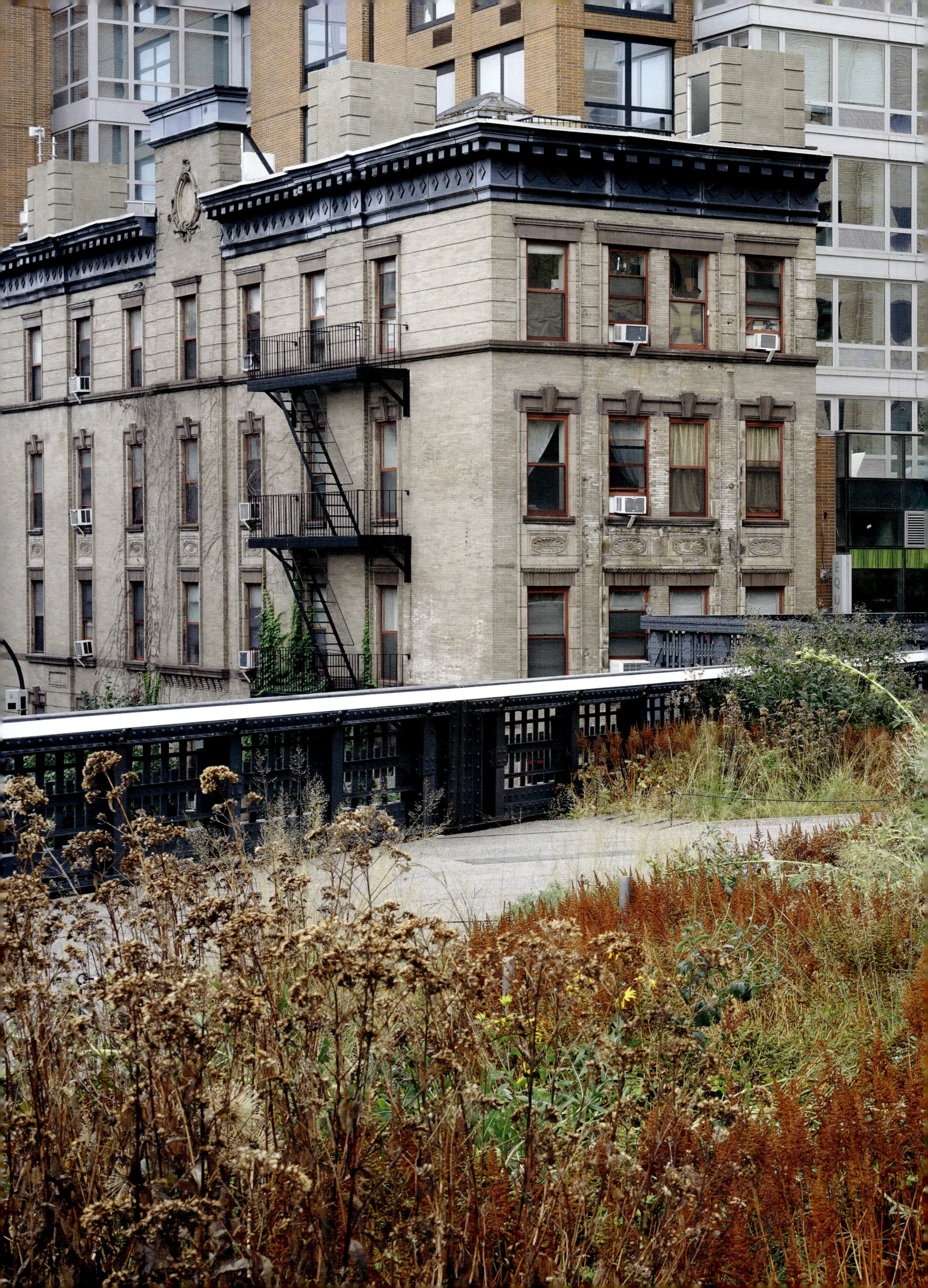

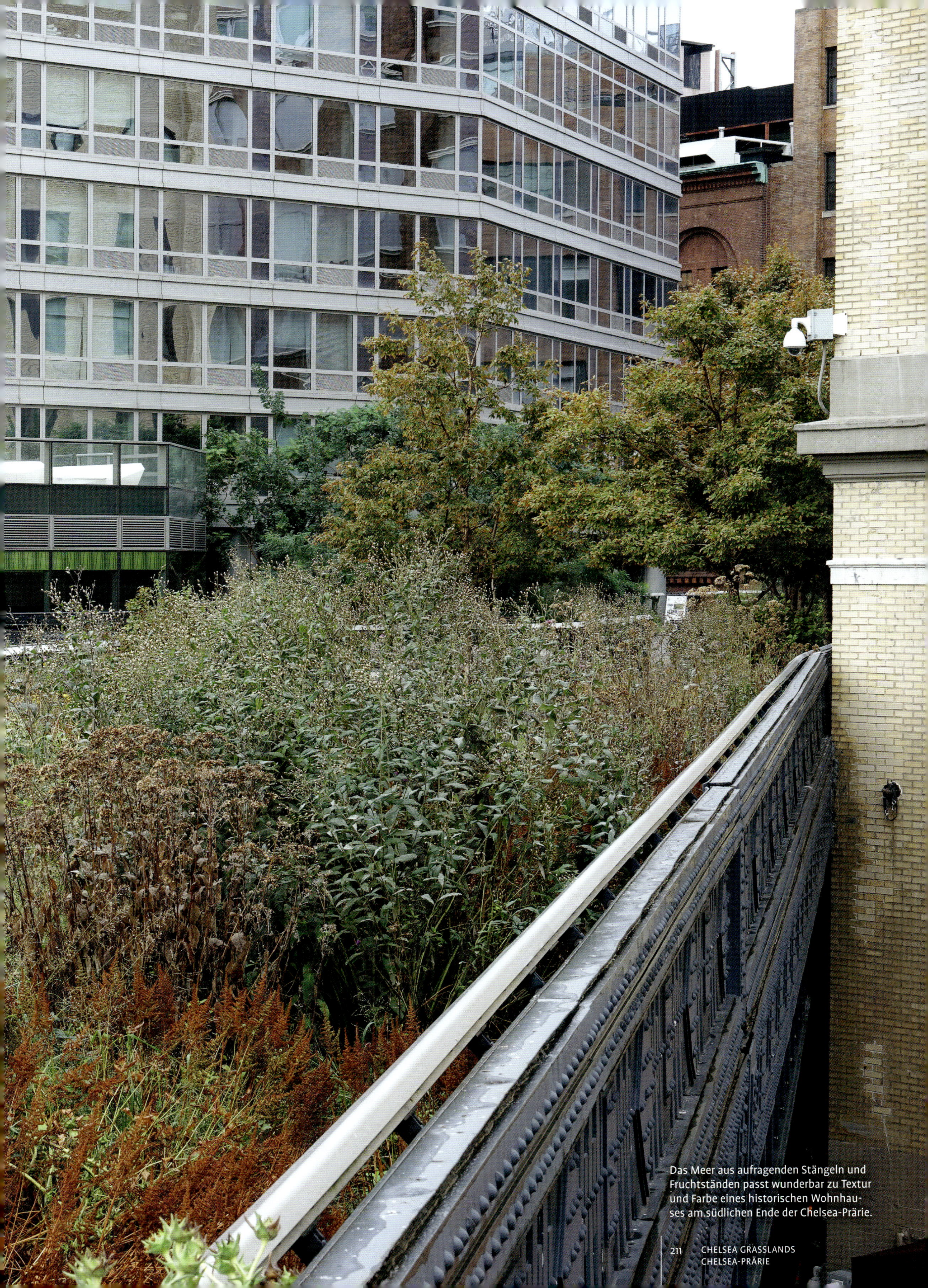

Das Meer aus aufragenden Stängeln und Fruchtständen passt wunderbar zu Textur und Farbe eines historischen Wohnhauses am südlichen Ende der Chelsea-Prärie.

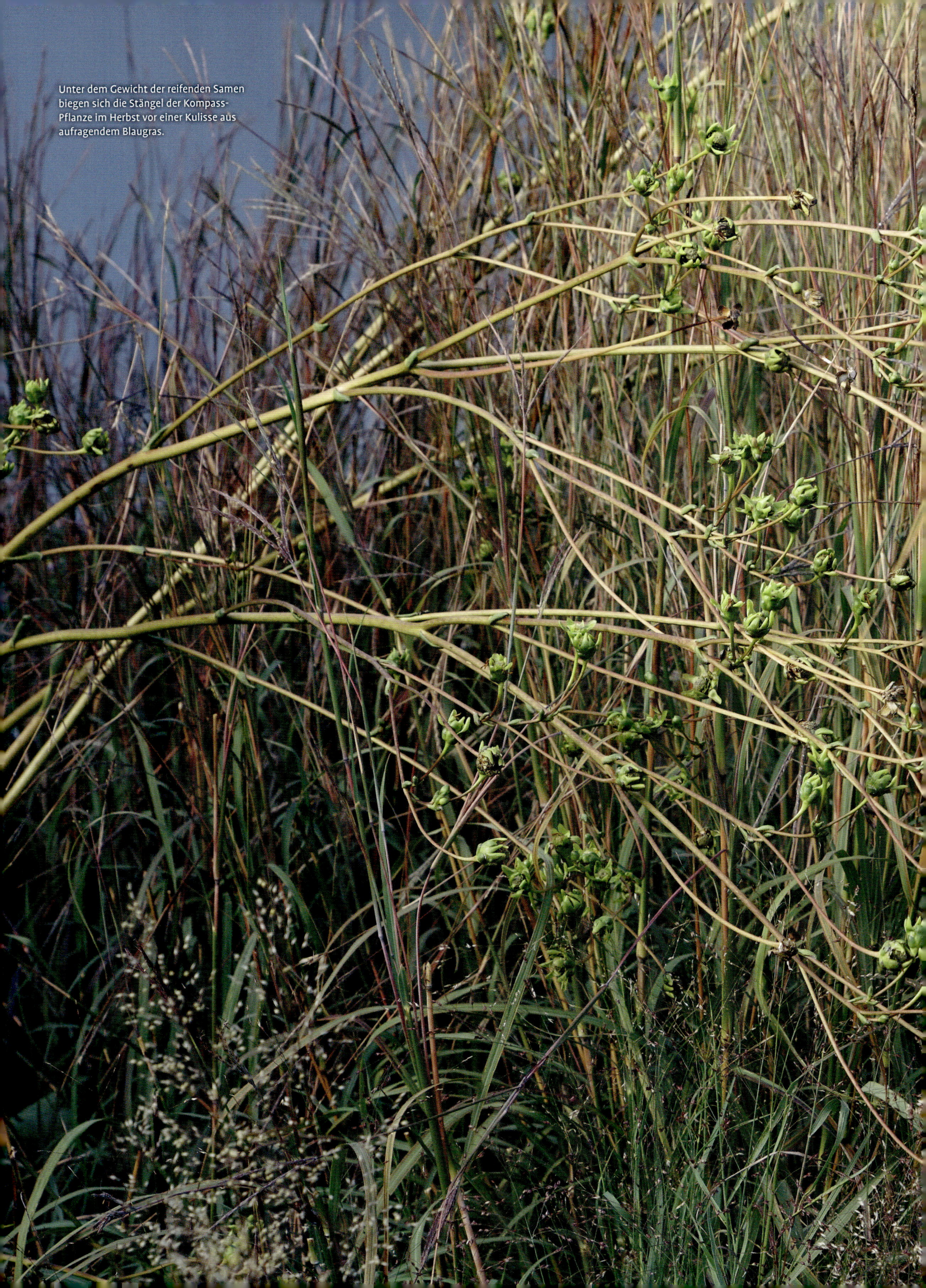

Unter dem Gewicht der reifenden Samen biegen sich die Stängel der Kompass-Pflanze im Herbst vor einer Kulisse aus aufragendem Blaugras.

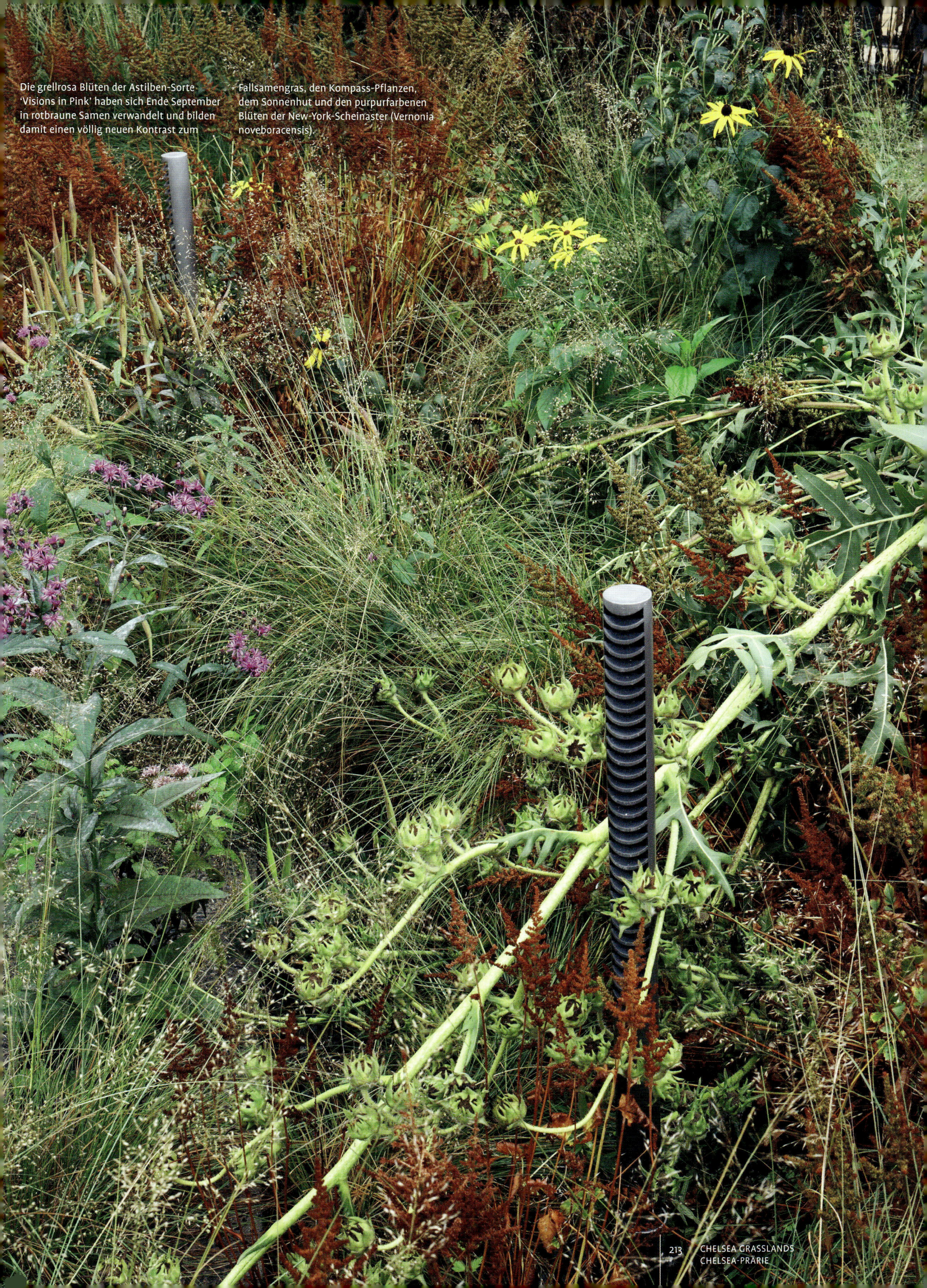

Die grellrosa Blüten der Astilben-Sorte 'Visions in Pink' haben sich Ende September in rotbraune Samen verwandelt und bilden damit einen völlig neuen Kontrast zum Fallsamengras, den Kompass-Pflanzen, dem Sonnenhut und den purpurfarbenen Blüten der New-York-Scheinaster (Vernonia noveboracensis).

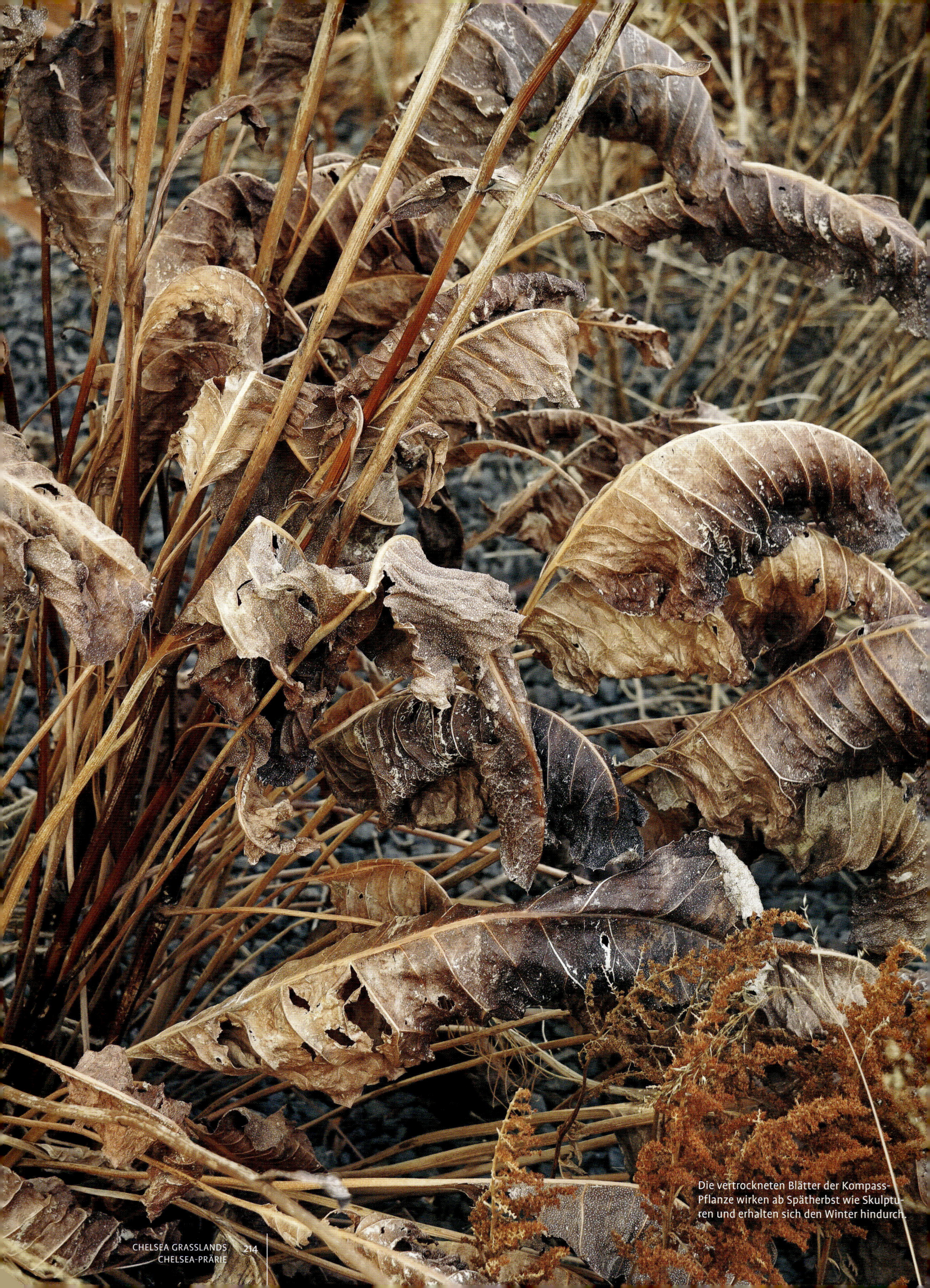

Die vertrockneten Blätter der Kompass-Pflanze wirken ab Spätherbst wie Skulpturen und erhalten sich den Winter hindurch.

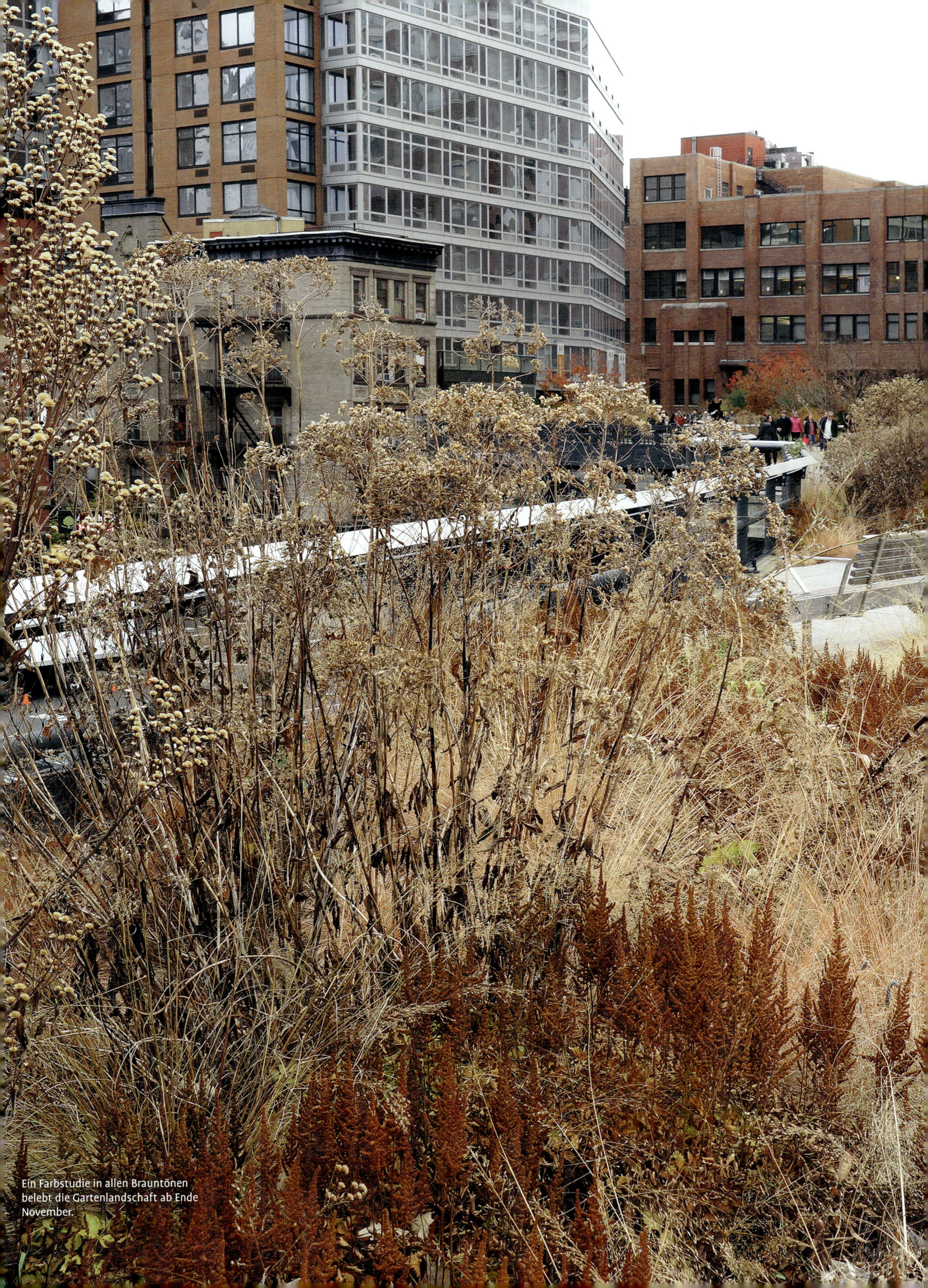

Ein Farbstudie in allen Brauntönen belebt die Gartenlandschaft ab Ende November.

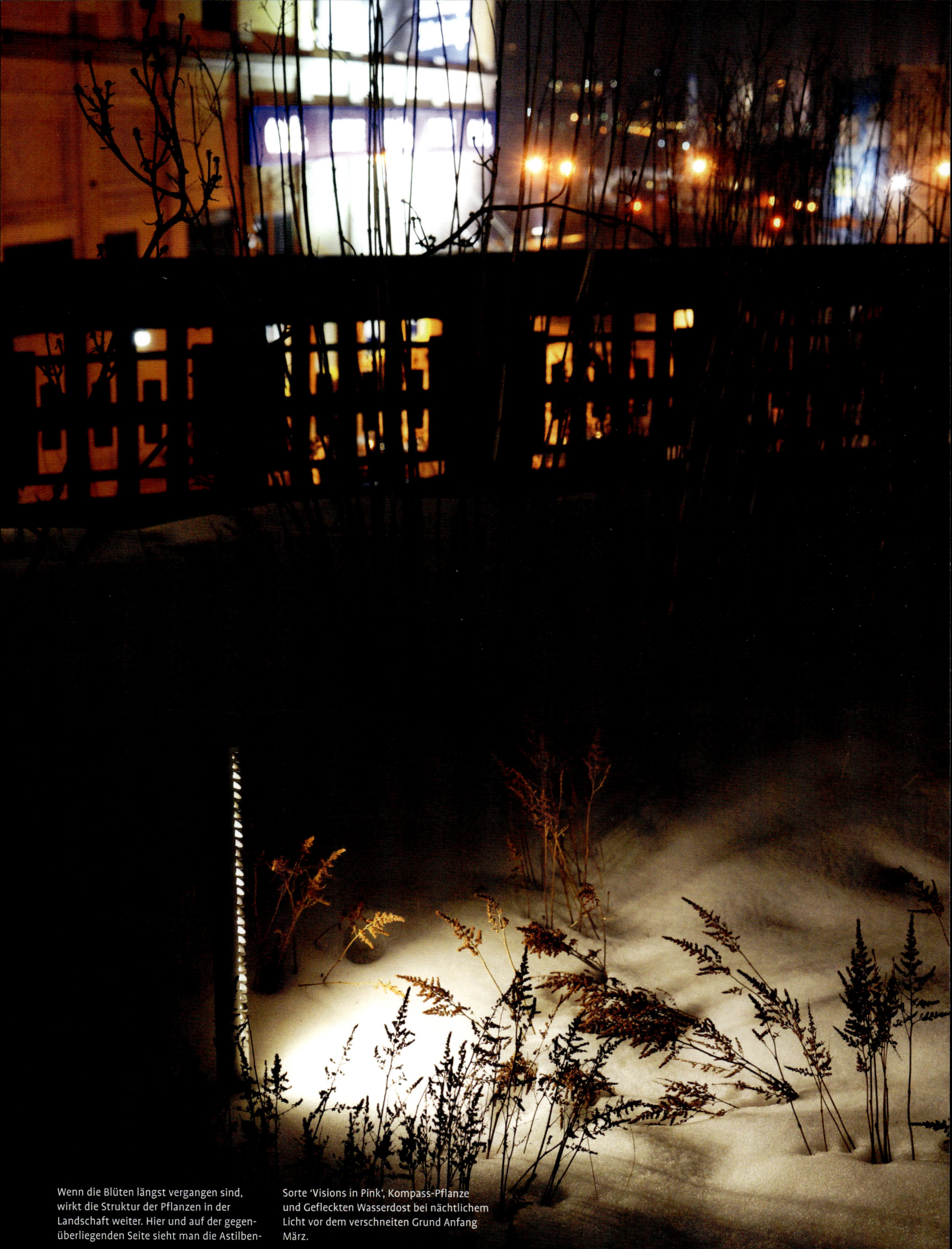

Wenn die Blüten längst vergangen sind, wirkt die Struktur der Pflanzen in der Landschaft weiter. Hier und auf der gegenüberliegenden Seite sieht man die Astilben-Sorte 'Visions in Pink', Kompass-Pflanze und Gefleckten Wasserdost bei nächtlichem Licht vor dem verschneiten Grund Anfang März.

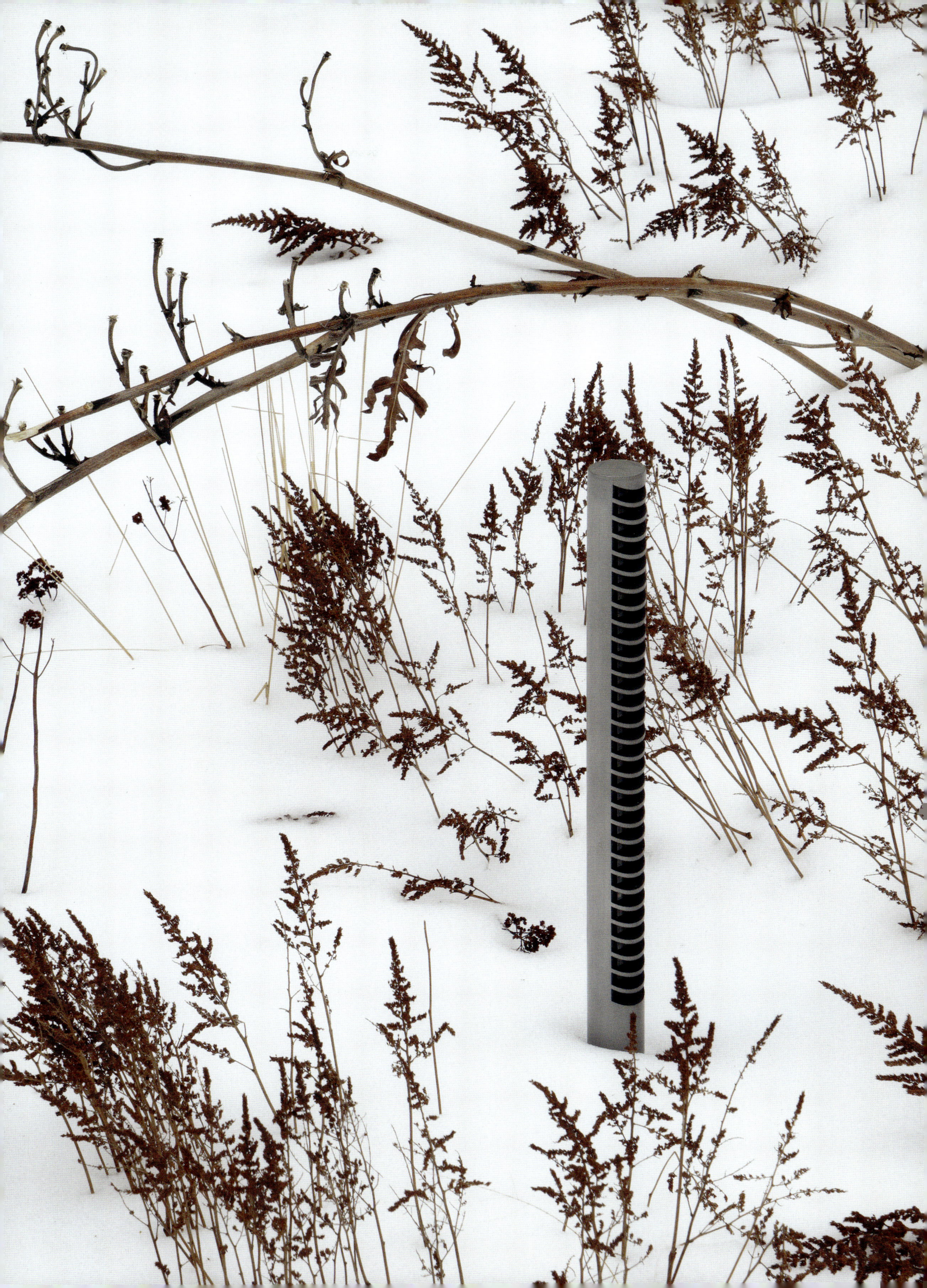

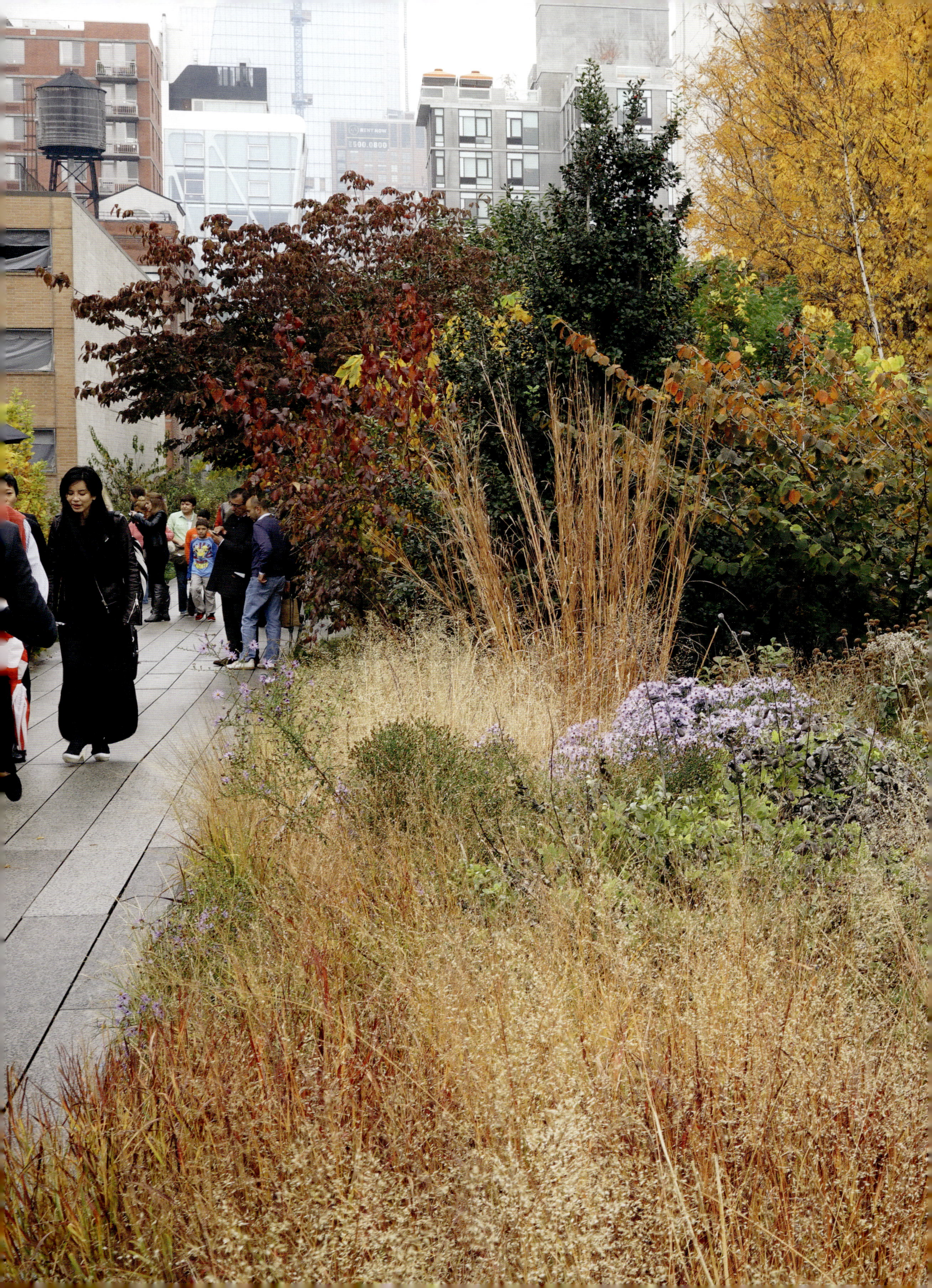

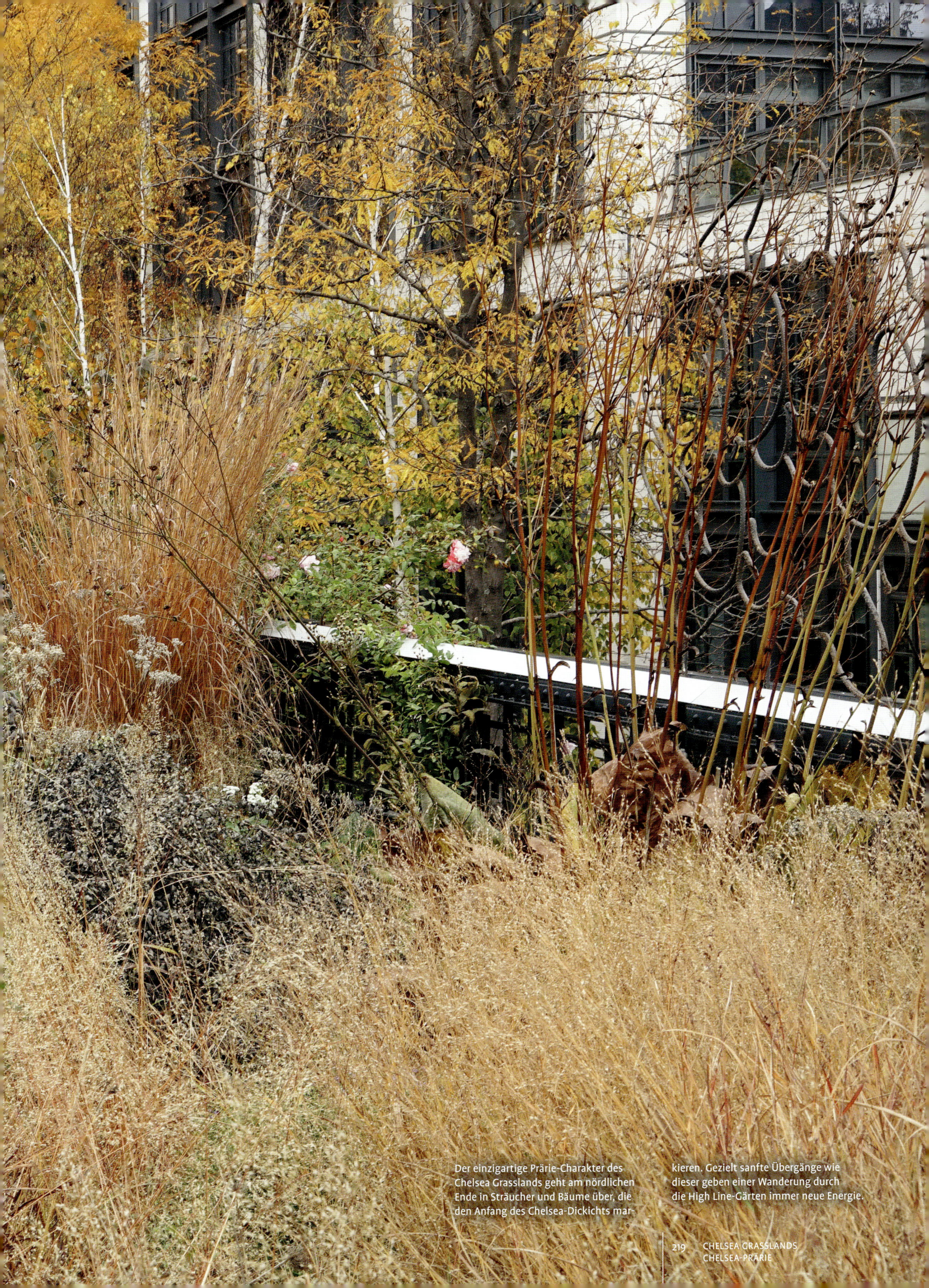

Der einzigartige Prärie-Charakter des Chelsea Grasslands geht am nördlichen Ende in Sträucher und Bäume über, die den Anfang des Chelsea-Dickichts markieren. Gezielt sanfte Übergänge wie dieser geben einer Wanderung durch die High Line-Gärten immer neue Energie.

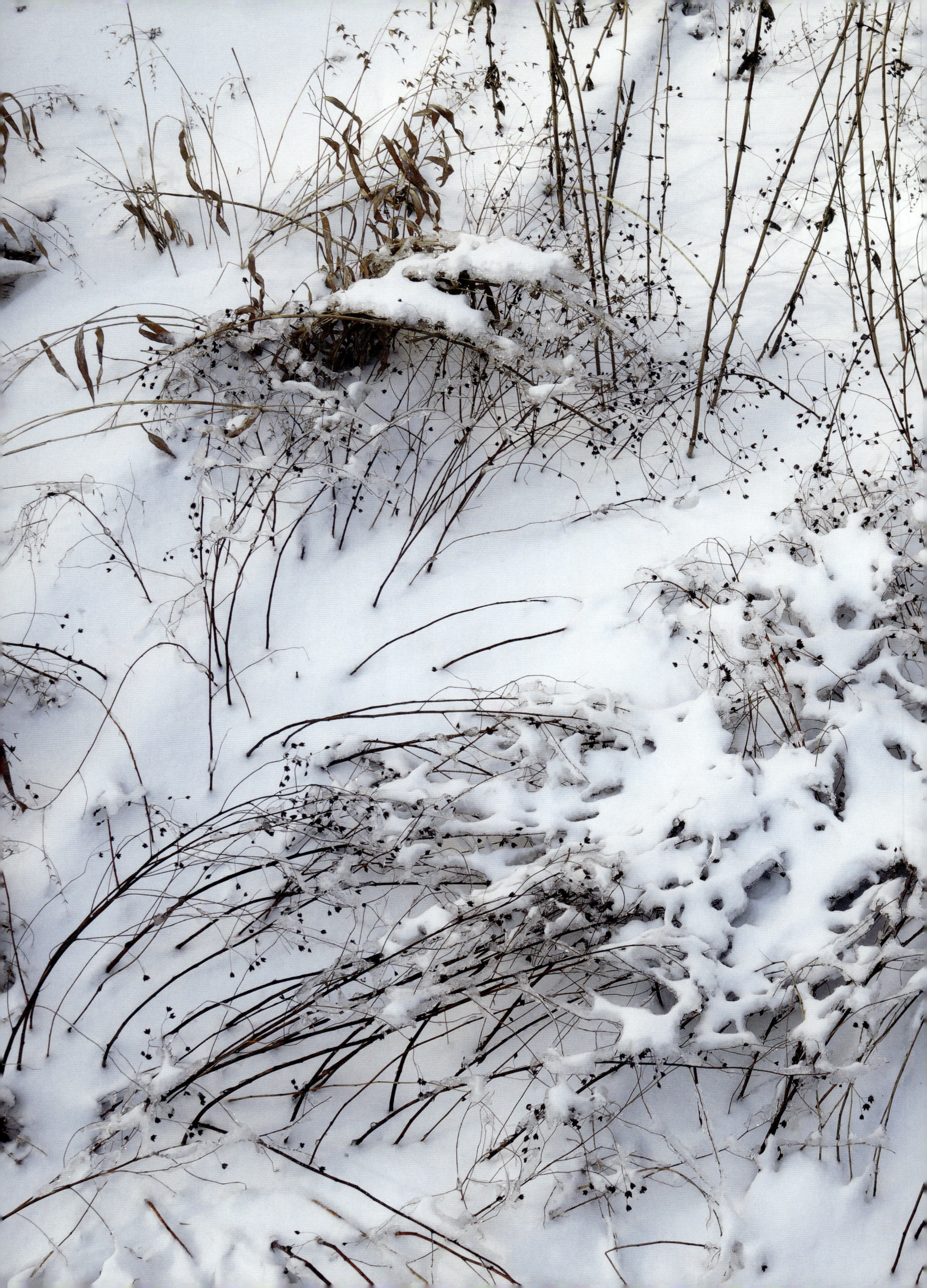

Rückschnitt

Der Rückschnitt ist das wichtigste alljährliche Ereignis, seit die High Line-Gärten existieren. Bemerkenswert ist die Wahl des Zeitpunktes. Im Gegensatz zu der gärtnerischen Gepflogenheit, einen Garten winterfest zu machen, erfolgt der Rückschnitt der Stauden entlang der High Line erst im März. Der gärtnerische, ökologische und ästhetische Nutzen dieses Ansatzes ist weitreichend.

Wenn man das trockene Laub der vergangenen Wachstumsperiode stehen lässt, dann hilft es, die Pflanzen vor dem Austrocknen und Erfrieren durch die winterlichen Winde zu schützen. Es bietet zudem den Wildtieren Schutz, darunter den Vögeln, überwinternden Schmetterlingen oder Nutzinsekten. Die im Winter noch aufragenden Stängel bieten den gefiederten Freunden Sitzplätze und helfen bei der effizienten Verbreitung von Samen durch den Wind. Über diese reine Nutzfunktion hinaus tragen die Linien, Formen, Texturen und Muster des getrockneten Pflanzenlebens aus der Vorsaison aber auch zur Schönheit der Winterlandschaft bei. Und jeder kann sie genießen, der sich die Zeit zu genauer Betrachtung nimmt.

Warum ist ein Rückschnitt überhaupt nötig? Ein einfacher Grund ist die Verringerung von Pflanzenabfall auf den Wegen und den Sitzflächen im Frühling. Verwelkte Stängel und Blätter würden sonst vom Wind verteilt. Von größerer Bedeutung ist jedoch die Tatsache, dass man die Pflanzen durch den Rückschnitt langfristig gesund erhält und die kunstvolle Pflanzgestaltung im Gleichgewicht bleibt. Niemand schneidet Pflanzen an natürlichen Standorten zurück, aber die Artendichte und -vielfalt pro Quadratmeter entlang der High Line übertrifft die vieler gemäßigter nordostamerikanischer Habitate. Schneidet man Pflanzen bodennah zurück, kann man als Gärtner die Gesundheit und Wuchskraft besser beurteilen. Viele mehrjährige Stauden und Gräser sterben mit der Zeit von der Mitte heraus ab. Das wird durch den Rückschnitt sichtbar und zeigt, dass Pflanzen durch Teilung und Neupflanzung des noch gesunden Teils erneuert werden müssen. Rückschnitt macht auch sichtbar, wie Pflanzen sich von selbst vermehren. So kann man leicht entscheiden, wann man eingreifen sollte, um die gewünschte, ausgewogene Komposition der Gestaltung zu erhalten.

Der Rückschnitt wird von einer ausdauernden Truppe aus Mitarbeitern und Freiwilligen von Hand durchgeführt. Die durch den Schnitt von etwa 100 000 Pflanzen entstehende organische Masse wird gehäckselt und kompostiert, um Mulch, Bodenverbesserung und Jauchen für besseres Pflanzenwachstum zu gewinnen. Jedes Jahr wurde das Schnittgut per LKW zur Deponie Fresh Kills auf Staten Island zur Verarbeitung abtransportiert, doch seit 2016 wird es vor Ort in der eigenen Anlage aufbereitet. Die Verwirklichung dieses geschlossenen Kreislaufs für das Ökosystem in den Gärten beweist, dass die High Line verantwortungsvoll gepflegt wird.

Die anmutigen Stängel von Nördlicher Dreiblattspiere (*Porteranthus stipulatus*, syn. *Gillenia stipulata*) und Plattährengras (*Chasmanthium latifolium*) verteilen auch noch Samen, nachdem sie ein Schneesturm im Februar niedergelegt hat. (Aufnahme: Annik LaFarge).

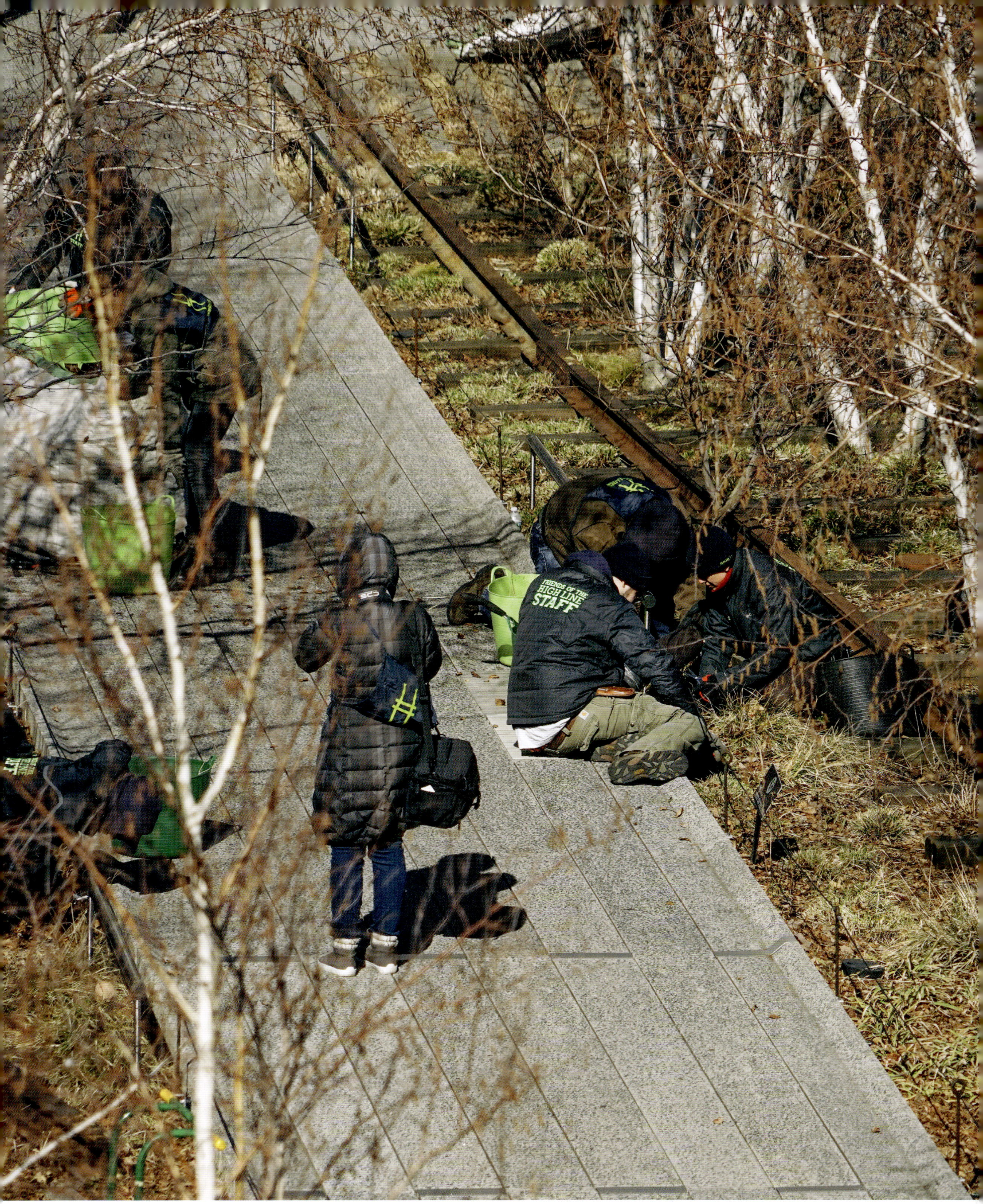

Eine Gemeinschaft aus Freiwilligen unterstützt die Mitarbeiter der High Line beim Rückschnitt von mehr als 100 000 Pflanzen im März, kurz bevor sich die ersten Frühlingstriebe zeigen. (Aufnahme: Annik LaFarge).

Gegenüber: Aus Gründen der Sicherheit und Praktikabilität wird der Rückschnitt mit Gartenscheren von Hand und mit Handschuhen vorgenommen. Das Schnittgut wird in großen Säcken gesammelt und in eigenen Anlagen der High Line gehäckselt, kompostiert und zu Jauchen angesetzt. (Aufnahme: Annik LaFarge).

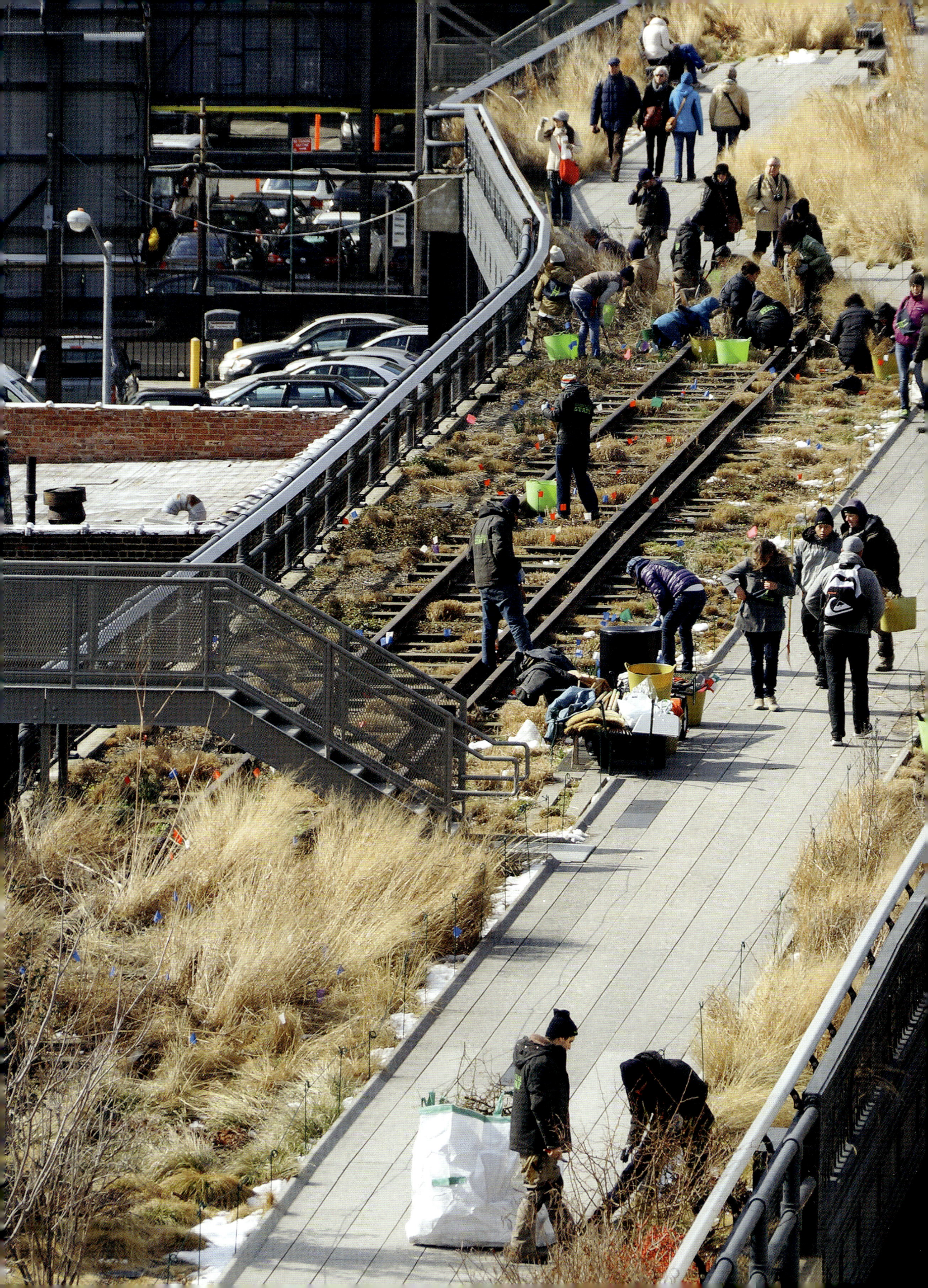

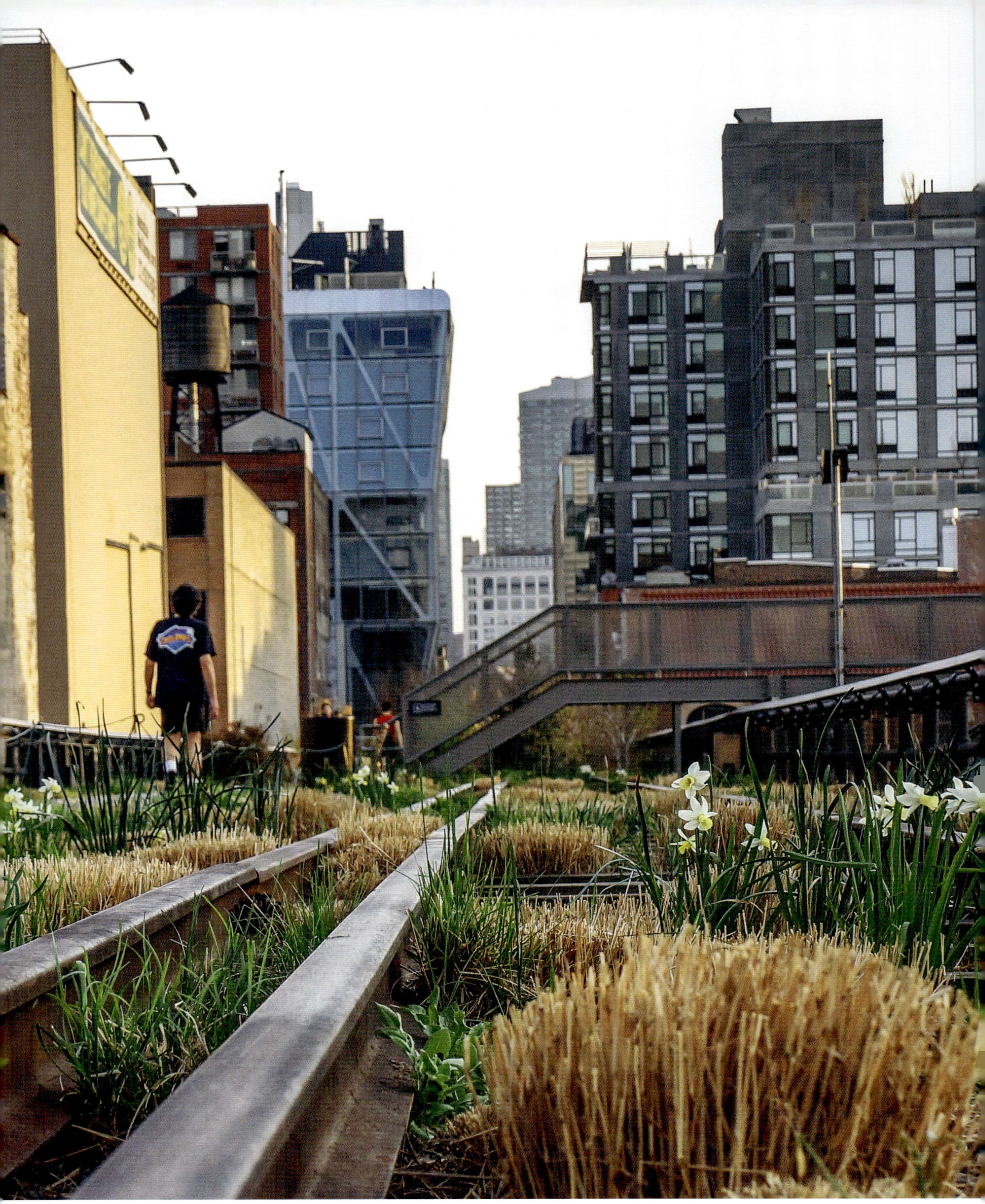

Osterglocken gehören zu den vielen früh blühenden Zwiebelpflanzen, deren Blüten die High Line-Trasse kurz nach dem Rückschnitt schmücken. (Aufnahme: Annik LaFarge).

Gegenüber: Die erfahrenen Mitarbeiter der High Line erkennen die Pflanzengesundheit an vielen Faktoren, die unmittelbar nach dem Schnitt zutage treten. Manche Pflanzen müssen durch Teilung verjüngt werden. Die Verwilderung und Selbst-Aussaat anderer Arten bedarf unter Umständen der Förderung oder der Kontrolle. Der Rückschnitt ist für die Wuchskraft des Ökosystems High Line und für den Erhalt der Gestaltung von grundlegender Bedeutung. (Aufnahme: Annik LaFarge).

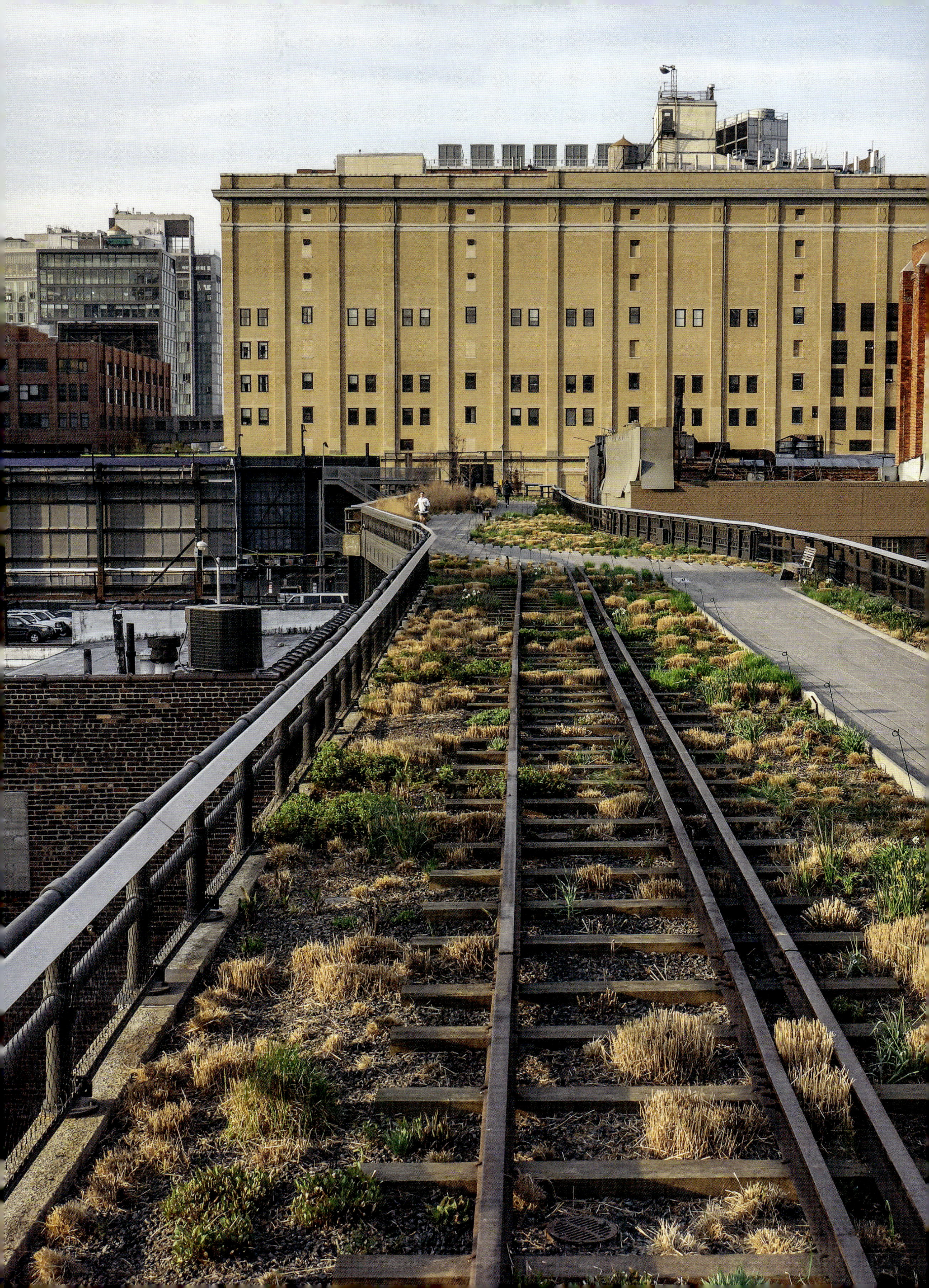

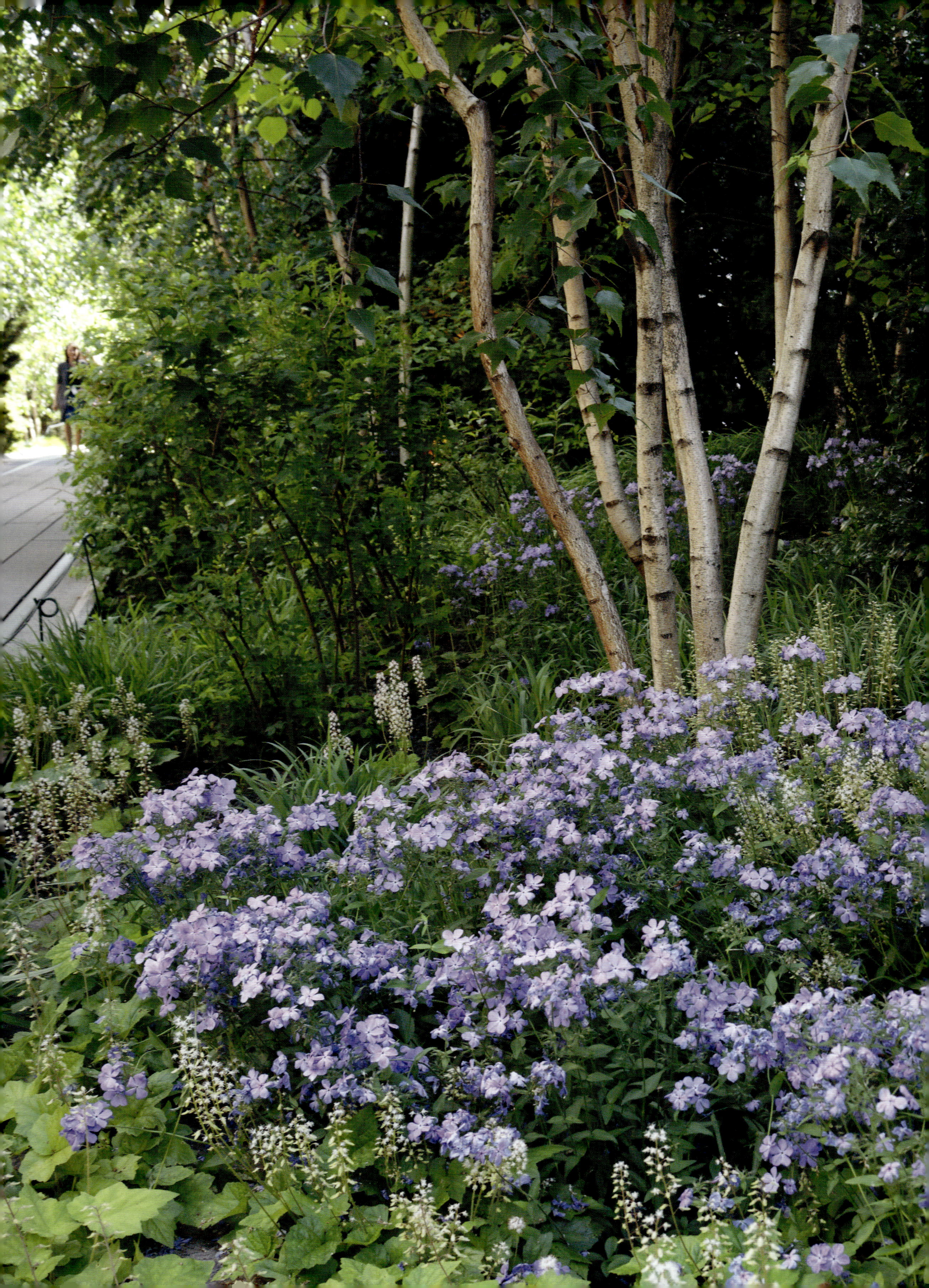

CHELSEA THICKET

CHELSEA-DICKICHT

Der Übergang von der offenen, sonnigen Fläche der Chelsea-Prärie in den Waldgarten des Chelsea-Dickichts erfolgt schrittweise. Langsam werden die Bäume und Sträucher dichter und schließlich finden sich die Besucher von der Abgeschiedenheit einer tunnelähnlichen Passage umfangen. Das Gefühl der Abgeschiedenheit verstärkt sich durch immergrüne Bäume, wie die Amerikanischen Stechpalmen (*Ilex opaca* der Sorten 'Dan Fenton' und 'Jersey Night') und Rotzedern (*Juniperus virginiana* 'Corcoror'). Das Kronendach bilden Laubbäume wie Judasbaum, Seidiger Fenchelholzbaum (*Sassafras albidum*), Hartriegelsorten wie *Cornus* 'Rutban', Felsenbirnen und Grau-Birken. Obwohl diese Birke mit hellem Stamm der charakteristische Baum im Gansevoort-Wäldchen und auch im Chelsea-Dickicht ist, entstehen durch die deutlichen Unterschiede bei der Zusammensetzung der Gebüsch- und Unterpflanzung zwei völlig unterschiedliche Gehölzgärten.

Duft ist bei den Sträuchern des Dickichts das Hauptmerkmal. Bodnant-Schneeball (*Viburnum × bodnantense* 'Dawn'), Winter-Scheinhasel (*Corylopsis spicata*), Federbuschstrauch (*Fothergilla × intermedia* 'Mt. Airy'), Gelapptblättriger Flieder (*Syringa × laciniata*), Rotblättrige Rose (*Rosa glauca*) und die Zaubernuss (*Hamamelis × intermedia* 'Jelena') tragen vom Spätwinter bis in den Frühling hinein süß duftende Blüten. Dazu kommt eine reiche Palette nicht duftender, aber dekorativer Sträucher wie Zierquitten (*Chaenomeles × superba* 'Jet Trail' und *Chaenomeles speciosa* 'Toyo-Nishiki'), Amerikanische Winterbeere (*Ilex verticillata* 'Red Sprite' und 'Southern Gentleman'), Kahle Apfelbeere (*Aronia melanocarpa* 'Viking'), die zum Blüten- und Fruchtreigen des Gehölzgartens beitragen.

Ein lebender Teppich aus blattreichen Stauden als Bodendecker darunter ist geeigneter als Mulch. So bleibt der Garten das ganze Jahr hindurch interessant und der Aufwand des Jätens hält sich in Grenzen. Diese Gestaltungsstrategie wurde in Form einer artenreichen, einzigartigen Pflanzenmischung umgesetzt. Während bei der Prärie-Gestaltung Gräser wie Herbst-Blaugras und Fallsamengras die untere Pflanzenschicht bestimmen, stehen unter den Gehölzen die robusten nordamerikanischen Riedgrasarten, unter anderem *Carex bromoides*, Elfenbein-Segge (*Carex eburnea*), Lockerstielige Segge (*Carex laxiculmis* 'Hobb'), zuweilen in Kombination mit Japan-Gras (*Hakonechloa macra*). Dekorative, blühende Arten mischen sich darunter, so die in Europa heimische Frühlings-Platterbse (*Lathyrus vernus*) und Gefingerter Lerchensporn (*Corydalis solida*).

Der Chelsea-Gehölzgarten ist ein schönes Beispiel dafür, wie die variantenreiche Gestaltung einer oder mehrerer Pflanzebenen eine höchst unterschiedliche Stimmung sowie Gartenerfahrung hervorrufen kann. Wilde Lebensräume vermitteln ähnliche Einblicke. Das Kronendach eines Waldes bleibt geraume Zeit unverändert, während die Arten in der Bodenzone ausdauernd sind und die Vielfalt der mittleren oder Zwischenzonen sich wandelt. Zum Gestalten und Bewahren von Pflanzebenen muss man unbedingt im Stande sein, diese Muster zu sehen und umzusetzen.

Das nördliche Ende des Chelsea-Dickichts ist mit einem bodendeckenden Teppich aus Phlox (*Phlox divaricata*) und Schaumblüte (*Tiarella cordifolia* und *T. wherryi*) überzogen.

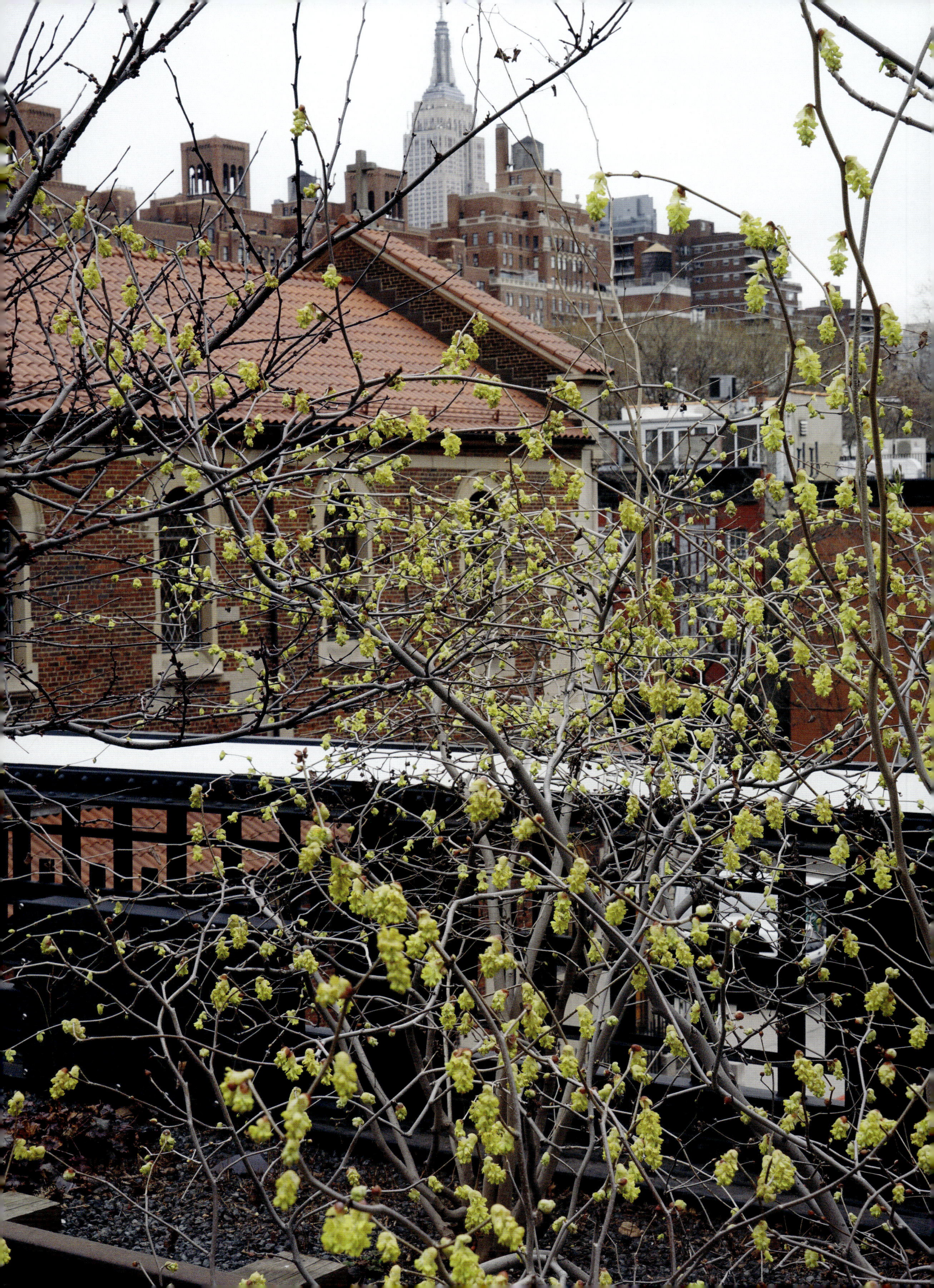

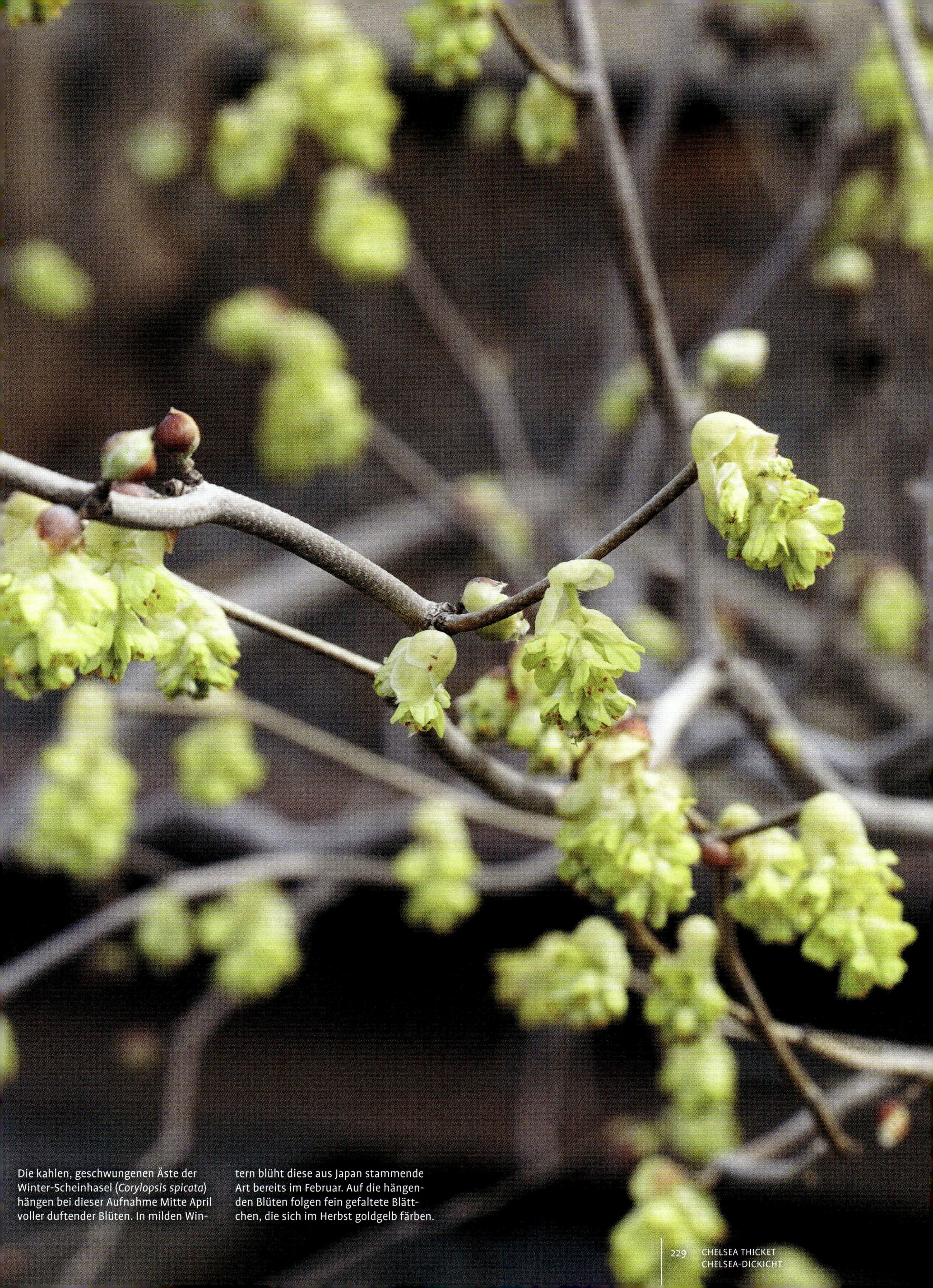

Die kahlen, geschwungenen Äste der Winter-Scheinhasel (*Corylopsis spicata*) hängen bei dieser Aufnahme Mitte April voller duftender Blüten. In milden Wintern blüht diese aus Japan stammende Art bereits im Februar. Auf die hängenden Blüten folgen fein gefaltete Blättchen, die sich im Herbst goldgelb färben.

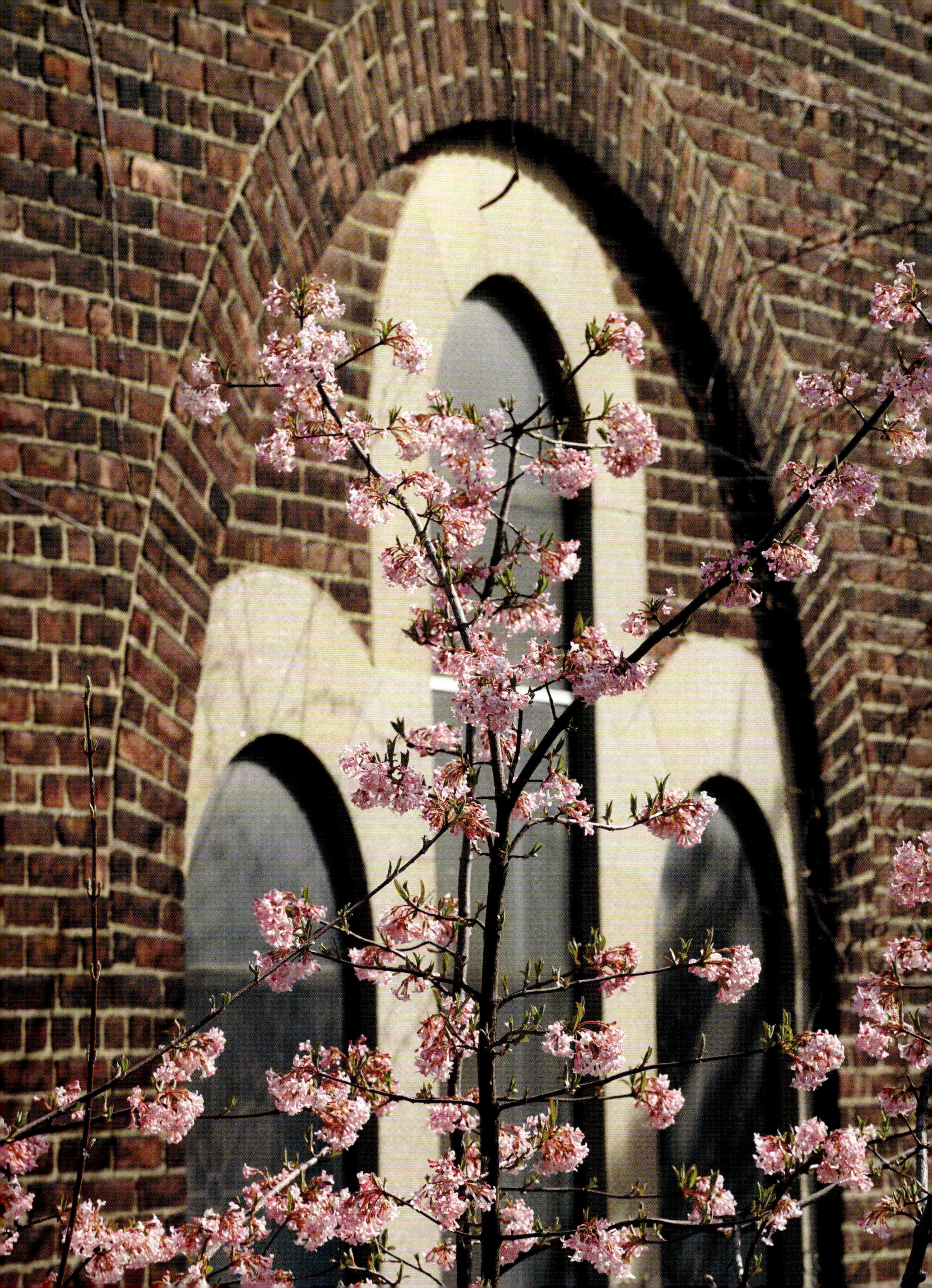

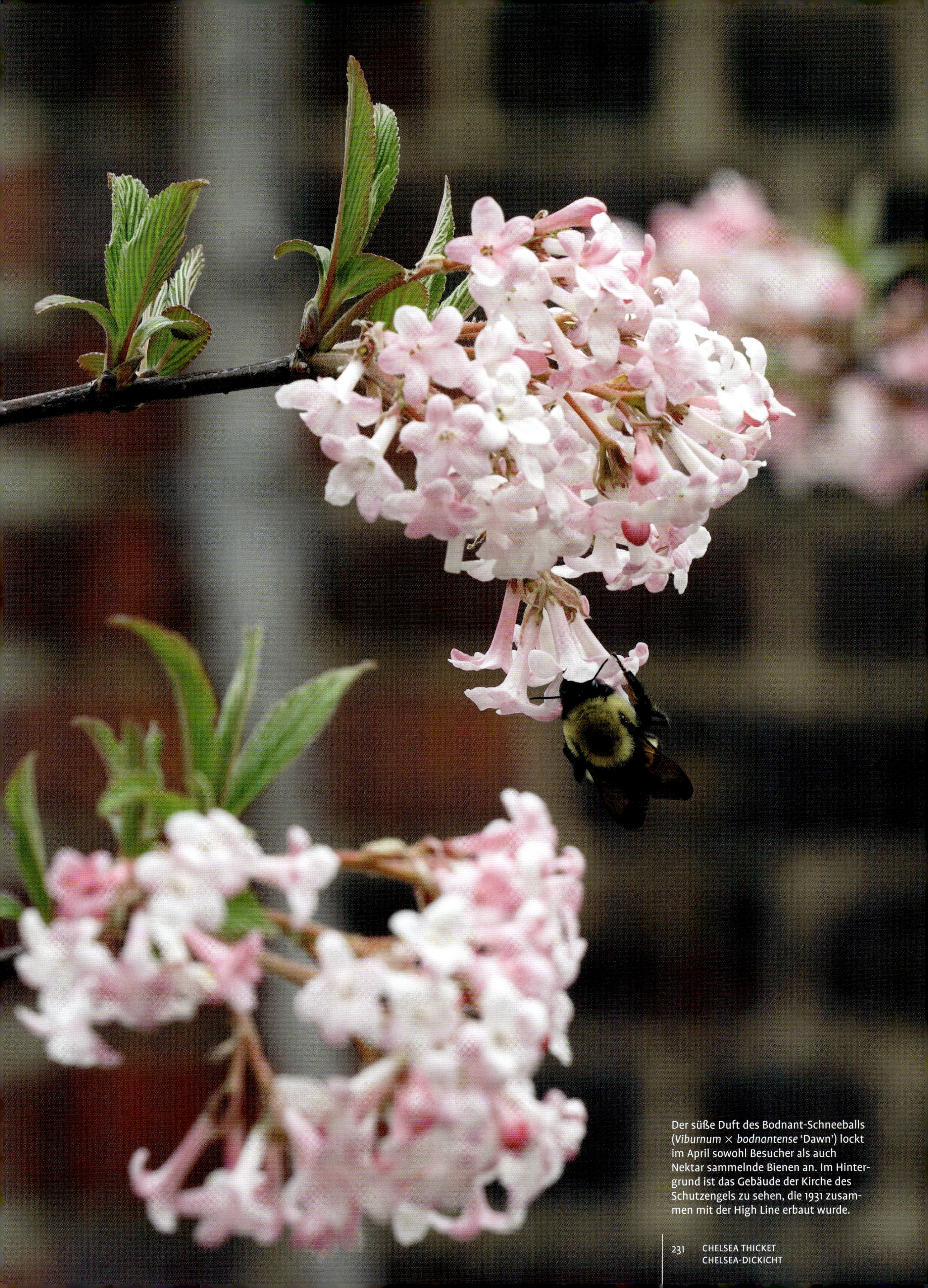

Der süße Duft des Bodnant-Schneeballs (*Viburnum × bodnantense* 'Dawn') lockt im April sowohl Besucher als auch Nektar sammelnde Bienen an. Im Hintergrund ist das Gebäude der Kirche des Schutzengels zu sehen, die 1931 zusammen mit der High Line erbaut wurde.

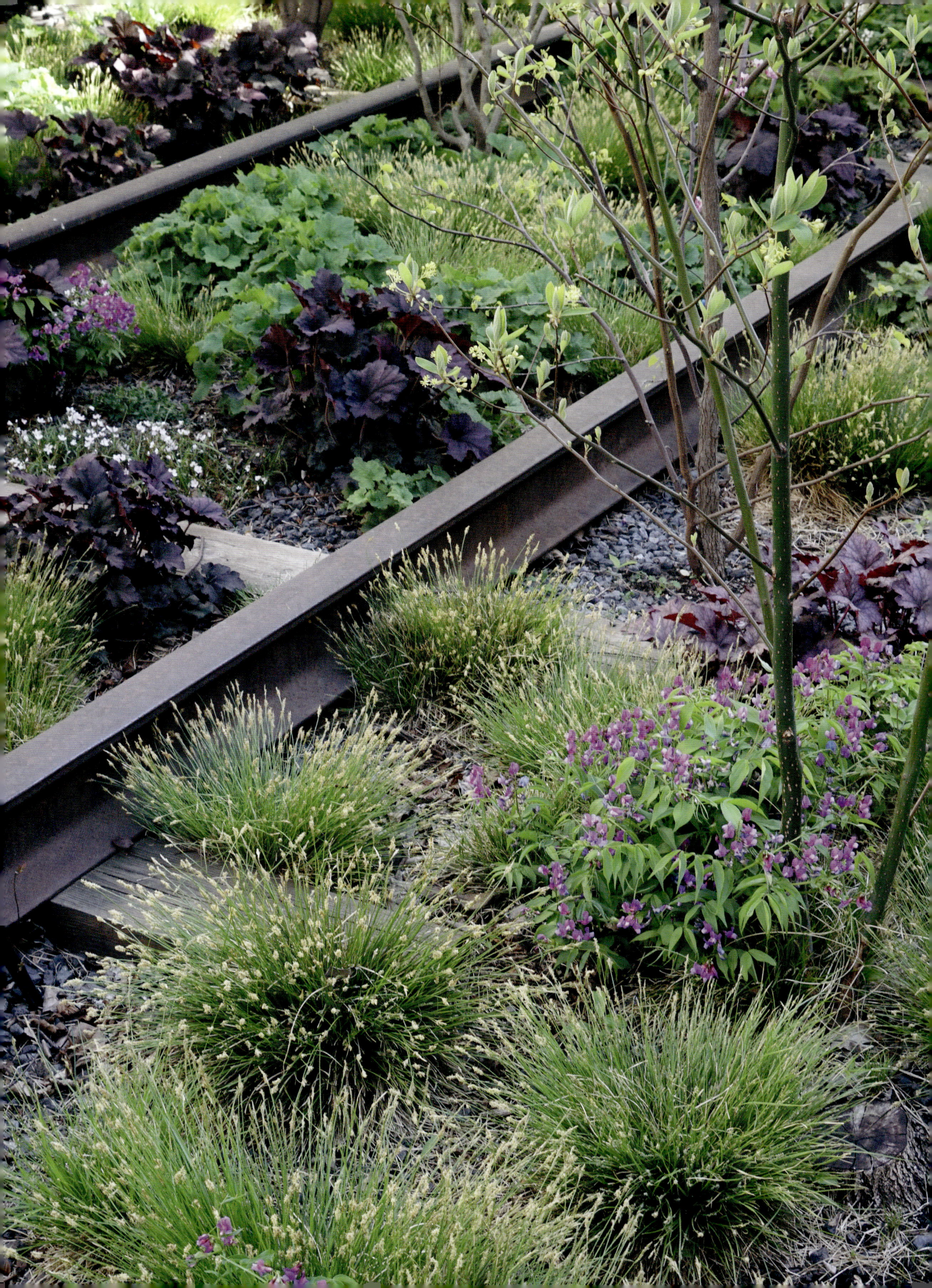

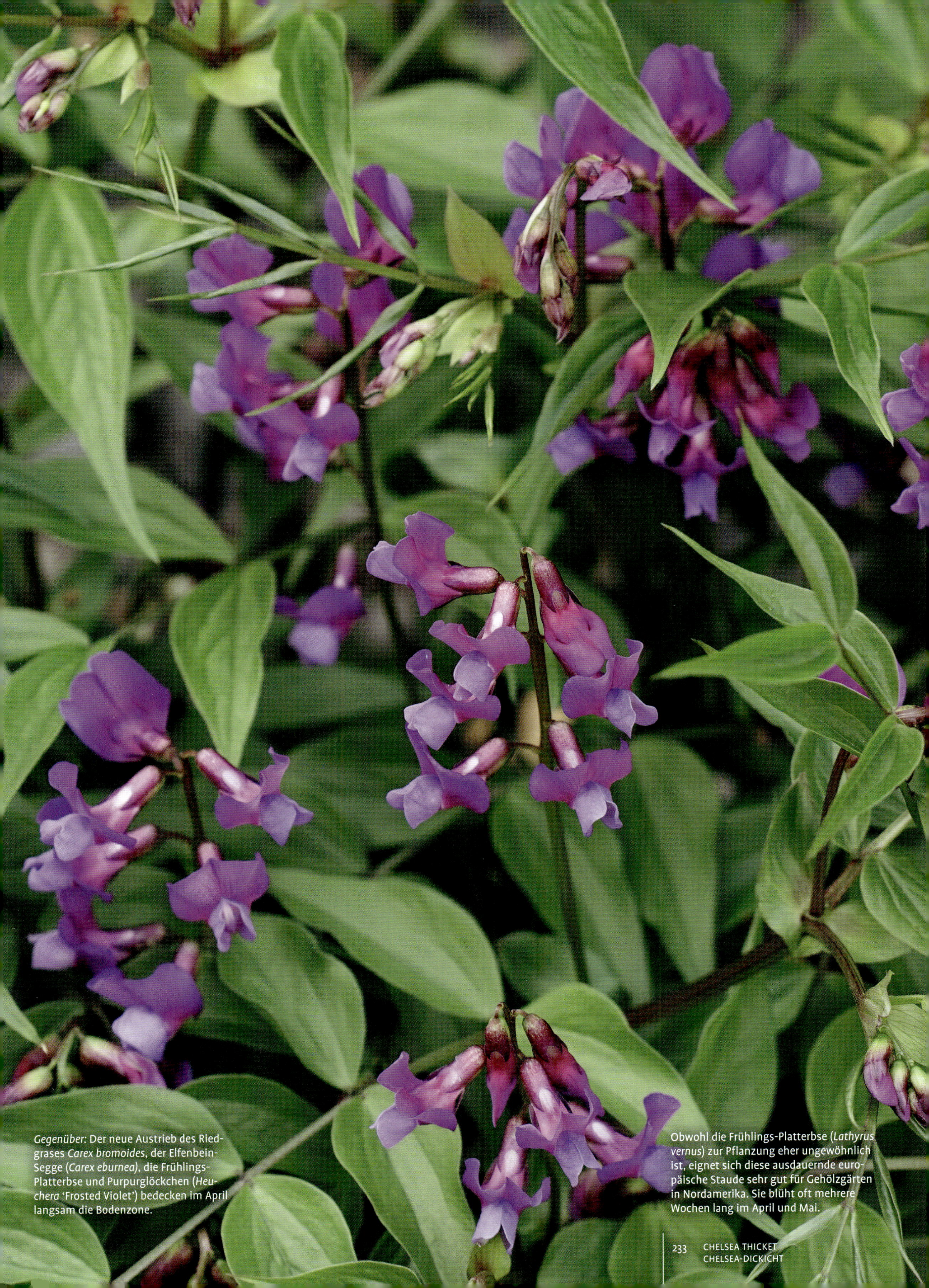

Gegenüber: Der neue Austrieb des Riedgrases *Carex bromoides*, der Elfenbein-Segge (*Carex eburnea*), die Frühlings-Platterbse und Purpurglöckchen (*Heuchera* 'Frosted Violet') bedecken im April langsam die Bodenzone.

Obwohl die Frühlings-Platterbse (*Lathyrus vernus*) zur Pflanzung eher ungewöhnlich ist, eignet sich diese ausdauernde europäische Staude sehr gut für Gehölzgärten in Nordamerika. Sie blüht oft mehrere Wochen lang im April und Mai.

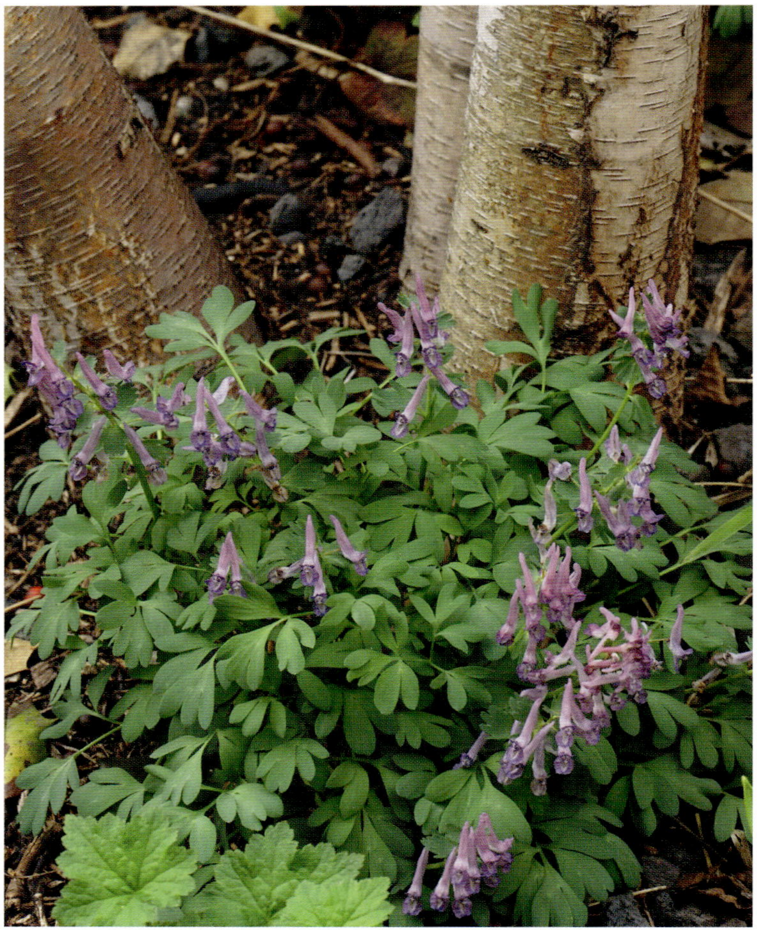

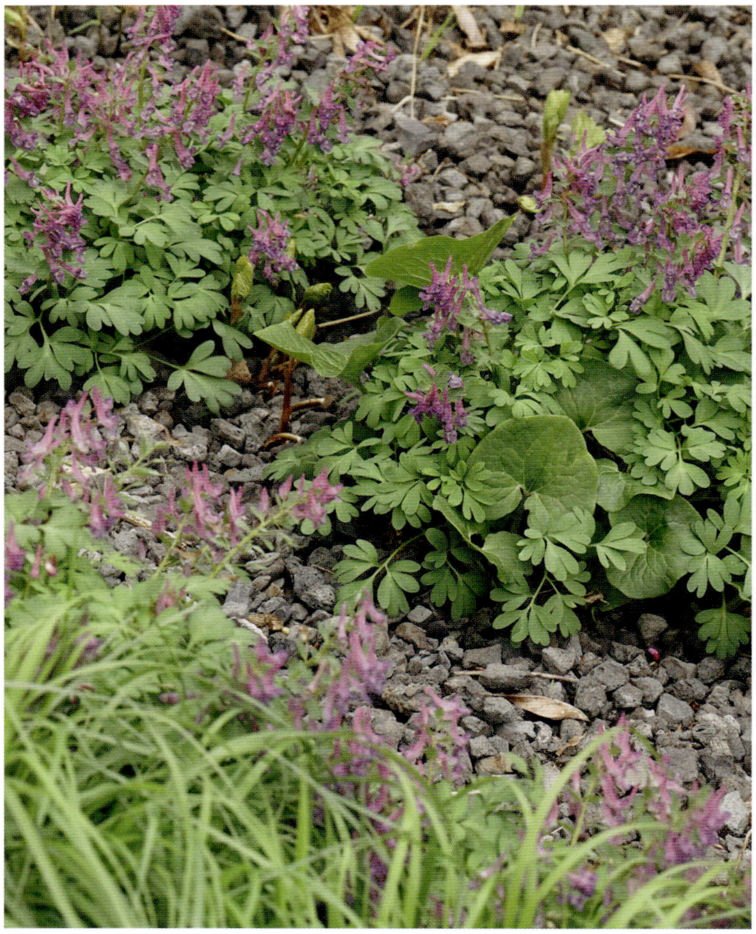

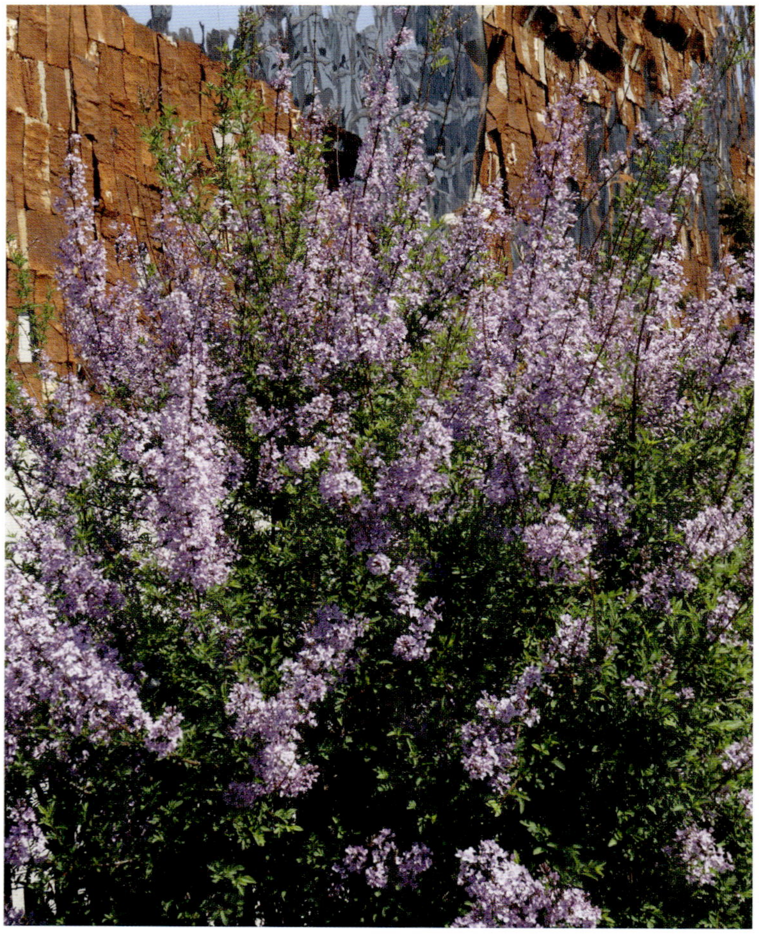

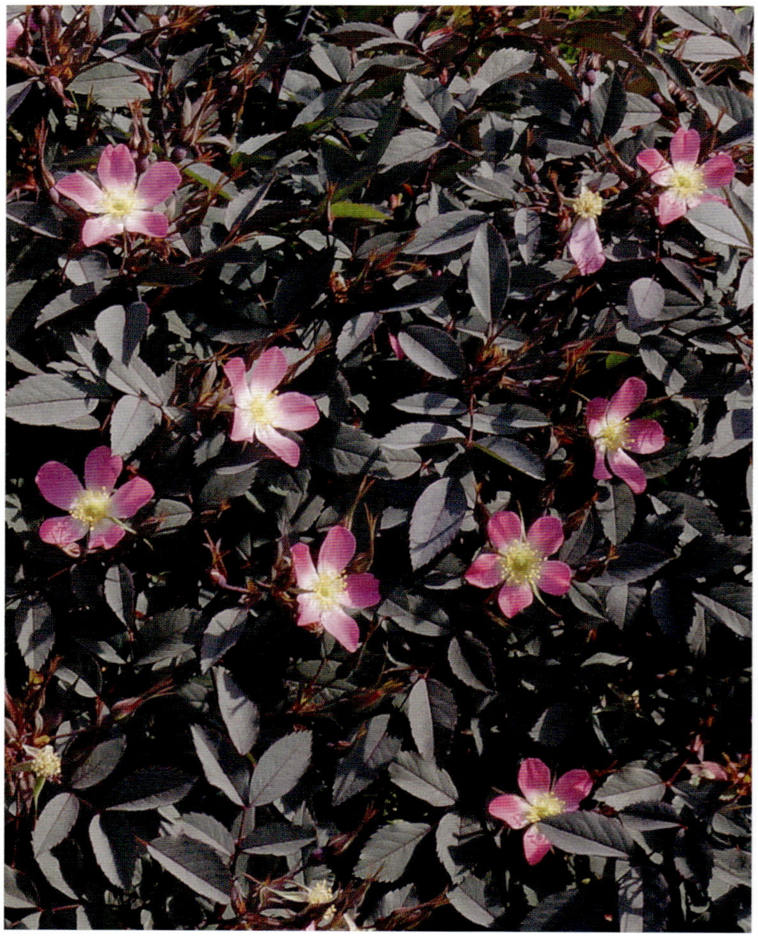

Im Uhrzeigersinn von links oben: Gefingerter Lerchensporn (*Corydalis solida*) blüht unter einer Grau-Birke im April, dazwischen frische Blätter des Kanadischen Haselwurz (*Asarum canadense*). Die Rotblättrige Rose (*Rosa glauca*) blüht im Mai, ebenso der Gelapptblättrige Flieder (*Syringa* × *laciniata*).

Gegenüber: Der Federbuschstrauch (*Fothergilla* × *intermedia* 'Mt. Airy') blüht gleichzeitig mit dem Judasbaum im April.

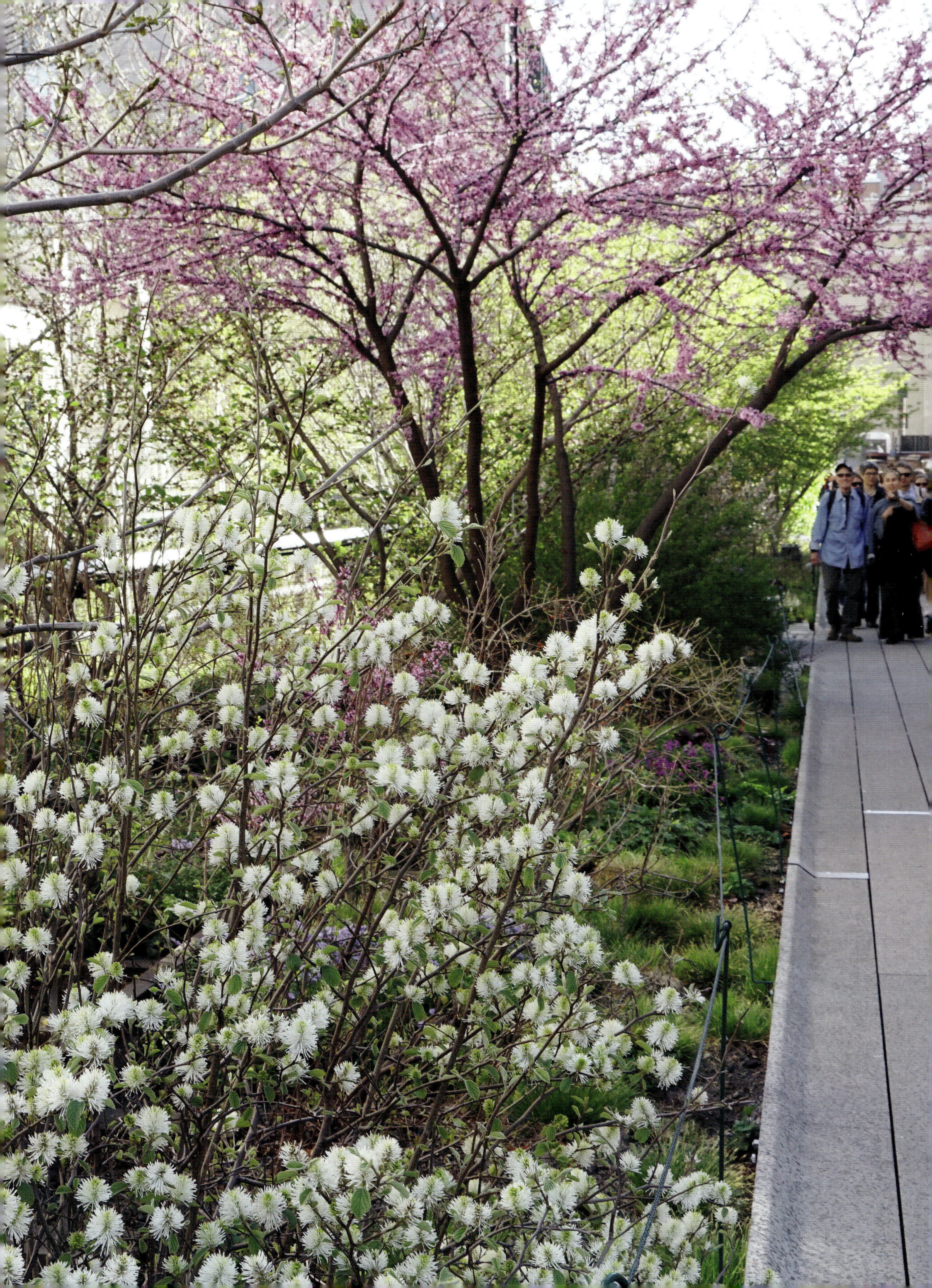

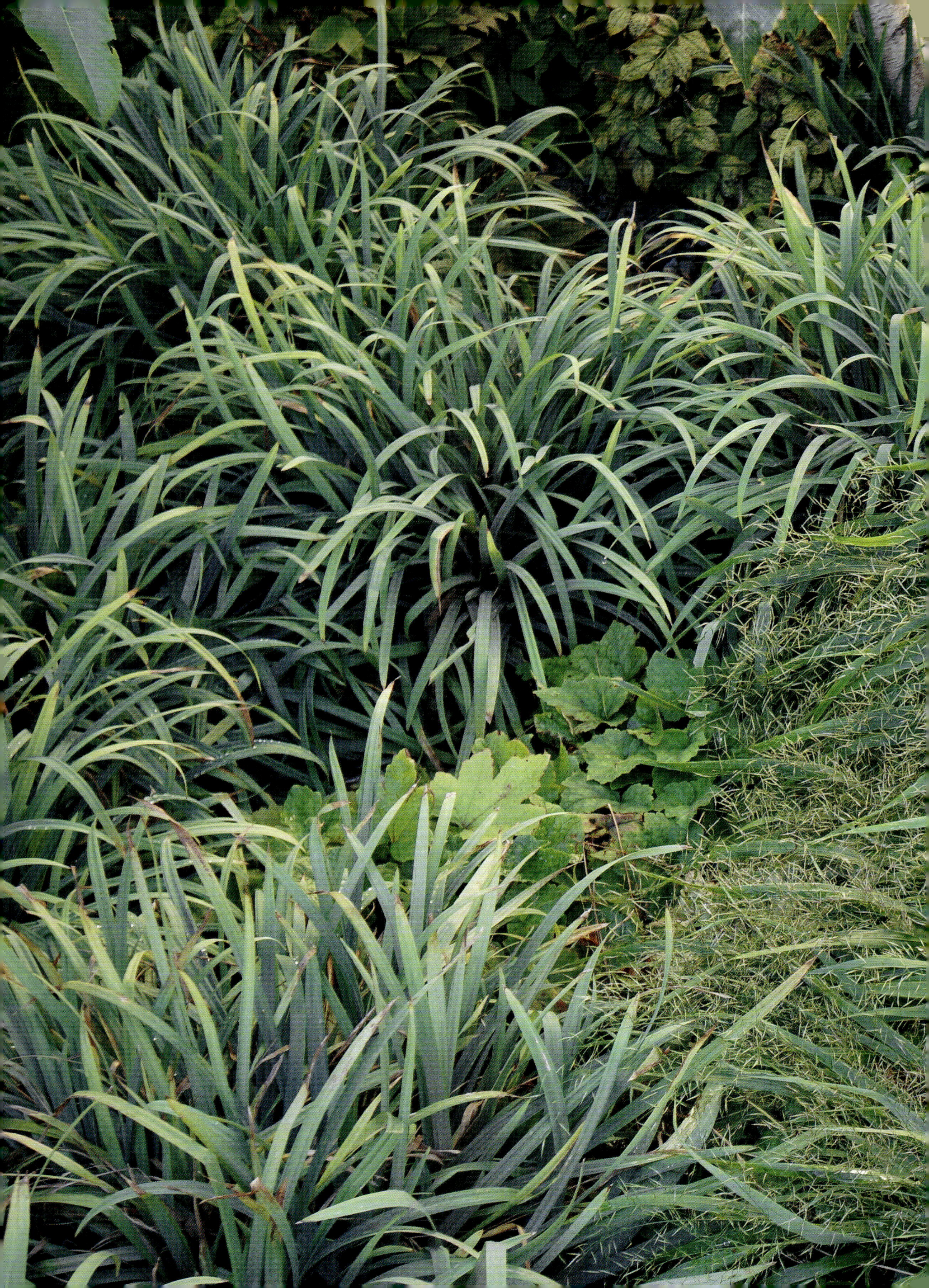

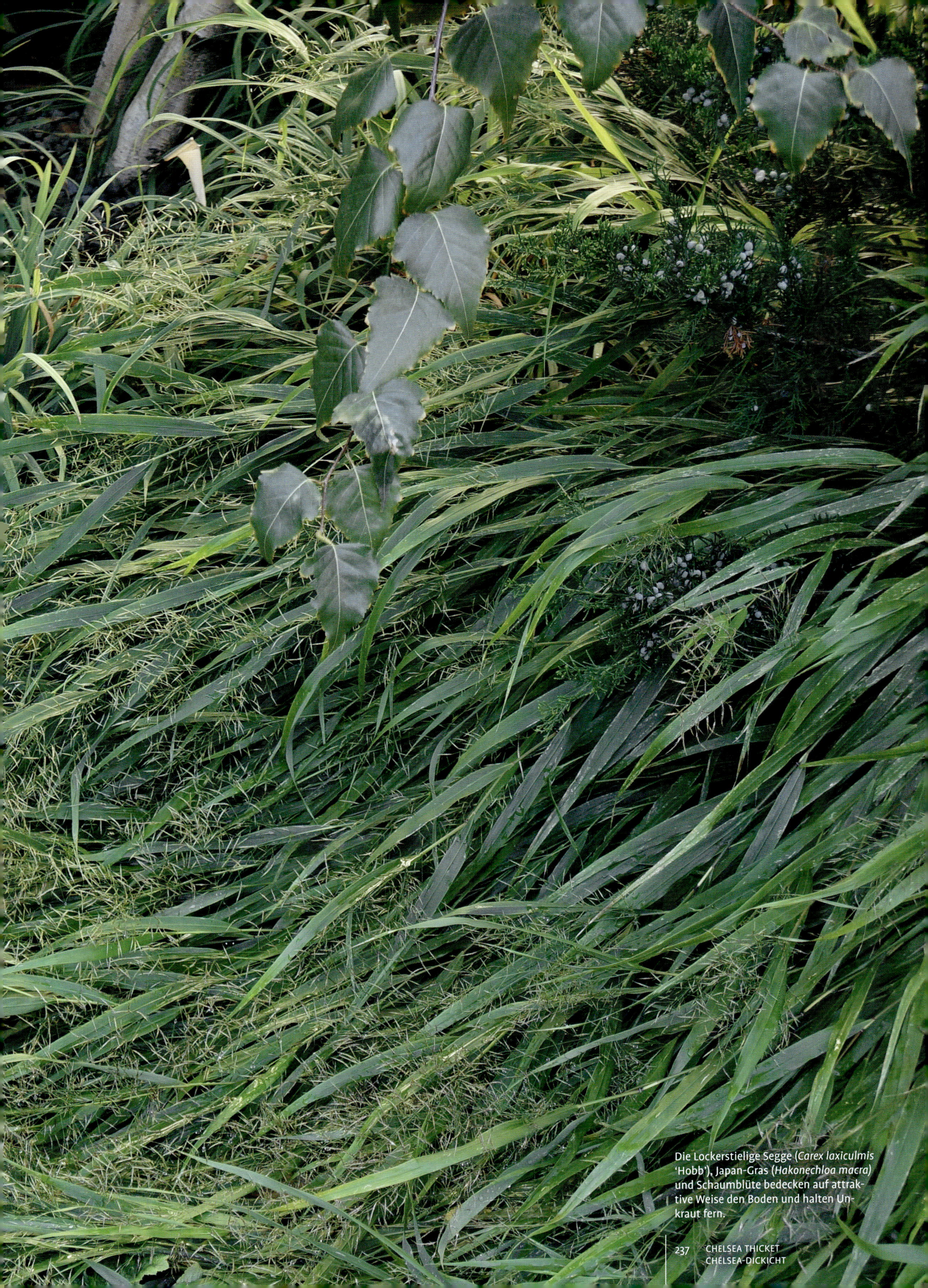

Die Lockerstielige Segge (*Carex laxiculmis* 'Hobb'), Japan-Gras (*Hakonechloa macra*) und Schaumblüte bedecken auf attraktive Weise den Boden und halten Unkraut fern.

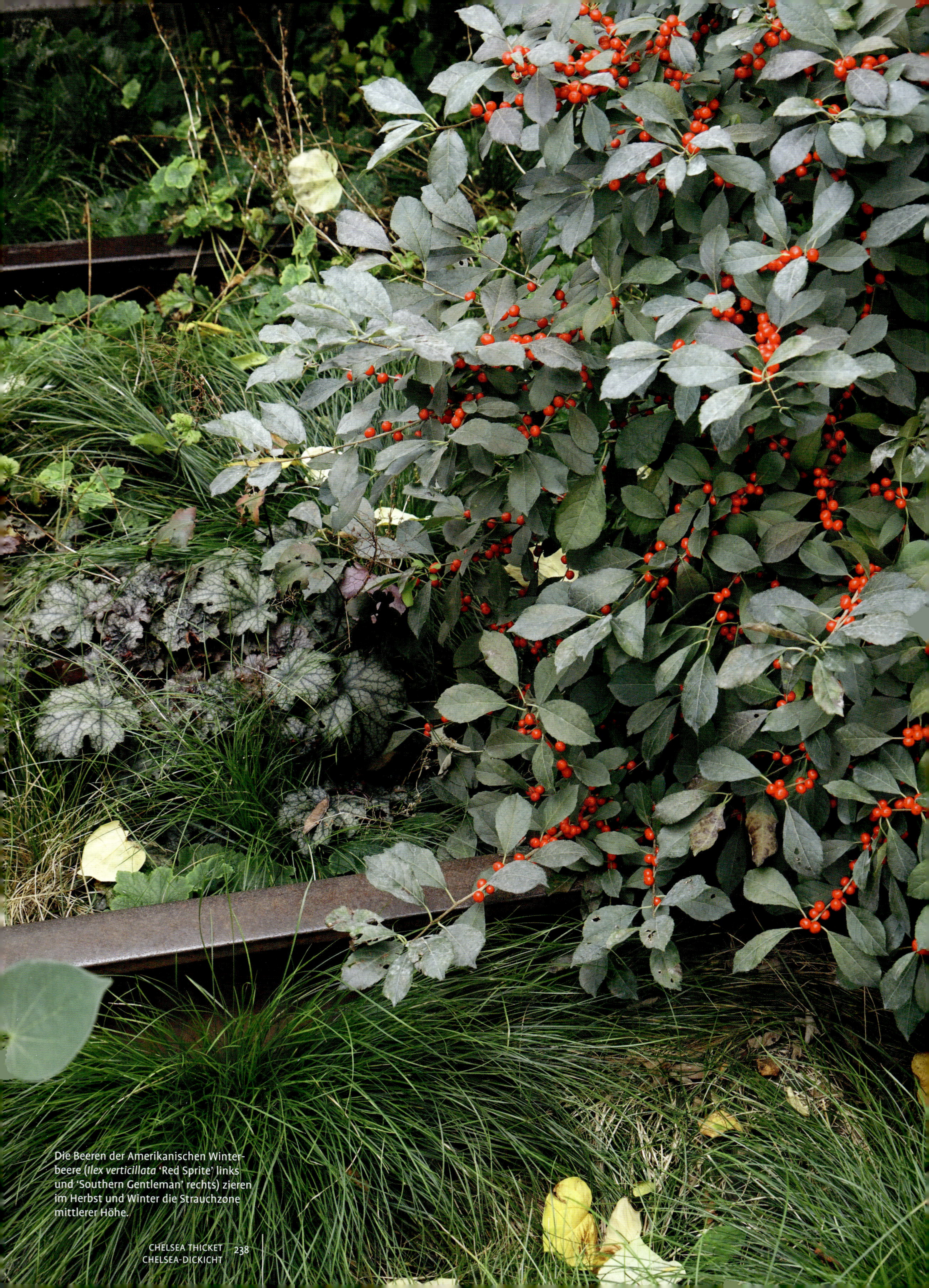

Die Beeren der Amerikanischen Winterbeere (*Ilex verticillata* ‘Red Sprite’ links und ‘Southern Gentleman’ rechts) zieren im Herbst und Winter die Strauchzone mittlerer Höhe.

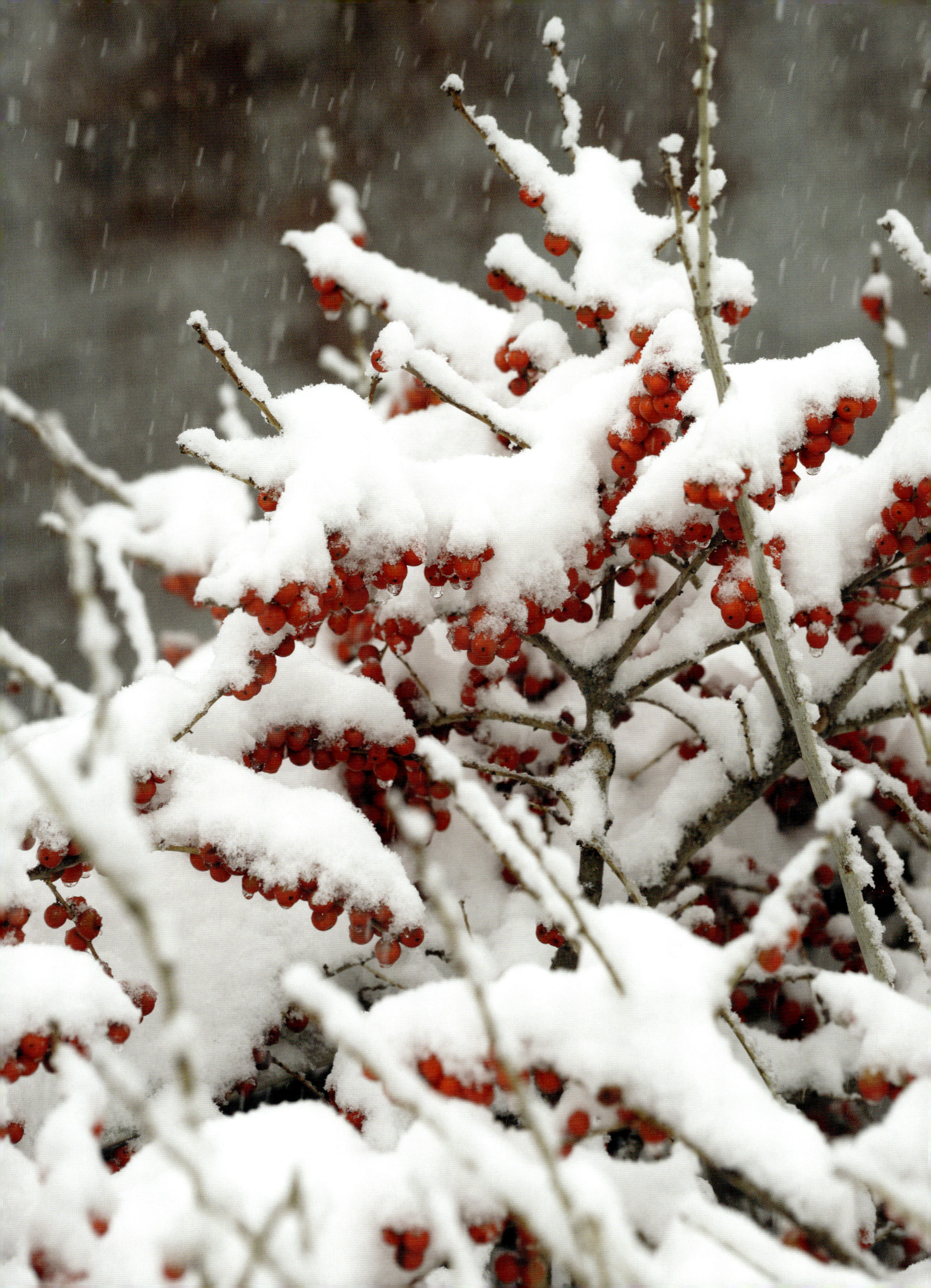

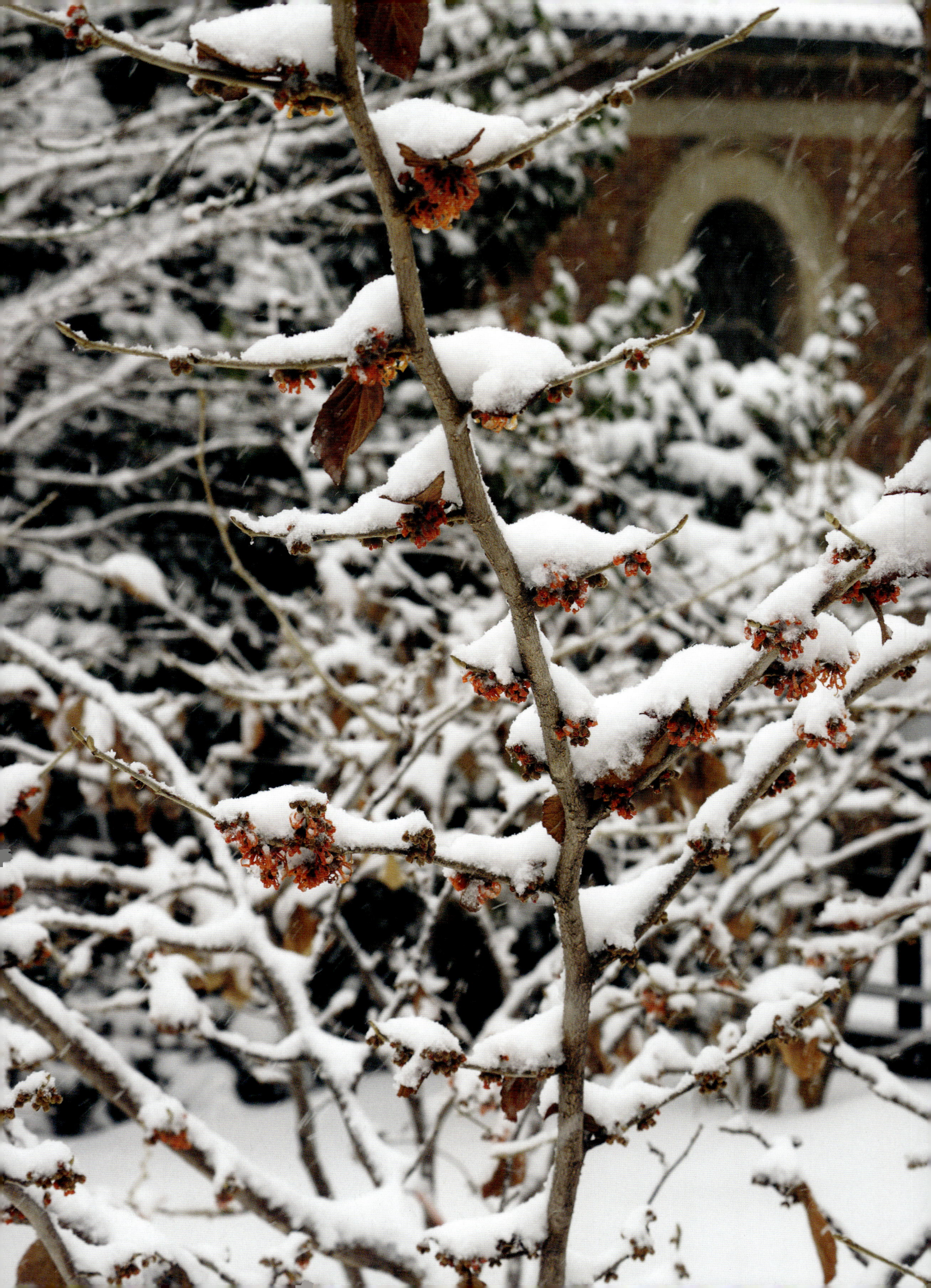

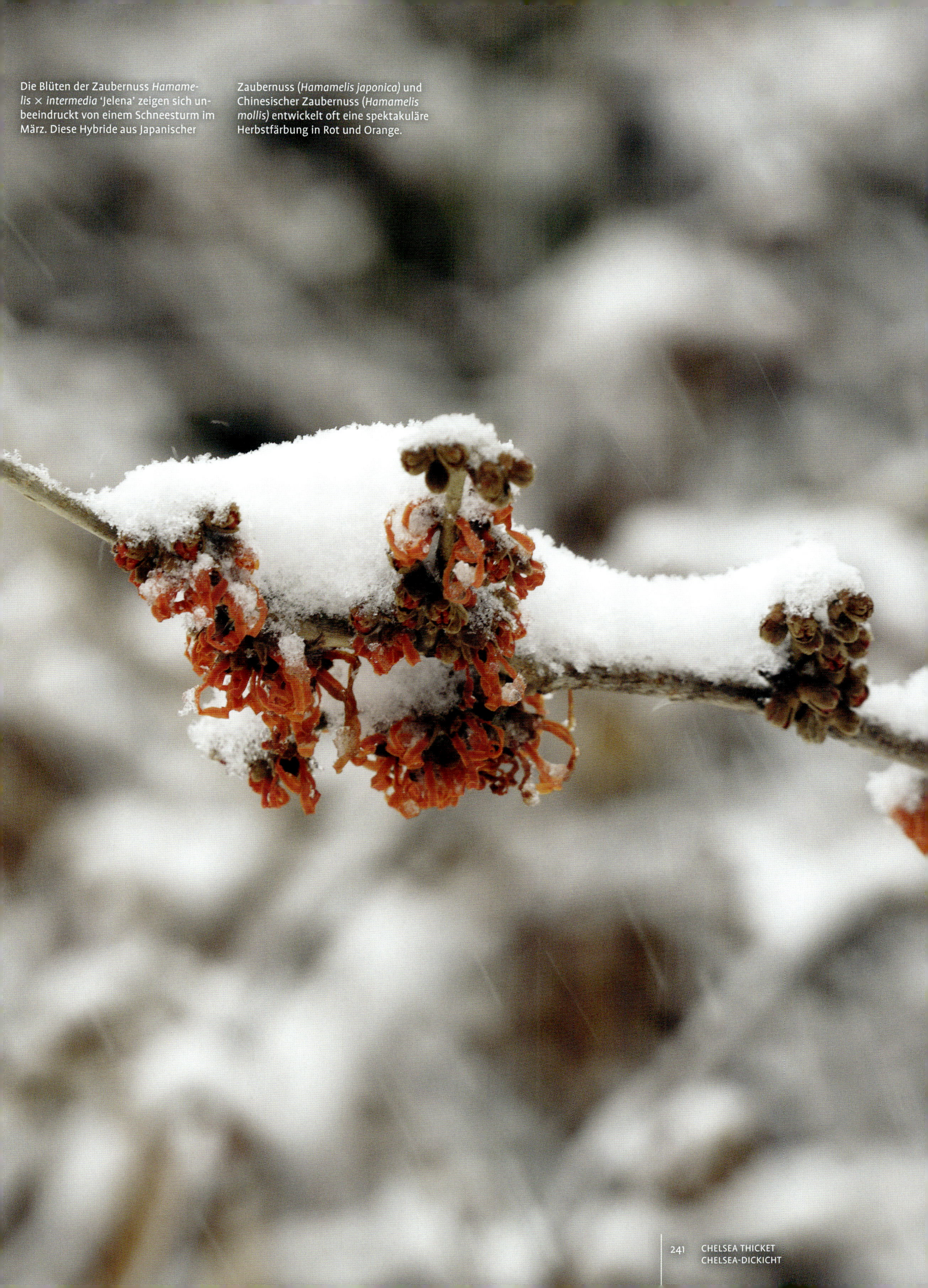

Die Blüten der Zaubernuss *Hamamelis × intermedia* 'Jelena' zeigen sich unbeeindruckt von einem Schneesturm im März. Diese Hybride aus Japanischer Zaubernuss (*Hamamelis japonica)* und Chinesischer Zaubernuss (*Hamamelis mollis)* entwickelt oft eine spektakuläre Herbstfärbung in Rot und Orange.

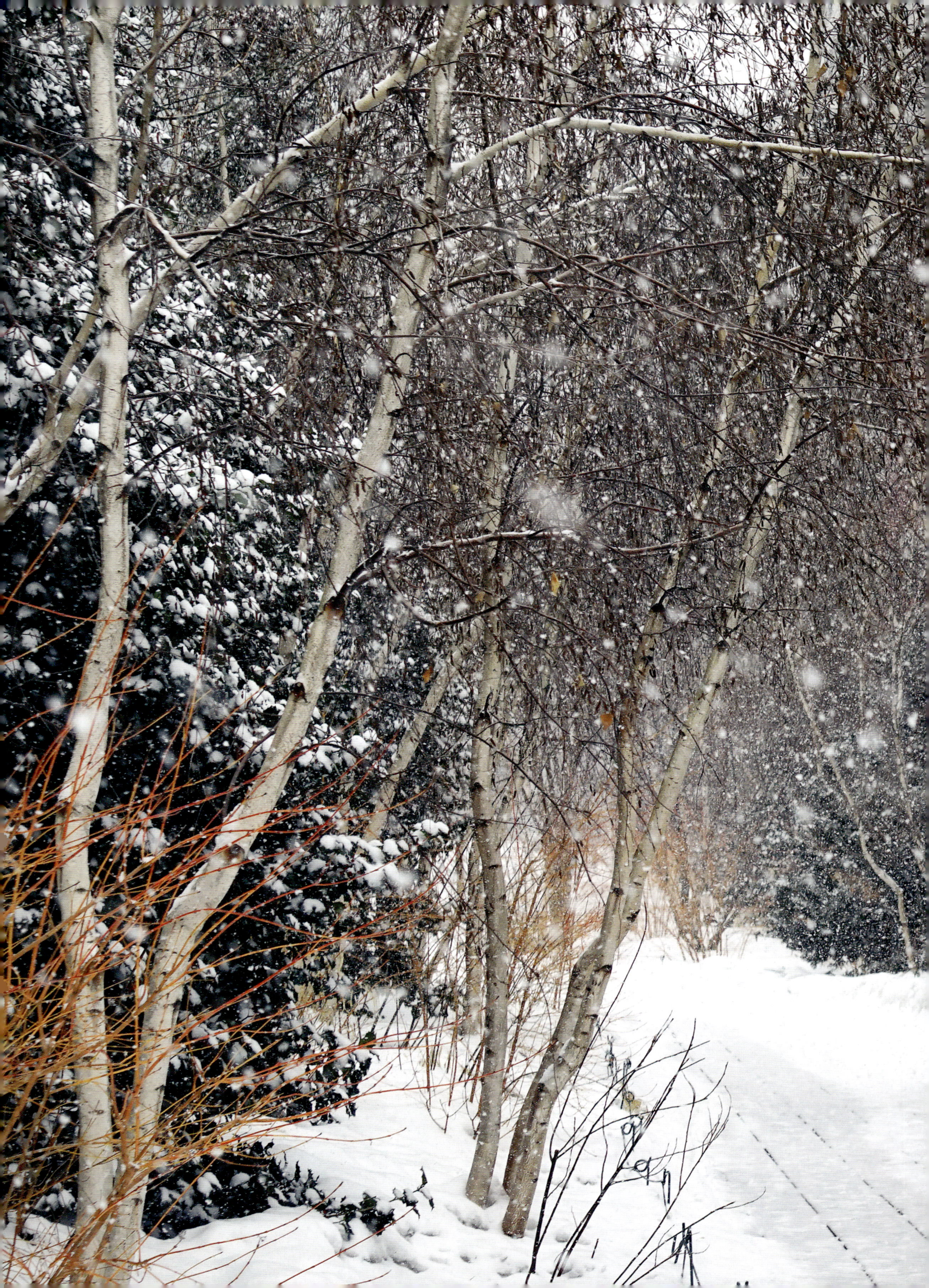

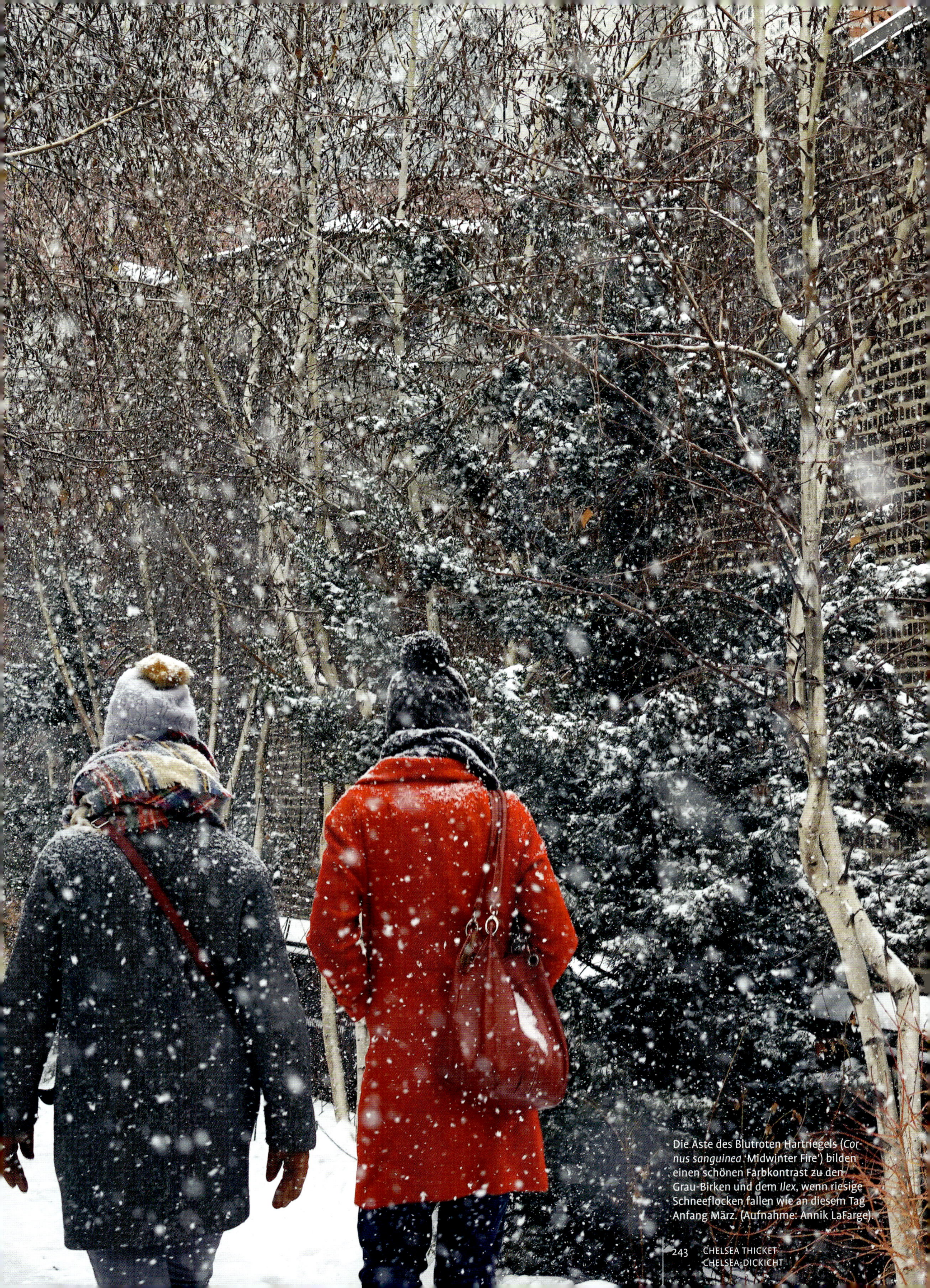

Die Äste des Blutroten Hartriegels (*Cornus sanguinea* 'Midwinter Fire') bilden einen schönen Farbkontrast zu den Grau-Birken und dem *Ilex*, wenn riesige Schneeflocken fallen wie an diesem Tag Anfang März. (Aufnahme: Annik LaFarge).

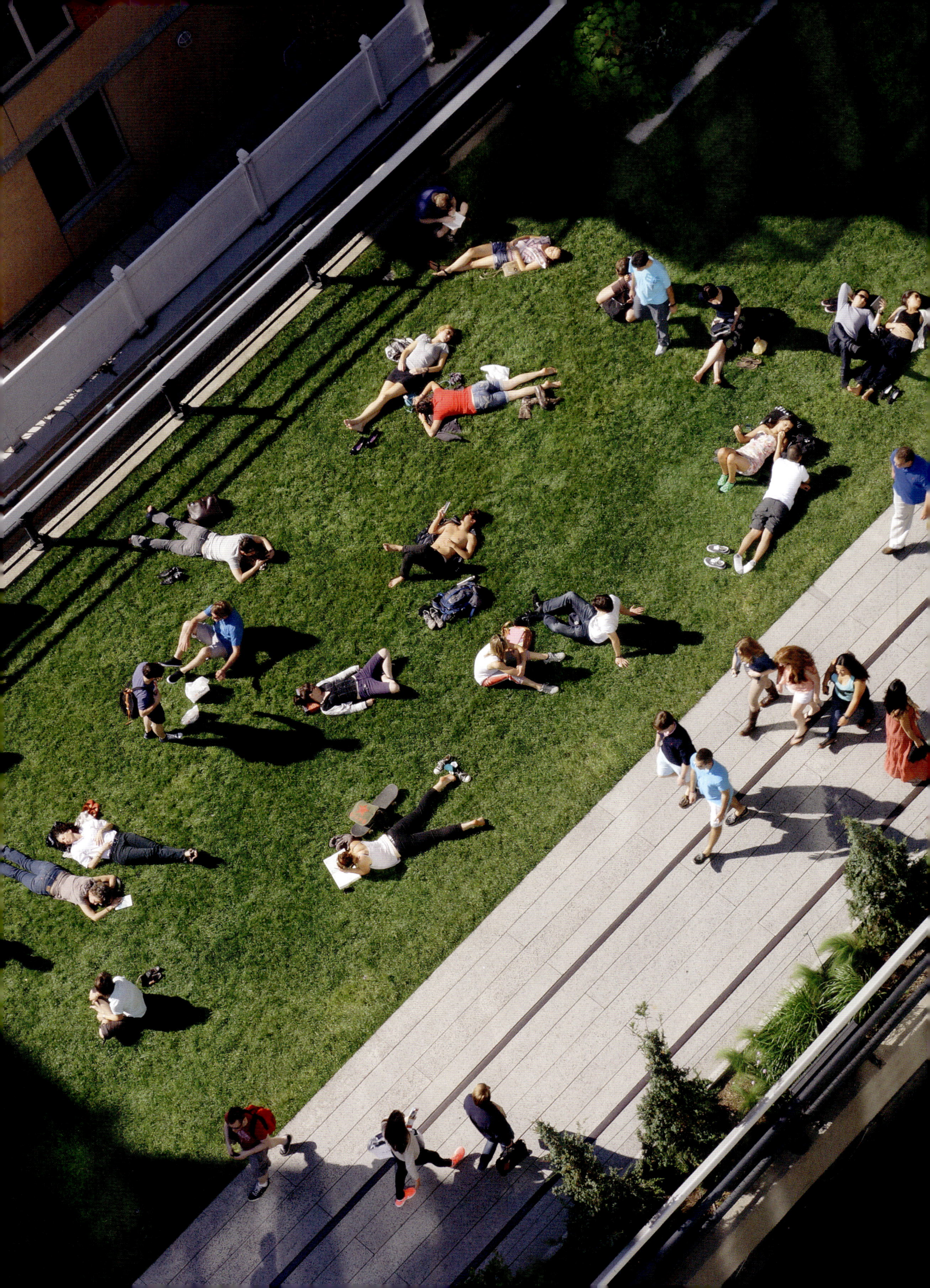

LIEGEWIESE UND SITZSTUFEN AN DER 23rd STREET

Die Rasenfläche ist einer der großen Widersprüche der High Line-Gestaltung. Als absolutes Gegenteil von Natürlichkeit und Artenvielfalt, für das die Gärten der High Line eigentlich stehen, wird die Liegewiese im wortwörtlichen Sinne zu Tode geliebt.

Der Rasen und die dazugehörenden Sitzstufen wurden als Treff- und Sammelpunkt für Freunde wie Fremde konzipiert – mit unerwartetem Erfolg. Auf ganz eigene Weise entwickelten sie sich zu einer ähnlichen Stätte wie die Kult-Uhr in der Grand Central Station, die vor über hundert Jahren den Satz „Treffen wir uns unter der Uhr“ zur Stadtkultur in New York beitrug. Liegewiese und Sitzstufen sind leicht zu finden und natürliche Orte, um zusammenzukommen.

Weltweit herrscht eine Tendenz, Rasenflächen als Beispiele eines eigentlich nicht zu entschuldigenden Massenkonsums zu sehen, der ökologischen Schaden anrichtet. Wenn Rasen bewässert, gedüngt und mit Giften wie Herbiziden und Pestiziden behandelt werden muss, dann ist diese Sicht gerechtfertigt. Die lateinische Endung -zid bedeutet „abtötend“. Große ungenutzte Rasenflächen, die lediglich als Beispiel für Kontrolle und Besitztum stehen, sind besonders schwer zu rechtfertigen. Allerdings wird Rasen auf unterschiedliche Weise gestaltet oder gepflegt. Würden alle Rasenflächen in Wohngebieten auf die Größe der Liegewiese an der High Line verkleinert und mit gleicher Sorgfalt gepflegt, wäre das ein großes Geschenk für unseren Planeten.

Wer sich für den Ursprung des Rasens interessiert, findet bei der Lektüre von Kenneth Jacksons Buch *Crabgrass Frontier: The Suburbanization of the United States* (Die Grenze der Fingerhirse: Vorstadtentwicklung in den USA) und John Stilgoes Buch *Borderland: Origins of the American Suburb*, 1820–1939 (Grenzland: Ursprünge der Amerikanischen Vorstadt) Erleuchtung und Unterhaltung. Obgleich die Maschinen der Industriellen Revolution den Rasen erst möglich gemacht haben, wurde er durch eine stadtfeindliche Grundhaltung inspiriert. Wie beide Bücher zeigen, fiel die Entstehung des privaten Rasens am Wohnhaus im 19. Jahrhundert mit der Flucht aus den Städten zusammen. Diese wurde durch die Angst vor dem ungesunden Stadtleben angefeuert. Die Popularität des Rasens stieg mit einer zunehmend lyrischen Sicht der Natur. Jackson schreibt, der Rasen „trug dazu bei, die wilde Aussicht zu zivilisieren, und er bildete den Teppich für neue Aktivitäten draußen“.[22] Ende des 19. Jahrhunderts hatte sich die private Rasenfläche eine parkähnliche Funktion erobert.

Bei der High Line wird die Rasenfläche ohne Herbizide, Pestizide oder Fungizide gepflegt. Man nutzt den vor Ort hergestellten Kompost oder die Jauchen, um nötigenfalls Nährstoffe und Spurenelemente auszubringen. Für den Schnitt ist ein batteriebetriebener Mäher im Einsatz. Trotzdem verträgt die Rasenfläche die permanente Nutzung nicht. In den vergangenen Jahren war sie öfter gesperrt als zugänglich, um den Mitarbeitern die nötigen Maßnahmen zu Pflege und Regeneration zu ermöglichen.

Die Rasenfläche ist eines der vielen Experimente auf der High Line-Trasse. Trotz formaler Gestaltung zählt sie zu den wildesten Orten. Der erdige Charakter der feuchten, lebendigen Oberfläche spricht unbestreitbar alle Sinne an.

Widersprüchlich, aber unbestreitbar erdig – die Rasenfläche zählt zu den wildesten und sinnlichsten Stellen der High Line.

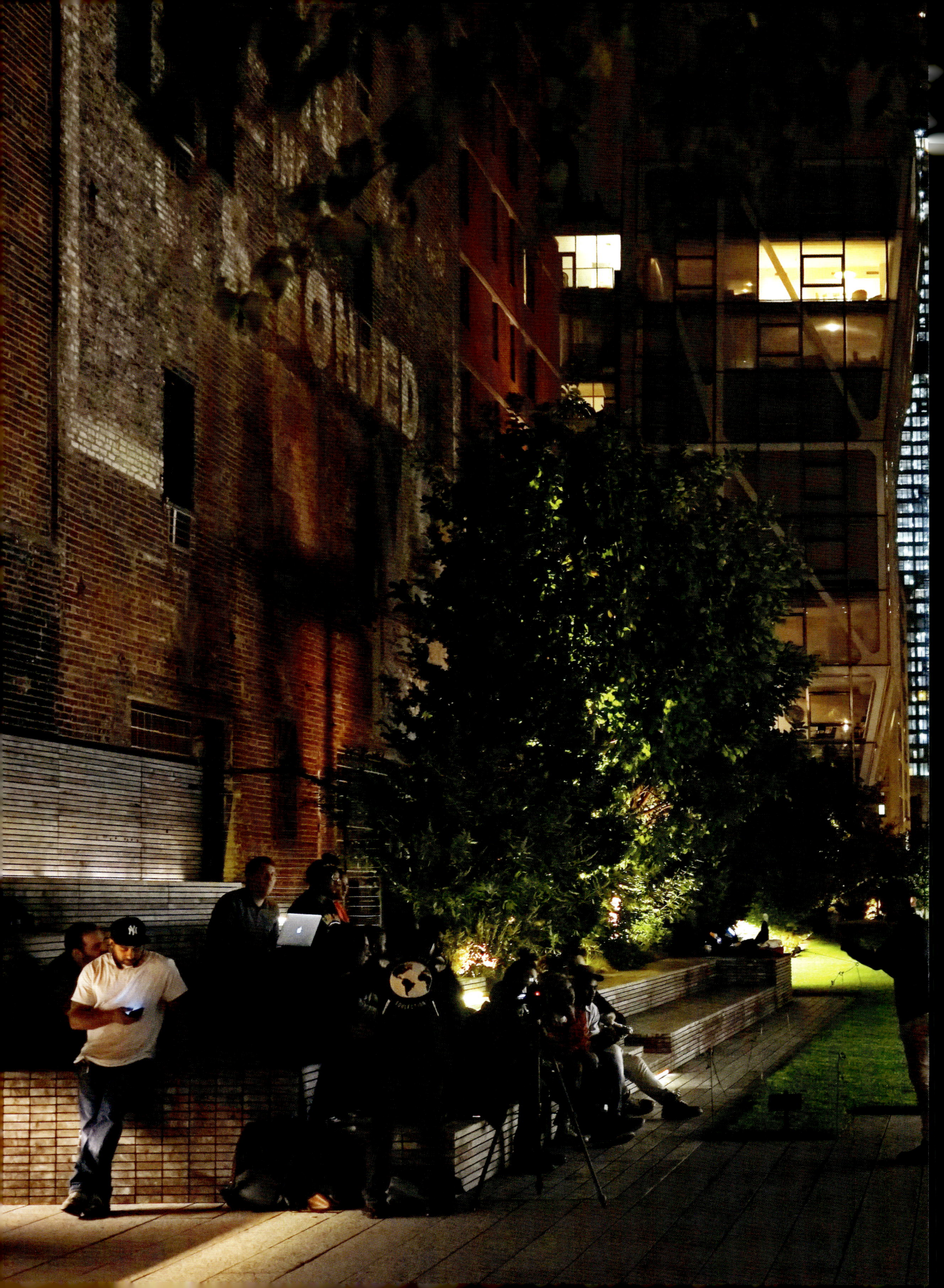

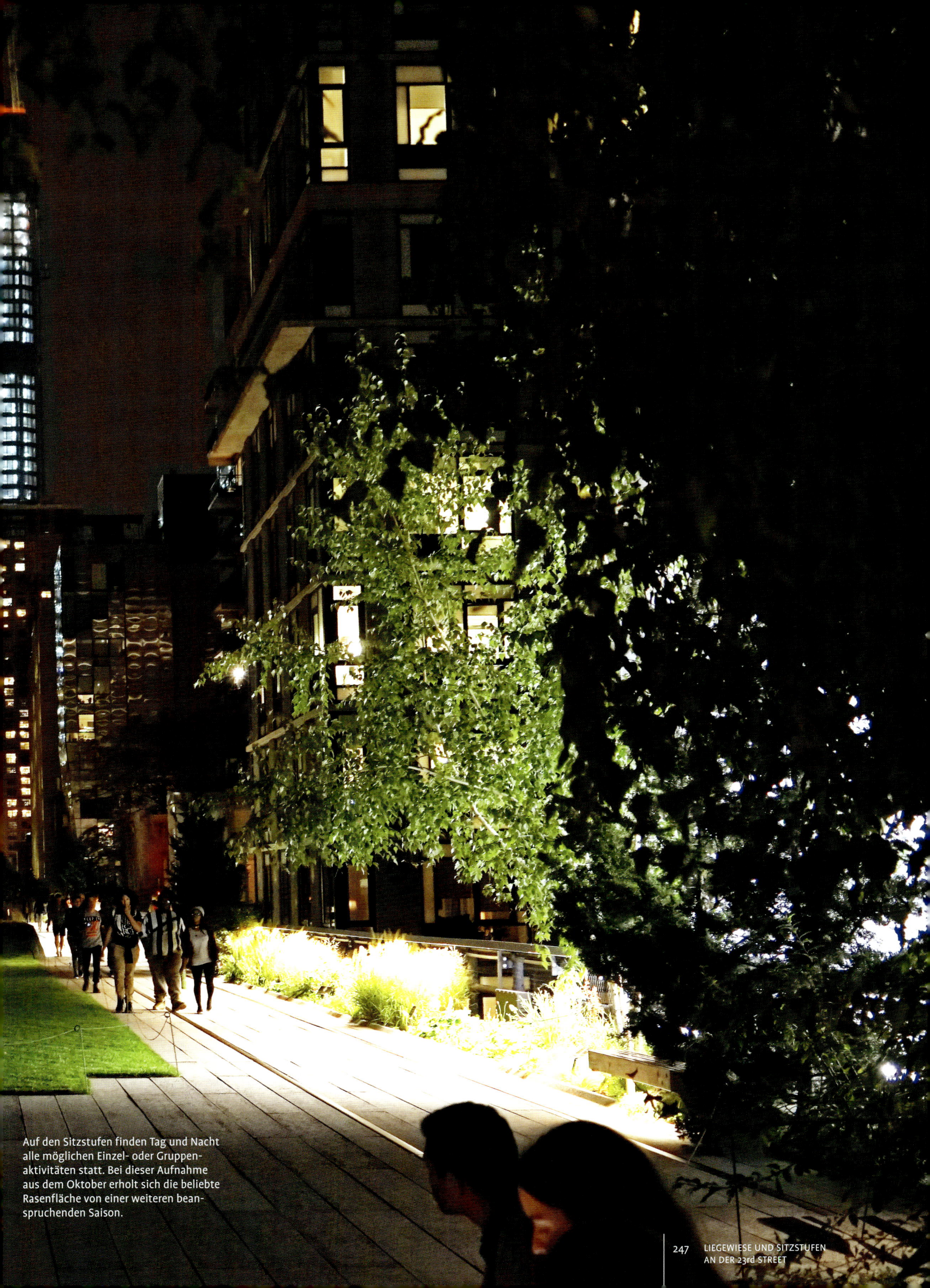

Auf den Sitzstufen finden Tag und Nacht alle möglichen Einzel- oder Gruppenaktivitäten statt. Bei dieser Aufnahme aus dem Oktober erholt sich die beliebte Rasenfläche von einer weiteren beanspruchenden Saison.

Der Rasen gehört zu den angenehmen Widersprüchen der High Line-Anlage. Auch wenn er wie bei diesem Luftbild (ganz rechts außen) Anfang November unpassend wirkt, hat er sich seinen Platz erobert.

Die geschwungene Linie des Wiesenweges nördlich des Rasens (links anschließend) ist eine gestaltete Abweichung vom geraden Gleisbett der historischen Bahntrasse.

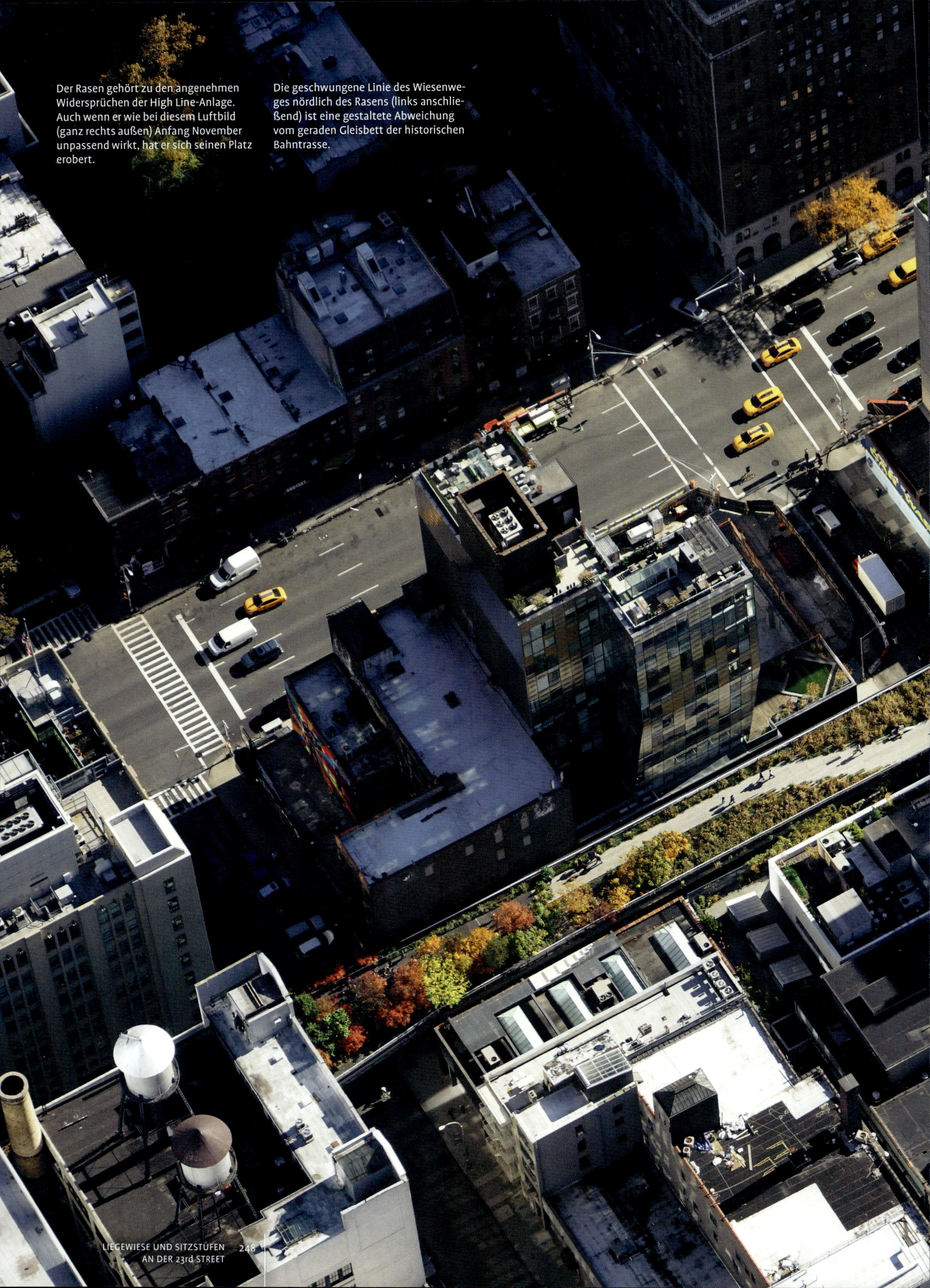

LIEGEWIESE UND SITZSTUFEN AN DER 23rd STREET

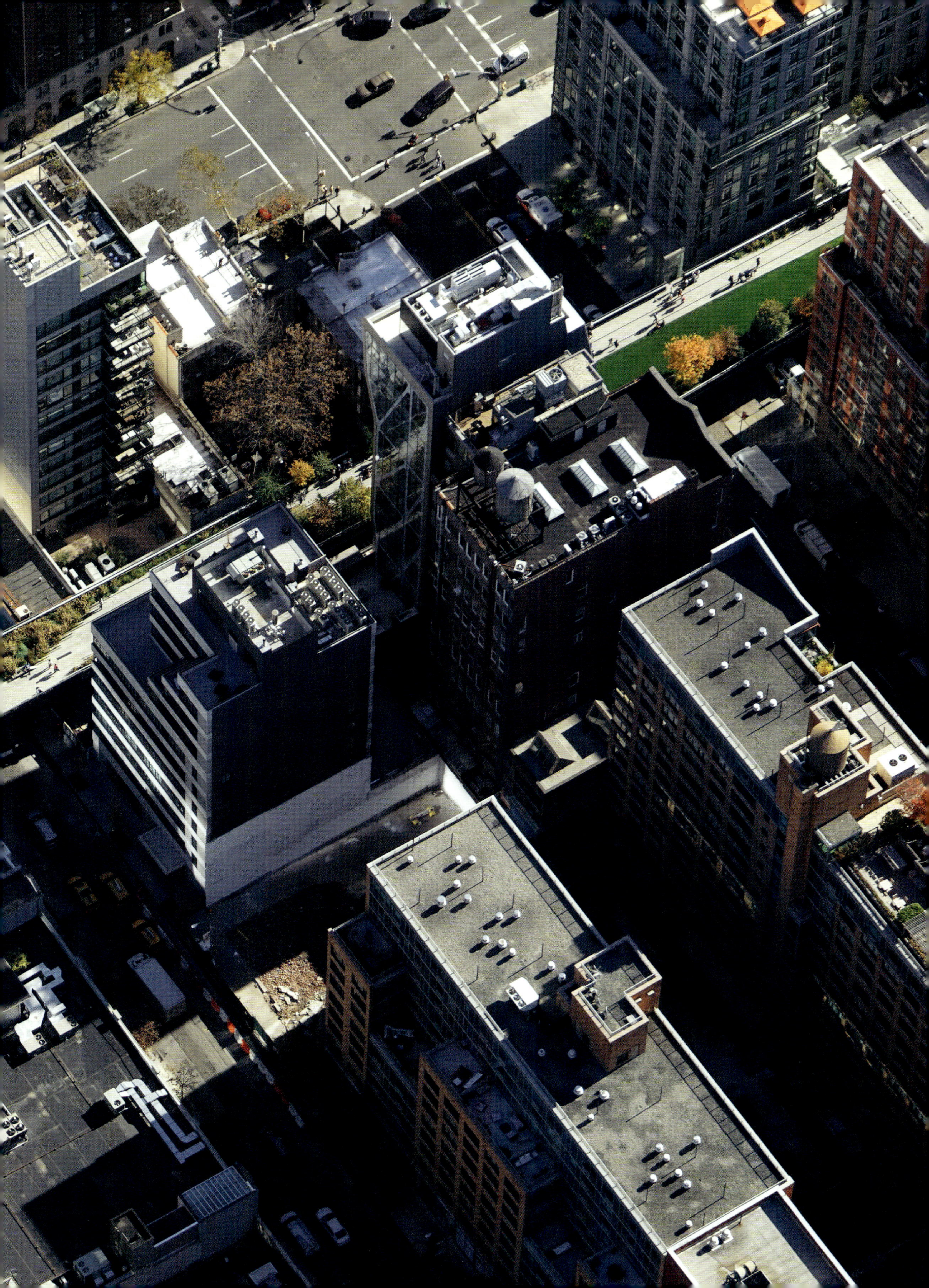

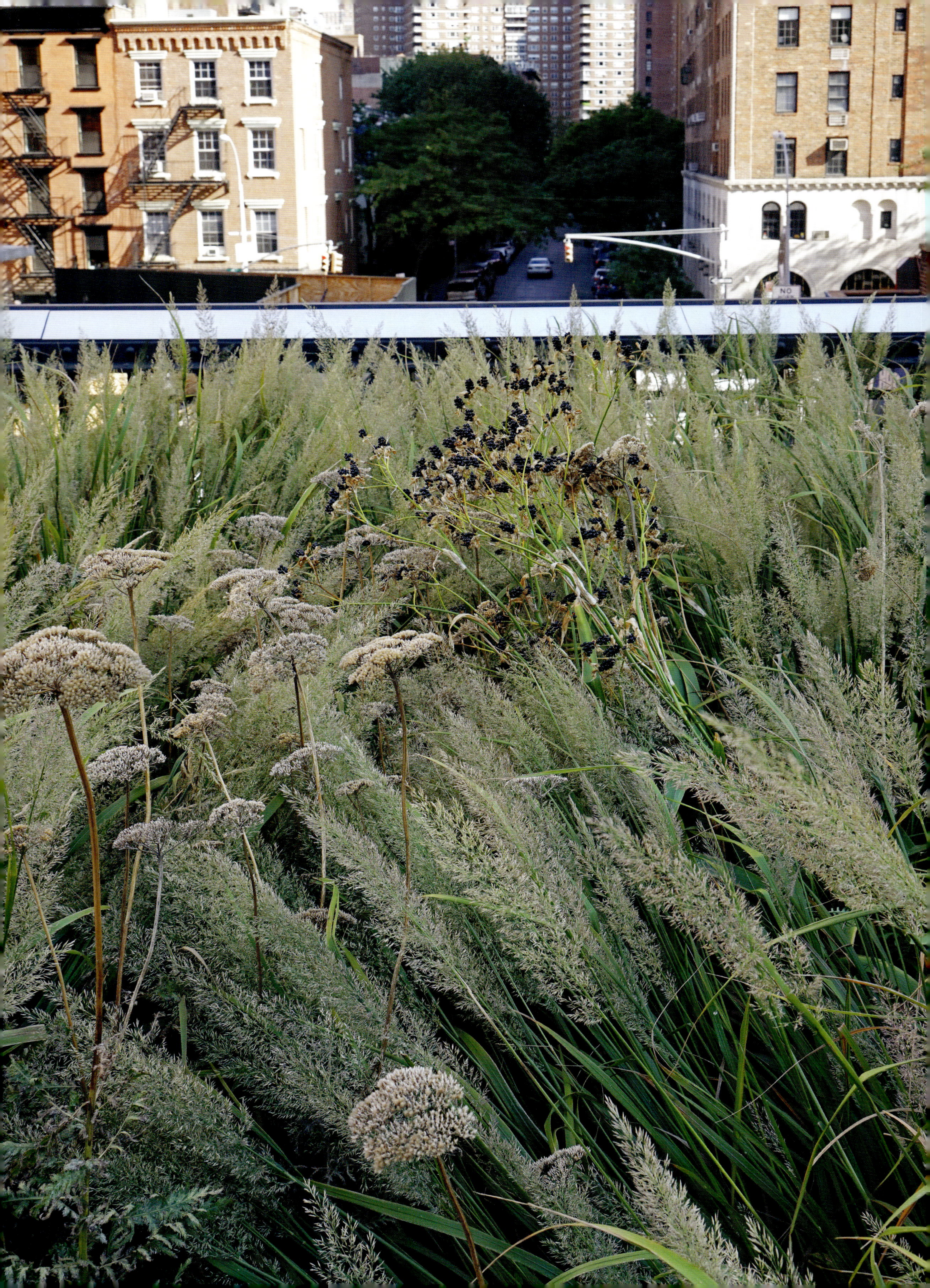

MEADOW WALK

WIESENWEG

Die Richtungswechsel der Pfade sind so gestaltet, dass die Besucher unterschiedliche Perspektiven erleben.[23]

JAMES CORNER

Wer gerne den längeren Weg nach Hause nimmt, weiß, dass die direkte Verbindung zwischen zwei Punkten in der Landschaft nicht immer die schönste ist. Der Wiesenweg erstreckt sich über einen schnurgeraden Abschnitt der früheren Gleise und wäre wohl ohne das Eingreifen der Landschaftsarchitekten recht öde geworden. Wie James Corner bemerkte, „wurde die High Line von Architekten mit linearer Vorstellung geplant. Sie wollten maximale Effizienz erzielen und die Züge in gerader Linie von A nach B führen."[24] Da die Topografie nicht abwechslungsreich ist, der Wiesenweg also absolut eben verläuft, kann man den Besucher nur in das nähere Umfeld einbinden, indem man Abwechslung in die Horizontale bringt. Werden derartige Gestaltungselemente erfolgreich eingesetzt, fallen sie nicht mehr auf, und sie wirken so, als wären sie schon immer da gewesen.

Als der Wiesenweg 2011 eröffnet wurde, hatte man eine Gräsermischung mit Blauem Pfeifengras (*Molinia caerulea*), Diamantgras (*Calamagrostis brachytricha*) und mehrjährigen Blumen wie der hellgelben Gold-Garbe (*Achillea filipendula* 'Parker's Variety'), Traubige Katzenminze (*Nepeta racemosa* 'Walker's Low'), Bergminze (*Calamintha nepeta*) und Mädchenauge (*Coreopsis* 'Full Moon') gesetzt. In den folgenden Jahren zeigte sich, dass das Diamantgras sich sehr gut für den Standort eignete, aber stark vermehrte und die Begleiter überwucherte. Die Gold-Garbe überlebte, aber die anderen Stauden wurden davon abhängig, dass die Gärtner überschüssiges Diamantgras ausrissen. Die Wüchsigkeit der Pflanzenpalette geriet aus dem Gleichgewicht.

Das Festhalten an der Originalplanung hätte ungerechtfertigt hohe Gärtnerkosten bedeutet. Daher gingen Piet Oudolf und die Mitarbeiter an eine kunstvolle und praktische Überarbeitung. Man nahm das wuchskräftige Diamantgras als Pluspunkt an und ergänzte es um besser geeignete Gesellschafter. Die Pflanzung der Leopardenblume (*Belamcanda chinensis*) war beispielsweise erfolgreich. Diese robuste mehrjährige Staude ist für ihre Schönheit zu allen Jahreszeiten bekannt, man pflanzt sie aber eher selten, weil sie sich stark von selbst vermehrt und weniger robuste Nachbarn übe rwuchert. Mit dem Diamantgras herrscht ein ausgeglichenes Verhältnis, die Pflanzen sind ausdauernd, selbst wenn Bauarbeiten entlang der High Line die Standortbedingungen des Wiesenweges durch zunehmende Beschattung verändern.

Auch wenn es Jahre von der ursprünglichen Planung bis zum Ist-Stand am Wiesenweg gedauert hat, so wurde diese Reise durch die Umwege erhellt und bereichert. Nachhaltige Gestaltung hängt davon ab, dass man die funktionalen Bezüge erkennt und fördert. Man braucht dazu den Enthusiasmus, nicht den kürzesten Weg von A nach B nehmen zu wollen.

Ende September bilden die hübschen Blüten der Gold-Garbe (*Achillea filipendulina* 'Parker's Variety') und die Leopardenblumen (*Belamcanda chinensis*) einen Kontrast zur Gräsermatrix aus Diamantgras (*Calamagrostis brachytricha*).

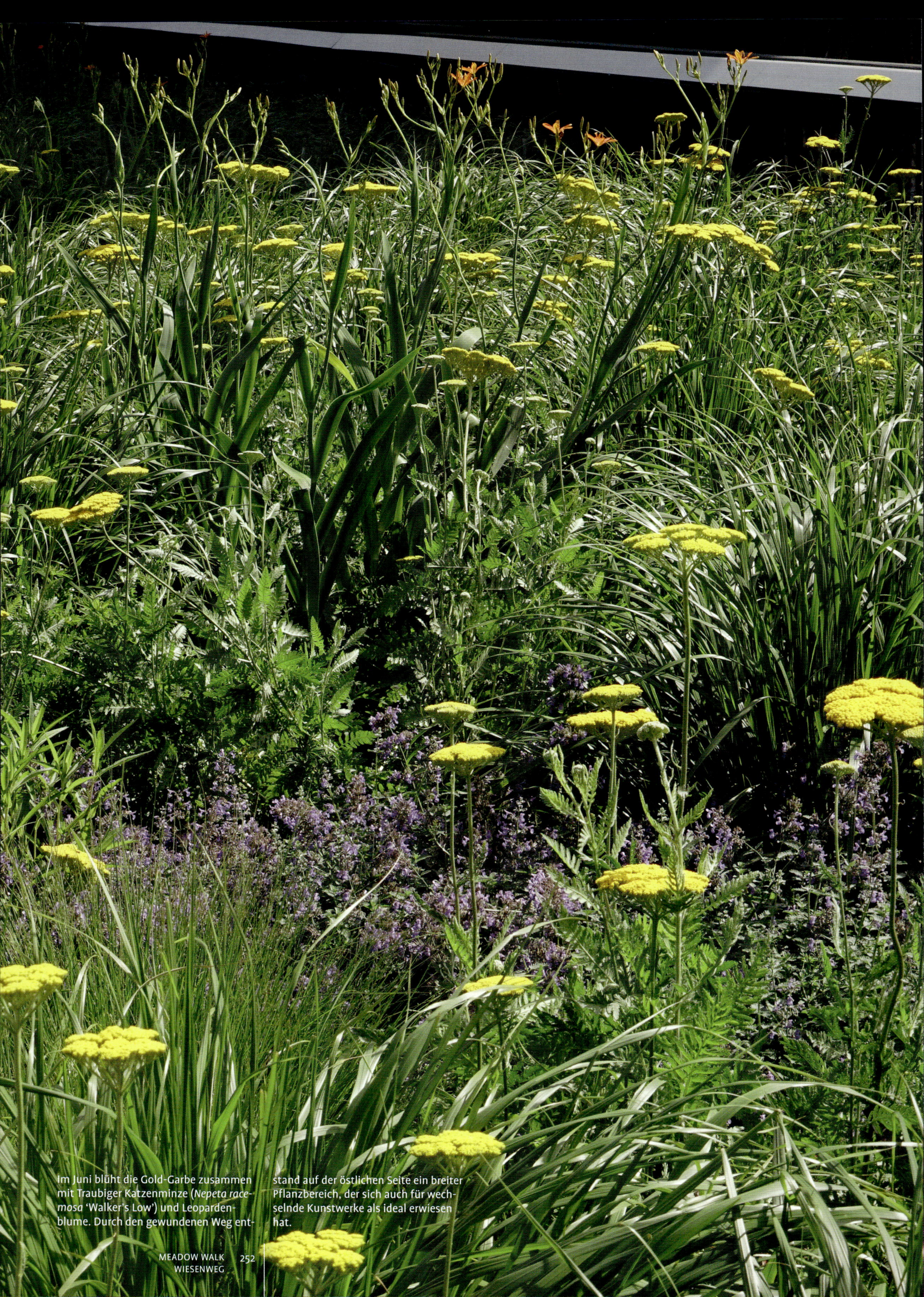

Im Juni blüht die Gold-Garbe zusammen mit Traubiger Katzenminze (*Nepeta racemosa* 'Walker's Low') und Leopardenblume. Durch den gewundenen Weg entstand auf der östlichen Seite ein breiter Pflanzbereich, der sich auch für wechselnde Kunstwerke als ideal erwiesen hat.

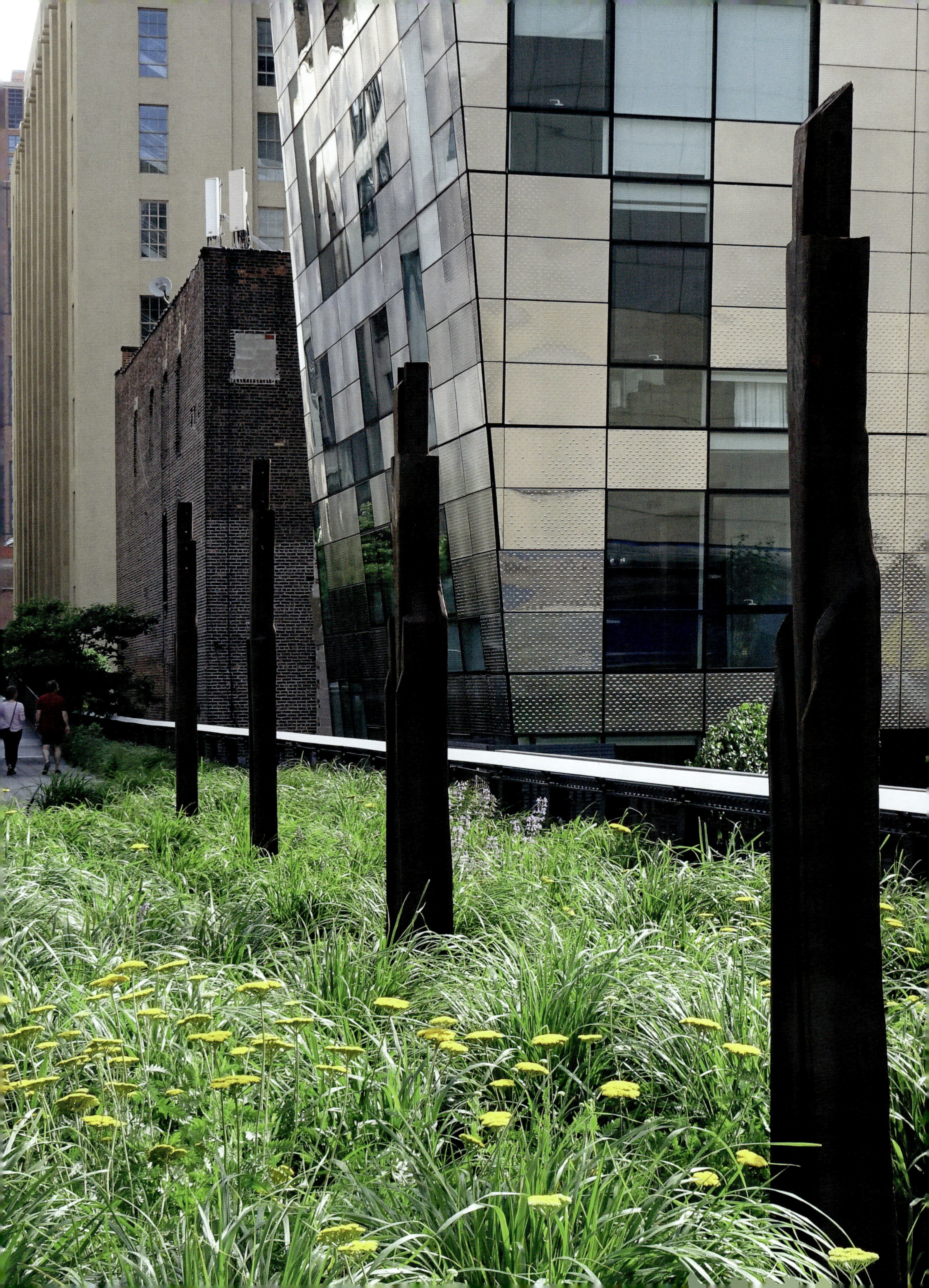

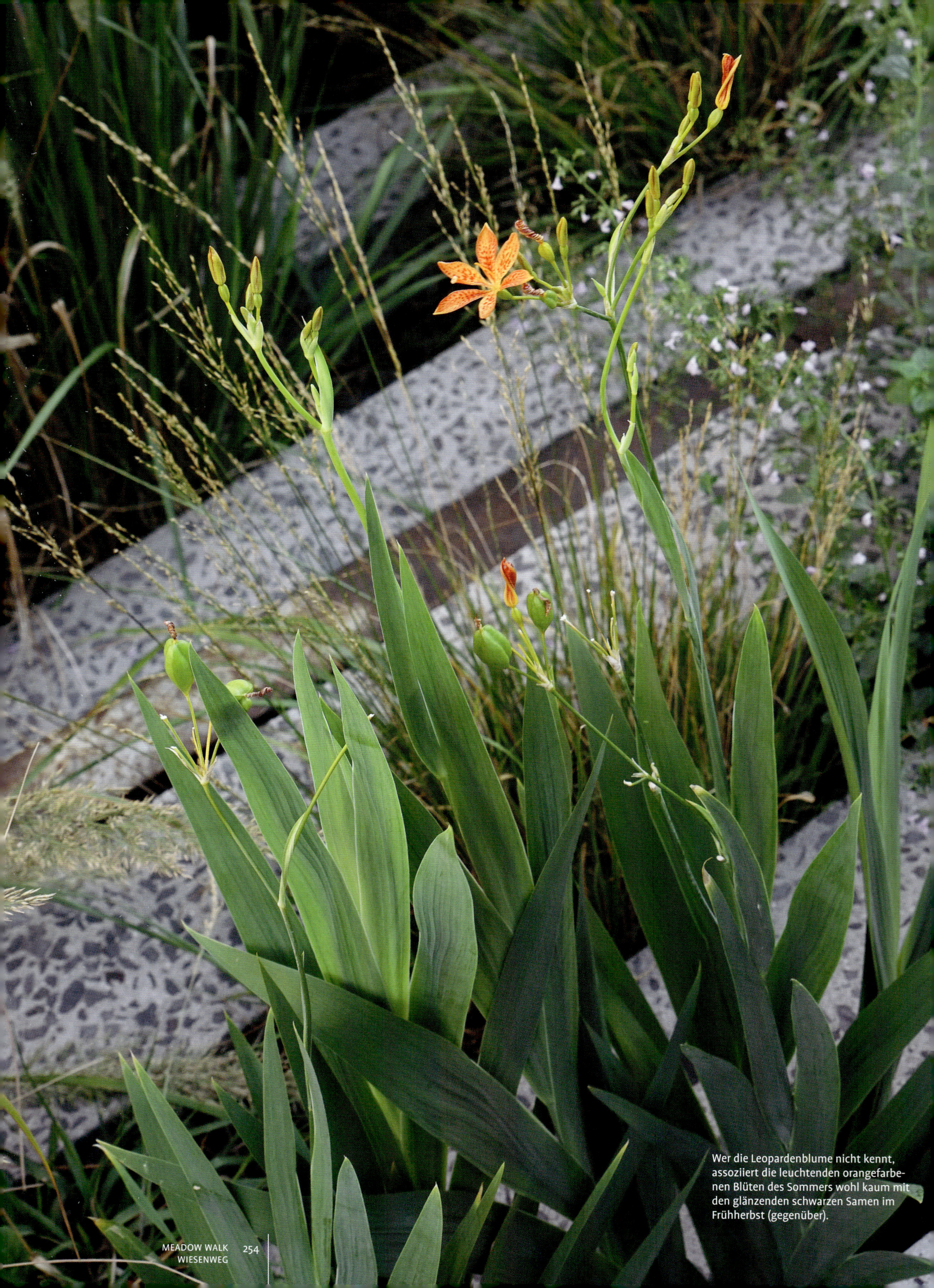

Wer die Leopardenblume nicht kennt, assoziiert die leuchtenden orangefarbenen Blüten des Sommers wohl kaum mit den glänzenden schwarzen Samen im Frühherbst (gegenüber).

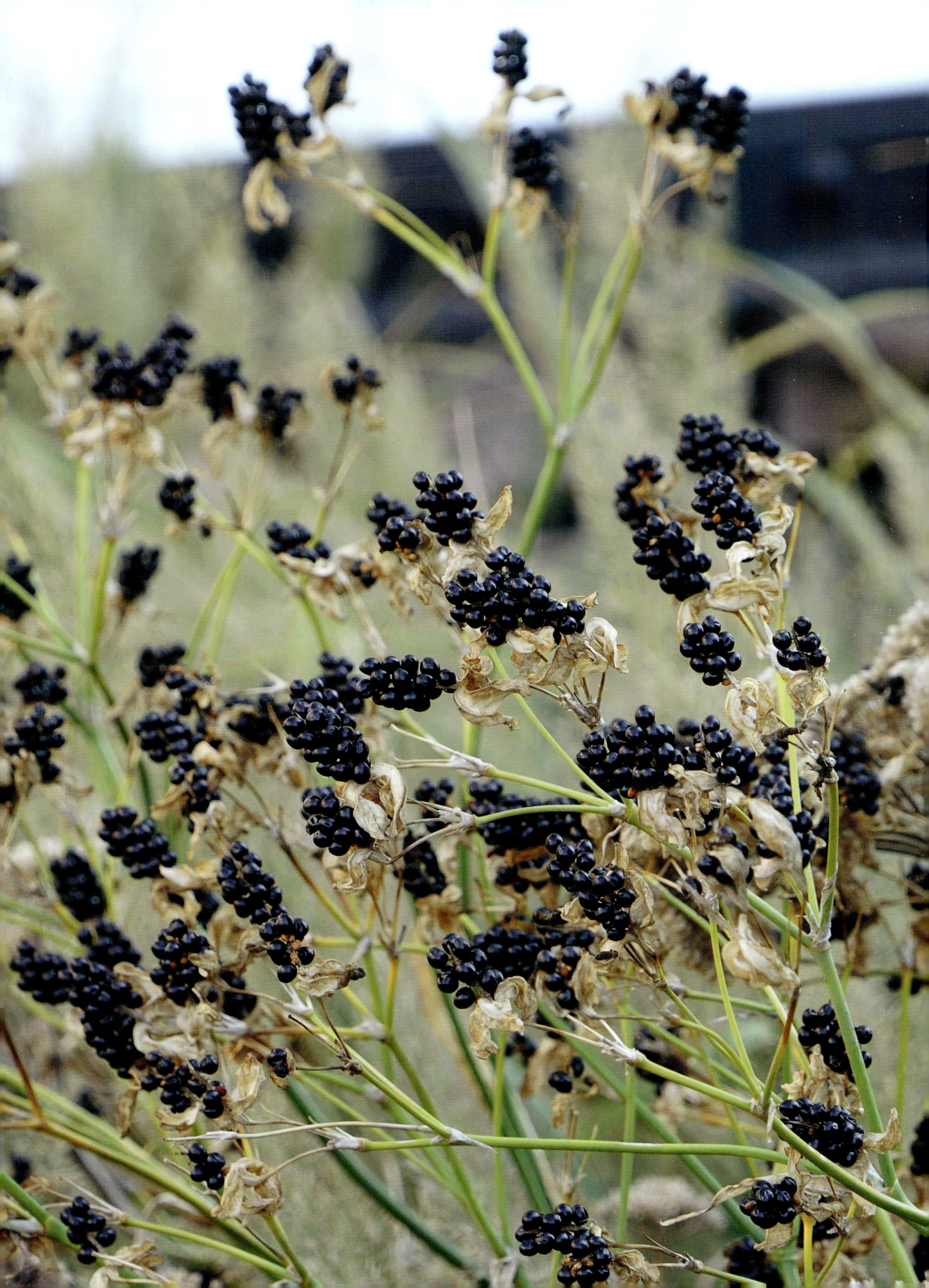

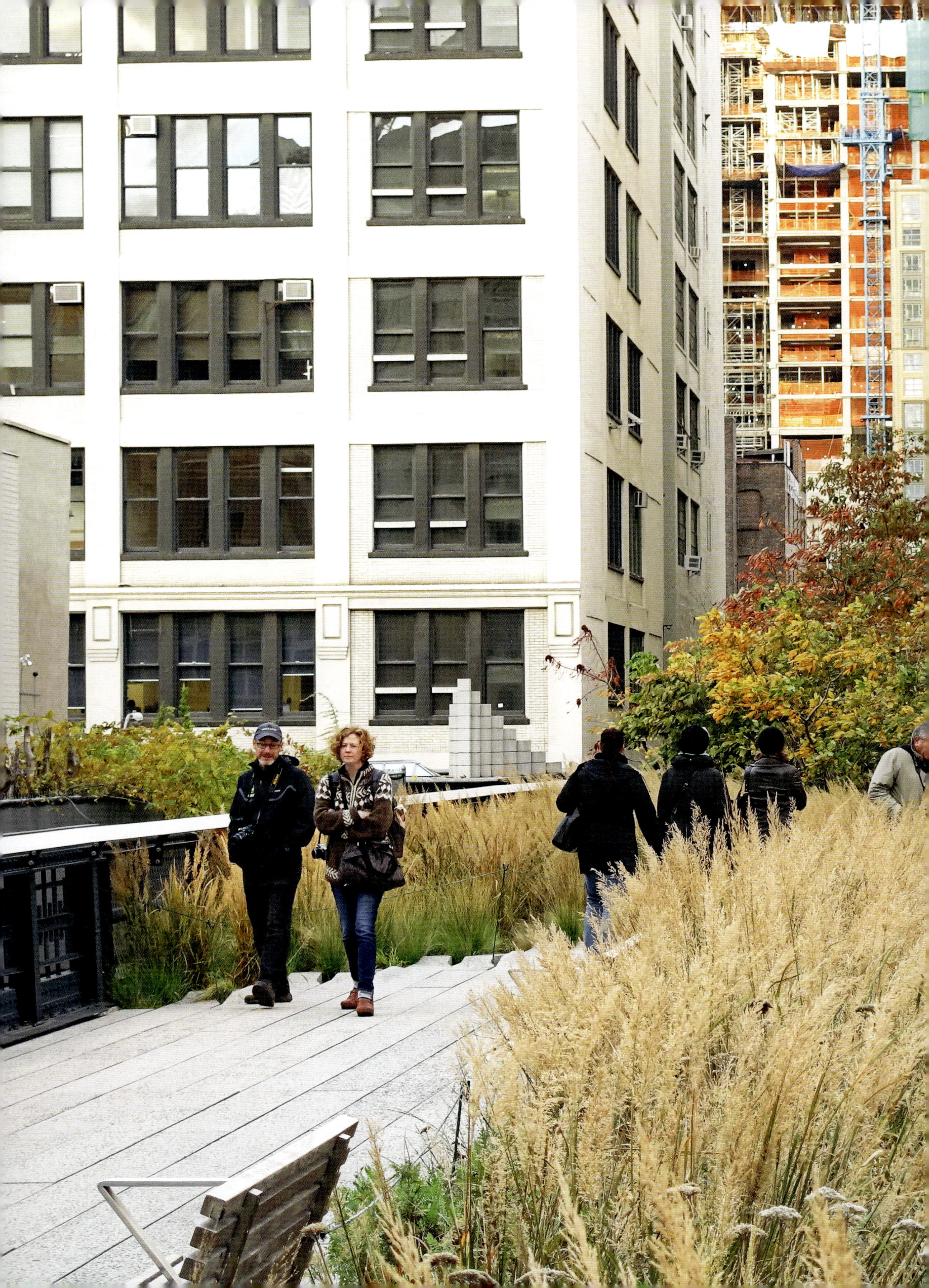

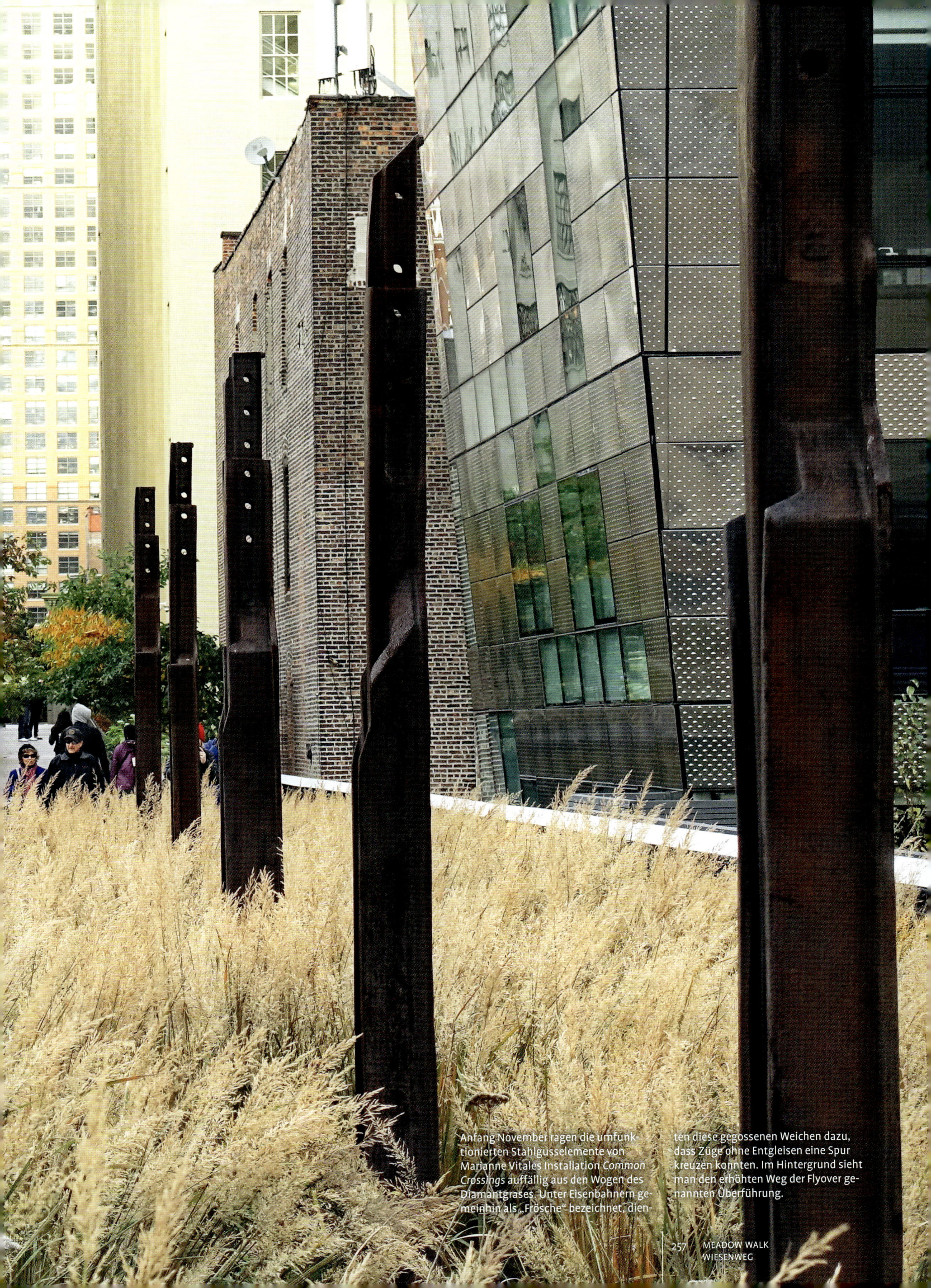

Anfang November ragen die umfunktionierten Stahlgusselemente von Marianne Vitales Installation *Common Crossings* auffällig aus den Wogen des Diamantgrases. Unter Eisenbahnern gemeinhin als „Frösche“ bezeichnet, dienten diese gegossenen Weichen dazu, dass Züge ohne Entgleisen eine Spur kreuzen konnten. Im Hintergrund sieht man den erhöhten Weg der Flyover genannten Überführung.

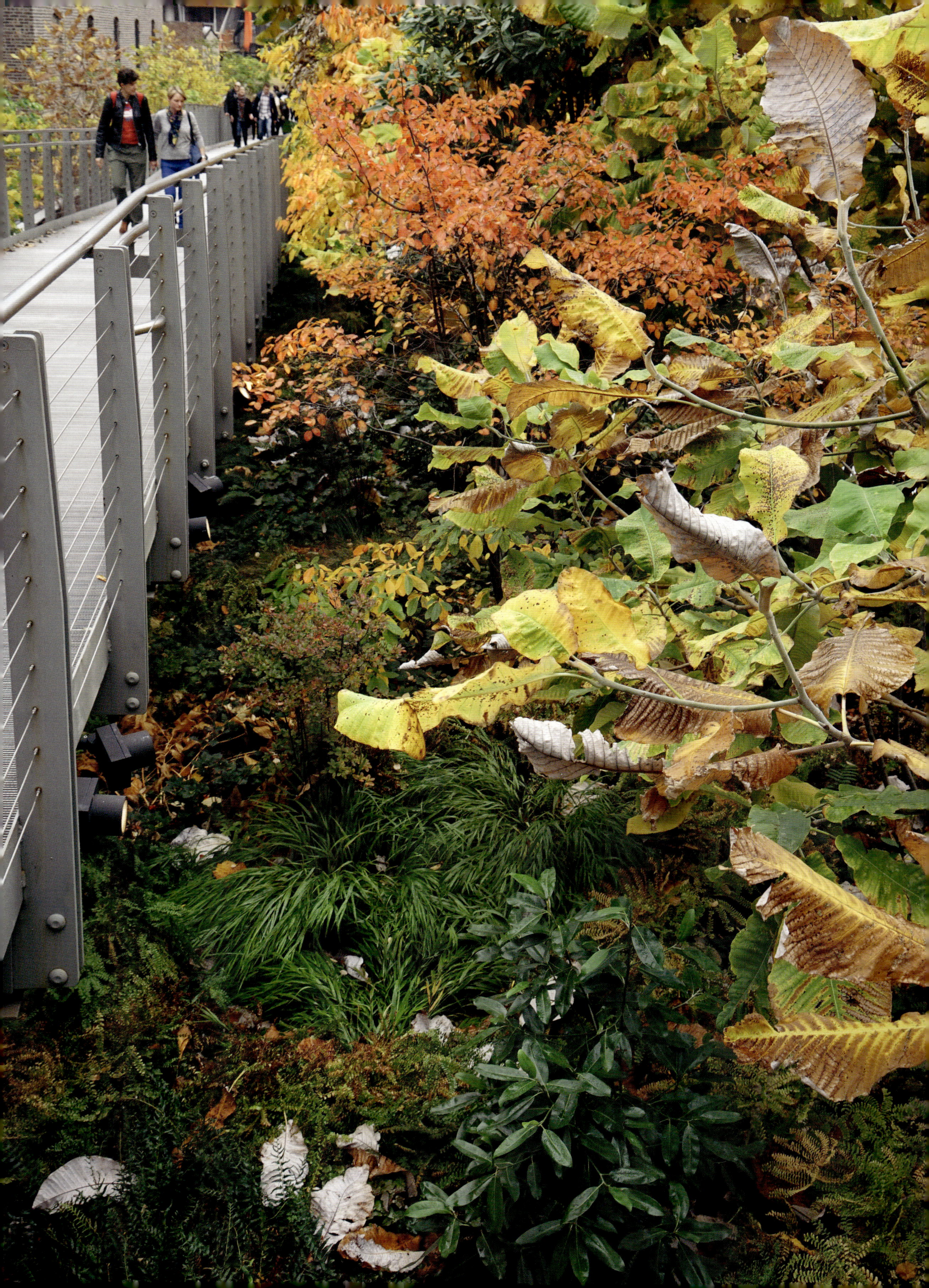

FLYOVER
ÜBERFÜHRUNG

Die Überführung ist von einer Erinnerung inspiriert. Als die Gruppe aus Gestaltern und Planern die High Line im Jahr 2004 erstmals besichtigte, entdeckte sie einen Abschnitt voller Bäume, flankiert von zwei hohen Gebäuden. Schatten und die windgeschützte Lage hatten die vorhandene Feuchtigkeit gesammelt und geeignete Lebensbedingungen für einen kleinen Wald aus Götterbäumen und Maulbeerbäumen geschaffen. Eine erhöhte Laderampe entlang des einen Gebäudes bot einen Blick mitten in das Blätterdach. Trotz der eher verwahrlosten Bäume brannte sich dieser Eindruck nachhaltig ins Gedächtnis und sollte später in Form der Überführung neu gestaltet werden.

Der erhöhte Weg der Überführung bedeutet eine radikale Abweichung von der ebenen High Line-Anlage. Er fällt erstmals auf, wenn man über den Wiesenweg nach Norden wandert, weil er den unendlich langen, schnurgeraden Blick interessanter macht und das Auge so zu der in die Höhe ragenden Architektur der Dockanlagen am Hudson River hinauflenkt. Durch die Wegeführung über eine Rampe konnte man darunter eine abwechslungsreiche Topografie gestalten. Der Boden ist so hoch aufgehäuft, dass ein Wald sowie ein buntes Mosaik aus Sträuchern und Bodendeckern gedeihen können. Kurze Abzweige entlang des Weges locken die Besucher zu verschwiegenen Räumen mit Sitzgelegenheiten inmitten der Flora des Waldes. Jeder dieser Plätze eröffnet einen einzigartigen Blick auf die Baumkronen und die Lagen darunter.

Obwohl im Flyover-Wald Judasbäume, Felsenbirnen, Fenchelholz- und Essigbäume wachsen, liefert die Vielzahl der großblättrigen Magnolien den Wow-Effekt unter dem Blätterdach. Die Gestaltung erfolgte auf Vorschlag von Patrick Cullina. Es handelt sich um Arten, die im östlichen Nordamerika heimisch sind, darunter die Großblättrige Magnolie *Magnolia macrophylla*, Ashe's Großblättrige Magnolie *M. macrophylla* var. ashei und die Schirm-Magnolie *Magnolia tripetala*. Zu dieser Mischung kommt noch die immergrüne Varietät der Sumpf-Magnolie *Magnolia virginiana* var. *australis* 'Green Shadow', die kleinere, trotzdem grobe Blätter trägt.

In der Sträucher- und Staudenzone wächst eine reiche Artenvielfalt, doch der Bestand unterscheidet sich deutlich vom Chelsea-Dickicht und dem Gansevoort-Wäldchen. Der Festzug keimenden Grüns im April und Mai ist faszinierend, wenn Driften von Farnen sich mit Seggen und blattreichen Blütenstauden mischen. Farbe und Textur sind während der Wachstumszeit einem steten Wandel unterworfen, um zum Schluss einen Teppich aus Farbtönen der Erntezeit zu zeigen, der von den fallenden Blättern der hohen Bäume noch hervorgehoben wird.

Beim Verlassen der Überführung versetzt der Blick nach Norden zur 30th Street die Besucher in Erstaunen. Felsenbirnen und Magnolienblüten und Samen sind nur eine Armlänge entfernt, bevor man das sanfte Gefälle zur offenen Fläche der Wildblumenwiese hinuntergeht.

Viele der besonderen Gestaltungsideen der High Line sind Ergebnis einer Reaktion auf das Umfeld. Daher ist es kein Zufall, dass die Überführung zwischen zwei Gebäuden angelegt ist, wo früher Bäume zum Licht hin wuchsen.[25]

LISA SWITKIN

Der erhöhte Fußweg der Überführung bringt die Besucher in die Baumkronen und erlaubt den Blick hinunter auf ein üppiges Mosaik aus Sträuchern und Stauden in den unteren Lagen.

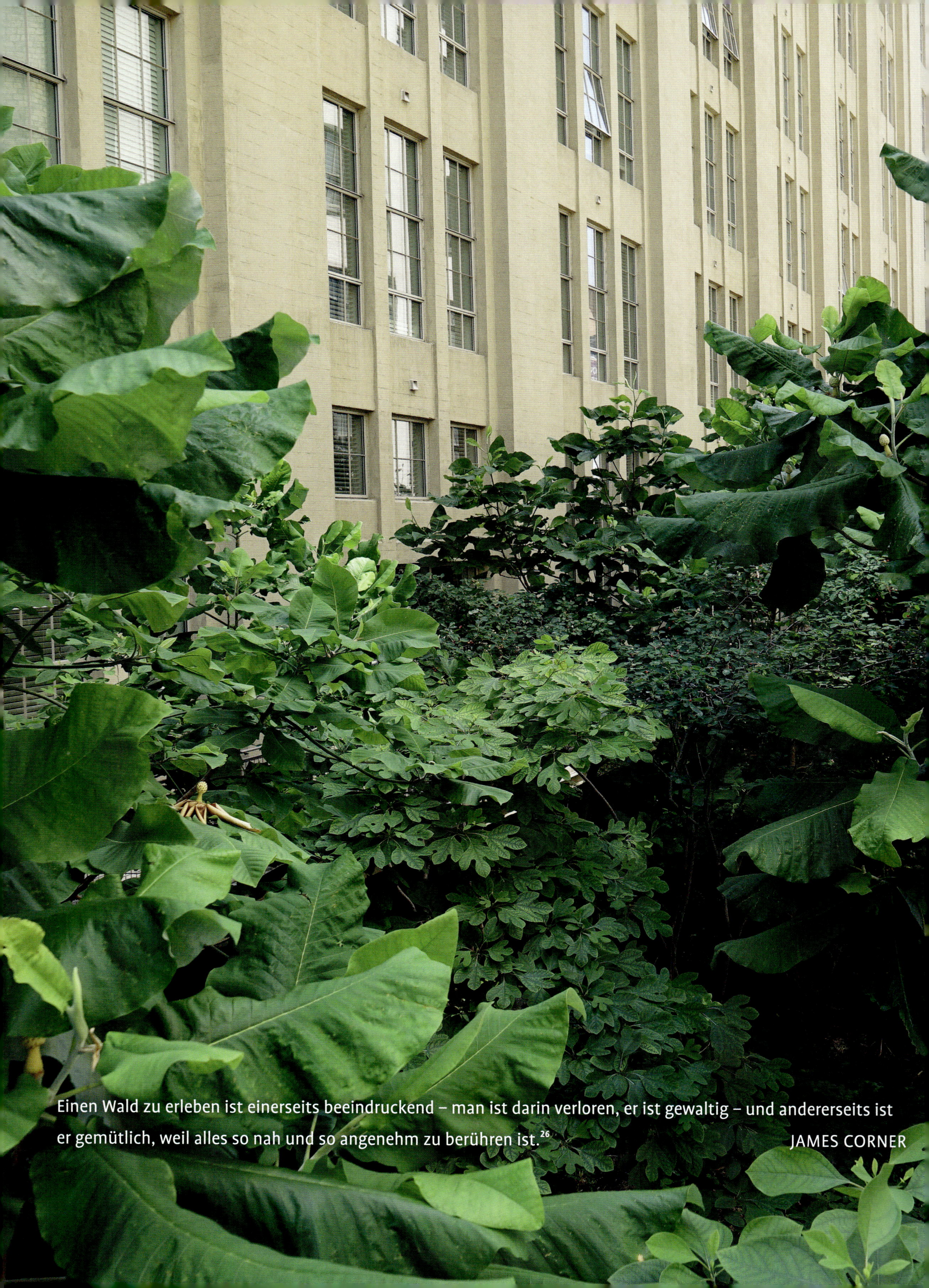

Einen Wald zu erleben ist einerseits beeindruckend – man ist darin verloren, er ist gewaltig – und andererseits ist er gemütlich, weil alles so nah und so angenehm zu berühren ist.[26]

JAMES CORNER

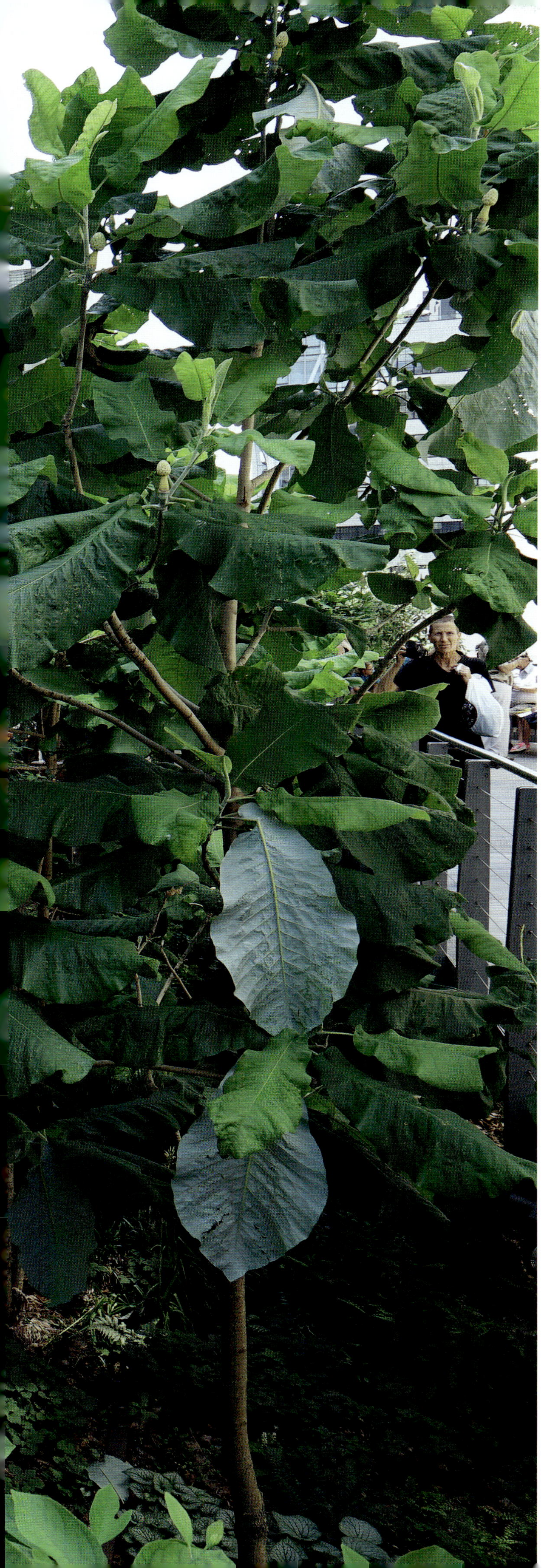

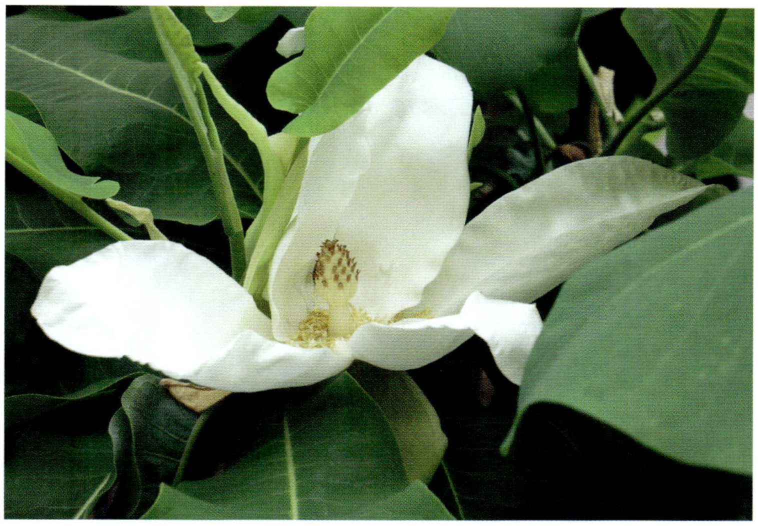

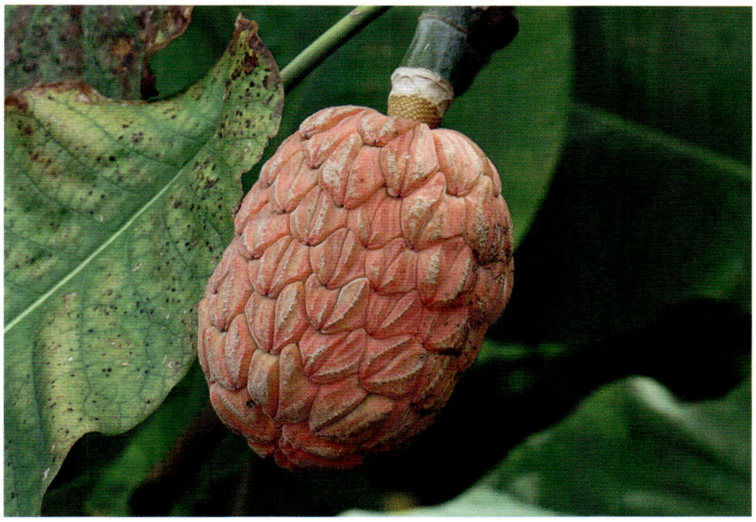

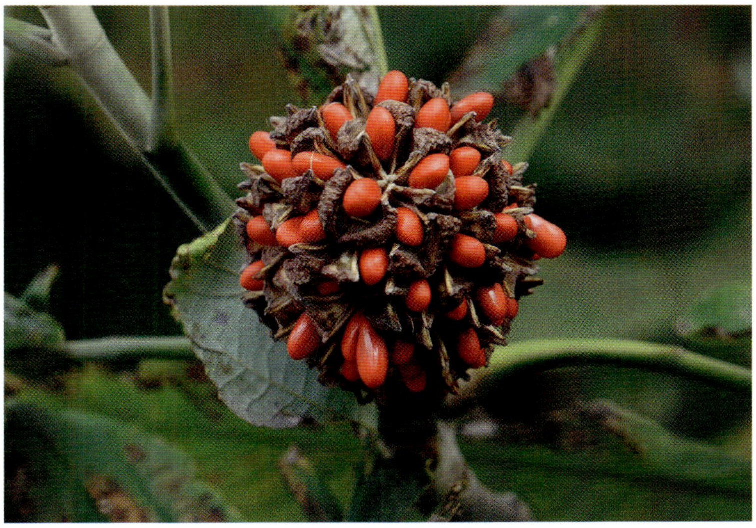

Die Großblättrigen Magnolien aus dem östlichen Nordamerika sind die markanten Signalpflanzen im Kronendach der Überführung. Wenn die Blätter Anfang Juni ihre volle Größe erreicht haben, dann erinnert ihre überaus grobe Blattstruktur an die prähistorischen Landschaften, in denen die rezenten Magnolienarten entstanden sind. Die Blüten der Großblättrigen Magnolie (*Magnolia macrophylla*) öffnen sich im Mai, verwandeln sich im Spätsommer in eine pinkfarbene, fast skulpturale Frucht und geben im Herbst die Samen frei.

Der Flyover besitzt eine besondere Aussichtszone an der Stelle, wo die High Line die 26th Street überspannt. Ihr beleuchteter Rahmen lädt die Besucher bei Tag oder Nacht ein, sich auf einer Holzbank entspannt zurückzulehnen und den Blick auf die Skyline und nach Osten auf die abwechslungsreiche Architektur von West Chelsea zu genießen.

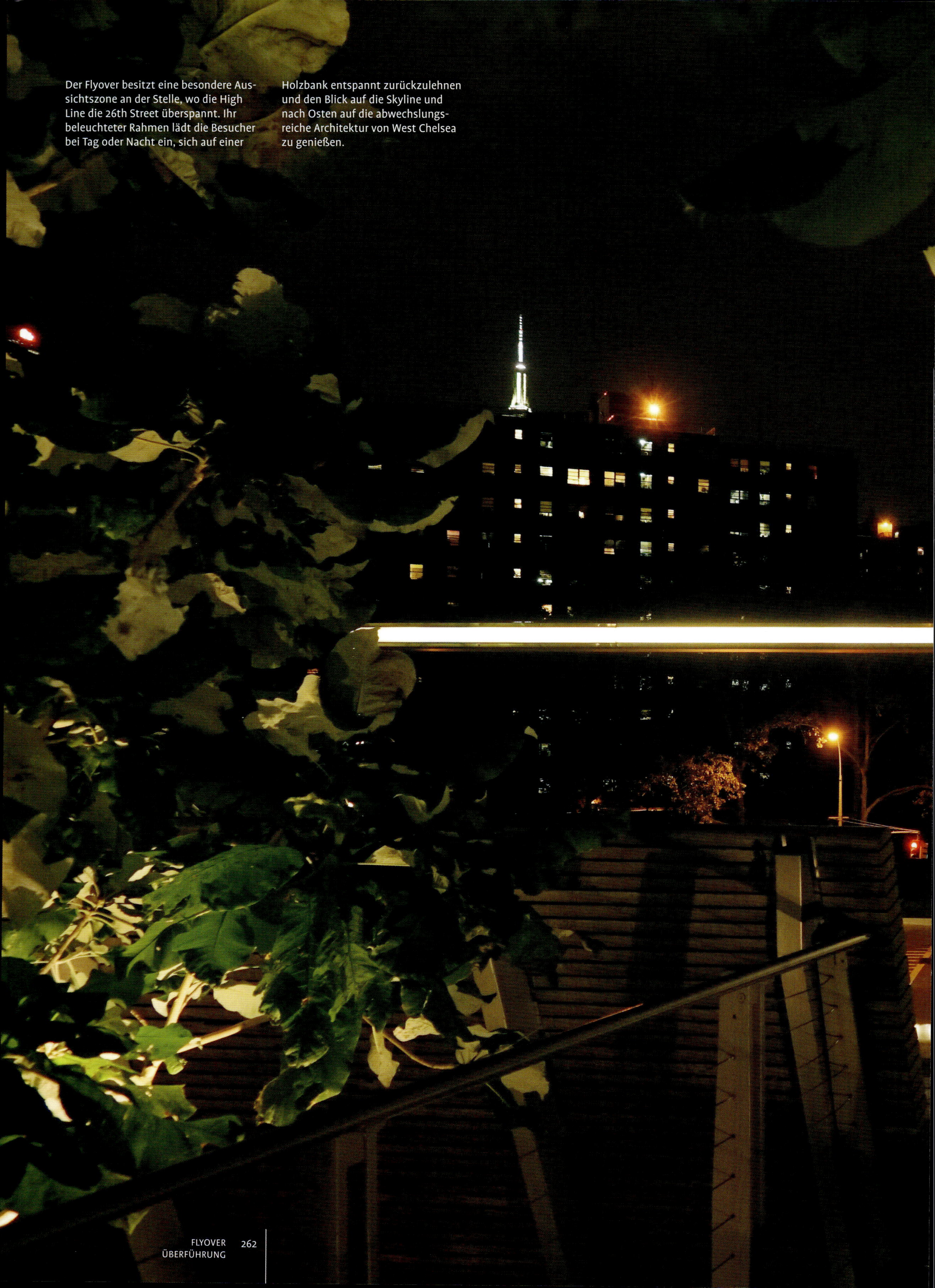

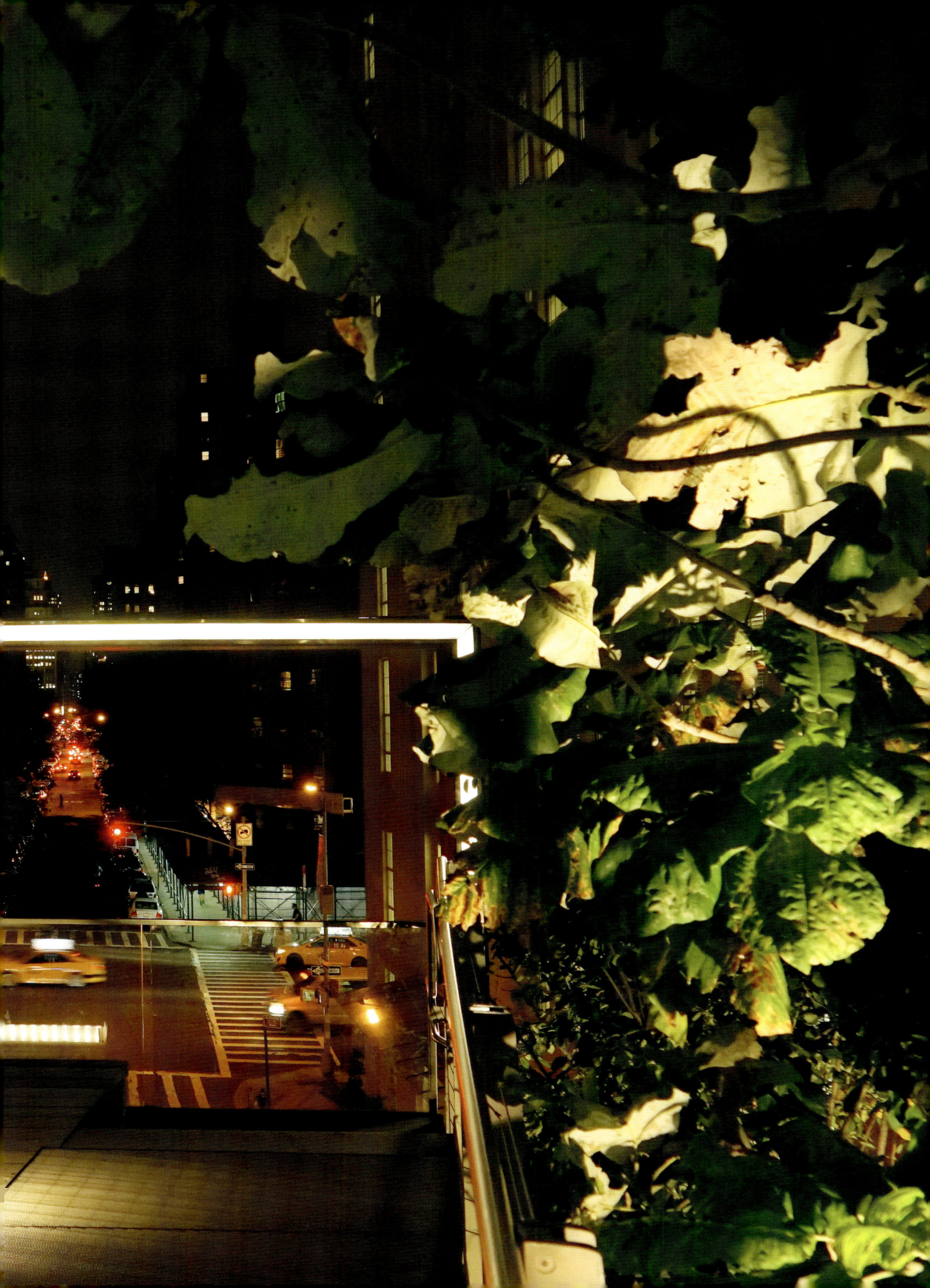

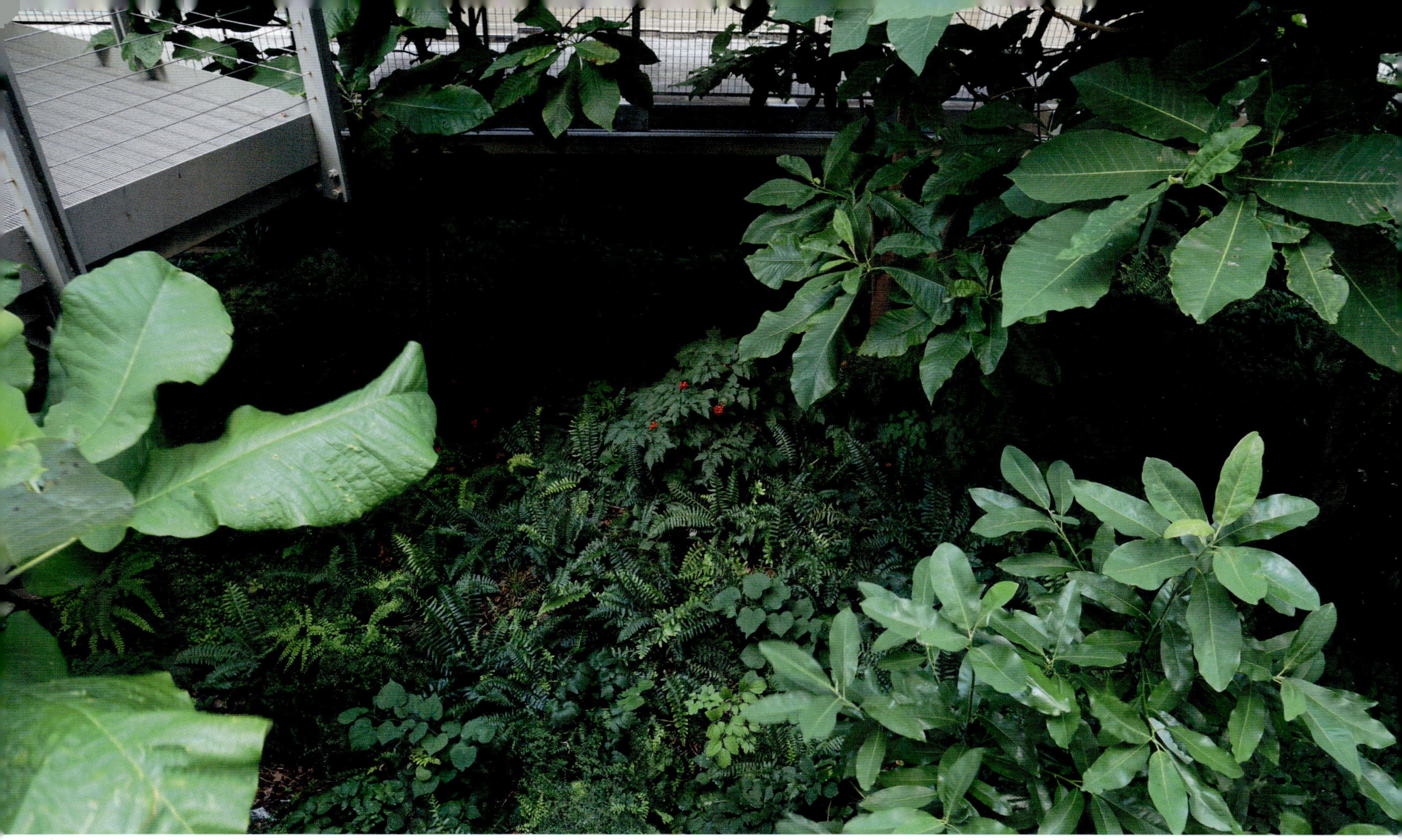

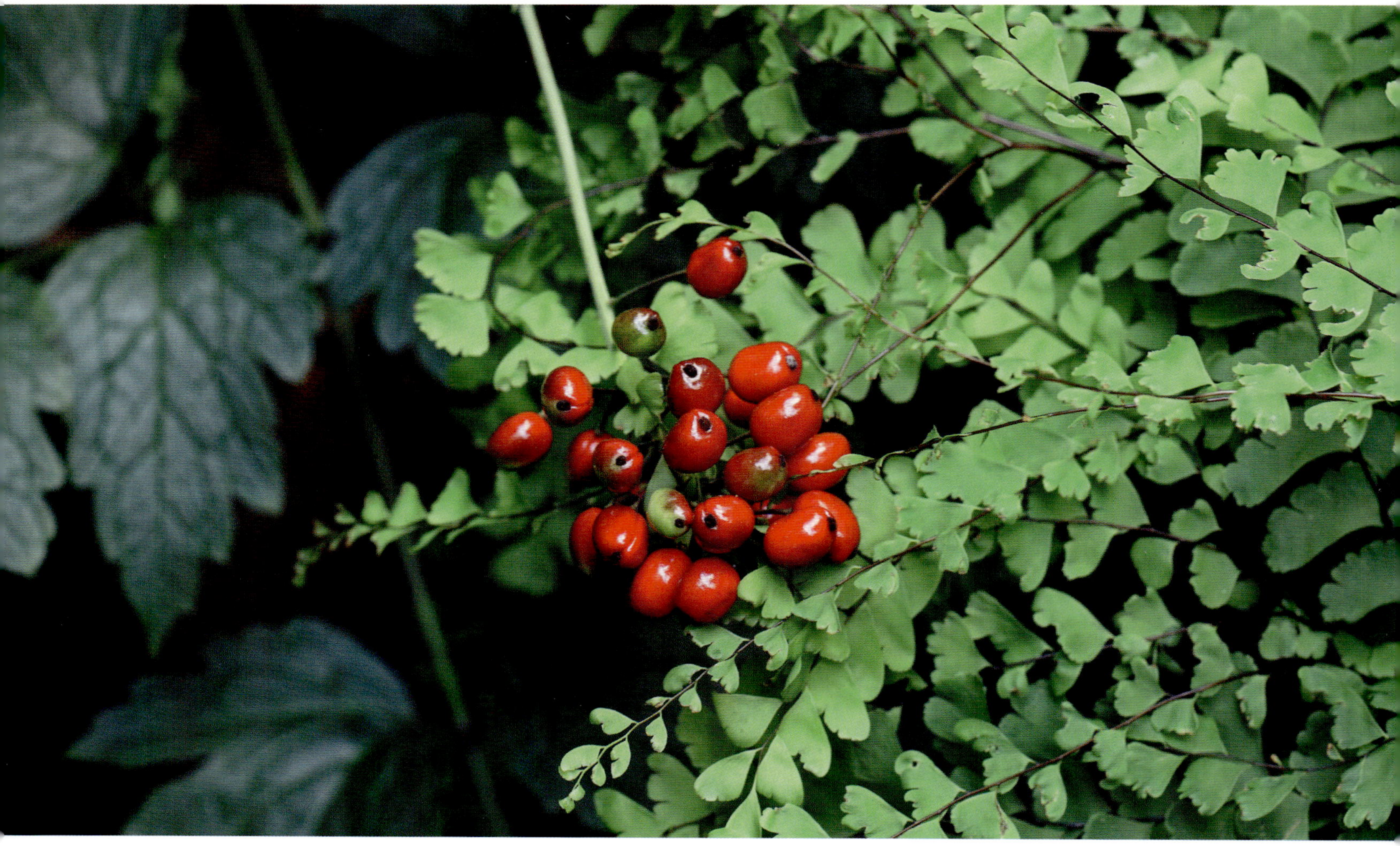

Die roten Beeren des Christophskrauts *Actaea pachypoda* (heute syn. für *Actaea alba*) stechen aus den satten mittsommerlichen Grüntönen der Farne und reich beblätterten bodendeckenden Stauden heraus.

Frauenhaarfarn (*Adiantum pedatum*) bewahrt sich etwas von seiner frühlingshaften hellen Färbung und passt wunderbar zu den intensiv gefärbten Beeren.

Gegenüber: Am erhöhten Fußweg der Überführung oft nur eine Armeslänge entfernt, konkurrieren die Früchte der Felsenbirne im süßen Geschmack mit den Heidelbeeren.

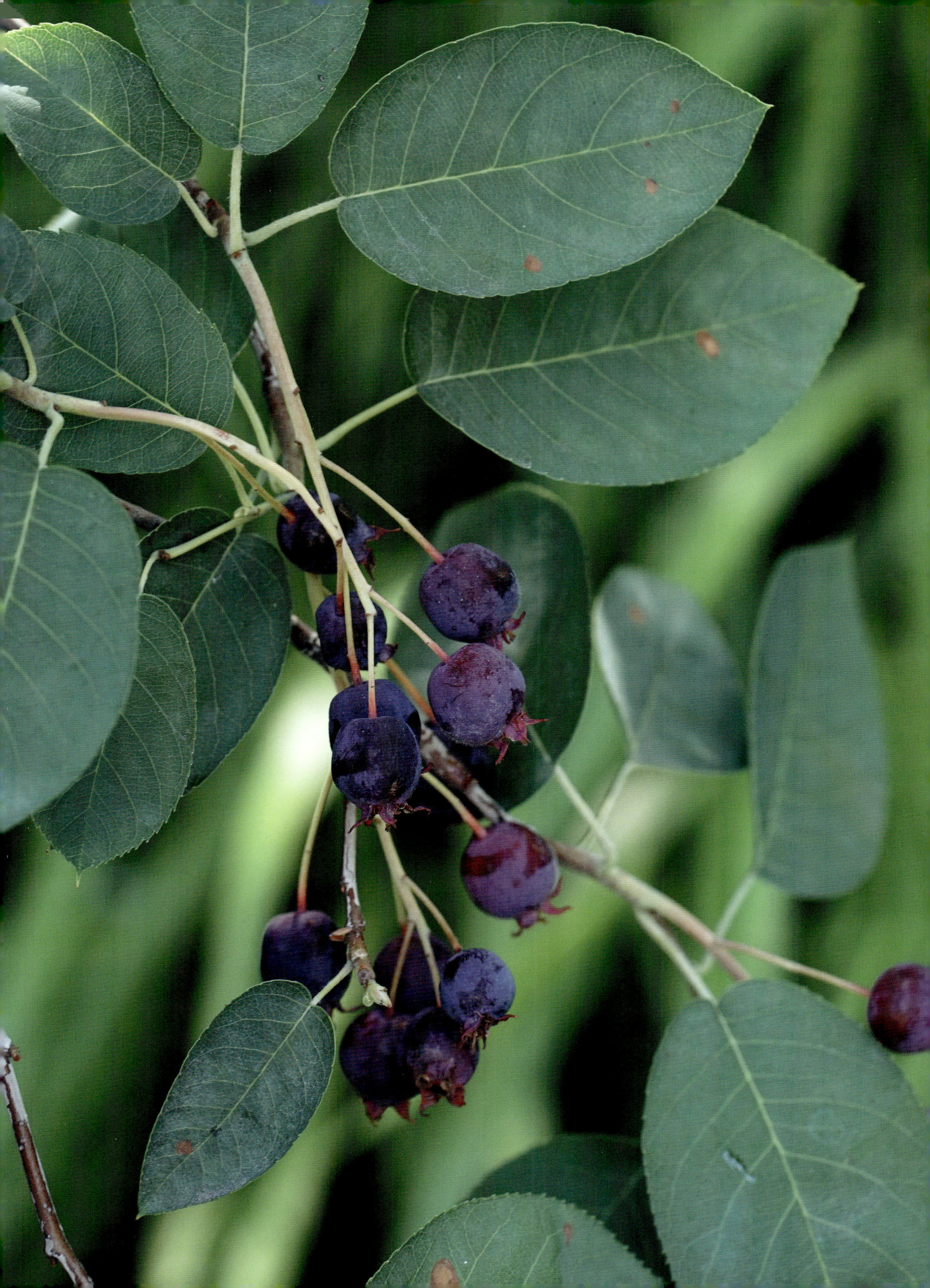

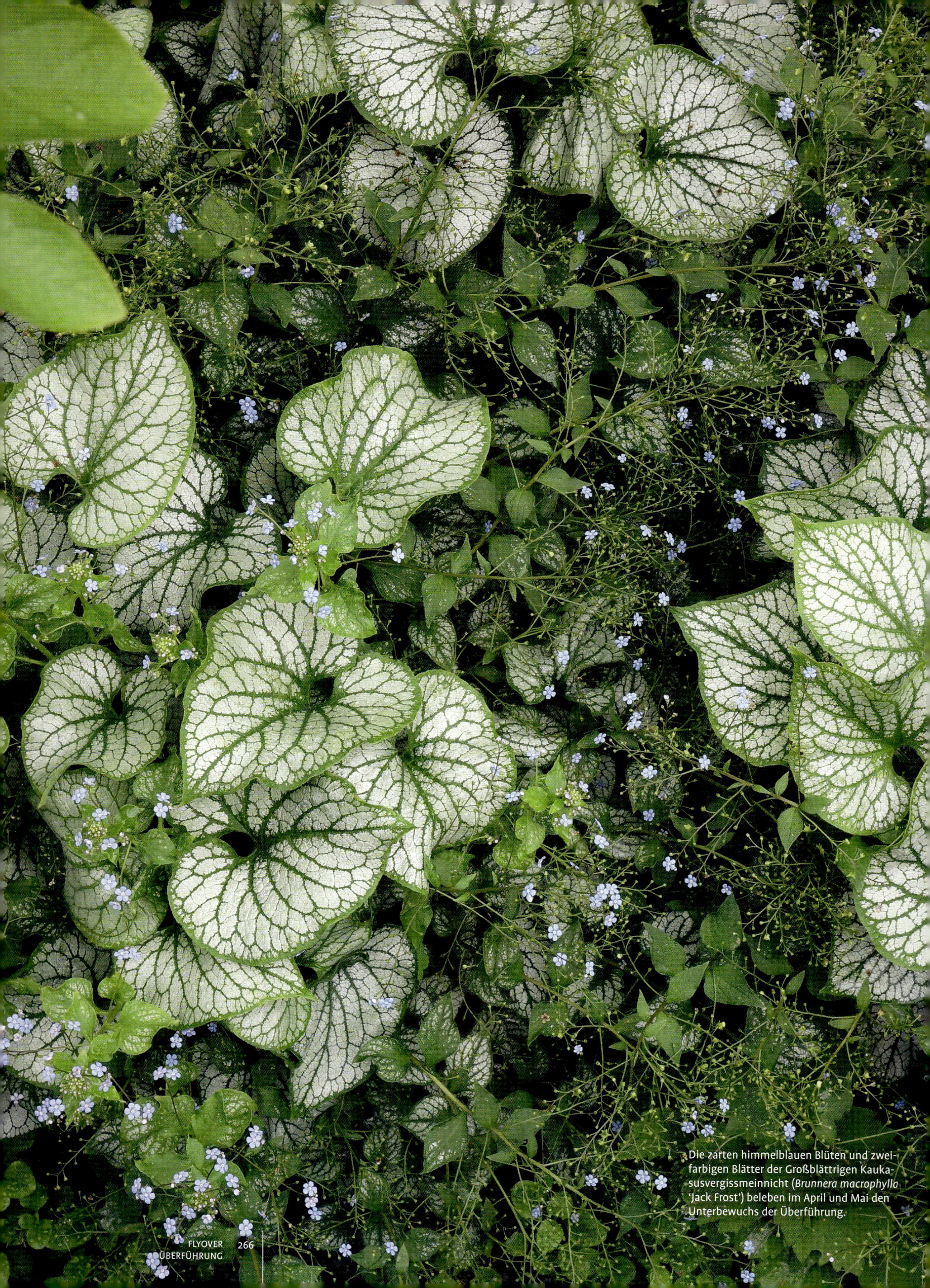

Die zarten himmelblauen Blüten und zweifarbigen Blätter der Großblättrigen Kaukasusvergissmeinnicht (*Brunnera macrophylla* 'Jack Frost') beleben im April und Mai den Unterbewuchs der Überführung.

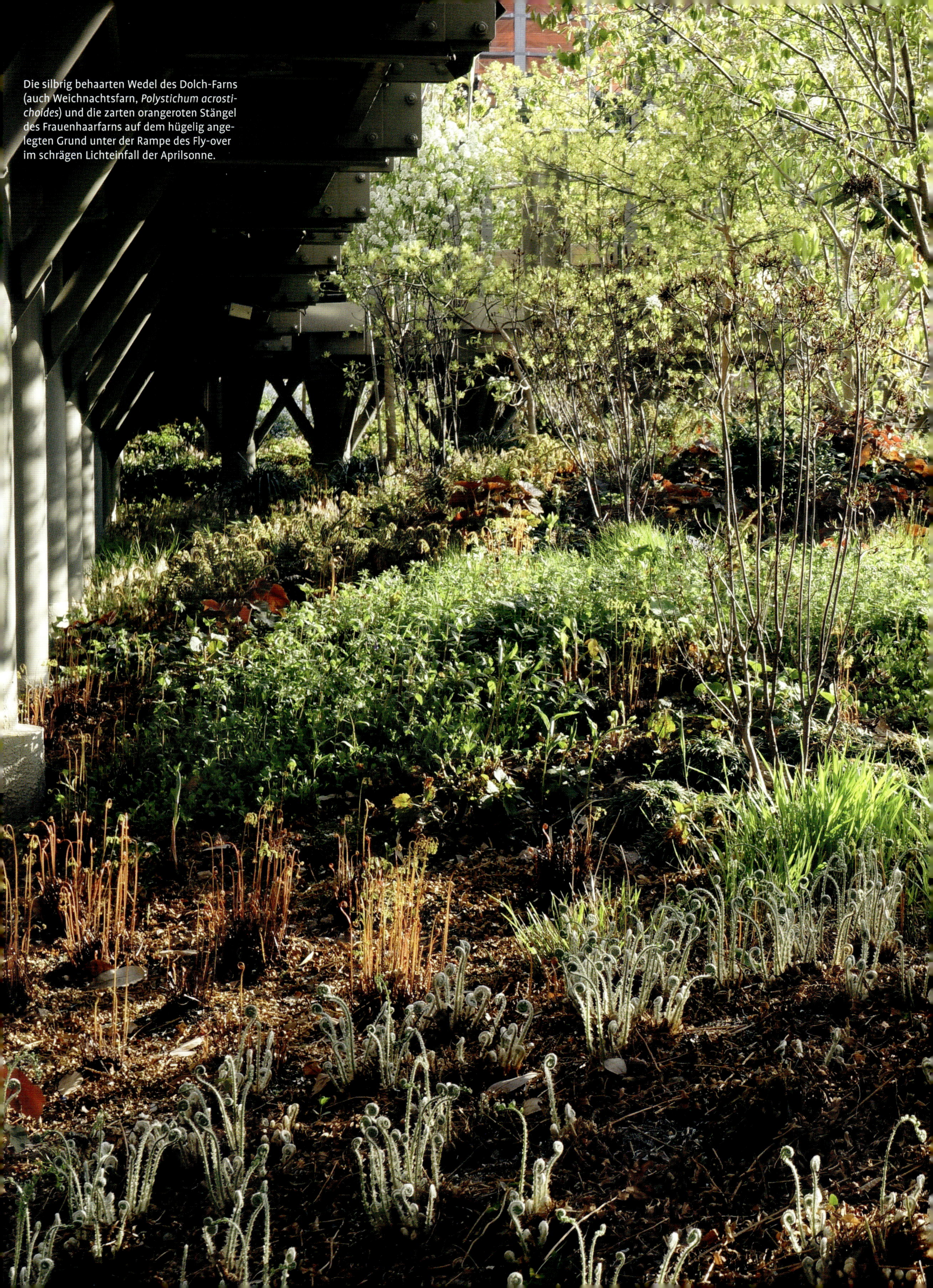

Die silbrig behaarten Wedel des Dolch-Farns (auch Weichnachtsfarn, *Polystichum acrostichoides*) und die zarten orangeroten Stängel des Frauenhaarfarns auf dem hügelig angelegten Grund unter der Rampe des Fly-over im schrägen Lichteinfall der Aprilsonne.

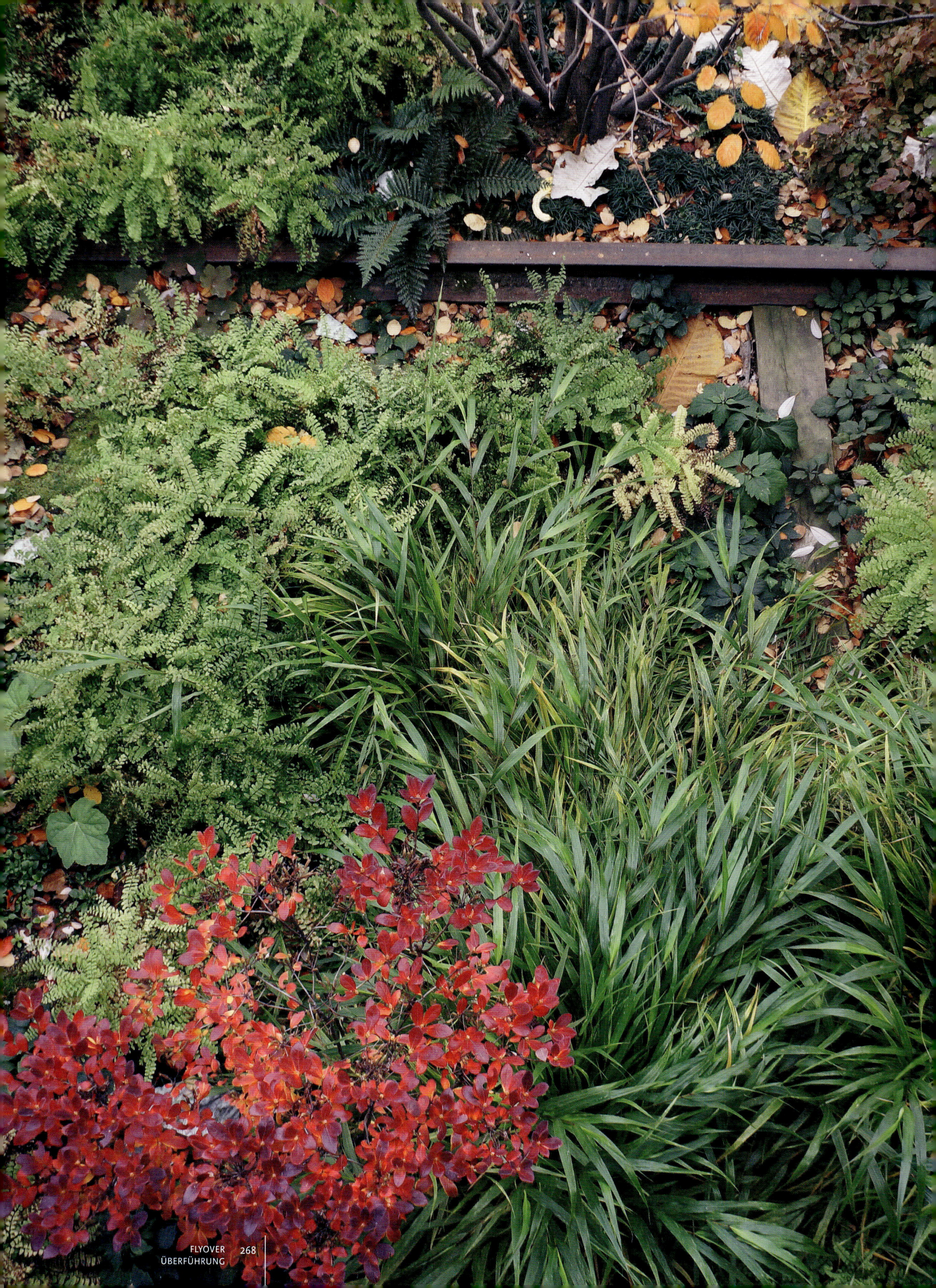

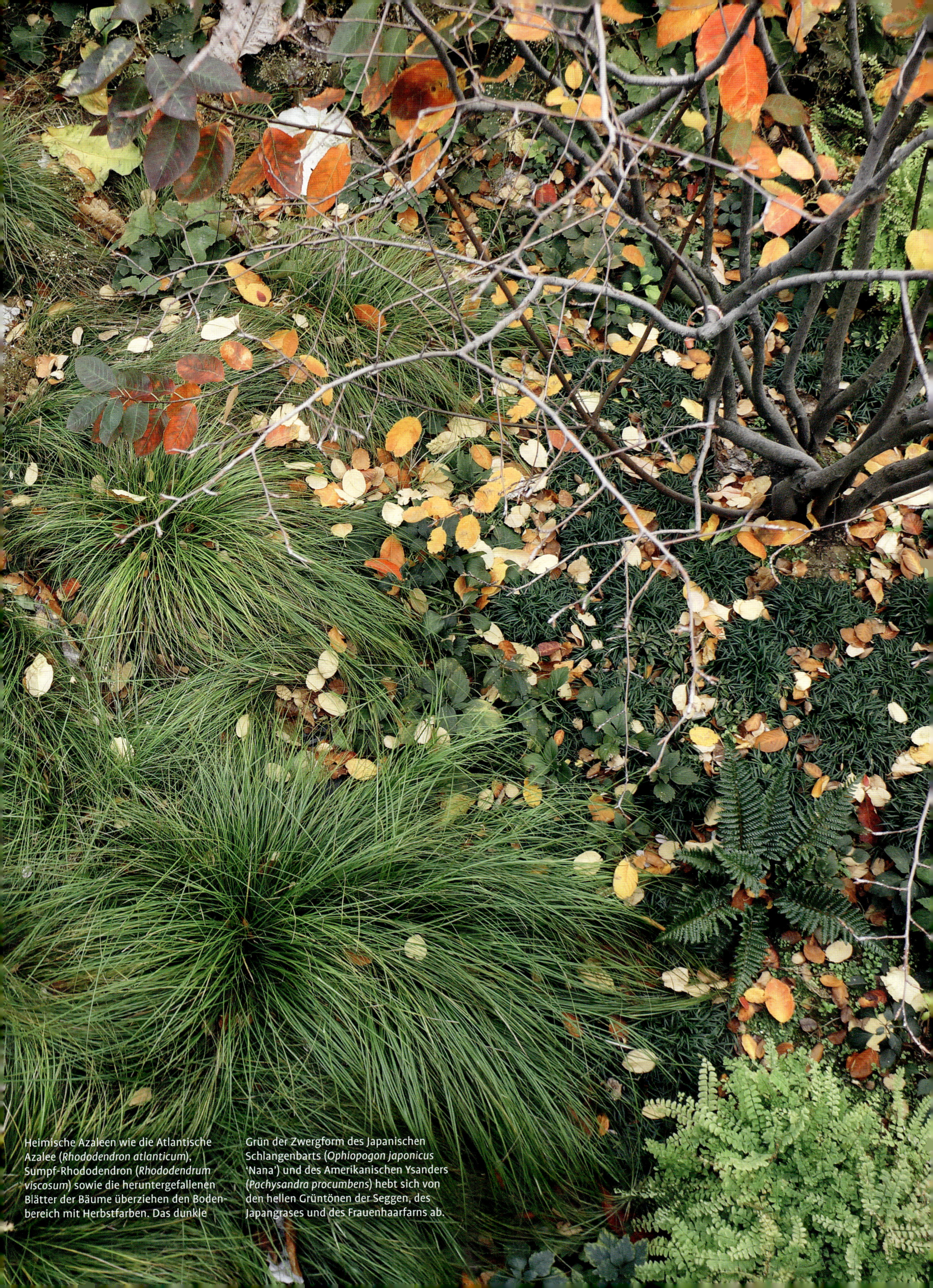

Heimische Azaleen wie die Atlantische Azalee (*Rhododendron atlanticum*), Sumpf-Rhododendron (*Rhododendrum viscosum*) sowie die heruntergefallenen Blätter der Bäume überziehen den Bodenbereich mit Herbstfarben. Das dunkle Grün der Zwergform des Japanischen Schlangenbarts (*Ophiopogon japonicus* 'Nana') und des Amerikanischen Ysanders (*Pachysandra procumbens*) hebt sich von den hellen Grüntönen der Seggen, des Japangrases und des Frauenhaarfarns ab.

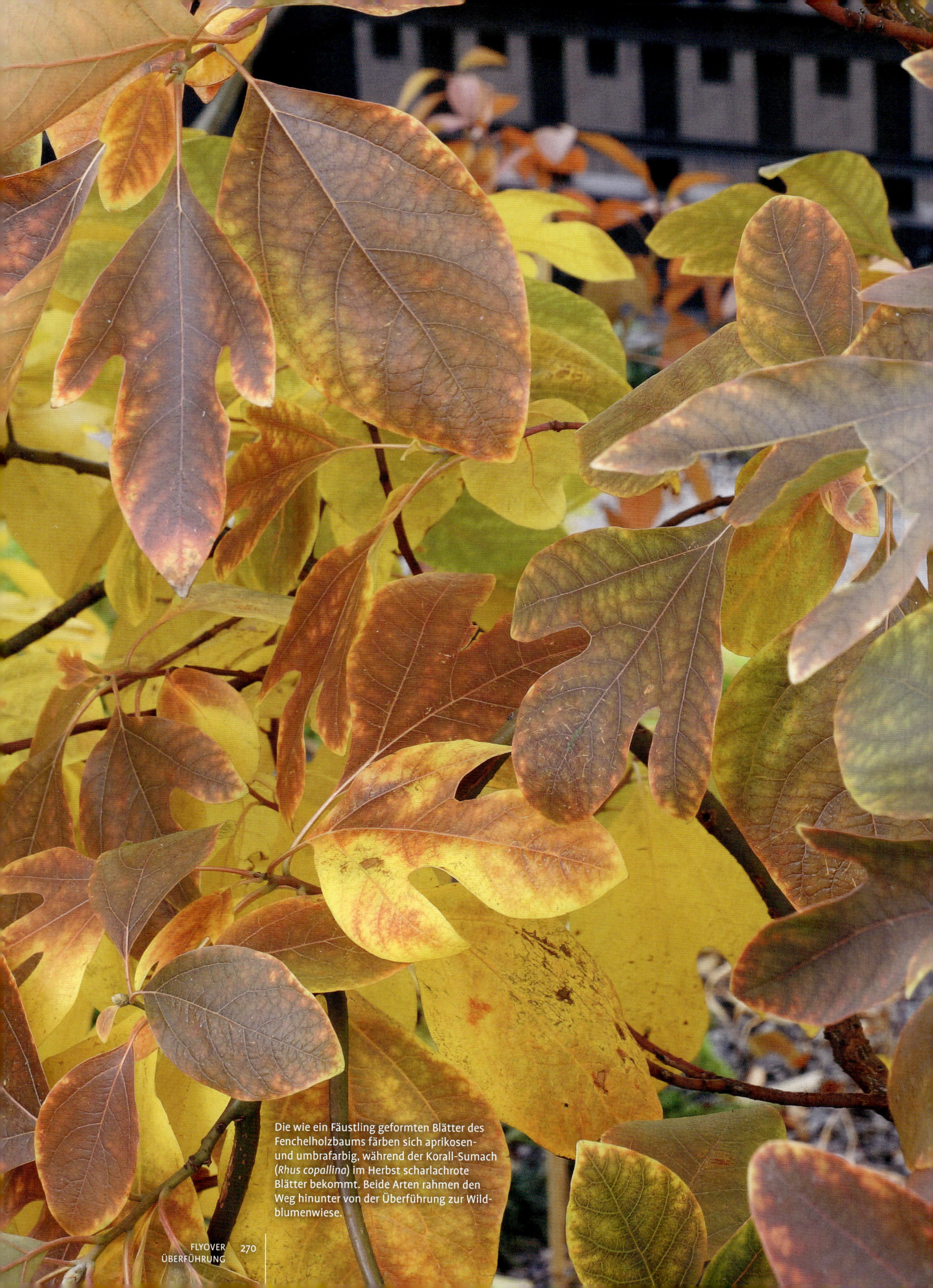

Die wie ein Fäustling geformten Blätter des Fenchelholzbaums färben sich aprikosen- und umbrafarbig, während der Korall-Sumach (*Rhus copallina*) im Herbst scharlachrote Blätter bekommt. Beide Arten rahmen den Weg hinunter von der Überführung zur Wildblumenwiese.

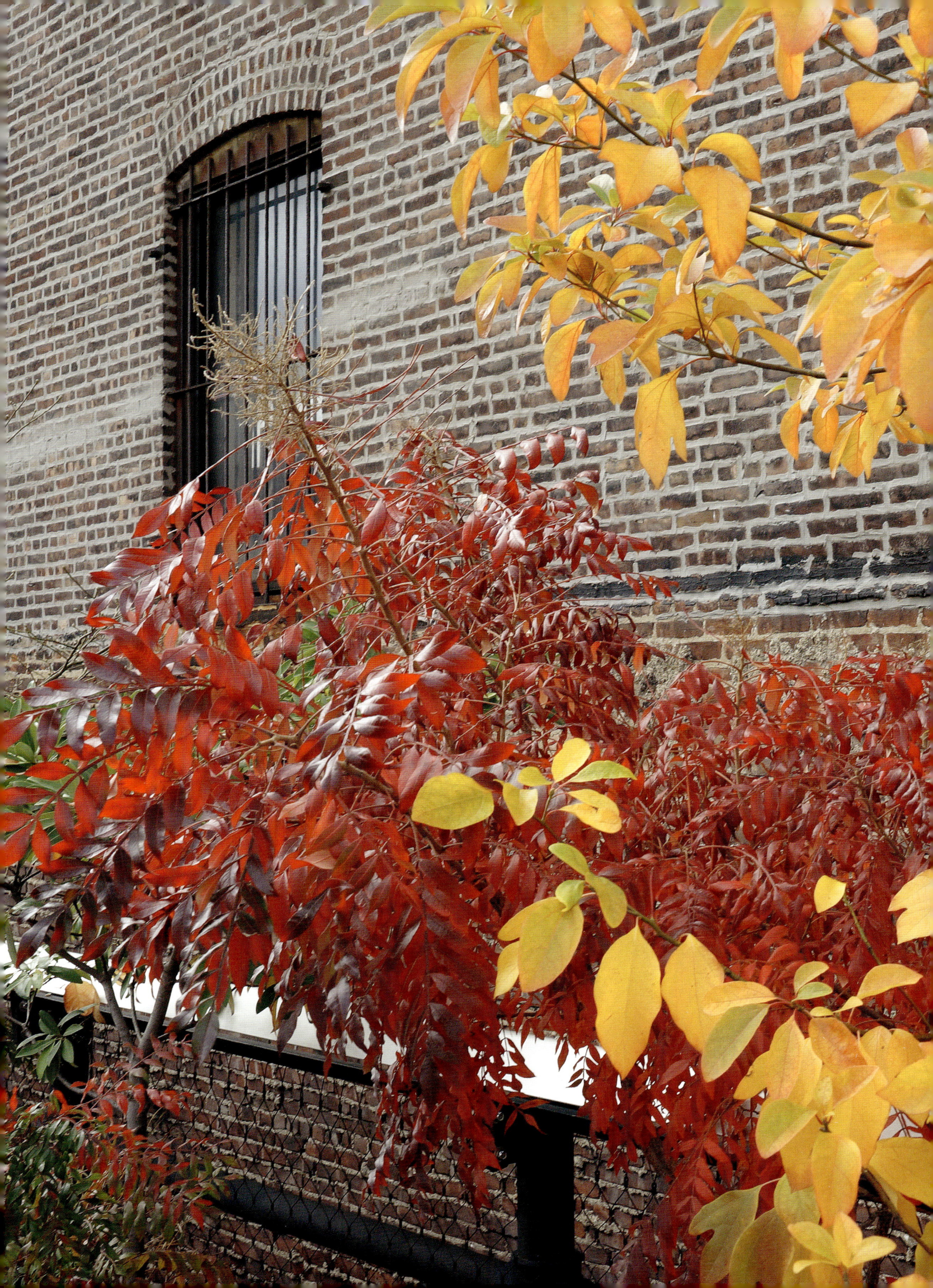

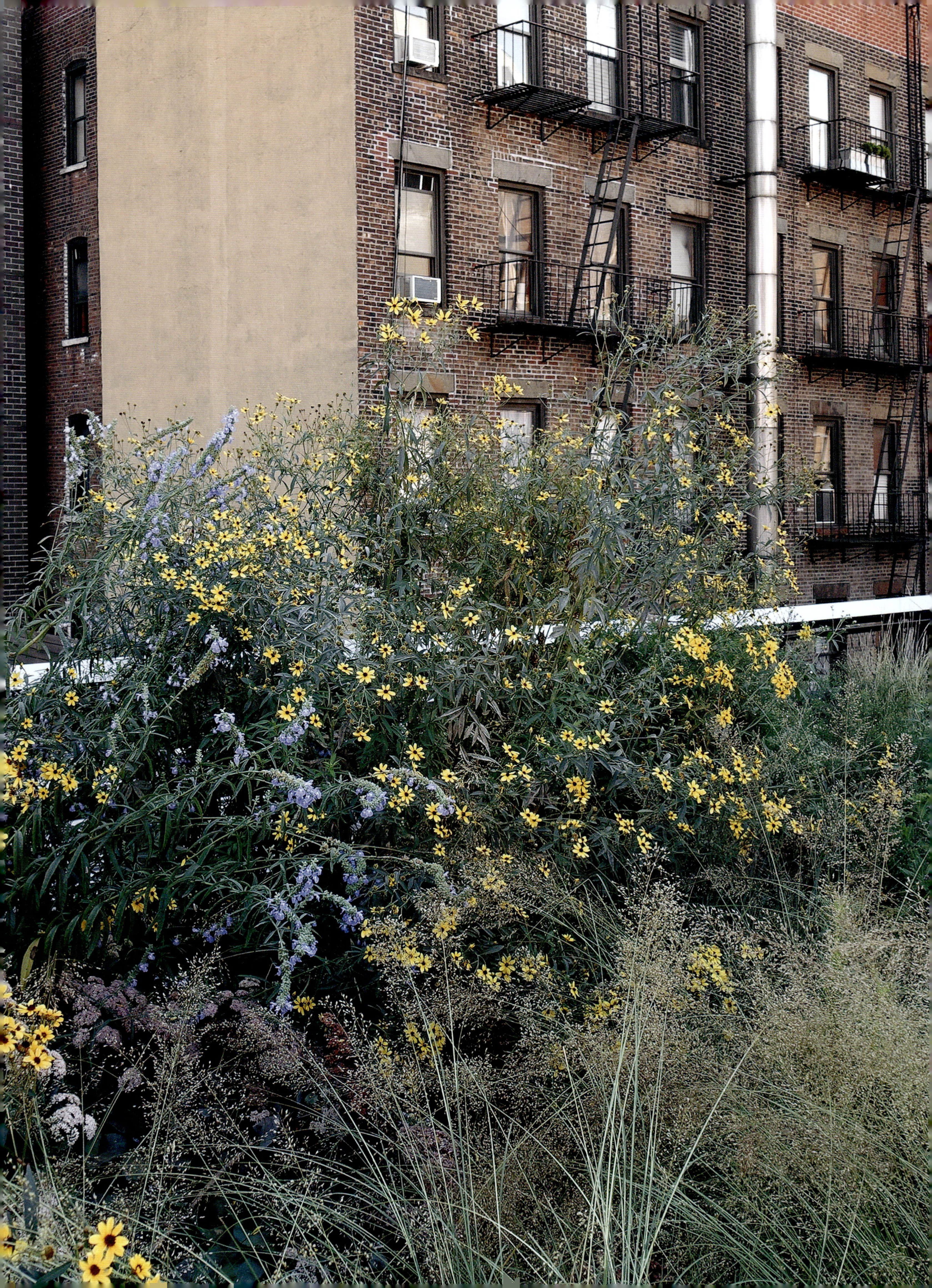

WILDBLUMENFELD UND KREISPFLANZUNGEN

Das Wildblumenfeld ist der letzte Abschnitt unserer Reise nach Norden, bei der sich Gehölze und Prärie und damit Geborgenheit und Ausdehnung abwechseln. In gewisser Weise handelt es sich beim Wildblumenfeld um einen der einfachsten Gartenräume, einen langgestreckten, ebenen Strich voller Schauflächen mit mehrjährigen Blumen. Die ausgedehnte Gerade erinnert an die ununterbrochenen Blickachsen der noch nicht rekonstruierten High Line und sie entfaltet ihre stärkste Wirkung, wenn man sie von der Überführung aus betrachtet. Andererseits ist diese Fläche aber auch komplex und spannungsreich. Der Übergang vom Wildblumenfeld zur dramatischen Kurve der Kreispflanzungen ist schon aus großer Entfernung zu erkennen und untrennbar mit dem alles verstellenden Blick am Ende mit den hohen neuen Gebäuden verbunden. Obwohl die beinahe ununterbrochenen Bauarbeiten zu allen Seiten der High Line ein gewohntes Bild sind, stehen die regen Baustellen unmittelbar neben den Kreispflanzungen sinnbildlich für eine Stadt im Wandel. Für Seele und Geist stehen die Ruhe und die bescheidenen Dimensionen der Anpflanzungen und die gigantischen Ausmaße der geplanten Bauvorhaben voller Kraft nebeneinander.

Gräser spielen in beiden Gärten nur die Rolle der Statisten, die großblättrigen Blütenstauden sind die Stars. Einige wachsen ungewöhnlich hoch und erreichen im Hochsommer gut 2 bis 2,5 Meter Höhe, darunter der in Nordamerika heimische Blaue Wiesensalbei (*Salvia azurea*), das Hohe Mädchenauge (*Coreopsis tripteris*) und die Weidenblättrige Sonnenblume (*Helianthus salicifolius*). Sie ragen weit über die Gräser wie Fallsamengras und Hohes Haarschotengras (*Bouteloua curtipendula*) hinaus. Eine derartige, stark vertikale Präsenz entsteht sonst eher durch Sträucher oder kleine Bäume. Aufgrund der bunten Mischung blütenreicher heimischer und exotischer Arten eignen sich diese Pflanzungen am besten, um Vögel, Bienen und Schmetterlinge zu beobachten. Sie beginnen ihre Blütenbesuche im April mit den blühenden Krokussen, kommen im Mai, wenn der im sonnigen Mittleren Osten heimische Zierallium (*Allium nigrum* und *A. christophii*) und die Himalaya-Steppenkerze (*Eremurus himalaicus*) aus dem westlichen Himalaya blühen. Im Juni und Juli fliegen sie den nordamerikanischen Scheinsonnenhut (*Echinacea purpurea* und *E. pallida*) an, und bis in den Herbst werden sie von spät blühenden Astern, Funkelstern und Prächtiger Goldrute (*Solidago speciosa*) sowie den Samen vieler verschiedener Arten angelockt.

Die Kreispflanzungen sind auf der originalen Trasse der High Line in einer langen sanften Linkskurve angelegt und enden mit Blick nach Westen auf den Fluss. Eine bogenförmige Sitzbank flankiert die Pflanzungen auf der Westseite. Sie bietet reichlich Platz, um einzeln oder in Grüppchen Entspannung zu finden. Die Gräserzüchtung *Calamagrostis × acutiflora* 'Karl Foerster', das Garten-Reitgras, wächst hier zwischen Driften von Scheinsonnenhut. Es wiegt sich in der Sommerbrise oder dem Herbstwind und sorgt für Dynamik, als Einstimmung auf das Schauspiel, das im Stellwerk alle Blicke auf sich zieht.

Der himmelblaue Wiesensalbei (*Salvia azurea*) und das Hohe Mädchenauge (*Coreopsis tripteris*) ragen weit über das Fallsamengras auf, da sie im Hochsommer zwischen 1,9 und 2,5 Metern hoch werden können.

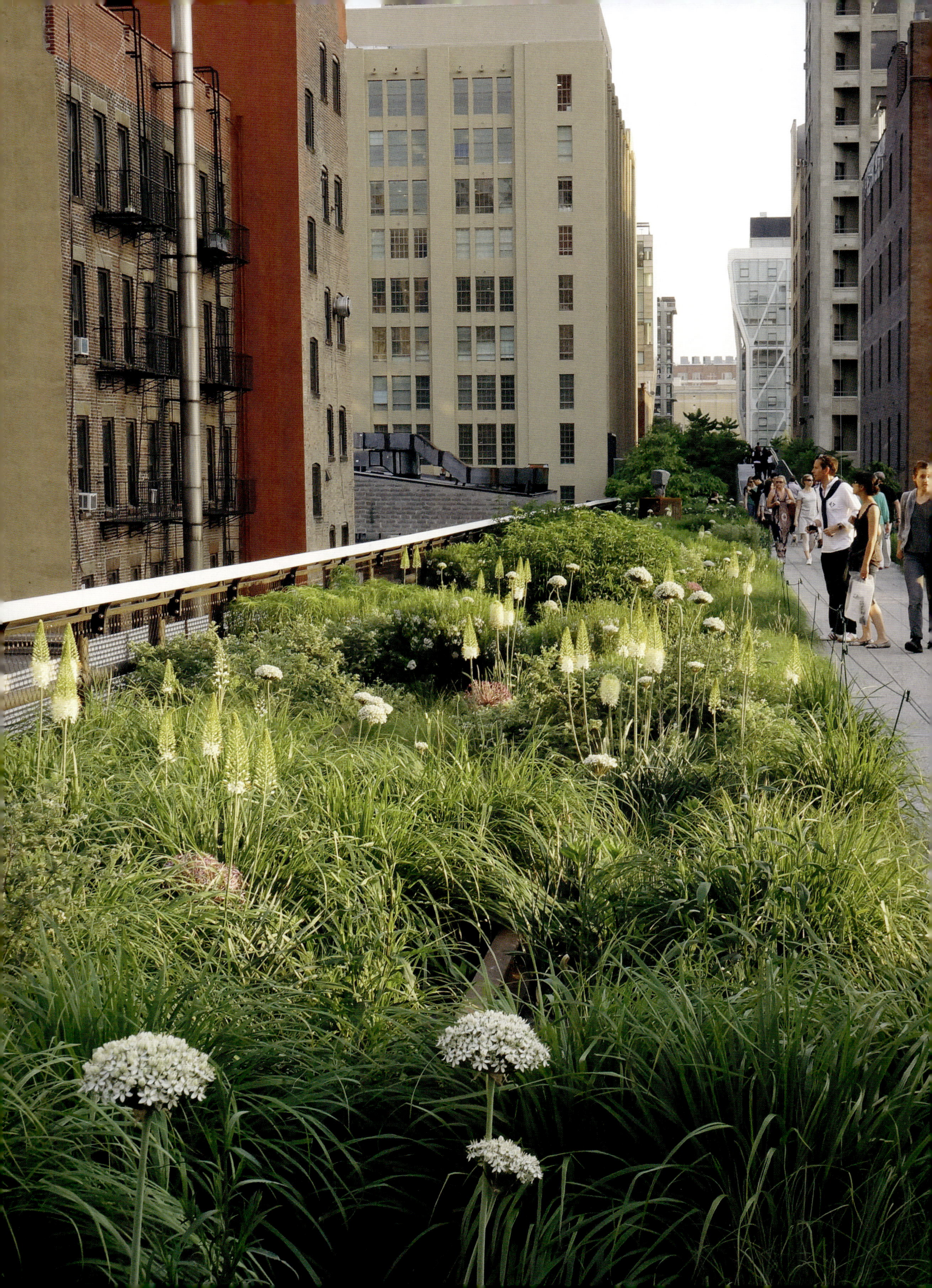

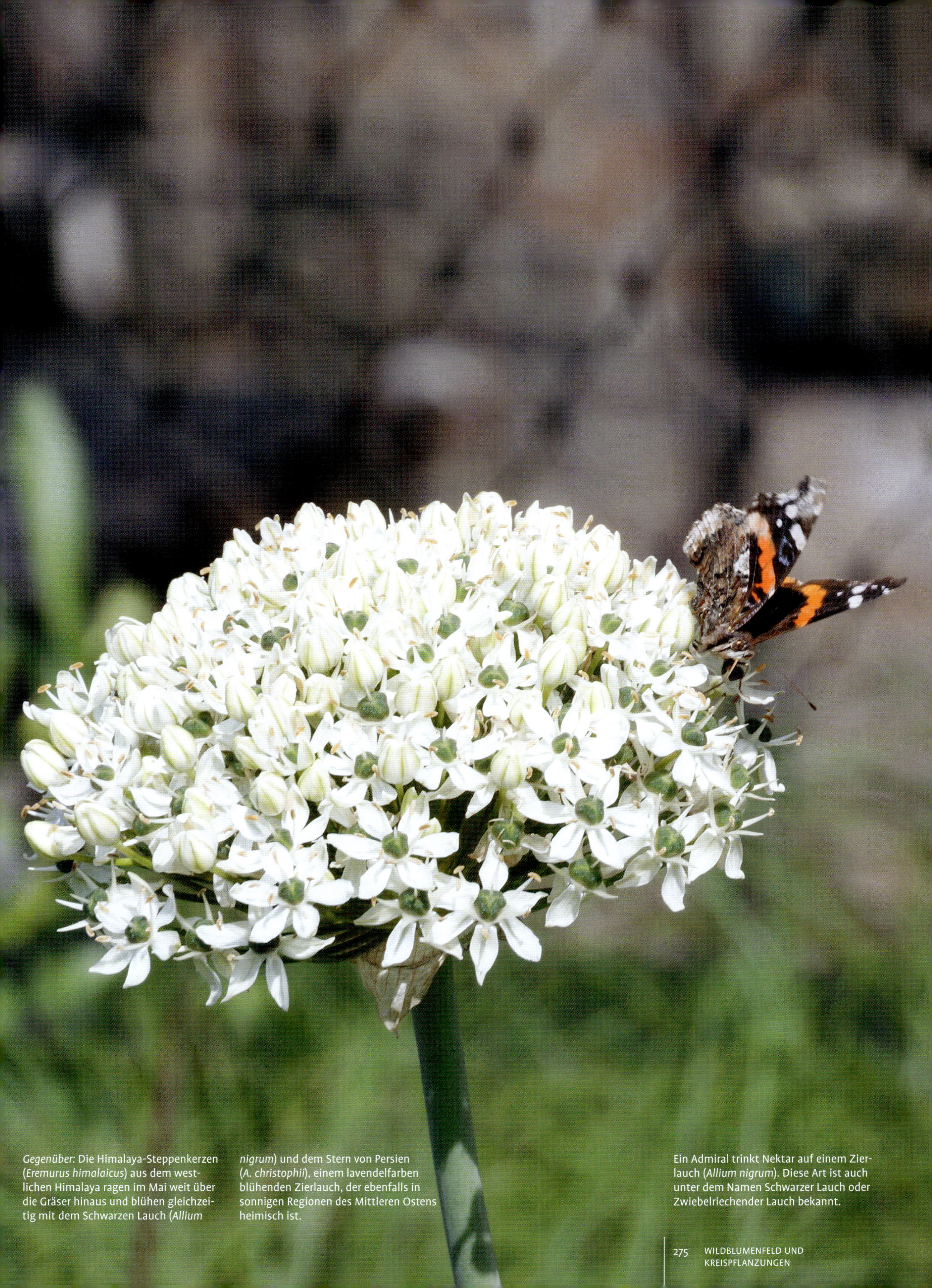

Gegenüber: Die Himalaya-Steppenkerzen (*Eremurus himalaicus*) aus dem westlichen Himalaya ragen im Mai weit über die Gräser hinaus und blühen gleichzeitig mit dem Schwarzen Lauch (*Allium nigrum*) und dem Stern von Persien (*A. christophii*), einem lavendelfarben blühenden Zierlauch, der ebenfalls in sonnigen Regionen des Mittleren Ostens heimisch ist.

Ein Admiral trinkt Nektar auf einem Zierlauch (*Allium nigrum*). Diese Art ist auch unter dem Namen Schwarzer Lauch oder Zwiebelriechender Lauch bekannt.

Noch vor einem Jahrhundert bezeichnete man die Wildblumen als wilde Blumen. Diese Trennung in zwei Wörter betonte den Begriff „wild" und die Definition schloss wilde blühende Sträucher und Bäume mit ein. Ausgehend von diesem Gedanken passt der Weißgraue Bleibusch (*Amorpha canescens*) wunderbar in das Wildblumenfeld. Die Pflanze ist in lichten Wäldern, auf Lichtungen und Wiesen im Mittleren Westen Nordamerikas heimisch, wird normalerweise nicht in Kultur gehalten, gedeiht aber gut an der High Line.

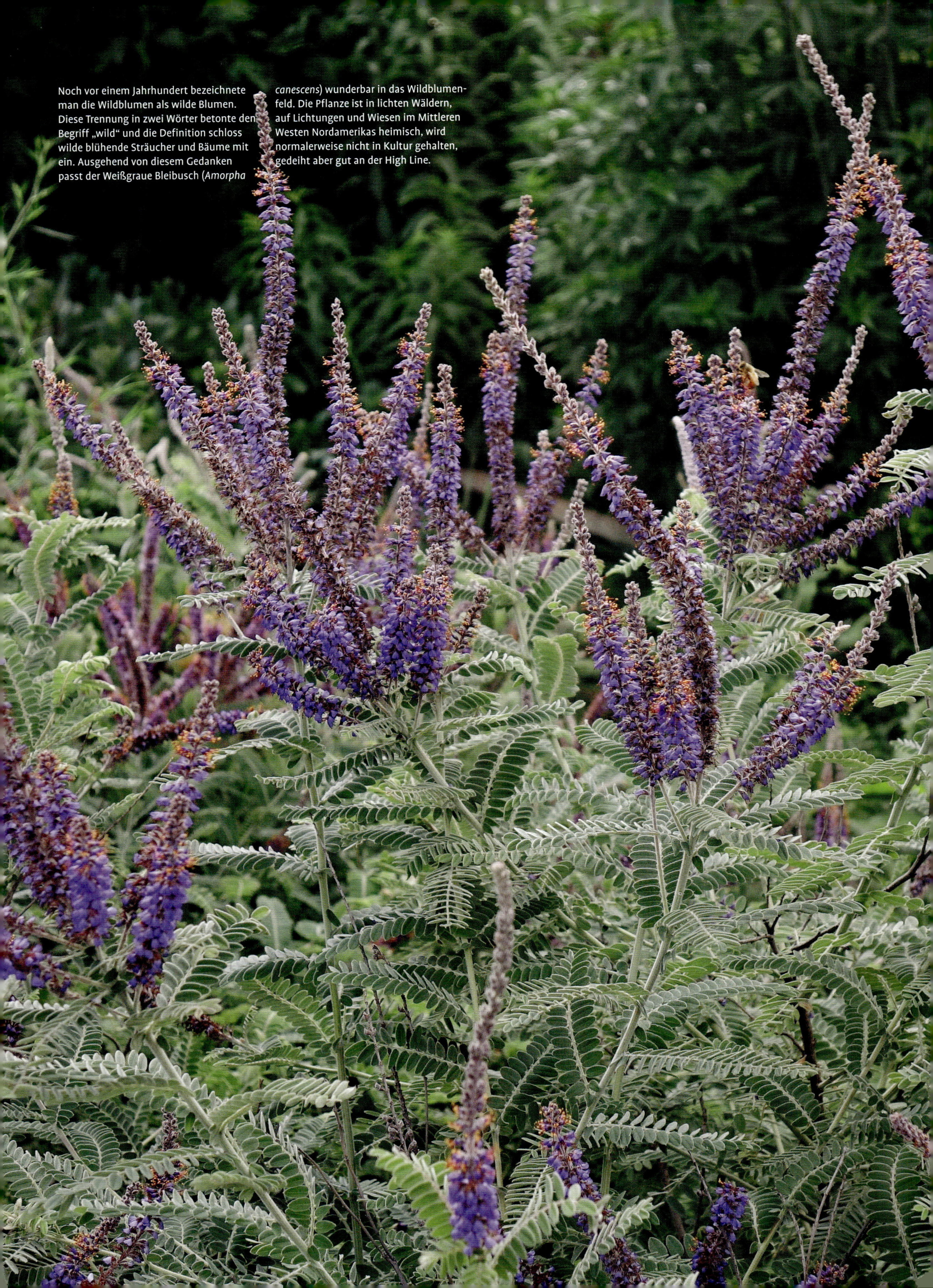

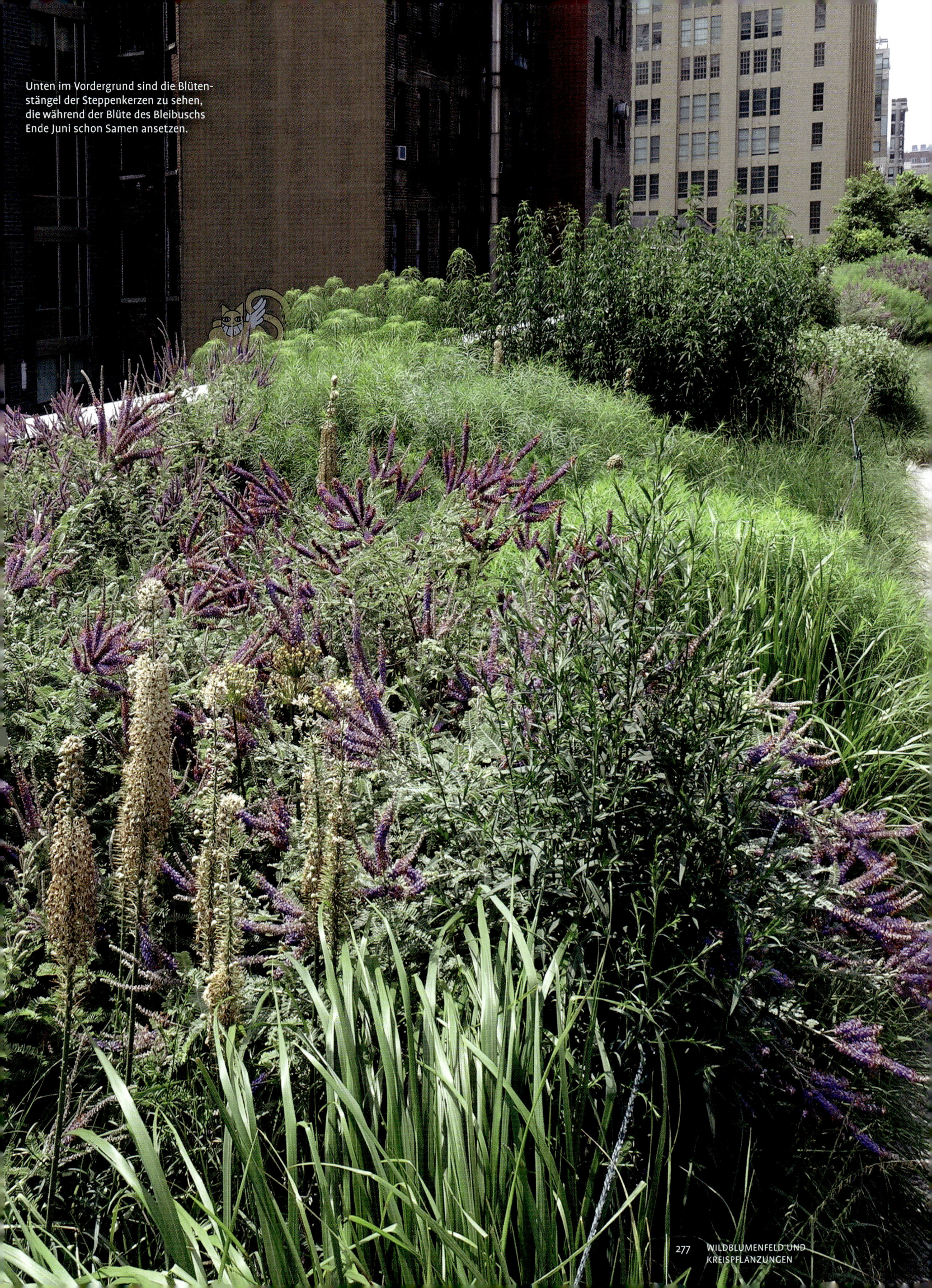

Unten im Vordergrund sind die Blütenstängel der Steppenkerzen zu sehen, die während der Blüte des Bleibuschs Ende Juni schon Samen ansetzen.

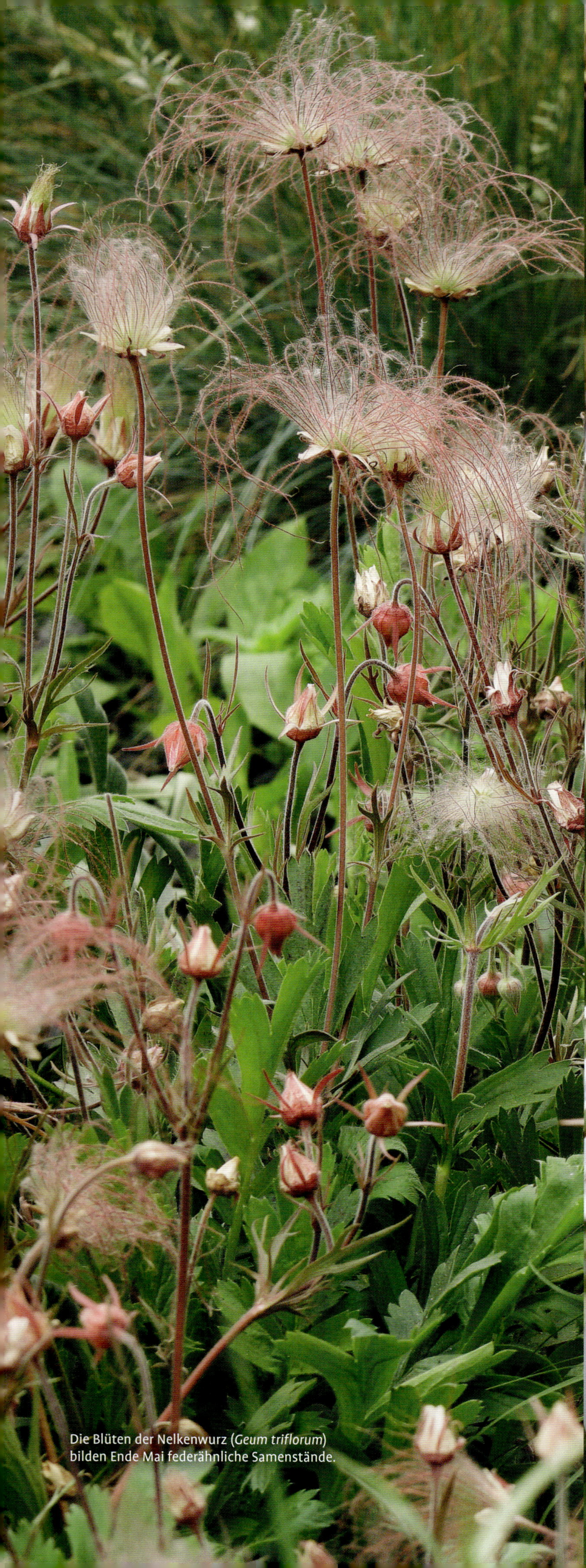

Die Blüten der Nelkenwurz (*Geum triflorum*) bilden Ende Mai federähnliche Samenstände.

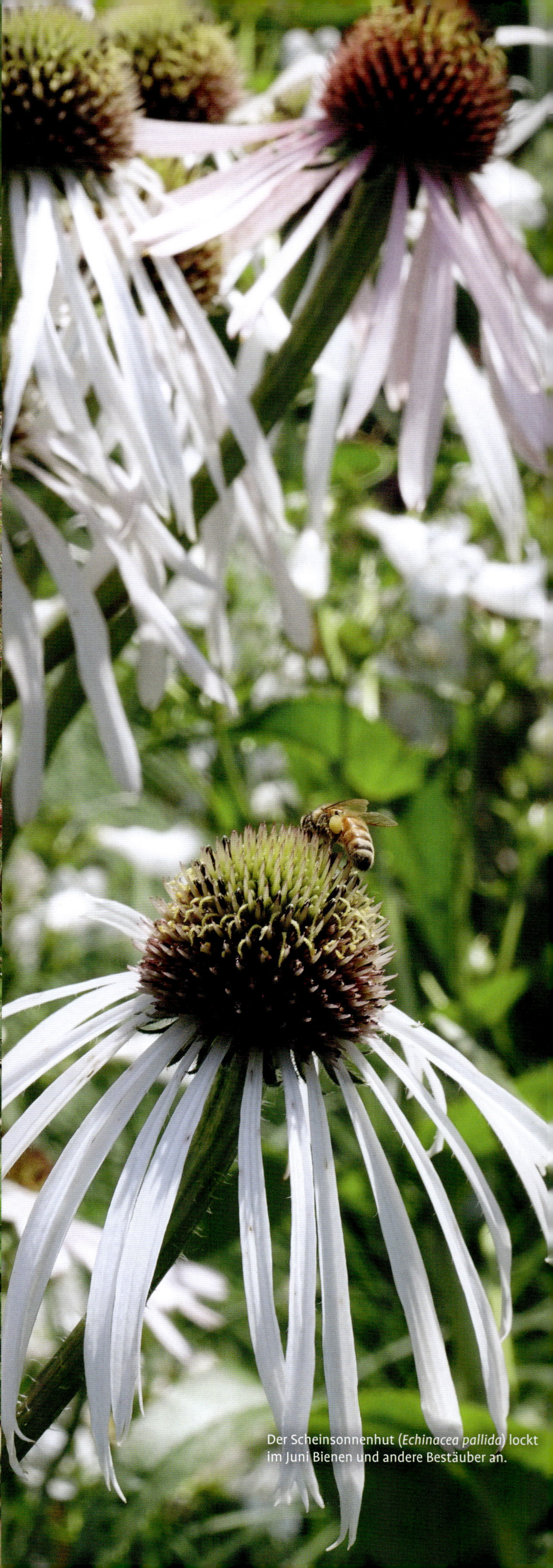

Der Scheinsonnenhut (*Echinacea pallida*) lockt im Juni Bienen und andere Bestäuber an.

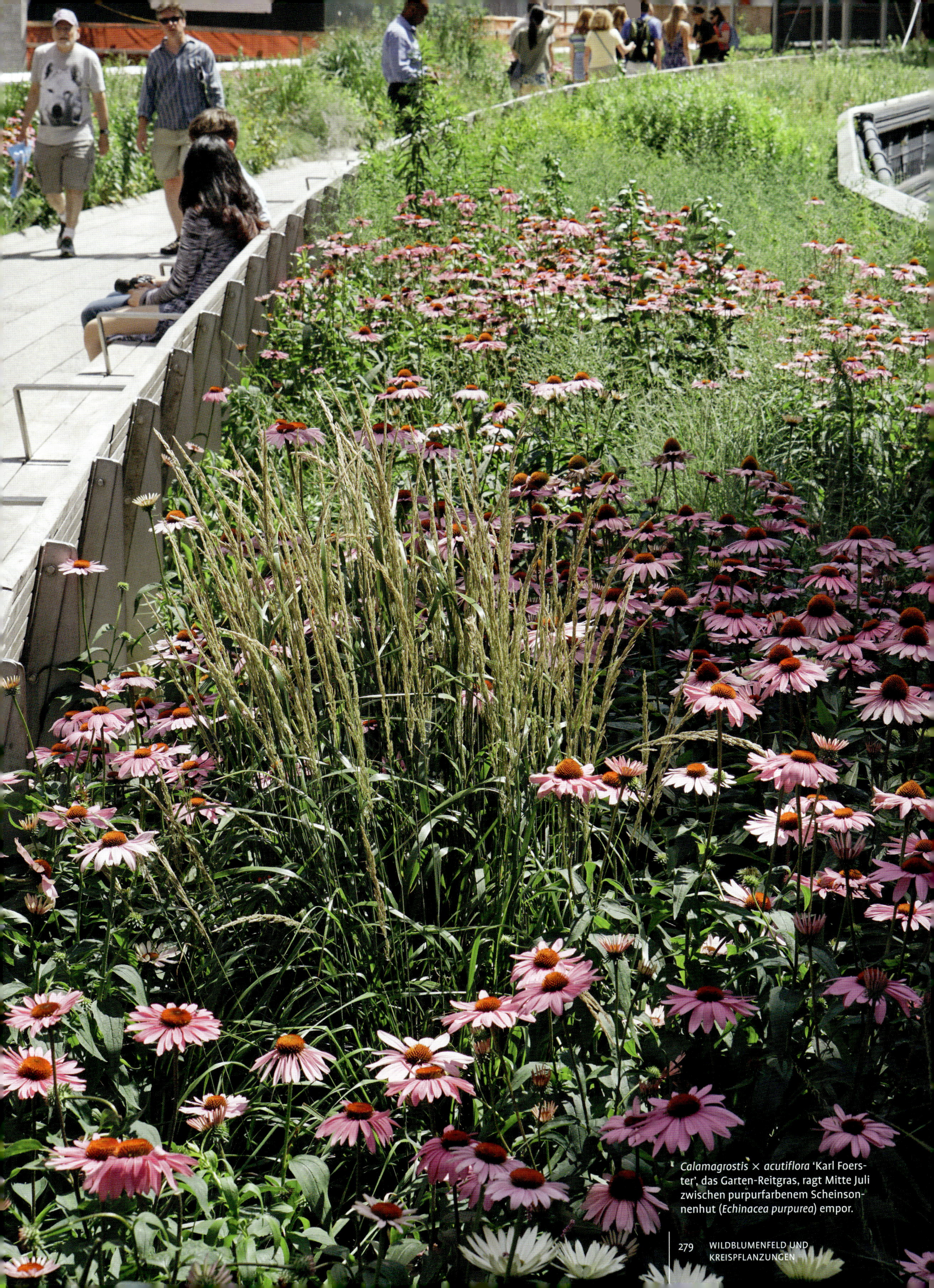

Calamagrostis × *acutiflora* 'Karl Foerster', das Garten-Reitgras, ragt Mitte Juli zwischen purpurfarbenem Scheinsonnenhut (*Echinacea purpurea*) empor.

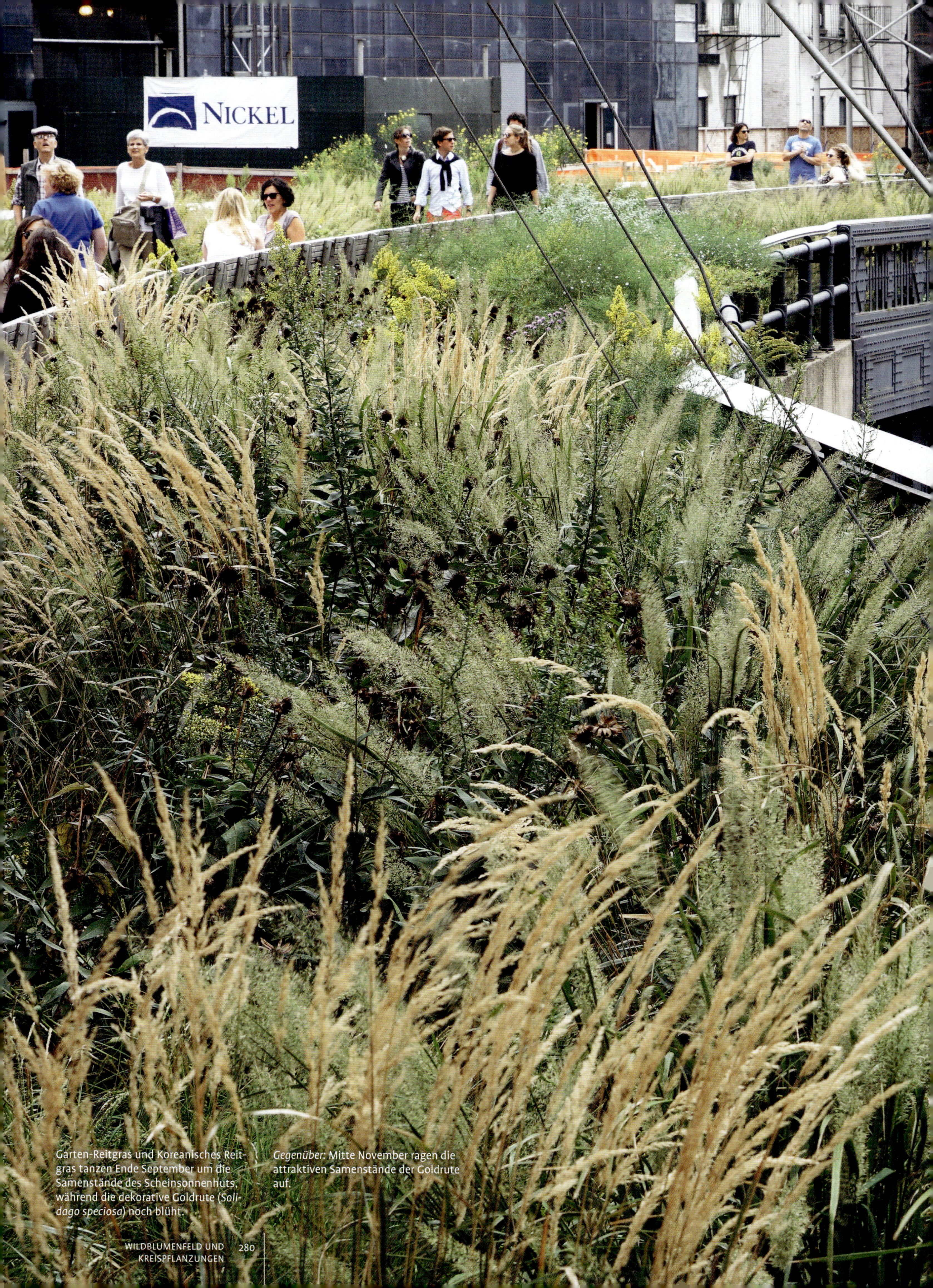

Garten-Reitgras und Koreanisches Reitgras tanzen Ende September um die Samenstände des Scheinsonnenhuts, während die dekorative Goldrute (*Solidago speciosa*) noch blüht.

Gegenüber: Mitte November ragen die attraktiven Samenstände der Goldrute auf.

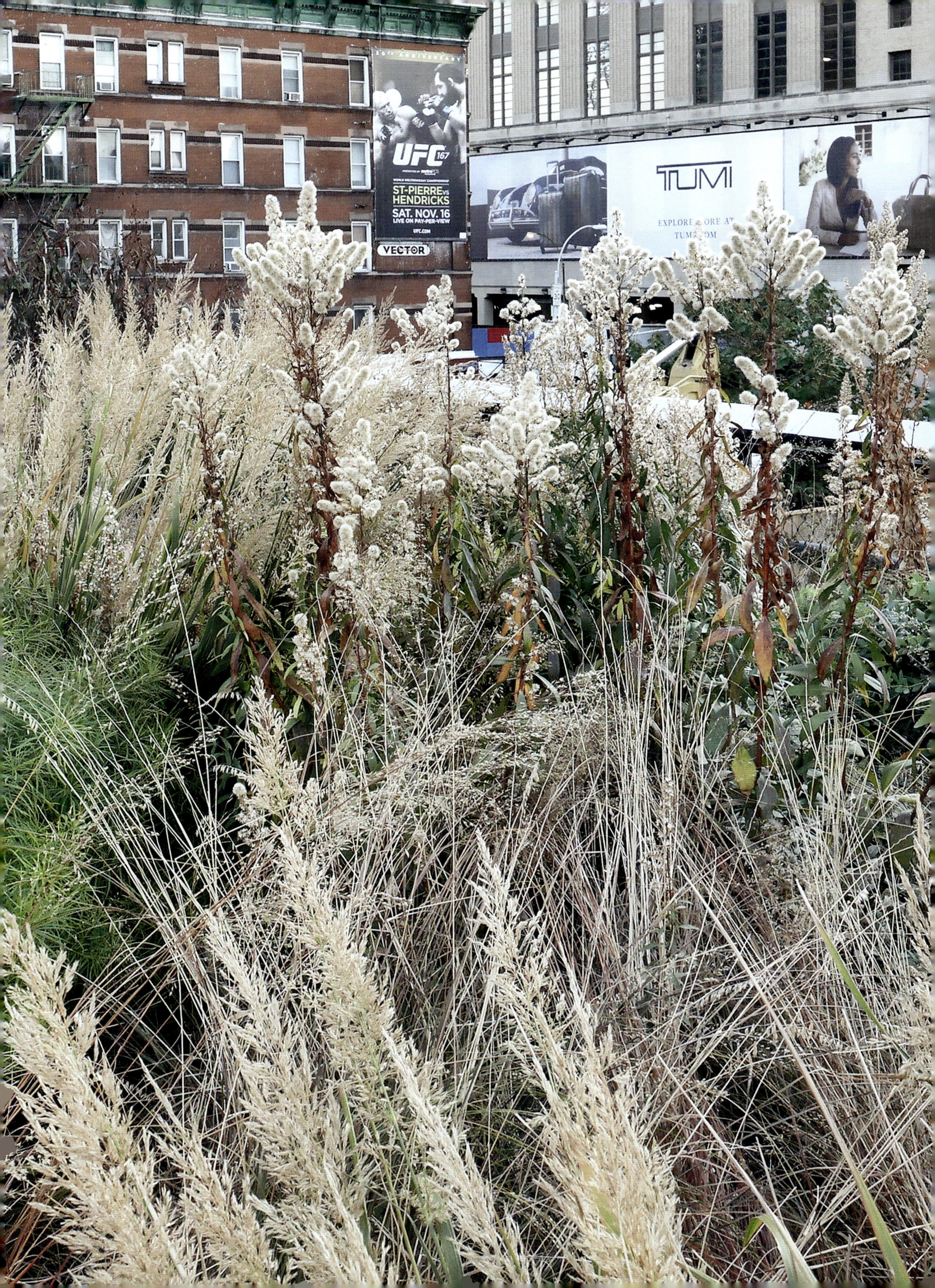
UFC 167
ST-PIERRE VS HENDRICKS
SAT. NOV. 16
LIVE ON PAY-PER-VIEW
VECTOR
TUMI

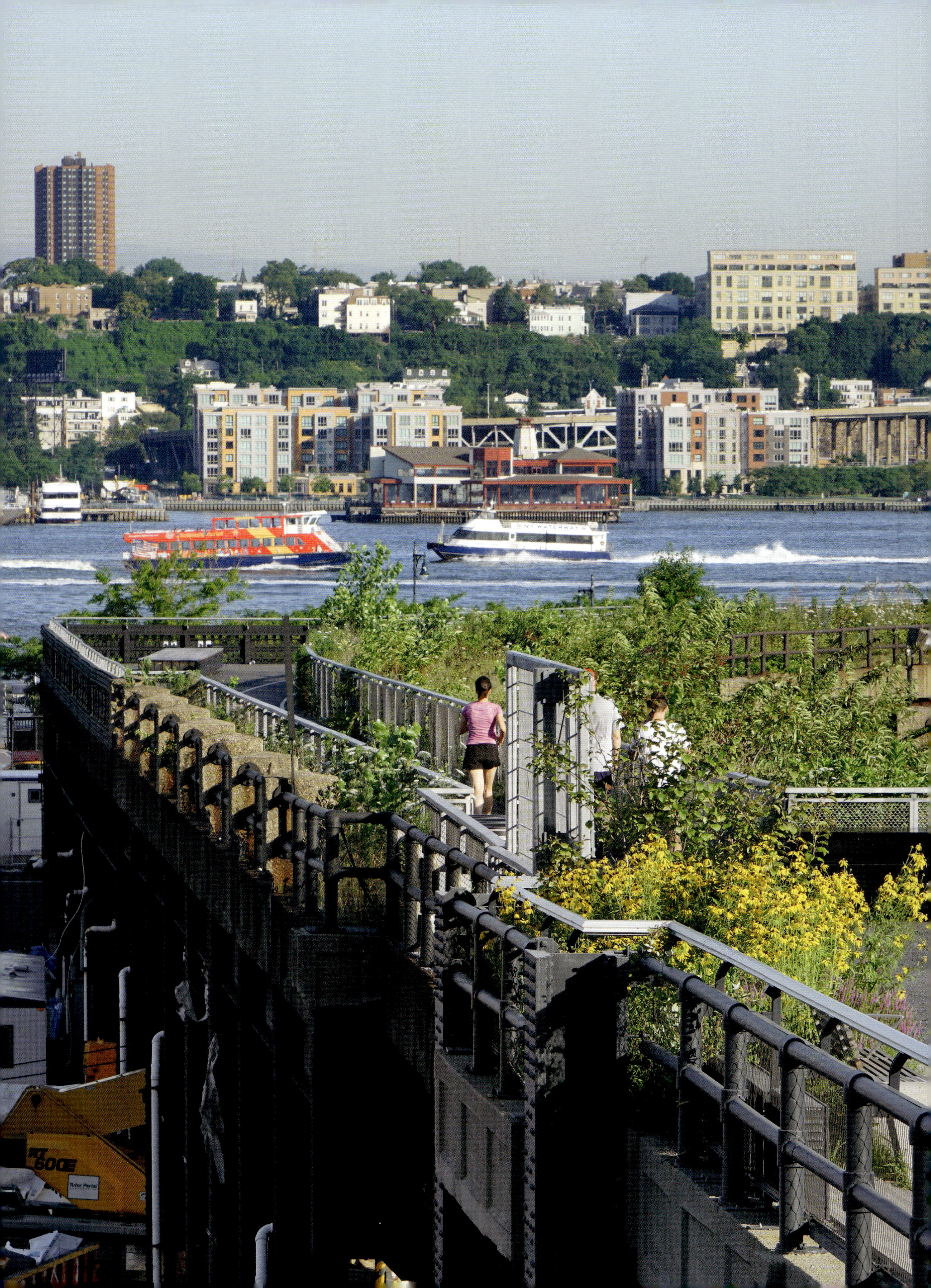

DEPOT UND STELLWERK

In Amerika lag die letzte Grenze stets im Westen und daher ist nur passend, dass die letzte Grenze der High Line-Anlagen beim Depot und Stellwerk im Westen am Hudson verläuft. Man braucht viel Fantasie, um sich den Zustand der High Line vor zehn Jahren vorzustellen, als sie den Betriebshof wie eine Einfassung rahmte. Daher entschieden sich die Friends of the High Line zur Gestaltung des „Vorläufigen Spazierwegs“, eine geniale und praktische Reise ins Unbekannte. Es handelt sich um eine Zwischenlösung, die, wie Lisa Switkin ironisch bemerkt, zum „langfristigen Provisorium“[27] wurde, weil es durchaus noch fünfzehn oder mehr Jahre dauern dürfte, bis das Depot vollständig in die Hudson Yards – das größte private Immobilienprojekt der Vereinigten Staaten – umgewandelt ist.

Am Depot zeigt die High Line viele Gesichter. Die Kurve nach Norden durch die Kreispflanzung trifft an einer besonders breit gestalteten Stelle auf die Trasse, damit die täglich in großer Zahl hereinströmenden Bewohner der Immobilien der Hudson Yards und die Besucher genug Raum haben. Östlich davon wurden die Grünanlagen über der 10th Avenue als geschlossenes Gehölz sowie als offener Aussichtspunkt in alle Richtungen gestaltet. Die Pflanzungen unmittelbar am Zugangspunkt und westlich davon in Richtung der 11th Avenue wurden dicht mit niedrigen Gräsern und Stauden sowie einem lichten Blätterdach Amerikanischer Geweihbäume (*Gymnocladus dioicus*) gestaltet. Diese Stelle verleitet besonders zu Spielereien: Die Junggebliebenen können hier den Allerjüngsten beibringen, wie man auf einer Schiene balanciert.

Der nach Altbestand neu gestaltete Abschnitt am Depot endet jenseits der 11th Avenue am Anfang des vorläufigen Wegs. Obwohl beide Abschnitte sich deutlich von der einstigen Bahntrasse abheben, bewahren sie die historischen Materialien, Schönheit und menschenfreundlichen Dimensionen, die das Gebiet südlich des Depots charakterisierten. Nach reiflicher Überlegung entschieden der Verein und die Designer, dass sich durch diesen Ansatz ein roter Faden für den Weg von Süden nach Norden entwickelt – es ist eine Reise von Backstein und Eisen hin zu Glas und Stahl. Was die Dramaturgie der Gestaltung angeht, so hielt man es für besonders surreal, wenn alles gleich bleibend angelegt wäre.

Der „Vorläufige Weg“ ist ein weiteres ökologisches Experiment. Die sich selbst aussäenden wilden Pflanzen und die darin lebende Fauna werden auf dem Depotgelände sich selbst überlassen. Als Nachkommen der wilden Flora, welche die Gleise nach dem Verschwinden der Züge besiedelten, reagieren diese Arten voller Energie auf veränderte Standortbedingungen. In den kommenden Jahren werden die menschlichen Besucher diese verschiedenartigen Lebensräume betrachten und sich an den feinen Veränderungen der Muster und Zusammensetzung erfreuen können. Das ist die Schönheit eines wild wachsenden Gartens. Wildnis baut auf. Wildnis ist erneuernd.

Das Depot bedeutet nur in geografischer Hinsicht die Grenze der High Line-Trasse. Konzeptionell besitzt sie kein Limit. Die Spontaneität, die in die Gestaltung einbezogen ist, sorgt dafür, dass sich die Anlagen als Feier des Lebens immer wieder neu erschaffen.

Der Vorläufige Weg verläuft westlich in Richtung des Hudson River und schlägt einen Kreisbogen um die historische Depot- und Stellwerksanlage der West Side, bevor er zum Straßenniveau an der 34th Street hinunter ausläuft.

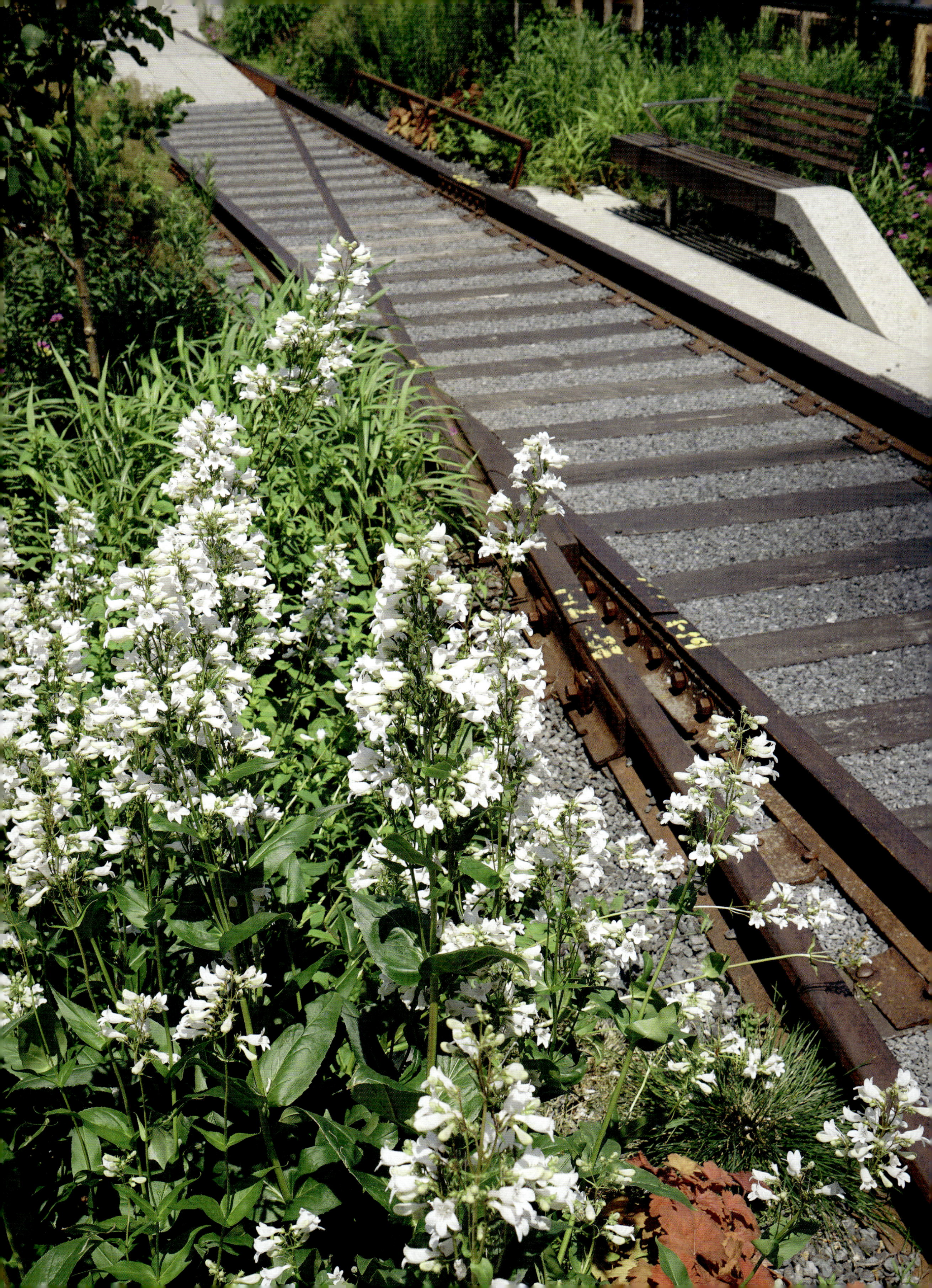

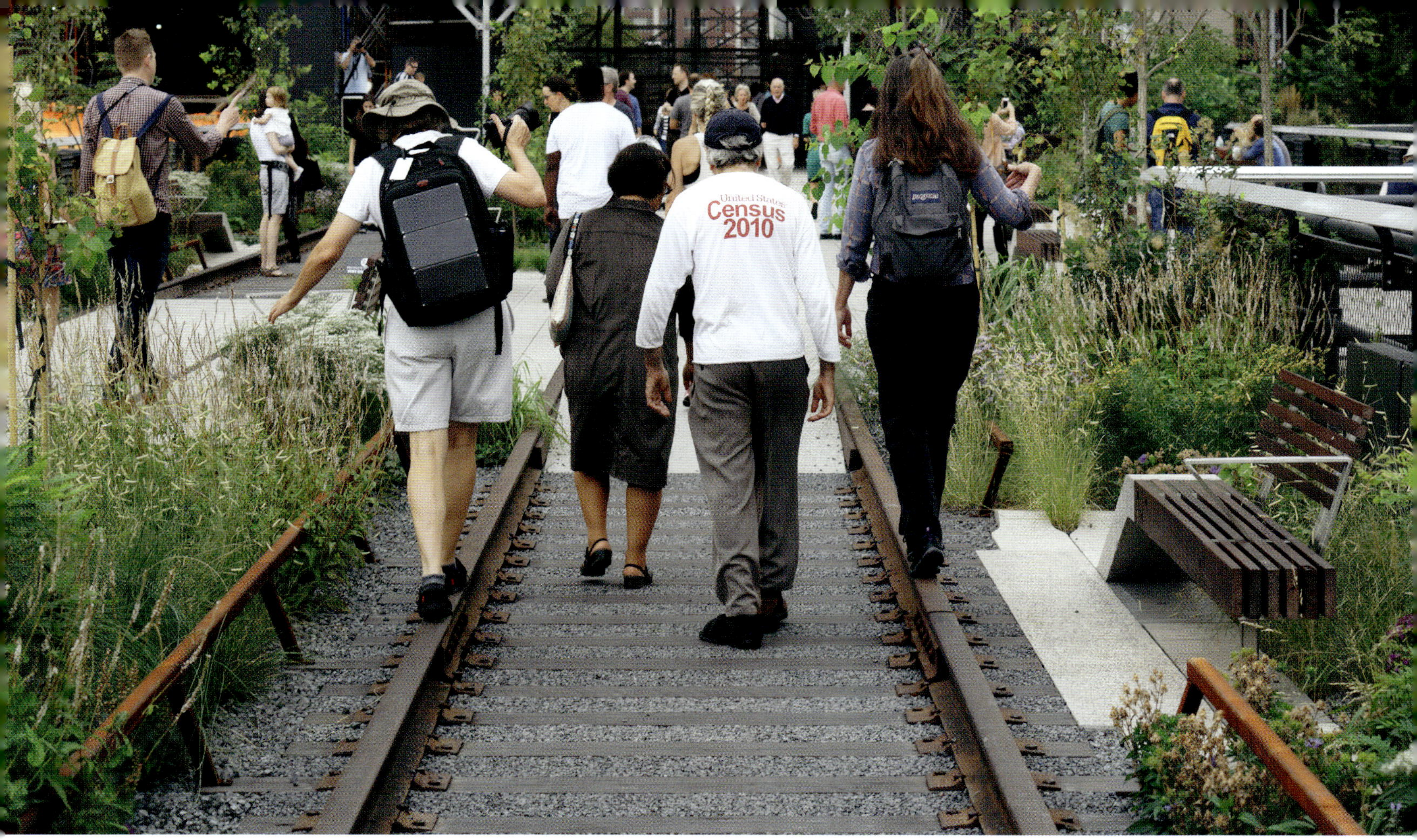

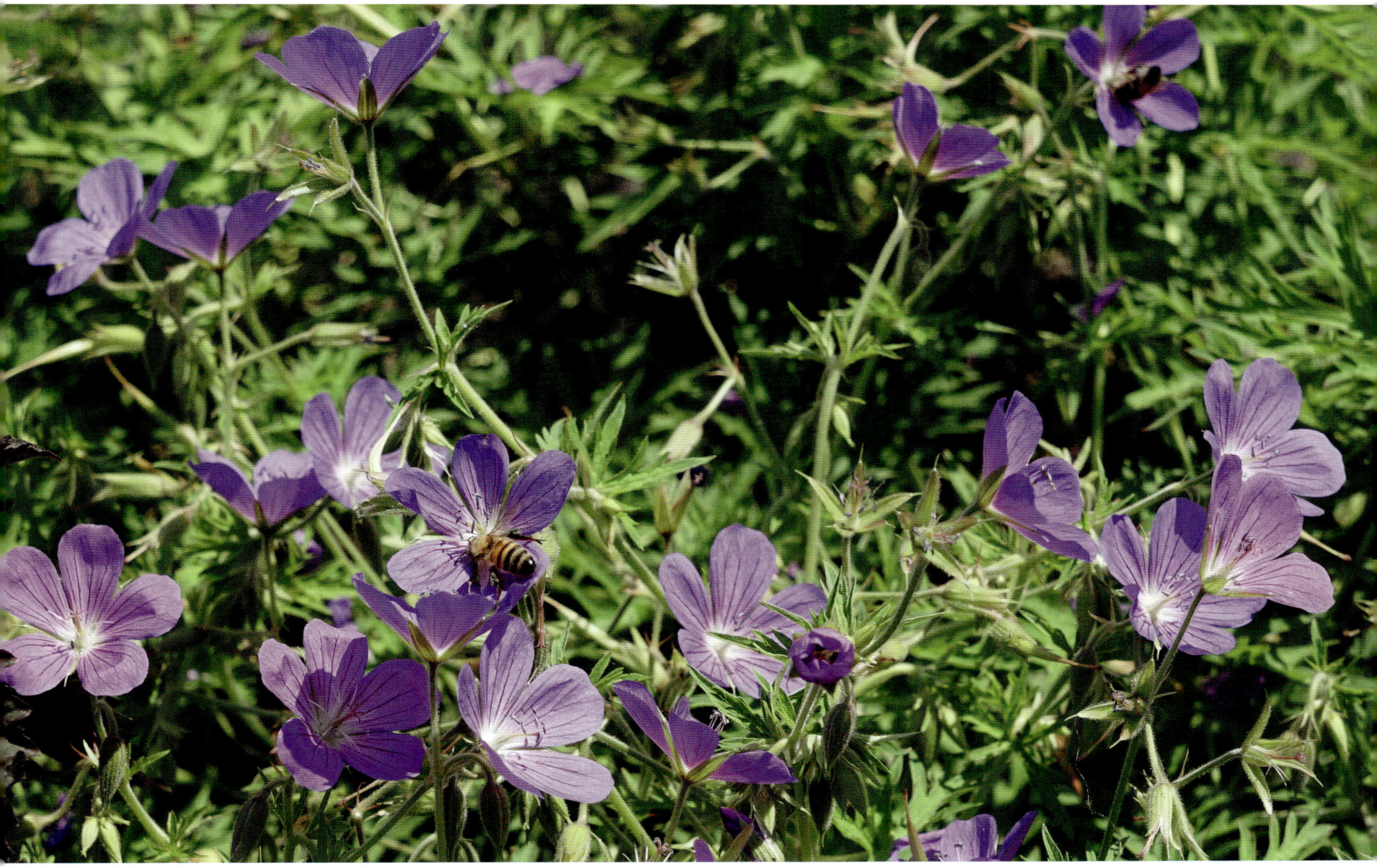

Die Neugestaltung des Depotgeländes feiert den Ursprung als Gleisanlage, die Natürlichkeit und den menschlichen Maßstab.

Oben: Alle Junggebliebenen können hier das Balancieren üben.

Unten: Die Geraniensorte 'Spinners' liefert den Bienen vom Spätfrühling bis in den zeitigen Sommer hinein ihren Nektar.

Gegenüber: Fingerhut-Bartfaden (*Penstemon digitalis*) rundet die Kanten an einem Gleisabschnitt ab.

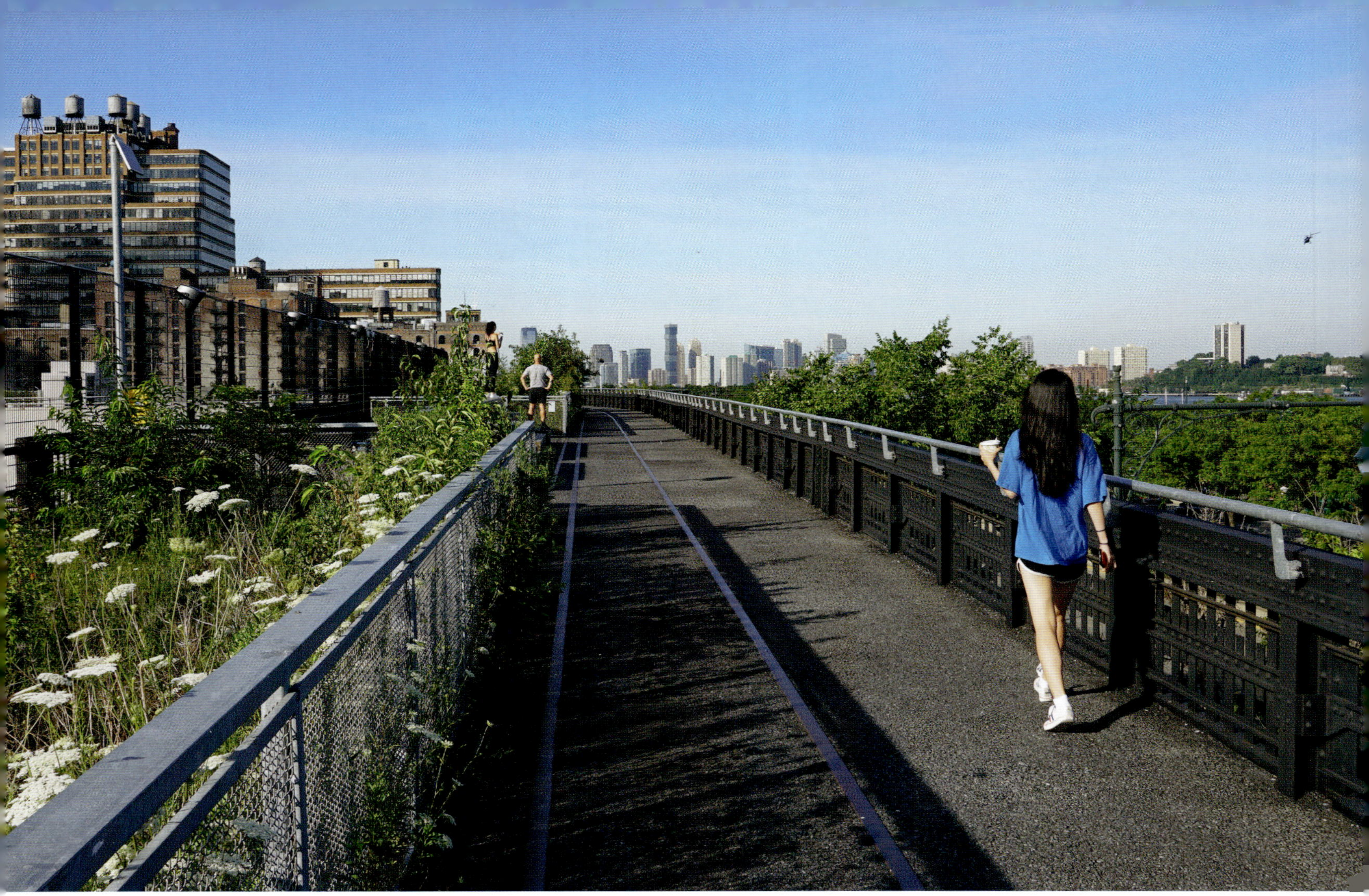

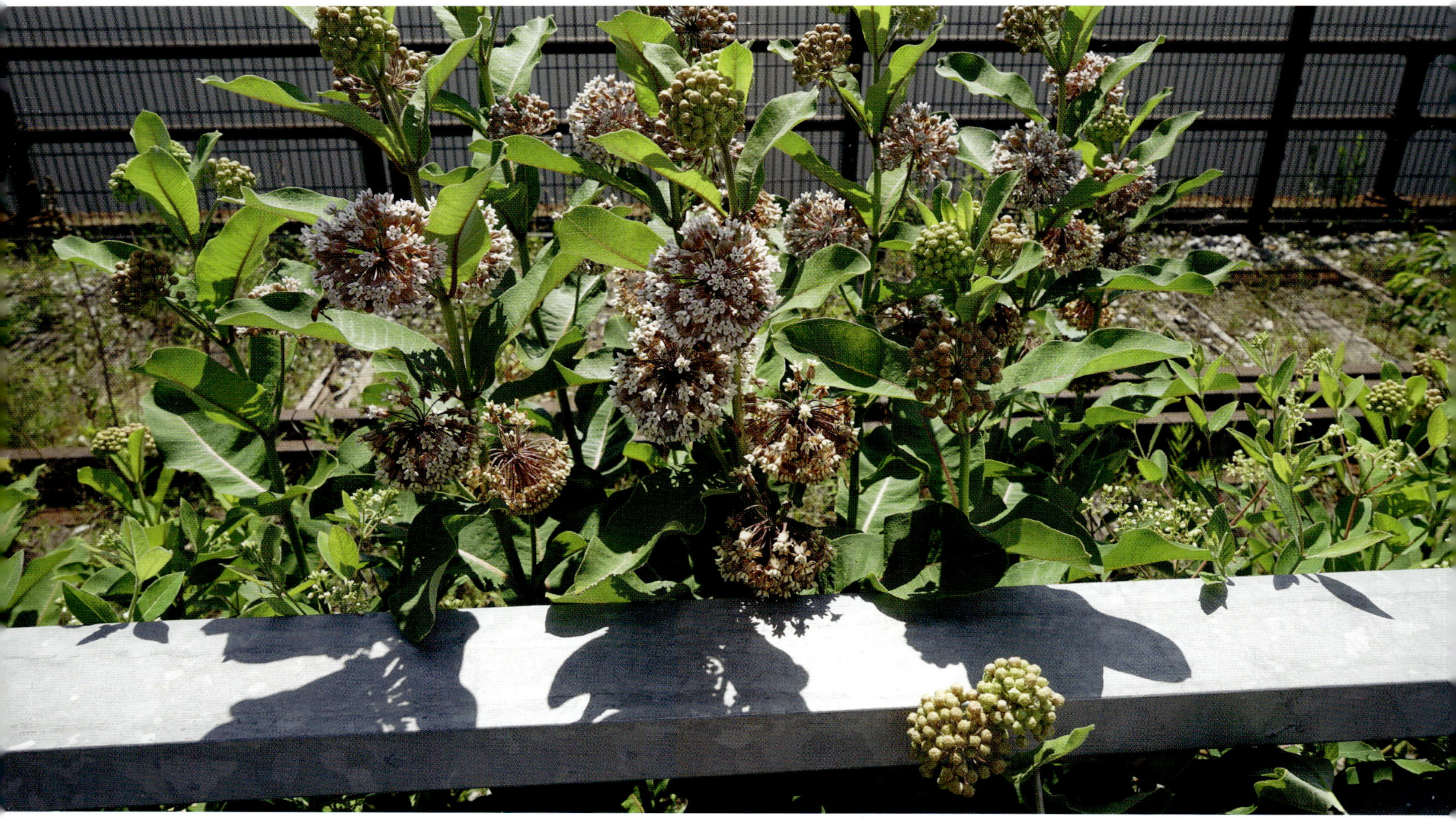

Oben: Die Besucher können einen erhöhten Ausblick auf den Hudson genießen, wo die Wilden Möhren (*Daucus carota*) – Neubürger der Flora von New York – in der Wildnis im Gürtel des Depots gedeihen.

Unten: Die Gewöhnliche Seidenpflanze (*Asclepias syriaca*) bietet den wandernden Monarchfaltern einen lebensnotwendigen Zwischenstopp.

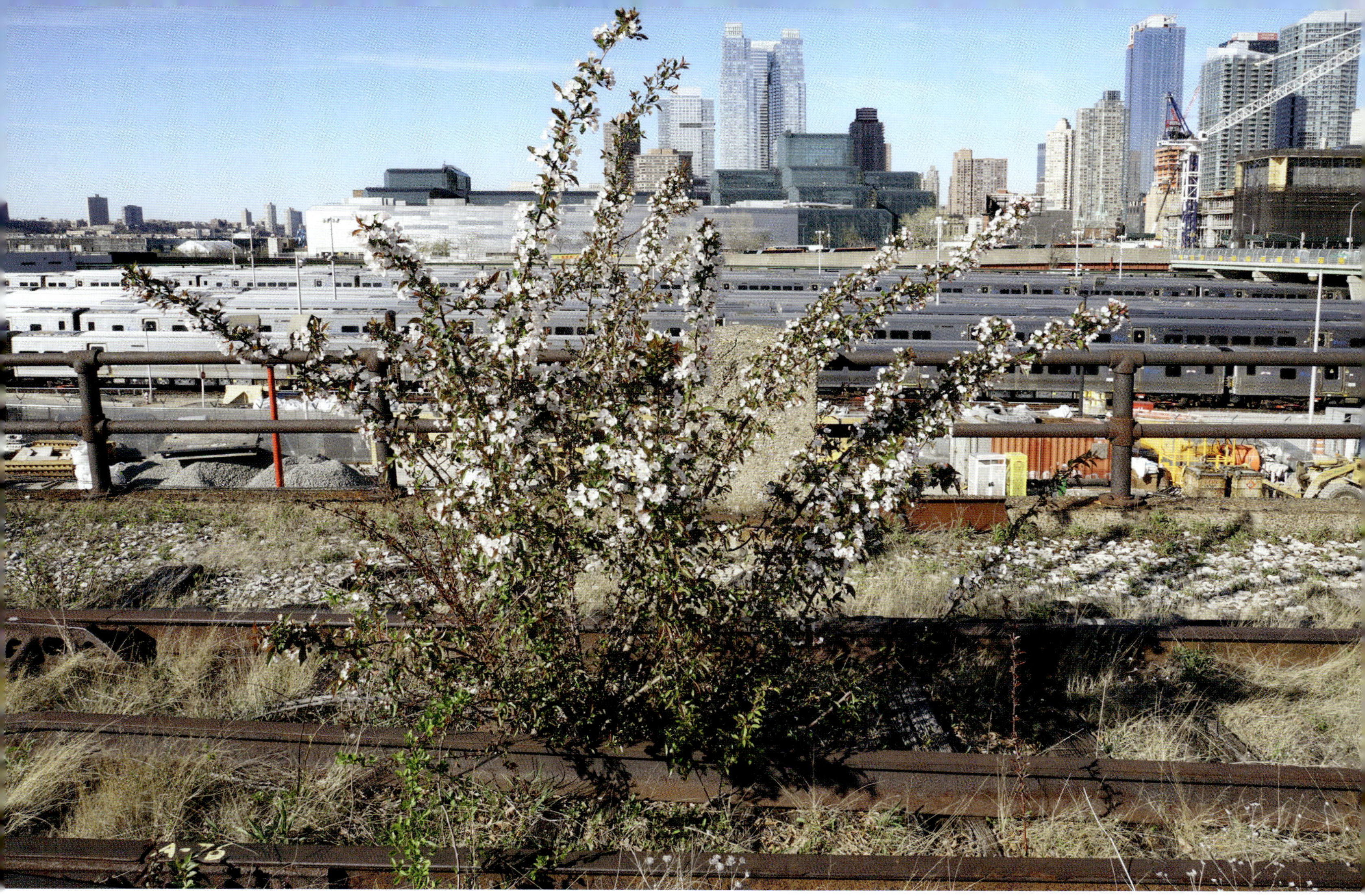

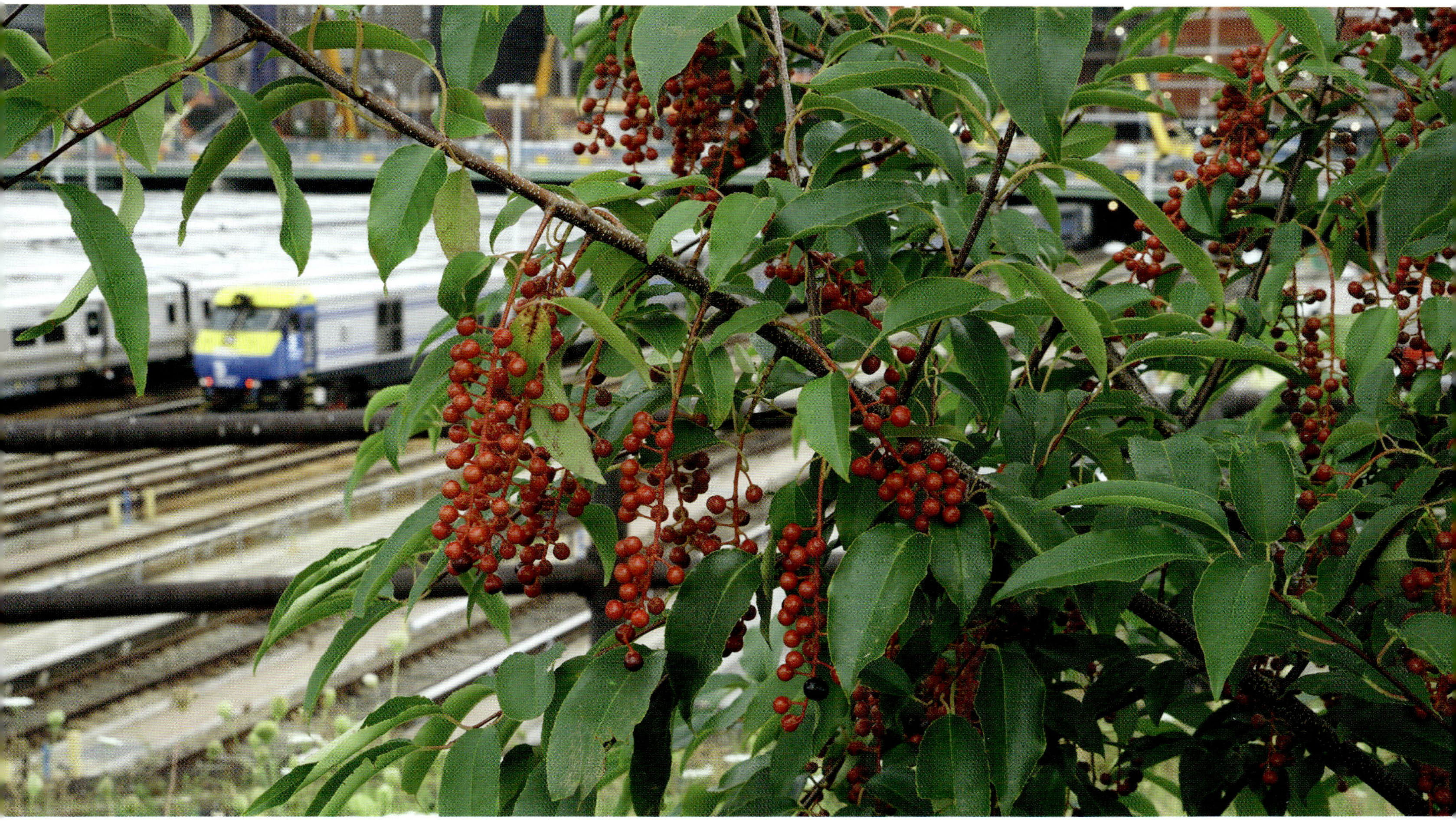

Der Beeren-Apfel (*Malus baccata*) lebt schon seit Jahrzehnten am Gleisbett, unbewässert, aber nicht unerwünscht – zumindest bei Bestäubern und Vögeln.

Unten: Die Späte Traubenkirsche (*Prunus serotina*) steht ziemlich weit oben auf der Liste der im nordamerikanischen Osten heimischen Bäume, die den Wildtieren Schutz und Nahrung geben. Eine Studie von Doug Tallamy bestätigt ihre Rolle als Lebensraum für mehr als 400 Tag- und Nachtfalterarten.

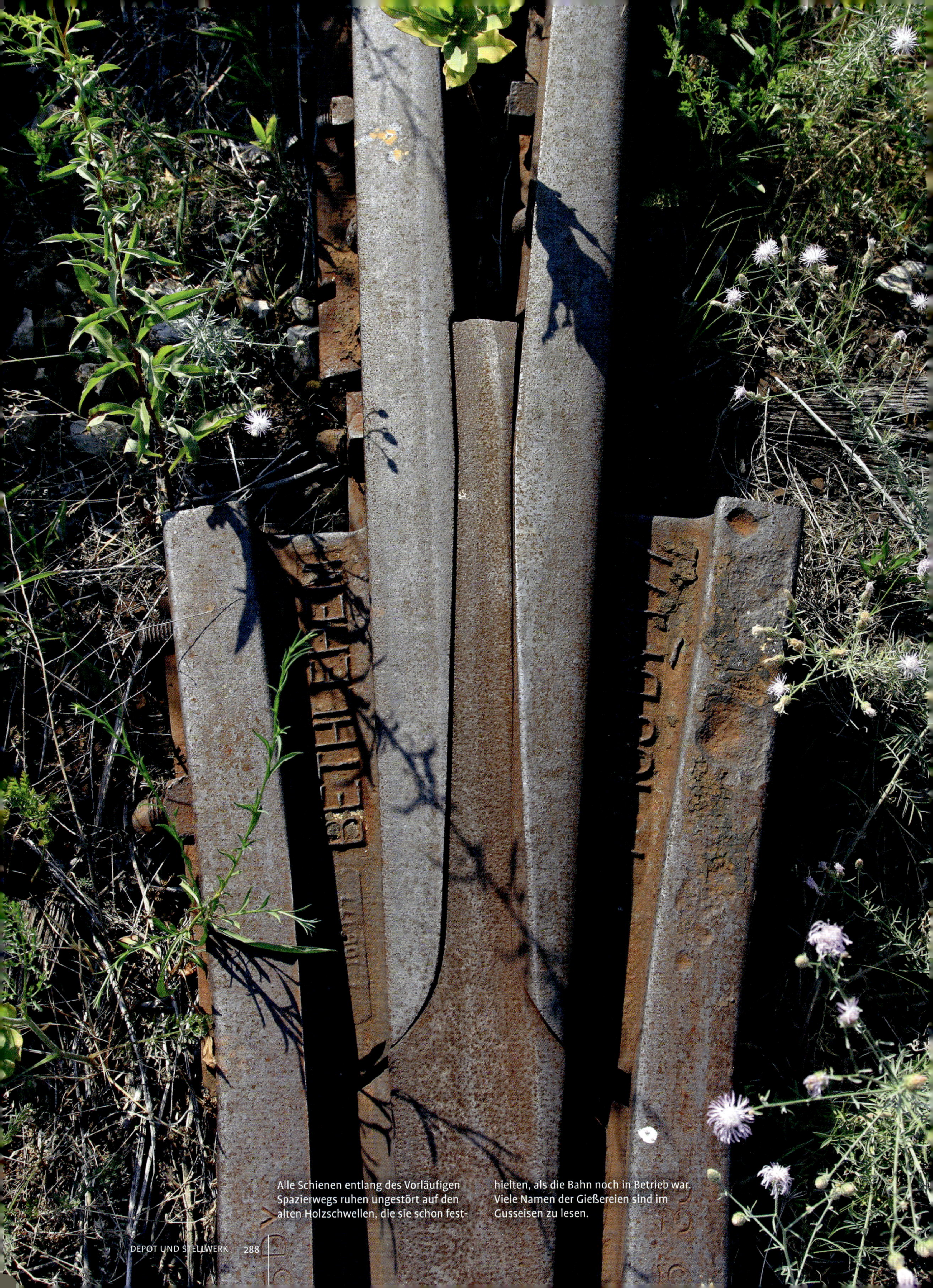

Alle Schienen entlang des Vorläufigen Spazierwegs ruhen ungestört auf den alten Holzschwellen, die sie schon festhielten, als die Bahn noch in Betrieb war. Viele Namen der Gießereien sind im Gusseisen zu lesen.

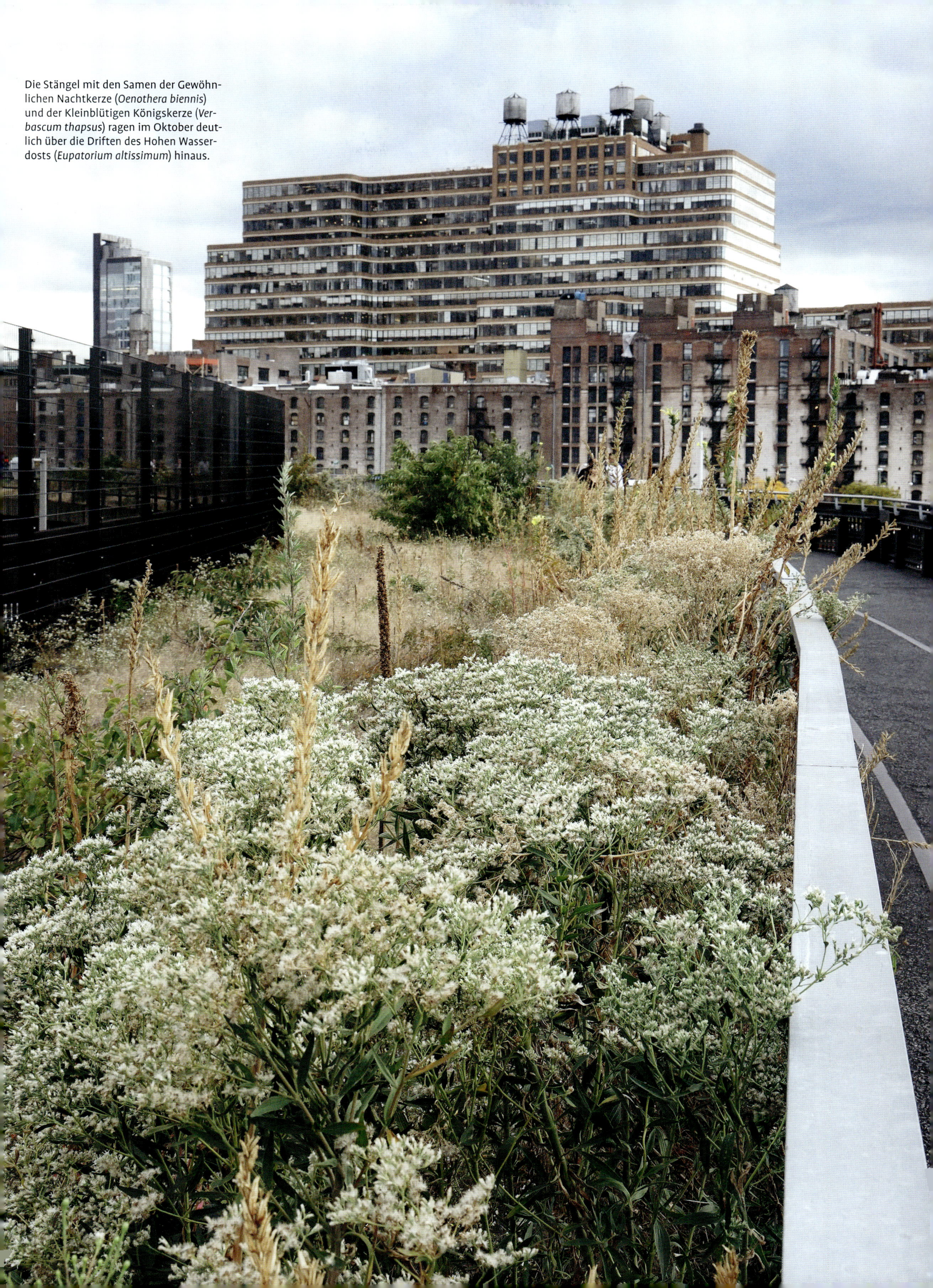

Die Stängel mit den Samen der Gewöhnlichen Nachtkerze (*Oenothera biennis*) und der Kleinblütigen Königskerze (*Verbascum thapsus*) ragen im Oktober deutlich über die Driften des Hohen Wasserdosts (*Eupatorium altissimum*) hinaus.

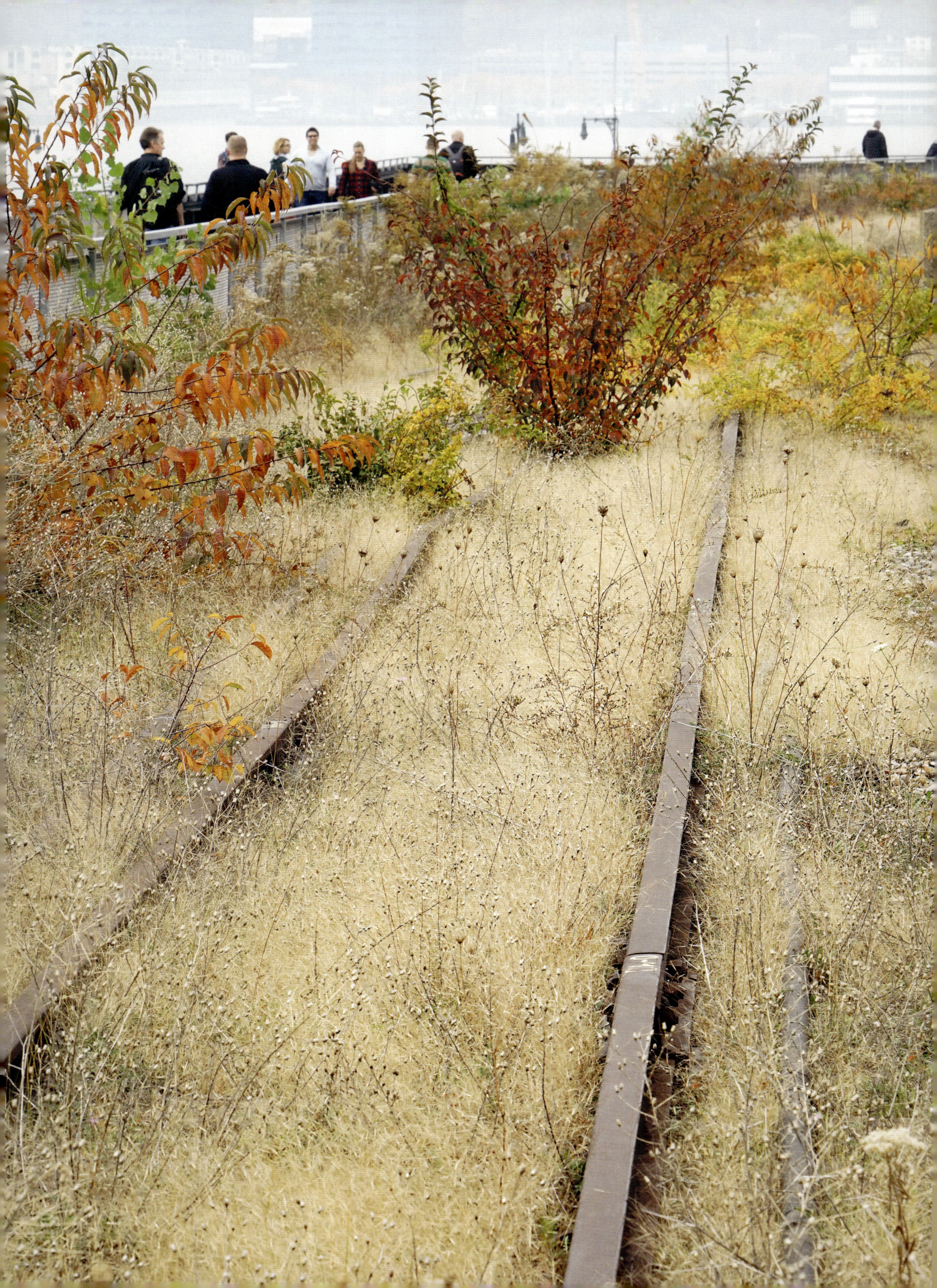

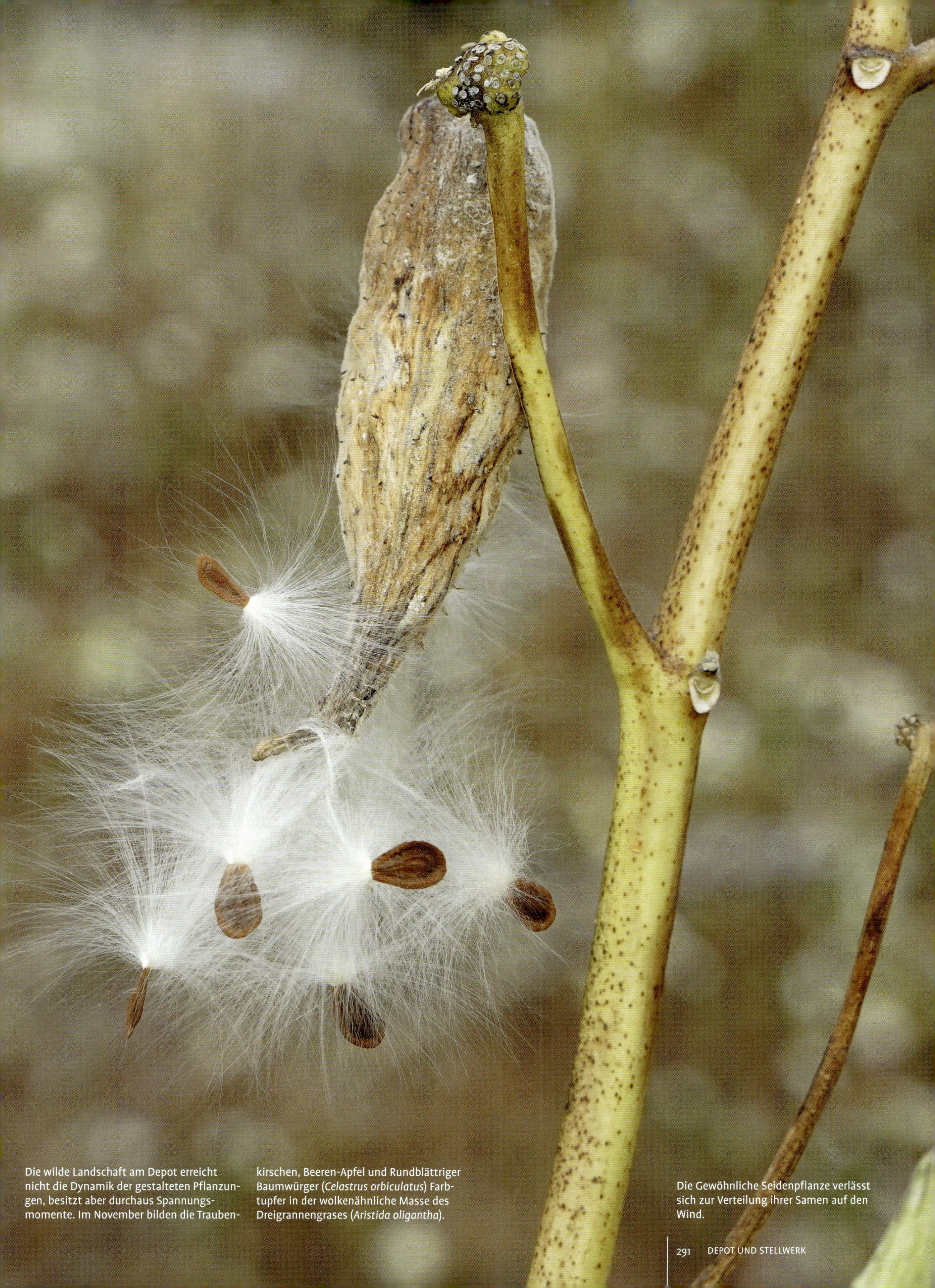

Die wilde Landschaft am Depot erreicht nicht die Dynamik der gestalteten Pflanzungen, besitzt aber durchaus Spannungsmomente. Im November bilden die Traubenkirschen, Beeren-Apfel und Rundblättriger Baumwürger (*Celastrus orbiculatus*) Farbtupfer in der wolkenähnliche Masse des Dreigrannengrases (*Aristida oligantha*).

Die Gewöhnliche Seidenpflanze verlässt sich zur Verteilung ihrer Samen auf den Wind.

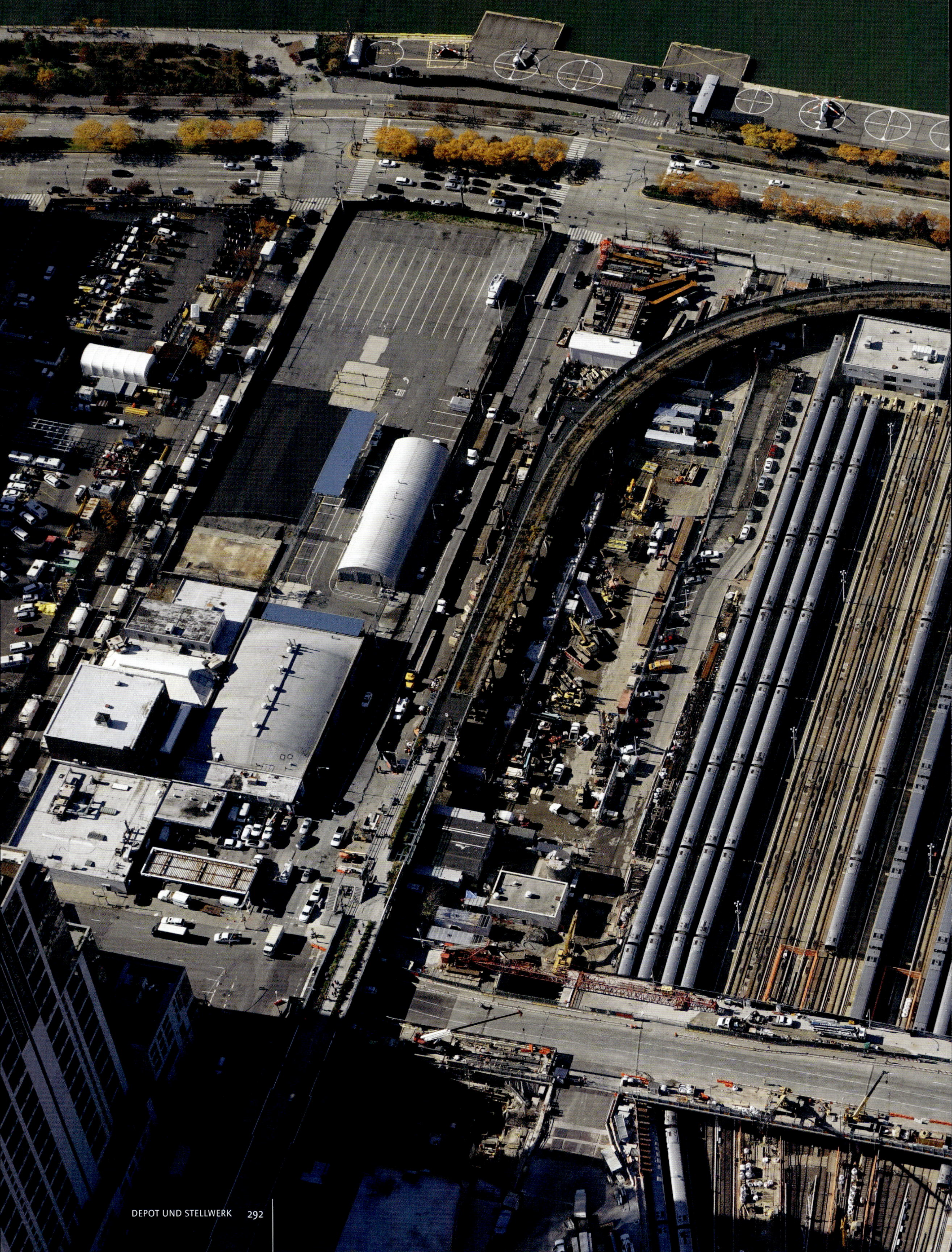

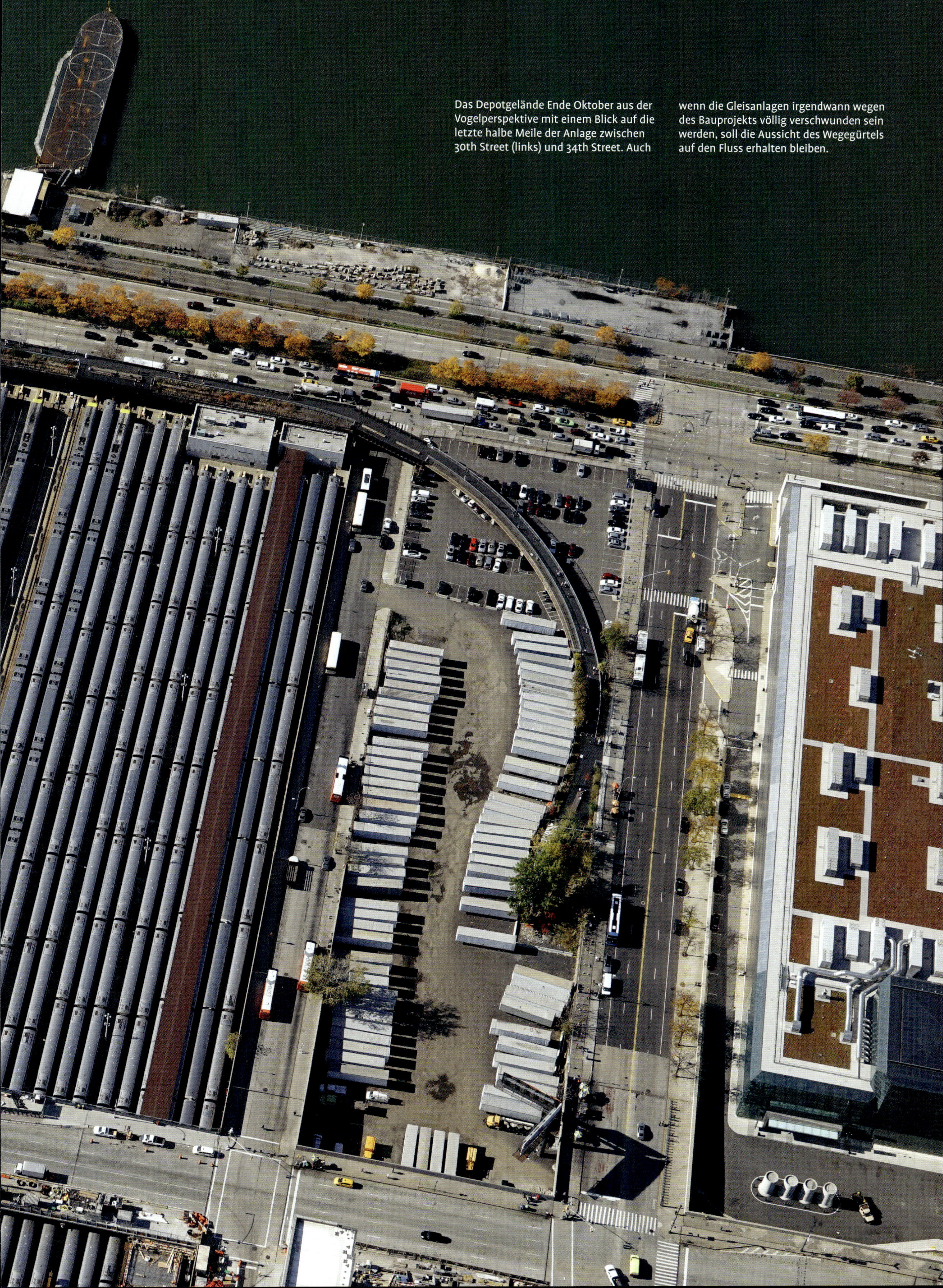

Das Depotgelände Ende Oktober aus der Vogelperspektive mit einem Blick auf die letzte halbe Meile der Anlage zwischen 30th Street (links) und 34th Street. Auch wenn die Gleisanlagen irgendwann wegen des Bauprojekts völlig verschwunden sein werden, soll die Aussicht des Wegegürtels auf den Fluss erhalten bleiben.

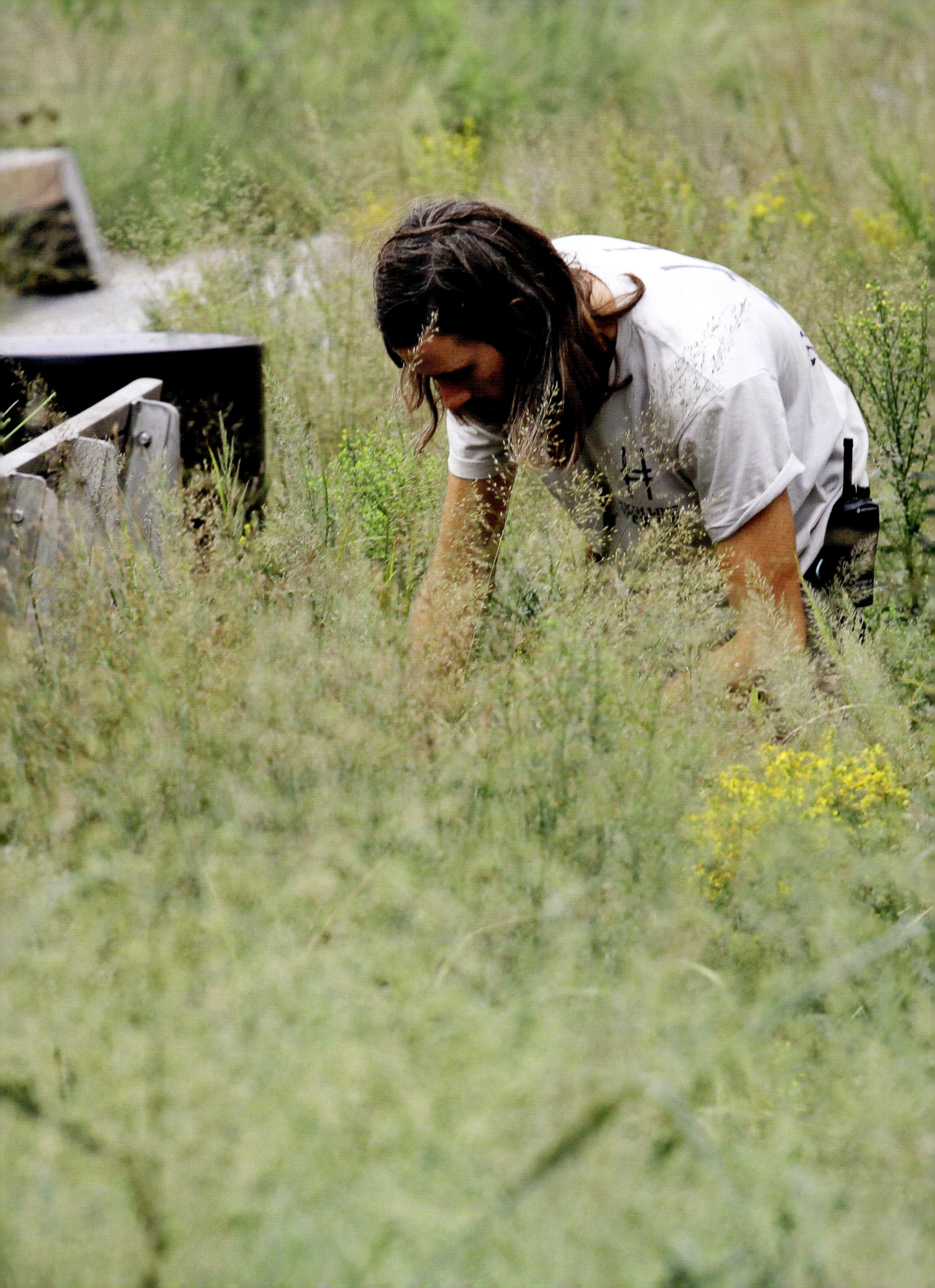

GARTENGESTALTUNG

Die Gartenanlagen der High Line sind ein öffentlicher Park im Besitz der Stadt New York und werden vom Verein Friends of the High Line in Zusammenarbeit mit dem städtischen Amt für Parks und Naherholung gepflegt, betrieben und gestaltet. Alljährlich sammelt der Verein die erforderlichen Geldmittel und stellt auch die Mitarbeiter für die Gartenpflege.

Die Gärten der High Line verstoßen auf vielerlei Weise gegen die Tradition und daher macht ihre Pflege eine neue Art des Gärtnerns sowie einen besonderen Schlag von Gärtnern nötig. Traditionelle Gärten sind in erster Linie dekorativ angelegt, die Pflanzmuster sind festgelegt und damit statisch. Die Pflege richtet sich darauf, den Status quo zu bewahren, und man könnte diesen Ansatz mit der Erhaltung eines Systems vergleichen. Auch wenn die Gartenanlagen der High Line schön gestaltet sind, fußt ihre Konzeption auf dynamischen Mustern. Ihr derzeitiges Aussehen ist wie ein bewegtes Ziel. Sie besitzt keinen Status quo, die Pflege dieses lebendigen Wandels bedeutet künstlerische Obhut und nicht Erhaltung.

Zu den größten Herausforderungen gehört für die Gärtner der eingeschränkte Zugang zu Werkzeugen und bei einigen Pflanzungen. In traditionellen Gärten werden die bepflanzten Partien von breiten, gepflasterten Flächen oder Rasenwegen gerahmt, worauf sich Handkarren oder motorisierte Fahrzeuge nahe an die Arbeitsflächen heranbewegen lassen. Reichlicher Einsatz von Mulch in den Beeten ermöglicht das Gehen zwischen den Pflanzen, ohne dass man sie niedertritt. Bei der High Line hingegen sind motorisierte Fahrzeuge aufgrund der schmalen Pfade in höchstem Maße unpraktisch und der dichte Pflanzenbestand erlaubt lediglich, auf Zehenspitzen durch die Beete zu balancieren. Bedenkt man dazu noch die nahezu ständige Anwesenheit von Besuchern, entfernt liegende Gerätehäuser sowie die Notwendigkeit, alle Geräte und Materialien zu den Gärten hinauf- und wieder herunterzutransportieren, so wird die Einzigartigkeit der Betriebsbedingungen deutlich.

Die Erstbepflanzung wurde abgeschlossen, bevor man die Gärten der Öffentlichkeit zugänglich machte. Nach den Renovierungsarbeiten an der historischen Struktur brachte man neuen Boden in die Pflanzbereiche ein und installierte eine Tropfenbewässerung. Auf Flächen mit Bäumen, Sträuchern und Unterpflanzung wurden zuerst die großen Gehölzarten gesetzt, dann die kleineren Sträucher, gefolgt von Gräsern und Stauden. Man ging davon aus, dass die gewählten Arten an den neuen Standorten gedeihen würden, obwohl sich die tatsächlichen Bedingungen erst im Laufe der Zeit zeigen sollten. Die Pflanzenauswahl war größtenteils ein Experiment. Die High Line-Trasse ähnelt in vielen Aspekten einem begrünten Dach. Geringe Substrathöhe, extreme Sommerhitze und Winterkälte, vielfaches Gefrieren und Tauen schaffen Bedingungen, die auch die widerstandsfähigsten Pflanzenarten auf die Probe stellen.

Entlang der gesamten Strecke wurde die Staudenzone mit einer Mischung aus standorttreuen und sich ausbreitenden Arten bepflanzt. Von vielen der standorttreuen Arten weiß man, dass sie sich nicht von selbst vermehren. Sie würden nur als Pflanze größer werden, ihre Anzahl bliebe aber unverändert. Bei manchen Horstbildnern wie dem Fallsamengras (*Sporobolus heterolepis*) erwartete

Gärtner Kevin Williams überprüft die Staudenzone des Wildblumenfelds. Dazu sind ein geübtes Auge und Sachkenntnisse der Dynamik von Pflanzengemeinschaften nötig. (Aufnahme: Amelia Holoway Krales).

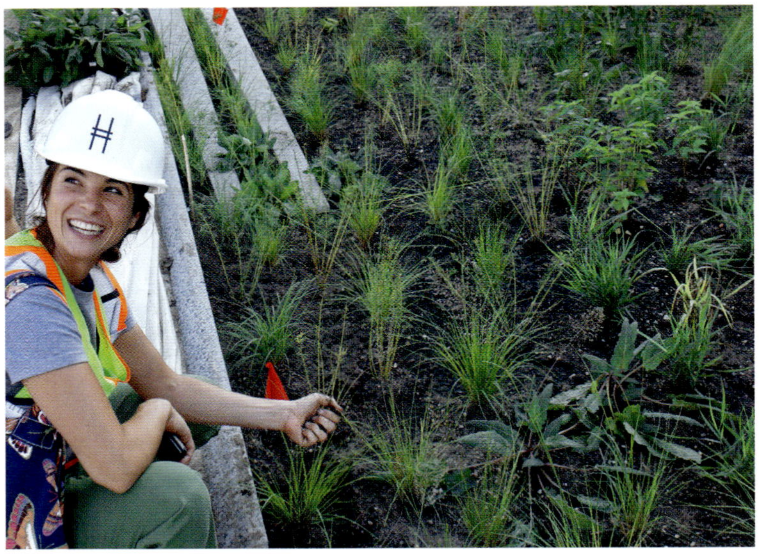

man jedoch, dass sie sich vermehrten, freie Stellen füllten und im Lauf der Zeit eine zusammenhängende Decke bildeten.

Ausbreitungsfreudige Arten wie Bergminze (*Pycnanthemum muticum*) sollten sich durch unterirdische Ausläufer vermehren und schließlich bis zu ihren Nachbarn wachsen, diese im Idealfall aber nicht überwuchern.

Die Pflanzenzwischenräume waren ursprünglich mit grauem Kies bedeckt. Das sollte an den groben Schotter erinnern, der früher die Bahnschwellen festhielt. Kies sah zwar ähnlich aus, machte aber das Jäten, Teilen der Pflanzen und das Umsetzen kompliziert und zeitaufwändig. Die Gärtner entschieden sich daher zusehends für Pflanzen als lebendige Mulchschicht anstelle von Kies.

Die Zusammensetzung der Böden hatte man anfangs so aufbereitet, dass Struktur, Wasserdurchlässigkeit, Säuregehalt, organische Bestandteile und Nährstoffe für eine möglichst große Bandbreite an Gehölzen und Stauden geeignet waren. Seither wird Kompost aus dem eigenen Schnittgut gewonnen und dem Boden regelmäßig zugeführt, damit das Substrat reich an organischen Bestandteilen und fruchtbar bleibt. Seit kurzem werden auch vor Ort produzierte Jauchen verwendet, um die Böden mit nützlichen Organismen zu beleben. Die Gärtner setzen sich sehr dafür ein, die Bodenorganismen in ihrem Beitrag zum Erhalt der Pflanzengesundheit zu fördern. Erin Eck erklärt, dass „viele Menschen den Boden für leblos hielten und nicht für ein lebendes Gebilde. Wenn wir Kompost zugeben, füttern wir die Bodenorganismen. Wenn wir Kompostbrühe zugeben, erhöhen wir die Zahl der nützlichen Organismen. Da das Bodenleben für alle Belange der Pflanzen von der Aufspaltung der Nährstoffe bis zum Schutz gegen Pathogene absolut notwendig ist, braucht es unsere Unterstützung".

Die Gartenpflege entlang der High Line stützt sich auf genaue Beobachtung. Mitarbeiter, Praktikanten und Freiwillige achten ständig auf kleinste Zeichen von Veränderungen, die ein weiteres Eingreifen nötig machen könnten. Da die Pflanzen nicht nach starren Plänen gesetzt werden, ist das Nachpflanzen meistens nicht die beste Lösung, wenn eine Art nicht gedeiht. Die Gärtner untersuchen dann die Umstände, die möglicherweise zum Verkümmern oder Absterben geführt haben. Das Verhältnis der Pflanze zu ihren Nachbarn wird eingehend unter die Lupe genommen.

Schlecht gedeihende Pflanzen können zeigen, dass die Art oder Sorte nicht an die herrschenden Standortbedingungen angepasst ist. Dann muss ein besser passender Ersatz gesucht werden. Ein Beispiel dafür ist der Austausch der Präriegras-Züchtung 'Standing Ovation' für 'The Blues'. In anderen Fällen liegt es vielleicht daran, dass die Arten der Pflanzengemeinschaft in ihrer Wüchsigkeit nicht zusammenpassen. Das lässt sich am günstigsten durch eine Umgestaltung beheben.

Melissa Fisher, seinerzeit die Stellvertretende Gartenbaudirektorin der Friends of the High Line, im September 2008 bei der Besichtigung der Neupflanzungen.

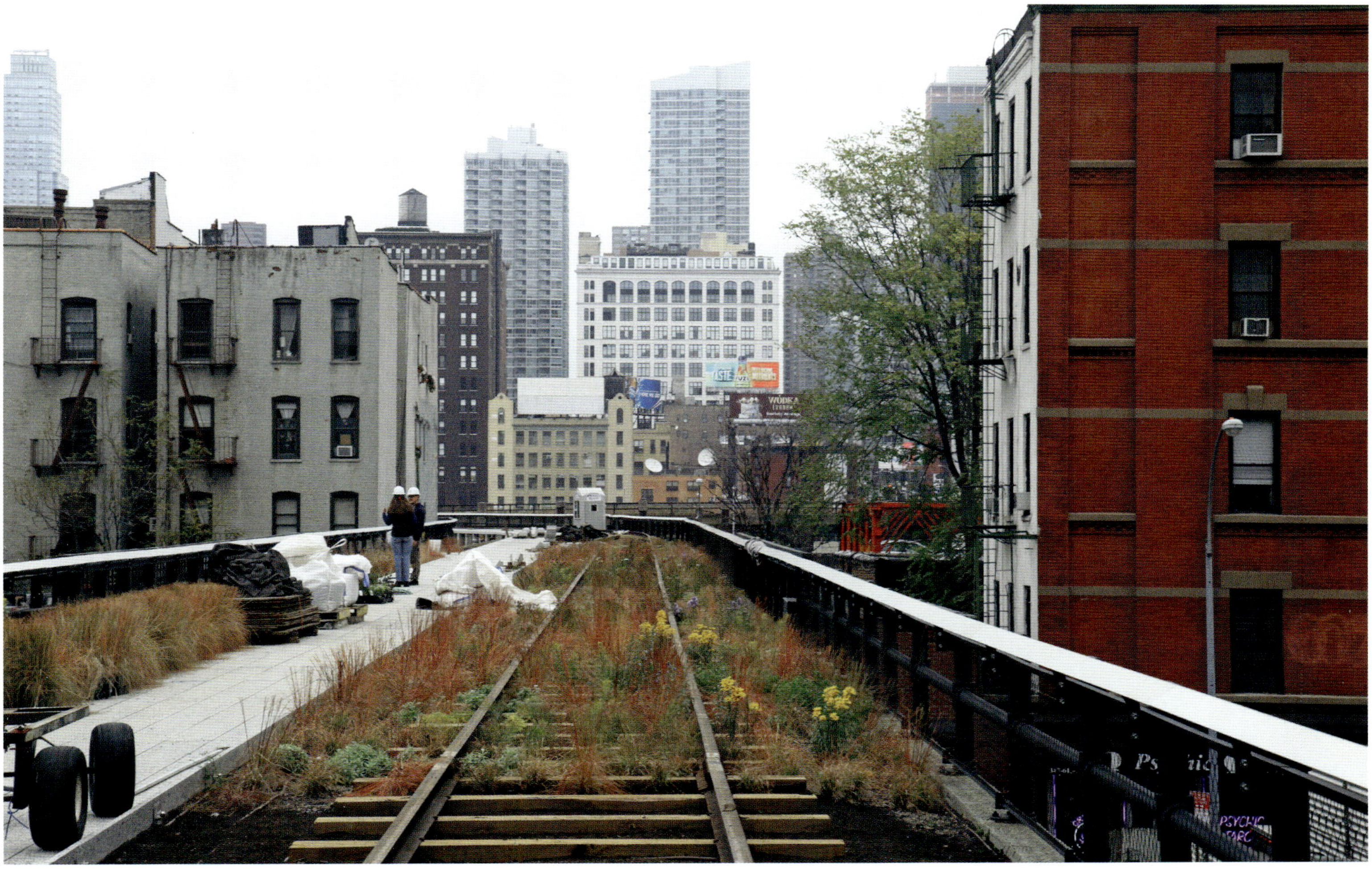

Piet Oudolfs facettenreiches Gestaltungskonzept geht im Vorfeld davon aus, dass die Pflanzpläne als Reaktion auf biologische Veränderungen geändert werden müssen. Wenn sich ein derartiger Fall zeigt, arbeiten die Mitarbeiter zusammen mit Oudolf an einer gestalterischen Lösung. Die Gärtnerin Erin Eck beschreibt diesen Prozess folgendermaßen: „Piet gestaltet den kurz- und langfristigen Wandel. Einige Veränderungen hat er geplant, andere nicht. Als Gärtner muss man sich vorstellen können, welche Form eine Pflanzung im Laufe der Jahre annehmen wird. Bei seinen Besuchen erinnert Piet uns oft daran, dass wir dem Wunsch nach totaler Kontrolle widerstehen sollen."

Durch ihre Arbeit lernen die Gärtner aus dem Freundeskreis der High Line sich mit diesem permanenten Fluss zu arrangieren und den Wandel positiv anzunehmen. Eck erinnert sich daran, wie ihre ursprüngliche Frustration über das sich überall ausbreitende Fiedergras in Bewunderung umschlug: „Ich verbrachte so viel Zeit damit, die aufgegangenen Gräser aus den umstehenden Pflanzen zu jäten, dass Piet mich mit der Frage aufzog, ob ich mit dem Gras jemals Frieden schließen würde. Jetzt bewundere ich seine Wuchskraft. Ich verlasse mich darauf, dass es freudig an Stellen wächst, wo andere Pflanzen versagen."

Geht man von der Schonung der Ressourcen aus, dann ist es kostengünstiger und nachhaltiger, die kräftig wachsenden Arten zu entfernen, anstatt ständig schlecht an die Bedingungen angepasste Arten nachzupflanzen. Hält man sich an diesen Vorsatz, dann wäre die gärtnerische Tätigkeit am besten als „Zuwachs durch Reduktion" umrissen. Zusätzliche Funktionen entstehen durch eine Reduktion, bei der selektiv Pflanzen entfernt werden. Die Gartenbaudirektorin der Friends of the High Line Andi Pettis fasst das so zusammen: „Die Pflanzungen [...] imitieren die dynamischen Prozesse wilder Landschaften und sollen sich verändern.

Schienen und Schwellen wurden neu verlegt, das Gleisbett wurde mit frischem Substrat befüllt und die Bepflanzung des Wildblumenfeldes ist bei dieser Aufnahme aus dem Oktober 2010 gerade im Gange, bevor der Bereich für das Publikum geöffnet wird.

Pflanzenarten wetteifern miteinander und löschen einander aus, sie verbreiten sich oder verschwinden. Sie treiben in ihrer Umgebung dorthin, wo sie die Nischen am besten ausfüllen. Unsere Aufgabe besteht darin, die Prozesse von Wachstum, Wandel und Bewegung zu erleichtern und zu beschleunigen, ohne das Design zu opfern.“

Die Praxis der Reduktion wird auch auf Bäume und Sträucher angewendet. Obwohl Gehölze seltener als Stauden dazu neigen, sich üppig zu vermehren, sprengen sie oft den ihnen zugewiesenen Raum oder sie werden so groß, dass die Gestaltung unharmonisch wirkt. Zu groß gewachsene Bäume und Sträucher können sich durch Schattenwurf oder die Konkurrenz um die Feuchtigkeit im Wurzelbereich auch unvorteilhaft auf die Unterpflanzungen auswirken.

Zur Pflege der Gehölze ist daher fachmännischer Rückschnitt nötig. In vielen Fällen erfolgt der Schnitt schrittweise und permanent. Manchmal ist die effektivste Technik aber der völlige Rückschnitt bis auf den Boden, denn dann treiben gesunde neue Stämme aus dem Stock. Die Perückenstrauch-Hybride ‘Grace’ (*Cotinus* ‘Grace’) beispielsweise wird am besten auf diese Weise gepflegt. Viele mehrstämmig wachsende Baumarten wie die Grau-Birke (*Betula populifolia*) reagieren auf das selektive Ausasten alter Stämme durch neue Austriebe aus der Wurzel.

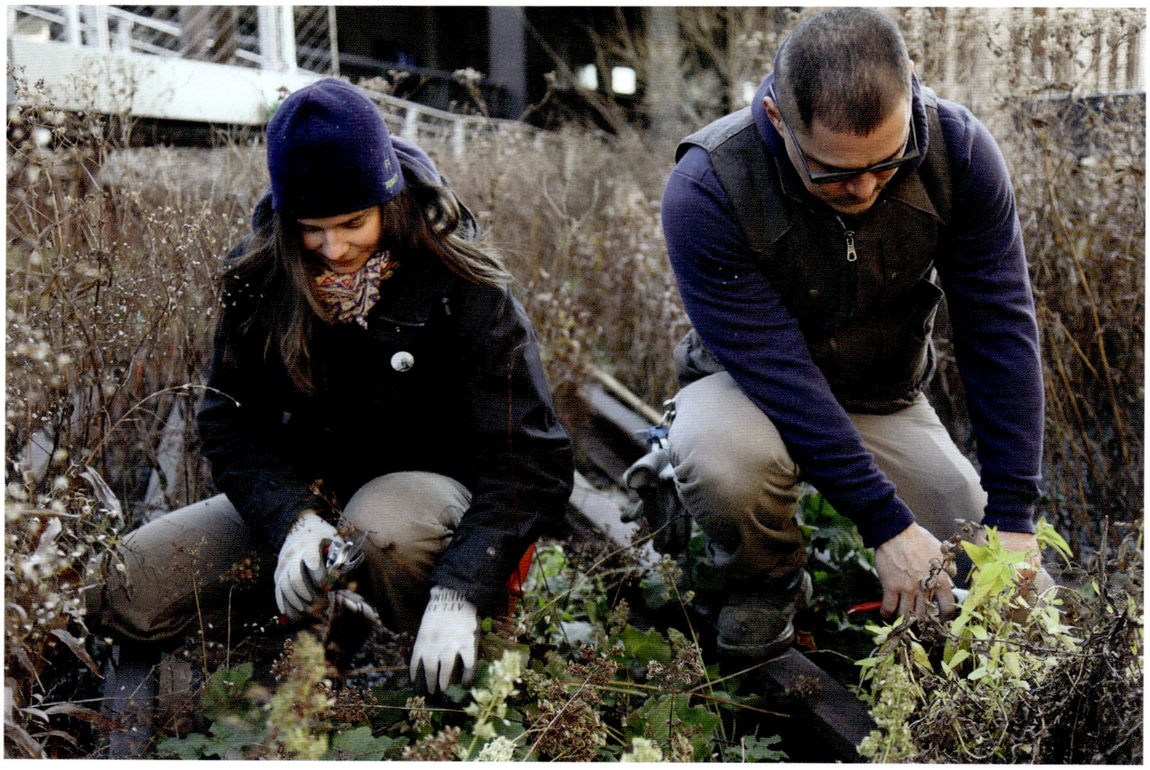

Andi Pettis, amtierende Gartenbaudirektorin, und Johnny Linville nehmen in der Pflanzengesellschaft des Nördlichen Nebengleises vorsichtige Regulierungen vor.

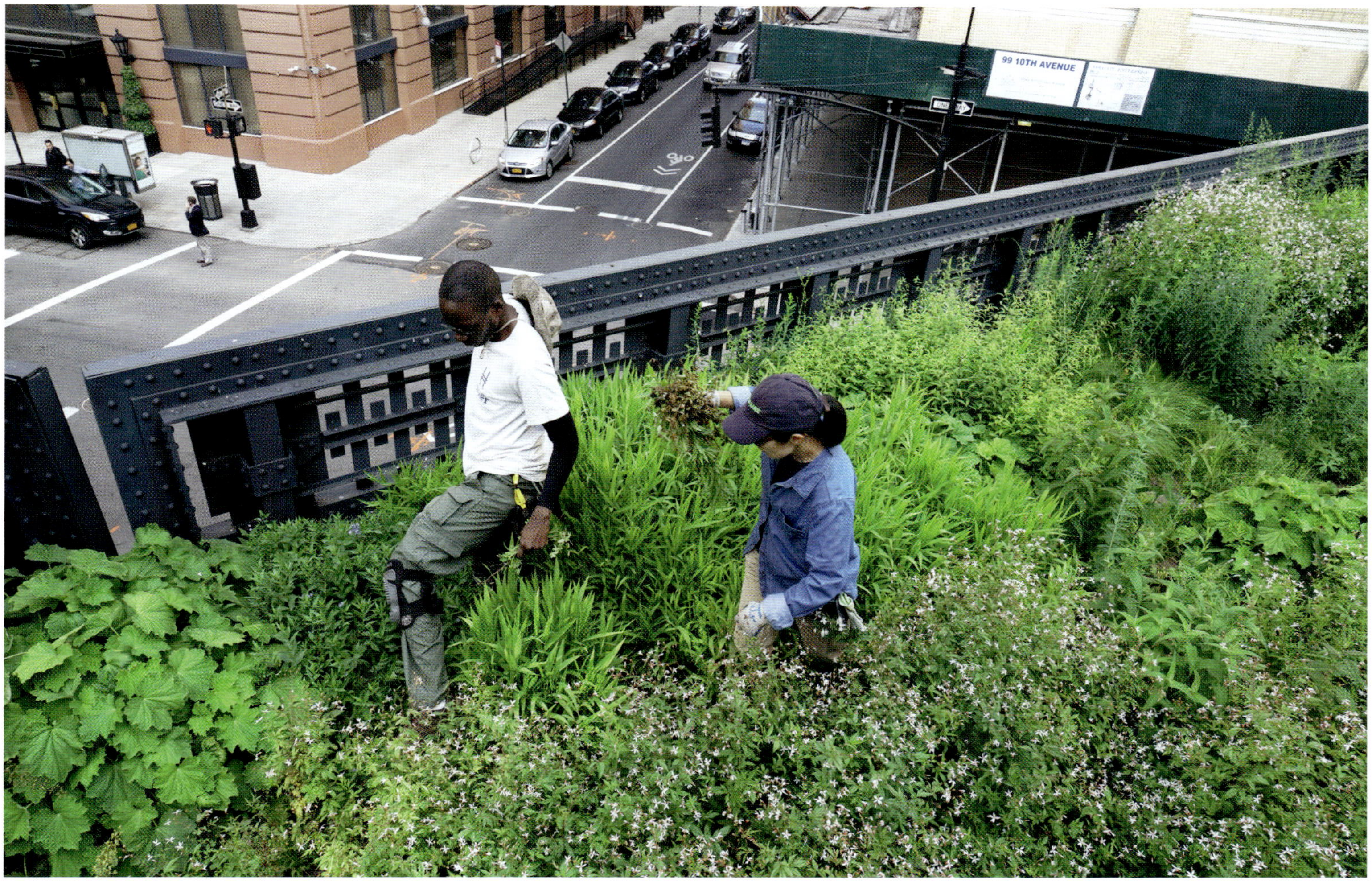

Das Reduktionsprinzip dürfte sich auch auf die noch wilden Pflanzengesellschaften am vorläufigen Weg des Depots anwenden lassen. Angeblich greift man in diesem Bereich nicht gärtnerisch ein: es wird weder gepflanzt noch gejätet oder gewässert. Stattdessen überlässt man die Flächen einer ungestörten Entwicklung. Allerdings übersah man dabei das unbeabsichtigte Eingreifen des Menschen: Das Regenwasser läuft vom Weg in die Pflanzungen hinein ab und die für die Besucher aus Sicherheitsgründen angebrachten Zäune verringern die Windgeschwindigkeit und damit die Verdunstung. Das führt zu einer deutlich erhöhten Feuchtigkeitsmenge, was sich stark auf die ursprünglich angesiedelten, an extreme Trockenheit angepassten Pflanzengemeinschaften auswirkt.

Trockenheitstolerante Pflanzen verlieren die Vorteile, die sie bislang hatten, und neue Arten, die mehr Wasser brauchen, beginnen zu dominieren. Chinesische Birne (*Pyrus calleryana*) war in Richard Stalters Bestandsliste in seinem Artikel für die Torrey Botanical Society aus dem Jahr 2004 noch als rar verzeichnet.[28] Sie vermehrt sich nun unablässig von selbst und einige Exemplare sind bereits mehr als mannshoch. Der Baum wurde in den 1950er-Jahren als Zierpflanze aus China in die Vereinigten Staaten gebracht und hat sich in mehr als der Hälfte aller Bundesstaaten einschließlich New York akklimatisiert. Die Art ist sowohl ein schädliches Unkraut, das die regionalen Ökosysteme gefährdet, als auch ein dekorativer Baum für alle Jahreszeiten, der perfekt an die modernen städtischen Bedingungen angepasst ist. Wenn man nicht eingreift, könnten bei der Vegetation entlang des Depot-Weges schon binnen 10 Jahren die Birnen und Baumwürger vorherrschen. Eingriffe sind also nötig, um dies zu verhindern. In diesem Fall sollten wir die vormals natürlich wilde Pflanzengemeinschaft jedoch auch als einen gepflegten Garten betrachten.

Praktikant Ayinde Listhrop und Gärtnerin Yuki Kaneko verlassen nach ausgewählter Überarbeitung auf Zehenspitzen die Anlage am Nördlichen Nebengleis.

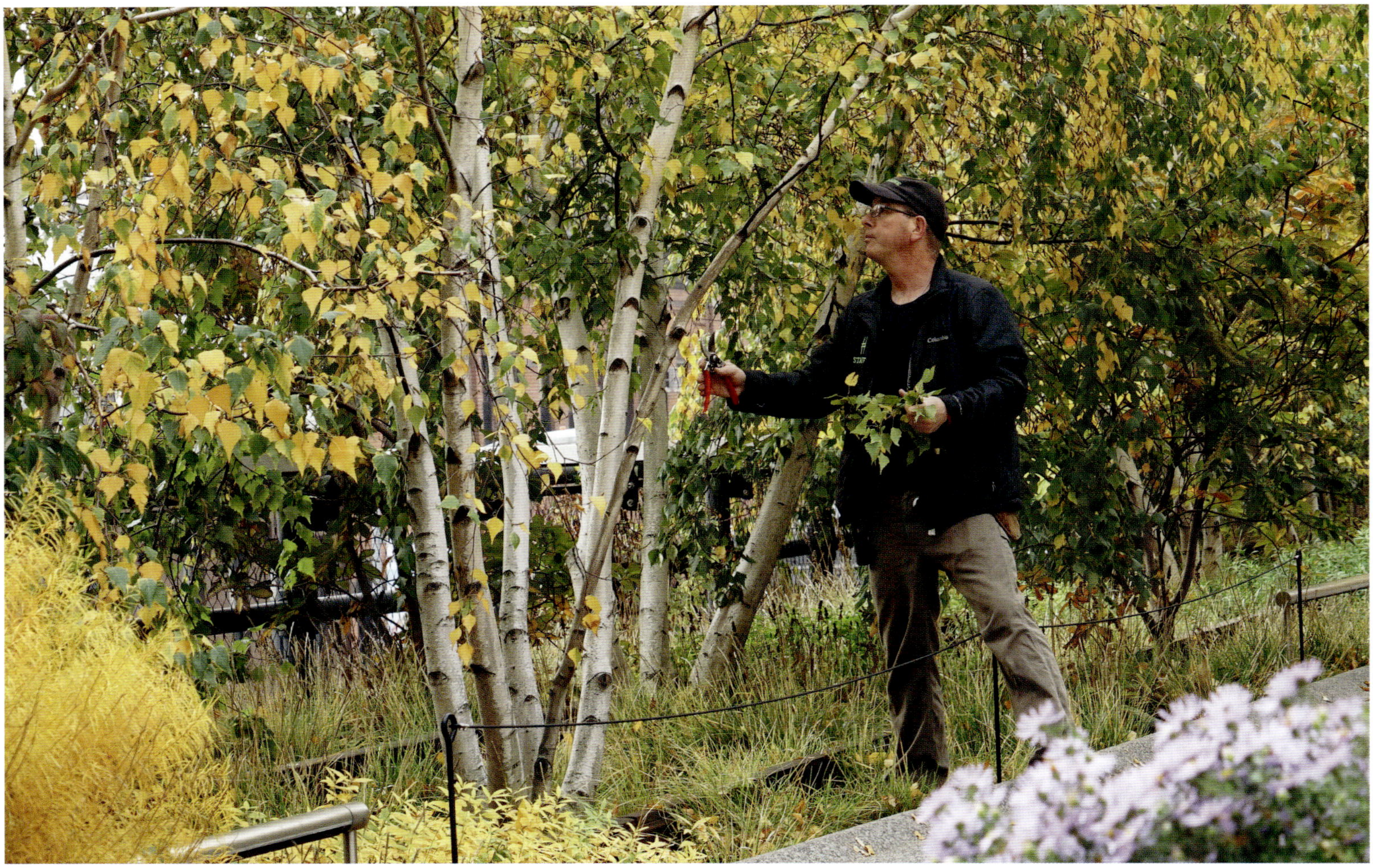

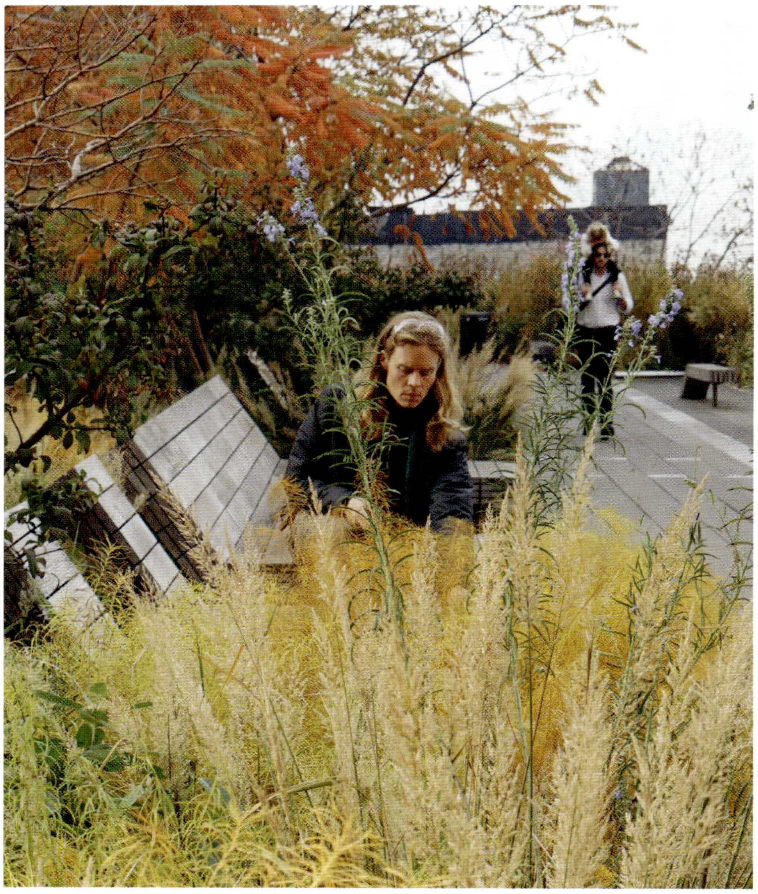

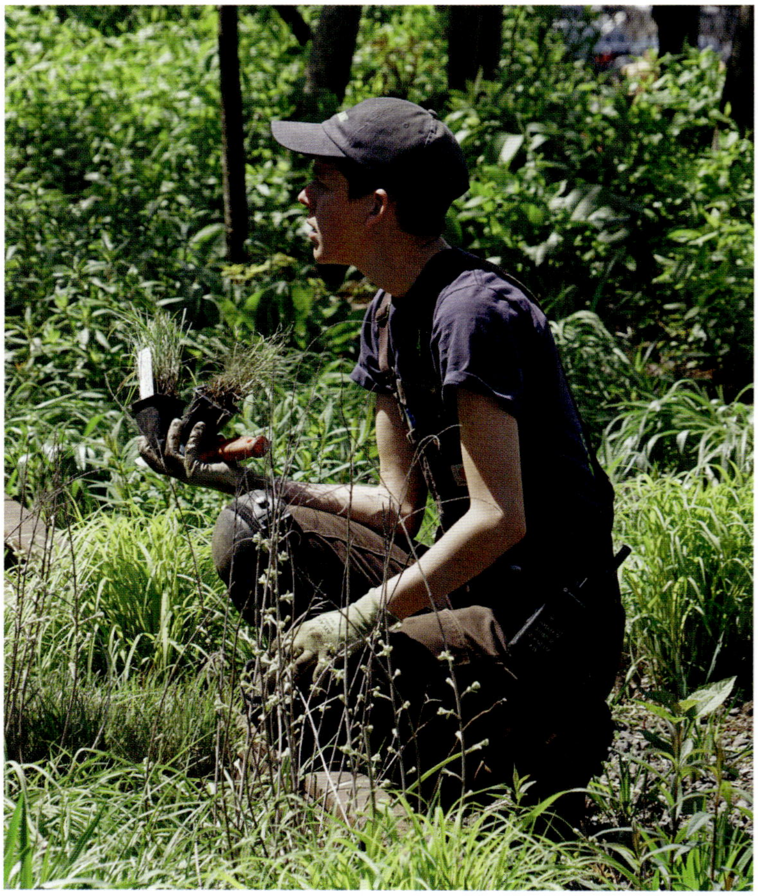

Oben: John Gunderson muss als erfahrener Gärtner unzählige Entscheidungen bezüglich Baumgesundheit und künstlerischer Form treffen, während er die Grau-Birken im Gansevoort-Gehölz schneidet.

Unten links: Der erfahrene Gärtner Kasper Wittlinger überarbeitet unauffällig den Bereich an der Sonnenterrasse.

Unten rechts: Die Gärtnerin Erin Eck bereitet die Pflanzen vor, die als Bodendecker unter die Sumach-Bäume am Aussichtspunkt Hudson River gesetzt werden.

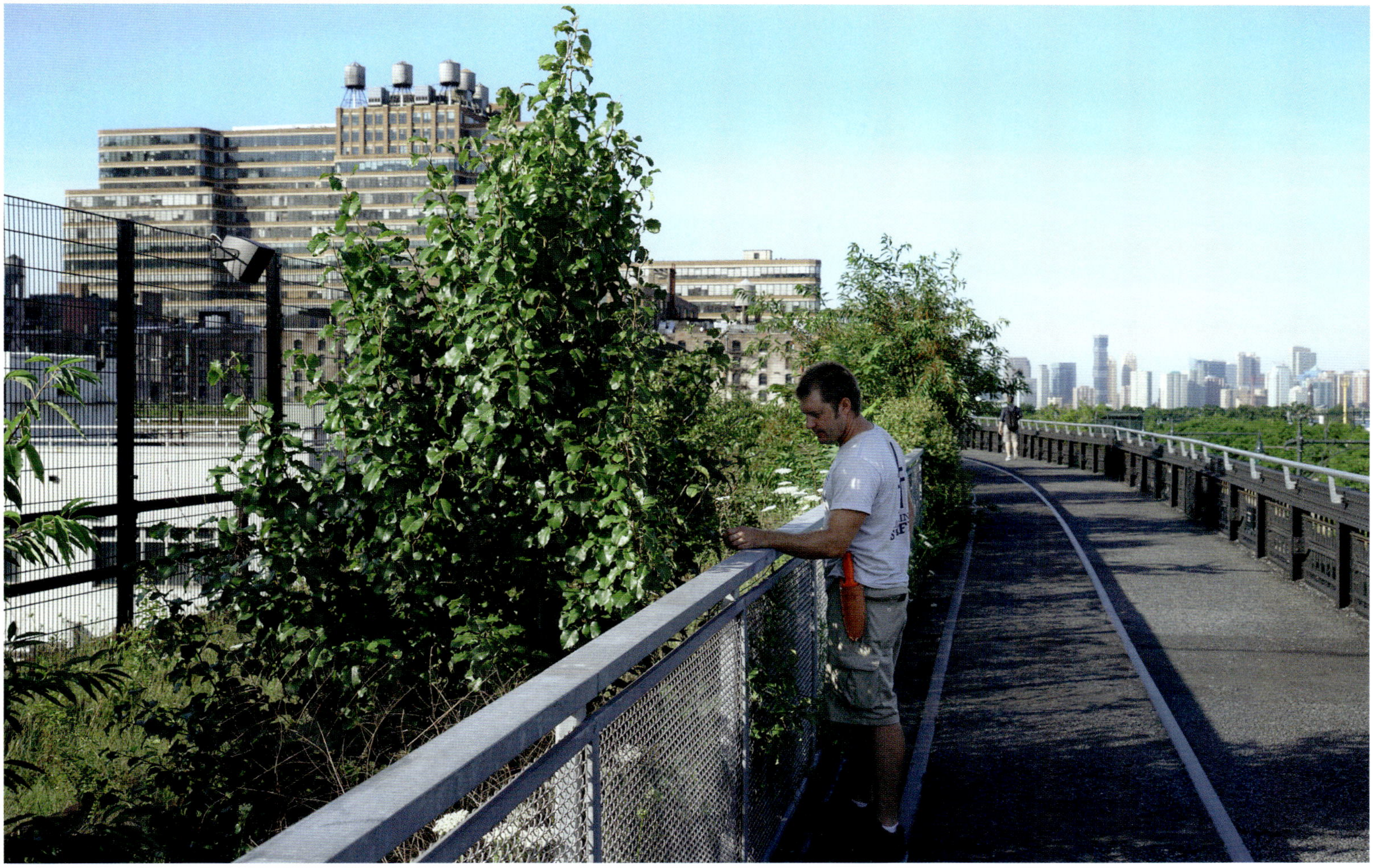

Das Konzept der biologischen Abfolge ist für die High Line-Gärten von großer Bedeutung. Sukzession stellte man sich früher als eine Reihe von Stadien mit einem Höhepunkt – dem absoluten Gleichgewicht – vor. Im klassischen Modell brechen Flechten den Stein auf, Substrat entsteht, Pionierpflanzen aus den Gräserfamilien bereiten den Boden für Gehölze und am Schluss entsteht ein Wald, der wie im Märchen ewig lebt. Heute weiß man, dass biologische Prozesse ständig in kleinen und großen Stufen hin- und herspringen. Stillstand ist eine zeitweilige Illusion. Gärtner unterbrechen gewöhnlich den Sukzessionsprozess, um eine Landschaftsgestaltung in einem gewünschten Stadium einzufrieren. Wer als Gärtner im nordöstlichen Teil der Vereinigten Staaten nicht eingreift, findet sich gewöhnlich in einem Schattengarten wieder. An der High Line entsteht die Schattenlage nicht durch hohe Bäume, sondern durch immer höher wachsende Gebäude. Einige Gärten werden immer sonnig sein. Andere werden sich stufenweise verändern, wobei Schönheit und Funktionalität erhalten bleiben, während sich die Pflanzebenen und die Komposition entwickeln und das Beste aus den gegebenen Bedingungen machen.

Die Pflege einer komplexen und vielfältigen Landschaft wie der High Line ist für die moderne Park- und Grünanlagengestaltung nicht alltäglich. Mit jedem Arbeitstag lernen die Gärtner neue Aspekte der Beobachtung und Analyse dazu. Die Arbeit verlangt eine unübliche Mischung aus Gartenbau, Ökologie, Bodenkunde, Insektenkunde, Vogelkunde und Kunst. Wer damit die Zeit verbringt, erhält einen ganzen Kurs in städtischer Landschaftspflege. Diese Erfahrung zählt zu den Bausteinen, auf deren Basis die Gärten der alten Bahntrasse zur Verfeinerung der modernen Landschaftsgestaltung und der damit befassten Menschen beitragen.

Gärtner Nathan Bartholomew betrachtet eingehend eine junge, gut drei Meter hohe Chinesische Birne (*Pyrus calleryana*), die in der Wildpflanzengesellschaft neben dem Fußweg des Depots gedeiht.

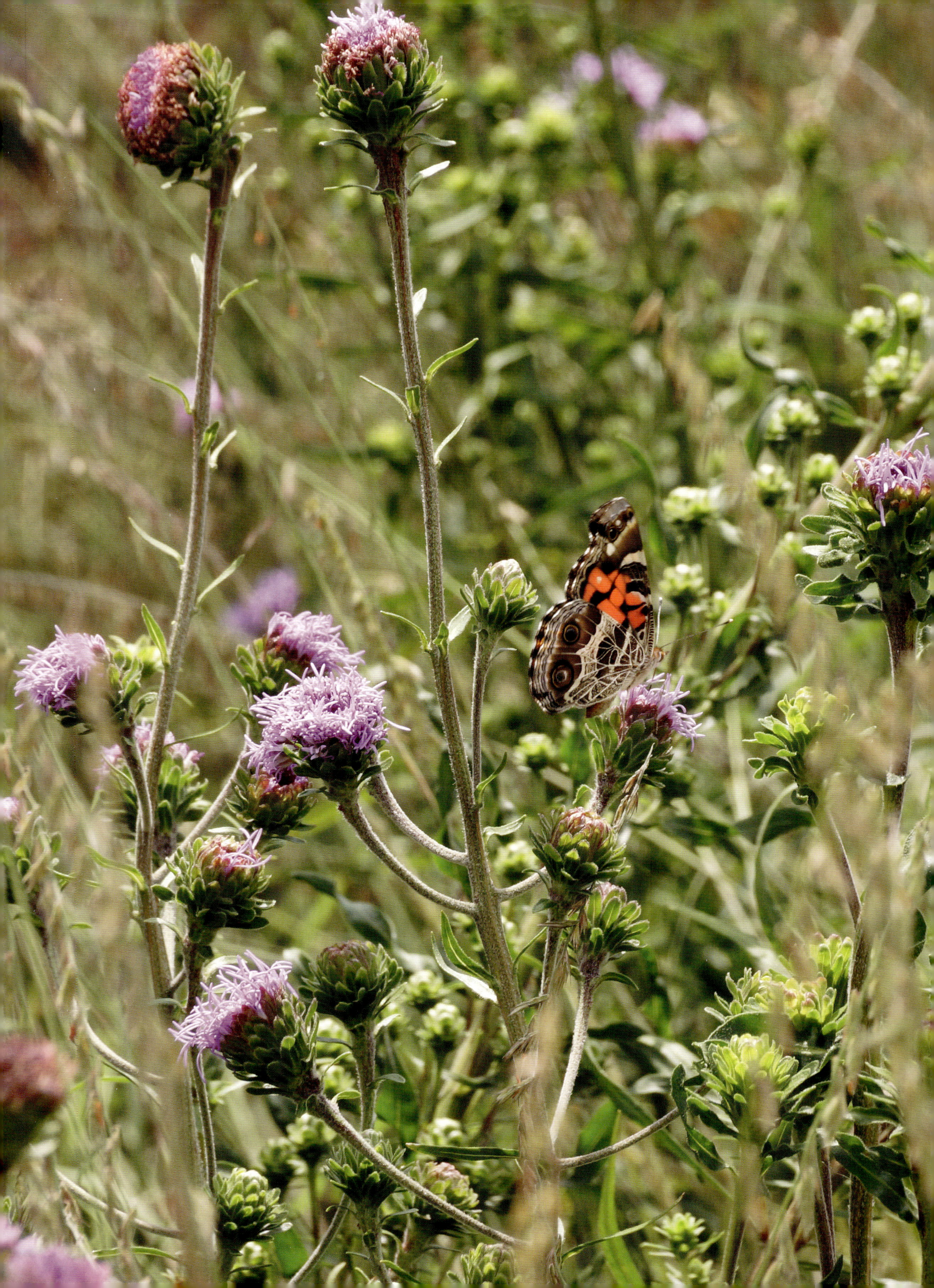

Lebensader

Die Bahngesellschaft New York Central Railroad begann den Bau der High Line im Westend im Jahr 1931 und sagte voraus, dass die Linie „bleibende positive und grundlegende Auswirkungen auf das Leben und Wohlergehen der Stadt und ihrer Menschen haben wird".[29] Bei der Fertigstellung im Jahr 1934 war es die einzige durchgehende Frachtlinie in Manhattan. Milch, Butter, Eier, Fleisch und Käse wurden auf der Linie von nördlich im Bundesstaat gelegenen Bauernhöfen her in die Stadt transportiert. Schnell wurde die Bahntrasse als Lebensader von New York bekannt. Für die Ingenieure und Architekten der 1930er-Jahre geradezu unvorstellbar, ist dieser Leben spendende Korridor heute auf ganz andere Weise wieder eine Lebensader: Sie bereichert das Leben aller Stadtbewohner und -besucher, egal ob Mensch oder nicht.

Als die Strecke in den 1980er- und 1990er-Jahren stillgelegt wurde, durchkämmten gefiederte Stadtentdecker die aufkeimende Flora der Bahnlandschaft auf der Suche nach Samen und Beeren, Nistbaumaterial und geschützten Stellen zum Nestbau. Hummeln gruben sich Höhlen in den Schotter und kamen zur Pollensuche wieder hervor. Raupen fraßen sich durch Blätter, verwandelten sich in Motten und Schmetterlinge und suchten dann Nektar auf den Wildblumen. Die Vegetation war spärlich und das Leben schwer, doch trotzdem hatten die wilde Fauna und Flora dort oben ein besseres Auskommen als unten in den Straßen. Als die Bahntrasse nach fast drei Jahrzehnten des Verfalls in eine Reihe verschiedenartiger Gärten umgestaltet wurde, explodierte das Leben – üppig und vielfältig.

Nun wachsen fast 400 Pflanzenarten in den High Line-Anlagen und bieten die Lebensgrundlage für eine große Zahl an Stand- und Zugvögeln, darunter Katzendrosseln, Spottdrosseln, Goldhähnchen, Tangaren, Trupiale, Großschnäbelige Finken, Spechte, Goldspechte, Habichte, Tauben, Sperlinge, Rotkehlchen, Krähen, Kardinäle, Finken und Würger, sowie für Insekten wie Bienen, Käfer, Motten, Fliegen, Schmetterlinge, Libellen, Grillen und Spinnen. Dank der geschulten Gartenpflege werden die Beziehungen von Flora und Fauna als solche erkannt und gehegt. Alle Bewohner genießen ein herbizid- und insektizidfreies Habitat. Schönheit wird regelmäßig neu definiert und bezieht alle Stadien des Stoffkreislaufs mit ein, weil alles Leben davon abhängt.

Die High Line ist weit von einem universellen Habitat entfernt. Es gibt keine echte Feucht- oder Sumpflandschaft. Zwar gibt es Phasen der Trockenheit, doch nichts gleicht dem Wassermangel des kahlen Ostens. Das Terrain ist überwiegend flach und Steilhänge oder felsige Klippen fehlen. Der schmale Gürtel schränkt das Wachstum von Arten ein, die ein weites Blätterdach benötigen. Und doch zeigen die Anlagen der High Line das Modell eines schönen, bedeutungsvollen und zweckdienlichen Lebensraums, das der Nachahmung in anderen Parks, Grünanlagen und bei der Wohnbebauung wert wäre. Die High Line erzählt von Durchhaltevermögen, Einfallsreichtum und individuellen Träumen, die in einer pulsierenden, städtischen Leistung gipfeln.

Die Kansas-Prachtscharte (*Liatris scariosa*) liefert Mitte Juli den Nektar für einen Distelfalter.

Oben links: Eine Honigbiene sammelt im Juni Nektar und Pollen von *Dalea purpurea*.

Oben mittig: Aster oblongifolius wird im Oktober von einer Hummel aufgesucht.

Oben rechts: Der purpurrote Scheinsonnenhut spendet im Juni Nahrung für die Luzerne-Blattschneiderbiene.

Unten rechts und links: Bei genauem Hinsehen erblickt man im Juni die Raupe des Kohlweißlings auf den farbenprächtigen Blüten der Sonnenbraut-Züchtung 'Rubinzwerg' (*Helenium* 'Rubinzwerg').

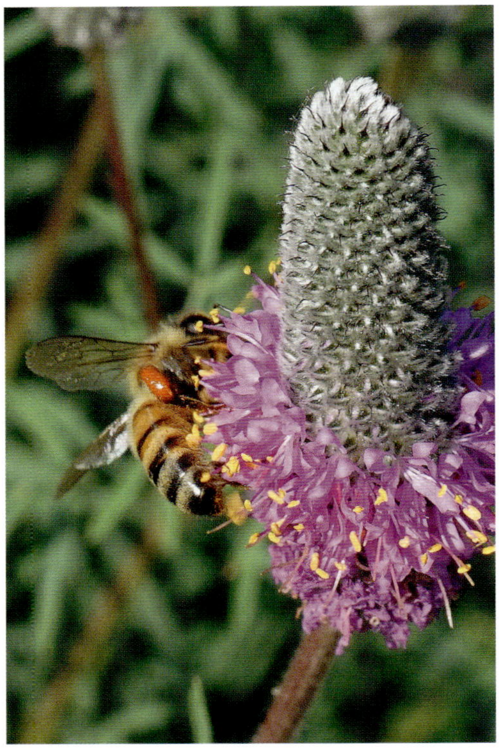

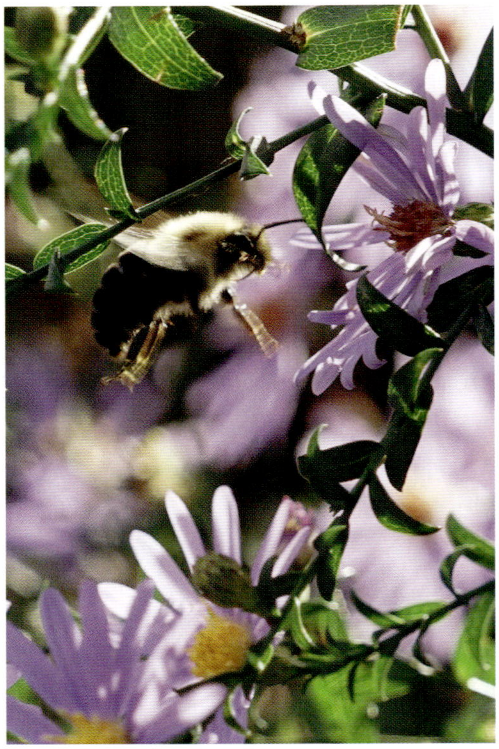

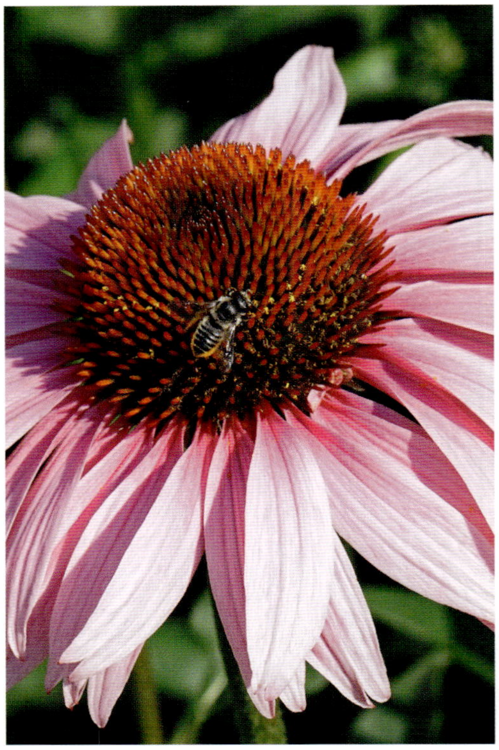

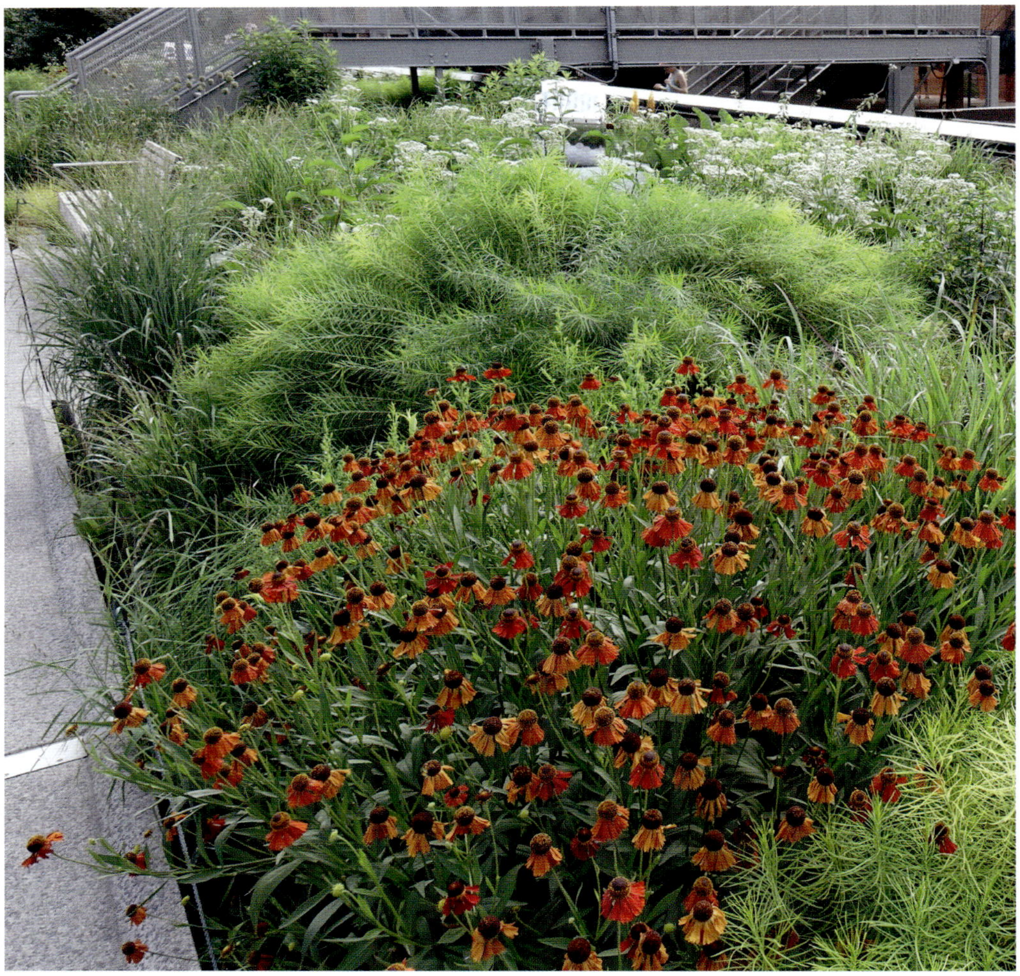

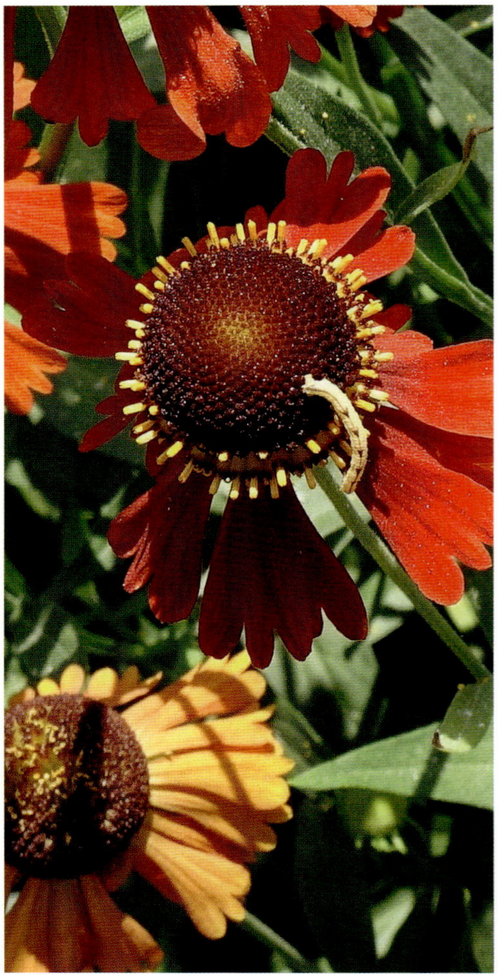

Innerhalb von zehn Minuten habe ich im Juni beim Besuch der Gärten der High Line drei Monarchfalter und drei Bienenarten beim Sammeln von Nektar und Pollen auf einer einzigen Knolligen Seidenpflanze gesehen. Dieser

Oben links und rechts: Die Bergamott-Monarde 'Claire Grace' (*Monarda fistulosa* 'Claire Grace') lockt im Mai die Distelfalter an.

Unten rechts: Eine Hummel steuert im Juni auf eine gelbe Hybride des Scheinsonnenhuts zu.

Unten mittig: Im Juni saugt ein Monarchfalter den Nektar der Knolligen Seidenpflanze (*Asclepias tuberosa*). (Aufnahme: Doug Tallamy).

Unten links: Eine Aster (*Aster oblongifolius*) erhält im Oktober Besuch von einem Monarchfalter.

Mitte links: Langwanzen versammeln sich im November auf der Halterung einer Lampe.

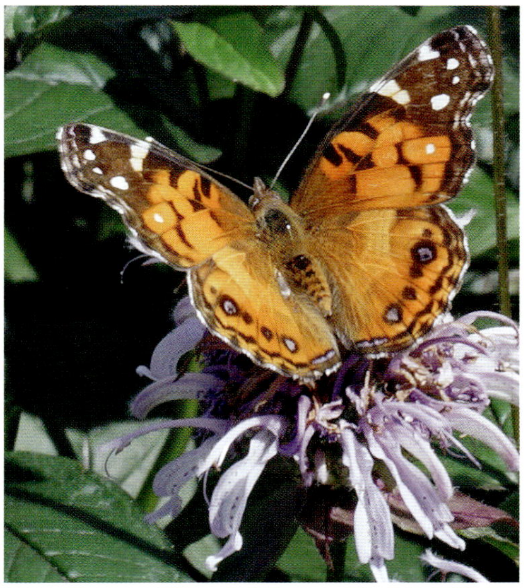

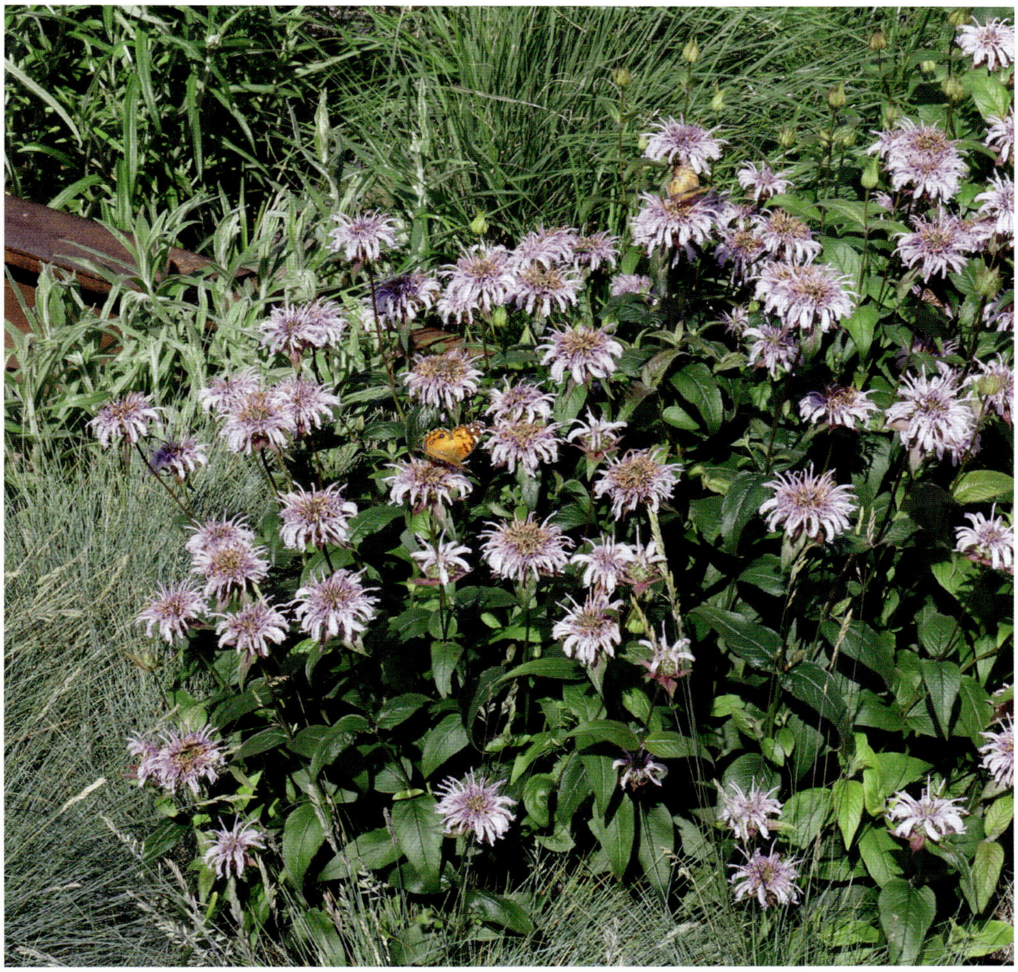

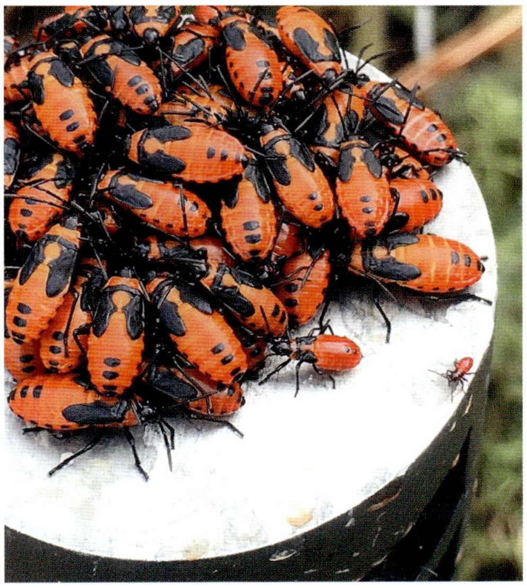

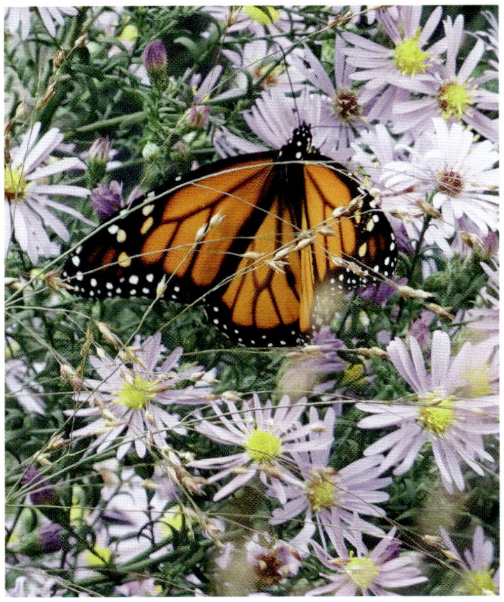

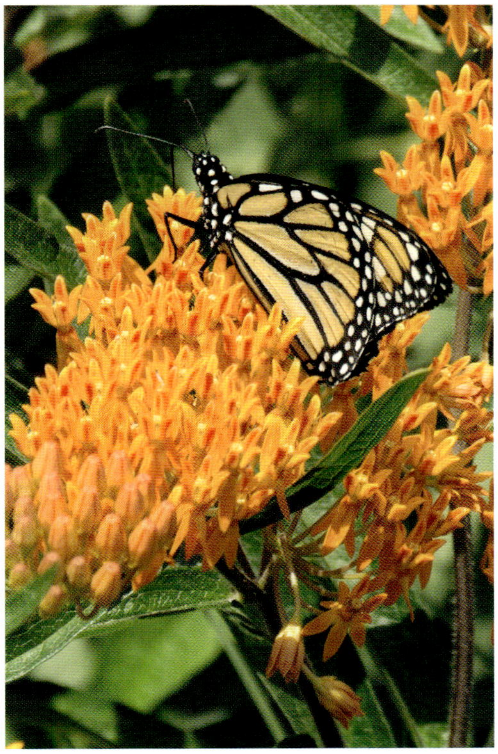

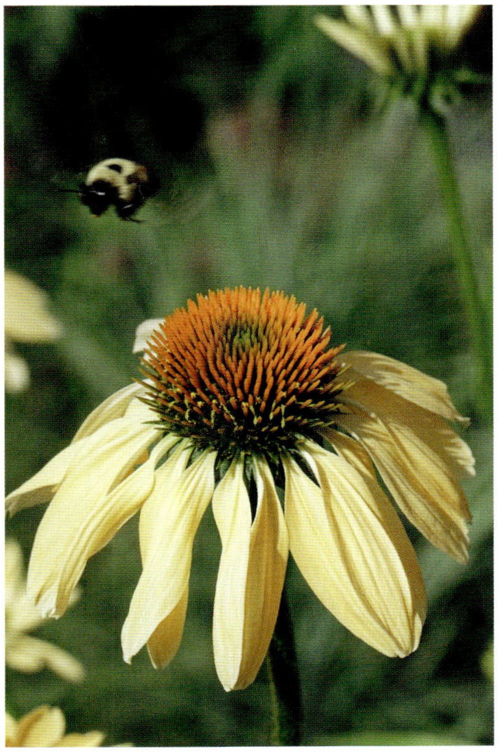

Anblick ist ein Beweis dafür, dass die Anpflanzungen ernsthaft zum Erhalt lebenswichtiger ökologischer Gefüge beitragen.

DOUG TALLAMY

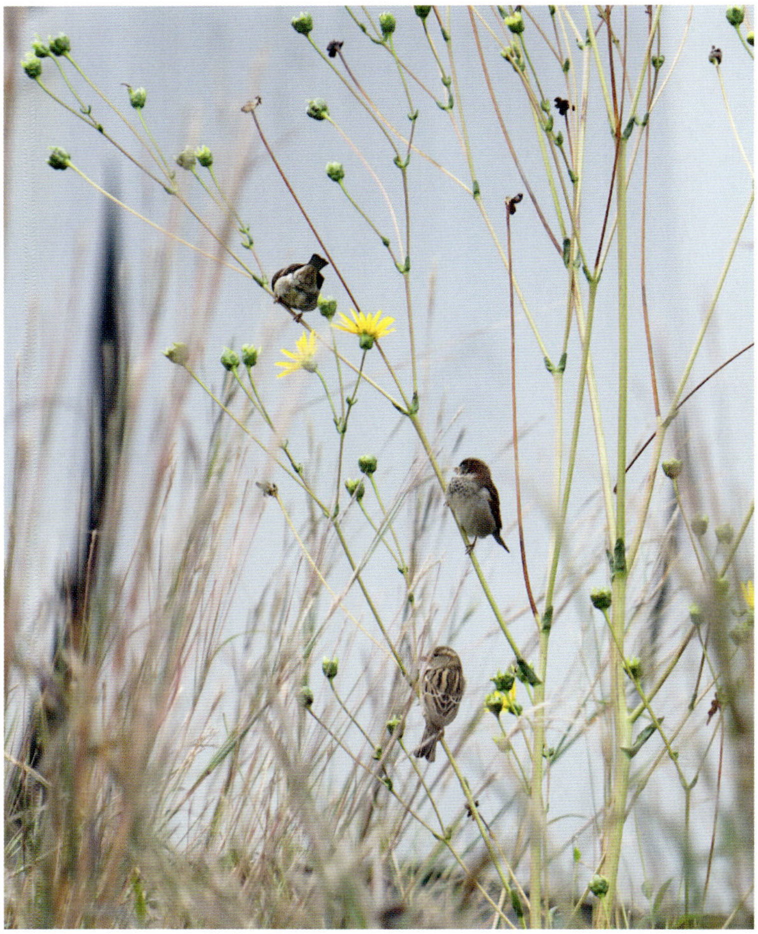
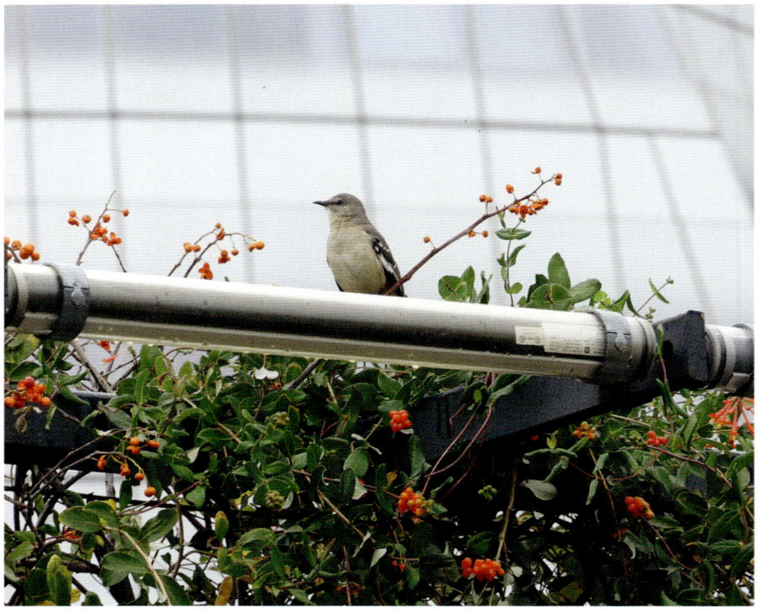
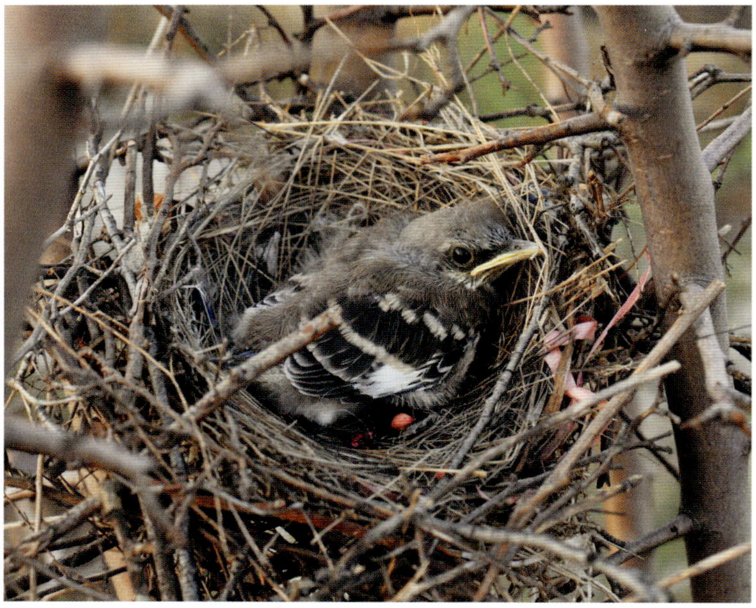
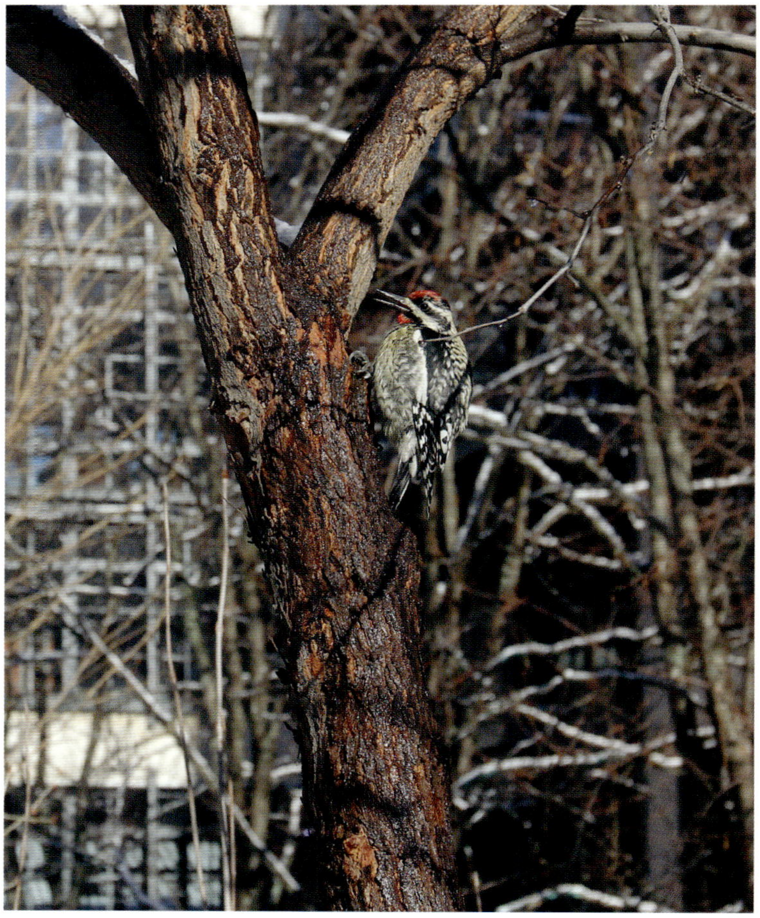
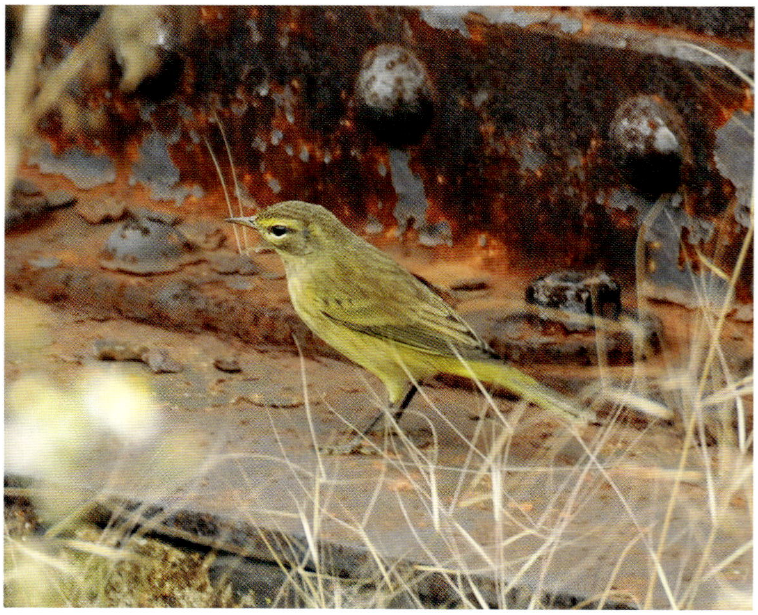

Oben links: Sperlinge turnen im Oktober auf den Blütenstängeln der Harzigen Becherpflanze (*Silphium terebinthinaceum*).

Oben rechts: Eine Spottdrossel singt im November ihr Lied von einem Platz auf Trompeten-Geißblatt (*Lonicera sempervirens* 'Major Wheeler') und Amerikanischem Baumwürger (*Celastrus scandens* 'Bailumn').

Mitte rechts: Eine junge Spottdrossel lugt aus ihrem Nest am Bahndepot (Aufnahme: Steven Severinghaus).

Unten rechts: Ein Palm-Waldsänger durchstöbert das Gelände am Depot (Aufnahme: Steven Severinghaus).

Unten links: Ein Gelbbauch-Saftlecker aus der Familie der Spechte sitzt im Februar auf einem Judasbaum (Aufnahme: Erika Harvey, Friends of the High Line).

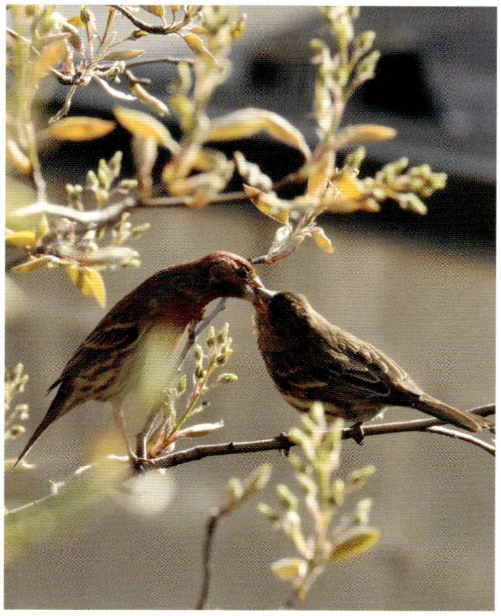
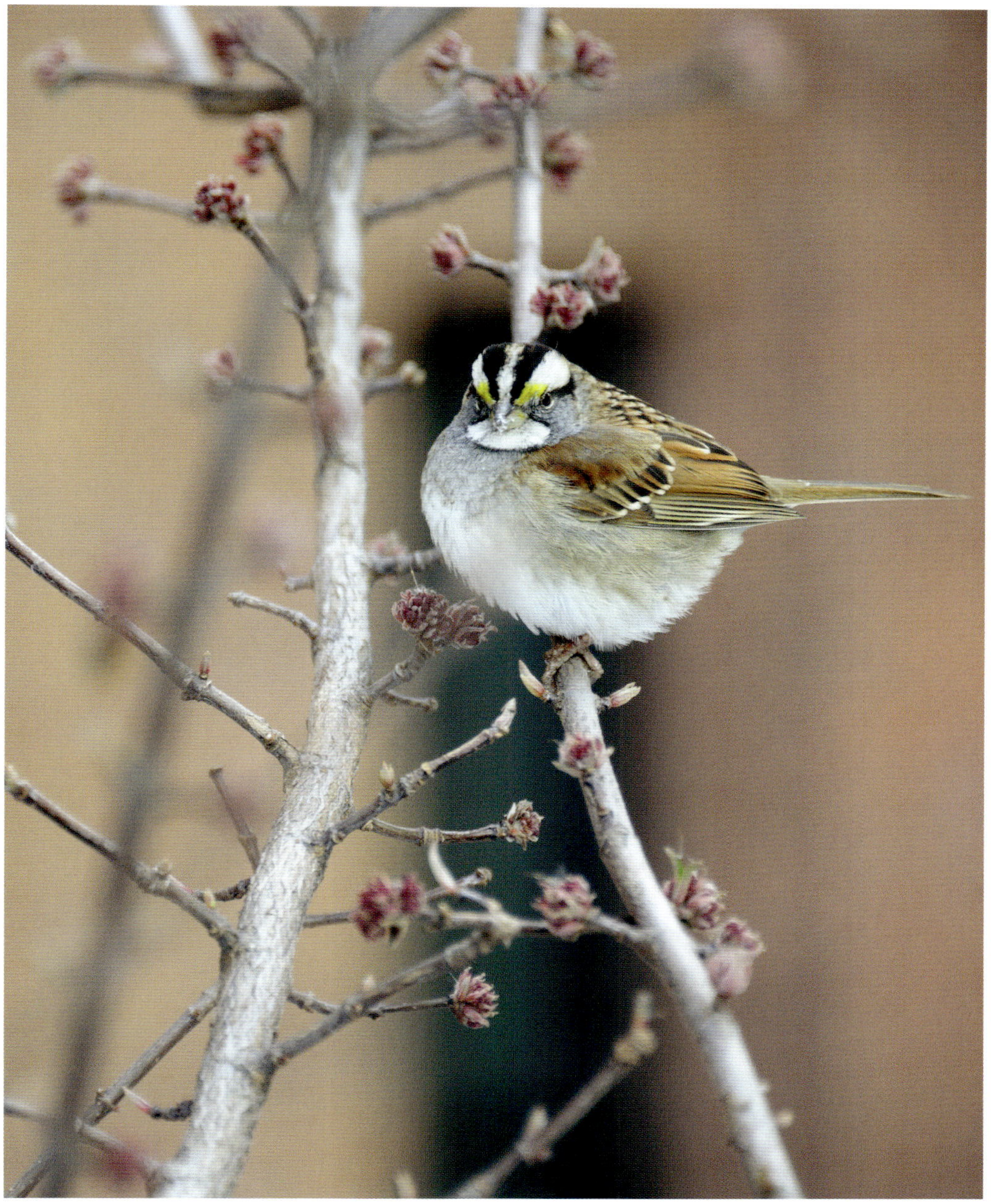
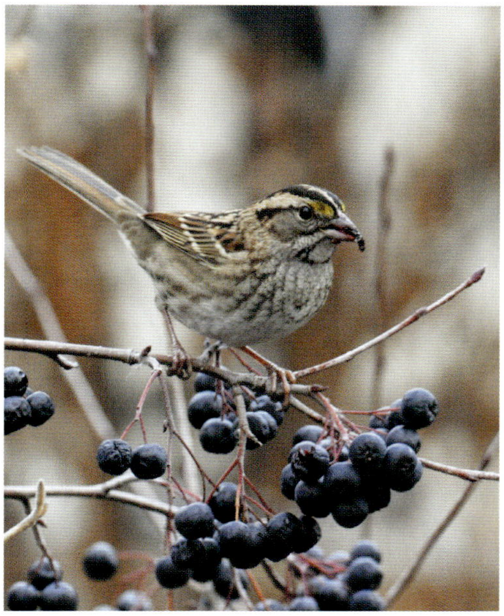
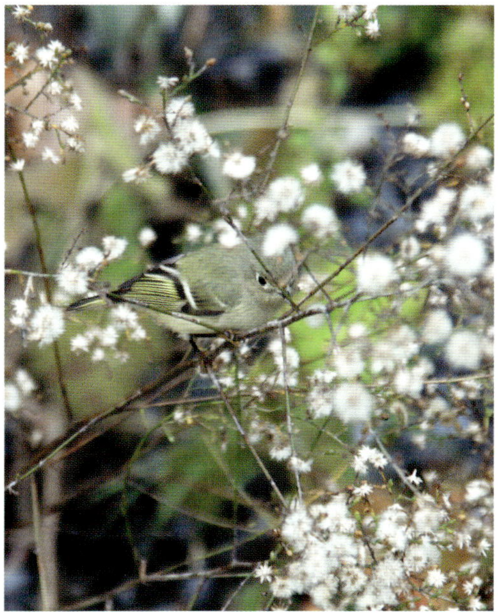
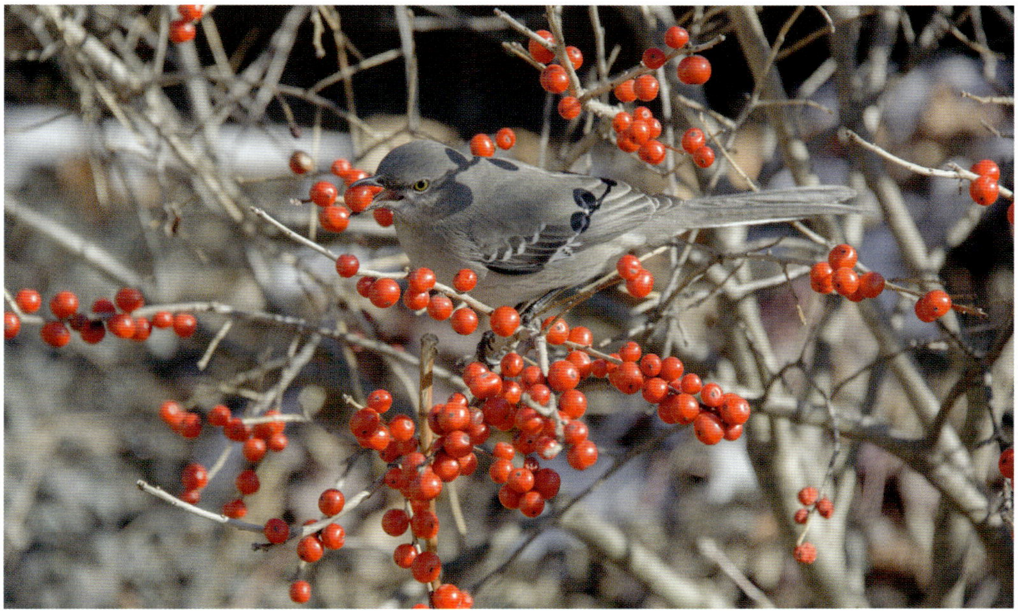

Oben links: Hausgimpel füttern einander zwischen den Knospen der Felsenbirnen (Aufnahme: Steven Severinghaus).

Oben rechts: Ein Bodnant-Schneeball (*Viburnum × bodnantense* 'Dawn') ist Ansitz für eine Weißkehlammer, (Aufnahme: Mike Tschappat).

Unten rechts: Spottdrossel beim Beerenmahl an einer Amerikanischen Winterbeere (*Ilex verticillata*), (Aufnahme: Mike Tschappat).

Mitte links: Ein Spatz frisst die saftigen Früchte der Schwarzen Apfelbeere *Aronia melanocarpa* 'Viking', (Aufnahme: Steven Severinghaus).

Unten links: Die Samenstände der Aster versorgen das Rubin-Goldhähnchen im späten Oktober mit Nahrung.

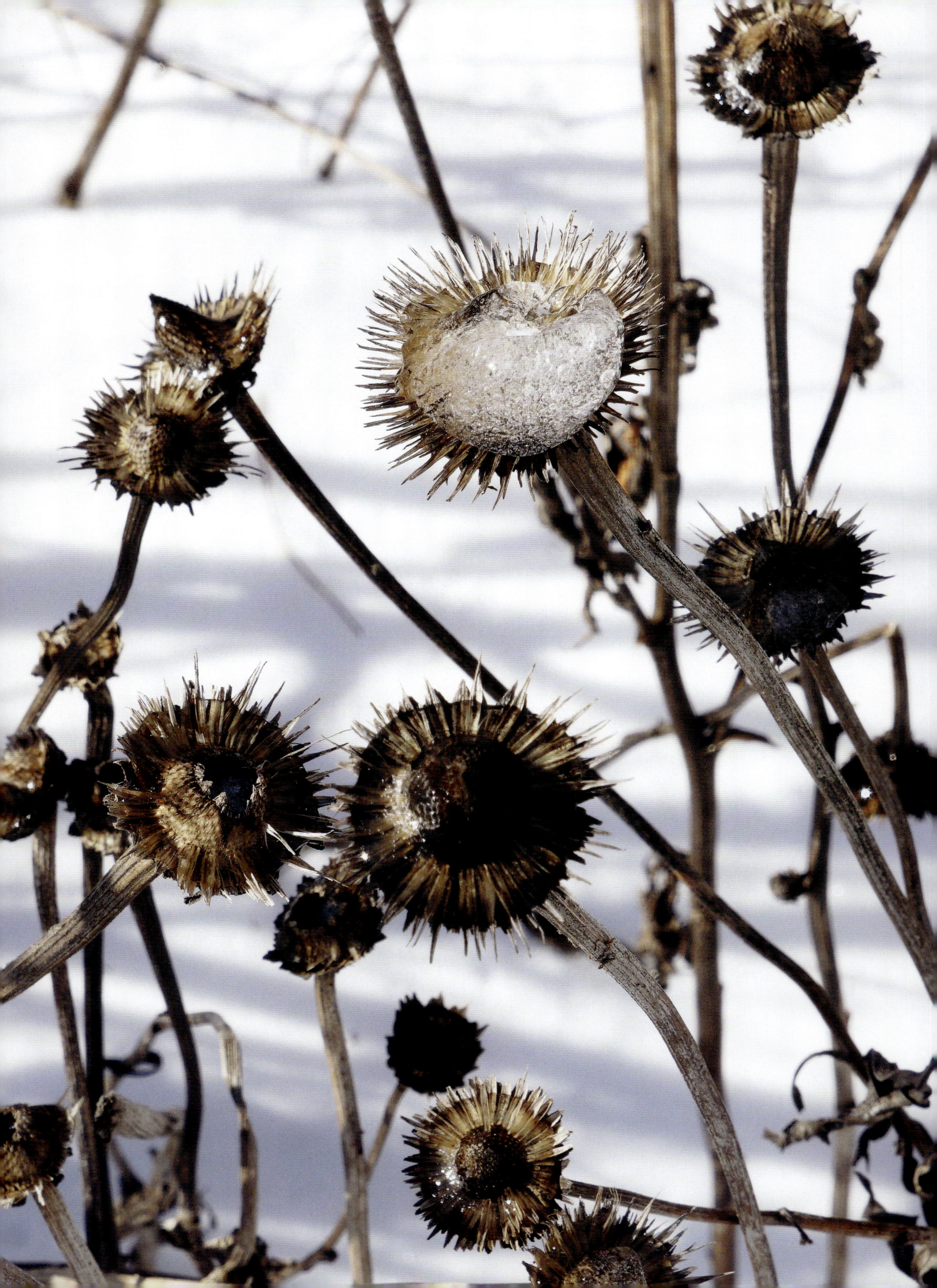

Jahreszeiten

Kinder, die im gemäßigten Klima der nordöstlichen Vereinigten Staaten aufwachsen, lernen vier Jahreszeiten zu zählen, doch das ist schlicht verkehrt. Wer diese Konvention außer Acht lässt, weiß, dass es so viele Jahreszeiten, gibt wie man zu unterscheiden glaubt. Ist es sinnvoll, von einer Jahreszeit der von Reif bedeckten Fruchtstände oder der langen Schatten, von der Jahreszeit des frischen Grüns oder der sich entrollenden Wedel zu sprechen? Es ist absolut sinnvoll und in höchstem Maße sinnlich, wenn man die flüchtigen, fast nicht erkennbaren Ereignisse im Lebenszyklus einer Landschaft feiert. Jedes Mal, wenn man eine neue Phase erkennt, gewinnt man tiefere Einblicke. Diese Enthüllungen erschließen uns quasi nebenbei die universellen Prozesse.

Der Lauf der Jahreszeiten sorgt für größte Dramatik in den Gartenanlagen. Ein Gespür für Vorübergehendes bildet die Grundlage, um das Design zu verstehen. In der japanischen Kultur bezeichnet man dies als *mono no aware* – das Erkennen der Flüchtigkeit oder der unausweichlichen Vergänglichkeit aller Dinge. Dieses Konzept schließt eine leise Klage über die Vergänglichkeit ein, rückt aber eher den Aspekt in den Mittelpunkt, dass die Erkenntnis über den flüchtigen Charakter aller Existenz ein Grund dafür sein sollte, jeden Moment des Lebens als ein Geschenk zu feiern.

Der Eintritt in die Gärten ist frei und lädt zu regelmäßigen oder spontanen Besuchen ein. Die vielschichtige Gestaltung garantiert, dass es stets Welten voller kleiner Einzelheiten zu entdecken gibt. Im Gegensatz zum wachsenden *Muss* durch digitale Technologie bleiben die Gärten ein „*Kann*"-Medium. Kein Besucher wird dazu genötigt, die Anzahl der Tage zu zählen, bis sich die Blüten des Judasbaums öffnen oder wie lange sie ihre Farbe behalten, nachdem sie zu Boden gefallen sind, aber alle haben die Freiheit, diese Einblicke aus der Erfahrung abzuleiten. Verlieben Sie sich in den Sonnenhut aus dem Vorjahr mit seinem Eispanzer im Februar und schon sehen Sie auch die Einzelheiten der Blütenentwicklung und den Blütenbau, die ab Mai zu erleben sind. Die keimenden Stängel des Frauenhaarfarns sind so stark eingerollt, dünn und von dunkler rotbrauner Farbe, dass man kaum vermuten würde, wie sich strahlend hellgrüne Wedel auf ebenholzschwarzen Stängeln daraus entwickeln – es sei denn, man nimmt sich Zeit zur Beobachtung.

Trotz oder vielleicht wegen der starren Architektur ist die High Line eine stark jahreszeitlich geprägte Landschaft. Wechselnde Farben am Himmel oder Stimmungen spiegeln sich in Glas und Stahl, werden an Bäumen und Gräsern sichtbar und verlocken den Besucher zu näherem Hinsehen oder zum Einsatz der Kamera. Nachdenkliche Besucher sind geübt in der Betrachtung verschiedener räumlicher, zeitlicher und kultureller Ebenen, die sich in enger Verflechtung auf jeden Augenblick im Dasein aller Lebewesen in den Gärten auswirken.

Es geht nicht darum, was man sieht, sondern was man in einer Sache sieht. Es geht nicht um ein Blumenarrangement. Es ist etwas Einzigartiges und Organisches. Es spricht die Sinne an und darin liegt die Kraft. Wenn ich die „Lebewesen" für meine Pflanzgestaltungen aussuche, dann sind Bau und skulpturale Eigenschaften jeder einzelnen Pflanze wichtiger als Blüten und Farbe.

PIET OUDOLF

Nach einem Schneesturm im Februar ragen die eisbedeckten Samenstände des Scheinsonnenhuts noch hoch genug auf, um lange Schatten zu werfen.

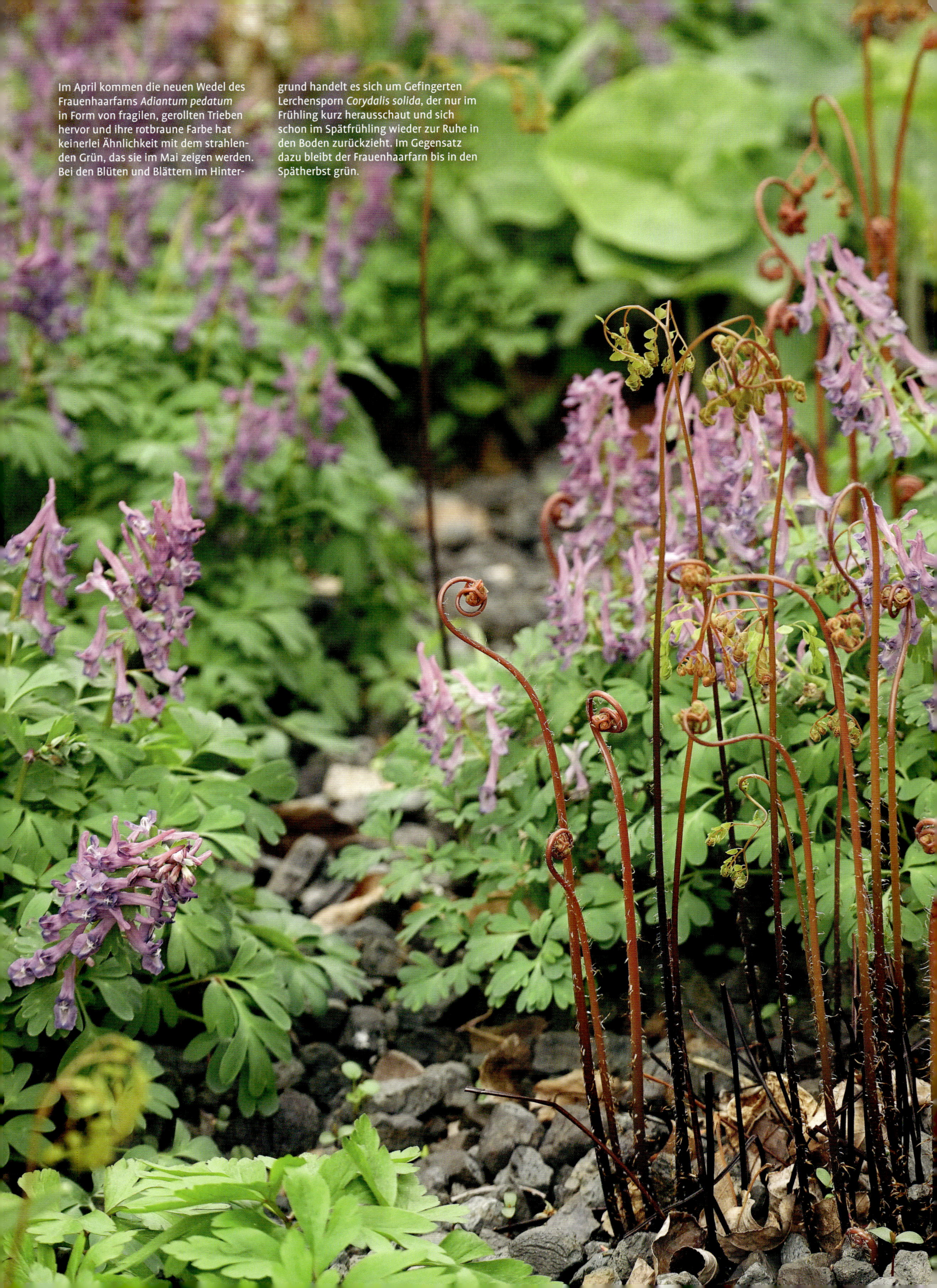

Im April kommen die neuen Wedel des Frauenhaarfarns *Adiantum pedatum* in Form von fragilen, gerollten Trieben hervor und ihre rotbraune Farbe hat keinerlei Ähnlichkeit mit dem strahlenden Grün, das sie im Mai zeigen werden. Bei den Blüten und Blättern im Hintergrund handelt es sich um Gefingerten Lerchensporn *Corydalis solida*, der nur im Frühling kurz herausschaut und sich schon im Spätfrühling wieder zur Ruhe in den Boden zurückzieht. Im Gegensatz dazu bleibt der Frauenhaarfarn bis in den Spätherbst grün.

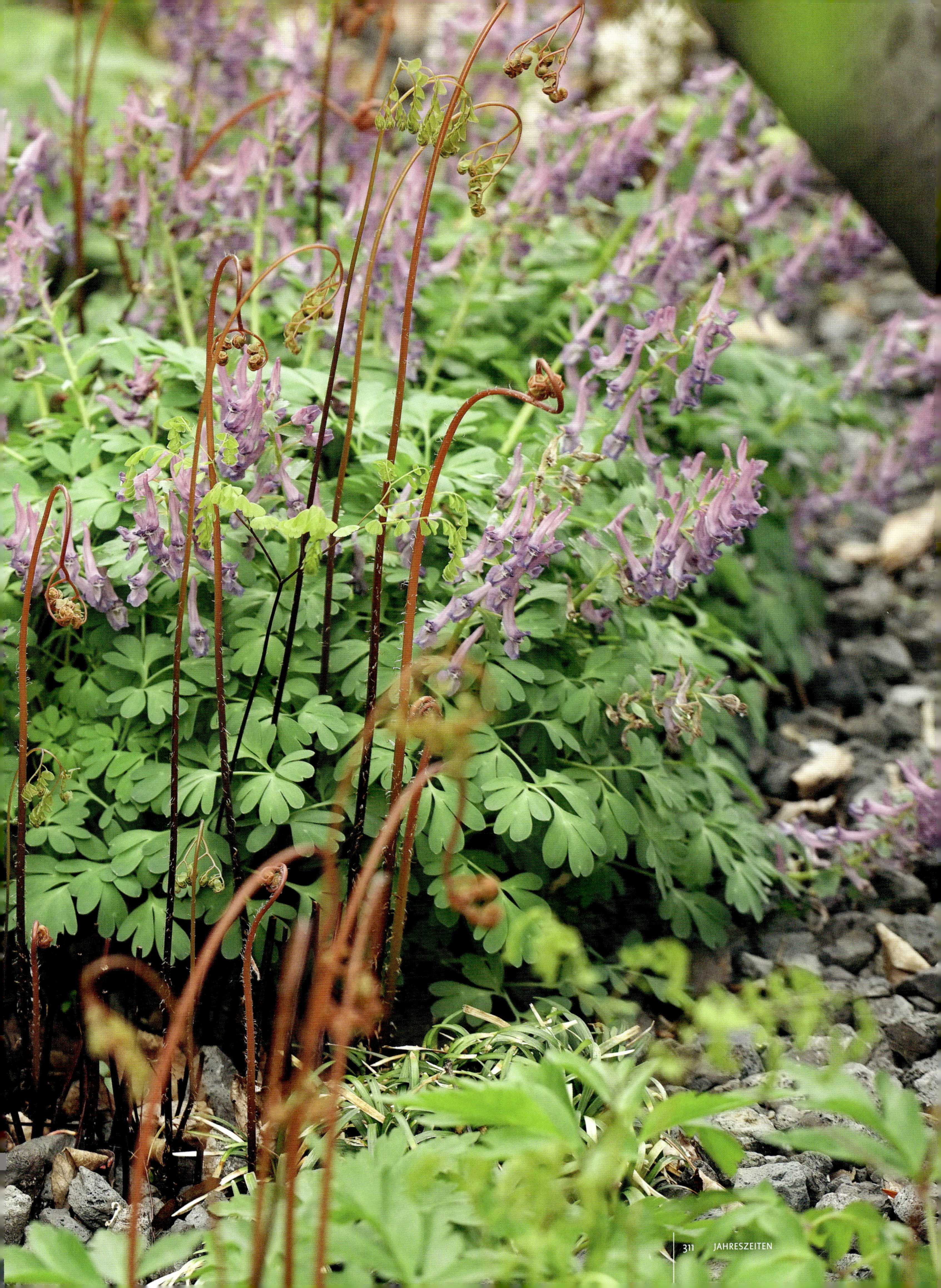

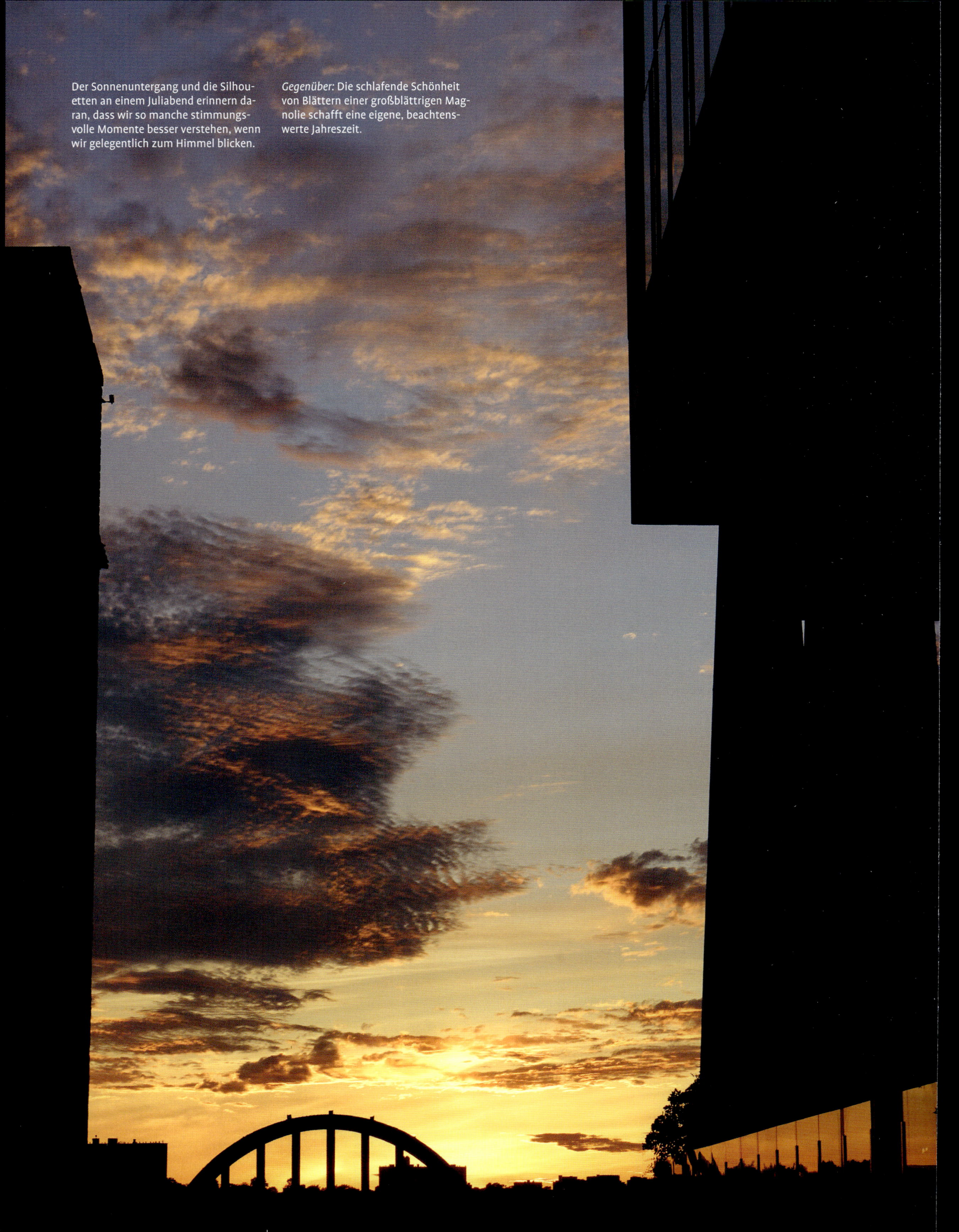

Der Sonnenuntergang und die Silhouetten an einem Juliabend erinnern daran, dass wir so manche stimmungsvolle Momente besser verstehen, wenn wir gelegentlich zum Himmel blicken.

Gegenüber: Die schlafende Schönheit von Blättern einer großblättrigen Magnolie schafft eine eigene, beachtenswerte Jahreszeit.

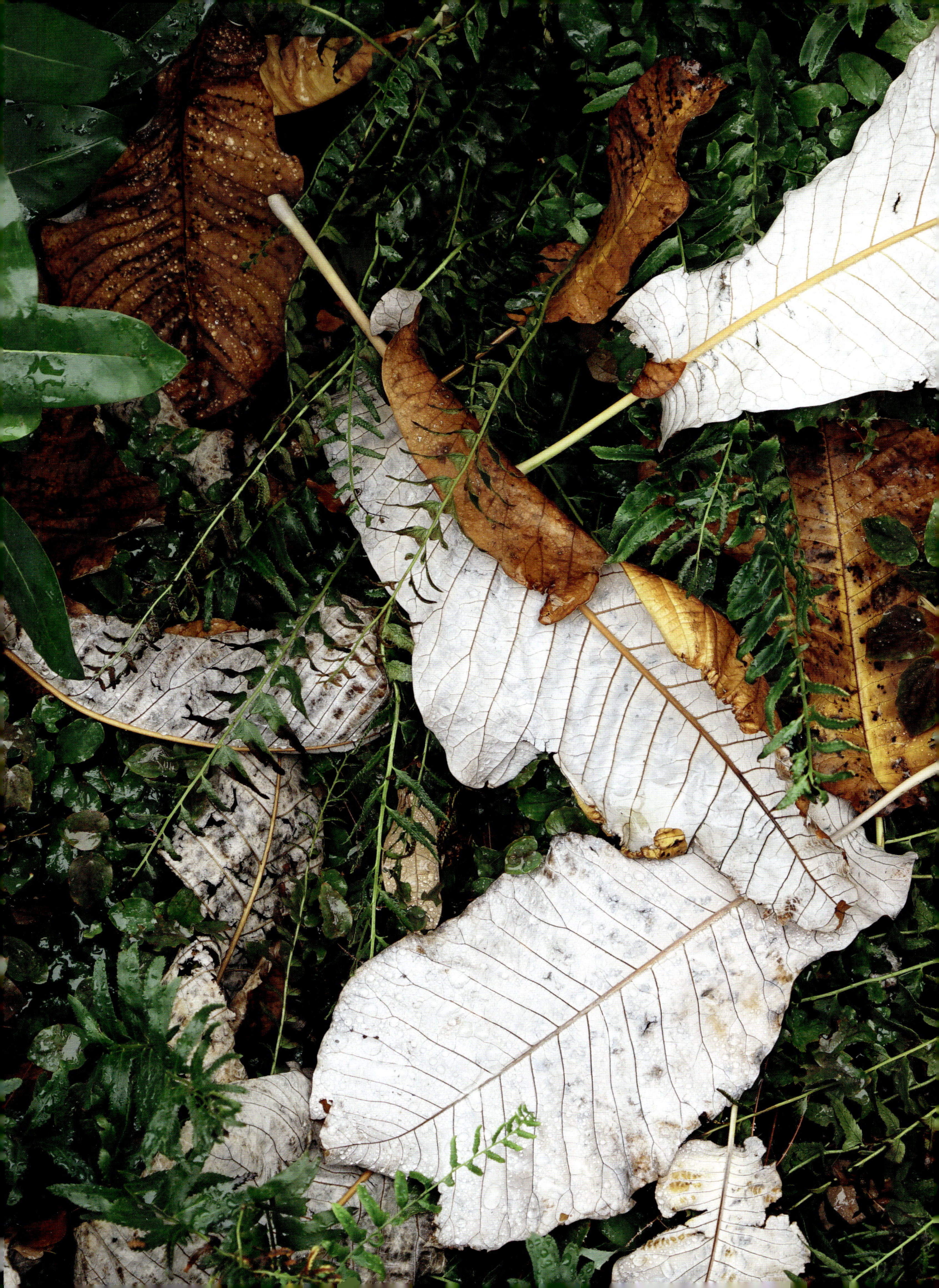

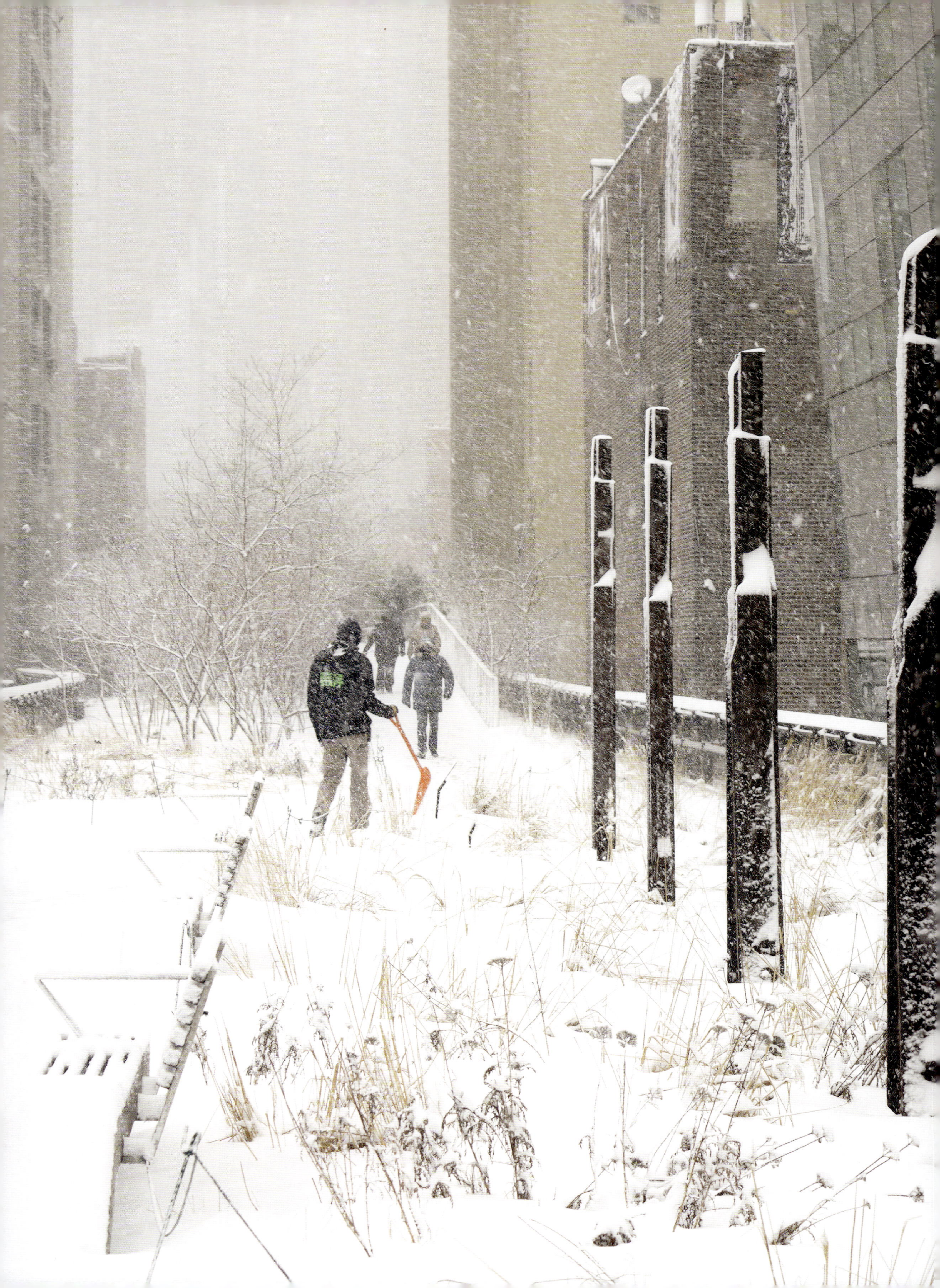

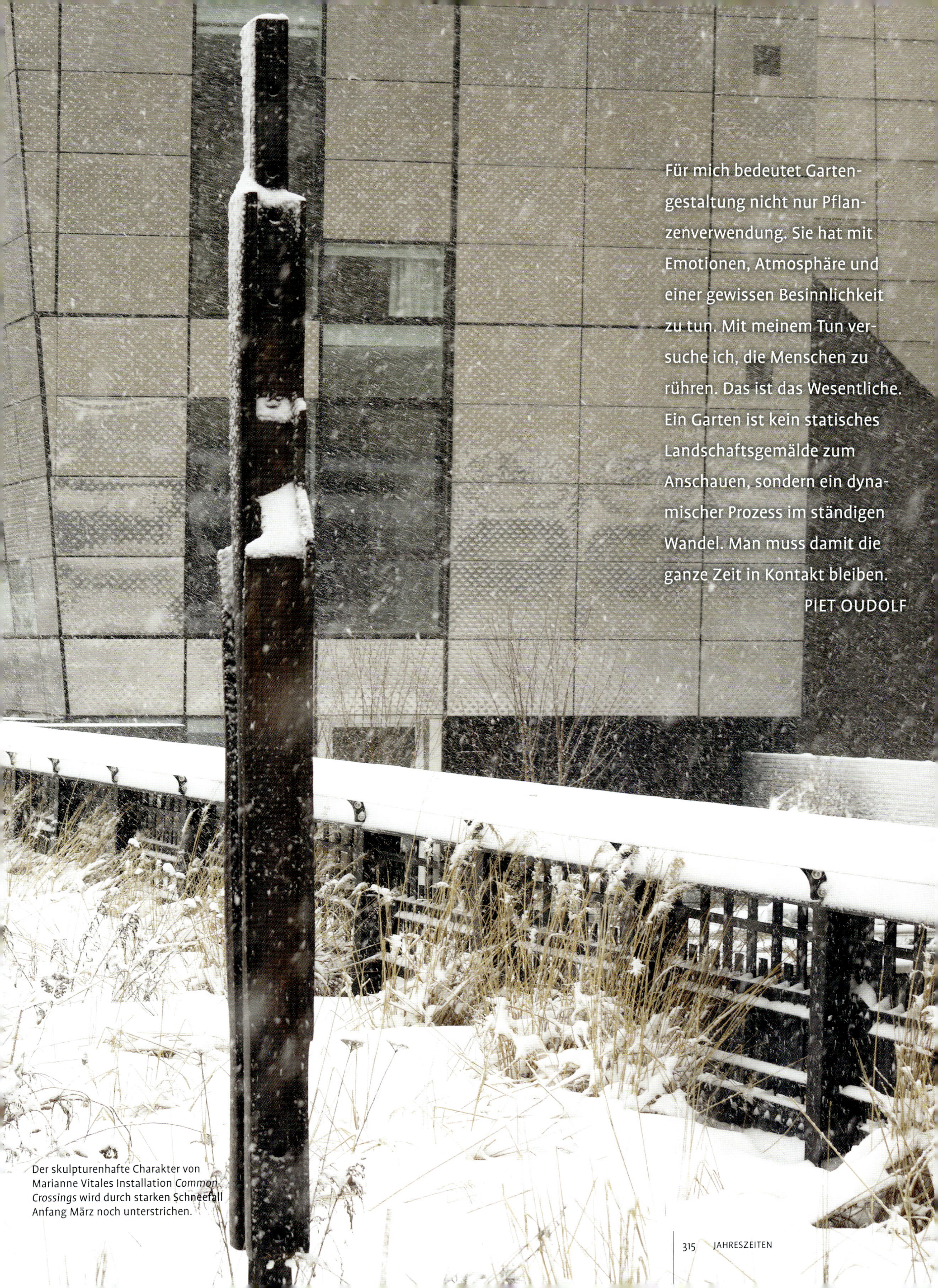

Für mich bedeutet Gartengestaltung nicht nur Pflanzenverwendung. Sie hat mit Emotionen, Atmosphäre und einer gewissen Besinnlichkeit zu tun. Mit meinem Tun versuche ich, die Menschen zu rühren. Das ist das Wesentliche. Ein Garten ist kein statisches Landschaftsgemälde zum Anschauen, sondern ein dynamischer Prozess im ständigen Wandel. Man muss damit die ganze Zeit in Kontakt bleiben.

PIET OUDOLF

Der skulpturenhafte Charakter von Marianne Vitales Installation *Common Crossings* wird durch starken Schneefall Anfang März noch unterstrichen.

ANMERKUNGEN

1. Diskussion vom 4.September 2013 mit den Teilnehmern Isabel Castilla, James Corner, Rick Darke, Annik La Farge und Lisa Switkin; Protokoll Annik La Farge.

2. Adam Gopnick, „A Walk on the High Line“, *The New Yorker* (21. Mai 2001).

3. Gaston Bachelard, *The Poetics of Space* (Boston: Beacon Press, 1969), S. 61.

4. Gaston Bachelard, *The Poetics of Space* (Boston: Beacon Press, 1969), S. 183.

5. James Corner Field Operations and Diller Scofidio + Renfro. *The High Line* (New York: Phaidon Press, 2015).

6. William Robinson, *The Wild Garden* (London: John Murray, 1870).

7. William Robinson, *The Wild Garden* (London: John Murray, 1870), S. 16:2.

8. Karl Foerster, *Einzug der Gräser und Farne in die Gärten* (Radebeul: Neumann Verlag, 1957).

9. Richard Stalter, „The Flora on the High Line, New York City, New York“, in: *Journal of the Torrey Botanical Society* 131, Nr. 4 (Oktober–Dezember 2004).

10. James Corner Field Operations and Diller Scofidio + Renfro. *The High Line* (New York: Phaidon Press, 2015).

11. James Corner Field Operations and Diller Scofidio + Renfro. The High *Line* (New York: Phaidon Press, 2015).

12. Ingo Kowarik und Stefan Körner, *Wild Urban Woodlands. New Perspectives for Urban Forestry*. (Berlin: Springer, 2005), S. 290.

13. Piet Oudolf und Henk Gerritsen, *Droomplanten:de Nieuwe Generatie Tuinplaten* (Houten, Netherlands: Terra, 1990).

14. Paula Scher, „Great Design Is Serious, Not Solemn“ (TED Vortrag anlässlich der Art Center Design Conference, Mai 2008).

15. James Corner Field Operations and Diller Scofidio + Renfro. *The High Line* (New York: Phaidon Press, 2015).

16. James Corner Field Operations and Diller Scofidio + Renfro. *The High Line Phase 1 Report* (unveröffentlicht, 2005).

17. James Corner Field Operations and Diller Scofidio + Renfro. *The High Line* (New York: Phaidon Press, 2015).

18. James Corner Field Operations and Diller Scofidio + Renfro. *The High Line* (New York: Phaidon Press, 2015).

19. James Corner Field Operations and Diller Scofidio + Renfro. *The High Line* (New York: Phaidon Press, 2015).

20. New York Central Lines, *West Side Improvement: Initial Stage Dedicated June 28, 1934*, Broschüre.

21. James Corner Field Operations and Diller Scofidio + Renfro. *The High Line* (New York: Phaidon Press, 2015).

22. Kenneth Jackson, *Crabgrass Frontier: The Suburbanization of the United States* (New York: Oxford University Press, 1985).

23. Diskussion vom 4.September 2013 mit den Teilnehmern Isabel Castilla, James Corner, Rick Darke, Annik La Farge und Lisa Switkin; Protokoll Annik La Farge.

24. Diskussion vom 4.September 2013 mit den Teilnehmern Isabel Castilla, James Corner, Rick Darke, Annik La Farge und Lisa Switkin; Protokoll Annik La Farge.

25. Diskussion vom 4.September 2013 mit den Teilnehmern Isabel Castilla, James Corner, Rick Darke, Annik La Farge und Lisa Switkin; Protokoll Annik La Farge.

26. Diskussion vom 4.September 2013 mit den Teilnehmern Isabel Castilla, James Corner, Rick Darke, Annik La Farge und Lisa Switkin; Protokoll Annik La Farge.

27. Diskussion vom 4.September 2013 mit den Teilnehmern Isabel Castilla, James Corner, Rick Darke, Annik La Farge und Lisa Switkin; Protokoll Annik La Farge.

28. Richard Stalter, „The Flora on the High Line, New York City, New York“, in: *Journal of the Torrey Botanical Society* 131, Nr. 4 (Oktober–Dezember 2004), S. 392.

29. New York Central Lines, *West Side Improvement: Initial Stage Dedicated June 28, 1934*, Broschüre.

LITERATUREMPFEHLUNGEN

Bachelard, Gaston. *Die Poetik des Raumes*. Frankfurt a. M.: Fischer Taschenbuch, 1987.

Darke, Rick. *Enzyklopädie der Gräser*. Stuttgart: Verlag Eugen Ulmer, 2010.

Darke, Rick, und Doug Tallamy. *The Living Landscape: Designing for Beauty and Biodiversity in the Home Garden*. Portland: Timber Press, 2014.

David, Joshua, und Robert Hammond. *High Line: The Inside Story of New York City's Park in the Sky*. New York: Farrar, Straus and Giroux, 2011.

Foerster, Karl. *Einzug der Gräser und Farne in die Gärten*. Stuttgart: Verlag Eugen Ulmer, 2000.

Gerritsen, Henk. *Gartenmanifest*. Stuttgart: Verlag Eugen Ulmer, 2014.

Kingsbury, Noël, und Piet Oudolf. *Design trifft Natur*. Stuttgart: Verlag Eugen Ulmer, 2013.

Oudolf, Piet, und Henk Gerritsen. *Dream Plants for the Natural Garden*. London: Frances Lincoln Publishers, 2013.

Oudolf, Piet, mit Noël Kingsbury. *Neues Gartendesign mit Stauden und Gräsern*, 3. Auflage, Stuttgart: Verlag Eugen Ulmer, 2014.

Oudolf, Piet, und Noël Kingsbury. *Pflanzen Design*. Stuttgart: Verlag Eugen Ulmer, 2006.

Oudolf, Piet und Noël Kingsbury. *Oudolf Hummelo*. Stuttgart: Verlag Eugen Ulmer, 2016.

Perdereau, Philippe und Didier Willery. *Modernes Gartendesign*. Stuttgart: Verlag Eugen Ulmer, 2015.

Schmidt, Cassian und Philippe Perdereau. *Schau- und Sichtungsgarten Hermannshof*. Stuttgart: Verlag Eugen Ulmer, 2018.

DANK

Ohne den Verein Friends of the High Line (Freunde der High Line) gäbe es das Thema nicht, über das wir in diesem Buch geschrieben haben. Diese bemerkenswerte Organisation wurde im Jahr 1999 von Robert Hammond und Joshua David gegründet. Sie hatte die Vision, stellte das Designer-Team zusammen, sorgte für die nötige Unterstützung, führte die Baumaßnahmen durch und ist heute für das Management und den Betrieb der Parkanlage verantwortlich. Der Verein bringt die gesamten finanziellen Mittel auf und stellt das Personal, das zur Pflege der Gärten entlang der High Line gebraucht wird. Wir sind so vielen Menschen aus den Reihen der Mitarbeiter, des Vorstandes, der Sponsoren und freiwilligen Helfer dankbar, die uns an ihrem Wissen teilhaben ließen und richten unseren besonderen Dank an die Mitarbeiter Andi Pettis, Erin Eck, Erika Harvey, John Gunderson, Kaspar Wittlinger, Nathan Bartholomew und Yuki Kaneko.

Dieses Buch wäre ohne die großzügigen Beiträge der folgenden Einzelpersonen, Organisationen und Institutionen nicht realisierbar gewesen: Joel Sternfeld und Luhring Augustine, New York; James Corner, Lisa Switkin und die Mitarbeiter bei James Corner Field Operations; Matthew Johnson und die Mitarbeiter bei Diller Scofidio + Renfro; Paula Scher; Phaidon Verlag; Whitney Museum of American Art; Gifford Miller; Elizabeth Gilmore; Patrick Cullina; Tom Smarr; Melissa Fisher; Annik LaFarge, Steven Severinghaus; Barry Munger; Doug Tallamy; Mike Tschappat; Melinda Zoehrer; und Jeff Bennett.

REGISTER

Acer trifolium 165
Achillea filipendulina 'Parker's Variety' 251
Actaea pachypoda 264
Adiantum pedatum 264, 310
Admiral (Falter) 275
Allium christophii 201, 273, 275
Allium nigrum 273, 275
Allium obliquum 183, 185, 208
Allium stipitatum 'Mount Everest' 189, 200, 201
Allium 179
Amelanchier × grandiflora 52
Amelanchier sp. 48
Amerikanische Stechpalme 227
Amerikanische Winterbeere 227, 238, 307
Amerikanische Wolfsmilch 144
Amerikanischer Baumwürger 306
Amerikanischer Perückenstrauch 91
Amerikanischer Storchschnabel 144
Amerikanischer Ysander 269
Amorpha canescens 276
Amsonia 'Blue Ice' 66, 96
Amsonia hubrichtii 96, 202
Amsonie 66, 96, 130
Andrews, Kathryn 117
Andropogon gerardii 175
Andropogon 27
Apfelbeere 'Viking' 227
Aristida oligantha 291
Aronia melanocarpa 'Viking' 227, 307
Aruncus 'Horatio' 97
Asarum canadense 234
Asclepias incarnata 130
Asclepias purpurascens 165, 170
Asclepias syriaca 286
Asclepias tuberosa 305
Aster azureus 144
Aster cordifolius 9
Aster oblongifolius (neuer Name Symphyotrichum oblongifolium) 77
Aster tataricus 'Jindai' 111
Astilbe 'Visions in Pink' 200, 213, 216
Astilbe chinensis 'Visions in Pink' 97, 189
Athyrium felix-femina 'Minutissima' 75
Atlantische Azalee 269
Azaleen, heimische 269

Bachelard, Gaston 17
Ballonblume 27
Bartholomew, Nathan 301
Baumwürger 306
Beeren-Apfel 287, 291
Belamcanda chinensis 251
Bergamott-Monarde 'Claire Grace' 305
Bergminze 127, 251, 296
Betula nigra 47
Betula pendula 29
Betula populifolia 29, 47, 298
'Whitespire' 47
Bienen 185, 231, 273, 278, 285, 303, 304
Bitter-Rutenhirse 'Dewey Blue' 132
Black Star 118
Blaue Wald-Aster 9
Blauer Wiesensalbei 273
Blaues Pfeifengras 91, 251
Blaustängelige Goldrute 144, 158
Blaustern Scilla mischtschenkoana 150
Bleibusch 276, 277
Bluemel, Kurt 24
Blüten-Hartriegel 48, 59, 62–63, 78
Blütenfliege 77
Blütezeit 59
Blutroter Hartriegel 243
Bodnant-Schneeball 'Dawn' 48, 49, 227, 231, 307
Bouteloua curtipendula 273
Brunnera macrophylla 'Jack Frost' 266
Buschklee 108

Calamagrostis acutiflora 'Karl Foerster' 273, 279
Calamagrostis brachytricha 132, 251
Calamintha nepeta 251
Carex bromoides 227, 233
Carex eburnea 227, 233
Carex laxiculmis 75
'Hobb' 227, 237
Carex pensylvanica 55, 144
Celastrus orbiculatus 291
Celastrus scandens 'Bailumn' 306
Cercis canadensis 45, 48, 59
'Appalachian Red' 45, 59
'Forest Pansy' 59
Chaenomeles speciosa 'Toyo-Nishiki' 227
Chaenomeles superba 'Jet Trail' 227
Chasmanthium latifolium 9, 144, 221
Chelone glabra 130
China-Schilf 273, 280
Chinesische Birne 299, 301
Chinesische Zaubernuss 241
Chionanthus virginicus 97
Chionodoxa sardensis 150
Christophskraut 264
Clethra barbinervis 48
Coreopsis 'Full Moon' 251
Coreopsis tripteris 273
Corner, James 14, 32, 33, 42, 251, 260
Cornus 'Rutban' 227
Cornus florida 48, 59, 62–63
Cornus sanguinea 'Midwinter Fire' 243
Cortaderia 24
Corydalis solida 227, 234, 310
Corylopsis spicata 227, 229
Cotinus 'Grace' 91, 112, 298
Cotinus coggygria 91
Cotinus obovatus 91
Crocus tommasinianus 179
Cullina, Patrick 47, 259

Dalea purpurea 199, 200, 304
Darke, Rick 26–27, 32
Daucus carota 286
David, Joshua 11
Deball, Mariana Castillo 130
Descottes, Hervé 105
di Lampedusa, Giuseppe 13
Diblik, Roy 26
Diboll, Neil 26
Dichternarzisse 179
Diller Scofidio + Renfro 12, 42
Diller, Elizabeth 29
Distelfalter 303, 305
Dolch-Farn 75, 267
Dreiblütiger Ahorn 165, 168
Dreigrannengras 291
Duft-Aster (Symphyotrichum oblongifolium) 77, 127, 202, 304, 305
Dunkler Schneeglanz 150
Durchwachsener Wasserdost 144

Echinacea pallida 273, 278
Echinacea paradoxa 27
Echinacea purpurea 99, 273, 279
Echinaceen 273
Echter Ziest 'Hummelo' 66, 78, 98
Eck, Erin 296, 297, 300
Ehrenpreis 181
Elfenbein-Segge 227, 233
Eremurus himalaicus 273, 275
Eryngium yuccifolium 99, 193, 194
Eupatorium altissimum 289
Eupatorium perfoliatum 144
Eupatorium rugosum 144
Eupatorium 127, 130, 158
Euphorbia corollata 144
Europäische Birke 29
Europäischer Perückenstrauch 91

Fallsamengras 27, 175, 196, 199, 200, 213, 273, 295
Farne 24, 48, 75, 259, 264, 267, 269, 310
Felsenbirne 48, 52, 55, 59, 77, 85, 227, 259, 264, 307
Fenchelholzbaum 227, 259, 270
Fingerhut-Bartfaden 285
Fisher, Melissa 296
Foerster, Karl 24, 25
Fothergilla 'Mt. Airy' 227, 234
Fothergilla intermedia 234
Frauenhaarfarn 264, 267, 269, 309, 310
Frühlings-Platterbse 227, 233

Galanthus 179
Gansevoort, Peter 88
Geerlings, Gerald K., 20, 21
Gefingerter Lerchensporn 227, 234, 310
Geißblatt 'Major Wheeler' 186, 187, 306
Gelapptblättriger Flieder 227, 234
Gelbbauch-Saftlecker 306
gelber Sonnenhut 27, 305
Gelbes Indianergras 175, 177
Geranium 'Spinners' 285
Geranium maculatum 144
Gerritsen, Henk 36
Geum triflorum 278
Geweihbaum 283
Gewöhnliche Nachtkerze 289
Gewöhnliche Seidenpflanze 286, 291
Gold-Garbe 251
Goldrute 27, 144, 158, 273, 280
Grau-Birke 29, 47–48, 85, 187, 234, 243, 298
Greenlee, John 27
Großblättrige Magnolie 259, 261, 312
Großer Blauhalm 175, 177, 212
Großfrüchtige Eiche 183, 206
Gunderson, John 300
Gymnocladus dioicus 283

Haarschotengras 273
Hakonechloa macra 227, 237
Hamamelis intermedia 'Jelena' 227, 241
Hamamelis japonica 241
Hamamelis mollis 241
Hammond, Robert 9, 11, 14
Handroanthus 165
Hartriegel 65
Hartriegel Cornus 'Rutban' 227
Harzige Becherpflanze 179
Hausgimpel 307
Haussperling 196, 307
Helenium 'Rubinzwerg' 304

Helianthus salicifolius 273
Hendricks, Dale 26, 32
Herbst-Blaugras 66, 91, 94, 98, 175, 197
Heuchera 'Frosted Violet' 233
Heuchera americana 'Dale's Strain' 9
Heuchera macrorhiza 'Autumn Bride' 9, 144
Heuchera villosa 'Brownies' 187
Hibiscus moscheutos 130
himmelblaue Aster (Aster azureus) 144, 158
Hoher Wasserdost 289
Hohes Haarschotengras 273
Hohes Mädchenauge 273
Honigbiene 304
Hummel(n) 303, 304, 305

Ilex opaca 227
  'Dan Fenton' 227
  'Jersey Night' 227
Ilex verticillata 307
  'Red Sprite' 227, 238
  'Southern Gentleman' 227, 238
Ilex 243
Indianernessel 191
Infield, Katherine 22
Infield, Richard 22
Inkarnat-Seidenpflanze (Asclepias incarnatal) 130
Iris 179

Jackson, Kenneth 245
James Corner Field Operations 12, 27, 37, 42
Japan-Gras 227, 237, 269
Japanische Zaubernuss 241
Japanische Zimterle 42, 48
Japanischer Schlangenbart 269
Johnson, Matthew 103, 165
Johnson, Rashid 118
Judasbaum 42, 45, 48, 59, 65, 77, 227, 234, 259, 306, 309
Juniperus virginiana 'Corcorcor' 227

Kahler Schlangenkopf 130
Kanadischer Haselwurz 234
Kanadischer Judasbaum 45, 48, 59
Kaneko, Yuki 299
Kardinalsblume 132
Kardinalslobelie 130
Katzenminze 'Walker's Low' 251, 252
Kaukasus-Vergissmeinnicht 'Jack Frost' 266
Kerzen-Wiesenknöterich 111
Kleinblütige Königskerze 289
Kleines Präriegras 91, 127, 175, 198, 296
Knautia macedonica 185
Knauzie 185
Knollige Seidenpflanze 304, 305
Koeleria macrantha 91
Kohlweißling 304
Kolibri 186
Kompass-Pflanze 99, 103, 199, 212, 213, 214, 216
Korall-Sumach 270
Krokus 179, 273
Krötenlilie 108
Küsten-Rutenhirse 130

Lachnanthes tinctoria 34
Lampenputzergras 24
Langwanze 305
Lathyrus vernus 227, 233
Laxmanns Rohrkolben 130
Leopardenblume 251, 252, 254
Lespedeza thunbergii 'Gibraltar' 108
Liatris spicata 99, 193, 194
Liatris 127
Linville, Johnny 298
Listhrop, Ayinde 299
Lobelia cardinalis 130
Lockerstielige Segge 227, 237
Lonicera sempervirens 'Major Wheeler' 186, 187, 306
Luzerne-Blattschneiderbiene 304

Magnolia macrophylla 259, 261
Magnolia tripetala 259
Magnolia virginiana var. *australis* 'Green Shadow' 259
Magnolien 258, 259, 261, 312
Malus baccata 287
Mannstreu 99, 193, 194
Mauerpfeffer (Sedum ternatum) 144
Melville, Herman 88
Mertensia virginica 65
Mexikanisches Fiedergras 27
Miscanthus 24, 27
Molinia caerulea 91, 251
Monarchfalter 138, 286, 304, 305
Monarda fistulosa 'Claire Grace' 191, 305
Muhlenbergia capillaris 108
Murchison, Kenneth 122
Muscari armeniacum 'Valerie Finnis' 179
Muscari 179

Narcissus 'Hawera' 55, 94
Narcissus poeticus 179
Narzisse 55, 179
Nassella tenuissima 27
Nelkenwurz 278
Nepeta racemosa 'Walker's Low' 251, 252
Nepeta sibirica 144
New Yorker Scheinaster 213

Oehme, Wolfgang 24, 26
Oenothera biennis 289
Olmsted, Frederick Law 24
Ophiopogon japonicus 'Nana' 269
Osterglocke 55, 179, 224
Oudolf, Anja 26
Oudolf, Piet 12, 13, 14, 27, 32, 34, 35, 36, 37, 38, 42, 47, 62, 251, 297, 309, 315
Oxalis debilis 153

Pachysandra procumbens 269
Pagels, Ernst 24
Pampasgras 24
Panicum amarum 130
  'Dewey Blue' 132
Panicum virgatum 29, 175
  'Shenandoah' 175
Panicum 27
Parthenium integrifolium 185
Pech-Kiefer 29
Pennisetum 24, 27
Pennsylvania-Segge 55, 144, 150
Penstemon digitalis 285
Persicaria amplexicaulis 'Firetail' 111
Perückenstrauch 'Grace' 91, 112, 115, 118, 298
Pettis, Andi 297, 298
Pinus rigida 29
Plattährengras 9, 144, 221
Platycodon grandiflorus 27
Polystichum acrostichoides 75, 267
Porteranthus stipulatus 144, 153, 154, 156, 163, 221
Prächtige Goldrute 273, 280
Prachtscharte 99, 193, 194, 303
Prärieampfer 185
Präriegras 27, 127
Prunus serotina 287
Purpurfarbener Scheinsonnenhut 99, 103, 118, 191, 273, 279, 280, 304
Purpurglöckchen 9, 144, 153, 187, 233
Pycnanthemum muticum 127, 296
Pyrus calleryana 299, 301

Quercus macrocarpa 183

Reitgras 273, 279, 280
Rhododendron atlanticum 269
Rhododendron viscosum 269
Rhus copallina 270
Rhus glabra 125
Rhus typhina 125
Riedgras 227, 233
Rispenhirse 27
Robinson William 22, 23–24
Rohrkolben 130, 137
Rosa glauca 227, 234
Rosa Haargras (auch Tropfensame) 108
Rosa Wald-Sauerklee 153
Rotblättrige Rose 227, 234
Rotzeder 'Emerald Sentinel' 227
Rubin-Goldhähnchen 307
Rudbeckia subtomentosa 191
Rundblättriger Baumwürger 291
Rutenhirse 29, 130, 132, 175, 177, 202
Rutenhirse 'Shenandoah' 175, 202

Salvia azurea 273
Salvia pratensis
  'Pink Delight' 183
  'Rhapsody in Blue' 183
Sassafras albidum 227
Schaumblüte 144, 237
Scheinhasel 227, 229
Scheinsonnenhut 27, 99, 103, 273, 278, 280, 304
Scheinsonnenhut Echinacea pallida 278
Scher, Paula 21, 37
Schillergras 91
Schirmmagnolie 259
Schizachyrium scoparium 175
  'Standing Ovation' 198, 296
  'The Blues' 198, 296
Schizachyrium 27
Schizophragma hydrangeoides 'Moonlight' 71
Schmidt, Cassian 26, 27
Schneeflockenstrauch 97
Schneeglöckchen 179
Schwarz-Birke 47, 91
Schwarze Apfelbeere 307
Schwarzer Lauch 275
Scilla 150, 179
Scilla mischtschenkoana 150
Sedum ternatum 144
Seggen 24, 27, 48, 55, 75, 144, 150, 175, 227, 233, 237, 259, 269
Seidenblumen 137, 138
Seidenpflanze 165, 170
Sesleria autumnalis 66, 91, 175
Sibirische Katzenminze 144
Silphium laciniatum 99, 199
Silphium terebinthinaceum 179, 306

Simon, Hans 24, 26
Solidago caesia 144
Solidago rigida subsp. *humilis* 27
Solidago speciosa 273, 280
Sonnenbraut 'Rubinzwerg' 304
Sorghastrum nutans 175
Spalthortensie 71
Späte Traubenkirsche 287, 291
Sporobolus 27
Sporobolus heterolepis 175, 295
Spottdrossel 187, 303, 306, 307
Stachys officinalis 'Hummelo' 66, 78, 98
Stalter, Richard 28, 299
Steife Goldrute 27
Stella, Frank 118
Steppenkerze 273, 275, 277
Sternfeld, Joel 12, 14, 16, 17
Stilgoe, John 52, 245
Sumach 125, 130, 270, 300
Sumpf-Magnolie 259
Sumpfazalee 269
Sumpf-Rhododendron 269
Sumpf-Roseneibisch 130, 137
Switkin, Lisa 14, 37, 42, 92, 113, 259, 283
Symphyotrichum oblongifolium 77, 202
Syringa laciniata 227, 234

Tabet, Rayyane 180
Tallamy, Doug 287, 305
Tatarische Aster 111
Tiarella cordifolia 144, 227
Tomasi di Lampedusa, Giuseppe 13
Traubenhyazinthe 'Valerie Finnis' 179
Traubenhyazinthe 179
Traubenkirsche 287, 291
Tricyrtis 'Sinonome' 108
Tulipa clusiana 'Lady Jane' 179
Tulpe 'Lady Jane' 179
Typha latifolia 130
Typha laxmannii 130
Typha minima 130

van Sweden, James 26
Vaux, Calvert 24
Verbascum thapsus 289
Vernonia noveboracensis 213
Veronicastrum virginicum 181, 191
Viburnum bodnantense 'Dawn' 48, 227, 307
Virginischer Arzneiehrenpreis 191
Virginisches Blauglöckchen 65
Vitale, Marianne 257, 315

Wald-Schaumblüte 144
Weidenblättrige Amsonia 118
Weidenblättrige Sonnenblume 273
Weihnachts-Farn 75, 267
Weiße Natternwurz 144
Weißkehlammer 307
Wiesensalbei 183, 273
Wilde Möhre 11, 286
Wilder Storchenschnabel 144, 153
Williams, Kevin 295
Wittlinger, Kasper 300
Witwenblume 185

Yuccablättriger Mannstreu 99, 193, 194

Zaubernuss 'Jelena' 227, 241
Zierlauch 273, 275
Zierliches Schillergras 91
Zierquitte 227
Zwerg-Frauenfarn 75
Zwerg-Rohrkolben (Typha minima) 130

Originalausgabe Timber Press, Inc.
Portland, Oregon, USA.
timberpress.com
Alle Bilder stammen, sofern nicht anders gekennzeichnet, von Rick Darke und Piet Oudolf.
Gestaltung: Lorraine Ferguson
Karten: Marty Schnure

Titelfoto: Rick Darke

Bibliografische Information der Deutschen Nationalbibliothek
Die Deutsche Nationalbibliothek verzeichnet diese Publikation in der Deutschen Nationalbibliografie; detaillierte bibliografische Daten sind im Internet über http://dnb.d-nb.de abrufbar.

Wollgrasweg 41, 70599 Stuttgart (Hohenheim)
E-Mail: info@ulmer.de
Internet: www.ulmer.de
Lektorat: Annette Flesch, Bettina Brinkmann
Herstellung: Judith Schumann
Umschlagentwurf: Verlag Eugen Ulmer
Satz: BUCHFLINK Rüdiger Wagner, Nördlingen
Druck und Bindung: Livonia Print
Printed in Lettland

ISBN 978-3-8186-0362-5